中华传世藏书

【图文珍藏版】

中国大百科

马博 ⊙ 主编

线装书局

目 录

文化百科

艺术百科

中国大百科

文化百科

马博 ⊙ 主编

导　读

　　文化是人类生活的反映,活动的记录,历史的沉积,是人们对生活的需要和要求、理想和愿望,是人们的高级精神生活。是人们认识自然,思考自己,是人精神得以承托的框架。她包含了一定的思想和理论,是人们对伦理、道德和秩序的认定与遵循,是人们生活生存的方式方法与准则。思想和理论是文化的核心、灵魂,没有思想和理论的文化是不存在的。任何一种文化都包含有一种思想和理论,生存的方式和方法。需要是现实,理想是向往,愿望是想得到的,要求是必须做到的!

　　文学是文化的重要组成部分,文学——以语言为手段塑造形象来反映社会生活、表达作者思想感情的一种艺术。起源于人类的生产劳动。最早出现的是口头文学,一般是与音乐联结为可以演唱的抒情诗歌。最早形成书面文学的有中国的《诗经》、印度的《罗摩衍那》和古希腊的《伊利昂纪》等。欧洲传统文学理论分类法将文学分为诗、散文、戏剧三大类。中国先秦时期将以文字写成的作品都统称为文学,魏晋以后才逐渐将文学作品单独列出。现代通常将文学分为诗歌、小说、散文、戏剧四大类别。

　　文学除了拥有外在的、实用的、功利的价值以外,更为重要的是它还拥有内在的、看似无用的、超越功利的价值,既精神性价值。

　　本部分内容涵盖从远古至20世纪中国文学,以文学发展史为脉络,梳理、评析源远流长的中国文学和丰富复杂的精神现象,包括代表性的文艺思潮、作家作品、文学流派、文学现象等等,旨在培养读者较为系统、坚实的中国文学基础知识,提高其文学鉴赏能力和分析能力。

　　书中所选精美图片,囊括名著书影、作家图像、名家墨宝、历史文物等,信息量大,可观性强,配以准确精当的图注文字,充分拓宽读者视野,开辟思维想象空间。图文互动的编排形式,晓畅易懂的叙述语言,新颖独到的版式设计,彻底打破了文学史类书籍的沉闷,为读者构建了立体、形象的文学史,提供了有效、快速学习和了解中国文学的理想读本。

文化史观

上古文学

中国是世界四大文明古国之一，中华民族几千年的悠久历史和文化对世界文化产生了广泛和深远的影响。中华大地上有人类的历史可以追溯到旧石器初期，元谋人、蓝田人和北京人都是世界上较早的原始人类。如果说名川大河孕育了人类的早期文明的话，那么中华民族的文明与文化的发展也为此提供了极好的明证。我们可以毫不夸张地说，黄河和长江是华夏文明之母。

神话故事

（1）创世神话

人类的祖先究竟是从哪里来的？古时候流传着一个盘古开天地的神话，说的是在天地开辟之前，宇宙不过是混混沌沌的一团气，里面没有光，没有声音。这时候出了个盘古氏，用大斧把这一团混沌劈了开来。轻的气往上浮成了天，重的气往下沉就成了地。

以后，天每天高出一丈，地每天加厚一丈，盘古氏本人也每天长高了一丈。这样过了一万八千年，天就很高很高，地也就很厚很厚，盘古氏当然也成了顶天立地的巨人。后来盘古氏死了，他身体的各个部位变成了太阳、月亮、星星、高山、河流、草木等等。这就是开天辟地的神话，她象征着人类征服自然的伟大气魄。

（2）后羿射日

传说中后羿和嫦娥都是尧时候的人，神话说，天上有十个太阳同时出现在天空，把土地烤焦了，庄稼都枯干了，人们热得喘不过气来，倒在地上昏迷不醒。因为天气酷热的缘故，一些怪禽猛兽，也都从干涸的江湖和火焰似的森林里跑出来，在各地残害人民。

人间的灾难惊动了天上的神，天帝常俊命令善于封射箭的后羿下到人间，协助尧除掉人民的苦难。后羿带着天帝赐给他的一张红色的弓，一口袋白色的箭，还带着他的美丽的妻子嫦娥一起来到人间。

后羿立即开始了射日的斗争。他从肩上除下那红色的弓，取出白色的箭，一支一支地向骄横的太阳射去，顷刻间十个太阳被射去了九个，只因为尧说留下一个太阳对人民有用处，才拦阻了后羿的继续射击。这就是有名的后羿射日的故事。

（3）大禹治水

传说在帝尧时期，黄河流域经常发生洪水。为了制止洪水泛滥，保护农业生产，尧帝

后羿射日

曾召集部落首领会议,征求治水能手来平息水害。鲧被推荐来负责这项工作。

鲧接受任务后,采用堤工障水,作三仞之城,就是用简单的堤埂把居住区围护起来以障洪水,九年而不得成功,最后被放逐羽山而死。舜帝继位以后,任用鲧的儿子禹治水。禹总结父亲的治水经验,改鲧"围堵障"为"疏顺导滞"的方法,就是利用水自高向低流的自然趋势,顺地形把壅塞的川流疏通。把洪水引入疏通的河道、洼地或湖泊,然后合通四海,从而平息了水患,使百姓得以从高地迁回平川居住和从事农业生产。后来禹因此而成为夏朝的第一代君王,并被人们称为"神禹"而传颂于后世。

在大禹治水的过程中,留下了许多感人的事迹。相传他借助自己发明的原始测量工具——准绳和规矩,走遍大河上下,用神斧劈开龙门和伊撅,凿通积石山和青铜峡,使河水畅通无阻。他治水居外13年,三过家门而不入,连自己刚出生的孩子都没工夫去爱抚,不畏艰苦,身先士卒,腿上的汗毛都在劳动中被磨光了。他是中国历史上第一位成功地治理黄河水患的治水英雄。

商族的史诗——《商颂》

《商颂》是商人祭祀先公先王的英雄颂歌,为知识渊博的巫师所作,因为商代的舞乐非常发达,有乐舞不能无诗词,这些都是与宗教祭礼密切相关的。商朝灭亡后,周代的统治者继承了商人的文化遗产,《商颂》被保存在宋国,宋国为殷商的后裔。西周末年或东周初(公元前770年前后),宋大夫正考父曾经向周代的乐官大师请教,以校正商代著名的颂歌十二篇,以《那》为首。这是关于《商颂》最早、最可靠的记载。遗憾的是,《商颂》大部分作品已失传,就连商亡以后保存下来的《那》十二篇也未能全部保存下来,只有收入《诗经》中的五篇今人可以有幸欣赏,这五篇为《那》《烈祖》《玄鸟》《长发》和《殷武》。

《诗经》——中国第一部诗歌总集

众所周知，《诗经》是中国文学史上第一部诗歌总集，早在西汉武帝时，《诗经》就被视为五经之一，到宋代被正式列入十三经之中。

《诗经》存三百零五篇，分《风》《雅》《颂》三部分。《风》有十五国风，是出自各地的民歌，这一部分的文学成就最高，有对爱情、劳动等美好事物的吟唱，也有怀故土、思征人及反压迫、反欺凌的怨叹与愤怒。《雅》分《大雅》《小雅》，多为贵族祭祀之诗歌，祈丰年、颂祖德。《小雅》中也有部分民歌。《颂》则为宗庙祭祀之诗歌。《雅》《颂》中的诗歌，对于我们考察早期的历史、宗教与社会有很大价值。孔子曾概括《诗经》宗旨为"无邪"，并教育弟子、孩子读《诗经》以作为立言、立行的标准。先秦诸子中，引用《诗经》者颇多，如孟子、荀子、墨子、庄子、韩非子等人在说理论证时，多引述《诗经》中的句子以增强说服力。后来，《诗经》被儒家奉为经典，成为《六经》（包括《诗》《书》《礼》《乐》《易》《春秋》）及《五经》（无《乐》）之一。

《诗经》是中国文学史上的一座丰碑，古往今来的研究者甚众，甚至已形成一门独立的科学——诗学。值得高兴的是，《诗经》研究在中国已取得较为突出的成绩，专著和专论可谓俯拾皆是。完全有理由相信，《诗经》研究会随着时间的推移取得越来越辉煌的成果。

春秋战国文学

春秋战国时期的文学是中国古典文学的第一个黄金时代。《诗经》《楚辞》、历史散文与哲理散文，无不成为后世文学的鼻祖与楷模，对后世文学以及传统文化产生了极其深远的影响。中国以春秋战国的诗歌散文为代表的先秦文化不仅是中国传统文化的源头，而且对东方文化乃至世界文化产生了积极的影响。

历史散文

中国春秋战国时期的历史散文，主要有：《左传》《国语》《战国策》与《晏子春秋》等。

（1）《春秋左氏传》

记载中国春秋时期历史的编年史书。多用事实解释《春秋》，为儒家重要经典之一。西汉时称《左氏春秋》，东汉以后改称《春秋左氏传》，简称《左传》。据西汉史学家司马迁说，作者是鲁国的左丘明。但左丘明是春秋末年人，《左传》却提到战国初期的某些史实，故许多学者认为此说不可信。清末康有为断言它是西汉末刘歆伪造，但在刘歆以前《左传》已被许多人抄撮或征引过，故康氏之说也难以成立。当代学者多认为是战国初年人所作，据杨伯峻考证，大约作于公元前403~公元前386年之间。

（2）《国语》

《国语》是一部记载西周末年至战国初期（约前 967～前 453）周、鲁、齐、晋、郑、楚、吴、越八国历史事迹的书。司马迁说："左丘失明，厥有国语。"（《报任少卿书》）其实作者当是战国初人，依托了左丘明的名义。这位作者无论是何人，其学识渊博，懂得"天道"、历史、音乐与文化知识，则是无疑的。

（3）《战国策》

《战国策》是一部记录中国战国时期游说之士进行策略活动的史书。全书共 33 篇，基本上依照《国语》体裁，以记言为主，按国别划分，有东周 1 篇、秦策 5 篇、齐策 6 篇、楚策 4 篇、赵策 4 篇、魏策 4 篇、韩策 4 篇、燕策 3 篇、宋与卫策 1 篇、中山策 1 篇。其时代上接春秋，下至秦并六国。作者不可考，有人怀疑出自蒯通之手。

1973 年底，长沙马王堆三号汉墓中出土大批帛书，其中一部分，经过文物考古工作者整理研究，共 27 章，325 行，11000 多字，定名为《战国纵横家书》。其中 11 章内容见于《战国策》和《史记》，文字大体相同，另 16 章是佚书。这部书大约编成于秦汉之际，类似《战国策》的原始辑本，其中内容也许为司马迁、刘向所未见。它的发现，为《战国策》的研究提供了重要材料。

（4）《晏子春秋》

《晏子春秋》旧题"春秋齐晏婴撰"，实则为后人依托并采缀晏婴言行而作。学者们推测，作者应该是在齐国政治上有过较高的地位，也可能是见到官府档案和历史文献的齐国故臣，像曾向秦王进过谏的齐博士淳于越这样的人物。晏婴是与孔子同时代的齐国大夫，历任灵公、庄公、景公三世。曾奉景公命使晋联姻，与晋大夫叔向议论齐政，预言齐国政权终将为田氏所代。他一生节俭爱民，能言善谏，是春秋时期的著名政治家，其思想言论集中反映在《晏子春秋》一书中。

哲理散文

（1）《论语》

《论语》是一部反映孔子的思想与言行的语录体哲学著作，由孔子的弟子和再传弟子"相与辑而论纂，故谓之《论语》。"（班固《仅书·艺文志》）柳宗元《论语·辩》根据书中所记曾子将死之事推断，认为《论语》最终为乐正子春、子思之徒所纂辑，大约成书于春秋战国之际。

南宋学者朱熹把《论语》与《礼记》中的《大学》《中庸》两篇以及《孟子》合在一起，称为"四书"，为中国封建时代士子必读的教科书，可见《论语》影响的巨大。

《论语》主要反映了孔子主张以仁政和礼仪治理社会的政治理想。《论语》中的格言警句比比皆是，如夜空中的群星，光辉灿烂，千百年来，照耀着炎黄子孙的人生旅程，值得我们借鉴与思考。

（2）《墨子》

《墨子》是一部记载墨家学派哲学观点和人物活动、言行的著作，为墨家学派的创始人墨翟及其后学所作。

儒家学派承认社会的尊、卑、贵、贱，从实际出发，主张以"礼"治天下；墨家学派则站在"农与工肆"的立场，总想把小生产者互爱互利的品德扩大到全社会，极力主张"兼爱"

与"非政"。《墨子》的逻辑观点和论辩艺术对中国后世的论辩散文有着特殊的影响。

（3）《孙子兵法》

《孙子兵法》是中国现存最早的一部军事著作。作者孙武，字长卿，春秋后期齐国人，军事家。后避乱到吴国，被吴王阖闾任为将，率军攻破楚国，名显诸侯。

孔子

《孙子兵法》是孙武总结前代和自身所经历的战争经验而写成的一部军事理论著作。全书共十三篇，六千余字。广博精深，体系完整，论述了战争与政治、经济、自然条件的关系，揭示了战争中的重要规律，包含着唯物辩证思想。他认为："兵者国家大事"，战争的胜负取决于"道""天""地""将""法"。注重调查研究，认为只有"知己知彼"，才能"百战不殆"。并且指出战争中的敌我、众寡、强弱、虚实、攻守、进退等都是相互依存、相互转化的因素，只有充分利用有利条件，发挥人的主观能动性，才能促使矛盾向有利于自己的一方转化。这些军事思想，至今仍是真理。

（4）《孟子》

《孟子》是中国战国时期的思想家、政治家、教育家孟轲及其弟子所著的一部儒家学派的重要著作。

孟子哲学思想的中心是"性善"论，其政治思想核心是"仁政"。他主张统治者应有"恻隐之心"，推恩爱民，"以不忍人之心，行不忍人之政"。

孟子深刻地讲出了人生在世应该有崇高的人格和明确的世界观，为了人生的理想，可以舍生取义，而不可在邪恶面前屈服。正是在这种人生观的支配下，孟子本身就给人树立了一个大丈夫的光辉形象。

孟子的文章，以"气"为主，气势磅礴，感情充沛，锋芒毕露，正气凛然，一直为后人所称道，对中国古代散文的发展也产生了积极的影响。汉唐以后，中国著名的散文大家，如韩愈、柳宗元、苏氏父子等，无不推崇孟子，而其文章的内容与形式也成为中国古代长期封建社会中的散文典范。

（5）《老子》

《道德经》或《老子五千文》是中国道家学派的经典著作。书中以"道"来说明宇宙万物演变生息的规律，提出"道生一，一生二，二生三，三生万物"的观点，认为"道"是"天莫之命（命令）而常自然"（《老子》五十一章），具有"独立不改，周行不殆"（《老子》二十五章）的特征。《老子》一书包含着朴素的辩证法思想，书中认为：美丑、善恶、真伪、是非、祸福、生死、荣辱、智愚、吉凶、兴废、进退、主客、巧拙、辩讷、难易、公私、怨德、贵贱、贫富、治乱等等，都是对立统一相互转化的事物。

这些哲学观点的论述，涉及政治、经济、军事、道德、修身、审美、语言等众多的社会科学领域，也涉及宇宙自然的发展变化，表现出《老子》一书的博大精深的哲学思想。

（6）《庄子》

《庄子》是中国春秋战国时期道家学派的重要著作。道家学派的奠基之作是《老子》，托名春秋时老聃所作，后世学者则认为此书形成于战国时期。

《庄子》是继《老子》以后，道家学派的又一部重要著作。作者庄周（约前369年~前286年）是战国时期著名的思想家，与梁惠王、齐宣王同时代。

庄子继承了老子的哲学思想，认为"道"是"自本自根""无所不在"的万物本源，强调事物的自生自灭，否认有"神"的主宰，世称"老庄哲学"。

《庄子》是一部文学特色非常鲜明的哲学著作。作为一家之言，在思想上，尤其是在艺术上，对后世产生了巨大影响。后世著名文人陶渊明、王维、李白、苏轼等，无不在思想和艺术上受到庄子的影响。

（7）《荀子》

《荀子》是中国战国时期属于儒家学派范畴的一部哲学著作。作者荀况（前313年~前238年），字卿，赵国人，曾任楚国兰陵令，是战国时期的儒学大师。

《荀子》散文的韵文倾向为后世韵文端倪，特别是他的五篇赋体作品成为后世赋体的一个源头。另有《成相篇》则被视为古代的通俗说唱文学。荀子的哲学思想对汉代的王充，唐代的柳宗元、刘禹锡等人都有过明显的影响。

（8）《韩非子》

《韩非子》是法家学派集大成的著作。作者韩非子（前280年~前233年）是荀卿的学生，出身贵族，口吃，但擅写文章。其书传到秦国，秦王嬴政十分欣赏，设法令其赴秦，不久因同学李斯的诬蹈而入狱自杀。

《韩非子》著作的核心内容是法、术、势相结合的法治思想。在韩非之前，法家有几个不同的学派。李悝、商鞅主张以"法"治国，认为政治制度与法令信誉是治国的工具；申不害则提出国君还要有"术"——驾驭群臣的方法；慎到又提出重"势"的原则——重视统治权力。韩非子吸收上述诸派所长主张君王治国应该法、术、势并用。所谓"抱法处势则治，背法去势则乱"（《难势》），"君无术则弊于上，臣无术则乱于下，此不可一无，皆帝王之具也。"（《定法》），法家的这种治国思想，既不同于道家的顺其自然，"无为而治"；也不同于儒家的"尊法先王"，抱残守缺；而是"论世之事，因为之备"的不断革新观点，这是很可贵的。革新与法制，是法家思想的精髓。

（9）《吕氏春秋》

《吕氏春秋》一名《吕览》，是由战国后期秦相吕不韦令其门客编辑的一部杂家观点的著述。书成后，曾公布于咸阳市门，宣言"有人能增损一字者予以千金。"

《吕氏春秋》全书26卷，由12纪、8览、6论组成，共160篇20余万言。内容以儒、道思想为主，也吸收了墨、法、形名、阴阳、兵、农各家学说。

当时秦国势力强大，行将统一中国，百家争鸣的局面渐告结束，思想界也需要总结百家争鸣的成果。《吕氏春秋》便是适应这一时代需要的产物。

《吕氏春秋》涉及的范围很广，有政治、军事、教学、文艺、礼制、数术、养生、农桑、天文、历法各方面的问题。由于对各家学说采取调和、折中的处理，观点比较驳杂，也有自相矛盾的地方。

（10）《列子》

《列子》相传为战国时郑人列御寇所作。原书已亡佚。现在流传的本子是东晋张湛所辑，共8卷。《列子》倾向于道家，其中保存了一些优秀的寓言故事和神话传说。如《愚公移山》反映出古代人民不怕困难、坚持奋斗的精神，《歧路亡羊》《杞人忧天》《人有亡铁者》,《齐人攫金》等章节,都各有自己的启发意义,表现出古代人民的思想智慧。

楚辞

楚辞是中国春秋战国时期流行于南方的一种抒情诗体。诗句中多含"兮"字以舒缓语气与抒发感情。这种歌曲最初用于祭祀,往往带有丰富的幻想,富有浪漫的情调。后来有了以屈原为代表的文人创作,主要作品有《九歌》《离骚》以及宋玉的一些作品。

(1)《九歌》

《九歌》是屈原在民间祀神乐歌基础上加工而成的一组抒情诗。

(2)《离骚》

《离骚》是"楚辞"中最为宏伟的作品,为楚国大夫屈原所作。全诗共373句,2490字,是中国诗歌史上最伟大的抒情诗篇。

屈原(前340年~前278年),生于楚国的怀王、顷襄王时代。他是楚国王室的同宗,以封地为姓。当时中国七雄并峙,相互兼并,"横则帝秦,纵则楚王"已成为当时社会的发展趋向。屈原年轻时候就进入楚国宫廷,"入则与王图议国事,以出号令;出则接遇宾客,应对诸侯。"(《史记·屈原贾生列传》)但后来受到上官大夫等人排挤,"王怒而疏屈平"。楚、秦战争之后,更把他流放到沅、湘一带。《楚辞·渔父》说:屈原既放,游于江潭,行吟泽畔,颜色憔悴,形容枯槁。他许多悲愤的诗篇,都创作于

屈原

流放时期。后来秦将白起攻下郢都,楚国灭亡在即,屈原便自投汨罗江殉国。

《离骚》是一首充满浪漫主义色彩的爱国诗篇,是屈原用生命和血泪写成的诗。这首才气纵横、感情起伏的长诗倾吐了诗人赤诚的爱国信念和救国无门的痛苦与忧伤,在艺术上取得了极高的成就。

(3)楚辞的其他作家作品

西汉司马迁说:"屈原既死之后,楚有宋玉、唐勒、景差之徒,皆好辞而以赋见称。然皆祖屈原之从容辞令,终莫敢直谏。"(《屈原贾生列传》)楚辞的其他作家主要讲宋玉他的主要作品则是《招魂》。

关于《招魂》的作者与主旨,一向都有不同的看法。一说作者是屈原,其主旨是为楚王招魂,或为自己招魂;一说作者是宋玉,主旨是招屈原之魂。古代认为:人除自身以外,还有一个独立于肉体、可以自由活动的、看不见的灵魂存在,因此便形成招魂的风俗。这种民间风俗,不专施于死者,也施于生者。

《招魂》开篇自序和篇末"乱辞"都用第一人称"朕""吾"等字,似像屈原自招其魂。诗中一再推崇楚国的富丽可爱,四方的恐怖险恶,也含有"鸟飞反故乡兮,狐死必首丘"的

情怀。

据王逸说,宋玉是屈原的弟子,但生平事迹甚少,《汉书·艺文志》载有"赋十六篇",《隋书·经籍志》有《宋玉集》三卷。但公认可信的只有《九辩》一首长诗。

秦汉文学

秦汉时期,从公元前221年秦始皇统一中国开始,到220年曹丕代汉称帝结束,历时400余年。秦代是一个短命王朝,整个汉代总的来说比较强盛。秦朝存在的时间很短,统治者专门崇尚法治,对于发展文化不大重视。因此,秦代文学没有什么成就,唯一的作家是李斯。西汉是一个泱泱大朝,取得了很高的文学成就,其中散文的成就最高。

秦汉散文

(1)李斯

李斯(?~前208年),楚国上蔡(今河南上蔡县)人。秦代著名的政治家和文学家。战国末期,他和韩非同受业于著名思想家荀况。后入秦,历任长史、客卿、廷尉,官至秦国丞相。他在辅佐秦始皇统一中国和建立专制主义中央集权的封建国家的过程中,起了重要的作用。秦二世时,被赵高杀害。李斯的文章留下来的有《谏逐客书》和《论督责》,见于《史记·李斯列传》。

(2)贾谊

贾谊(前200年~前168年),洛阳人,汉初杰出的政治家和文学家,也称贾生。少以博学能文著称,20余岁,博通诸子百家之言,被汉文帝召为博士,提拔为太中大夫。他提出了一套巩固地主政权的主张,力主中央集权,强调以民为本,颇得汉文帝赏识。后因周勃、灌婴等人的谗毁,被贬为长沙王太傅、梁怀王太傅,忧郁而死,年仅33岁。其政论散文皆见于刘向编的《新书》中。

贾谊面对当时的社会现实,以政治家敏锐的目光、文学家杰出的手笔,写出了匡时救失、具有远见卓识的政论散文。其代表作有《过秦论》《陈政事疏》《论积贮疏》等。

(3)晁错

晁错(前200年~前154年),颍川(今河南禹县)人,西汉前期著名的政治家。汉文帝时任太子家令,称为智囊。汉景帝时任御史大夫。他主张发展农业生产,抗击匈奴的入侵,削夺诸侯王国的部分封地,因而遭到诸侯的反对。吴王刘濞联合六国以"请诛晁错,以清君侧"为借口,发动了七国之乱。为了平定诸侯的叛乱,汉景帝杀晁错以退兵。著有《论贵粟疏》《守边劝农疏》《贤良文学对策》《言兵事疏》等,其中最著名的是《论贵粟疏》。

《论贵粟疏》是晁错针对当时土地兼并严重,广大农民破产逃亡的社会现象,写给汉文帝的一封奏疏。其内容是建议汉文帝重视粮食生产,提出了重农贵粟、重农抑商的主张和办法。

(4)桓宽和刘向

桓宽(生卒年不详),西汉汝南(今河南上蔡西南)人,字次公。博学多才,擅写文章。汉宣帝时任为郎,官庐江太守丞。其代表作是《盐铁论》,共60篇。

《盐铁论》记述的是汉昭帝始元六年(公元前81年)盐铁会议上御使大夫桑弘羊和贤良文学所进行的一场有关盐铁问题的辩论。

刘向(前77年~前8年),字子政,沛(今属江苏)人。西汉著名的经学家、目录学家、文学家。汉皇族楚元王刘交四世孙,著名学者刘歆之父。20岁时任谏议大夫。汉宣帝时,任散骑谏大夫给事中;汉元帝时,任散骑宗正给事中。他是皇帝的宗室,非常关心当时外戚与王室的斗争。他写过许多章表书疏,内容多是称引灾异警告皇帝要提防外戚王氏篡权,客观上反映了西汉末年统治集团内部的尖锐冲突。他因弹劾外戚宦官专权误国而两次入狱,免官多年。汉成帝时,升迁光禄大夫,官终中垒校尉。他平生著述甚多,其文章舒缓平易,说理畅达。

刘向编著了《新序》《说苑》《古列女传》等历史故事集,辑先秦及汉代史事,用以总结历史教训,阐明儒家的政治思想和伦理道德,维护刘氏的正统,排斥外戚势力。但其中也有不少意味深长的寓言故事和民间传说,《新序》中的《叶公好龙》最脍炙人口,有深刻的教育意义。

(5)班固和《汉书》

班固(32年~92年),字孟坚,扶风安陵(今陕西咸阳)人。东汉著名的历史学家和文学家。著名史学家班彪之子,年9岁即能写文章诵诗赋,及长,博通群书。班彪曾续《史记》作后传65篇。班彪死后,班固继承父业,于汉明帝永平元年(公元58年)开始私撰《汉书》。后来被人告发,以私改国史罪被捕下狱。其弟班超上书力辩,明帝阅读了班固著作的初稿,很赞赏他的才能,予以获释,并召为兰台令史,让他继续撰写《汉书》。一年后升为郎,典校秘书。经过20多年的努力,至章帝建初七年(公元82年)基本写成《汉书》。章帝时,为玄武司马;和帝时,为中护军,随大将军窦宪出征匈奴。后因窦宪被杀受牵连入狱,死在狱中。《汉书》未完成部分,由其妹班昭完成。

《汉书》是中国历史上第一部纪传体的断代史,记载了自汉高祖元年(公元前206年)至王莽地皇四年(公元23年)共229年的历史。全书共100卷,分12帝纪、8表、10志、70列传。它在体制上全袭《史记》,只改"书"为"志",取消世家并入列传。

《汉书》在中国史学史和文学史上都占有重要地位,它的人物传记的成功之作,同《史记》的优秀人物传记一样,也成为后代传记文学的典范。历史上《史》《汉》并称,各有所长,都对后代有很大的影响。

班固又是著名的辞赋家,作有《两都赋》《答宾戏》《幽通赋》等,但多为模拟之作。《两都赋》记述了长安、洛阳两都的富丽繁盛,最后归结为应建都于洛阳。作品的内容与形式是都模仿司马相如的《子虚》《上林》赋。

(6)王充和《论衡》

王充(27年~约97年),字仲任,会稽上虞(今浙江上虞)人。东汉初年杰出的唯物主义思想家、文学理论家。出身寒门,家以农桑为业。少年好学,后受业于太学,曾师事史学家班彪。因家贫无书,常去书摊阅览,遂博通众流百家之言。曾做过郡功曹、治中等地方官吏,后弃官家居,专心著述。他的著作现在保留下来的只有《论衡》一书,85篇,20余万言。

《论衡》是一部具有唯物主义思想与无神论光辉的哲学巨著。在这部著作里,王充以唯物主义观点批判了当时统治者所提倡的对于天道神权命运的迷信，表现了作者反正统思想的战斗精神。从这种精神出发，作者对当时以辞赋为主的正统文学的华而不实、伪而不真的文风也进行了尖锐的批判，并提出了不少进步的文学主张，对魏晋以后的文艺思想产生了很大的影响。

当然，王充有不可避免的历史局限性，但总的说来，却代表着那个时代的高峰。他的文学理论，具有很强的战斗性和积极意义，对后世颇有影响。

司马迁和《史记》

司马迁（前145年或前135年~前87年），字子长，左冯翊夏阳（今陕西韩城）人。他是中国古代伟大的史学家和文学家，在中国史学史和文学史上都占有极其重要的地位。他的《史记》是中国古代伟大的史诗，他的史传文学同屈原的辞赋、杜甫的诗歌、曹雪芹的小说一样，是中国古代文学史上划时代的作品，因为他们的作品都反映了他们所处的那个时代的特征，反映了那个时期的社会面貌。

司马迁生活在西汉武帝时代，这是中国古代一个空前强盛的时期。富有雄才大略的汉武帝一改汉初的"清静无为"之风，"外事四夷，内兴功利"。他改革了内政，开拓了边疆。同时，他又在思想文化方面"罢黜百家，独尊儒术"，实现了思想统一。经过汉武帝的内外经营，西汉王朝进入了全盛时期，大汉帝国雄踞世界的东方。这样一个伟大的帝国和伟大的时代，是孕育司马迁这样一位伟大作家的土壤。

然而，盛极而衰是事物发展不可抗拒的辩证法。经济的繁荣滋长了统治阶级的铺张奢靡，国力的强盛滋长了统治者的穷兵黩武，而思想的独尊儒术，则根本排斥了百家争鸣，束缚了学术文化

司马迁

的发展。司马迁看到了当时社会的隆盛，也看到了它的弊端丛生。正是在这样的一个历史背景下，司马迁以饱蘸感情的巨笔，史传文学的形式，去讴歌正义，批判腐朽，探讨新生，"亦欲究天人之际，通古今之变"，寻找历史的答案，终"成一家之言"。

元封元年（公元前110年），司马谈病逝。3年后，元封三年（公元前108年），司马迁继任太史令。他谨记父亲的遗训，缀集天下遗闻轶事，博览皇家旧史群书，开始着手编写《史记》。他一面忠心耿耿为皇帝做事，主持改订"太初历"，一面"绝宾客之知，亡室家之业，日夜思竭其不肖之才力"，潜心著述。然而，就在这时，一场横祸却降临到司马迁的头上。

公元前98年，汉武帝派飞将军李广的孙子李陵进攻匈奴。李陵一马当先，横扫千余里。但因孤军深入，寡不敌众，战败被俘，被迫投降匈奴。消息传来，武帝十分震怒。司马迁素与李陵交好，知其为人，便向武帝坦诚自己的看法，认为李陵战败迫降，实为不得已，将来一遇机会，定会报效朝廷的。这下惹恼了汉武帝，认为他是故意替李陵辩护，于

是下诏将李陵满门抄斩,同时,将司马迁打入死牢。他在狱中关了 4 年,曾想一死了之,但是,父命未竟,事业未成,如此一死轻于鸿毛。于是他从容就"腐刑",忍辱含垢活下来。出狱后,他被任为中书令,但司马迁早已无心仕途。他看透了人间的世态炎凉,对最高统治者残暴无耻有了更深一层的认识。"每念斯耻,汗未尝不发背沾衣也"。他之所以"隐恶苟活,函粪土之中而不辞者,恨私心有所不尽,鄙没世而文采不表于后也"。也就是说,他之所以苟且偷生,活在世上,就是为了了却著述《史记》的心愿。于是,他把屈辱深埋心中,把生死置之度外,以坚韧不拔的毅力发愤著史。

到公元前 90 年,整整 18 年的时间过去了,司马迁终于完成了他的鸿篇巨制《史记》。此后,他便销声匿迹了,以至于他究竟什么时候离开人世也无人知晓。他把他全部的热情、全部的心血、他的激动、他的泪水、他的喜怒哀乐以及他的全部生命,都倾注到了这部《史记》之中,他在自己的身后留下一座永不磨灭的精神丰碑。

《史记》是中国第一部纪传体通史,记载了自黄帝到汉武帝太初年间大约 3000 年的历史。全书分为 8 书、10 表、12 本纪、30 世家、70 列传,共 130 篇,526500 字。《史记》不仅是中国古代社会的历史总结,也是以写人物为中心的历史文学的典范。它通过对历史事件的述与评、对历史人物形象的塑造和褒贬,体现出作者的人民性、批判性的进步思想倾向,这是《史记》之所以成为不朽之作的精神支柱。《史记》的进步性主要表现在它顺应历史发展潮流,"究天人之际,通古今之变",肯定历史变革,颂扬为历史变革做出贡献的杰出人物。

《史记》是史学与文学完美结合的典范,它不仅有着深刻的思想内涵,而且在艺术上也有它独到的成就。

兵马俑

作为一部以写人物为中心的纪传体历史文学著作,《史记》塑造了一系列形形色色的、生动鲜明的人物形象。在《史记》的五大部分中,除了表和书以外,本纪、世家、列传都是写人的。上自帝王、将相、外戚,下到游侠、刺客、酷吏、兵家、策士、文人、儒者、医卜、倡优等等,各色人物无所不具,形成了一个历史人物的画廊。其中主要人物有制仪法、垂"六艺"的"至圣"孔子及其弟子;有贤相管仲、晏婴、萧何、曹参;有良将廉颇、李广、韩信;有行吟泽畔的屈原;有勇于变法的商鞅;有战国四公子信陵君、平原君、孟尝君、春申君;也有一代豪杰项羽、汉朝开国之君刘邦;有著名谋士良臣张良、陈平,也有造反的农民英雄陈胜、吴广。这些人物来自各个不同阶级、阶层,不同职业、集团,但都是在历史上有代表性的人物。司马迁在忠于史实的前提下,擅于调动各种文学手段塑造人物形象,使一个个历史人物既真实可信又栩栩如生,各具个性特征,音容笑貌跃然纸上。读后给人留下了深刻的印象,宛如历史长河的灿烂群星,光彩照人。

"史家之绝唱,无韵之离骚",这是鲁迅先生对《史记》的崇高而又客观的评价。在古代,从班固以下的史学家、散文家无不对其推崇备至。从散文写作、文章风格上说,许多作家都从《史记》中汲取了营养。唐代古文运动的大家韩愈得其文风的矫健,宋代大散文家欧阳修得其一唱三叹,清代桐城派大师方苞得其记事有序有法。《史记》作为传记文学的开先河之作,最早取得了塑造人物形象的成功,对明清小说、戏剧的创作也产生了一定的影响。《史记》中的许多故事和人物,千百年来在人民中间广为流传,成为小说、戏剧以及其他文学形式取材的源泉。《史记》中所歌颂的许多英雄人物为后人所仰慕,历代的文人武士都可以从中受到鼓舞和激励。可见,两千年来《史记》的影响是极其深远而广泛的。

汉代辞赋

辞赋是两汉 400 年间最流行的一种文学形式。西汉初期,是骚体赋向散体大赋的过渡时期,辞赋以抒情为主,其代表作家是贾谊和枚乘。汉武帝时代是辞赋最兴盛的时代,辞赋内容广泛、辞采富丽、体制宏大,因此成了文苑的宠儿,共有赋 400 余篇。这一时期最有成就的代表作家是司马相如。此外,还有朱买臣、东方朔、枚皋等。西汉末年,较有成就的辞赋家是扬雄。东汉时期,散体大赋呈日益僵死的趋势,抒情小赋逐渐发展起来。抒情小赋文字清新,体制短小,表现了汉赋晚期的重大变化。其代表人物有张衡、蔡邕、赵壹等。

(1)枚乘

枚乘(? ~前 140 年),字叔,淮阴(今属江苏)人,西汉著名的辞赋家。他生活在文景时代,初为吴王刘濞郎中,曾上书谏阻吴王谋反,未被采纳,遂投奔梁孝王,为梁孝王门客。后来吴王发动叛乱,他又上书劝谏,因此知名当世。景帝召拜他为弘农都尉。后来以病辞官,复游于梁。"梁客皆善辞赋,乘尤高"。梁孝王死后,他回到老家淮阴。汉武帝即位后,慕其文名,以安车蒲轮征其入京,卒于道中。《汉书·艺文志》著录枚乘赋 9 篇,今存有《柳赋》《菟园赋》《七发》3 篇。前两篇后人多怀疑是伪作。《七发》比较可靠,它是标志汉赋形成的第一篇作品。

(2)司马相如

司马相如(前 179 年~前 118 年)字长卿,成都人。汉大赋的代表作家,也是中国辞赋发展史上最杰出的辞赋作家。好读书击剑,汉景帝时任武骑常侍。后借病辞官,从枚乘游梁,在梁作《子虚赋》。梁孝王死后,相如归蜀,路过临邛(四川邛崃)时,以弹琴结识了临邛富人卓王孙寡女卓文君,情笃意深,遂双双私奔,同归成都。因为相如家贫,两人又回到临邛,当垆卖酒为生。卓王孙以为耻,乃分给文君家僮和财物。他们二人的爱情故事遂成佳话,在民间广为流传,后世小说、戏曲曾取为题材。

后来汉武帝读了《子虚赋》,大为欣赏相如的才气,有"朕独不得与此人同时"的感叹。后武帝召见相如,相如说《子虚赋》乃诸侯之事,未足观也,请为天子游猎赋,遂作《上林赋》。武帝大喜,封之为郎,侍从武帝左右。后来任中郎将,曾出使西南少数民族地区,对沟通汉与西南少数民族的关系做出了贡献。晚年免官闲居,郁郁而卒。《汉书·艺文志》载他的赋 29 篇,现存 6 篇,即《子虚赋》《上林赋》《大人赋》《长门赋》《美人赋》和《哀秦二世赋》。其中《子虚赋》和《上林赋》是司马相如的代表作,也是汉赋兴盛时期的代表作品。

　　司马相如的赋在一定程度上反映了强大的汉帝国的面貌,多少表现了当时统治者的一种发扬蹈厉的精神,奠定了汉赋的格局。其后的赋家多半是陈陈相因,缺乏创造性。鲁迅说相如"制作虽甚迟缓,而不师故辙,自摅妙才,广博宏丽,卓绝汉代"。

　　(3)东方朔和扬雄

　　东方朔(前154年~前93年),字曼倩,平原厌次(山东惠民)人,西汉文学家。性诙谐滑稽,擅辞赋,《史记》把他列入《滑稽列传》,《汉书·艺文志》把他列入杂家。汉武帝即位之初,他上书自荐,武帝令其待诏公车,后任常侍郎、太中大夫等职。他言辞敏捷,性格诙谐,常在汉武帝面前调笑取乐,被视为俳优。但常常"观察颜色,直言切谏"。他曾上书反对武帝修造上林苑。文章《谏除上林苑》指出了武帝大造宫殿、大开猎场的错误与危害。由于武帝把他当作俳优看待,他在政治上始终受不到重用,故作散文赋《答客难》发泄牢骚。

　　《答客难》言辞激切,略带幽默感,寓庄于谐。文风放浪,气势逼人,是东方朔对后世影响最大的文章。

　　扬雄(前53年~18年),字子云,成都人,西汉末年最著名的辞赋家。

　　扬雄口吃,不能畅谈,默而好沉思,心胸淡泊,无心仕进,历成、哀、平三世,官不过黄门郎。他埋头著述,在哲学与语言学方面都有突出的贡献。扬雄的赋,据《汉书·艺文志》载有12篇。除铺叙祭祀游猎的大赋外,还有《解嘲》《解难》《逐贫》《酒箴》等抒怀的散文赋和状物小赋。其赋作最为著名的是《甘泉赋》。

　　扬雄认为辞赋是"童子雕虫篆刻",是小孩子堆砌文字的玩意,"壮夫不为也"。他认为当时的赋"极丽靡之辞,宏侈巨衍,竟于使人不能加也,即乃归之于正,然览者已过矣",很少起到讽谏的作用,指出了汉赋的根本弱点。他把以屈原为代表的楚辞作品称为"诗人之赋",把宋玉以后赋家的作品称为"辞人之赋"。他提出"诗人之赋丽以则,辞人之赋丽以淫"的看法,认为前者意存讽谏,而后者则虚滥奢靡。他要求辞赋合于讽喻的正道,这种文学观点是有一定进步意义的。

　　(4)东汉的抒情小赋

　　东汉时期,汉代叙事大赋已接近尾声,抒情小赋逐渐兴起。这些抒情小赋,代表着东汉辞赋的发展趋向,在辞赋发展史上占有重要地位。张衡就是这样一位承前启后的辞赋家。

　　张衡(78年~139年),字平子,南阳西鄂(今河南南阳)人,中国古代伟大的科学家和文学家。他博通群书,曾任太史令、河间相、尚书等官职。他创造了世界上第一架利用铜壶滴漏带动的浑天仪和第一台测定地震方位的地动仪。他的文学成就主要表现在诗和赋两方面。著名的《四愁诗》,对后来七言诗的形成起到了重大作用。最著名的赋篇是《二京赋》和《归田赋》。

　　赵壹(122年~196年),汉末人,字元叔,汉阳西县(今甘肃天水)人,东汉辞赋家。他恃才傲物,狂荡不羁,终身位不过郡吏,遭乡党世俗排斥,屡陷于罪。他的代表作品是《刺世疾邪赋》和《穷鸟赋》。

汉代乐府民歌

汉代乐府的职能,一是组织文人写词配曲,演习排练歌舞,供皇帝以及有关部门的需要。当时主要是把文人所做的歌功颂德的诗赋配上乐谱。二是组织人到各地采集民歌。这些民歌主要反映了各地人民的生活和思想感情,这是它不同于后代的一个最大特点。正如《汉书·艺文志》所说:"自孝武立乐府而采歌谣,于是有赵、代之讴,秦、楚之风,皆感于哀乐,缘事而发,亦可以观风俗,知薄厚云。"这里说采诗的目的是为了考察民情,当然,也是为了宫廷娱乐。这在客观上起到了保存民歌的作用,使民歌得以记录保存、流传后世。

汉代采集的民歌,《艺文志》所著录的共138篇,这是西汉的民歌,东汉的尚不在内。采集的范围遍及黄河、长江流域,比周代采诗要广泛得多。宋人郭茂倩编辑的《乐府诗集》,是保存乐府诗最完备的一部总集,共100卷,辑录汉魏至唐五代的乐府歌辞及先秦至唐末歌谣,分乐府诗为12类。汉乐府民歌主要收录在"鼓吹曲辞""相和歌辞""杂曲歌辞"中。

现存的汉代乐府民歌40余篇。这些民歌"感于哀乐,缘事而发",多方面地反映了汉代人民的生活、思想、情绪和愿望,极为深刻地揭示了汉代社会生活的种种矛盾,具有丰富的社会内容和高度的思想性。

汉乐府民歌对后世文学的发展影响极为深刻,它直接继承发扬了由《诗经》开创的现实主义优良传统,承上启下,引导着后世诗人们走反映社会生活现实的诗歌创作道路。从曹氏父子到李白、杜甫,再到元稹、白居易的新乐府运动,无一不是学习汉乐府反映社会现实、反映人民疾苦的现实主义精神。汉代乐府民歌的思想内容和艺术成就长期哺育着后代文学家,使他们从中吸取了极其丰富的创作思想和艺术养料。

魏晋南北朝文学

魏晋南北朝时期的文学,起自汉末董卓之乱(公元190年)止到隋代统一(公元589年),历时约400年。

魏晋南北朝时期,中国社会处于长期分裂和动荡不安的状态。由于各族人民的辛勤劳动,南北经济有了进一步的发展。北方民族的迁徙杂居,加速了各族封建化的过程,出现了民族大融合的局面,为隋唐的强盛奠定了基础。

魏晋南北朝时期是一个大动荡的时代。随着社会的动荡、时局的变化,社会思想和文学都有重大变化。汉代自武帝以来儒学独尊的局面已经瓦解,封建阶级的一些传统的思想学说有了不同程度的发展,思想界呈现出复杂纷纭的局面。

魏晋南北朝文学丰富多彩,文采风流,诗赋盛行。既有继承汉乐府现实主义传统的文学,又有以新的审美观进行的创作,也出现了文学批评专著,文学进入了自觉的时代。

建安文学

建安(公元 196 年~220 年)是汉献帝刘协的年号,文学史所指建安时期则是指汉献帝初平元年(公元 190 年)到魏明帝太和年间(公元 233 年)。

建安文学是中国文学发展的一个重要时期。这一时期,作家众多,其中以"三曹""七子"和蔡琰为代表。他们大多亲身经历了汉末的社会动乱,饱受忧患,对战争给人民带来的灾难有深刻的感受。而且他们在政治上有一定抱负,具有统一天下、安定社会的理想与渴望,希望在这个风起云涌的时代有所作为。他们继承了汉乐府民歌的现实主义传统,在作品中反映社会现实,表现了统一天下的理想壮志,具有梗概多气、慷慨悲凉的风格特征。建安文学的成就是多方面的,诗歌创作空前活跃,普遍采用了新兴的五言形式,奠定了五言诗在文坛上的坚固地位。汉代那种铺张堆砌的大赋消沉了,具有浓厚诗意的抒情小赋方兴未艾。散文则趋于自由通脱,文学批评风气开始出现。因此,建安时期是中国文学史上一个辉煌灿烂的时期。

(1)曹操

曹操(公元 155 年~220 年),字孟德,小名阿瞒,沛国谯(今安徽亳县)人,汉末杰出的政治家、军事家和诗人。其父曹嵩是宦官曹腾的养子。他 20 岁举孝廉为郎,历任洛阳北部尉、济南相等职。他在镇压黄巾起义中逐步扩充了军事力量,建安元年(公元 196 年)迎汉献帝于许昌,从此"挟天子以令诸侯",击败袁绍,统一北方,成为北方的实际统治者。建安十三年(公元 208 年)进位丞相,二十一年(公元 216 年)封魏王,死后其子曹丕称帝,追尊为魏武帝。曹操对结束汉末以来军阀长期混战的局面、促进国家的统一起过重要做用,又以自己富有创造性的作品开创了文学上的新风气,是建安文学新局面的开创者。

曹操现存乐府诗 20 余首,较完整的散文 40 多篇。他御军三十余年,"登高必赋,及造新诗,被之管弦,皆成乐章。"他用乐府古题自创新诗,反映了新的社会现实,表现出一位政治家的博大胸襟和深刻眼光。

曹操还有不少表现出自己统一天下的雄心壮志和积极进取精神的诗篇,如《观沧海》:

曹操

"东临碣石,以观沧海。水何澹澹,山岛竦峙。树木丛生,百草丰茂。秋风萧瑟,洪波涌起。日月之行,若出其中;星汉灿烂,若出其里。幸甚至哉,歌以咏志。"

诗中辽阔壮观的画面,展示了诗人的雄伟气魄和广阔的胸怀,吟诵之际,使人感受到这位盖世英雄心中那一股叱咤风云的豪迈气概。此外,曹操的《龟虽寿》:

"老骥伏枥,志在千里,烈士暮年,壮心不已",显示了志士不甘衰老的奋发向上的胸怀,内蕴含着一股自强不息的豪迈气概,给人以积极进取的启迪,是千古传诵的名句。

又如另一名篇《短歌行》:

"对酒当歌,人生几何? 譬如朝露,去日苦多。慨当以慷,忧思难忘。何以解忧? 唯有杜康。青青子衿，悠悠我心。但为君故，沉吟至今。呦呦鹿鸣，食野之苹。我有嘉宾，鼓瑟吹笙。明明如月，何时可掇？忧从中来，不可断绝。越陌度阡，枉用相存。契阔谈宴，心念旧恩。月明星稀，乌鹊南飞。绕树三匝，何枝可依？山不厌高，海不厌深。周公吐哺，天下归心。"

诗人以"对酒当歌"这种貌似颓放的意态来表现对人生哲理的严肃思考和及时进取的精神，酣畅淋漓地抒写出诗人慷慨不平的心曲和渴慕贤士的情意，表现了诗人志欲统一天下、建功立业的宏伟抱负，格调高远，慷慨悲凉。

曹操的诗在艺术上有很高的成就，语言质朴自然，风格健康明朗。他那拯世济物、统一天下的宏伟抱负，正视现实、关心民生疾苦、关心国事的慷慨激情，以及壮志难酬的低沉悲凉情调交织在一起，形成了他独特的风格，"如幽燕老将，气韵沉雄"，极具慷慨悲壮之气概，体现了"建安风骨"的文风和特点。

（2）曹丕

曹丕（187年~226年），字子桓，曹操次子。三国魏著名文学家。他虽然也有一些作品反映出了军旅生活的艰辛，流露出对人民的同情，但是内容远不及他父亲的深刻、丰富，也没有那种古直苍凉的气韵。现存诗歌40余首，其中比较出色的是描写男女爱情和离别愁恨的作品，以《燕歌行》第一首最为著名。此外，还有《杂诗》《清河作》《于清河见挽船士新婚与妻别》等诗也较为出色。

（3）

曹植（192年~232年），字子建，曹操之子，曹丕之弟。建安时期最杰出的文学家。曾封为陈王，死后谥曰思，故世称陈思王。他才华出众，深得曹操的赏识与宠爱，曾欲立为太子。曹丕称帝后，受到猜忌和迫害，屡遭贬爵、改换封地。曾多次上书请求任用，终未如愿，忧郁而死。这种生活悲剧，对他的文学创作有很大的影响。曹植现存诗歌80余首，较完整的词赋、散文40多篇。

曹植的文学创作活动，以曹丕即帝位为界，分为前后两个时期。曹植早年随父南征北战，有着远大的抱负和强烈的建功立业的事业心。他前期的诗歌主要是表现追求政治理想、向往建功立业的雄心壮志，如《白马篇》：

"白马饰金羁，连翩西北驰。借问谁家子？幽并游侠儿。少小去乡邑，扬声沙漠垂。宿昔秉良弓，楛矢何参差。控弦破左的，右发摧月支。仰手迎飞猱，俯身散马蹄。矫捷过猴猿，勇剽若豹螭。边城多警急，虏骑数迁移。羽檄从北来，厉马登高堤。长驱蹈匈奴，左顾凌鲜卑。弃身锋刃端，性命安可怀？父母且不顾，何言子与妻！名编壮士籍，不得中顾私。捐躯赴国难，视死忽如归。"

诗人以浓墨重彩描绘了一位爱国志士渴望卫国立功不惜牺牲的英雄形象，抒发了自己建功立业的雄心壮志，感情炽热，语言华美，风格雄放，乐观豪迈。

曹植是建安时期创作五言诗最多的作家，对五言古诗的发展贡献突出。他的诗"骨气奇高，词采华茂"。其作品个性表现之充分、鲜明和强烈，是在屈原以后和陶渊明以前所仅见的。他是建安文学的杰出代表，钟嵘称之为"建安之杰"，在中国文学史上有着重要的地位。

（4）建安七子和蔡琰

除了"三曹"外，"建安七子"也是建安时期的主要作家。"七子"之称出于曹丕的《典论·论文》："今之文人，鲁国孔融文举，广陵陈琳孔璋，山阳王粲仲宣，北海徐干伟长，陈留阮瑀元瑜,汝南应玚德琏,东平刘桢公干,斯七子者,于学无所遗,于辞无所假,咸以自骋骥騄于千里,仰齐足而并驰。"

孔融(153~208),字文举,鲁国(今山东曲阜)人,孔子20世孙,汉末文学家。"七子"中,他年辈最长。曾任北海(今山东寿光)相,世称孔北海。曹操召为将作大匠,又迁少府。他性情刚正,直言敢谏,在政治上比较保守,反对曹操,最终被曹操所杀。孔融以文章见长,辞藻华丽,气势雄放,有较多的骈俪气息,代表作是《论盛孝章书》。盛孝章是江东名士,遭孙策嫉恨,处境危险。孔融与盛孝章交好,便写了这封书信请求曹操营救。文章简练典重,动之以情,喻之以理。曹操读罢,便让汉献帝下诏征召盛孝章,可惜诏书还没到,盛孝章已被杀了。

"七子"除孔融外,其余六人都依附于曹氏父子,想做一番事业。他们大都经历了战乱,其作品反映了社会动乱和人民所受的灾难,抒写了个人的抱负和遭遇,表现了建功立业的精神,生动深刻,颇为感人。"七子"的代表是王粲。

王粲(177年~217年),字仲宣,山阳高平(今山东邹县)人,汉末著名文学家。他出身世家,少有文名,被著名学者蔡邕称为"异才"。17岁时避难荆州依刘表,未被重用。后归曹操,任丞相掾,赐爵关内侯。官至魏国侍中。"七子"中,他的文学成就最高。刘勰说:"仲宣溢才,捷而能密,文多兼善,辞少瑕累,摘其诗赋,则七子之冠冕乎。"王粲诗赋的数量几乎是等于其他6人的总和。他的《七哀诗》《从军诗》《登楼赋》等,都是中国文学史上的名篇,是汉末社会动乱的现实写照。

王粲还长于辞赋。他寄居荆州时所做的《登楼赋》,是抒情小赋中的名篇。赋中表达了他对故乡的思念,感叹战乱不休,年华易逝,渴望时世清明,天下一统,具有积极的进取精神。

陈琳(?~217年)以书檄驰名。他的《为袁绍檄豫州》,劝刘备归附袁绍,不要依赖曹操。文中痛诋曹操及其先世的败德,有纵横家之声势。曹操苦于头风病发,卧读陈琳书檄,翕然而愈,可见陈琳笔力之犀利。袁绍失败后,他归附曹操,曹操爱其才而用之。陈琳诗作仅存4首,但其《饮马长城窟行》一诗却脍炙人口:

"饮马长城窟,水寒伤马骨。往谓长城吏:'慎莫稽留太原卒!''官作自有程,举筑谐汝声!''男儿宁当格斗死,何能怫郁筑长城!'长城何连连,连连三千里。边城多健少,内舍多寡妇。作书与内舍:'便嫁莫留住。善事新姑嫜,时时念我故夫子。'报书往边地:'君今出语一何鄙!''身在祸难中,何为稽留他家子?生男慎莫举,生女哺用脯。君独不见长城下,死人骸骨相撑拄!''结发行事君,慊慊心意关,明知边地苦,贱妾何能久自全!'"

这首诗用对话的方式,从筑城卒与妻室的书信对答中,反映了修筑长城的劳役给人民带来的深重苦难。长城窟下,水寒伤骨,死人众多,筑城卒已无生还的希望。他不希望心爱的妻子耽误青春,催她再嫁。而妻子对丈夫忠贞不渝,表示既然丈夫难以存活,自己也决心以死殉情。全诗充满了身家破灭的悲痛,其中"生男慎莫举"四句,更是劳动人民悲惨生活的血泪之语,极为沉痛酸楚。封建时代,本来重男轻女,诗中却说生男不要去养活他,生女要用肉去喂养她,可见人民对繁重的徭役兵役的愤恨。杜甫受到陈琳这首诗的启发,在《兵车行》中写道:"信知生男恶,反是生女好。生女犹得嫁比邻,生男埋没随百草。"陈琳的这首诗五七言杂用,通篇7次换韵,以叙事纪言的乐府体式来反映民间疾苦,声调铿锵,文情并茂,是建安诗坛的一枝独秀,为后来杜甫、白居易等诗人所继承和发展。

阮瑀(?~212)也以书檄驰名。他的《为曹公作书与孙权》文,文笔流畅,很具感染力。他的《驾出北郭门行》诗,写孤儿为后母所虐待,颇有社会意义。刘桢(? ~217)则以诗歌见长,其代表作有《赠从弟》三首。钟嵘在《诗品》中把刘桢列在上品,称他的诗"仗气爱奇,动多振绝,真骨凌霜,高风跨俗"。徐干有《室思诗》6首,其中写道:"思君如流水,何时穷已时","寄身虽在远,岂忘君须臾",语言流畅,情深意长。应玚(? ~217年)有《别诗》2首,写征夫悲怀,感情真切。"七子"的创作虽各有特色,但反映社会现实、抒发理想抱负、情调慷慨悲凉的方面则是相同的。

建安时期唯一的女诗人是蔡琰。蔡琰,字文姬,陈留圉(今河南杞县)人,蔡邕之女。她博学多才,精通音律,一生的遭遇非常不幸。幼年时曾随被陷害获罪的父亲度过一段流亡生活,后来嫁给河东卫仲道,夫亡无子而回母家寡居。在汉末大乱中又为胡人所掳,滞留南匈奴12年,嫁给胡人左贤王,生有2子。后为曹操赎回,再嫁陈留董祀。她的作品有3篇流传,《悲愤诗》五言、骚体各一篇,《胡笳十八拍》一篇。能确定不是他人委托的,只有五言的《悲愤诗》。

建安时期文学创作上的繁荣和建安作家们所取得的突出成就及文学创作上的现实主义的特色,被后来的文学家誉为"建安风骨",并当作宝贵的文学传统加以珍视,看作是评价文学作品好坏、成就高低的标准。"建安风骨"的传统对后世文学有着深远的影响。

正始文学与太康文学

(1)正始文学

继建安文学之后是正始文学。正始(240年~249年)是魏齐王曹芳的年号。这一时期,曹魏政权逐渐削弱,代表士族大地主利益的司马氏集团逐渐掌握了魏国的军政大权,与曹魏集团之间争权夺利的斗争异常尖锐激烈,政治非常黑暗,社会思潮发生了重要变化。

在极端恐怖的政治局面下,文人大多接受老庄思想的影响,借以逃避现实,或任性放达,用曲折的方式来反抗黑暗现实。顾炎武说:"至正始之际,而 二浮诞之徒,骋其智识,蔑周、孔之书,习老、庄之教,风俗又为之一变。"

当时这种思想的代表是"竹林七贤"。《世说新语·任诞篇》说:"陈留阮籍、谯国嵇康、河内山涛,三人年皆相比,康年少亚之。预比契者,沛国刘伶、陈留阮咸、河内向秀、琅玡王戎,七人常集于竹林之下,肆意酣畅,故世称竹林七贤。"

竹林名士的政治思想和生活态度跟"建安七子"有所不同。他们崇尚老庄,蔑视礼法,寄情于山水,饮酒放荡,各自以不同的方式拒绝与司马氏合作。在文学上,以阮籍、嵇康的成就最大。

阮籍(210年~263年),字嗣宗,陈留尉氏(今河南开封)人,三国魏著名诗人。阮瑀之子。曾任步兵校尉,世称"阮步兵"。他"本有济世志,属魏晋之际,天下多故,名士少有全者,借由是不与世事,遂酣饮为常。"曾登广武山观看楚汉古战场,感慨道:"时无英雄,使竖子成名。"他生不逢时,虽有济世之志,不仅抱负无由施展,自身的安全也没有保障,于是他转而崇尚老庄,对黑暗的现实采取了一种消极的反抗态度,饮酒昏酣,遗落世事,做出种种狂态,是当时著名的不拘礼法的人物。

阮籍的散文《大人先生传》,虚构了一个抗世傲俗、超然独往、与道合一的大人先生形象,对封建社会做出深刻的揭露和批判,讽刺那些循规蹈矩的礼法之士不过是藏在裤缝中的虱子。文章言辞辛辣,韵文与散文间杂,风格独特。

嵇康(224年~263年,一说223年~262年),字叔夜,谯郡铚(今安徽宿县)人,三国魏著名文学家。做过中散大夫,也称"嵇中散"。少时孤贫,聪慧博学,多才多艺。他崇尚老庄,恬静寡欲,却又刚肠疾恶,锋芒毕露。他反对司马氏为篡权所推行的虚伪礼教,公开发表"非汤武而薄周孔"的言论,拒绝与司马氏合作。

嵇康的诗现存50首,以四言诗为主。他的诗在感情上和阮籍一样,也是在当时恐怖政局下曲折复杂感情的反映,但艺术成就较之阮籍则略见逊色。

正始文学与建安文学有着明显的不同,它具有浓厚的老庄思想色彩,但其主要倾向是抨击黑暗政治,仍然反映了社会现实,基本精神还是继承了"建安风骨"的传统。

(2)太康文学

西晋初期,全国统一,政局比较稳定。晋武帝太康(280年~289年)年间,社会呈现出暂时的繁荣景象,"天下无事,赋税平均,人咸安业而乐其事"。就在这昙花一现的繁荣景象里,文学史上也继建安文学之后出现了一个比较兴盛的短暂时期。当时文坛上有三张(载、协、亢)、二陆(机、云)、两潘(岳、尼)、一左(思)等一批作家。

太康文学与建安、正始文学比较,出现了明显的变化。文学作品的社会内容贫乏,追求形式的倾向比较严重。"采缛于正始,力柔于建安,或析文以为妙,或流靡以自妍"。陆机、潘岳是太康诗风的代表作家。这一时期,只有左思、刘琨等个别作家在文学上表现了突出的成就。

①陆机和潘岳

陆机(261年~303年),字士衡,吴郡吴(今江苏苏州)人,西晋著名文学家。曾任平原内史,世称"陆平原"。吴丞相陆逊之孙,吴大司马陆抗之子。吴亡后入洛阳,成为太康文坛最著名的作家,被后人誉为"太康之英"。成都王司马颖讨伐长沙王,任他为后将军、河北大都督,兵败被杀。

陆机的诗注意追求辞藻和对偶,具有繁富之美,但由于文饰过分,往往是堆砌呆板,繁冗乏力,内容贫乏,缺少新意。只有少数作品比较真切自然,如《赴洛道中》其二:

"远游越山川,山川修且广。振策陟崇丘,案辔遵平莽。夕息抱影寐,朝徂衔思往。顿辔倚嵩岩,侧听悲风响。清露坠素辉,明月一何朗。抚枕不能寐,振衣独长想。"这首诗是诗人在太康十年应诏赴洛阳时写成的,比较形象地写出了诗人去远行途中内心纷扰的忧思和对前程的重重顾虑,对偶工整,辞藻精美。

陆机的文与赋的成就高于诗歌,如《豪士赋序》《吊魏武帝文》,表现出豪迈而又凄婉的风致。《演连珠》假喻设譬,颇含讽议之义,文字工整,具有浓厚的骈丽气息。《文赋》则是中国文学批评史上第一篇系统而又完整的论文学创作的文章,主要内容之一是论证文学创作的过程,细致地论述从构思到谋篇及如何运用想象等问题;二是探讨立意修辞等问题;三是在曹丕所分文体四科的基础上又区分文体为十类,并说明其不同的要求。《文赋》对当世和后代文学创作及文学理论的发展,都有积极的影响。

潘岳(247年~300年),字安仁,荥阳中牟(今河南中牟县)人,西晋著名文学家。少以才慧知名,乡邑称为奇童。早举秀才,十年未得官。后历任河阳令、怀县令、太傅主簿、著作郎、散骑侍郎、给事黄门侍郎等职。与石崇等谄事贵戚贾谧,为贾谧"二十四友"之首,因赵王伦亲信陷害被杀。

他工于诗赋,与陆机齐名,后人有"陆才如海,潘才如江"的赞语。他的诗与陆机的诗一样,缺乏深厚的内容,铺叙过多,但词采华艳,感情真挚,比陆诗显得明净流畅。

潘岳的《怀旧赋》《寡妇赋》《哀永逝文》等都以善叙哀情著称,文辞凄切。《秋兴赋》《闲居赋》则意境清幽。

②左思和刘琨

左思(约250年~305年),字太冲,齐国临淄(今山东临淄)人,西晋最有成就的诗人。他出身寒门,父亲曾做小吏,妹左棻有才名,被晋武帝诏选入宫,全家迁居京师洛阳。左思官秘书郎。晋惠帝时,曾追随贾谧,为"二十四友"之一。后隐居不仕,专意于典籍。他曾构思10年,写成《三都赋》,显名当时,豪贵之家,竞相抄传,致使洛阳纸贵。左思的作品保持了建安文学的传统,具有比较充实的社会内容,在当时那种模拟因袭、雕饰辞藻的形式主义诗风盛行的时代,是难能可贵的。其代表作是《咏史》诗八首。

刘琨(270年~318年),字越石,中山魏昌(今河北无极县)人,是西晋略后于左思的有成就的爱国诗人。出身士族,年少有诗名。与石崇、陆机、潘岳等以文章事权贵贾谧,为"二十四友"之一。刘琨现存诗歌3首,为《扶风歌》《答卢谌》《重赠卢谌》,都反映了保卫中原的战斗生活。

陶渊明

东晋时期,士族清谈老庄玄言的风气比西晋更盛。自西晋末年至东晋初年刘琨、郭璞以后的近百年时间里,玄言文学风靡文坛,没有出现真正有成就的大家。直到东晋末年,出现了一位反清谈玄理、作品富有现实内容的田园诗人陶渊明,才给窒息的文坛带来了生气和光明。

(1)陶渊明

陶渊明(约365年~427年),一名潜,字元亮,世号靖节先生。浔阳柴桑(今江西九江西南)人,东晋伟大诗人。曾祖陶侃曾官至大司马,祖父和父亲也做过太守、县令一类的官。到他时,家境已经没落。陶渊明自幼接受老庄和儒家两方面的思想影响,29岁以前过着躬耕、读书的生活,从小养成了对大自然的热爱之情。由于受家庭和儒经的影响,他年轻时对统治阶级抱有幻想,有大济苍生之志。但他出身于没落的士族家庭,少时孤贫,得不到社会的重视。他生活在东晋末年、晋宋易代的大动乱时期,社会黑暗腐败,民族矛盾、阶级矛盾和统治阶级内部的矛盾都十分尖锐。在这种政治局面下,他进步的政治理想是不可能实现的。

陶渊明29岁时出仕,任江州祭酒,因不满官场污浊,遂辞官归去。后来又做过参军一类的小官。他的个性与污浊的官场格格不入,因此每次出仕的时间都不长。39岁那年,由于生活艰难,他开始参加农业劳动。41岁出任彭泽令。当郡督邮来县时,吏属告诉他应该束带相迎,他叹道:"我不愿为五斗米折腰向乡里小儿!"即日便解职归田,在官仅80余日。他认识到腐朽的社会现实,大济苍生的理想无从实现,又不甘心与恶浊的社会同流合污,于是一直在出仕与归隐之间徘徊,在几度出仕之后,于41岁时弃官归隐,从此步入躬耕生活,直到63岁逝世。

陶渊明不与统治阶级同流合污,洁身守志,情趣高尚。他归隐田园后,参加了一些农业劳动,有机会接触农民,对农民的思想感情有了一些体会,这对以后的创作起到了积极作用。

（2）陶渊明作品的思想内容与艺术特色

陶渊明的作品现存诗歌126首,辞赋、散文12篇。他在文学上的成就主要是诗歌,可分为田园诗和咏怀、咏史诗两大类。

最能代表陶渊明的创作特色和艺术成就的是田园诗。田园诗按其内容可分为三方面。有表现农村恬美的景色和归隐后悠然自得的心境与生活的,如《饮酒》其五:

"结庐在人境,而无车马喧。问君何能尔? 心远地自偏。采菊东篱下,悠然见南山;山气日夕佳,飞鸟相与还。此中有真意,欲辨已忘言。"

诗人远离了污浊的现实,回到悠然自得的生活中,感到获得了归宿,心境自由而恬静。又如《归园田居》其一:

"少无适俗韵,性本爱丘山。误落尘网中,一去三十年。羁鸟恋旧林,池鱼思故渊。开荒南野际,守拙归园田。方宅十余亩,草屋八九间。榆柳荫后檐,桃李罗堂前。暧暧远人村,依依墟里烟。狗吠深巷中,鸡鸣桑树颠。户庭无尘杂,虚室有余闲。久在樊笼里,复得返自然。"

诗人描绘出一幅典型的田园风光,庆幸自己终于冲破"尘网""樊笼",复得返自然,表现了他对丑恶社会的鄙视和重返故乡的喜悦。

（3）陶渊明对后世的影响

陶渊明的诗在玄言诗统治文坛的当时,并未能震动贵族文坛,他对后世的影响是随着历史的发展而逐渐扩大的。南朝梁时钟嵘《诗品》将他列为中品。到了唐代,他在文学史上的地位方得到承认。唐以后,他在文学史上。从李白、杜甫、白居易,到苏轼、辛弃疾、陆游,直到晚清的黄遵宪,都十分推崇他,并不同程度地受到他的影响。陶渊明是魏晋南北朝最有成就的诗人,他不为当时风尚所囿,独能以清新的诗歌打破玄言诗的统治。他的咏怀、咏史诗,发扬建安文学的精神,继承阮籍、左思的传统,使后世重新确认了他的价值,确立了他在文学史上应有的重要地位。

他开创了田园诗派,为诗歌创作开辟了新的天地。他的田园诗和稍后的谢灵运的山水诗一起,改变了玄言诗统治文坛的局面,有力地推动了文学的发展,唐代的王维、孟浩然等就是在学陶的基础上形成各自的创作风貌的。后世有成就的诗人极少不受到他的艺术熏陶和对他表示推崇的,如唐代大诗人李白曾用"何时到栗里,一见平生亲"的诗句来表示自己的仰慕之情;杜甫也说:"焉得思如陶谢手,令渠述作与同游";陆游自云"我诗慕渊明";黄遵宪以陶有"结庐在人境"的诗句,名其诗集为《人境庐诗草》,可见陶渊明诗歌的艺术风格对后世的深远影响。

陶渊明对后人的思想影响也很深远,他蔑视权贵、不与统治者同流合污的气节和高洁不群、光明磊落的人格,给后世作家以良好的榜样。李白"安能摧眉折腰事权贵,使我不得开心颜"的傲岸性格,便与陶渊明一脉相通。宋代苏轼将陶诗抄录自勉,在晚年尤觉"深愧渊明,欲以晚节师范其万一"。大思想家朱熹也对陶渊明的文章道德极其崇拜,自称"平生尚友陶彭泽,未肯轻为折腰客"。陶渊明的"桃花源"理想也给后人以深刻的启示,鼓励人们去追求自由、和平的生活。但他的有些作品却流露了人生无常、乐天安命的消极思想,也产生了不良影响。

南北朝诗歌

西晋末年以来,黄河流域兵荒马乱,社会经济文化遭到严重破坏,具有传统文化修养的士大夫大多数集中在较安定的江南一隅,因此,整个南北朝时期,江南成为全国文化的中心。南北朝诗歌的主要成就是南朝宋齐时代的谢灵运、谢朓的山水诗和鲍照的乐府诗。梁陈时代宫体诗流行,形式主义诗风泛滥。北朝文人诗坛自庾信由南入北后才有了一点生机。

(1)"二谢"和山水诗

南朝宋代谢灵运是山水诗的开创人,齐代谢朓继承并发展了山水诗,他们二人又是同族,故世称"二谢"。

谢灵运的山水诗大部分写在任永嘉太守之后,语言富丽精工,写景、抒情结合自然,如《登池上楼》:

"潜虬媚幽姿,飞鸿响远音。薄霄愧云浮,栖川怍渊沉。进德智所拙,退耕力不任。徇禄反穷海,卧疴对空林。衾枕昧节候,褰开暂窥临。倾耳聆波澜,举目眺岖嵚。初景革绪风,新阳改故阴。池塘生春草,园柳变鸣禽。祁祁伤豳歌,萋萋感楚吟。索居易永久,离群难处心。持操岂独古,无闷征在今。"

诗人先写仕途的失意,又写登楼眺望宜人的春色,"池塘生春草,园柳变鸣禽"两句自然清丽,最后抒写了意欲归隐的心情。全诗通篇对偶,着意雕琢,正是当时骈俪文风的体现。又如《石壁精舍还湖中作》:

"昏旦变气候,山水含清晖。清晖能娱人,游子憺忘归。出谷日尚早,入舟阳已微。林壑敛暝色,云霞收夕霏。芰荷迭映蔚,蒲稗相因依。披拂趋南径,愉悦偃东扉。虑澹物自轻,意惬理无违。寄言摄生客,试用此道推。"

诗人用洗练的笔法描绘了薄暮时分的湖山景致,精美而不失自然。鲍照称赞谢诗:"如初发芙蓉,自然可爱。"但结尾依然残留玄言诗的痕迹,表明这一时期的山水诗并没有彻底清除玄言诗的影响,在艺术上也不够成熟。

谢灵运的作品不乏秀句,但少佳篇,也有过于雕琢的毛病,但对玄言诗是一个进步。

谢朓(464年~499年),字玄晖,陈郡阳夏(今河南太康)人,南朝齐著名诗人。曾任宣城大守,故又有"谢宣城"之称。少好学,有美名。曾在随王萧子隆、竟王萧子良幕下任功曹、文学等职,深得赏识,为"竟陵八友"之一。明帝时任中书郎,官至尚书吏部郎。后为人陷害,死于狱中。谢朓的诗歌继承了谢灵运的山水诗风,不过风格更加清新流丽。他的作品中最出色的是那些描写山水风景的作品,如他的名篇《晚登三山还望京邑》。

南齐永明(483年~493年年间,沈约、谢朓等诗人把当时声韵学研究的成果运用于诗歌创作中,写下了大批

谢灵运

讲究声律和对偶、形式短小的诗篇,被称为"永明体"。这种新体诗便是我国格律诗产生的开端,从此开始了我国诗歌史上由古体诗到近体诗的转变时期。谢朓是永明体诗人的代表。

(2)鲍照

鲍照(约414年~466年),字明远,东海(今江苏涟水县)人,南朝宋杰出诗人。他出身寒族,少有文学才情。因献诗临川王刘义庆得到赏识,擢为国侍郎,后曾任秣陵令、中书舍人。临海王刘顼镇荆州,任为前军参军,故世称"鲍参军"。后子顼谋反赐死,他为乱兵所杀。他是代表南朝文学最高成就的作家。鲍照现存诗作约200多首,乐府诗有80多首。他继承和发扬了汉魏乐府民歌的传统精神,描写广泛的社会内容。《拟行路难》18首是他的代表作,主要抨击士族门阀制度。鲍照的诗歌,反映了广阔的生活画面,语言精朗雄健,气势俊逸奔放,格调刚健清新,显示出卓越的艺术成就。他的七言诗隔句用韵,为七言诗的发展开拓了更广阔的道路。

(3)庾信

庾信(513年~581年),字子山,南阳新野(今河南新野县)人,南北朝末年最重要的诗人,梁著名宫廷文人庾肩吾之子。初仕梁,曾任御史中丞、右卫将军。42岁出使西魏,值西魏灭梁,不得返国,被留在长安,屈仕西魏,累迁仪同三司。后又仕北周,官至骠骑大将军、开府仪同三司,世称"庾开府"。他虽居高官,心情却非常痛苦。后来陈朝请求北周放他回国,北周因爱惜他的文才不肯放还,终于老死北周。北朝的文人诗坛一直比较冷落,直到庾信由南入北,才给北朝诗坛带来转机。庾信羁留北方,痛苦的生活经历使他的思想感情发生了很大的变化。他感慨身世,倾诉故国之思,并有一些描写边塞的诗。他的代表作品是《拟咏怀》27首,主要是抒写了他对身世的感伤和对故国家乡的思念与沉痛的心情。

南北朝乐府民歌

南北朝是中国文学史上民歌又一次大放异彩的时代。由于南北朝的长期对峙,南北政治、经济、文化等的差异很大,南北朝民歌在内容和形式上也是各具特色。它们不但反映了社会现实,而且在艺术上也有创新。

(1)南朝乐府民歌

南朝乐府民歌以《清商曲辞》中的"吴声歌"和"西曲歌"为主,约500首。此外,《杂曲歌辞》和《杂曲瑶辞》中也各有少数几首。"吴声歌"产生于当时首都建业(今南京一带),"西曲歌"产生于长江中游和汉水流域一带。

现存的南朝乐府民歌与汉乐府民歌比较,内容显得狭窄、单调,多数是比较健康的情歌,也有一些情调低级、庸俗的东西。主要原因,一是因为这些民歌并不是来自农村,而是来自长江流域的繁华都邑,主要反映当时都市里中下层人民的生活情趣,二是统治阶级有意识的采集。南朝的封建统治者,多是苟安江南、生活圈狭窄、追求声色享乐的腐朽人物。他们大多爱好民间的风情小调,而且自己也能弹唱。在这种情况下,乐府机关采集的自然几乎全是"郎哥妙意曲,侬亦吐芳词"的情歌。

这些情歌多出自商贾、船户、妓女、婢妾之口,它们从各个角度细致地刻画了爱情生

活中的离合悲欢,无不真挚感人,如:

"春蚕不应老,昼夜常怀丝,何惜微躯尽,缠绵自有时。"——《作蚕丝》

"打杀长鸣鸡,弹去乌臼鸟。愿得连冥不复曙,一年都一晓。"——《读曲歌》

"侬作北辰星,千年无转移。欢行白日心,朝东暮复西。"——《子夜歌》

无疑,《西洲曲》是南朝乐府民歌中在艺术形式上最成熟、最精巧的诗篇。

(2)北朝乐府民歌

北朝乐府民歌以《乐府诗集》所载"梁鼓角横吹曲"为主,现存约60多首。"鼓角横吹曲"是北方民族马上演奏的、乐器有鼓有角的军乐,输入齐梁后,梁朝乐府机构录存,因冠以"梁"字,后世沿用,故谓"梁鼓角横吹曲"。此外,有少数收入《杂曲歌辞》和《杂歌谣辞》。

木兰诗诗意图

北朝时期,北方各少数民族入据中原,北方长期处于大分裂、大动乱之中。北朝乐府民歌全面而生动地反映了北朝200多年间的社会现实,战斗性较强,具有雄健勇武的气概和豪迈率直的情感,形成了与南方不同的色彩。如堪称千古绝唱的鲜卑族民歌《敕勒川》:

"敕勒川,阴山下。天似穹庐,笼盖四野。天苍苍,野茫茫,风吹草低见牛羊。"

这种辽阔苍茫的草原景象,是北方独有的自然景象,又是北方经济生产的独有形态,比起南方的民歌来完全是两个天地。

北朝乐府民歌艺术成就最高的要属叙事长诗《木兰辞》,全文如下:"唧唧复唧唧,木兰当户织。不闻机杼声,唯闻女叹息。问女何所思?问女何所忆?女亦无所思,女亦无所忆。昨夜见军帖,可汗大点兵;军书十二卷,卷卷有爷名。阿爷无大儿,木兰无长兄,愿为市鞍马,从此替爷征。东市买骏马,西市买鞍鞯,南市买辔头,北市买长鞭。朝辞爷娘去,暮宿黄河边。不闻爷娘唤女声,但闻黄河流水鸣溅溅。旦辞黄河去,暮至黑山头。不闻爷娘唤女声,但闻燕山胡骑鸣啾啾。万里赴戎机,关山度若飞。朔气传金柝,寒光照铁衣。将军百战死,壮士十年归。归来见天子,天子坐明堂。策勋十二转,赏赐百千强。可汗问所欲,木兰不用尚书郎,愿借明驼千里足,送儿还故乡。爷娘闻女来,出郭相扶将。阿姊闻妹来,当户理红装。小弟闻姊来,磨刀霍霍向猪羊。开我东阁门,坐我西阁床。脱我战时袍,着我旧时裳。当窗理云鬓,对镜贴花黄。出门看伙伴,伙伴皆惊惶。同行十二年,不知木兰是女郎。雄兔脚扑朔,雌兔眼迷离,双兔傍地走,安能辨我是雄雌?"

《木兰诗》和《孔雀东南飞》是中国诗歌史上的"双璧",它们有异曲同工之妙,先后辉映。《木兰诗》是现实主义和浪漫主义相结合的优秀诗篇。

散文、小说和文论

（1）南北朝的骈文和散文

南北朝时期，骈文受到帝王和贵族的重视，加上音韵学的发展和它在文学创作上的运用，形成了骈文畸形发展的局面。但在一部分历史、地理之类的学术性著作里，散文也还有一定的发展余地，如范晔的《后汉书》、郦道元的《水经注》、杨衒之的《洛阳伽蓝记》等都具有较高的文学价值。

南北朝时期，骈文在文章领域内是居于统治地位的文体形式，散文在不同程度上受到骈文影响，和魏晋以前的散文风格颇不相同。这时著名的散文多为史地学术著作。

范晔（397年~445年），字蔚宗，顺阳（今河南淅川）人。南朝宋著名史学家、文学家。历任新蔡太守、尚书吏部郎、宣城太守，官至左卫将军、太子詹事。因参与谋反事泄被杀。他博涉经史，善为文章。任宣城太守时，删取众家后汉史书，博采众家之长，写成史学名著《后汉书》90卷。《后汉书》突破《史记》《汉书》体制，独创了一些新的类传，如党锢、文苑、列女等，对后来史家有一定的影响。

郦道元（？~527年），字善长，范阳涿鹿（今河北涿县）人。北魏著名地理学家、散文家。曾任尚书主客郎、河南尹、御史中尉等职。因为政严猛，为权豪忌恨，后被杀害。

从文学上来看，《水经注》在描写景物上，取得了值得珍视的成就，被视为游记文学的开端。其中《江水注》中"巫峡"一节，是古今传颂的名篇："自三峡七百里中，两岸连山，略无阙处。重岩叠嶂，隐天蔽日，自非亭午夜分，不见曦月。至于夏水襄陵，沿沂阻绝。或王命急宣，有时朝发白帝，暮到江陵，其间千二百里，虽乘奔御风，不以疾也。春冬之时，则素湍绿潭，回清倒影。绝多生怪柏，悬泉瀑布，飞漱其间，清荣峻茂，良多趣味。每至晴初霜旦，林寒涧肃，常有高猿长啸，属引凄异。空谷传响，哀转久绝。故渔者歌曰：'巴东三峡巫峡长，猿鸣三声泪沾裳！'"三峡是万里长江最为雄伟秀丽的风景区，也是祖国山川最具有独特色彩的一处胜境。巫峡是长江三峡之一。作者开门见山，一气贯下，用生动的笔墨描写了巫峡两岸山势连绵高峻、水流一泻千里的雄姿风貌以及峡中四季景色气氛的变化，有声有色，余味无穷。它可以与李白的《早发白帝城》诗媲美："朝辞白帝彩云间，千里江陵一日还。两岸猿声啼不住，轻舟已过万重山。"两者都创造了雄伟崇高、清新幽美的艺术境界，表达了对祖国秀美江山的热爱之情。

《水经注》以描写山川景色见长，对后世山水诗和山水游记的发展，产生过积极的影响。李白的《早发白帝城》以及柳宗元的山水游记，在写景手法上就曾受到《水经注》的很大启示。

杨衒之，北平（今河北完县）人。北魏著名散文家。魏末曾任抚军府司马、秘书监，北齐时曾任期城郡太守。北魏在京城洛阳兴建佛寺一千余所，极尽奢华，后经丧乱，寺院大多毁于兵火。他重过洛阳看到这种景象后，便写了《洛阳伽蓝记》一书。

《洛阳伽蓝记》以记叙洛阳佛寺的兴废、佛教与当时封建政治生活的关系为主要内容，来揭露封建统治者佞佛祸国、侵渔百姓的罪行，表现了作者对国事的关切，并在一定程度上反映了北魏时期的政治、经济、文化状况。其中叙写贵族们的生活情态，淋漓尽致。如在《法云寺》中，记述了住在"王子坊"里的河间王元琛生活居处的豪侈精妙，元琛乃至要和晋代最豪侈的石崇比富："不恨我不见石崇,恨石崇不见我。"反映了元琛生活之奢侈无度,具有深刻的社会意义。

（2）魏晋南北朝的小说

中国的小说源于古代神话传说和寓言故事。战国时期的《山海经》和《穆天子传》中保存了许多神话传说。秦汉时期的《说苑》《新序》《吴越春秋》《越绝书》等都记叙了人物的言行,载有生动的故事,是中国小说的雏形。《汉书·艺文志》曾录小说15家,1380篇,是中国文学史上最早见于著录的小说作品,可惜只有极少的遗作保存下来。魏晋南北朝时期小说开始繁荣发展,大致可分为志怪小说和轶事小说两类。《搜神记》是志怪小说的代表作品,《世说新语》是轶事小说的集大成之作。

①干宝的《搜神记》

干宝,东晋史学家、文学家。字令升,新蔡（今河南新蔡）人。博学多才,元帝时召为著作郎,又出任山阴令、始安太守、司徒左长史、散骑常侍。著《晋纪》一书,《文选》存其《晋纪总论》。又收集神怪灵异故事撰成《搜神记》。《搜神记》是魏晋志怪小说的代表作,它虽然有迷信神异色彩,但保存了不少优美动人的古代神话和民间传说。其中最精彩的部分是一些民间传说,它们的内容具有很强的现实性,曲折地反映了人民的反抗意识和对理想的追求。这些民间传说揭露了一些不公平、不合理的社会现象,抨击了封建统治者荒淫暴虐的罪行。如《东海孝妇》一篇,写一个名叫周青的孝妇,被人诬告谋杀婆母,昏官不问情由,毒刑逼供,她含冤服罪。临刑之日,碧血逆流,上染长幡,而后郡中枯旱,三年不雨。天地神灵都为孝妇的屈死而不平。这个故事流传很广,成为后来一些戏曲改编的素材,元代关汉卿的杂剧《感天动地窦娥冤》就受其影响。又如《干将莫邪》《韩凭夫妇》,揭露了统治阶级的凶残无耻,歌颂了人民的反抗精神。鲁迅《故事新编》中的《铸剑》就取材于《干将莫邪》。可见,《搜神记》对后世小说影响之大。

②刘义庆的《世说新语》

刘义庆（403年~444年）,彭城（今江苏徐州）人。南朝宋著名文学家。武帝时袭封临川王,任侍中。文帝时,历任秘书监、尚书左仆射、中书令、荆州刺史等职,官终南兖州刺史、加开封仪同三司。他博采众说著成著名的笔记小说集《世说新语》。

《世说新语》记录了汉末至东晋的士族名流的逸闻轶事,艺术地再现了"魏晋风度"和"名士风流"。对名士的颓废放诞虽取欣赏态度,但也有助于后世了解士族的精神面貌和生活方式。如《任诞篇》记载刘伶纵酒放达,甚至脱衣裸形在室中,有人看见讥笑他,他却说："我以天地为栋宇,屋宇为衣,诸君何为入我中?"这类放荡的言行实际上反映了当时一部分人对现实深感绝望的心理。

《世说新语》在艺术上有较高的成就,它"记言则玄远冷隽,记行则高简瑰丽",语言精练含蓄,隽永传神,对后世笔记文学影响很大。后世的模仿作品很多,唐代有《续世说新语》,宋代有《唐语林》,清代有《今世说》等。书中的不少故事,如"曹植七步成诗""祢衡击鼓骂曹""温峤娶妇"等,就成为后世戏曲、平话、演义小说的素材。书中的不少语言、事迹,如"新亭对泣""谢女咏雪""望梅止渴""一往情深"等,也成为后世诗文常用的典故或人们熟知的成语。

（3）南北朝的文学批评

南北朝时期,在曹丕、陆机文论的影响下,文学理论的探索和对作家作品的批评发展兴盛起来,出现了两部真正具有理论体系的文学批评专著——刘勰的《文心雕龙》和钟嵘的《诗品》。

①刘勰的《文心雕龙》

刘勰（约466年~520年），字彦和，祖籍东莞莒（今山东莒县）人，世居京口（今江苏镇江）。南朝齐梁时杰出的文学理论批评家。他少年孤贫，笃志好学，依附当时著名和尚僧祐十余年，博通佛学经典。曾任南康王记室兼东宫通事舍人。晚年出家为僧，法名慧地。他30多岁时撰成《文心雕龙》。

《文心雕龙》是一部著名的文学理论专著，全书共有50篇。自《原道》到《辨骚》5篇，为"文之枢纽"，阐明了作者对文学的基本看法，是总论部分；从《明诗》到《书记》20篇，对各种文体做了详细的论述，是文体论；从《神思》到《总术》19篇，讨论作品风格、语言等问题，是创作论；从《时序》到《程器》5篇，论述了文学史和文学批评问题，是批评论。最后1篇《序志》，说明作者的创作目的和全书的部署意图，是全书的总序。

《文心雕龙》对文学理论的贡献十分突出，它初步建立了文学历史发展的观念，把文学发展与政治变迁相联系，把文学的演变和继承相联系。它阐述了"文"与"质"的关系，即作品的内容与形式的

刘勰塑像

关系，主张为情造文，文质并重。他说："夫水性虚而沦漪结，木体实而花萼振：文附质也。虎豹无文，则鞟同犬羊；犀兕有皮，而色资丹漆：质待文也。"他认为内容与形式应该是统一的。他反对片面追求形式的倾向，认为内容与形式两者之间内容是主要的。他反复强调风与骨、情与文二者之间不可分割的关系，要求"风清骨峻"，情文并茂。

《文心雕龙》继承和发展了先秦以来的文学理论成果，总结了先秦以来千余年的文学面貌，在当时具有积极的批判意义。对后世文学批评的发展也有着重要影响。

②钟嵘的《诗品》

钟嵘（？~552年），字仲伟，颍川长社（今河南长葛）人。南朝齐梁时著名文学批评家。齐时官至司徒行参军。梁时先后任衡阳王及晋安王记室，故世称"钟记室"。著有《诗品》3卷，《梁书》本传称之为《诗评》，成书于天监十二年（公元513年）之后。《诗品》是中国文学理论史上第一部诗歌评论专著，它是汉魏以来五言古诗的总结，共品评汉到齐梁的作家122人，按上中下三品以区别作家的高低，其中上品有11人，中品39人，下品72人。根据《诗品序》里的议论，作者也是有感于当时诗风不正，而批评又没有公认的标准，自己才著《诗品》的。

钟嵘评论诗人着眼于艺术技巧多，注意思想内容少，因而在评论中严重的存在着良莠不分、高下失序的现象。他把陆机、潘岳等人放在上品，而将陶渊明、鲍照置于中品，把曹操贬为下品，这都受到了后人的非议。他称道诗中佳句，摘句论诗，也开了后代摘句批评的不良风气。但《诗品》诗歌理论的完整性、深刻性，是前代所无与伦比的，对后来的诗歌创作评论产生了深刻的影响。

《文心雕龙》和《诗品》的出现，标志着中国古代文学批评和文学理论的发展达到了高峰，对后世的文学批评影响深远。

③萧统的《文选》

萧统(501年~531年),即昭明太子,字德施,南兰陵(今江苏常州)人,梁武帝长子,未及即位,31岁病逝。南朝梁著名文学家。他爱好文学,博览群书,引纳文人学士,主持编选了《文选》,世称《昭明文选》。

《文选》是中国现存最早的一部诗文选集,全书共60卷,选入了从先秦到齐梁时期的诗文作品700多篇,分为37类。他将经书、子书、史书划在非文学的范畴,只选人运用典故、成语、文辞华美的作品。因此,这是一部能代表当时文学观点的选本。入选的作品多数是经过精细考虑的,能反映古代各种文体概貌,为后人研究文学史提供了便利。唐高宗时,李善注释并讲授《文选》,叫作"文选学"。唐以后的文人往往把它当作学习文学的教科书。

隋唐文学

魏晋南北朝是文学自觉的时代,文学的艺术特质得到了充分的发展,文学创作积累了丰富的经验,为唐代文学的繁荣提供了很好的基础。从永嘉南渡开始的漫长岁月里,文学一直在南北分裂的局面中发展,带着明显的地域色彩,有待纳入统一的进程当中。唐人的贡献,就是在魏晋南北朝文学的基础上,合南北文学之两长,创造了有唐一代辉煌的文学。

隋代文学

隋代文学的作者,基本上由两部分人组成:一是北齐、北周旧臣,如卢思道、杨素、薛道衡等;二是由梁、陈人隋的文人,如江总、许善心、虞世基、王胄、庾自直等。前者是北朝诗风的代表,后者则是把南朝诗风直接带入隋朝。由于南朝的文学比较发达,在诗歌体式和表现形式方面,为北方作家提供了可资借鉴的方便。

在隋文帝时,北、南两种诗风是同时并存的,甚至在同一作家的创作中体现出来,但到隋炀帝杨广即位以后,身边聚集了一批南朝文士,隋代文学就明显地向重文采的南朝诗风方面发展了。虞世基是南朝文士中较有名望的一位,曾写过《出塞二首》等较好的作品。隋炀帝即位后,他成为深受器重的文学侍从,所作应制诗《四时白纻歌》《奉和望海诗》等,着意于词采的华美和对仗的工整,纯粹是为作诗而作诗。当时炀帝身边的许多文士,如王胄、庾自直、诸葛颖等,作诗亦复如此,甚为雕琢堆砌而了无生气,故鲜有可观之作留存。

相比之下,倒是隋炀帝本人所做的乐歌中,有一些清丽明快之作,如《春江花月夜二首》其一:

暮江平不动,春花满正开。流波将月去,潮水带星来。

诗题出自宫体,情调却类似于南朝民歌,能写出清丽明净的江南风物之美。这使隋炀帝创作的乐府诗,高出他身边文臣的应诏奉和之作。他常以此自负,以天子之尊,却附庸风雅,以文学领袖自居,常聚集文人宴饮赋诗,沿袭梁、陈贵族文人以诗为娱的生活方式,使诗歌创作转向咏物和咏宫廷生活琐事,很快就走向了贵族文学的末路。终隋一朝,南、北文学的合流仅限于诗风的相互影响,呈现出明显的合而不同的过渡性质。

唐诗

(1)"初唐四杰"

"初唐四杰"是指王勃(650年~676年)、杨炯(650年~693年)、卢照邻(634年~689年)和骆宾王(约619年~687年)。经过杜、李、宋、沈等人的不懈努力,从武后至中宗景龙年间,唐代近体诗的各种声律体式已经定型,并出现了一批较为成功的作品。

(2)陈子昂与唐诗风骨

陈子昂是一位对唐诗发展有重大影响的诗人。他写下了千古绝唱的《登幽州台歌》:前人见古人,后不见来者。念天地之悠悠,独怆然而涕下。

陈子昂的诗歌创作和理论主张影响了有唐一代。他对风骨的追求,他提出的诗美理想,对于唐诗的变革具有关键性的意义。这为后来唐代文学的进一步发展所证实,成为盛唐诗歌行将到来的序曲。

(3)王维

王维是盛唐山水田园诗代表作家。代表作《少年行》《送张判官赴河西》《从军行》《观猎》《出塞作》《送元二使安西》《山居秋暝》等。

(4)孟浩然

孟浩然(689年~740年),襄阳人,是盛唐诗人中终身不仕的一位作家。代表作《春晓》还有《宿建德江》等。

(5)王昌龄

王昌龄的七绝不仅质量高,而且数量多。王昌龄是个慕侠尚气、纵酒长歌的性情中人。如《出塞二首》其一:秦时明月汉时关,万里长征人未还。但使龙城飞将在,不教胡马度阴山。全诗的主调,是最末一句表现出来的卫国豪情,悲壮浑成,给人以大气磅礴之感。

(6)崔颢

崔颢是汴州(今河南开封)人,约生于武后长安四年(704),于开元十一年(723)登进士第。由于他早年好赌博饮酒,择妻以貌美为准,稍不如意即离弃,被称为"有俊才,无士行"(《旧唐书》本传)。崔颢诗歌的"忽变常体",是从他及第前两年的南游开始的,其标志是由汉水行至湖北武昌时创作的《黄鹤楼》,此诗虽为律诗变体,却被誉为唐人七律的压卷之作。

(7)边塞诗人

高适(704年~765年),字达夫,郡望渤海蓨(今河北景县),在动辄自比王侯的盛唐诗人中,高适是唯一一位做到高官而封侯者。代表作《别董大》《塞上听笛》等。

岑参(约715年~770年),祖籍南阳,出生于江陵(今湖北江陵)。代表作《白雪歌送武判官归京》等。

王之涣(688年~742年),字季凌,绛州(今山西绛县)人,曾寓居蓟门,故被称为蓟门人。王之涣仅存六首诗,有两首极为著名。一首是《登鹳雀楼》,另一首是《凉州词二首》。

(8)李白

李白(701年~762年),字太白,号青莲居士,祖籍陇西成纪(今甘肃秦安),他的家世和出生地至今仍是个谜。李白是盛唐文化孕育出来的天才诗人,其非凡的自负和自信,狂傲的独立人格,豪放洒脱的气度和自由创造的浪漫情怀,充分体现了盛唐士人的时代性格和精神风貌。代表作:《蜀道难》《将进酒》《行路难》《独坐敬亭山》《望庐山瀑布》《望天门山》《早发白帝城》《黄鹤楼送孟浩然之广陵》。

李白是时代的骄子,一出现就震惊了诗坛。他气挟风雷的诗歌创作,及其天才大手笔,当时就征服了众多的读者,朝野上下,许为奇才,享有崇高的声誉和地位。

(9)杜甫

杜甫(712年~770年),字子美,京兆杜陵(今陕西西安市西南)人,生于巩县(今巩义市),是晋朝名将杜预之后,祖父杜审言,初唐著名诗人。

代表作《春望》《闻官军收河南河北》《登高》《春夜喜雨》《江畔独步寻花七绝句》等。

(10)韦应物

韦应物,京兆万年(今陕西西安)人,约生于开元二十五年(737),父亲韦銮和伯父韦鉴都是有名的画家。

代表作:《饯雍韦之潞州谒李中丞》《寄畅当》《滁州西涧》《重送裴郎中贬吉州》《江中对月》《逢雪宿芙蓉山主人》等。

(11)韩愈

韩愈(768年~824年),字退之,河阳(今河南孟州市)人,自言郡望昌黎,故后人多称韩昌黎。他三岁而孤,由嫂郑氏抚育成人。贞元八年(792)登进士第,先后任汴州观察推官、四门博士、监察御史等。贞元十九年(803)因上书言关中旱饥,触怒权要,被贬为阳山(今属广东)令。元和十四年(819)又因反对宪宗拜迎佛骨,被贬为潮州刺史。穆宗时,他任国子监祭酒、兵部侍郎,又转吏部侍郎。有《昌黎先生集》,存诗三百余首。

韩愈

(12)孟郊

孟郊(751年~814年),字东野,武康(今浙江德清)人。大概是受韩愈影响,孟郊也创造了一些以丑为美、意象险怪的诗作。如"饿犬龉枯骨,自吃馋饥涎"(《偷诗》)、"怪光闪众异,饿剑唯待人"(《峡哀十首》其四)等,但与韩诗相比,此类孟诗数量不多,影响也不大。真正对后世产生较大影响并被后人传诵不已的,倒是那首古朴平易的小诗《游子吟》:慈母手中线,游子身上衣。临行密密缝,意恐迟迟归。谁言寸草心,报得三春晖!

(13)刘禹锡

刘禹锡(772年~842年),字梦得,洛阳人;刘禹锡最为人称道的是咏史怀古的诗作,在中唐诗坛胜境独标。如《西塞山怀古》《荆州道怀古》《金陵怀古》《姑苏台》《金陵五题》等作品,无不沉着痛快,雄浑老苍。

(14)柳宗元

柳宗元(773年~819年),字子厚,河东(今山西永济)人。代表作如《江雪》:千山鸟飞绝,万径人踪灭。孤舟蓑笠翁,独钓寒江雪。

柳宗元诗又别具风貌。简言之,刘诗昂扬,柳诗沉重;刘诗外扩,柳诗内敛;刘诗气雄,柳诗骨峭;刘诗风情朗丽,柳诗淡泊简古。

(15)白居易

白居易(772年~846年),字乐天,原籍太原。后迁居下邽(今陕西渭南),生于新郑(今河南新郑市)。

《琵琶行》与《长恨歌》是白居易写得最成功的作品,艺术表现上的突出特点是抒情因素的强化。代表作还有《大林寺桃花》等。

(16)杜牧

杜牧(803年~852年),与李商隐并称"小李杜"。两人的成就都不限于怀古咏史一种题材,而是有多方面的建树。杜牧才气纵横,抱负远大,继承了祖父杜佑以《通典》为代表的经世致用之学。代表作《登乐游原》《过勤政楼》《赤壁》《山行》《秋夕》《泊秦淮》《赠别》《寄扬州韩绰判官》等,都脍炙人口。

(17)贾岛姚合等苦吟诗人

在晚唐社会与文学的大背景下,有相当一部分诗人,以苦吟的态度做着"清新奇僻"的诗,代表人物是贾岛(779年~843年)和姚合(约775年~855年)。贾、姚二人诗名起于元和后期,但贾卒于会昌,姚卒于大中年间,已入晚唐。

贾岛、姚合等人在创作态度上的共同表现是苦吟。传说贾岛在长安街上酝酿吟诵"秋风吹渭水,落叶满长安"一联时,唐突了京兆尹刘栖楚;斟酌"鸟宿池边树,僧敲月下门"一联时,冲犯了京兆尹韩愈。具体情节虽然不一定可靠,但贾岛等人确实苦吟成癖。

(18)温庭筠与李商隐

温庭筠((约812或说801、824年~约866或说870、882年),作风浪漫。史称其"士行尘杂","与新进少年狂游狭邪"(《新唐书》本传),可算是士人中典型的浪子,这对他的诗词创作都有很深的影响。温庭筠现存诗约三百三十首,其中占六分之一的是乐府诗,华美秾丽,多写闺阁、宴游题材。

李商隐(约812或813年~约858年),字义山,号玉溪生、樊南生。李商隐唐文宗开成二年(公元847年)进士及第。曾任弘农尉、佐幕府、东川节度使判官等职。早期,李商隐因文才而深得牛党要员令狐楚的赏识,后李党的王梦元爱其才将女儿嫁给他,他因此而遭到牛党的排斥。从此,李商隐便在牛李党争的夹缝中求生存,辗转于各藩镇幕僚当幕僚,郁郁不得志,潦倒终身。晚唐唐诗在前辈的光芒照耀下大有山穷水尽的下滑趋势,而李商隐又将唐诗推向了又一次高峰,是晚唐最著名的诗人,杜牧与他齐名。

唐代散文

散体文的创作高峰是在中唐时期,但这个高峰是建立在此前散体文不断发展的基础之上的。

陈子昂的出现,在唐代前期文风的转变上起到了关键作用。他提倡风雅兴寄和汉魏风骨,使"天下翕然,质文一变"(卢藏用《陈子昂文集序》)。

韩、柳的出现,使得散体文的创作别开生面,气象一变。苏轼认为韩愈"文起八代之衰",这是很深刻的看法。

韩、柳在散体文创作上有着众多的开拓,但主要表现在两个方面。

其一、在勇于创新的基础上建立新的散文美学规范。

其二、韩、柳将浓郁的情感注入散文之中,大大加强了作品的抒情特征和艺术魅力,把古文提高到了真正的文学境地。

韩愈杂文中最可瞩目的是那些嘲讽现实、议论犀利的精悍短文,如《杂说》《获麟解》《伯夷颂》等,形式活泼,不拘一格,有很高的文学价值,对后世也颇有影响。其中最为人称道的是《杂说四》:

世有伯乐,然后有千里马。千里马常有,而伯乐不常有。……策之不以其道,食之不能尽其材,鸣之而不能通其意,执策而临之曰:"天下无马。"呜呼,其真无马邪?其真不知马也!

文章通篇以马喻人,表现作者对人才受压抑的悲愤,构思精巧,寄慨遥深。

柳宗元的杂文有显著的特征就是正话反说,借问答体抒发自己被贬被弃的一怀幽愤,《答问》《起废答》《愚溪对》等均属于此类作品。柳宗元的寓言文大都结构短小而极富哲理意味。柳宗元的传记文与抒情文也颇有佳者,如《捕蛇者说》通过对蒋氏三代经历的描写,深刻地揭示了蒋氏宁可死于毒蛇、也不愿承担赋税的内心痛苦,表现了"孰知赋敛之毒有甚是蛇者乎"的主题,全文"含无限悲伤凄婉之态"。

柳宗元的山水游记是真正艺术性的文学,美的文学。他擅于选取深奥幽美型的小景物,经过一丝不苟的精心刻画,展现出高于自然原型的艺术之美。用他的话说,就是"美不自美,因人而彰"。

晚唐五代词

在唐代发展繁荣的同时,中国诗歌又出现了一种重要的新形式——词。词于初盛唐就已在民间和部分文人中开始创作,中唐词体基本建立,晚唐以至五代,文人化程度加强,艺术趋于成熟。

(1)温庭筠及其他花间词人

温庭筠在《花间集》中被列于首位,入选作品66首。他是第一个努力作词的人,长期出入秦楼楚馆,"能逐弦吹之音,为侧艳之词",把词同南朝宫体与北里倡风结合起来,成为花间派的鼻祖。

西蜀词人韦庄,与温庭筠齐名,《花间集》收其词48首。温、韦二人同时也擅长写诗,韦庄受白居易影响较深,与温庭筠远绍齐梁、近师李贺不同。

(2)李煜及其他南唐词人

南唐词的兴起比西蜀稍晚,主要词人是元老冯延巳(903年~960年),中主李璟(916年~961年),后主李煜(937年~978年)。南唐君臣沉溺声色与西蜀相类,但文化修养较高,艺术趣味也相应雅一些。所以从花间词到南唐词,风气有明显的转变。

宋辽金文学

宋代文学基本上是沿着中唐以来的方向发展起来的。韩愈等人发动的古文运动在唐末五代一度衰颓之后,得到宋代作家的热烈响应,他们更加紧密地把道统与文统结合起来,使宋代的古文真正成为具有很强的政治功能而又切于实用的文体。

忧患意识与爱国主题

深沉的忧患意识,使宋代作家很少用文学来歌功颂德。早在宋初,已出现了路振的《伐棘篇》、王禹偁的《对雪》那样忧念国计民生的诗作。

深沉的忧患意识,又造成了宋代文学中爱国主题的高扬。爱国主题是我国源远流长的文学传统。每逢国家危急存亡时刻,这类主题便会放射出异彩,从屈原到杜甫的文学史实已经昭示了这种规律。宋代的民族矛盾空前激烈,三百年外患不断。汉、唐都亡于国内的农民起义和军阀混战,而北宋和南宋却亡于外族入侵。这样,宋代的作家就势必对爱国主题给予格外的重视。

以陆诗、辛词为代表的南宋文学,不仅反映了当时的社会现实和人民心声,而且也维护了中华民族的自信和尊严。从那以后,每当中华民族处于生死存亡的关头,人们总会从岳飞的《满江红》、文天祥的《正气歌》等作品中汲取精神力量。这是宋代文学最值得称扬的历史性贡献。

宋词

(1)北宋前期词坛

在中国诗歌史上,唯一堪与唐诗媲美的是宋词。词在宋以后并未完全衰退,到了清代,还呈中兴之势,但清词的各种流派都与宋词有一脉相承的关系。清词的复兴,正体现了宋词强大的艺术生命力。

晏殊(991年~1055年)的《珠玉词》,绝大部分作品的内容是抒写男女之间的相思爱恋和离愁别恨。如"无穷无尽是离愁,天涯地角寻思遍"(《踏莎行》);"无情不似多情苦,一寸还成千万缕。天涯地角有穷时,只有相思无尽处"(《玉楼春》)。

如果说晏殊、欧阳修主要是着眼于词艺的提高与深化,那么,范仲淹、张先等人的贡献则就主要表现在对语境的开拓。

范仲淹(989年~1052年)有着与晏、欧不同的生活经历。他曾于仁宗康定元年(1040)出任陕西经略安抚副使兼知延州(治今陕西延安),抗击西夏。四年的军旅生活,拓展了他的艺术视野,丰富了他的人生感受,也改变了他在《苏幕遮》《御街行》中所表现出的情柔语丽的词风。

张先(990年~1078年),是北宋年寿最高的词人。他一生官运虽不亨通,却也没有太大的人生挫折,精力又强健,因而一生流连风月,听歌看舞,优游卒岁。张先词的内容虽然主要是写"心中事,眼中泪,意中人"(《行香子》),并没有超越传统的相思恨别的范围。

王安石的词虽仅存29首,却颇具有开创性。他的词已脱离了晚唐五代以来柔情软调的固定轨道,而主要是抒发自我的性情怀抱,并进一步由表现个体人生的感受开始转向对历史和现实社会的反思,使词具有了一定的历史感和现实感。如《桂枝香·金陵怀古》《浪淘沙令》等。

正如宋诗直到欧阳修等人登上诗坛才显示出独特的面目一样,宋词到柳永手中才发生重大的变化。

在两宋词坛上,柳永是创用词调最多的词人。他现存213首词,用了133种词调。柳永不仅从音乐体制上改变和发展了词的声腔体式,而且从创作方向上改变了词的审美内涵和审美趣味,即变"雅"为"俗",着意于运用通俗化的语言表现世俗化的市民生活情调。

王安石

(2)北宋中后期词坛

11世纪下半叶,柳永等词人先后离开词坛后,继之而起的是以苏轼、黄庭坚、晏几道、秦观、贺铸、晁补之、周邦彦等为代表的元祐词人。

其中创造力最强盛、影响力最深远的是苏轼和周邦彦。他们各自开辟出不同的创作方向:苏轼注重抒情言志的自由,遵守词的音律规范而不为音律所拘,词的可读性胜于可歌性;周邦彦则注重词的协律可歌,情感的抒发有所节制而力避豪迈,对词艺的追求重于对语境的开拓。其后的南宋词,就是沿着这两种方向分别发展。

黄庭坚现存192首词中,有三十多首艳词和俗词。

"苏门四学士"之一的晁补之(1053年~1110年),较早受知于苏轼。21岁时,在杭州作《七述》以拜见东坡,东坡先欲有所赋,及见晁作,极口称之,晁因此而著名。

当苏门的黄庭坚、晁补之沿着苏轼所指出的方向继续前行的时候,耿介孤傲的晏几道(1083年~1110年)则仍然是按照乃父晏殊所承传的"花间"传统,固守着小令的阵地,写那些令人回肠荡气的男女悲欢离合(见《小山词自序》)。他在词中也常常直接写出他所思恋的这几位歌女的芳名:"小莲风韵出瑶池。"(《鹧鸪天》)"赚得小鸿眉黛也低颦。"(《虞美人》)"记得小蘋初见。"(《临江仙》)"说与小云新恨也低眉。"(《虞美人》)

秦观(1049年~1100年)和晏几道一样,都是"古之伤心人"(冯煦《蒿庵论词》),词中浸透着伤心的泪水,充满着揪心的愁和恨:"恨悠悠,几时休。飞絮落花时候一登楼。便做春江都是泪,流不尽,许多愁。"(《江城子》)"日边清梦断,镜里朱颜改。春去也,飞红万点愁如海。"(《千秋岁》)这些江海般深重的愁和恨,都是词人历尽人生坎坷后从心底流出,即冯煦所说的"他人之词,词才也;少游之词,词心也"(《蒿庵论词》)。

在北宋词坛上,秦观被认为是最能体现出当行本色的"词手"。晁补之即说黄庭坚不是当行家语,而认为"近世以来,作者皆不及秦少游"(《评本朝乐章》)。陈师道也说东坡词"要非本色,今代词手。唯秦七、黄九尔,唐诸人不逮也"(《后山诗话》)。秦观的词内容并没有脱离别恨离愁的藩篱,其妙处在于情韵兼胜,即情感真挚,语言优雅,意境深婉,音律谐美,符合词体的本色和当时文人士大夫的审美趣味。

秦观在词史上具有独特的地位。其词卓然一家,和婉醇正,典型地体现出婉约词的艺术特征。就婉约词的发展而言,秦观对另外两位婉约词的代表作家周邦彦和李清照都有直接的影响。陈廷焯即说"秦少游自是作手,近开美成,导其先路"(《白雨斋词话》卷一);"李易安词,独辟门径,居然可观,其源自淮海、大晟来"(同前卷二)。秦词语言清丽淡雅。周邦彦得其丽,而发展为精雕细琢的典雅富丽;李清照则得其清,而朝更加本色自然的方向发展。

才子周邦彦(1056年~1121年),字美成,号清真。他与属于旧党的苏门词人不同,在政治上倾向于变法的新党。作为苏轼前后相继的词坛领袖,周邦彦具有与苏轼不同的艺术追求和贡献。苏轼如唐诗中的李白,追求创作的自由,强调性情的自然流露,力图打破词作原有的创作规范;周邦彦则如杜甫,创作时精心结撰,追求词作的艺术规范性,"下字运意,皆有法度"(沈义父《乐府指迷》)。周词的法度、规范,主要体现在章法、句法、炼字和音律等方面。因法度井然,使人有门径可依,故"作词者多效其体制"(张炎《词源》卷下)。

(3)南宋词风的转变

李清照(1084年~1155年),自号易安居士,济南章丘(今属山东)人。代表作有《凤凰台上忆吹箫》《一剪梅》《如梦令》《声声慢》《添字丑奴儿》《永遇乐》等。

李清照词的语言也独具特色,别开生面,精妙清亮,风韵天然。语言的清新素雅,很适合表现淡雅清疏的审美境界。

李清照是中国文学史上创造力最强、艺术成就最高的女性作家。

李纲(1083年~1140年)是南宋的首任宰相。他以救国救民为己任,《苏武令》就抒发了他抗敌救国的执着信念。李纲有七首奇特的咏史词,借历史上敢于平定外忧内患的英明君主来激励宋高宗振作精神以抗击金人,表现出政治家的雄才大略和远见卓识,赋予了咏史词强烈的时代精神和战斗性,词的言志功能在此得到了充分的发挥和体现。如《喜迁莺·真宗幸澶渊》。

李清照

当李纲等文臣在朝廷为民请命呐喊之时,岳飞(1103年~1142年)等武将则在战场上拼搏厮杀,戎马倥偬中横槊赋词,用热血和生命谱写出气壮山河的英雄战歌:

怒发冲冠,凭栏处、潇潇雨歇。抬望眼、仰天长啸,壮怀激烈。三十功名尘与土,八千里路云和月。莫等闲、白了少年头,空悲切。靖康耻,犹未雪。臣子恨,何时灭。驾长车踏破,贺兰山缺。壮志饥餐胡虏肉,笑谈渴饮匈奴血。待从头、收拾旧山河,朝天阙。(《满江红》)

由民族的深仇大恨转化而来的勇猛无畏的战斗豪情、洗雪国耻的迫切愿望和必胜信念,配合着铿锵有力的语言,激昂雄壮的旋律,凝结成词史上辉煌的乐章。

(4)辛弃疾和辛派词人

12世纪下半叶,词坛上大家辈出,名作纷呈。以辛弃疾、陆游、张孝祥、陈亮、刘过和姜夔等词坛主将为代表的"中兴"词人群把词的创作推到高峰。辛弃疾词的内容博大精深，风格雄深雅健，确立并发展了苏轼所开创的"豪放"一派，而与苏轼并称为"苏辛"。

辛弃疾（1140 年~1207 年），字幼安，号稼轩，山东历城（今山东济南）人。他原是一位智勇双全的英雄，也天生出一副英雄相貌：肤硕体胖，红颊青眼，目光有棱，精神壮健如虎。

辛弃疾既有词人的气质，又有军人的豪情，他的人生理想本来是做统兵将领，在战场上博取功名，"把诗书马上，笑驱锋镝"（《满江红》）。但是由于历史的错位，"雕弓挂壁无用"，"长剑铗，欲生苔"（《水调歌头》），只得"笔作剑锋长"（《水调歌头·席上为叶仲洽赋》），转而在词坛上开疆拓土，将本该用以建树"弓刀事业"（《破阵子》）的雄才来建立词史上的丰碑。

张孝祥（1132 年~1170 年）是南渡词人群与中兴词人群之间的过渡人物。宋高宗绍兴三十年（1160）前后，李清照、朱敦儒和张元幹等著名词人已先后辞世，而辛弃疾到孝宗乾道四年（1168）后才逐步在词坛崭露头角。绍兴末到乾道中（1161 年~1168 年）词坛上的著名词人，首推张孝祥。

辛弃疾去世后的南宋词坛，先后出现了两代词人，一是在南宋灭之前已谢世的江湖词人群，著名的有孙惟信、刘克庄、吴文英、陈人杰等；二是历经亡国、入元后继续创作的遗民词人群，其中成就较高的有刘辰翁、陈允平、周密、文天祥、王沂孙、蒋捷和张炎。

姜夔（约 1155 年~1221 年）与辛弃疾同时。把姜夔放在本章与吴文英等宋末词人一起叙述，是因为他们的创作倾向相近，便于考察词风的走向与流变。

姜夔，字尧章，号白石道人，鄱阳（今江西波阳）人。与刘过一样，姜夔的社会身份也是浪迹江湖、寄食诸侯的游士。代表作有《踏莎行·自沔东来丁未元日至金陵江上感梦而作》《鹧鸪天·元夕有所梦》《浣溪沙·辛亥正月二十四日发合肥》《齐天乐》《暗香》等，都颇为后人传诵。

吴文英（约 1200 年~1260 年），字君特，号梦窗，又号觉翁，四明鄞县（今浙江宁波）人。他是一位颇为独特的江湖游士，虽放浪江湖，然足迹未离江、浙；虽以布衣终老，却长期充当一些权贵的门客与幕僚，非官又非隐；虽曳裾侯门，但只为衣食生计，而不为仕进投机钻营，尚保持着清高独立的人格。代表作药铺《八甘州·陪庚幕诸公游灵岩》《风入松》《思佳客·赋半面女髑髅》《莺啼序》等。

刘克庄（1187 年~1269 年）是辛派后劲中成就最大的词人。他作词"不涉闺情春怨"（《贺新郎·席上闻歌有感》），一以国家命运为念。

陈人杰（1218 年~1243 年）是宋代词坛上寿命最短的人，享年仅 26 岁。他现存词作31 首，全用《沁园春》调，这是两宋词史上罕见的用调方式。在"东南妩媚，雌了男儿"和"诸君傅粉涂脂，问南北战争都不知"（《沁园春》）的精神萎靡的社会现实里，陈人杰用词呼唤富有进取精神的男子汉雄健气概的回归："扶起仲谋，唤回玄德。"（前调）其词纵笔挥洒，语言崭切痛快，政治批判的锋芒尖锐深刻，《沁园春·丁酉岁感事》是其代表作。

宋亡以后，词坛上是一片苦调哀音，连刘辰翁词也是字字悲咽。唯有民族英雄文天祥，以他那视死如归的崇高气魄、激越雄壮的歌喉，高昂地唱出了民族的尊严和志气："人生翕欻云亡。好烈烈轰轰做一场。使当时卖国，甘心降虏，受人唾骂，安得流芳。古庙幽沉，仪容严雅，枯木寒鸦几夕阳。邮亭下，有奸雄过此，仔细思量。"（《沁园春·至元间留燕山作》）文天祥的高歌，给辉煌的两宋词史增添了最后一道辉煌！

宋代散文和诗歌

宋代文学取得了辉煌的成就,在中国文学史上占有重要的地位。

宋代散文沿着唐代散文的道路而发展,最终的成就却超过了唐文。后人有"唐宋八大家"之说,而八位古文作家中有六人是出于宋代。而且北宋的王禹偁、范仲淹、晁补之、李格非、李廌,南宋的胡铨、陆游、吕祖谦、陈亮等人,也都堪称散文名家。宋代散文作家的阵容比唐代更为壮大。

在宋代文学史上最早开创一代文风的文坛领袖是欧阳修。

（1）欧阳修

欧阳修(1007年~1072年),字永叔,号醉翁,晚年又号六一居士,庐陵(今江西吉安)人。欧阳修博学多才,诗文创作和学术著述都成就卓著,为天下所仰慕。他又是一代名臣,政治上有很高的声望。他以双重身份入主文坛,团结同道,汲引后进。在当时著名文学家当中,尹洙、柳尧臣、苏舜钦是他的密友;苏洵、王安石受到他的引荐;而苏轼、苏辙、曾巩更是他一手提拔的后起之秀。由欧阳修来肩负革新文风的领导责任,正是众望所归。

（2）唐宋八大家

比欧阳修稍晚,一批优秀的散文作家活跃于文坛,其中最著名的是王安石、曾巩,和苏洵、苏轼、苏辙。他们连同欧阳修,与唐代的韩愈、柳宗元齐名,被后人合称为"唐宋八大家"。

欧阳修

王安石(1021年~1086年),字介甫,晚号半山,抚州临川(今江西临川)人。他是北宋著名的政治家,早年在鄞县、舒州等地做地方官,积累了外任的从政经验。宋神宗熙宁二年(1069),王安石任参知政事,次年拜相,主持变法。他力图通过新法来达到富国强兵的目的,但由于变法的程度很激烈,所以尽管得到神宗的支持,还是引起了保守势力乃至主张稳健改革的苏轼等人的反对,导致了长达数十年的新旧党争。熙宁九年(1076),王安石罢相退居江宁,从此退出了政坛。宋哲宗元祐元年(1086),在旧党东山再起、新政被全部废除后,王安石卒于江宁。

王安石的散文创作充分发挥了古文的实际功用,从而提高了这种文体的实用价值,这对古文的发展是大有裨益的。

曾巩(1019年~1083年)是与王安石同时的古文名家。他是欧阳修的学生,作文遵循欧阳修的指点。

苏轼(1037年~1101年),字子瞻,号东坡居士,眉州眉山(今属四川)人。他的家庭富有文学传统,祖父苏序好读书,擅作诗。父亲苏洵是古文名家,曾对苏轼和其弟苏辙悉心指导。母亲程氏有知识且深明大义,曾为幼年的苏轼讲述《后汉书·范滂传》,以古代志士的事迹来勉励儿子砥砺名节。当苏轼21岁出蜀进京时,他的学识修养已经相当成熟。

苏轼学识渊博，思想通达，在北宋三教合一的思想氛围中如鱼得水。苏轼的散文在宋代与欧阳修、王安石齐名，但如果单从文学的角度来看，苏文无疑是宋文中成就最高的一家。

苏轼也擅长作诗，如《题西林壁》和《和子由渑池怀旧》等。

苏诗在词的创作上也取得了非凡的成就，就一种文体自身的发展而言，苏词的历史性贡献又超过了苏文和苏诗。苏轼继柳永之后，对词体进行了全面的改革，最终突破了词为"艳科"的传统格局，提高了词的文学地位，使词从音乐的附属品转变为一种独立的抒情诗体，从根本上改变了词史的发展方向。

两宋之际的诗歌

（1）黄庭坚与陈师道

在苏轼周围的作家群中，黄庭坚的诗歌成就最为突出，他最终与苏轼齐名，二人并称"苏黄"。

黄庭坚（1045年~1105年），字鲁直，号山谷道人，又号涪翁，洪州分宁（今江西修水）人。就题材范围而言，黄庭坚诗没有显著的特点。他流传下来的一千九百多首诗，约有三分之二是思亲怀友、感时抒怀、描摹山水、题咏书画的诗，这种题材趋向与王安石、苏轼基本相同。黄诗的特点是文人气和书卷气特别浓厚，诗中的人文意象格外密集。

陈师道（1053年~1102年）也是苏轼门下的重要诗人。他字履常，一字无己，号后山居士，彭城（今江苏徐州）人。因不满新学而不应科举，到35岁时才由苏轼的举荐而任州学教授。他视苏轼为师长，曾不顾朝廷禁令私自离境为出守杭州的苏轼送行。但陈师道作诗"闭门觅句"式的苦吟，与苏轼挥洒自如的方式迥然不同。所以他写诗并不学苏，而是以同样重视推敲锻炼的黄庭坚为师，自称："仆于诗，少好之，老而不厌，数以千计。及一见黄豫章，尽焚其稿而学焉。"（《答秦观书》）虽说陈师道的诗最终自成一体，但毕竟与黄诗有一层渊源关系，因此他和黄庭坚并称为"黄陈"。

（2）陆游等中兴四大诗人

陆游（1125年~1210年），字务观，号放翁，越州山阴（今浙江绍兴）人。代表作有《跋傅给事帖》《金错刀行》《胡无人》《长歌行》（人生不做安期生）、《关山月》《秋兴》《闻武均州报已复西州》《送七兄赴扬州帅幕》《观大散关图有感》《示儿》等。是南宋爱国诗人最杰出的代表。

陆游在南宋诗坛上占有非常重要的地位。他的爱国诗歌在后代也只有深远的影响。特别是清末以来，每当国势倾危时，陆诗往往成为鼓舞人民起来反抗外来侵略者的精神力量。

杨万里（1127年~1206年）少习理学，讲究品节，关心国事，忧国之念也时常流露在诗歌中，如《初入淮河四绝句》。与陆游不同，杨万里主要的诗兴是在自然风物和日常生活的情趣上面。杨万里是位理学家，《宋史》把他列入《儒林传》，但理学思想并没有窒息他活泼的思绪和透脱的胸怀，却增进了他对平凡事物中蕴含哲理的思考，这使他的诗既有浓郁的生活气息，又富于理趣，例如《过松源晨炊漆公店》和《宿灵鹫禅寺》。

范成大（1126 年~1193 年）曾长年在各地任地方官，周知四方风土人情，诗中反映的生活面比较广。例如他描写民生疾苦的诗，继承了唐代杜甫及元、白、张、王新题乐府的传统，且以写法新颖生动而别具一格，像《后催租行》中借老农之口所说的"去年衣尽到家口，大女临歧两分手。今年次女已行媒，亦复驱将换千斗。室中更有第三女，明年不怕催租苦！"语气冷隽，但批判现实的力度并不亚于白居易诗的大声疾呼。范成大诗中价值最高的是使金纪行诗和田园诗。

陆游

（3）永嘉四灵

"永嘉四灵"是指永嘉地区的四位诗人：徐照、徐玑、赵师秀和翁卷。这四人都是出于叶适之门，各人的字中都带有一个"灵"字，所以叶适把他们合称为"四灵"，曾编选《四灵诗选》，为之揄扬。

"四灵"作诗以贾岛、姚合为宗，赵师秀曾选贾、姚之诗，合编为《二妙集》。

（4）文天祥

文天祥（1236 年~1283 年）是宋末民族英雄的代表，代表作有传诵千古的《过零丁洋》。他的另一首名作《正气歌》更加全面地表现了他的忠义情怀和英雄气概，是震撼人心的人生颂歌。

司马光与《资治通鉴》

司马光出生于宋真宗天禧三年（公元 1019 年）十一月，当时，他的父亲司马池正担任光州光山县令，于是便给他取名"光"。北宋著名史学家。司马光家世代官宦，其父司马池后来官至兵部郎中、天章阁待制，一直以清廉仁厚享有盛誉。

司马光深受其父影响，自幼便聪明好学。据史书记载，司马光非常喜欢读《左传》，常常"手不释书，至不知饥渴寒暑"。七岁时，便能够熟练地背诵《左传》，并且能把二百多年的历史梗概讲述得清清楚楚，可见他自幼便对历史怀有十分浓厚的兴趣。

司马光治学勤苦，一生大部分精力都奉敕编撰《资治通鉴》（共费时十九年，自英宗治平三年，公元 1066，至神宗元丰七年，1084）。他在《进资治通鉴表》中说："日力不足，继之以夜"，"精力尽于此书"。

《资治通鉴》是司马光编撰的中国第一部编年体通史。自 1066 年（治平三年）开始编纂，至 1084 年（元丰七年）书成，历时 19 年。全书共 294 卷，上起周威烈王二十三年（前 403 年）三家分晋，下至后周世宗显德六年（959 年），记载了从战国到五代时期 1362 年的历史。

司马光在编纂这部书的过程中，邀请了当时著名的史学家刘恕、刘攽、范祖禹为主要助手。他们汲取纪传体的优点，避免编年史的弊病，每遇重大历史事件，不再分见于多处,因此它赋予编年史体以新的生命力,对后来史学产生很大的影响。

辽代诗歌

辽是契丹民族建立的北方政权,起于 907 年,迄于 1125 年,恰与整个五代、北宋时期相终始。契丹是以游牧和渔猎为主要生产方式的北方少数民族,逐水草、随季节而迁移放牧,以车帐为家,从而形成了豪放勇武的民族性格。

司马光著《资治通鉴》

辽诗留存下来的作品只有七十多首,作者既有契丹人,也有汉人。其中最能体现出辽诗特色的当推契丹诗人之作。契丹诗人大多是君主、皇族和后妃,这是因为他们较早有机会接触汉文化。

辽代第一个较有名的契丹诗人是耶律倍。他博览群书,对汉文化颇为向往。现存《海上诗》一首:小山压大山,大山全无力。羞见故乡人,从此投外国。

契丹女诗人萧观音、萧瑟瑟的成就也颇为可观。萧观音的诗作比较多样化,既有雄豪俊爽,颇见北地豪放气概之诗,也有委婉深曲之作。

在契丹人的诗作中,篇幅最大、且最具典型意义的莫过于《醉义歌》。此诗署为"寺公大师"作,作者当是一位僧人。

相形之下,辽诗中汉人的创作成就不大,但也偶有佳作。如赵延寿的《失题》:黄沙风卷半空抛,云重阴山雪满郊。探水人回称帐就,射雕箭落着弓抄。鸟逢霜果饥还啄,马渡沙河渴自跑。占得高原肥草地,夜深生火折林梢。

辽诗所存作品虽然不多,但它既表现出契丹人的民族性格及其社会生活状况,又体现出他们逐步接受汉化的过程,具有较高的历史价值和艺术价值。

元好问与金代诗歌

金是女真族建立的政权,始于 1115 年,迄于 1234 年。金在灭辽侵宋以后,占据了淮河以北的广大地区,在文化上比辽有显著的进步。女真统治者在政治制度、文化建设等诸方面广泛地吸收了汉文化的要素,使金朝的封建化进程发展很快,其文学成就更远远超过了辽代。金代诗坛,诗人辈出,作品繁多。

元好问(1190 年~1257 年),字裕之,号遗山,太原秀容(今山西忻州)人。祖先出于北魏鲜卑拓跋氏。

元好问是金代最重要的诗人,也是杰出的诗论家。他存诗一千四百余首,作品之富在金代诗坛上首屈一指,成就也最为突出。代表作有《壬辰十二月车驾东狩后即事五首》《歧阳三首》《卫州感事二首》《癸巳四月二十九日出京》《出都》等。

元好问也是金代最杰出的词人,现存词作三百余首,数量为金词之冠,艺术造诣也雄视一代,风格与其诗风类似:气象雄浑苍莽,境界博大壮阔。《木兰花慢·游三台》《水调歌头·赋三门津》等,都是其代表作。

元代文学

元代的历史是比较短暂的,但元代文学在中国文学发展的过程中,却具有划时代的意义。

(1)关汉卿

关汉卿是元代剧坛最杰出的代表之一。他的创作"一空依傍,自铸伟词","曲尽人情,字字本色"。其剧作如"琼筵醉客",汪洋恣肆,慷慨淋漓,具有震撼人心的力度。

关汉卿(约 1234 年~1300 年),字汉卿,与已斋叟;大都(今北京)人。关汉卿一生创作杂剧,多达67 种,现存 18 种,即:《窦娥冤》《鲁斋郎》《救风尘》《望江亭》《蝴蝶梦》《金线池》《谢天香》《玉镜台》《单鞭夺槊》《单刀会》《绯衣梦》《五侯宴》《哭存孝》《裴度还带》《陈母教子》《西蜀梦》《拜月亭》《诈妮子》。其中若干种,是否为关汉卿原作,学术界尚有争议。

关汉卿

(2)王实甫的《西厢记》

如果说,关汉卿剧作是以酣畅豪雄的笔墨横扫千军,那么,王实甫所写的具有惊世骇俗思想内容的《西厢记》,却表现出"花间美人"般光彩照人的格调。剧坛上的关、王,如同诗坛上的李、杜,是一前一后出现的两对双子星座。

作为剧本,《西厢记》一样表现出的舞台艺术的完整性,达到了元代戏曲创作的最高水平。明初的贾仲明环顾剧坛,提出"《西厢记》天下夺魁",一锤定音,充分肯定了《西厢记》在文学史上的位置。

(3)白朴和马致远

在关汉卿、王实甫双峰并峙的元代剧坛上,能够在艺术上别树一帜,受到人们推崇的剧作家,还有白朴和马致远。他们的代表作《梧桐雨》和《汉宫秋》,均写得文采繁富,意境深邃,具有浓厚的诗味,受到文坛的赞赏。关、王、马、白,被誉为"四大家"。

(4)元诗四大家

"元诗四大家"是指虞集、杨载、范梈、揭傒斯四人。他们都是当时的馆阁文臣,因长于写朝廷典册和达官贵人的碑版而享有盛名。他们的诗歌典型地体现出当时流行的文学观念和风尚,所以备受时人称誉。其实他们的创作成就并不高,不但不能与前代诗坛的大家相比,就是在元代诗坛上也并不一定是最优秀的诗人。四人的诗歌创作,在题材内容上大致相同,艺术上也比较接近。当然,"四大家"的艺术风格同中有异,各人也还有一些自己的特征,这是他们超过当时其他诗人的地方。

明代文学

中国文学发展到明代(1368 年~1644 年),出现这样的情形:具有悠久历史的传统诗文,已经衰落,而世俗文学小说、戏剧,却十分繁盛。尤其是小说的发展,达到了很高的境界,而且是前所未有的。

诗歌

明代诗歌不仅包括诗,也包括词、曲,以及晚明民歌。明代诗坛,因为被拟古主义、复古思想所笼罩,没有自己独特的风貌。明初的宋濂、刘基、高启,诗作有一定成绩,被称为具有开国气象。

散文及晚明小品

明代是个散文沉寂的时代,没有突出的成就。明初散文的代表作家是宋濂、刘基。

小说

明代长篇小说《三国演义》《水浒传》《西游记》《金瓶梅》,被合称为明代"四大奇书",是明代小说成就的代表作品。

(1)《三国演义》

《三国演义》是一部历史小说,取材于东汉末年和魏、蜀、吴三国的历史,即从东汉灵帝中平元年(184 年)至西晋武帝太康元年(280 年)。

作者罗贯中(约 1330 年~1400 年)的生平,我们知之甚少。据说他一度参加反元斗争,与农民起义军领袖有所接触,后来明朝建立,他就专门从事小说创作。他的作品很多,除《三国演义》外,还有《隋唐两朝志传》《残唐五代史演义传》《三遂平妖传》等长篇小说和杂剧《宋太祖龙虎风云会》。他也是《水浒传》的作者之一。

(2)《水浒传》

《水浒传》是一部英雄传奇小说,写的是宋江等被逼上梁山,起义造反,后来招安投降的故事。作者是施耐庵、罗贯中。

关于施耐庵的生平,至今无确切资料,知之甚

罗贯中

《水浒传》深刻揭示了当时人民起义的原因是"官逼民反",塑造了一批光彩照人的英雄豪杰形象,而这些英雄的经历更说明这一点:"逼上梁山"是普遍的命运。

《水浒传》对后世文学创作影响很大,是我国英雄传奇小说中最精彩的一部。

(3)《西游记》

《西游记》是一部神魔小说,用浪漫主义的手法写唐僧师徒历尽艰辛去西方取经的故事,写"神魔皆有人情,精魅亦通世故"(鲁迅)。情趣生动,具有很高的艺术成就。

《西游记》的作者是吴承恩(1500 年~1582 年),字汝忠,号射阳山人,淮安府山阳县人,一生不得志,晚年放浪诗酒。写一手好文章,除《西游记》外,还有后人编辑的《射阳先生存稿》4 卷。《淮安府志》中说他"性慧而多敏,博览群书,为诗文下笔立成,清雅流丽,有秦少游之风。复善谐剧,所著杂记几种,名震一时"。

(4)《金瓶梅》

《金瓶梅》是我国第一部描写现实家庭生活的小说。整个故事从《水浒传》的一个情节发展而来,却是一部现实主义的小说。

吴承恩

《金瓶梅》的作者,至今仍无定论。初刻本为兰陵笑笑生。全书写了西门庆及其妻妾的生活,他原是清河县一个破落户财主,买官授爵,以官促商,纵情声色。他的妻妾有潘金莲、李瓶儿及通房婢女春梅等,题目分别有 3 人的名字。这本书成功之处就是在于写当时封建官场以及市民阶层的生活,真实生动,世情描写深透练达,对市民生活诸如"宴常日用,应酬事务"写得真切自然,如临其境。肯定人有"好色"及"好货"的本能,但描写自然主义的情节居多。有消极的影响。

(5)其他长篇小说

在《西游记》之后,还有一批神魔小说。最著名的是《封神演义》。《封神演义》共一百回,作者许仲琳,号钟山逸叟,南京应天府人。

明后期长篇小说以历史小说和英雄传奇居多。明代历史小说,以历史事件为主,从远古一直到明末的作品都有。除著名的《三国演义》外,这些历史演义小说中比较出色的,是冯梦龙的《新列国志》,描写了从周宣王起至秦统一中国这一段历史,对春秋争霸,战国争雄写得精彩出色,引人入胜,人物形象刻画得很成功,如孙膑、庞涓、伍子胥、齐桓公等。

戏剧

明代戏剧不如元代成就辉煌,但也出现了许多好作品,尤其是明代后期,佳作迭出,也是我国戏剧史上一个很有光彩的时期。

明代戏剧主要有两类,一类是承继元代戏曲形式的杂剧,一类是在宋元南戏基础上

发展演变而来的传奇。

汤显祖（1550 年~1616 年），字文仍，号若士，又号清远道人。江西临川人，宦途不得意，退居乡里，进行戏剧创作，他在戏剧创作上重视文辞，不愿意遵守格律，与吴江派恰成对比，所以称他这种创作风格的人为临江派。汤显祖为此派宗师，又因他住的地方叫玉茗堂，所以这派也称玉茗堂派。但他的戏剧成就绝非流派可以衡量，《牡丹亭》已成不朽佳作。

清代（鸦片战争前）文学

洪升与孔尚任

（1）洪昇

洪昇（1645 年~1704 年），字昉思，号稗畦，浙江钱塘（今杭州市）人，是清代杰出的戏剧作家。传世名作《长生殿》。

《长生殿》是中国古典戏剧名作，从美学上看，具有很高的艺术价值。作品写了李隆基、杨玉环两人的爱情故事，同时还写了他们的政治悲剧。《长生殿》比较集中地体现了中国古典悲剧的传统模式，不仅取得了很高的艺术成就，而且其模式的传统性为广大人民所喜爱。歌场舞榭，流播如新。

（2）孔尚任

孔尚任（1648 年~1718 年），字聘之，又字季重，号东塘、岸青、云亭山人，山东曲阜人，是孔子的第 64 代孙。康熙三十八年（1699 年），他的《桃花扇》历经数十年惨淡经营，数易其稿，终于成形，上演后影响甚大。

南朝遗老看了以后重新勾起亡国之痛，也引起朝内一些人的不满。结果没有半年，因一件文字祸，被罢官回家。除《桃花扇》外，他还与顾彩合写了传奇《小忽雷》，写弹小忽雷的唐女郑中丞的故事，描写了文士与官宦之间的斗争。艺术水平不及《桃花扇》。他留有《湖海集》《岸堂集》《长留集》等诗文集。

蒲松龄与吴敬梓

（1）蒲松龄

蒲松龄（1640 年~1715 年），字留仙，一字剑臣，号柳泉，山东淄川人。

蒲松龄交游甚广，与王士禛交厚。王士禛是神韵派诗人，他非常看重蒲松龄的文才，曾为《聊斋志异》作序。

蒲松龄一生创作遍及诗文、戏剧、小说等文学形式，留下非常丰富的作品。文有 400 余篇，诗有 100 余阕，杂著数种，戏 3 出，通俗俚曲 10 余种。

《聊斋志异》是他的代表作，语言古雅洗练，清新活泼。全书中的小说篇幅短小精悍，最长《婴宁》也不过四千字左右。但是内容丰富，意义精深，语言中还时时杂以口语、俚语,斟酌情节人物而用,符合人物性格。叙述语言时用单行奇句,时用骈词俪语,典雅而不失于生动。这是因为蒲松龄吸取了先秦两汉、唐宋古文等各方面的语言优点,才形成他特有的富于表现力的语言。

（2）吴敬梓

吴敬梓（1701 年~1754 年）,字敏轩,一字文木,号粒民,安徽全椒人。他的作品现存有《文木山房集》四卷,收入 40 岁之前的诗赋。《儒林外史》是他的晚年作品,大约成书于 1750 年前后,是他的代表作。《儒林外史》是一部讽刺艺术的杰作。鲁迅说:"乃秉持公心,指擿时弊,机锋所向,尤在士林;其文又戚而能谐,婉而多讽;于是说部中乃始有足称讽刺之书。"

（3）曹雪芹与《红楼梦》

曹雪芹（约 1715 年~1763 年）是我国 18 世纪伟

蒲松龄

大的现实主义作家。他名霑、字梦阮,号雪芹、芹圃、芹溪。本为汉族,但很早入满洲旗籍,属正白旗"包衣",由皇帝通过内务府直接管理,因而实际上是皇室家奴。

曹雪芹晚年最后 10 年住在北京西郊,生活特别困苦,举家食粥,加之丧妻失子,悲痛更添,最终不到 50 岁,未能完成《红楼梦》,便在贫病交加中搁笔长逝。《红楼梦》的创作起于何时,已经不能得知。小说的初稿原名为《风月宝鉴》。曹雪芹创作的 80 回本未完成之作题为《石头记》。80 回以后的稿子未及整理,散失不见。

《红楼梦》是一部极具悲剧美学价值的伟大作品。

近代文学

中国近代史是备受帝国主义侵略、凌辱的苦难史,又是封建统治最为腐败、黑暗的衰亡史。中国古代文学中虽然也有许许多多反对外族侵略的爱国作品,但是,爱国和忠君往往是紧紧地联系在一起的。晚清文学的反侵略爱国作品,不只是古代爱国主义文学的延续,而是反对世界范围的殖民主义、帝国主义,具有近代爱国主义的新特征;同时,它又和反对腐朽、黑暗的封建专制统治结合在一起,和追求民主、革新的思想结合在一起。

龚自珍和鸦片战争时期的爱国诗歌

（1）龚自珍

龚自珍（1792 年~1841 年）,字尔玉,又字璱人,后更名巩祚,号定庵,又号羽琌山民,浙江仁和（今杭州）人。著述甚丰,曾自编文集百卷,现已不存。不少作品散佚。后人曾辑编其文集多种,以王佩铮校辑的《龚自珍全集》为最完备。

龚自珍在文学方面,散文、诗、词都取得了卓越成就。著名的《己亥杂诗》第 125 首,燃烧着火一般的热情,期待着社会变革的到来:九州生气恃风雷,万马齐喑究可哀。我劝天公重抖擞,不拘一格降人才!

诗人以激越的情感,高亢的调子,呼唤着时代的"风雷",渴望打破长期以来死气沉沉的局面,实现富有生气的改革,使大批人才涌现出来。

(2)魏源、林则徐、张维屏

鸦片战争时期的代表作家有魏源、林则徐、张维屏等。

魏源(1794年~1857年),原名远达,字默深,湖南邵阳人。51岁中进士,曾任江苏兴化知县、高邮知州等职。他与龚自珍齐名,时称"龚魏"。在鸦片战争之后,提出"师夷之长技以制夷"的口号。他主要"以经济名世",但诗、文都有成就,诗尤佳。著作有《海国图志》《圣武记》《古微堂集》《古微堂诗集》等。

林则徐(1785年~1850年),字少穆,福建侯官(今闽侯县)人。27岁中进士,曾任河东道总督、江苏巡抚。1838年任湖广总督,继又受命为钦差大臣,到广州查禁鸦片。后遭投降派打击,1842年被充军伊犁。著有《林文忠公政书》《云左山房文钞》《云左山房诗钞》等。

张维屏(1780年~1859年),字子树,一字南山,号松心子。广东番禺(今广州市南部)人。曾任知县、知府等职,后因厌恶官场生活,辞官回家,闭门著书,著有《松心诗集》。早年诗作多咏山水及应酬赠答,晚年在家乡目睹英国侵略者的暴行以及人民的抗敌斗争,写出了《三将军歌》和《三元里》等著名诗篇。

林则徐

(3)鸦片战争时期的爱国诗潮

鸦片战争的爆发,使一切有良知的爱国者都奋起反抗帝国主义的侵略。诗人们尽管过去政治倾向、文学见解各异,但在民族危机面前,也都挥笔上阵,创作了大量反帝爱国诗歌,成为一个颇具规模的热潮。

鸦片战争时期的爱国诗潮,具有鲜明的时代特征,在一定程度上扭转了以往诗坛的远离现实、无病呻吟的风气,反映的社会生活非常广阔,其题材、内容主要有以下三个方面:

第一,愤怒地控诉了帝国主义的侵略罪行。

第二,无情地揭露了清王朝统治集团的腐败和无能。

第三,热烈地歌颂了爱国军民的反侵略斗争。

太平天国的革命文学

发生于1851年至1864年的太平天国运动,是鸦片战争之后的一次伟大的农民革命运动,也是一次轰轰烈烈的反帝反封建的民主革命。太平天国的领袖们在进行军事、政治、经济斗争的同时,十分重视思想文化斗争。在戎马倥偬的紧张岁月里,他们发布文告、诏书等,提出革命的文艺主张,制定完整的文艺政策;在太平天国后期,干王洪仁玕还主持撰写并颁行了《劝戒士子文》《戒浮文巧言谕》《钦定敬避字样》等告谕，在总结太平天国文学实践的基础上，形成了革命文学理论。

太平天国的革命文学活动，毕竟是对封建思想文化的一次大扫荡、大清算，对封建正统文学的一次大冲击、大批判，不但对太平天国革命政权的建立和发展起了相当大的作用，而且也揭开了中国近代资产阶级文学改良运动的序幕。

"诗界革命"和"文界革命"

19世纪60年代后，中国的资本主义开始有了初步的发展，但同时民族危机也在越来越加深。1894年甲午战争失败，在全国上下引起了极大震动，中国面临着被列强瓜分的亡国之祸，于是以救亡图强为宗旨的维新变法思潮，迅速取代洋务运动而形成相当广泛的资产阶级改良主义政治运动和文化运动。"诗界革命"和"文界革命"就是改良运动的重要组成部分。

（1）黄遵宪

作为"诗界革命"一面旗帜的，是晚清时期继龚自珍之后最杰出的诗人黄遵宪。

黄遵宪（1848年~1905年），字公度，广东嘉应州（今梅县市）人。出身于由经商致富的封建官僚家庭。1876年中举，次年出国，先后曾任驻日使馆参赞、驻美国旧金山总领事、驻英使馆参赞、驻新加坡总领事等职，到过二十多个国家，广泛接触了资本主义的政治、经济制度，接受了资产阶级的思想、文化影响，主张变法维新。1895年回国后，在上海参加了以康有为、梁启超为首的强学会，与梁启超合办《时务报》；又到湖南协助陈宝箴推行新政，为海内瞩目。戊戌变法失败后，被放归乡里，但仍不忘国事，热心公益事业，兴办新学。著有《日本杂事诗》《日本国志》《人境庐诗草》等，另有辑本《人境庐集外诗辑》。

以黄遵宪为代表的新派诗，在中国诗歌发展史上起着积极的作用，是旧体诗向白话新诗过渡的一座桥梁。

（2）梁启超

在中国散文发展史上，作为古文向现代白话散文过渡的桥梁，则是以梁启超为代表的新文体。

梁启超（1873年~1929年），字卓如，号任公，别署饮冰室主人。广东新会人。一生著述约二千万言，收于《饮冰室合集》。文学创作除诗文外，还有小说、戏剧、翻译等。

梁启超的文学创作以散文为大宗。最能代表他的散文成就、也是最有影响的，是他于1896年至1905年在他所创办的《时务报》《清议报》《新民丛报》上发表的新体散文。

写于1900年的《少年中国说》是梁启超的代表作。文中针对帝国主义把中国称为"老大帝国"的嘲讽，描述了一幅未来少年中国的美妙图景，表现了对祖国繁荣富强的坚定信念和积极

梁启超

进取的乐观主义精神。这篇文章酣畅淋漓，一泻千里，或奇或偶，或文或白，或中或外，或古或今，运用比喻、夸张、排比、重迭、反复、递进等多种修辞手段，文言、口语、外来新词新语间杂并出，句式自由多变，极具艺术魅力。试看其结束语，以见一斑：

……故今日之责任，不在他人，而全在我少年。少年智则国智，少年富则国富，少年强则国强，少年独立则国独立，少年自由则国自由，少年进步则国进步，少年胜于欧洲则国胜于欧洲，少年雄于地球则国雄于地球。红日初升，其道大光；河出伏流，一泻汪洋；潜龙腾渊，鳞爪飞扬；乳虎啸谷，百兽震惶；鹰隼试翼，风尘吸张；奇花初胎，矞矞皇皇；干将发硎，有作其芒；天戴其苍，地履其黄；纵有千古，横有八荒；前途似海，来日方长。美哉，我少年中国，与天不老！壮哉，我中国少年，与国无疆！

晚清谴责小说

谴责小说以李宝嘉的《官场现形记》、吴沃尧的《二十年目睹之怪现状》、刘鹗的《老残游记》和曾朴的《孽海花》为最著名，合称为晚清四大谴责小说。

（1）李宝嘉和吴沃尧

李宝嘉（1867年~1906年），又名宝凯，字伯元，别号南亭亭长，笔名游戏主人、讴歌变俗人，江苏武进（今属常州市）人。为晚清小报创始者。

《官场现形记》是李宝嘉的代表作，也是晚清谴责小说的开山之作。大约写于1903年~1905年间，随写随刊于《世界繁华报》上，同时分编（每编十二回）出版单行本。原拟十编，共百二十回；但第五编尚未终稿，作者便去世，后由朋友惜秋生（欧阳巨源）续完第五编，于1906年出版了六十回本。此书一问世，便引起了极大反响，被多次再版，并出现各种"现形记"仿作。

《官场现形记》不仅鞭笞了晚清官场的贪婪和昏庸，而且还斥责了封建官僚们在洋人面前的奴颜媚骨，说他们是一群丧失民族气节、寡廉鲜耻的卖国贼。

吴沃尧（1866年~1910年），又名宝震，字小允，号茧人，又号趼人，广东南海县佛山镇（今佛山市）人，故别署"我佛山人"。著有小说三十余种。《二十年目睹之怪现状》是吴沃尧的成名之作，共108回。

李宝嘉和吴沃尧的小说虽然在艺术上存在着明显的不足，但标志着中国古代小说向新型小说的过渡和转变，在晚清影响很大。

（3）刘鹗和曾朴

刘鹗（1857年~1909年），字铁云，又字公约，别号鸿都百炼生，江苏丹徒（今镇江市）人。有天算、治河、医学、金石等各种著作二十多种，文学方面有小说《老残游记》、诗歌《铁云诗存》。

《老残游记》是刘鹗晚年的作品，1903年发表于《绣像小说》半月刊上，至13回中断，后重载于《天津日日新闻》，共20回。1906年刊行单行本。另有《老残游记》续集，现残存9回。

《老残游记》写摇串铃的江湖医生老残游历山东一带的所见所闻，在一定程度上反映了晚清的社会政治状况，并寄托了作者补救封建残局的思想。

《老残游记》问世后，在国际上产生了一定影响，现已被联合国教科文组织认定为世界文学名著之一。

曾朴(1872年~1935年),字孟朴,又字小木、籀斋,号铭珊,笔名东亚病夫,江苏常熟人。其著作除《孽海花》外,还有自传体小说《鲁男子》第一部《恋》、戏曲《雪昙梦》院本和一些文学译著。

如果说《官场现形记》等谴责小说是专写大小官吏的贪赃枉法、官场的黑暗污浊,那么《孽海花》则主要是抨击晚清达官名士的争名夺利、昏庸误国。

秋瑾等革命派作家

(1)邹容

邹容(1885年~1905年),字蔚丹,又字威丹,四川巴县人。出身于商人家庭。自幼聪慧。16岁时便考取四川官费留学生,因思想激进被除名,次年自费赴日留学,回国后在上海参加爱国学社。1903年出版《革命军》一书,并因此入狱。1905年在狱中病逝,年仅二十岁。

他的《革命军》在政治上和文学上都具有很大影响。刊行后,销行量以百万计。书中虽有狭隘和偏颇之处,但极大地推动了人们从资产阶级改良主义思想跃进到资产阶级革命思想,使革命、反清的呼声遍满中华。其文洒脱奔放,有雷霆万钧之力,语言通俗,是一篇表现革命内容的优秀的新体散文。

(2)陈天华

陈天华(1875年~1905年),原名显宿,字星台,又字过庭,号思黄,湖南新化人。陈天华有出色的宣传才华,曾用民间说唱形式写成通俗作品《猛回头》和《警世钟》,鼓吹反帝爱国思想,影响很大。

现代文学

白话诗运动

《新青年》对白话诗的倡导起到了重要作用。1917年2月与6月,它先后发表了胡适的《白话诗八首》与《白话词四首》。这是最早见于报刊的我国现代白话诗。1918年,也只有它独家刊登白话诗。为推动白话诗的创作,《新青年》的编者们这一年几乎人人都写了白话诗。有时拟一个题目分头去做,如四卷一期载有胡适与沈尹默都以《鸽子》和《人力车夫》为题的白话诗,四卷三期载有沈尹默、胡适、陈独秀和刘半农都以《除夕》为题的白话诗。这不仅表现了他们对白话诗的浓厚兴趣,也借以显示白话在状物抒情等方面的许多长处。此外,这一年《新青年》还发表了一些有关白话诗的论文。由于《新青年》的积极提倡,白话诗在社会上的影响逐渐扩大。1919年,《新潮》《星期评论》《少年中国》以及《晨报副刊》等都发表白话诗。从此,一个颇有声势的白话诗运动便开始兴旺起来。

白话诗的另一特点是,打破旧诗的格律,创造新的诗歌样式。

真正"高张文学革命军大旗"的，是当时急进民主派的代表陈独秀。他在《新青年》第二卷第六号发表的《文学革命论》一文中，明确提出"三大主义"，作为反封建文学的响亮口号：

推倒雕琢的阿谀的贵族文学，建设平易的抒情的国民文学；

推倒陈腐的铺张的古典文学，建设新鲜的立诚的写实文学；

推倒迂晦的艰涩的山林文学，建设明了的通俗的社会文学。

《新青年》文学革命主张提出后，得到了钱玄同、刘半农等人的响应。钱玄同在写给刊物编者的一系列公开信中，猛烈抨击旧文学，指责一味拟古的骈文、散文为"选学妖孽""桐城谬种"，并从语言文字的演化说明提倡白话文的必要，竭力主张"言文一致"。刘半农发表了《我之文学改良观》等文，认为白话、文言暂可处于相等地位，同时主张打破对旧文体的迷信，从音韵学角度提出了破旧韵造新韵，以及用新式标点符号等具体倡议。这些文字，也都推波助澜地促进了文学革命的开展。

在早期的白话诗创作中，胡适是很有影响的诗人之一。他写白话诗开始于1915年。当时他正在美国留学。用白话作诗，违反了中国诗的传统，于是遭到中国留学生中一些人的批评。但他坚持认为白话不但可以写小说，也应该入诗。为了用事实说服别人，他下决心"自此以后，不更作文言诗词"，只作白话诗。至1917年，他将自己经过"冥行索涂"写成的数十首，一边挑选一些在刊物上发表，一边编辑成书，名《尝试集》。此后又陆续补进一些新作，于1920年3月正式出版。

刘半农(1891年~1934年)对白话诗做过许多有益的探索。他在1917年写的《我之文学改良观》和《诗与小说精神之革新》等文中，大力鼓吹诗的改革，并提出要用"自造"和"输入"两个办法来增多诗体。为了实践自己的主张，他写了许多白话诗，"在诗的体裁上""翻新花样"，做各种尝试。从1918年起，他先后发表了有韵诗、无韵诗、散文诗和民歌体诗，活跃了新诗坛的创作。

新文学运动的发展

1921年7月1日，中国发生了在世界历史上具有极其深远影响的大事件——中国共产党诞生了。

由于共产党成立后新的革命形势的推动，新文学运动在1922年以后也出现了一个新局面。茅盾在《中国新文学大系小说一集》的《导言》里说：

现在我们回顾1917年~1921年这五年的期间，总会觉得那时的创作界很寂寞似的。作者固然不多，发表的机关也寥寥可数，然而……从1922年起，一个普遍的全国的文学的活动开始来到！

党在成立初期，就关心当时的文艺运动。党的理论刊物《新青年》季刊第一期(1923年6月)发表《新宣言》，分析当时的革命形势和社会思想，指出无产阶级"应当竭尽全力以指导中国社会思想之正确轨道，……当严格的以科学方法研究一切，自哲学以至于文学"。此外，它还批评资产阶级的文艺思想，"往往有颓废派的倾向"；主张收集和发表革命的文学作品，以激发革命的情绪。

早期共产党人邓中夏、恽代英、萧楚女、瞿秋白、沈泽民、蒋光慈等，根据革命任务的要求和文学运动的形势,在 1923 年~1924 年通过《新青年》季刊、《中国青年》《觉悟》(《民国日报》副刊)等发表文章,宣传初步的马克思主义文艺思想。

早期共产党人的文章还着重阐述了无产阶级对文学的要求。邓中夏在《文学与社会改造》中,要求"研究文学,莫忘了社会,更莫忘了社会改造"。因此,他要求文艺家"莫再做'阐道翼教'的奴隶文学,莫再作'风花雪月'的堕落文学;莫再作发牢骚赞幸运的个人文学,要做社会的文学! 要做社会改造的文学!"他所要求的,显然是既反对封建主义文学、又反对资产阶级个人主义文学的另一种新文学。沈泽民则从文学与民众的关系,来提出要求。他说:"文学者不过是民众的舌人,民众的意识的综合者,他用敏锐的同情,了彻被压迫者的欲求、苦痛与愿望,用有力的文学替他们渲染出来",同时又能"使他们潜在的意识得了具体的表现,把他们散漫的意志统一凝聚起来。一个革命的文学者,实是民众情绪生活的组织者。"恽代英在《八股》中,则提出新文学必须"激发国民的精神,使他们从事于民族独立与民主革命的运动",这实际上是要求新文学要为党所领导的反帝反封建的革命斗争服务。沈泽民在《我们需要怎样的文艺?》中,明确提出了"我们需要革命的文学!"的战斗口号和要求。

文学研究会

在创作上承继和发扬了《新青年》的文学主张,把倡导时期的新文学推向前进的第一个团体,是文学研究会。

冰心(1900 年~1999 年),原名谢婉莹,福建长乐人,1900 年 10 月 5 日出生于福州一个具有爱国、维新思想的海军军官家庭。

在烟台,冰心开始读书,家塾启蒙学习期间,已接触到中国古典文学名著,7 岁即读过《三国演义》《水浒》等。与此同时,还读了商务印书馆出版的"说部丛书",其中就有英国著名作家狄更斯的《块肉余生述》等十九世纪批判现实主义的作品。在读《块肉余生述》时,当可怜的大卫,从虐待他的店主那里出走,去投奔他的姨婆,旅途中饥饿交迫的时候,冰心一边流泪,一边扮着手里母亲给她当点心的小面包,一块一块地往嘴里塞,以证明并体会自己是幸福的!

辛亥革命后,冰心随父亲回到福州,住在南后街杨桥巷口万兴桶石店后一座大院里。这里住着祖父的一个大家庭,屋里的柱子上有许多的楹联,都是冰心的伯叔父们写下的。这幢房子原是黄花岗 72 烈士之一的林觉民家的住宅,林氏出事后,林家怕受株连,卖去房屋,避居乡下,买下这幢房屋的人,便是冰心的祖父谢銮恩老先生。在这里,冰心于1912 年考入福州女子师范学校预科,成为谢家第一个正式进学堂读书的女孩子。

1913 年父亲谢葆璋去北京国民政府出任海军部军学司长,冰心随父迁居北京,住在铁狮子胡同中剪子巷,次年入贝满女中,1918 年升入协和女子大学理预科,向往成为一名救死扶伤的医生。"五四"运动的爆发和新文化运动的兴起,使冰心把自己的命运和民族的振兴紧密地联系在一起。她全身心地投入到时代潮流,被推选为大学学生会文书,并因此参加北京女学界联合会宣传股的工作。在爱国学生运动的激荡之下,她于 1919 年 8 月的《晨报》上,发表第一篇散文《二十一日听审的感想》和第一篇小说《两个家庭》。后者第一次使用了"冰心"这个笔名。由于作品直接涉及重大的社会问题,很快发生影响。冰心说,是五四运动的一声惊雷,将她"震"上了写作的道路。之后所写的《斯人独憔悴》《去国》《秋风秋雨愁煞人》等"问题小说",突出地反映了封建家庭对人性的摧残、面对新世界两代人的激烈冲突以及军阀混战给人民带来的苦痛。当时,协和女子大学并入燕京大学,冰心以一个青年学生的身份加入了当时著名的文学研究会。她的创作在"为人生"的旗帜下源源流出,发表了引起评论界重视的小说《超人》,引起社会文坛反响的小诗《繁星》《春水》,并由此推动了新诗初期"小诗"写作的潮流。1923年,冰心以优异的成绩取得美国威尔斯利女子大学的奖学金。出国留学前后,开始陆续发表总名为《寄小读者》的通讯散文,成为中国儿童文学的奠基之作,20岁出头的冰心,已经名满中国文坛。

冰心一生创作不辍,作品尽情地赞美母爱、童心、大自然,同时还反映了对社会不平等现象和不同阶层生活的细致观察,纯情、隽永的笔致也透露着微讽。小说的代表性作品有1931年的《分》和1933年的《冬儿姑娘》,散文优秀作品是1931年的《南归——献给母亲的在天之灵》等。1932年,《冰心全集》分三卷本(小说、散文、诗歌各一卷),由北新书局出版,这是中国现代文学中的第一部作家全集。

朱自清(1898年~1948年),原名自华,号秋实,后改名自清,字佩弦,现代著名作家。原籍浙江绍兴,生于江苏东海,后随祖父、父亲定居扬州。幼年在私塾读书,受中国传统文化的熏陶。1912年入高等小学,1916年中学毕业后考入北京大学预科。1919年2月写的《睡罢,小小的人》是他的新诗处女作。他是五四运动的参加者,受五四浪潮的影响走上文学道路。毛泽东曾赞扬过朱自清的骨气,说他"一身重病,宁可饿死,不领美国'救济粮'"。

1920年在北京大学哲学系毕业后,在江苏、浙江一带教中学,积极参加新文学运动。1922年和俞平伯等人创办《诗》月刊,是新诗诞生时期最早的诗刊。他是早期文学研究会会员。1923年发表长诗《毁灭》,这时还写过《桨声灯影里的秦淮河》等优美散文。

1925年8月到清华大学任教,开始研究中国古典文学,创作则以散文为主。1927年写的《背影》《荷塘月色》都是脍炙人口的名篇。1931年留学英国,漫游欧洲,回国后写成《欧游杂记》。1932年9月任清华大学中文系主任。1937年抗日战争爆发,随校南迁至昆明,任西南联大教授,讲授《宋诗》《文辞研究》等课程。这一时期曾写过散文《语义影》。1946年由昆明返回北京,任清华大学中文系主任。

朱自清有著作27种,共约190万言,包括诗歌、散文、文艺批评、学术研究等。大多收入1953年开明书店出版的4卷《朱自清文集》。1988年,江苏教育出版社对朱自清著作又进行一次全面的搜集、整理、出版了6册《朱自清全集》。朱自清虽在"五四"运动后开始新诗创作,但是,1923年发表的《桨声灯影里的秦淮河》,却显示出他的散文创作方面的才能。从此以后他致力于散文创作,取得了引人注目的成就。1928年出版的散文集《背影》,使朱自清成为当时负有盛名的散文作家。

鲁彦(王衡,1901年~1944年)最初的作品收在《柚子》集里。他自己说:"写那些文章的时候,我的年纪还轻,所以特别来得热情,呼号、诅咒与讥嘲常常流露出来。"(注:《关于我的创作》)有不少篇(如《狗》《秋雨的诉苦》)其实是讽刺人们自私、愚昧、麻木心理的随笔体散文。《柚子》一篇借谐谑的议论的柚子似的人头的描写,控诉了封建军阀杀人如麻的罪行。在短篇《许是不至于罢》中,作者用诙谐之笔,揭示出财主王阿虞的阴暗心理及其狡猾的处世哲学,剖析了剥削者虚伪丑恶的灵魂,但把农民写得过分自私和缺乏觉悟。这一短篇开始显示出鲁彦作品的艺术特色。到《黄金》集里的一些小说,作者更有意使用冷峻地描绘生活与刻画人物的方法,现实主义成分有了增长。《黄金》一篇中的如史伯伯,从小康家庭突然中落之后,受尽周围人们的奚落和冷遇,陷于凄惶不可终日的窘境。尽管作者对如史伯伯有所同情,但严峻的生活逻辑,使他只能在作品结尾时让主人公从梦中得到"希望和欢乐"。跟冷酷的现实对照,这个圆满的梦,便也包含了对本身也有严重思想弱点的主人公的讽刺。

郑振铎(1898年~1958年)早年的贡献主要是在文学活动的组织工作方面,他编辑文艺刊物,撰写理论批评,介绍和翻译外国文学,但也写了少量作品。除《雪朝》集里所收新诗和《山中杂记》所收散文外,还写有短篇小说集《家庭的故事》,以朴实的文字留下了一组"将逝的中国旧家庭的片影"(注:郑振铎:《家庭的故事》集前《自序》),如寄食者的死(《五老爹》),投靠者的一生(《王榆》),浪子的漂荡(《九叔》),弃妇的憔悴(《三年》)等。《猫》《风波》《书之幸运》诸篇则表现了知识分子的生活习好和情趣。以上两位作者的小说创作,正如文学研究会里别的一些作家一样,到三十年代都有新的发展。

文学研究会诸作家的创作中,最能代表其现实主义特色的,是叶绍钧(圣陶)的作品。

创造社

创造社是"五四"时期出现的另一个有重大影响的文学团体。它正式成立于1921年7月,它的刊物《创造》(季刊)公开和读者见面是在1922年5月。但在这以前,创造社的主要成员在"五四"过后便陆续发表了各种创作。如郭沫若第一部诗集《女神》中的不少作品都已经在当时报纸所办的文学副刊上发表;郁达夫、成仿吾也都在报刊上发表过作品,他们在此基础上组成了创造社,目的是要借此推动当时新文学运动的进一步展开。

郁达夫(1896年~1945年)是创造社主要作家之一。他经历了五四运动、1927年的大革命和抗日战争等几个重要历史阶段,创作活动主要是在1921年~1935年这段时期。他的一生充满了矛盾:一方面,他具有"五四"以来一般进步的小资产阶级知识分子所共有的反帝、反封建的爱国主义和民主主义思想,在时代的推动下,要求革命;另一方面,他又是一个没有勇气投身于无产阶级革命事业的小资产阶级知识分子。特别是当革命处于低潮或斗争异常尖锐的时候,他便退缩隐遁,离开革命的漩涡。

《沉沦》是郁达夫早年的代表作。它完成于1921年5月,由于"惊人的取材和大胆的描写",震动了当时的文坛。小说描写了一个留日学生由于异族的压迫和社会的冷遇所造成精神上的极度痛苦。这种被歧视的痛苦和弱国人民的自卑感,构成了主人公苦闷而又复杂的心理状态。由于作者沾染了资本主义没落期的颓废主义的影响,使这一人物的思想行为蒙上了一层极不健康的色彩。最后,他因为忍受不了精神上的痛苦,终于走上自杀的道路。在投海前遥望着故国天空的明星,他喊出了自己的苦痛和期望。

张资平(1893年~1959年)是创造社早期的重要成员。1911年考取官费留日,进东京帝国大学地质学系。他的兴趣在文学方面,1919年在校时开始写长篇小说《冲积期化石》。1922年毕业回国,曾一度在武昌的一所大学教地质学,但他的重要活动还是文学创作。他在《创造季刊》创刊号发表第一个短篇《她怅望着祖国的天野》,描写一个旅日华侨与日本女人所生的女儿秋儿的不幸遭遇。她心地善良、纯朴,虽欲自食其力,保其洁白之身,但恶势力却奸污她并迫使她卖淫。她对恋人(一个华侨学生)一片痴情,但最终还是失望、受骗。这篇小说表现出作者初期创作的现实主义倾向和人道主义思想。他的短篇和长篇数量都很大，其中有不少描写知识分子的痛苦和挣扎，具有一定的社会意义。如《小兄妹》中写一个留法回国的教授，生活异常穷困，为了对付第二个孩子的降生，他四处张罗，焦头烂额。这类所谓"身边小说"，虽用客观手法描写，但主观的情感不时爆发。

新月社

成员大多是英美留学生，1926年4月创刊《晨报诗镌》。创作方面的主要人物是闻一多、徐志摩。后期活动从1928年《新月》月刊创办开始。

闻一多（1899年~1946年）是一位深受西方诗歌影响的爱国主义的著名诗人，同时也是诗歌方面的理论批评家。他发表过《诗的格律》等论文，主张新诗应该包括"音乐的美（音节），绘画的美（辞藻），建筑的美（节的匀称和

郁达夫

句的均齐）"，批评"诗的无韵"和"自然音节"之说。他引用外国一位资产阶级教授的话："差不多没有诗人承认他们真正给格律束缚住了，他们乐意戴着脚镣跳舞"，并加以发挥说："恐怕越有魄力的作家，越是要戴着脚镣跳舞才越跳得痛快，跳得好。"他的诗歌理论虽然包含某些合理的因素，如认为"新诗的格式是相体裁衣"等，但艺术观点却是形式主义的，思想基础有浓厚的唯心主义（如颠倒自然与艺术的关系，认为"自然在模仿艺术"；用"游戏本能说"解释艺术的起源等）。这种诗歌理论体现出作者受到西欧资产阶级唯美派很深的影响。他的诗歌理论尽管具有过多地追求形式、技巧的倾向，但对于完全不讲究节奏、韵律，使新诗过分散文化的诗风来说，却也能起某些积极的作用。关于诗的格律的主张，在诗人的创作中都有过试验和实践。

闻一多的诗歌创作，都收在《红烛》和《死水》里。这两个诗集，先后出版于1923年和1928年。《红烛》里的作品，除了《孤雁篇》《红豆篇》是去国之作以外，其余的差不多都是1920年至1922年初诗人在清华大学读书期间写成。从这些早期诗歌中，可以看出闻一多在青年时期就已经对现实表示不满、对军阀混战的局面无限痛恨。在他看来，黑暗现实就像是"苦雾"笼罩下"死睡"着的"一条大河"，"没有真，没有美，没有善，更那里去找光明来！"（《西岸》）因而诗人于1922年怀着满腔爱国热忱和追求西方文化的幻想去美国学习美术。然而在美国学习期间，他不仅目睹，而且切身体验到中国人民在那里所受到的歧视和侮辱。他在1923年给家人的信里这样写着："我乃有国之民，我有五千年之历史与文化，我有何不若彼美人者？将谓吾国人不能制杀人之枪炮遂不若彼之光明磊落乎？总之，彼之贱视吾国人者一言难尽。"他把这种愤慨的情绪写入诗篇，《孤雁》《太阳吟》《忆菊》等篇便是诗人在国外写成的著名的爱国思乡的诗。另一个诗集《死水》共收诗28首，系诗人1925年回国后所写，数量虽远比《红烛》少，但在读者中的影响很大。这是因为收在诗集《死水》里的作品，如《静夜》《发现》《死水》等，它们不论对现实生活的认识、题材涉及的方面，以及诗人思想的深度或艺术的表现能力，都比《红烛》里的作品前进了一大步。但总体来看，爱国主义的热情像一根红线似的贯串着这两部诗集，它表现为三个相互渗透的内容：其一，对帝

国主义的痛恨;其二,对有着数千年悠久历史和文化的中华民族的热爱和眷念;其三,对当时国内军阀混战、民不聊生的悲惨景象所感到的失望与忧虑。

无产阶级文学

开始倡导无产阶级文学运动的社团,主要有后期的创造社和新成立的太阳社。前者以文艺性刊物《创造月刊》和新创办的理论性刊物《文化批判》为主要阵地,成员为郭沫若、成仿吾、李初梨、冯乃超、彭康等;后者由蒋光慈、钱杏邨、孟超等组成,创办《太阳月刊》等刊物。此外,和创造社站在一条战线上,提倡革命文学的,还有《我们月刊》《洪荒》等刊物。

1928 年初,《创造月刊》上发表了成仿吾的《从文学革命到革命文学》,《文化批判》上发表了冯乃超的《艺术与社会生活》、李初梨的《怎样地建设革命文学》,《太阳月刊》上发表了蒋光慈的《关于革命文学》等文章,从不同方面阐述无产阶级文学的基本要求,并互相呼应以造成运动的声势。接着,郭沫若发表《桌子的跳舞》,钱杏邨等作家也相继发表文章,参加无产阶级文学的倡导和论争。

中国左翼作家联盟

简称"左联"。1928 年~1929 年间的革命文学论争,传播了马克思主义文艺理论,提高了革命作家的思想理论水平。

中国左翼作家联盟成立大会于 1930 年 3 月 2 日。左联一成立,立即遭到国民党政府的破坏和镇压,如取缔"左联"组织,通缉左联盟员,颁布各种法令条例,封闭书店,查禁刊物和书籍,检查稿件,拘捕刑讯,秘密杀戮革命文艺工作者等。人们习惯称为"左联五烈士"的李伟森(李求实,左翼文化工作者,不是左联成员)、柔石、胡也频、殷夫、冯铿,就是1931 年 2 月 7 日被秘密杀害于上海龙华国民党警备司令部的。但左联仍顽强战斗,除上海总盟外,还先后建立了北平左联(又称北方左联)、东京分盟、天津支部,以及保定小组、广州小组、南京小组、武汉小组等地区组织。参加左联的成员,也不仅限于文化工作者,还扩大到教师、学生、职员、工人,盟员总数达数百人。

左联先后创办的机关刊物有《萌芽月刊》《拓荒者》(二刊系接办)、《巴尔底山》《世界文化》《前哨》(第 2 期起改名为《文学导报》)、《北斗》《十字街头》《文学》《文艺群众》《文学月报》《文学新地》等等;还秘密发行了《秘书处消息》和《文学生活》;并在《时事新报》副刊《青光》主办《每周文学》。另外有外围刊物《文艺新闻》。北平左联机关刊物有《文学杂志》《文艺月报》等。东京分盟办有《东流》《新诗歌》《杂文》(后改名《质文》)。左联盟员以个人名义编辑的刊物有《无名文艺》(叶紫、陈企霞)、《文艺》(周文、刘丹)、《春光》(庄启东、陈君冶)、《中华日报》副刊《动向》(聂绀弩)、《译文》(鲁迅,后为黄源)、《太白》(陈望道)、《新小说》(郑君平,即郑伯奇)等。左联领导的中国诗歌会有会刊《新诗歌》。

左联以马克思主义文艺理论指导自己的实践,在宣传马克思主义文艺理论方面,鲁迅、瞿秋白、冯雪峰等人都做了不少翻译介绍工作。左联从一开始就重视理论批评工作,其成员以马克思主义理论为武器,对于"新月派""民族主义文艺运动""自由人""第三种人"及"论语派"等的资产阶级文艺观点,进行了批评。对国民党当局的反动文艺政策,进行了批判和斗争。他们很重视文艺大众化的问题,先后在《大众文艺》《拓荒者》《文学导报》《北斗》《文学》《文学月报》以及其他报刊上发表文章.展开热烈讨论,形成很有声势的文艺大众化运动。

左联领导的左翼文艺运动,在创作方面取得了巨大成就。革命作家在左联刊物和其他进步刊物上都发表了大量作品,鲁迅的《故事新编》以及他和瞿秋白的杂文,茅盾的《子夜》《林家铺子》《春蚕》,蒋光慈的《咆哮了的土地》,丁玲、张天翼、叶紫等人的小说,田汉、洪深、夏衍等人的剧作,中国诗歌会诸诗人的诗歌,都以其思想上艺术上新的拓展,显示了左翼文艺的实绩,产生了广泛的影响。在左联的培养下,涌现出了沙汀、艾芜、叶紫、周文、蒋牧良、艾青、蒲风、聂绀弩、徐懋庸等一批文学新人。他们给文坛带来许多生气勃勃的作品,成为30年代文坛上活跃的力量。创作方面的巨大成就还在于出现了许多新的具有重大社会意义的题材和主题。革命者在白色恐怖下的英勇斗争,工人群众对资本家剥削的猛烈反抗成为许多作品描写的内容。农村生活和斗争的题材也进入了许多作家的创作视野,不少作品以真实生动的艺术画幅反映了农村贫困破产的景象,显示了广大农民的觉醒和斗争。此外,30年代动荡不安的城市生活也在文学作品中得到了真实、集中的反映。所有的作品都体现着强烈而鲜明的时代色彩。

由于受到当时中国共产党内左倾路线的影响,左联在工作中有过教条主义、宗派主义的错误倾向。反映在创作中,不少作品都染有较浓厚的小资产阶级意识。有些作品还有公式化、概念化的弱点。对此,鲁迅曾进行过中肯而切实的批评。1936年春,为了适应抗日救亡运动的新形势,左联自行解散。

左联在国民党政府残酷压迫下顽强战斗了6个年头,粉碎了国民党当局的文化"围剿",有力地配合了中央苏区军事上的反"围剿"斗争。左联培养了一支坚强的革命文艺大军,为抗日战争时期、解放战争时期,甚至新中国成立以后的人民文艺事业准备了一批骨干人才。左联为建设人民大众的革命文艺做出了卓越贡献。

早期无产阶级革命文学

在早期无产阶级革命文学中,蒋光慈是值得注意的一个作者。

蒋光慈原名蒋光赤,又名蒋侠僧,1901年生,安徽六安人,出身于小康家庭。五四运动时,他积极参加学生运动。1920年加入上海社会主义青年团。后被派赴苏联学习,1922年转为中国共产党党员。在苏联留学时期即开始写作,1924年回国后更加努力于创作。1927年"四一二"政变以后,蒋光慈同钱杏邨等人,在党的领导下,组织太阳社,先后编过《太阳月刊》《时代文艺》《新流月报》《拓荒者》等刊物,鼓吹革命文学。同时,他还从事苏俄文学的介绍和翻译工作。1930年他参加左翼作家联盟,并担任领导工作。1931年8月病逝于上海,年仅三十岁。

1920~1927年,是蒋光慈创作的第一个时期。这个时期,他出版了诗集《新梦》《哀中国》,并写了小说《少年飘泊者》《鸭绿江上》《短裤党》等。以"时代的忠实儿子""暴风雨的歌者"的姿态跃居文坛,为中国无产阶级文学的探索和建立,做出了可贵的贡献。

中国无产阶级革命文学和前驱的血

1931年2月7日,国民党反动派在上海龙华秘密杀害了二十四位革命者,其中包括李伟森、柔石、胡也频、殷夫、冯铿等五位左联成员。接着,洪灵菲、应修人、潘漠华等革命作家也相继遇害。他们用鲜血写下了中国无产阶级革命文学的历史的第一页,"永远在显示敌人的卑劣的凶暴和启示我们不断的斗争"。

李伟森烈士主要从事革命的实际工作,他所写的大都是文化思想斗争的论文、杂文。其他烈士很早就爱好文艺,写过一些文艺作品,参加革命以后,逐渐把个人爱好和革命斗争结合起来,用笔来参加战斗。他们都有文艺作品问世,发生过不同程度的积极的或革命的社会影响。

殷夫一名白莽,生于1909年,浙江省象山县人。本姓徐,原名柏庭。在《梦中的龙华》《春天的街头》《都市的黄昏》等诗中,他对贫富对立的上海社会进行了愤怒的揭露,对革命胜利的信心更坚定了。

柔石原名赵平复,1902年生于浙江省宁海县。他在中学时期就喜欢文学,1923年开始创作。1930年5月加入中国共产党。他参加左联的具体领导工作,是担任执行委员、常务委员、编辑部主任等职务,并以左联代表资格参加全国苏维埃区域代表大会。牺牲时年仅二十九岁。

胡也频,1903年生于福建省福州城内。少年时曾当过金铺的学徒。1924年开始创作。1930年参加左联,并担任执行委员和工农兵通讯委员会主席等职务;同年参加中国共产党。

胡也频的艺术才能是多方面的,产量也很大。他写过诗歌、戏剧、小说,但他主要成就是小说。短篇小说有《圣徒》《活珠子》《往何处去》《牧场上》《三个不统一的人物》等;长篇小说有《到莫斯科去》《光明在我们的前面》;诗歌有《也频诗选》;戏剧有《鬼与人心》《别人的幸福》等。

诗坛上的新人新风

在三十年代的诗坛上,努力坚持现实主义的创作原则,提倡抗日反帝的大众化诗歌的,是1932年9月成立于上海的中国诗歌会。它是在左联的领导下,由一些进步诗人组成的群众团体,发起人有穆木天、蒲风、任钧、杨骚等。后来在北平、广州、日本东京等地陆续设立分会和出版刊物,团结了很多诗人。

当时成绩较大的是蒲风。他于1911年出生于广东梅县,1943年病殁于皖南。他是新诗歌的积极倡导者和实践者,也是一位多产的作家,曾先后出版《茫茫夜》《生活》《钢铁的歌唱》《六月流火》《摇篮歌》等诗集,抗战以后写成了《可怜虫》《抗战三部曲》等。

蒲风诗歌的最大特点是始终与现实紧密结合。他遵循中国诗歌会的文学主张从事创作。他的诗的内容主要有两个方面,一是描写农民在官僚地主的残酷压迫和剥削下的悲惨生活及其觉醒与反抗,一是反映"九一八"以后全国人民抗日的爱国主义热潮。

在三十年代的诗坛上,臧克家是一位很值得注意的诗人。他出生于1905年,第一本诗集《烙印》出版于 1933 年。诗人闻一多在《烙印》的序文里说："克家在《生活》里说："这可不是混着好玩，这是生活。'这不啻给他的全集下了一道按语，因为克家的诗正是这样……克家的诗，没有一首不具有一种极顶真的生活的意义。"茅盾当时也说："我相信在目前青年诗人中，《烙印》的作者也许是最优秀中间的一个了"。第二年诗人又出版诗集《罪恶的黑手》，接着又陆续出版长诗《自己的写照》和《运河》等集子。

描写农民的悲惨命运，倾吐他们的不平和愤怒，表达了他们对光明的期望，成了诗人早期诗歌的中心主题，诗人也因此而引人注目。这些具有坚实生活内容的诗篇的出现，对当时的"现代派"的颓废诗风，是一个打击；对新兴的左翼革命诗歌，是一个支持，在诗坛上发生的影响是很大的。

抗战前期的文艺运动

（1）抗战文艺运动的勃兴

抗战文艺运动的兴起，反映了民族解放斗争的要求，也是和党所领导的抗日文艺统一战线的广泛形成分不开的，是与中华全国文艺界抗敌协会（简称"文协"）成立以后的组织领导直接关联的。由于上海、南京等地的沦陷，1938 年初，许多进步文艺作家纷纷来到武汉。在国共合作的新形势下，周恩来同志在武汉担任军事委员会政治部副部长。郭沫若于抗故爆发后从日本回国，也于这时由上海来到武汉，筹备组织政治部第三厅，负责抗战的文化宣传工作。在党的领导和支持下，"文协"于同年三月二十七日在汉口成立。在成立大会上，通过了宣言，通过了设立全国作家通讯网、筹组通俗文艺工作委员会等提案，并选举郭沫若、茅盾、巴金、老舍、夏衍、郑振铎等四十五人为理事，周恩来为名誉理事。

"文协"一开始便阐明了它的性质和任务。《发起旨趣》中说：

我们感到文艺抗战工作的重大，散处四方的文艺工作者有集中团结，共同参加民族解放伟业的必要。……团结起来，像前线战士用他们的枪一样，用我们的笔，来发动民众，捍卫祖国，粉碎寇敌，争取胜利，民族的命运，也将是文艺的命运，使我们的文艺战士能发挥最大的力量，把中华民族文艺伟大的光芒，照彻于全世界，照彻于全人类……

在抗战文艺运动中，应该谈到《七月》杂志。抗战爆发后，胡风等便在上海编辑出版《七月》周刊，旋即转移到武汉，于 1937 年 10 月 16 日重新创办《七月》半月刊。因战事关系，1939 年 7 月，又在重庆改为《七月》月刊继续出版。《七月》是个"半同人杂志"，也是这一时期的重要刊物。艾青、田间、丘东平、曹白、阿垅（S·M）等作家，是刊物的主要撰稿人，他们用自己的笔，服务于抗日战争，取得了重要的成绩。特别是诗歌，更是《七月》的最活跃的形式。

（2）坚持抗战和进步的文学创作

"左联"在 1931 年 11 月《中国无产阶级革命文学的新任务》决议中，曾就报告文学的题材、方法和形式等问题做了明确的阐述，并结合"工农兵通讯员运动"的展开，作了大力的倡导。报告文学作为世界进步文学界所采取的一种新的文学样式，就从这个时候起流行于中国文坛。

1936 年夏衍写的《包身工》，是第一篇出自专业作家之手的优秀报告文学作品。它在选取题材、表现方法和艺术形式等方面，为报告文学树立了良好的榜样。由于作者立场鲜明，判断力强，因而能在人物众多、事件纷繁的材料中，理出一条贯串全书的线索，并通过富有艺术力的典型化的概括，把它压缩在一万多字的篇幅里，深刻地反映了现实的真实，使作品的内容和形式达到很好结合的境地。作品通过以"芦柴棒"为代表的包身工在日本纱厂做工所受的灭绝人性的悲惨待遇，深刻地暴露了帝国主义对中国人民进行掠夺和压榨的残酷罪行。它通过对各种社会关系的描写，引导读者来到包身工生活和工作的场所，令人触目惊心地看到这"没有光，没有热，没有温情，没有希望……没有法律，没有人道"的人间地狱。作者以形象化的生动语言，对国民党反动派和帝国主义互相勾结所设下的兽性的屠场，作了淋漓尽致的揭露，并以象征性的手法指出黑夜虽然是死一般的寂静。但"黎明的到来，还是终于无法可以抗拒的"。整个作品所展现的血淋淋的事实和所具有的鲜明的革命倾向，唤起了读者对帝国主义的刻骨仇恨，鼓舞着人民为争取民族自由解放而战。抗战爆发前夕，与《包身工》一样引起广大读者注意的，还有宋之的《一九三六年春在太原》等优秀报告文学作品。

（3）诗歌创作的新成就

抗战爆发后，诗歌是报告文学之外的另一种十分活跃的文学样式。《七月》杂志，不论在武汉，还是在重庆，都发表过许多著名诗人的重要诗作。有人统计，《七月》共出现三十九位诗人，其中大多数是文坛新人，并逐渐形成在现代文学史上很有影响的七月诗派。就全国来说，到武汉失守为止，诗歌朗诵成了非常流行的运动。1938年夏，在延安又展开了街头诗运动。抗战诗歌的主流，可以说是在战前中国诗歌会所倡导的大众化诗歌的基础上，蓬勃发展起来的。茅盾曾经指出："如果'五四'时期的白话诗是对于旧体诗的解放

艾青

运动，那么，抗战时期中的诗歌运动便可说是对于白话诗的再解放，而这一解放运动，尽管是瑕瑜互见，但就其最主要的项目而言，都是紧紧抓住了大众化的方向的。"在这一时期，除了臧克家等诗人继续写作外，艾青、田间、何其芳和柯仲平的诗歌创作，也取得了显著的成绩。

左翼诗人艾青，到了抗战时期，写下更多的优秀诗篇。他的作品，由于构思新颖，立意深刻，赢得了广大读者，丰富了新诗创作。

艾青，1910出生于浙江金华。1928年，入杭州西湖艺术学院绘画系。翌年，往法国勤工俭学，专攻绘画艺术，同时对进步的哲学、文艺书籍，也发生了浓厚的兴趣。为时3年的"精神上自由，物质上贫困"的海外生活，使他更多地目睹了剥夺者统治下的旧世界的黑暗，进一步加深了作为一个半殖民地国家的人民对侵略势力的仇恨。1932年回国后，艾青毅然决然背叛了地主阶级家庭，参加了中国左翼美术家联盟。同年七月间，以"颠覆政府"的罪名，被国民党反动派所逮捕。艾青在狱中被迫放下画笔，改用文艺这一武器。陆续写下以《大堰河》为代表的早期抒情诗歌。三年多的铁窗生活，更加坚定了

诗人热爱人民、渴望光明的革命意志和热情。

（4）抗战前后的戏剧

在抗战的文艺战线上，戏剧和报告文学、诗歌一样，都起到了重要的宣传教育作用。抗战初期，许多进步的戏剧工作者奔赴前线，他们不但自己参加斗争，并且及时而有力地以创作激励了前后方的军民。当时往往就地取材，集体编写，以短小的篇幅，报道和颂扬了民族解放斗争中可歌可泣的人物和事迹。至于在这前后出现的规模较大的反映抗战现实的剧本，也为数不少。其中比较有代表性的，是夏衍、于伶和宋之的作品。

夏衍，1900年出生于浙江，是我国现代戏剧运动的组织者与领导者之一，也是一位优秀的剧作家。他出身于没落的小地主家庭，"亲身经历过农村破产的悲剧，也饱受过有钱人的欺侮和奚落，因此，对旧社会制度的不满和反抗，可以说在少年时代就在心里扎下了根。"五四运动以后，他参加过浙江最早的马克思主义刊物的编辑工作。后往日本留学，在那里参加了一些工人运动的实际工作。1927年大革命失败后被逐回国，在上海加入中国共产党。不久，参加"左联"，投身于左翼戏剧运动。在抗日战争期间，他还写了不少优秀剧本，做出了较大贡献。

抗战时期，于伶是上海进步的戏剧运动的组织者之一，也是一位优秀的剧作家。1907年出生于江苏，1931年参加了"左联"。到抗战胜利前后，一共写了长长短短四十多个剧本，"记录下民主革命时期战斗的现实生活片段，抒发出当时'为着国土的沦丧而慷慨悲歌，为着大众的嗟伤而牺牲自我'的人民群众的意志和感情，'不为奴隶'的吼声与人民翻身、革命胜利的信心"。在国民党反动派的黑暗统治下，尽管演出条件非常艰苦，但作者"始终坚持着一个信念：演剧艺术工作是党的革命事业的一个组成部分"。因此，作者始终紧握戏剧这一文艺武器，迂回曲折地揭露敌人、打击敌人，反映人民群众不断增长的民族意识，并号召人民团结奋起，为民族解放而战。他的早期代表作，主要是《回声》和《浮尸》两个剧作。

宋之的（1914年～1956年）是贫农出身的剧作家。他从九一八事变起，就接受了革命的影响，后来参加了左翼戏剧家联盟的活动。他从投身于戏剧事业开始，二十年来一直站在文艺战线的前列。抗战前，他曾两次被捕入狱。第二次出狱后到太原，为了配合工农红军东征，他不顾反动派的文化高压政策，创作并演出话剧《谁的罪》，写出著名的报告文学作品《一九三六年春在太原》。

（5）小说创作的新成就

抗战初期，在报告文学和诗歌成为重要文学样式的同时，也有许多作家从事小说创作，并取得了一定的成绩。这些作家，除本书其他章节已经谈到和将要谈到的茅盾、张天翼、巴金、老舍和丁玲等以外，还有沙汀和艾芜两位作家。

抗日战争时期，沙汀是比较真实地反映了国民党统治区广大农村生活的有成就的作家之一。1904年生于四川，1931年开始写作。他进入文坛后，受到党的教育和鲁迅的启示，走着一条坚实的创作道路。

沙汀最初从写短篇小说入手，后来也写长篇小说。作品显著的特点是：通过农村生活的描写，深切地关注着农民的苦难和民族的危亡，无情地揭露了国民党反动统治的腐朽本质；笔锋犀利，倾向鲜明；结构严谨，刻画细致，具有浓郁的四川地方色彩。他在抗战前发表的，有《法律外的航线》《土饼》《苦难》等三个短篇小说集，和一些零散的作品。

解放区的戏剧

周扬曾经指出："文艺座谈会以后，在解放区，文艺的面貌，文艺工作者的面貌，有了根本的改变。这是真正新的人民的文艺"。还说："'五四'以来，以鲁迅为首的一切进步的革命的文艺工作者，为文艺与现实结合，与广大群众结合，曾做了不少苦心的探索和努力。在解放区，……先驱者们的理想开始实现了。自然，现在还仅仅是开始，但却是一个伟大的开始。"

（1）《白毛女》

《白毛女》作为一部成功的大型歌剧，是一部战斗的思想内容和完美的艺术形式相统一的作品。它的出现标志着我国新歌剧走向成熟。

《白毛女》是根据流行于晋察冀边区的一个新传奇"白毛仙姑"创作的。它曾经广泛地流传在群众中间，经过人民群众的加工、润饰，并且注入了自己的美好理想。解放区的文艺工作者按照毛泽东同志的《讲话》的指引深入生活，发掘了这个新传奇，并将它写成小说、剧本、报告文学等不同题材的作品。后来，延安鲁艺的同志从这里取材，集体创作了大型的歌剧《白毛女》，由贺敬之、丁毅执笔，马可等作曲。贺敬之，1924 年出生于山东，1939 年投身抗日救亡活动，1940 年入鲁迅艺术文学院学习。早期创作有《乡村之歌》诗集，是抗战时期出现的诗人。

《白毛女》的诞生，首先是因为有了毛泽东文艺方针的正确指导，并直接得到了党的大力支持与帮助。其次是它早就有了比较深厚的群众基础，题材植根在人民群众的民间传说的土壤之中："这个故事是千百万农民用他们反对旧社会、旧制度和拥护新社会、新制度的热情铸造起来的。"这部歌剧紧密的配合了当时的革命斗争，具有强烈的政治倾向性和鲜明的时代特色。

（2）话剧的新收获

毛泽东同志的《在延安文艺座谈会上的讲话》发表后，话剧创作的面貌也同样焕然一新。这一时期的主要作品，先后有《把眼光放远一点》《同志，你走错了路！》《红旗歌》等。

早在 1942 年秋季展开的边区文艺活动，便已基本上纠正了过去一度出现的热衷于"演大戏"，和盲目地崇拜外国戏剧技巧等脱离实际的倾向。同年底，由胡丹沸执笔写成的集体创作的独幕剧《把眼光放远一点》，是本时期话剧创作上最早出现的优秀作品之一。

《同志，你走错了路！》由姚仲明、陈波儿合编，于 1944 年脱稿，1945 年由抗大演出，是一个艺术性较强、教育意义较深的剧本。它反映了抗战初期党内在统一战线问题上以毛泽东同志为代表的正确路线，对右倾路线的一场剧烈斗争；对于阶级投降主义的实质及其危害性，也给予有力的揭发、批判，并歌颂了党的正确路线的胜利。

另一部优秀剧作《红旗歌》，是刘沧浪、鲁煤等集体创作的成果，也是全国解放前夕，作者在毛泽东文艺思想指导下深入工人生活的一个宝贵收获。它以一个纱厂的红旗竞赛运动为背景，集中刻画了女工马芬姐从落后到先进的转变过程，表现了在管理工业方面如何依靠工人的重大主题。

解放区的小说和报告文学

（1）赵树理的创作

在新的人民的文艺创作上，赵树理是"一位具有新颖独创的大众风格的人民艺术家"。

赵树理（1906年~1970年），原名赵树礼，沁水县尉迟村人。现代著名小说作家。出生于贫苦农民家庭。1937年加入中国共产党。历任中国文联常务委员、中国作家协会理事、中国曲艺协会主席，曾任《曲艺》《人民文学》编委、中国共产党第八次代表大会代表，全国人民代表大会第一、二、三届代表。

赵树理

赵树理在中国现代文学史上占有重要地位。早在抗日战争时期，他就致力于革命文艺的通俗化、大众化工作，写出了许多反映农村社会生活、深受广大群众欢迎的小说，如《小二黑结婚》《李有才板话》《李家庄的变迁》《福贵》等。全国解放以后，继续深入农村生活，耕笔不辍，驰骋于中国文坛。短篇小说《锻炼锻炼》、长篇评书《灵泉洞》（上集），以及《实干家潘永福》、长篇小说《三里湾》等，都令人爱不释手。

十年浩劫中，赵树理身心都受到严重摧残，于1970年9月23日含冤而死，终年64岁。

赵树理是我国真正熟悉农村、热爱人民的少有的杰出作家之一，他的作品真实地再现了我国农村几十年来的巨大变革，而且具有独特的民族形式和民族风格，在弘扬我国优秀民族文艺的传统、促进革命文艺的大众化方面，做出了富有成果的贡献。

（2）丁玲的创作

丁玲（1904年~1986年），现、当代女作家。原名蒋冰之，笔名彬芷、从喧等。湖南临澧人。在长沙等地上中学时，受到"五四"思潮的影响。1923年进共产党创办的上海大学中文系学习。1927年发表小说《莎菲女士的日记》等作品，引起文坛的热烈反响。1930年参加中国左翼作家联盟，后出任左联机关刊物《北斗》主编及左联党团书记。这个时期她创作的《水》《母亲》等作品，显示了左翼革命文学的实绩。1933年被国民党特务绑架，后逃离南京转赴中共中央所在地陕北保安县。在陕北历任西北战地服务团团长、《解放日报》文艺副刊主编等职，并先后创作《一颗未出膛的枪弹》《夜》《我在霞村的时候》《在医院中时》等解放区文学优秀作品。1948年写成长篇小说《太阳照在桑干河上》，曾被译成多种外文。1951年获斯大林文学奖金。新中国成立后，丁玲先后担任文艺界多种重要领导职务，并在繁忙工作之余，发表了大量小说，散文和评论文章。1955年和1957年被错误地定为"丁玲、陈企霞反党小集团"和"丁玲、冯雪峰右派反党集团"主要成员，1958年又受到"再批判"。并被下放到北大荒劳动改造。"文化大革命"期间深受迫害并被投入监狱。1979年平反后重返文坛，先后出任中国作家协会副主席等职，并多次出访欧美诸国。丁玲一生著作丰富,有些作品被译成多种文字,在世界各国流传,产生了广泛的影响。

(3)周立波的《暴风骤雨》

周立波(1908年~1979年)的长篇小说《暴风骤雨》,完成于1948年。这部作品,在解放区的文学创作上,是一个重要收获。周立波是在小说创作方面实践毛泽东文艺思想的另一位有显著成绩的作家。

作者在1934年参加左联,从事编辑工作。其后写过一些文艺论文,而更多的是翻译苏联和俄国小说。这对当时的读者以及他本人后来的创作,都产生了良好影响。抗战爆发后,他到了抗日根据地,并着手创作,主要有报告文学《晋察冀边区印象记》和少量的短篇小说。1939年后,他任教于延安鲁艺。关于这一段生活,作者后来有以下两段回忆:"这所艺术学院的院址是在离城十里的桥儿沟,那里是乡下。教员的宿舍,出窑洞不远,就有农民的场院。我们和农民,可以说是比邻而居……但我们都'老死不相往来'。整整地四年之久,我没有到农民的窑洞里去过一回";自从"受了《讲话》的启示,也由于座谈会以后文艺领导上的正确的安排,我逐渐地接触实际,我的脱离群众的倾向,渐渐地有了一些改变了。十五年里,我到过部队,住过农村,也下过工厂。我在群众中间的日子多起来了,文章也多了一些。"1946年,周立波进入东北解放区,正当党号召干部下乡,参加土改工作,他便全身心地投入了这场激烈的阶级斗争。长篇小说《暴风骤雨》,就是作者遵循毛泽东同志的教导,经过深入的实际斗争,有了一定的生活基础之后写成的。它的问世,标志着作者在他的创作道路上进入了一个崭新的阶段,也显示了毛泽东文艺思想的胜利。

《暴风骤雨》以宏伟的气魄,表现了第三次国内革命战争时期广大解放区农村翻天覆地的土地改革的斗争。

解放区的诗歌

(1)长篇叙事诗《王贵与李香香》

《王贵与李香香》最初发表在1946年9月延安的《解放日报》副刊上。它突破了以往的新诗观察和反映生活的角度,生动地表现了劳动人民自己起来解放自己、推动历史前进的巨大力量。

长诗《王贵与李香香》的出现,在革命文艺中的启示作用是多方面的;他的思想和艺术的光辉,在现代诗歌史上,也有着不可忽视的意义。陆定一曾以《读了一首诗》为题,撰文赞扬它,"用丰富的民间语汇来做诗,内容和形式都是好的",起到了"开路先锋"的作用;还指出,"革命的文艺如果不学会自己的民族形式,即劳动人民所喜闻乐见的形式,哪怕内容很好,就不可能在几万万人民的头脑里把旧文艺的影响打倒、肃清";"每一次这样的胜利,都表示了新民主主义文艺运动对于封建的买办反动的文艺运动的胜利。新的文化在一个一个的夺取旧文化的堡垒。"郭沫若也高度赞赏这首长诗,把它称为"文艺翻身"的"响亮的信号"。

(2)其他作家的诗歌

这一时期在群众中有广泛影响的诗人还有阮章竞、田间、张志民等。他们的作品,都在不同程度上反映了农村尖锐复杂的阶级斗争和解放区人民的新生活,为转折中的伟大的历史年代留下了珍贵的纪录。叙事诗的大量出现,是本时期诗歌创作最重要的收获。著名的叙事诗《圈套》《漳河水》(阮章竞作)、《赶车传》(田间作)、《王九诉苦》《死不着》(张志民作)等,都是这时期较为优秀的作品。

国统区的文艺运动与文艺思想的论争

1942 年~1949 年,国统区的文艺运动,经历了两个时期:抗日战争后期和解放战争时期。

这一时期,由于周恩来同志的亲切关怀和领导,国统区"进步的文艺运动是和站在人民大众立场的人民革命运动的方向,完全一致的"。不少作家投身于民主斗争的行列,许多民主的集会通过文艺讲习会、文艺座谈会的方式而举行。在许多群众运动中,群众自己创造了活报、漫画、鼓动诗等战斗性强烈的作品,收到了巨大的效果。不少作家在斗争中始终坚持岗位,蔑视反动派的压迫和残害。诗人闻一多因此而献出了宝贵的生命,作家朱自清身患重病,宁死也不领美"援"面粉。

在进步文艺运动的发展中,特别要提到毛泽东同志《在延安文艺座谈会上的讲话》所发生的伟大作用。这个文件于 1943 年 10 月 19 日在延安正式全文发表。同年 11 月 11 日,重庆《新华日报》根据《讲话》精神,发表社论《文化建设的先决问题》,正确阐述我们党关于文化建设的方向,明确指出文化要为人民大众服务,文化工作者的思想感情要同人民大众打成一片。

(1)郭沫若等的历史剧

郭沫若

1941 年皖南事变发生前后,国民党反动派更加疯狂地执行消极抗日、积极反共反人民的政策。国统区进步的文艺运动虽然受到愈来愈严重的迫害,但始终不屈不挠地坚持着斗争。由于反动派对书报刊物的严格检查,凡属接触现实问题的作品就难于出版和上演。原来分散在抗战前方从事戏剧运动的文艺工作者,也因受到严重的压制、阻挠和迫害,陆续向后方的几个大城市转移。当时,由于日本帝国主义的封锁,外国影片和拍制电影的胶片,均难以进口,影剧院缺乏可供上演的新片子,周恩来同志抓住这个时机,"利用话剧作为突破口",广泛地团结进步的剧作家、演员和导演,掀起话剧演出的热潮。阳翰笙在《国统区进步的戏剧电影运动》中说:"针对着国民党这种反动政策,我们便开始转移工作目标,机动而又主动地把后方各大城市的戏剧运动组织起来,领导起来。这样先后成立了很多职业剧团,也掌握了所有国民党政府机关所控制的剧社,经过无数次的规模盛大的演出(在两个雾季中共演出三四十个大戏),给予反动派以有力的反击!"在这些戏中,有的暴露和控诉了当时的黑暗统治,例如《雾重庆》《法西斯细菌》等;有的借用历史剧的形式痛斥了国民党破坏抗战破坏团结的反动阴谋,例如《屈原》《虎符》《天国春秋》等。

借过去的历史暴露现实的黑暗,这是出于环境所迫,是为了更有效地展开政治斗争。在这方面,郭沫若是最有代表性的杰出的历史剧作家。他先后改写和新作的历史剧共有六种,其中《棠棣之花》《屈原》《虎符》《高渐离》,都取材于战国时代以合纵抗秦为主要内容的史实。在这四个剧本中,突出地反映了当时主张团结御敌、反对分裂、投降的进步力量对亲秦派的斗争;热情地歌颂了斗争中的那些仁人志士和爱国者;同时也明显地表现出作者借此反对日本帝国主义侵略,揭露国民党反动派投降卖国,和鼓舞了人民团结斗争的战斗精神。因而这些剧本成为教育人民、打击敌人的有力武器。茅盾曾经着重地指出:"皖南事变以后《屈原》的演出,引起热烈的回响,在当时起了显著的政治作用。"

阳翰笙,1902 年出生于四川,是我国现代戏剧运动领导者之一。他在这一时期完成的剧作,表现了强烈的民族意识,紧密地配合了当时的政治斗争。他先后写了《李秀成之死》《塞上风云》《天国春秋》《草莽英雄》等剧。《李秀成之死》是写于 1937 年的多幕历史剧,剧中主要描写太平军将领李秀成在京都率领军民浴血奋战的故事。它热烈地歌颂了李秀成英勇抗敌、誓死不屈的崇高品质和英雄气概。他对帝国主义严正的立场,强烈的民族仇恨,以及就义前的乐观主义精神,正好同国民党反动派的卖国投降形成了鲜明的对比。李秀成在就义前高呼:"我们中华民族中最优秀的人物一定很快就会跟着我们来的!"这里曲折他说出:革命者是杀不绝的,一批人倒下去,接着有更多的人踏着先烈的血迹继续战斗前进。与此同时,作者对国民党反动派所崇拜的大汉奸大刽子手曾国藩、李鸿章等卖国求荣、绞杀革命、残害人民的罪行,也做了严正的谴责和无情的揭露。

(2)茅盾的《腐蚀》

茅盾作为一位杰出的革命作家,他把他的笔锋直指国民党反动统治,揭穿他们反共投降的阴谋,为争取民族独立和民主自由作了不懈的努力,在创作上取得显著的成就。他在抗战时期先后写了长篇小说《第一阶段的故事》《腐蚀》《霜叶红似二月花》和剧本《清明前后》,还有短篇小说集《委屈》,散文集《炮火的洗礼》《见闻杂记》《时间的记录》,特写集《生活之一页》和《劫后拾遗》等。其中《腐蚀》和《清明前后》,是他本时期的代表作。

《腐蚀》写于 1941 年,是在香港出版的《大众生活》上连载的。它以皖南事变为历史背景,是作者继《子夜》之后的又一力作。当时,日军集中主要兵力进攻解放区,对逃到后方重庆的蒋介石反动派实行政治诱降。蒋介石集团则摧残抗日力量,与汪伪勾结,积极准备卖国投降,于是一手制造了惨绝人寰的皖南事变。茅盾通过《腐蚀》,迅速地把国民党反动派卖国投降的滔天罪行公诸于世,配合了当时的政治斗争,具有重大的现实意义。

当代文学

由于第二次世界大战结束之后,随即爆发了长达四年的解放战争,因此,中国当代文学的发端一般从是 1949 年算起。其发展历程可以分为两个阶段:文学的大一统时代(1949 年~1978 年)和文学的多元共生时代(1979 年~)。第一阶段周期较长,但由于其中包含着几次与文学有直接关系的大的政治风暴和社会动荡,因此可供进行艺术考察的文学现象并不十分丰富;第二阶段处于社会相对平稳发展的历史时期,文学生存环境相对自由与开放,各种思潮、流派纷呈杂揉、各种文学现象层出不穷,文坛充满生机,它是当代文学的重要阶段。

文学的大一统时代

这一阶段的特征是文学的意识形态化,文学自觉地为政治服务,文学的价值取向与政治的价值取向趋同,成为政治的延伸,文学是工具和武器。与当代西方文学的潮流基本隔绝。

与此相关的是创作方法的单一。现实主义在中国被称为革命现实主义,并辅之以革命理想主义为核心的革命浪漫主义,进而出现了"两结合"的创作方法。到了"文化大革命"时期,现实主义的根本精神已消失殆尽,而蜕变为一种伪古典主义。

在美学追求上,这一时期的文学强调崇高。从几部代表性作品,比如《红岩》《红日》《红旗谱》《创业史》来看,都是表现主人公为国家、民族和人民的利益而忍受各种难以想象的肉体和精神上的痛苦,他们的经历都有天将降大任于斯人之前那种炼狱般的共同特征。他们以人格与道德行为的强大威力使审美主体感受到庄严、敬仰与心灵震撼。在人物塑造上有个人的英雄化,英雄的神化的趋向,其极端表现是几个样板戏。

由于以上种种原因,当代中国文学整个从世界文学及人文精神的大背景中脱离出来,在一定程度上也与传统文化的血脉隔断了,在高度封闭的状态中自给自足地衍化了许多年。从50年代起,欧美文学基本上被拒之门外,只有苏维埃社会主义文学受到推崇,苏联文学是中国人民的"生活教科书",也是中国作家的文学教科书。苏联文学的解冻思潮激发了中国作家干预生活,表现人道主义的勇气,出现了一批后来被收入《重放的鲜花》中的作品。60年代以后,苏联文学被当作修正主义文艺批判了近20年,于是中国文学几乎成了与世隔绝的文学。

但是在一个有着数亿人口的大国,公众对文化生活的渴望、传统文学的遗泽、民间文学的刺激会合为一种四处弥散的氛围,使文学家在有限的生存环境和艺术空间中将能够有限展露的艺术个性和都发挥出应有水平。因此,前30年的中国当代文学依然是有成就的、不可忽视的,少数作品在20世纪中国文学历程中有不可替代的重要地位。

(1)故事中的世界

从1949年~1977年,文学的最主要成就是小说,尤其是长篇小说。从数量看,前17年长篇小说总数不过100余部,而80年代平均每年出版近200部,总数已逾两千。但是从发行量、读者面和影响的深广度看,前者远远超过了后者。有许多作品不仅在当时风行全国,而且穿过岁月的风尘传了下来,比如:丁玲《太阳照在桑干河上》、周立波《暴风骤雨》《山乡巨变》、孔厥、袁静的《新儿女英雄传》、陈登科《活人塘》、柳青《铜墙铁壁》《创业史》、孙犁《风云初记》《铁木前传》、杜鹏程《保卫延安》、赵树理《三里湾》、梁斌《红旗谱》、杨沫《青春之歌》、罗广斌、杨益言《红岩》、吴强《红日》、曲波《林海雪原》、知侠《铁道游击队》、欧阳山《三家巷》、冯德英《苦菜花》、高云览《小城春秋》、姚雪垠《李自成》、周而复《上海的早晨》、李英儒《野火春风斗古城》、雪克《战斗的青春》以及《敌后武工队》《烈火金刚》《平原烈火》等一批抗战小说。这些出自前17年的小说("文革"十年基本上是空白)如果以现代主义尺度来衡量,也许会使人感到缺乏艺术探险的精神,但它与当代中国人的阅读心理与鉴赏习惯比较吻合,有着自己独特的美学风貌。

①故事的完整性与情节的生动性。《青春之歌》写知识青年走上革命道路的曲折历程;《红旗谱》写农民由自发地反抗压迫到自觉地跟共产党闹革命,通过朱老忠和严志和两个家庭的变迁,通过他们的悲欢离合和奋斗历程,展现了从20世纪初开始三代农民的革命谱系,具有传奇色彩;《小城春秋》写作者家乡厦门发生的一起由共产党领导的大劫狱;《林海雪原》写第四次国内战争初期,一支解放军小分队在人迹罕至的长白山区和绥芬草原与数十倍于自己的国民党军残部周旋作战,历尽艰险,全部歼灭敌人的故事,是一个神奇的英雄传说。这些作品都是讲一个有始有终的故事,容易给读者造成寻根究底的阅读期待。所有作品也都十分注重情节的起伏转折和新奇,《林海雪原》中的智取威虎山、大战四方台、智擒小炉匠及雪地追踪、攀岩跳涧,《野火春风斗古城》中的爱与恨交织,敌我友混杂的复杂背景与纠葛,《苦菜花》中那一个个血与火组成的场面,尤其是老百姓在日寇屠刀下置生死于不顾,冒认共产党干部作亲人的情景,《铁道游击队》中的飞车夺枪,都足以使人过目不忘。

②个性鲜明的人物形象。17年的小说作家主要是师承《三国演义》《水浒》等古典小说,因此都注重故事情节,同时对人物形象的塑造也煞费苦心,有成就的作品都能注意以人物性格的发展变化来布置场面,推动情节发展,形成完整的故事,因此故事情节的背后总是血肉丰满的人物。通过故事来塑造人物,使其成为足以传世的文学形象,在这一点上,80年代的小说尚不能企及。《红岩》中的江姐、许云峰、华子良作为为理想而奋斗、受难、献身的共产党人,《林海雪原》中的杨子荣、少剑波作为大智大勇、所向无敌的革命战士,《暴风骤雨》《山乡巨变》中的老孙头、亭面糊作为老一辈中国农民,《创业史》中的梁生宝作为社会主义农村的一代新人,在当代读者心中都有不可磨灭的印象。80年代的长篇小说侧重人物的情感心理纠葛,呈现静态或稳态,人物多是为命运所拨弄,在生活中找不到适当的位置,也缺少强有力的明确的目标。这一时期的小说人物则往往处于时代的急风暴雨中,有着单纯而明了的奋斗目标,为理想而力克艰难险阻,因而较少内心冲突而较多外部动作,更具动态性与可视性,所以栩栩如生。

③语言的锤炼。由于古典小说诗文及民间文学的影响和作家的刻意追求,这一时期小说的语言有很高的成就。孙犁、赵树理、周立波等人都是公认的语言艺术大师。孙犁的语言清澈澄明而有情致,讲究起伏顿挫,流畅而节奏明快,富于乐感与诗意,如《铁木前传》《风云初记》,读者在了解人物、熟悉故事之前总是首先为其语言的磁力所吸引。赵树理是立志创造新的农民文学的作家,青年时代受新文学影响极深,但他将《阿Q正传》读给父亲听时,这位老农民显出茫然的神色,于是赵树理感到新文学文坛太高,必须将它拆散铺成"文摊",使大多数老百姓能读得懂,喜闻乐见。他研究评书、鼓词、山东快书等民间文学,搜集和提炼农民的口头语,因此他的语言本色而机智,具有鲜活的生命气息和朴拙之美。时过境迁之后,赵树理对社会生活的把握引起争议,而他的语言功力始终无人能够否认。周立波出身乡村读书人家庭,通外文,有不少译作,因此他的语言既有乡野的清纯灵秀,俚俗粗犷,又有欧美文学中细腻绚丽的风采,既有牧童织女的活泼俏皮,又有绅士式的幽默,对意境的营造,则是他的基本特色,比如:"天正下着雨,空际灰蒙蒙。远山被雨染得迷迷茫茫的,有些地方,露出了一些黛色。近山淋着雨,青松和楠竹显得更青苍。各个屋场升了灰白色的炊烟。在这细雨织成的珠光闪闪的巨大的帘子里,炊烟被风吹得一缕一缕的,又逐渐展开,像是散在空间的一幅一幅柔软的轻纱。"(《民兵》)在这水

墨画式的描写中,一种对自然人生的挚爱之情,空灵轻盈,曼妙缥缈的阴柔之美浸润着文字,使整个作品显得意蕴深长。

④精神照射——文学之魂。这是前30年部分文学作品能够震撼人心的根本之处。与80年代以后的小说比,它的形式、技巧要粗糙、朴拙一些,但读者往往在形式技巧意识觉醒之前已被其精神的强光熔化了。这种精神的威力首先表现在对崇高的美学追求,《红岩》中写了以江姐、许云峰为代表的数十个共产党人的形象,作者曾与他们同生死共患难,对人物原型有深刻的了解,作为活生生的人他们必然都有自己的欲望、要求、痛苦、烦恼、疑惑与快乐,但在作品中,所有的正面人物都被一个远大的目标所吸引,这个目标的实现将惠及全人类,所以他们完全忽视自己个体的存在而沉浸在一种奉献与牺牲的喜悦之中,为他人为全体而牺牲个人,为未来而不惜现时受难。他们对理想的执着,对信念的坚定不移和由此而产生的不可摧毁的意志力量,超尘拔俗的巨大的幸福感,使他的生命显示出雄壮与圣洁之光,作品由此而产生一种在嚣嚣红尘中进行精神拯救的力量。

这种精神力量还表现在不可遏制的生命激情的奔腾回荡。《青春之歌》是写作者的亲身经历;《暴风骤雨》《创业史》剖析社会历史,也在展示作者自己的精神历程,因为他们本身就与描写对象血肉相关;李准的《李双双小传》,王愿坚、王汶石、马烽等人的部分短篇小说,也都使人感受到生活的热力和理想的光辉。《红岩》依然是最典型的代表。作者作为一个人间魔窟的幸存者和最直接的见证人,他们的小说所提供的都是人类生活中不可重复的特殊生活经验,其中又包含着极具普遍意义。作为人,谁都不可能有无动于衷的生命激情。江姐在竹签子面前的"脸不变色,心不跳",在面对亲人滴血的头颅时,面对双枪老太婆强忍悲痛掩饰真情时的不动声色;许云峰以一双溃烂的手经年累月地在地牢里为难友越狱挖掘通道。而自己却在成功的前夕含笑赴死;华子良在狱中装疯15年,忍受着巨大的精神折磨与肉体摧残,在关键时刻像山峰一样拔地而起,他的深谋远虑,忍辱负重,坚韧不拔的形象,所有这些足以使任何精雕细琢的美丽文字都黯然失色。

对于当代诗歌来说,五六十年代是颂歌的时代。新的国家,新的社会制度,光明灿烂的未来和前无古人的事业是诗人百唱不厌的主题。此时的诗歌没有明显的流派,风格也大同小异,因为一段时期新民歌曾被指为诗歌发展的方向。诗人们的题材不同、手法也各有特点,抒情主体却几乎千人一面,个人的意志、情感和价值判断很难得到表现,但对生活的热爱,对未来的憧憬使得诗人们无法压抑涌泉般的艺术冲动,他们由衷地歌颂新生活,真诚地表现时代精神,同时也顽强地表现自己,创立了一个时代的诗风。

50年代初期,诗坛上活跃的是一批从战争年代走过来的老诗人,如郭沫若、臧克家、冯至、卞之琳、袁水拍、艾青、田间、阮章竞、李季、何其芳、柯仲平、张志民。他们的诗往往是政治运动的回应,但偶尔也有可以把玩的珍品,比如臧克家以纪念鲁迅为题写的短诗《有的人》。紧随在他们之后是一批有生气的青年诗人,主要有:郭小川、贺敬之、闻捷,以及李瑛、公刘、邵燕祥、严阵、白桦、梁上泉、雁翼、顾工、周良沛、流沙河等,他们逐渐成为五六十年代中国诗坛的中坚力量。

可称为大家的是郭小川和贺敬之。贺敬之虽作品数量不多,但颇有特色。《回延安》以信天游形式写成,朴实而感情真挚,《桂林山水歌》《三门峡歌》意境空蒙灵秀,词彩清澄醇厚,情理景在流动跳跃的气韵中交相辉映。《放声歌唱》《雷锋之歌》是他政治抒情诗的代表作。诗人浓烈真挚的情感和对时代、历史所做的思考,诗中渗透的激情和理想,诗所营构的崇高境界,都集中反映了当时的社会心理和时代精神,引起过广泛的共鸣。郭小川的抒情诗以其抒情对象的本质化和抒情主体的个性化的结合而享有盛誉,《致青年公民》《甘蔗林——青纱帐》《厦门风姿》《林区三唱》《团泊洼的秋天》《秋歌》都是传诵一时的作品。诗中塑造的革命者形象,喜欢“蓝天碧海之间的日出”“朝霞映照着的高山瀑布”,追求“沸腾的生活”“作战般的工作”,即使“老态龙钟”,也还有一颗“暴跳的心”。他的叙事也取得了很高成就,主要有爱情三部曲——《白雪的赞歌》《深深的山谷》《严厉的爱》《一个与八个》《将军三部曲》等。《白雪的赞歌》写战士的妻子在丈夫失踪后强忍悲痛投入战斗生活,不久与一位朝夕相处的医生产生了微妙的感情,两人经过心灵搏斗都保持了克制态度,后来这位忠贞的妻子与归来的丈夫重逢。《深深的山谷》写奔赴延安的女青年爱上一位英俊文雅的男子,这位男子不久却为逃避艰苦的斗争而跳崖自杀了,女青年战胜感情危机,后来与一位坚强的革命者开始了新的爱情生活。《严厉的爱》写一个因感情受挫而性情严厉的女战士重获爱情的故事。《一个和八个》写一个受误解而同八个杀人凶犯关在同一牢房的共产党人忍辱负重,出淤泥而不染的节操。

《将军三部曲》在战争的大背景中写将军的博大胸怀、过人的才智和美好的心灵。这些叙事诗张扬革命者的人格力量和人性人情之美,是能够感染和震动人的好作品。他以长句子铺陈渲染,反复咏叹的方法被称为“新辞赋体”,在当时诗坛有广泛的影响。

作为再现艺术的戏剧

现代戏剧在中国的发生和发展与民主革命进程密切相关,其美学品格也受到了政治要求的规范,注重以现实主义方法反映人民革命的历史与现实,揭示本质与规律,教育与鼓舞人民齐心协力建设新生活。戏剧是工具,它的主要价值就表现在再现生活、教化民众、统一意志上,戏剧常常不是依循戏剧自身的艺术规律去发展,而是按政治尺度去适应新时代,它要收回探索的锋芒、削平个性的棱角、填平可能使大多数普通观众发生审美障碍的技巧上的、精神内涵上的深沟巨壑,使之成为简明易懂的大众艺术。但是政治在限制和规范戏剧的同时也给了戏剧以强大的外部推力,使它成为公众文化生活和社会政治进程中举足轻重的因素,从而蓬蓬勃勃地发展起来。在 30 年间,尤其是 17 年间,戏剧的各种品类、样式以各种姿态不择地而出,数量不小。虽然大部分作品只是昙花一现,但也出现了少数有特点的作品。极少数作品甚至已接近戏剧艺术的巅峰状态,成为使后人难以企及的范本,比如《茶馆》。

(1)舞台新风貌

在限制中进行创造性劳动,戏剧家进行了艰苦的努力,也取得了一定的成就。王炼的《枯木逢春》场景富于生活气息、充满诗情画意;胡可《槐树庄》以人立戏,人物形象个性化;张海默的《洞箫横吹》以一支特别的洞箫为核心结构全篇,构思独具匠心;杨履方《布谷鸟又叫了》洋溢着生活的激情和欢乐;白刃的《兵临城下》情节曲折,富于传奇色彩;沈西蒙等的《霓虹灯下的哨兵》塑造了一批个性鲜明的艺术形象,技巧的运用也很娴熟;独幕剧《刘莲英》《赵小兰》《妇女代表》也都各有特色;郭沫若《蔡文姬》《武则天》,曹禺的《胆剑篇》《王昭君》,田汉的《关汉卿》《文成公主》都对历史剧进行了探索;湖北省实验歌剧院的《洪湖赤卫队》则是新歌剧的重要创获，其色彩鲜明、风味醇厚的音乐语言三十年后依然魅力无穷。

（2）老舍与《茶馆》

17年话剧，老舍的《茶馆》是一枝独秀，从整个20世纪中国戏剧史来看，它也是当之无愧的典范。《茶馆》出自老舍之手，正是题中应有之义。老舍20年代就已在大学任教职，并以长篇小说《老张的哲学》《赵子曰》《二马》享誉文坛，30年代的《骆驼祥子》已列入世界文学名著之林，此后又写过十几部剧本，在对人情世态的洞悉、艺术语言的锤炼和戏剧特性的把握上，积蕴深厚。

《茶馆》以裕泰茶馆的兴衰为线索，通过清末、民初、抗战胜利后三个历史片断，描写北京的社会风情，从中透露出现代中国历史变迁的轨迹。全剧只有三幕，但写了50年的历史进程。三个场面之间相

老舍

隔20余年，没有贯穿事件，没有推进情节的动力线，但它却像一幅世态图卷，丰富而完整。这种图卷式或串珠式的结构方式，散点透视式的观照方式深得中国艺术的精髓，对于以欧洲文化为母体的话剧艺术的表现形式是个创造性发展。

文学的多元共生时代

70年代末期，随着社会动荡的结束，文学的主体性开始复苏，文学的自由探索、自由表现、张扬个性的特质也逐步显露。文学的基本主题是表现人，人的存在状态，人在社会生活及历史文化中的地位、现实处境、前途及命运，具有人本主义色彩。文学的国际意识和人类意识迅速觉醒，介入世界当代文学主潮，置身世界文明整体的意识，与不同民族、地域的文学对话的意识，为中国当代文学争取国际地位的意识大大增强。文学的价值判断逐步脱离实用主义的单功能标准，具有了国际参照意识。这种相对自由的、开放的精神氛围，使各种文学思潮、流派、方法、技巧都得以在中国文坛一展风采，从现实主义的复归，到现代主义诸流派的大举登陆，直至80年代末、90年代初后现代主义精神的弥散，10余年间，中国文学将整个20世纪西方文学历程演练了一遍，90年代的中国文学在观念上已与西方文学大体同步。文学视点的非焦点化，文学形态的多元化，价值取向的多极化，审美趣味的多样化已成基本特征。

（1）伤痕文学

一场旷日持久的政治冒险刚刚结束，身心疲惫喘息未定的人们面临着一个新时代，沉浸在噩梦中醒来的迷惘、惶惑和痛定思痛之中。高音喇叭中的革命样板戏音乐戛然而止，一度作为政治工具的影片《反击》《盛大的节日》《欢腾的小凉河》被作为反动影片受到猛烈批判，贺敬之的政治抒情长诗《中国的十月》在《诗刊》1977年11期上发表后被到处传诵。《创业》（张天民编剧）、湘剧《园丁之歌》、电影剧本《万水千山》《三上桃峰》等

在夹缝中生存的作品开始扬眉吐气，"文革"前的一批戏剧、电影重新露面，外国文学名著也纷纷再版（1978）、讽刺喜剧《枫叶红了的时候》《曙光》等一批新剧目在全国各地纷纷上演。文学，替人们宣泄着政治激情，并鼓舞着人们创造新生活。

但是10年的政治震荡，伤害、毁灭了无数家庭、个人，也扭曲，或重塑了每个人以至整个民族，每个人都主动或被动、自觉或无意识地参与了、至少是经历了这场运动。对"文革"的暴露、批判和追究，对其造成的精神后果的思考逐渐成为社会的中心话题。1977年《人民文学》第11期发表刘心武的短篇小说《班主任》，从中学教员的角度来透视蒙昧主义、愚民政策给青少年造成的严重创伤，并从一代被损伤、扭曲的青少年揭示整个民族将面临的后患。1978年8月，《文汇报》发表了卢新华的短篇小说《伤痕》，从母女感情的角度，描绘了发生在十年"文革"中的一出家庭悲剧。不久，《弦上的梦》（1978）、《大墙下的红玉兰》（1979）、《草原上的小路》（1979）、《啊!》、《蹉跎岁月》等一批以文革为背景，描写个人悲剧命运的作品纷纷问世，形成了一股"伤痕文学"的潮流。

"伤痕文学"从艺术观念和创作方法上抛弃了"文革"遗风，以清醒、冷峻、严谨的现实主义态度和创作方法对待历史和现实，它不是刻意塑造一些"反面人物"以此暴露和批判敌对的政治势力，而是以客观细致的描写，通过活生生的普通人的遭遇来批判现实，《班主任》中的两个学生，一个由于不读书而成了百无一用的小流氓，一个好学上进，却成了狭隘、僵化、丧失了独立思考能力的"畸形儿"，因为主流文化及整个社会是畸形的。《伤痕》中的姑娘真诚向往革命，而她的母亲却是革命所唾弃的"叛徒"，于是断绝了母女关系，当她得知母亲受诬陷的真相，怀着深深的愧疚回到母亲身边时，久经摧残的母亲已经刚刚停止了呼吸。青年人的真诚与热情被社会愚弄了，他们的心灵留下了难以平复的伤痕。"伤痕文学"的人道主义情怀和人本主义价值取向也使它处在了新时期文学的发轫地位。关注个人的情感、意志和精神遭际，从个人命运中映现国家、民族的命运，这个基本特征贯穿了整个新时期文学。

（2）反思文学

"反思文学"是"伤痕文学"的深化，它不再停留于对"文化大革命"的批判与否定，对动乱中的个人不幸与民族苦难的展示，而是将整个共和国的历史，乃至半个世纪的风风雨雨纳入艺术视野，从人与人、人与社会、现实与历史的关系中考察动乱的根源，在生活的磨难中检验人的道德、情操、信念的韧性。"伤痕文学"中那种寻寻觅觅、凄凄惨惨的情调已不多见，正义和良知的力量，非人处境中人性人情之美、困厄中期待解救的生存意志开始融入作品主题，反思文学是从社会政治与伦理道德的角度对过去历史的全面回顾。

鲁彦周的《天云山传奇》、茹志鹃的《剪辑错了的故事》、张贤亮的《灵与肉》、张一弓的《张铁匠的罗曼史》、高晓声的《李顺大造屋》都以整个新中国的历史为背景来展示人物的命运。王蒙的《蝴蝶》，方之的《内奸》、陆文夫的《小贩世家》时间跨度更大，更具历史纵深感。在《天云山传奇》中，正直忠诚的共产党人被打入社会最底层，而僵化、自私、封建家长式的领导人却能在官场中扶摇直上。革命的受难者不计身家性命，继续履行共产党人的职责，因为内心深处的信念支撑着他，而且在最艰险的环境中也有他人的同情、支持甚至女人的爱慕。这部小说的传奇性，不仅表现在人物命运的山重水复、柳暗花明，更表现在人物形象的英雄色彩和作品基调的理想主义，这使它与"伤痕文学"形成了反差。《灵与肉》在展示人的不幸遭遇与"伤痕"的同时，也保持着"光辉的底色"，主人公许灵均幼年被资产阶级的父亲抛弃，后来成为教师。但由于血缘的关系，他又被组织上所抛弃，在农场里做了牧马人。

土地、大自然和敦厚的劳动人民给了他慰藉与幸福,政治风暴未能摧毁他的生存意志。后来,当政治风向转变,他重新被看作体面人,并有机会到美国继承家业的时候,他却留在了农场,因为那里有他的"生命之根"。《李顺大造屋》讲了一个极单纯又真实,颇有概括力的故事:农民李顺大无屋,立志建造,两次未成,均不是因为财力人力,而是为社会政治所破坏,一篇小说写尽了中国农民几十年的辛酸。《小贩世家》写一个卖馄饨的小商贩坎坷不平的生活道路。小商小贩在新中国直至80年代中期还是常人所不齿的角色,在文学中更没有地位,而陆文夫笔下的小商贩朱源达却足以令人深思。朱源达早年有经营小吃的经验,新中国成立后家境困难,他不愿加重人民政府的负担而挑起了馄饨挑子,走街串巷,在给他人温饱的同时也养活了自己的家小,但他这种个体经营一再受到政治风雨的侵袭而难以为继,只得靠捡破烂过活。到后来商贩可以自由往来,个体经营也受到鼓励了,他却决心不再干了,而要到国营单位谋个铁饭碗,吃社会主义去。小说从经济领域揭示了"文化大革命"的后遗症和一个特定阶层中人的心理障碍。显示了现实主义的力量。

(3)改革文学

1979年,在整个文坛抚今追昔、痛定思痛的时候,蒋子龙发表中篇小说《乔厂长上任记》,小说以凌厉刚健的风格引起了广泛关注,并由此开了改革文学的先河。

改革文学是一种社会问题文学,它也涉及爱情、婚姻、家庭和历史遗留的精神疾患,但立足点是眼前的社会问题,是在建设新生活之中的种种阻力、阻碍及观念、情感、道德方面的困惑与苦闷。作家大都不满足于提出或发现问题,而且要尽可能给出自己的答案。文学在自觉地充当社会改革的精神先导。在关注社会问题这一点上,它与"伤痕文学"和"反思文学"保持着一致,而它反映现实更为直接因而更能引起共鸣,改革文学的读者群远远超出文学爱好者的范围,阅读与欣赏主要的已不是一种娱乐和审美行为,而更多的倒是一种认识行为。报刊以"欢迎乔厂长上任"为题展开讨论,读者纷纷呼吁上级给他们派去一个乔光朴。乔厂长所面临的工厂管理不妥、生产落后、干部勾心斗角、工人精神涣散的局面正是大动乱之后生产领域的真实写照。而乔厂长不计个人得失、不畏艰难险阻、励精图治、大刀阔斧兴利除弊的气概与品格则是代表了人们普遍的心理期待。

进入80年代,水运宪的《祸起萧墙》、谌容的《人到中年》、张洁的《沉重的翅膀》进一步揭示出一个民族在经济上重新启动时的种种问题,描绘处于大变动中人们的追求、挫折与悲欢。《祸起萧墙》写顽固派与改革势力的较量,其结局是力主改革者被反对派推入了绝境。《乔厂长上任记》中的浪漫豪迈情怀为悲愤壮烈的气氛所取代。《沉重的翅膀》通过重工业部上下各层的矛盾斗争及几个家庭和人物的遭逢际遇,在更大的规模和背景上展示了社会改革的艰巨性与复杂性。《人到中年》着力描写的是历来敏感的领域:知识分子的状况。作为社会进步的主要推动力量,他们不仅长期忍受物质生活的尴尬状态,还得忍受"马列主义老太太"一类人的精神折磨,而始终保持自强不息的状态。

改革文学从社会问题入手,不加粉饰地描写现实生活的真实状况,它较多社会性而较少个体性,这在社会大动荡、大转折,各种现实问题比较普遍、明朗,成为牵动亿万人心的焦点,是不可避免的,文学在一定程度上介入实际生活,也是文学自身发展的需要。

(4)小说的异端

现实主义在中国历来有着至尊的地位,从艺术本体的角度看,它始终是作家艺术家们公认的正统的创作方法和原则。但是艺术的基本品格之一便是打破常规,离经叛道,标新立异,自由不羁,一遇时机,它就会打破平衡与稳定及统一,呈现放射性探索状态。在小说领域里最先尝试的则是所谓意识流手法。王蒙的《夜的眼》《风筝飘带》、茹志鹃的《剪辑错了的故事》首开其端，虽然他们只是对传统的叙述方法做了一点非常理智的调整，却足以使整个文坛感觉新奇。自 1980 年~1985 年 10 月，袁可嘉主编的四册一套《外国现代派作品选》陆续出版，使中国作家比较方便地、集中和系统地了解西方文艺界 20 世纪在艺术观念、艺术方法和技巧上的探索历程和成果。在此期间，话剧《屋外有热流》《绝对信号》《车站》的新的舞台处理，电影《小花》《苦恼人的笑》《邻居》等"意识流""生活流"电影的新景观，首都机场壁画《泼水节——生命的赞歌》的唯美画风，由谭盾交响乐《离骚》，四重奏《风·雅·颂》，瞿小松小提琴与乐队《山之女》等作品掀起的新潮音乐，高行健的《现代小说技巧初探》一书的出版，《文艺报》《外国文学研究》等刊物对现代派的评价与讨论，使现代主义思潮形成山雨欲来之势。至 1985 年前后莫言、刘索拉等出手不凡的小说新人登场，现代派文学在中国文坛已呈爆炸局面，意识流、荒诞派、存在主义、黑色幽默、迷惘的一代、魔幻现实主义以中国气派和中国风格各呈异彩，出现了百花齐放的局面。

现代主义各流派在中国的影响往往不是一对一的移植，而是每一种流派影响到几乎许多作家，而每个作家感兴趣的又不止一种流派。这样，在一个作家身上可以表现出多种探索倾向，一部作品也可能进行多种手法的尝试，因此这种具有异端倾向的文学现象带有实验或模仿的性质。作家首先关心的是方法和技巧，对于现代派得以产生的一些根本性的东西，比如人生哲学、思想意识、社会心理、生活方式等等并不多加留意，中西方不同的心理文化背景、历史渊源、社会结构和社会发展阶段的差异及所有这一切给当代中国作家造成的基本限定，也尚未被充分注意。因此批评界便有"伪现代派"之讽，现代主义各流派在中国文坛草草巡行一周，前卫作家们兴奋而慌乱地对各种新式武器操练一番之后，"现代派热"便由绚烂趋于平淡了。

①意识流小说。在现代主义思潮涌动之初，意识流几乎就是现代派的同义语，因此意识流的影响最早也最广。至 80 年代中期，意识流已成为作家广泛运用的创作方法和技巧，在一部分作品中表现得相当突出，如赵振开《稿纸上的月亮》、刘索拉《蓝天绿海》、高行健《雨、雪及其他》、莫言《欢乐》等。

《欢乐》中的意识流呈现出另一种形态。农村青年齐文栋五次高考不中，于是用一瓶农药结束了自己的生命。小说一开始，这个失魂落魄、疲惫、绝望的年轻人跌跌撞撞地从家中蹿出来，便将我们带入了他奔赴死亡的梦魇般的旅程，在死意已决、了无牵挂的情况下，白云苍狗般的意识之流喷涌而出，将他的全部人生经历袒露无遗，社会情状与个人遭际，民族文化与个体发生重叠交混，其驳杂粗犷充满野性蛮力的词语之流，狞厉怪诞，扑朔迷离的意象之流更如雨后山洪，横冲直撞；沉甸甸、毛茸茸的谷穗，茂密的、弥漫着浓烈松香气息的原始森林，将凿刀般的利喙刺入血管用力吸吮的跳蚤和苍蝇，散发着怪味、形状奇异、从父亲坟头上爬出来的花蛇，"生死搏斗！考中了便成人上人，出有车、食有鱼，食不厌精，脍不厌细、书中自有颜如玉，学而优则仕！"其间又常常夹杂着冷峻的幽默：领导对高大同说：同志，我要把你拉出泥坑！高大同在胸口划了个十字，说：耶路撒冷八格牙路阿门！领导说：请你说中国话……高大同打老婆给灌辣椒水、上老虎凳，"用了四十八套美国刑法，四十八套日本刑法，她宁死不屈！"院子里骚乱时，"娘倒背着手，野鸭子凫水一样走出来。"在这里，意识流手法与魔幻色彩、黑色幽默交融为一体，显示出一种独特的魅力。

②现实与魔幻。80 年代初，胡安·鲁尔弗、巴尔加斯·略萨等拉美作家的作品陆续传入东土，尚未引起充分的注意。1982 年，加西亚·马尔克斯获奖的消息传出，两年后其代表作《百

年孤独》中文本出版,魔幻现实主义始形成强力冲击波,那云雾缭绕、爬满毒虫怪兽的安底斯山对一些中国作家构成一个新的诱惑。在有着类似拉美的"神奇现实"的西藏、湖南和有着"谈狐说鬼"传统的齐鲁平原,魔幻现实主义得到了最有力的反响,其中莫言的红高粱家族小说,韩少功、叶蔚林的传统文化批判小说和扎西达娃的神奇地域小说最具特色。

莫言自称一直是按"革命现实主义"方法写作的,多年以后被马尔克斯提醒,悟出小说应该是天马行空,无拘无束,于是有了红高粱等一批热血沸腾的小说。在那如火如荼汪洋恣肆的红高粱地里,"爷爷""奶奶"父母兄弟们大碗喝酒,大块吃肉,杀人越货,抛头洒血,繁衍生息,他们活得贫苦、艰难,却任心任性,自由洒脱,未经现代文明雕琢的原始生命的激情和能量随意喷射、不拘形迹。小说以第一人称叙事,语气平静而冷峻,仿佛在讲一个古老的传说。《红高粱》起首一句便使人对这种无情的冷静咋舌:"1939年古历8月初9,我父亲这个土匪种十四岁多一点。"叙述的冷静与场景的火爆炽烈相映现,更显出非现实的传奇色彩。马尔克斯的神话氛同,家族血缘,对性力量的渲染在这里都有表现,时空处理上也有明显的借鉴,比如"七天之后……我父亲在剪破的月影下闻到了比现在强烈无数倍的腥甜气息。"便来自《百年孤独》中著名的"多年以后……"叙述方法。而莫言借助于魔幻手法所要张扬的,正是一种充满浪漫激情的理想的生命状态。韩少功的《归去来》描绘的是一个迷离惝恍的世界,"我"到了一个陌生的世界,却处处觉得眼熟,素昧平生的人们似乎都认识他。他自认为叫黄治先,可这里的人都称他为马同志,说出很多让他感到若有若无的往事,后来他益发迷惑不解,不知自己到底是否来过这里,对自己的身体也感到陌生,世界上是否有个叫黄治先的,这个黄治先是不是他本人?他完全糊涂了。从整体构思看,酷似鲁尔弗的《佩德罗·巴拉莫》,又有《百年孤独》的影子,小说中"我"的感觉状态,正是现实中人们麻木、健忘、对生活无所用心的写照。

③梦魇与荒诞。1985年~1988年间残雪的骤然出现,使人们意识到荒诞文学在文坛已渐成气候,《山上的小屋》《阿梅在一个太阳天里的愁思》《黄泥街》《苍老的浮云》已完全摒弃了惯常的观察视角,再现的因素已极其稀薄,它们所展露的是经过痛苦的挤压而严重变形的心灵对现实世界的梦魇般的感受,充满了反常、颠倒、破碎与怪诞,"大老鼠在风中狂奔",小妹说着话,"左边的那只眼变成了绿色","父亲每天夜里变为狼群中的一只,绕着这栋房子奔跑,发出凄厉的嚎叫。"至于那条古怪的黄泥街,"果子一上市就烂了",这里的狗爱发疯,"养着养着就疯了,乱窜乱跳,逢人就咬,夏天人们总要穿上棉衣沤一沤",直到沤出蛆来,一辆邮车在街上停了半个钟头,烂掉了一只轮子,老翁生下了双胞胎,女人产了大蟒。新时期荒诞小说最初所着力表现的是社会意识的荒诞,李准的《芒果》,宗璞的《我是谁》《蜗居》《泥沼中的头颅》,张贤亮《浪漫的黑炮》,都是以变形、夸张的手法来表现社会政治的弊端及人性的异化,官僚主义的荒谬可笑等等,借以批判现实,寻找自我,抒发忧患情怀。林斤澜的《催眠》,唐敏的《太姥山妖氛》等作品透过社会政治层面,深入探讨人的文化心理和民族性,北岛《幸福大街十三号》,多多的《大相扑》,格非的《褐色鸟群》,马原《涂着古怪图案的墙壁》则进一步揭示了生存本身的荒诞感,从而与50年代西方的荒诞文学发生深层呼应与沟通,但是其中表现出的价值虚无主义也引起人们担忧,因为经济文化远欠发达的现实中国与处于后工业社会的西方国家面临着一些根本不同的问题,若对此丧失警惕,则荒诞文学便有邯郸学步的危险。

④文化反思与文学寻根。文学进行的社会、政治、历史反思必然会深入到文化层面,同时拉美的文学爆炸提示人们开掘自己脚下的民族文化岩层,以寻求文学之根。于是一

股以"寻根文学"或"文化反思文学"为名的文学潮流汹涌而起。李杭育的"葛川江系列"，阿城的"半文化小说"，郑义的"黄土高原系列"；以韩少功为首的古华、叶蔚林、何立伟等阵容宏大的"湘军"的一大批作品，王安忆的"小鲍庄"，贾平凹的"商州系列"，使"寻根文学"成为令人瞩目的文学现象。李杭育本无意"寻根"，但他早在1983年发表的《葛川江上人家》《最后一个渔佬儿》《沙灶遗风》却开了"寻根小说"的先河。他的笔触越过处于表层的生活事件、戏剧性冲突，集中描写不相容的文化类型和生活方式的对峙。阿城的《棋王》写一个闹中取静、特立独行的棋迷的人生经历，作者精心营造的是一种感觉、氛围和境界。郑义的《远村》和《老井》写生活在古老习俗和传统中的乡民们面对严酷现实的生存选择，韩少功的《爸爸爸》以荒诞的手法和神话的结构完成了对现存文化的"寓言式"解剖，而文明与愚昧的冲突则是其中心话语。王安忆的《小鲍庄》以不动声色的描绘展示村民们的文化心态和意识结构在时代政治影响下的渐性变化，贾平凹的"商州系列"如《腊月·正月》《山城》《商州世事》《古堡》等等，则从山水风物，人情世态的诗意描写中探询历史与现状的关系，表现人情人性之美和生活的魅力。

⑤新写实小说。当新观念、新方法和新技巧被推向极端而感到后继乏力的时候，新写实小说却独辟蹊径，从普通人的日常生存状态发现了新的艺术世界。如果说此前先锋派小说往往与舶来的现代主义各流派存在对应关系的话，那么新写实小说则吸收了各种思潮喧哗与骚动之后沉淀下来的部分，包括吸收了历史上已有的现实主义方法的活的部分，所以它既是异端倾向的回归，又是现实主义的深化和更新。新写实小说以真诚、严峻的态度面对现实，注重现实生活原生形态的还原，具有现实主义精神，从其不避生活的繁冗琐细，刻意表现生命本能陷人困境的冲突看，又近乎自然主义，而它总体上对人的现实存在及终极意义的关怀，对生存状态、生命体验的剖析，对人的处境和位置的探索，叙事的反讽效果及种种超现实的手法，又体现着现代主义精神。因此，当1987年~1988年之交方方、刘恒、刘震云、池莉等人脱颖而出。不久，新写实浪潮很快形成一股新的文学洪峰，至90年代尚未见明显颓势。

"新写实"作家有着庞大的阵容，赵本夫、李晓、叶兆言、方方、范小青及资深作家陆文夫、高晓声、谌容、张贤亮、王安忆，还有新起的现实主义作家李锐、周梅森等，而最具特色的还是几位以新写实鸣世的新进青年。首推刘恒，中篇《伏羲伏羲》讲了一个古老的故事：年轻美丽的女人落入了地狱般的婚姻牢笼，后来与侄子结合，又导向另一幕悲剧。乱伦的结合满足了人的自然需求，却破坏了传统的伦理秩序和道德规范。作者正是在天理与人欲的冲突中展示了人生的一大悲哀。

（5）朦胧诗与新生代

70年代后期至80年代初，诗坛的主旋律是政治抒情诗，与伤痕文学、反思文学、改革文学形成交响。"欲悲闻鬼叫，我哭豺狼笑，洒酒祭雄杰，扬眉剑出鞘"为代表的通俗政治抒情诗在特殊的时代氛围中不胫而走，怀念伟人、歌颂十月胜利的作品传诵一时，雷抒雁《小草在歌唱》、艾青《光的赞歌》，以明晰流畅的艺术语言表达忧患意识，抒发政治情怀，使诗成为与社会生活密切相关的大众艺术，将中断10年的诗歌传统重新接了过来。然而政治经济上的"拨乱反正"并不能将艺术文化也一并复归于旧传统。脚下是躁动不安的土地，头顶是无可遮蔽的天空，精神的芽在地层中窜动，一遇时机便会破土而出。

1980年10月《诗刊》以"青春诗会"为栏目，推出了以顾城、舒婷为首的一批新人新作。谢冕《在新的崛起面前》、孙绍振《新的美学原则的崛起》、徐敬亚《崛起的诗群》等文章相继发表，一股新的诗歌潮流破堤而出，由于这些诗不再以直抒胸臆的方式表达人所共知的理念，因而被统称为"朦胧诗"。

朦胧诗其实并不朦胧，因为它是一批年少而饱经世霜，心灵深处布满"冰川"擦痕却依然血气方刚、对生活执着的诗人的心声。

"朦胧诗"对现存价值系统和审美规范造成强烈震撼，呈现叛逆者的姿态，然而在它尚未得到主流社会充分认同时，又被新的反叛者所否定。1986年，《诗歌报》《深圳青年报》以《中国诗坛1986现代诗群体大展》为题联合推出六十余家新人新作，以空前宏大的气势和决绝的态度向北岛一代发起挑战。他们认为朦胧诗已失去探索精神，成为新"传统"了，于是傲然宣布："别了，舒婷北岛"。这股汹涌的新浪潮被称之为"崛起后诗群"，诗歌"新生代"。

新生代尚未及或未能出现与北岛比肩的新偶像，但其艺术追求和创作实绩已足以证明他们卓然不群的前卫意识。

重建人的世界：北岛曾宣称"我是人"，但那是"被河水涂改""被雷电"烤灼的人，历史与社会的负荷过重，创痛过深。新生代则试图脱去人身上过于厚重的铠甲，还人一个自由之身。他们要以"自然人"的眼光去审视世界，驾驭社会，还会任意"撒娇"。文明社会的人在他们看来只是"一群被骗了的骡子"。

穿透文化迷雾：文化作为人类存在的精神氛围，并非只有正面意义，凝滞状态的文化是对生命的窒息。新生代更关注文化的负面意义，因此他们宣称要"捣乱、破坏以炸毁封闭式假开放的文化心理结构"（莽汉宣言），中外古典文化，现代正统文化，甚至朦胧诗中的庄严的思考，高贵的忧伤均被淹没在一片嘻嘻哈哈、骂骂咧咧的调侃戏谑中。他们感到生命本身在受着压抑，只需向生命开掘，而不必向远古寻根，如江河、杨炼；也不必向高天发问，如李汉荣。从人本身出发，才能造就适应人的新文化。

新生代代表着一种新的价值取向，与后现代文化有着更多的精神联系，但他们的张扬个性往往演变成张扬个体，做出的远远没有说出的多，希望寄托在他们真正沉静下来之后。

而海子与骆一禾是例外。海子的诗十分平易，比如《麦子熟了》："那一年，兰州一带的新麦，熟了/在回家的路上/在水面上混了三十多年的父亲还家了/坐着羊皮筏子回家来了/有人背着粮食夜里推门进来/灯前/认清是三叔/老哥俩/一宵无言/半尺厚的黄土/麦子熟了。"用语极其平淡而意蕴极其醇厚。其想象之奇诡又令人赞叹："雨夜偷牛的人/爬进了我的窗户/在我做梦的身子上/采摘葵花/我仍在沉睡/在我睡梦的身子上/开放了彩色的葵花/那双采摘的手/仍像葵花田中/美丽笨拙的鸭子……/雨夜偷牛的人/于是非常高兴/自己变成了另外的彩色母牛/在我的身体中/兴高采烈地奔跑。"（《死亡之诗：采摘葵花》）"天空上的大鸟/从一棵樱桃/或马骷髅中/射下雪来。/于是马匹无比安静/这是我的马匹/它们只在今天的湖泊里饮水食盐。"（《怅望祁连》），"用我们横陈于地的骸骨/在沙滩上写下：青春，然后背起衰老的父亲……"（《秋》）

如同所有最优秀的当代诗人一样，海子和骆一禾是在广阔的精神文化背景中对生命进行感悟和表述的，而他们的智性追索与诗意表达却绝少依傍，他们对"麦地"意象的发现与营构是当代诗歌的最重要收获之一："麦地/别人看见你/觉得你温暖、美丽/我则站在你痛苦质问的中心被你灼伤/我站在太阳痛苦的芒上"（海子《答复》），"麦地有神，麦地有神/就像我们盛开花朵"（骆一禾《麦地》）。麦地——我们这个农耕民族的生存之根。在诗中被赋予了我们民族和人民的一切美好的品质，成为一个不朽的象征。

（6）舞台的震荡

戏剧以其审美方式的现场性、直接性和集体性,在社会历史及文化潮流的转折时期,往往会自然而然地充当前卫艺术的角色。莎士比亚戏剧之于中世纪文化,雨果《爱尔那尼》之于浪漫主义运动,奥德茨《等待老左》之于三十年代美国左翼运动,荒诞派戏剧之于战后欧洲社会,都起过这样的作用。类似的情况也发生在 70 年代末 80 年代初的中国。从 1977 年起,戏剧文化刚一复苏,易卜生式的社会问题剧便成为主潮,无论是历史题材还是现实题材,戏剧总是最集中地反映公众最关心的问题,因而也就成为最受瞩目的艺术。《枫叶红了的时候》《丹心谱》《于无声处》《报春花》《权与法》《救救她》《未来在召唤》在全国各地被纷纷搬演,成为 70 年代末最重要的文化现象。

进入 80 年代,随着政治震荡的减弱和公众心态的渐趋平稳,戏剧开始由社会政治批判的层面向下沉潜,触及历史文化和人本体的层面,出现了《小井胡同》(李龙云 1984)、《狗儿爷涅槃》(锦云 1986)、《天下第一楼》(何冀平 1988)等一批作品。《小井胡同》可以算是一部当代市民生活的变迁史,作者选取了民国末期、大跃进时期、“文革”初期与末期、80 年代初期五个断面,通过五户人家的浮沉悲欢,勾勒出了当代中国历史进程的一个轮廓,被誉为《茶馆》续篇。《狗儿爷涅槃》将艺术触角探入老一代农民的心灵深处,从另一个角度揭示了中国社会的积弊。农民狗儿爷一生眷恋土地,为土地付出了毕生心血。但他的人生偶像不过是旧时代的地主而已,他的短视、狭隘与愚昧使他在新生活面前感到迷惘、哀伤以至绝望,成为一个悲剧性人物。《天下第一楼》是一部历史剧,写名噪京师的烤鸭老字号“福聚德”早年的一段兴衰史,在“吃的世界里”展示人情世态、民族风俗与文化,手法、情调类似《茶馆》。这些作品都坚持艺术再现的美学原则,以写实的戏剧场面,在冲突中塑造形象,展示人物命运与社会历史进程,是现实主义戏剧在新时期的主要成就。

与此同时,一批锐意精进的中青年戏剧家却在寻求戏剧舞台表现的新的可能性,试图建构属于现时代的新的戏剧美学原则。初露端倪的是贾鸿源、马中俊、瞿新华创作的《屋外有热流》(1979)。在这部剧中,死人可以当众穿墙而过,鬼魂可以与活人交谈,情节的完整性也不再受到重视,而以展露人物多层次的内心隐秘为主,灯光作为一种场景转换的手段也受到格外重视。都郁的《哦,大森林》(1979)在舞台上利用切光、压光等灯光手段实现表演区的自由转换,打破一幕一个场景的传统方式,流露出“电影化”倾向。程浦林《再见了,巴黎》,宗福先、贺国甫《血,总是热的》进一步“电影化”,后者将幕与场这种结构方式弃置不顾,将全剧分为十七段,演出中去掉了大幕,段与段由灯光的明暗来衔接,场景大幅度跳跃,有时戏在三个演区同时进行。这种实验明显受到梅耶荷德的影响。沙叶新《陈毅市长》采用“串糖葫芦”式的结构,以十个小故事描写陈毅这个中心人物,每个故事自成一体,总体上又互相呼应,与布莱希特叙事剧有相通处。贾鸿源、马中骏的《路》既不重戏剧冲突,也不以人物为中心,而是采用“以情绪演变为主”的结构方法。王炼的《祖国狂想曲》依据“奏鸣套曲”的方式分为四个乐章,乐章中再分节,形成“交响乐式”的戏剧结构。陈白尘改编的《阿 Q 正传》在演出中由身穿着现代服装的讲解员不断进行解释、评价、感叹,故意打破幻觉,提醒人们正处于观演关系中。郭大宇、彭志淦的《徐九经升官记》将人物一分为三:一个真身、两个幻影,让他同时出场,并发生冲突。用这种方式将人物复杂的内心矛盾外化,获得新奇的舞台效果。

精通法国文学的高行健自 70 年代末开始进行戏剧实验,取得了令人瞩目的成就,主要作品有《彼岸》(1979)、《绝对信号》(1982)、《车站》(1982)、《喀巴拉山口》《行路难》《独白》《野人》等。《绝对信号》以劫车与反劫车为故事构架,融入了五个人的心路历程,是对当代青年价值观念的剖析。它在艺术表现上有一系列创新:小剧场的演出方式,既打破幻觉,又打破观演关系,使观众参与其事;假定性的充分运用,以虚拟动作代替写实性动作,辅之以灯光、音响,造成场景变换;打破单一时态,过去的事件可以再现,将来可能发生的事件可以预演,在时空的颠倒、错位与重叠中扩大艺术表现力。《车站》是写一群盲目等车者的心态和情绪,将社会人生的某些侧面提炼为一个荒诞的戏剧情境,很有概括力与启发性。《野人》试图将话剧中"话"的因素加以消解,使其回到更深厚广大的戏剧传统中去,语言只是多个声部中的一个,它与音乐、音响及演出现场观众的反应交混在一起,与舞蹈、影像、虚拟性表演等视觉因素造成对位,形成剧场性强烈的总体效果。戏曲的唱念做打,交响乐的结构方式,以至歌舞、面具、傀儡、哑剧、朗诵等等手段都成为本剧的有机部分,显示出艺术综合的巨大魄力。

文学典故

一字千金

《史记·吕不韦列传》载："吕不韦乃使其客人人著所闻,集论以为八览、六论、十二纪,20余万言。以为备天地万物古今之事,号曰《吕氏春秋》。布咸阳市门,悬千金其上,延诸侯游士宾客有能增损一字者予千金",此典多用于文章价值高,用字精辟,不可移易。

七步之才

对三国魏时曹植的称誉。据《世说新语·文学》载,魏文帝曹丕令东阿王曹植七步中作诗,不成者行大法,曹植应声为诗曰:"煮豆持作羹,漉菽以为汁。萁在釜下燃,豆在釜中泣。本自同根生,相煎何太急。"曹丕深有愧色。人们因称曹植为"七步之才"。

人面桃花

唐诗人崔护,清明独游长安南庄。口渴去一村户,遇一女子捧水让座后,独倚桃花前,姿态楚楚动人。崔护出,女子送出门外,彼此目对,含情脉脉。第二年清明节,崔护又去探访,门锁无人,桃花如故。于是,他在门扉题诗:"去年今日此门中,人面桃花相映红。人面不知何处去,桃花依旧笑春风!"后代诗文多记此事,并有杂剧传奇等。

八十二岁的状元

北宋人梁灏,年轻时屡试不中,但一直不放松学习,苦读诗书。至其子状元及第,他仍无功名在身。时有人劝说:"你儿子已是状元,你可以一生不愁吃穿,何必还要自己去争功名!"他却毫不在意,仍然日夜苦读,并立定志愿一定要考上状元。八十二岁那一年,他终于高中状元,皇帝召见他时,他应答如流,表现丝毫不逊于年轻人,深得赞赏。状元及第后,他极其诙谐地写下这样一副对联以明心志:白首穷经,少伏生八岁;青云得路,多太公二年(伏生是秦代的一位博士,九十岁时被请进宫为汉武帝讲《尚书》。太公是姜太公,八十岁开始辅佐周武王)。

三寸不烂之舌

张仪乃战国时魏国人，初穷困潦倒，后去楚国游说自己的政治主张，楚王不见他，楚国的令尹留他在家中作门客。有一次令尹家里设宴，席间宾客传递赏玩一块名贵玉璧，传一圈后竟丢失。张仪因家境贫穷被怀疑，遭到毒打。狼狈回家之后，张仪只张开嘴问妻子："我的舌头还在吗？"妻子说："舌头还在。"张仪便高兴道："只要我的舌头还在，就不愁没有出路。"后来，张仪游历至秦国，凭借出众的口才得到秦惠文王信任，封为秦国之相。上任后，他以连横之说拆散齐楚联盟，后又先后说服齐国、赵国、燕国连横亲秦，拆散六国合纵。

子虚乌有

汉代司马相如著有著名的《子虚赋》，假托子虚、乌有先生、亡是公三人的话，为历代辞赋之佳品。《史记·司马相如列传》："相如以子虚，虚言也，为楚称。乌有先生者，乌有此事也，为齐难。亡是公者，无是人也，明天子之义。故空藉此三人为辞，以推天子诸侯之苑囿，其卒章归之于节俭，因此风谏。"后人因用此典喻假设的、不存在的。

为人作嫁

晚唐诗人秦韬玉有《贫女》诗"蓬门未识绮罗香，拟托良媒益自伤。谁爱风流高格调，共怜时世俭梳妆。敢将十指夸纤巧，不把双眉斗画长。苦恨年年压金线，为他人作嫁衣裳。"后人因此"为人作嫁"指乐为他人辛苦而于自己无所得。

孔融让梨

东汉鲁人孔融，孔子二十世孙，曾任北海相，汉献帝建都许昌后，任少府，又被封太中大夫。孔融幼时聪明好学，才思敏捷，巧言妙答，人称奇童。他四岁时，一天家中吃梨，孔母将一大盘梨放在桌上，父亲让孔融先去拿，孔融选了最小的一个，父亲很疑惑，便问孔融："为什么拿最小的？"孔融答到："我的年龄小，所以应该拿小的，大的应该留给哥哥们。"父亲又问："可是你还有弟弟，不是比你还小吗？"孔融答到："我比弟弟大，我是哥哥，我应该把大的留给弟弟吃。"孔融如此年幼就能懂得谦虚礼让，父亲感到十分的欣慰。

斗米折腰

东晋诗人陶渊明任彭泽县令时，至岁终，州郡派督邮至县，按例县令应束带相迎。陶渊明长叹曰："岂能为五斗米向乡里小儿折腰？"遂解职辞任而去，仅在县令位 80 余日，并赋《归去来辞》明志。

孔融让梨

车胤囊萤

　　晋代南平人车胤，少时家境贫寒，喜欢读书，因为白天要帮父亲在地里干活，没有时间，只能在晚饭后读书。但由于家境不好，没有钱买灯油，只能默诵日间读过之书。一晚，车胤见一群萤火虫在夜空中飞舞，发出一片光亮，大受启发。他找来纱布做成口袋，捉住这些能发亮的萤火虫放入口袋，做成萤火灯，每日在灯下苦读，终以学识闻名于世。

乐羊子妻

　　后汉人乐羊子行路时拾得黄金，其妻看后说："我听说有志之人不喝盗泉之水，廉洁之人不受不敬之舍。而今你拾取别人财物谋己之利，你怎能这样玷污自己的品行呢！"乐羊子羞愧不已，遂将黄金扔到野外，外出求学。一年之后，乐羊子归来。妻子问他原因，他说："出门的时间长了，想念家人。"他妻子听后，拿起剪刀，至织布机前说："布匹生于蚕茧，织成于织布机。一根丝一根丝地积累到一寸；一寸一寸地积累到一丈一匹。若现在将布剪断，就不能织成布匹。你要积累学问，就当持之以恒，每天有所得，以成就美德。若中途而废，与剪断布匹有什么两样？"乐羊子被感动，又回去继续修完自己的学业。

司空见惯

　　唐刘禹锡从和州罢官回京，司空李绅设宴相送。席间，李绅命歌妓劝酒，刘禹锡即席赋七绝一首："鬌鬌梳头宫样妆，春风一曲杜韦娘。司空见惯浑闲事，断尽江南刺史肠。"李绅听罢，赠歌妓于刘。后人因以"司空见惯"喻习以为常。

曲高和寡

　　战国时期文学家宋玉，为人毁谤。楚襄王问他："先生难道有行为不够检点的地方吗？为什么有很多议论呢？"宋玉说："有人在国都唱歌，开始唱俗曲《下里》《巴人》，都城中应和者数千人；再唱高深一点的《阳河》《薤露》，都城中应和者数百人；到唱更高深的《阳春》《白雪》时，都城中应和者不过数十人；乃至唱最高深最美妙的歌曲时，都城中应和者仅数人而已。所以曲越高，和者越少。"由此"下里巴人"成了民间俗曲的代称；"阳春白雪"成了高雅作品的代称。

江郎才尽

南朝梁文学家江淹早负才名，时人谓之"江郎"。传说他后来两次得梦，一次梦西晋诗人张协对他说："前以一匹锦相寄，今可见还。"江奉上余锦，然怒曰："那得割裁都尽！"遂将余锦赠丘迟，说："余此数尺既无所用，以遗君。"自此，江淹文竭。另一次小梦一男子自称郭来，说："吾有笔在君处多年，可以见还。"江取怀中五色笔奉还，从此诗无佳句。

苏秦之叹

苏秦出身寒门，少有大志。他随鬼谷子学游说术多年，辞师后返回故里。时苏秦家中，老母在堂；一兄二弟，兄已先亡，惟寡嫂在。苏秦想出游列国，家人却竭力反对。苏秦不顾阻拦，变卖家产周游列国却最终失败。落魄回家后，他被母亲痛骂；妻子唾弃；嫂嫂以没柴烧为理由不给他做饭。苏秦仍不死心，越加发奋苦读，有困倦时，则以利锥刺股。后苏秦终于成功说动六国构成合纵之势联手抗秦，自己更为"纵约长"，兼佩六国相印，荣耀至极。苏秦荣归故里后，家人皆不敢仰视他，皆恭伏郊外迎候。苏秦见此喟然叹息说："世情看冷暖，人面逐高低。富贵则亲戚畏惧之，贫贱则轻易之，况觽人乎！"

咏絮才高

东晋谢安聚儿女论诗，时值户外飘雪，便问："白雪纷纷何所似？"其侄谢朗随口说："撒盐空中差可拟。"侄女谢道韫接道："未若柳絮因风起。"谢安极赞侄女才思不凡，谓之"咏絮才"，并以"咏絮才高"喻女子诗才。

孟母三迁

孟子年幼时家境贫寒，全靠母亲仉氏纺线织布生活。孟子住的村子紧邻坟地，总有送葬人家经过。孟子好学，常学人出殡打幡、哭丧祭拜。孟母深知这不利于孟子学习，便搬家至大镇庙户营，但此处又常常有集市，喧闹异常，孟子或学卖菜或学杀猪，并口带市井之词，孟母深知：近朱者赤，近墨者黑，便再次搬家至固利渠畔。这次隔壁是个学堂，环境幽雅，书声琅琅，读书氛围浓郁。孟子每天都看到上学的人举止文雅、落落大方，很快便安下心来，也学着读书演礼，孟母这才放心。后来孟母把孟子送进学堂，学习《诗经》、《尚书》等，使孟子终成为儒门亚圣。

孟母三迁

郊寒岛瘦

唐诗人孟郊和贾岛,所作诗多哀怨凄切,瘦硬冷峭,感叹仕遇,清贫彻骨,讲究用字造句,力避浅浮。苏轼在《祭柳子玉文》中说:"元轻白俗,郊寒岛瘦。"后人因以喻其诗风。

春风得意

唐诗人孟郊,少时隐居嵩山,两试不第,作《下第》诗,中有"弃置复弃置,情如刀剑伤"句。又作《再下第》诗,中有"一夕九起嗟,梦短不到家。两度长安陌,空将泪见花。"46岁时,他考中进士,异常欣喜,又作《登科后》。诗中有"昔日龌龊不足夸,今朝放荡思天涯。春风得意马蹄疾,一日看尽长安花。"

洛阳纸贵

西晋文学家左思,历10年艰辛写成《三都赋》。文成之初不为时人赏识,皇甫谧看后大为推崇,亲自为之作序;张载、刘逵亲自为赋作注,张华给予高度评价,左思因此出了名。他的《三都赋》,"豪贵之家,竞相传写,洛阳为之纸贵"。原来1刀纸仅一千文,此时却涨到2~3千文,后来有钱也买不到纸,只好到外地去捎。元稹《和观放榜诗》中有"都中纸贵流传后,海外金填姓字时"句。

蚍蜉撼树

唐李白、杜甫逝世后,世人评其诗有异。元稹《杜君墓系铭》极力"尊杜抑李",斥李白"尚不能历其藩翰,况堂奥乎!"当时,韩愈曾作《调张籍》诗,反对妄评李杜,有"李杜文章在,光焰万丈长。不知群儿愚,那用故谤伤。蚍蜉撼大树,可笑不自量"句。后人因以"蚍蜉撼树",喻妄自徒劳。

梅妻鹤子

北宋诗人林逋，长期隐居西湖孤山，终身不仕不娶，以种梅为妻，养鹤为子。时人赞其孤高隐逸之风，称为"梅妻鹤子"。死后谥为"和靖先生"，有《林和靖先生诗集》。明徐复祚《偶寄》诗有"紫绶高轩虚富贵，梅妻鹤子自风流"句。

嵇康弹琴

三国时魏人嵇康是"竹林七贤"之一。嵇康早年丧父，家境贫困，但仍励志勤学，文学、玄学、音乐等无不精通。他娶曹操的曾孙女长乐公主为妻，曾任中散大夫，史称"嵇中散"。司马昭曾想拉拢嵇康，但嵇康在当时的政争中倾向皇室一边，对于司马氏采取不合作态度，因此颇招嫉恨。司马昭的心腹钟会想结交嵇康，受到冷遇，从此结下仇隙。嵇康的友人吕

嵇康弹琴

安被其兄诬以不孝，嵇康出面为吕安辩护，钟会即劝司马昭乘机除掉吕、嵇二人。当时太学生三千人请求赦免嵇康，愿以康为师，司马昭不许。临刑，嵇康神色自若，奏《广陵散》一曲，从容赴死。

窦燕山教子

窦燕山，名禹钧，燕国有山名燕山，故又称他窦燕山。窦燕山年轻时本为恶少，做生意欺行霸市、缺斤少两、昧心行事，虽然赚钱，却三十岁仍无子嗣。后因梦见已故的父亲给他忠告，窦禹钧痛下决心改邪归正，从前之恶不敢再犯，并且广行善事，在家里兴办义学、积德行善克己利人，后来生有五子：仪、俨、侃、偁、僖。窦禹钧以古礼教子，家中男不乱入，女不乱出，男耕女织，和睦孝顺，后五子联科。其中大儿子做到礼部尚书，二儿子做到礼部侍郎，其余三子也都做了官。侍郎冯道赠诗曰：燕山窦十郎，教子以义方，灵椿一株老，丹桂五枝芳。

历代作家

先秦两汉作家

墨子

墨子(约前476或480年~前390或420年),名翟,相传原为齐国人,长期住在鲁国。战国初期思想家、政治家、教育家,墨家学派创始人。主张"兼爱""非攻",弟子众多,在当时思想界影响很大,与儒家并称"显学"。《墨子》是墨家学派的著作总汇,虽然是保留记录言行的语录体形式,但已成初具规模的论说文。

老子

老子(约前571年~前471年),姓李,名耳,字伯阳,谥曰聃,楚国苦县(今鹿邑县)人。春秋时代思想家,道家学派创始人。曾做过周朝的守藏史。老子的著作,有《五千文》即《道德经》,也叫《老子》。它是老子用韵文写成的一部哲理诗,既是道家的主要经典著作,也是研究老子哲学思想的直接材料。

左丘明

左丘明(约前540年~前452年),姓丘名明,春秋末期鲁国人。因其世代为左史官,所以人们尊其为左丘明。左丘明知识渊博,品德高尚,孔子言与其同耻。曰:"巧言、令色、足恭,左丘明耻之,丘亦耻之;匿怨而友其人,左丘明耻之,丘亦耻之。"太史司马迁称其为"鲁之君子",尊称其"左丘"。左丘明世代为史官,并与孔子一起"乘如周,观书于周史",拥有鲁国以及其他封侯各国大量的史料,所以著成了中国古代第一部记事详细、议论精辟的编年史《左传》和现存最早的一部国别史《国语》,成为史家的开山鼻祖。

老子

孔子

孔子（前 551 年~前 479 年），名丘，字仲尼，春秋鲁国昌平乡陬邑（今山东曲阜市东南）人。古代著名思想家、教育家，儒家学派创始人。孔子的学说是中国两千多年文化的主流，对世界的思想史、文化史、教育史影响深远。他的思想核心是"仁"。相传其弟子3000 人，贤者 72 人。《论语》是记载孔子及其弟子言行的语录体散文专集，也是儒家经典著作之一。

孙子

孙子，生卒不详。名武，字长卿，春秋后期齐国人，军事理论家。著有《孙子》（又名《孙子兵法》）13 篇，古代称为"兵经"，是我国第一部军事著作。

孟子

孟子（约前 372 年~前 289 年），名轲，字子舆，邹国（今山东邹城市）人，战国时期的思想家、文学家，儒家学派的主要代表之一。幼年丧父，家贫，曾受业于孔子之孙子思。学成后，讲学授徒，游说诸侯，推行仁政，终未见用。后退居乡里，"序《诗》《书》，述仲尼之意，作《孟子》七篇"，继承和发展了孔子的思想，并提出一套完整的思想体系，对后世产生了极大的影响，被尊奉为仅次于孔子的"亚圣"。《孟子》一书包括《梁惠王》《公孙丑》《滕文公》《离娄》《万章》《告子》《尽心》共七篇，其文章以对话体为主，言简意赅、说理畅达、章法巧妙、文采生动，富有浓郁的艺术感染力，是先秦诸子散文的代表之一，深刻地影响了后世散文的发展。

庄子

庄子（约前 369 年~前 286 年），名周，战国中期宋国蒙（今安徽蒙城）人。和老子同为道家学派创始人，世称"老庄"。他具有朴素的辩证法思想，但又宣扬虚无主义和宿命论。他愤世嫉俗，鄙视富贵利禄，作品揭露了统治者"仁义"的虚伪。庄子及其后学所著《庄子》一书，唐代以后又称《南华经》，是道家经典著作之一。其文想象丰富，言辞瑰奇，具有浓厚的浪漫主义风格，对中国文学影响深远。他创作的许多寓言故事，如"螳臂挡车""东施效颦"等广为人知。名篇还有《庖丁解牛》《秋水》《逍遥游》等。

庄子

屈原

屈原(约前 340 年~约前 278 年),名平,字原,战国时期楚国政治家,伟大的爱国诗人。因遭奸臣陷害而被放逐,后投汨罗江而死。他为中国古代的诗歌开辟了浪漫主义的新天地。主要作品有《离骚》《九章》《九歌》等。

荀况

荀况(前 313 年~前 238 年),字卿,世称荀子,汉时避宣帝刘询讳,改称孙卿。战国后期赵国(今山西南部)人,思想家、教育家,先秦儒家的最后一位大师,其著作后人编定为《荀子》32 篇。荀子思想体系吸收诸子之长,是先秦唯物主义的集大成者,他针对孟子"性善论"提出"性恶论",针对儒家"天命论"提出"天行有常"的朴素唯物论和"制天命而用之"的"人定胜天"思想。

宋玉

宋玉(约前 298 年~前 222 年),是继屈原之后楚国的一位大诗人,生平事迹不可考。其作品确定的有《九辩》,较为确定的有《风赋》《高唐赋》《神女赋》《登徒子好色赋》《对楚王问》等。宋玉的创作明显受到了屈原的影响。《九辩》悲秋吟志,塑造了一个坎坷不遇、憔悴自怜的才士形象。其突出的艺术成就,使宋玉成为屈原之后最杰出的楚辞作家,与之并称"屈宋",为后人所尊崇。

韩非

韩非(约前 280 年~前 233 年),也称韩非子,韩国贵族,荀况弟子,生活于战国末期,是先秦法家学派代表人物,后因其同学秦相李斯的陷害,自杀于狱中。在政治上提出重赏、重罚、重农、重战诸项政策,主张君主集权,反对贵族操纵政治。其文化思想是一个彻底的功利主义者。现存《韩非子》55 篇。

韩非

吕不韦

吕不韦(? ~前 235 年),阳翟(今河南禹县)人,战国末期韩国的大商人,曾为秦国的相国。他集合门客编写了《吕氏春秋》。该书又名《吕览》,共 26 卷,是先秦杂家的代表作,也是最早的一部理论散文总集。书中文章内容博杂,结构规整,语句精炼,曾号称"一字千金"。其中通过故事说理的部分比较生动。

列子

列子,名列御寇,战国时期人,生卒年不可考。主张虚静无为,其思想与庄子相同。所著《列子》一书已散佚,现存《列子》可能是晋人托名编写而成。书中神话传说、寓言故事内容丰富,风格清新,文学价值颇高。如《纪昌学射》《歧路亡羊》《齐人攫金》《愚公移山》等都很有教育意义。

贾谊

贾谊(前 200 年~前 168 年),河南洛阳人。西汉政治家、文学家,世称贾生。他青年时代就有才名,22 岁时因廷尉吴公的推荐,被汉文帝召为博士,才能学识得文帝赏识,提为太中大夫。后遭权贵诽谤,被汉文帝疏远,贬为长沙王太傅,后又为梁怀王太傅,怀王坠马身亡,贾谊十分悲伤,一年后亦死。贾谊是骚体赋的代表作家,代表作品是《吊屈原赋》《鵩鸟赋》。其最为人称道的是政论作品,代表作品是《过秦论》《论积贮疏》和《治安策》。

枚乘

枚乘(约前 210 年~前 138 年),字叔,西汉淮阴(今江苏淮安市西南)人。西汉辞赋家。先后游于吴、梁。汉武帝即位后,慕名召他入宫,结果因年老死在途中。《汉书·艺文志》著录他的赋 9 篇,今存可靠而完整的仅《七发》1 篇。《七发》标志着汉代新赋体正式形成的第一篇作品,在多方面奠定了汉赋的基础,同时又是辞赋中特殊的一支——"七"体的开创之作,后世时有仿作。

刘安

刘安(约前 179 年~前 122 年),沛郡(今江苏丰县)人,西汉思想家、文学家,汉高祖之孙,袭父爵封为淮南王。编著《淮南鸿烈》,又名《淮南子》。

司马相如

司马相如(约前 179 年~前 117 年),字长卿,西汉蜀郡成都(今四川成都)人。汉景帝时为武骑常侍,后免官游梁,与枚乘、邹阳等为梁孝王门客,梁孝王死后归蜀,后被武帝召入宫。

司马相如

其代表作有《子虚赋》《上林赋》等,最终确立了典型汉代大赋的体制。

东方朔

东方朔(前 161 年~前 93 年),西汉辞赋家,字曼倩,平原厌次(今山东惠民)人。武帝即位初年,征召天下贤良和有文学才能之人,东方朔上书自荐,诏拜为郎。其性诙谐幽默,言词敏捷,常在武帝前谈笑取乐,但能观察颜色,直言进谏,如反对武帝起上林苑之事,但终不得重用。东方朔原有集二卷,久佚;明人张溥编有《东方先生集》,收入《汉魏六朝百三家集》中。其散文赋中最著名的是《答客难》和《非有先生论》,言辞犀利,抒写了其怀才不遇之情。

司马迁

司马迁(前 145 年~前 90 年),字子长,夏阳龙门(今陕西韩城)人,是我国著名的史学家和文学家,主要著作有《史记》。他的父亲司马谈是汉武帝的太史令,学识渊博,掌握秘籍,专司记述,并有著史宏志。司马迁早年就从父亲那里得到较好的文学教养。司马迁 42 岁开始《史记》的写作。后因上书替败降匈奴的李陵辩解,触怒了汉武帝,被捕入狱,受了宫刑。自此他更加发愤著书,将全部精力投注到《史记》的著述上。大约在 54 岁左右,司马迁终于完成了《史记》这部巨著。《史记》开创了中国纪传体的史学,它的记事,上至传说中的黄帝,下至汉武帝太初年间,是中国历史的伟大总结,也是中国古代文学的瑰宝。

刘向

刘向(约前 77 年~前 6 年),本名更生,字子政,沛(今江苏沛县)人。西汉经学家、目录学家、文学家。曾任谏大夫,宗正等。以阴阳灾异附会时政,屡次上书弹劾外戚专权。所撰《别录》为我国目录学之祖,著作有《新序》《说苑》《烈女传》《叶公好龙》《赵将括母》等,还整理修订了《战国策》《楚辞》等。

扬雄

扬雄(前 53 年~前 18 年),字子云,蜀郡成都(今四川成都)人。西汉文学家、经学家、语言学家。扬雄少好学,博览群书。早年极爱司马相如的赋,常常描写。40 余岁,从蜀游京师,大司马车骑将军王音,欣赏他的文才,召他为门下史。后推荐给朝廷,待诏承明殿。一年多后,被拜为郎官,给事黄门。与王莽、刘歆并列。汉哀帝初年,又与董贤同官。王莽篡位,扬雄因资历老而转为大夫。扬雄为人宁静淡泊,好古乐道,不慕名利,勤于著述。除《甘泉赋》《羽猎赋》《长杨赋》等颂扬帝王功德的辞赋外,还仿《周易》作《太玄》、仿《论语》作《法言》、仿《离骚》作《反离骚》。又花了 20 多年时间撰写了语言学著作

《方言》15卷,类集古今各地同义的词语,叙列西汉各地方言,为研究古代汉语的重要资料。所纂《训纂篇》,对文字学也有所贡献。王莽称帝后,因受他人牵连,即将被捕时坠阁楼自杀,幸免一死。明人辑有《扬子云集》。

王充

王充(27年~97年),字仲任,上虞(今属浙江)人,东汉唯物主义思想家、文学批评家。历任郡功曹、泊巾等官,后罢职家居,从事著述。一生尽力反对宗教神秘主义,发展了古代唯物主义。所著《论衡》具有唯物主义思想,是中国思想史上的重要著作。《论衡》在中国文学批评史上第一次把"论"和"作"与"述"明确区别开来,并给予了高度的评价,这对于"论"的独立发展和文学理论专著的大量出现,是具有很大促进作用的。

班固

班固(32年~92年),字孟坚,扶风安陵(今陕西咸阳东北)人,东汉著名的历史学家和文学家。主要著作有《汉书》。他的父亲班彪也是有名的学者,曾作《史记后传》,写《史记》以后西汉的历史。班固从16岁开始在洛阳太学读书,博览九流百家著作。23岁时父死,班固复回故里,为其父的《史记后传》进一步采集史料,改订体例。从明帝永平元年(58年)开始,续写父书。永平5年(62年)被告发私改国史而入狱。其弟班超上书为其申辩,得释出狱后任兰台令史。以后他在兰台著《汉书》。班固后来跟随大将军窦宪出征匈奴,做其幕僚。窦宪谋反被杀,班固也死在狱中。《汉书》遗下一部分"表""志"是由其妹班昭和同乡马续完成的。尚著有《两都赋》《典引》《玄机》等诗赋文章40余篇,后人编有《班固集》。《汉书》是我国第一部纪传体断代史,叙述了自汉高祖元年(公元前206年)至王莽地皇四年(23年)共229年的历史。

张衡

张衡(78年~139年),字平子,南阳西鄂(今河南南阳市西桥镇)人。东汉著名科学家、文学家。代表作有《二京赋》《归田赋》和《四愁诗》。《二京赋》描写京都景象,《归田赋》表现归隐田园、不追随时俗的情怀,《四愁诗》与《同声歌》在古代五、七言诗发展史上有一定的地位。从张衡之后,东汉抒情小赋不断出现,对魏晋抒情赋的发展产生了重大的影响。张衡是一位承前启后的赋家。

蔡琰

生卒年不详。字文姬,东汉末年著名女诗人。东汉末年著名诗人蔡邕之女。陈留圉(今河南杞县南)人。曾居南匈奴12年,后被曹操以金币赎归,其五言《悲愤诗》是我国古代优秀叙事诗之一,相传《胡笳十八拍》也是她的作品。

魏晋南北朝作家

孔融

孔融(153年~208年),字文举,鲁国(今山东曲阜)人。汉末文学家。建安七子之一。孔子二十世孙。"七子"中,他年辈最高,政治态度与其他6人不同。献帝时任北海(山东寿光)相,世称孔北海,又任少夫、太中大夫等职。为人不拘小节,恃才负气,刚正不阿。因非议曹操,被杀。其散文辞藻华丽,多用骈句,但能以气运词,有新变化。曹丕《典论·论文》称他:"体气高妙,有过人着者。然不能持论,理不胜词。"代表作《论盛孝章书》和《荐祢衡表》,都显示这种特色。诗仅存7首,其中《杂诗·岩岩钟山首》写远大怀抱,情辞慷慨;《远送新行客》写丧子的悲痛,情致哀婉,都富有抒情色彩。

曹操

曹操(155年~220年),字孟德,小名阿瞒。三国时政治家、军事家、诗人,沛国谯县(今安徽亳州)人。汉献帝官至丞相,后被封为魏王,死后其子曹丕代汉建魏,追尊曹操为魏武帝。在文学上,他是建安诗坛的领袖,是建安文学的保护者、倡导者,在他身边聚集了许多文士诗人,形成了著名的邺下文人集团。在创作上,他继承乐府民歌"感于哀乐,缘事而发"的现实主义传统,不受古题古意的束缚,"用乐府题目自作诗","叙汉末时事",形成文人写实的新现实主义传统。有抒情诗《观沧海》《龟虽寿》《嵩里行》等乐府歌词,有《魏武帝集》留世。

王粲

王粲(177年~217年),字仲宣,山阳高平(今山东邹县)人。汉魏间诗人,"建安七子"之一。少时即有才名,初依刘表,后归曹操,官至魏国侍中。王粲以诗赋见长,诗今存23首,赋今存20多篇。《初征》《登楼赋》《槐赋》《七哀诗》等是其作品的精华,《七哀诗》反映了汉末离乱和自身离乡不遇之悲。而《登楼赋》则是当时闻名的抒情小赋,显示出抒情小赋在艺术上的成熟。《文心雕龙》《诗品》等著名评论专著均称粲之诗赋为"七子之冠冕"。

诸葛亮

诸葛亮(181年~234年),字孔明,琅琊阳都(今山东沂南)人。三国时蜀汉政治家、军事家。东汉末,隐居邓县隆中(今湖北襄阳西)十余年,自比管仲、乐毅,被称为"卧龙"。建安十二年(207年),经颍川徐庶推荐,刘备"三顾茅庐",诚心求教。他向刘备提出著名的"隆中对"。刘备采纳了他的主张，建立蜀汉政权，诸葛亮任丞相。刘备死后，诸葛亮倾心辅佐刘禅，励精图治，赏罚分明，抑制豪强，加强对西南各族统治。并改善同西南各族人民的关系，促进当地经济、文化发展。他又屯田汉中，发展农业生产。对统一和开发我国西南地区做出重大贡献。他曾五次北伐，其中两出祁山，与魏争夺中原。后与司马懿在渭南对峙，病故于五丈原(今陕西眉县西南)军中。他治国治军严谨慎重，善于用兵，有《诸葛亮集》《出师表》传世。

诸葛亮

曹丕

曹丕(187年~226年)，字子桓，曹操次子。220年曹操死，他继承了曹操的地位，并废汉献帝而自立为皇帝，国号魏，称魏文帝。他的父亲大力打击豪强巨族，而他则对大贵族官僚地主采取让步，采用了陈群制定的"九品中正法"的用人制度，确立和巩固了士族门阀在政治上的特权地位。曹丕生长在戎旅之间，自幼娴习弓马，精于骑射和剑术，爱好文学，博闻强识，勤于著述。他的《典论·论文》提出了关于文学方面的许多问题，开创了文学批评的新风气，是我国较早的文学批评著作。他创作的诗歌形式多样，抒情深婉有致，其中《燕歌行》是我国文学史上流传下来的第一首完整的文人七言诗，明人辑有《魏文帝集》。

曹植

曹植(192年~232年)，字子建，曹操的第三子，曹丕之弟，三国时期魏国杰出诗人。自小聪颖，能七步成诗。他是中国诗歌历史上第一个大量创作五言诗的作家，是建安文学的集大成者。现存诗作80首，其中《七步诗》《赠白马王彪》《洛神赋》《与杨德祖书》广有影响。

曹植

陈琳

陈琳(？~217年)，字孔璋，广陵(今江苏扬州)人。汉末文学家，"建安七子"之一。曾任大将军何进主簿，后依附于袁绍，掌管书记。袁绍战败后，依附曹操，任司空军谋祭酒，管记室，后为门下督。《饮马长城窟行》是陈琳的代表作。诗中假借秦代筑长城的事，深刻揭露了惨苦繁重的徭役给人民带来的灾难。在写作上，吸收和发展了汉乐府民歌采用对话来展示人物性格的手法。陈琳还以书檄闻名当时，他避难冀州依附袁绍时所写的《为袁绍檄豫州》，铺张扬厉，纵横驰骋，具有纵横家的特色。文中多用排比对偶句法，表现了散文逐渐向骈体文发展的倾向。

阮籍

阮籍（210年~263年），字嗣宗，陈留尉氏（今河南尉氏县）人，三国时期文学代表作家，"竹林七贤"之一。阮瑀之子，晚年做过步兵校尉，故世称"阮步兵"。阮籍博览群籍，本有"济世志"，后因政治黑暗终日纵酒佯狂，为人鄙弃礼法，任情自适。阮籍的诗歌对于中国五言诗的发展具有重大的影响，代表作为82首五言《咏怀诗》，组诗内容复杂，多用比兴，用笔曲折，含蕴隐约。阮籍的五言诗开拓了中国古典诗歌的广度和深度，增强了哲理性和抒情力度。阮籍的散文，以《大人先生传》最著名，文章骈散相杂，眼光锐利，说理透彻，并且成功塑造了大人先生的完美形象。

阮籍

傅玄

傅玄（217年~278年），字休奕，北地泥阳（今陕西耀州区东南）人，西晋初文学家。仕魏、晋两代，为官清峻。傅玄博学能文，参与撰写《魏书》，自著有《傅子》，今存辑本《傅鹑觚集》。傅玄精通音乐，以乐府诗体见长。其诗歌内容多模仿汉乐府民歌，多写男女之情及女性的不幸，语言朴素，风格刚健。代表作有《豫章行·苦相篇》《秦女休行》《昔思君》等。

嵇康

嵇康（224年~263年），字叔夜，谯郡铚（今安徽宿县西南）人。魏晋之际文学家、音乐家，"竹林七贤"之一。魏宗室女婿，官至中散大夫，世称嵇中散。少孤贫，然励志勤学，博闻广治，文学、玄学、音乐无不精通。嵇康恬静寡欲而又峻急刚烈不抱礼法，因其不合作态度，为司马昭所害。嵇康的诗歌以四言取胜，代表作有《幽愤诗》、组诗《赠秀才入军》等，其中的名句"风驰电掣，蹑景追飞""目送归鸿，手挥五弦"等流传千古。嵇康的文章成就也较高，《与山巨源绝交书》等散文嬉笑怒骂、文风大胆，《声无哀乐论》等论说文则逻辑严密、说理透彻。有明刻《嵇中散集》行世。

陈寿

陈寿（233年~297年），字承祚，安汉（今四川南充境内）人，西晋著名史学家。所撰二十五史之一的《三国志》是一部纪传体国别史，分国记载了东汉末年至东吴灭亡约110

年的历史,条理清晰,简约生动,体例也有创新,对后世的史学、文学均有很大影响。其中的《隆中对》广有影响。

潘岳

潘岳(247 年~300 年),字安仁,荥阳中牟(今河南中牟)人,西晋文学家。少有才名,入仕途但并不如意,赵王司马伦执政时为孙秀所害。潘岳工于诗赋,其诗以写哀悼内容见长,善叙悲哀之情,代表作有《悼亡诗》三首,感情真挚。潘岳同时擅长哀、诔文,被誉为"哀诔之妙,古今莫比,时所推",如《哀永逝文》《马济督沫》。潘岳辞赋代表作有《西征赋》《秋兴赋》《怀旧赋》等,情感细腻,低沉伤感。

左思

左思(约 250 年~305 年),字太冲,山东临淄(今山东淄博)人,出身于寒素之家,西晋文学家,"二十四友"之一。其代表作《咏史》诗 8 首,借古讽今,批判了士族门阀制度的不合理,抒发了寒门士人怀才不遇、有志难伸的心曲。其诗风高亢雄迈,刚健质朴,语言简劲,继承了建安文学的传统。钟嵘誉之为"左思风力"。左思的《三都赋》则有"洛阳纸贵"之誉。

张协

张协(? ~307 年),字景阳,安平(今属河北省)人,西晋文学家。曾出仕,任公府掾、秘书郎、华阳令等职。后天下纷乱,辞官归隐,复征不就,终日吟咏自娱。张协与其兄张载、其弟张亢均是西晋有名的文人,时称"三张"。钟嵘征《诗品》总论中把他们与陆机、陆云、潘岳、左思等并提,作为西晋文学的代表。"三张"中,张协的成就最高。他的主要作品是《杂诗》10 首,文体华净,辞采华茂,状物工巧。

陆机

陆机(261 年~303 年),字士衡,吴县华亭(今上海市松江区)人。西晋文学家。其作品多,影响大,代表了西晋一代文学风气。所著《文赋》为古代重要的赋体文艺批评论文专著。宋人辑有《陆士衡集》。

刘琨

刘琨(270 年~318 年),字越石,中山魏昌(今河北定州)人,西晋诗人、音乐家、爱国将领。出身士族,隽朗雄豪,曾与祖逖夜间共同"闻鸡起舞",一度沉迷于酬和应唱的生活。后历经"国破家亡,亲友凋残"之痛,思想大变,在北方辗转抗敌,屡败无悔。后被幽州刺史段碑杀害。刘琨现存诗歌仅存《答卢谌》《扶风歌》《重赠卢谌》3 首,都是后期作品。其作抒发了家国之痛、英雄失落之悲。清刚悲壮,沉痛悲凉。

干宝

　　干宝(? ~336年),字令升,新蔡(今河南新蔡)人。东晋史学家、文学家。著《晋纪》,时称良史,今已佚。所著《搜神记》是魏晋志怪小说代表作,已散佚,今本系后人从《太平御览》等书中辑录而成。书中大多讲述神怪灵异的传说,但也保存了不少民间世俗故事。《干将镆铘》《李寄斩蛇》《吴王小女》《宋定伯捉鬼》都是流传甚广的名篇。

王羲之

　　王羲之(约303年~约361年),字逸少,琅琊临沂(今属山东省)人。东晋大书法家。后移居会稽山阴(今浙江绍兴)。始任秘书郎,继为长史、宁远将军、江州刺史,并曾为右军将军、会稽内史,世称王右军。永和九年三月三日,他和孙绰、谢安等41人,宴集山阴兰亭,写下了千古流芳的《兰亭集序》。

王羲之

陶渊明

　　陶渊明(365年~427年),名潜,字元亮,东晋著名诗人,中国山水田园诗的开拓者和集大成者。他的诗歌平淡自然,亲切纯真,语言本色而精工,对整个山水文学的发展产生了深远影响。代表作有《归园田居》《桃花源记》《饮酒》等。

谢灵运

　　谢灵运(385年~433年),陈郡阳夏(今河南太康附近)人,东晋文学家,晋代名臣谢玄之孙,因年轻时即袭封康乐公,故世称谢康乐,有《谢康乐集》。他在任职永嘉、临川及隐居家乡始宁时,经常四处探奇寻胜,其山水诗极富特征。谢灵运对文学最突出的贡献就是开创了山水诗派,他的诗才高词盛,富艳华美。

鲍照

　　鲍照(约416年~466年),字明远,祖籍上党,后迁东海(今江苏涟水县)。南朝宋诗人,"元嘉三大家"之一(另有谢灵运、颜延之),但成就远远高于谢灵运和颜延之,因曾任前军参军,故有鲍参军之称。擅长乐府,尤工七言。他还是南朝最早有意识地写作边塞题材的诗人。代表作有《拟行路难》18 首。他的赋《芜城赋》和骈体文《登大雷岸与妹书》也很有名。著有《鲍参军集》。

范晔

范晔（398 年~445 年），字蔚宗，顺阳（今河南淅川东南）人。南朝宋史学家、文学家。他少年好学，博涉经史，官至太子詹事。所撰《后汉书》是一部纪传体东汉史，共 90 卷，因《后汉书》无志，后人取晋人司马彪《续汉书》之志 30 卷补之，共计 120 卷。《后汉书》首创《烈女传》《张衡传》《文苑列传》，对后世史学影响很大。

江淹

江淹（444 年~505 年），字文通，济阳考城（今河南兰考）人。少孤而家贫，爱好文学，有才名。南朝梁著名诗人和赋家，代表作有《恨赋》和《别赋》。江淹写自己生活的作品，无论是写景还是抒情，都少有深刻、雄健的笔力，而喜欢参用楚辞、古诗中的语汇，写种种迷惘的感伤，以清丽幽怨见长。

刘义庆

刘义庆（403 年~444 年），彭城（今江苏徐州）人。是刘宋王朝宗室。宋武帝很赏识他的才华，袭封临川王，历任秘书监尚书友仆射、中书令、荆州刺史等职，官至南兖州刺史，后因生病回京，不久去世，时年42 岁。刘义庆爱好文学，《宋书》称他"招聚文学之士，远近必至"。刘义庆善于通过富有特征性的细节，三言两语的把人物的思想面貌，性格特征鲜明地表现出来，语言精练传神。主要作品有《世说新语》《幽明录》30 卷，已佚。

刘义庆塑像

沈约

沈约（441 年~513 年），字休文，吴兴武康（今浙江德清武康镇）人，南朝文学家。历仕宋、齐、梁三朝。年少家境贫困，刻苦攻读，博通群籍。为"竟陵八友"之一。萧衍建立梁朝后，任尚书仆射，封建昌县侯，后迁尚书令，领太子少傅。沈约不但政治地位很高，他还是一位有成就的诗文作家和渊博的学者，著有《晋书》110 卷、《宋书》100 卷、《齐纪》20 卷等。《宋书》流传至今，是"二十五史"的一种。沈约是讲求声律的"永明体"的创始人之一。他把"四声"（平、上、去、入）用于诗的格律，归纳出了比较完整的诗歌声律论。他在文坛上负有生望，齐、梁两朝的许多重要诏诰都是出自他的手笔。诗文数量也极多。

谢朓

谢朓(464年~499年)，字玄晖，陈郡阳夏(今河南太康)人。南朝齐代诗人。出身东晋谢氏望族，与谢灵运同族，有"小谢"之称。他少年好学，为"竟陵八友"之一。后被始安王萧遥光诬陷，下狱而死，年仅36岁。他曾任宣城太守，世人称为"谢宣城"。他继承了谢灵运的山水诗风，吸收其细致逼真地描写自然山水的优点，又避免其晦涩的弊病，风格清新流丽。其代表作有《晚登三山还望京邑》《之宣城郡山新林浦向板桥》等。谢朓与沈约等人一起创立了"永明体"，他是实践"四声八病"说、进行诗歌创作成就最高的诗人，被誉为"永明之雄"。今存诗200多首，多数是五言诗。著有《谢宣城集》。

萧衍

萧衍(464年~549年)，字叔达，南兰陵(今江苏常州)人，齐梁时文学家，南朝梁武帝。在南齐时历官宁朔将军、雍州刺史。和帝中兴二年(502年)，通过"禅让"的形式代齐即皇帝位，建立梁朝。侯景叛乱后，被囚最后饿死。萧衍博学能文，工书法，通音乐，又笃信佛教，是"竟陵八友"之一。即位后，重用文士，提倡文学创作，在他的影响下，贵族大臣纷纷效法，对当时文学创作的繁荣有重要的影响。萧衍著作很多。他重视乐府民歌，像《子夜四时歌》的《春歌》《夏歌》《河中之水歌》《东飞伯劳歌》等，清新活泼，称得上是帝王贵族中出色的作品。他的诏令书写得也极有文采，曾经受到明代张溥的称誉。

钟嵘

钟嵘(约468年~约518年)，字仲伟，颍川长社(今河南长葛东北)人。齐代官至司徒行参军。入梁，历任中军临川王行参军、西中郎将晋安王记室。《诗品》是他的诗歌评论专著，以五言诗为主，是魏晋南北朝时期一部著名的诗歌理论批评专著。其《序》总论五言诗的起源和发展，以及有关诗歌创作的重要理论问题；正文将自汉魏至齐梁的122位诗人分为上中下三品，分析了每一位诗人的思想艺术特征及其历史渊源。钟嵘在《诗品》中提倡自然真、美，主张风骨与辞采并重。《诗品》不仅是一部诗歌理论批评的专著，也可以看作是一部关于五言诗作家作品的文学史专著，它被后人尊奉为中国古代诗话之祖。

郦道元

郦道元(？~527年)，字善长，北魏范阳涿(今河北涿州)人，北魏地理学家、散文家。历任尚书主客郎、冀州镇东府长史、鲁阳太守、东荆州刺史、河南尹、御史中尉等职。执法严猛，为权豪所忌。孝昌三年，出为关右大使，为雍州刺史萧宝夤所害。著有《水经注》。《本经》本是一部记述水道的地理书，内容极简略，郦道元旁征博引，又结合游历考察，作《水经注》40卷。擅长描写山水之美，文风清峭隽永，绚丽多姿。《水经注》版本较著名的有《永乐大典》本,清人戴震、王先谦等人的校注本。近代杨守敬、熊会贞《水经注疏》集各家校勘之大成。

刘勰

刘勰(约465年~约532年),字彦和,原籍莒县(今山东莒县),世居京口(今江苏镇江)。南朝齐梁间杰出的文学理论家。曾任东宫通事舍人,遂有"刘舍人"之称。晚年出家为僧,法号慧地。所撰《文心雕龙》是我国古代第一部完整的文学理论著作,全书50篇,包括总论、文体论、创作论、批评论四个主要部分。该书对后世文学批评家有很深的影响。

郦道元

萧统

萧统(501年~531年),字德施,小字维摩,南兰陵(今江苏常州)人。梁武帝萧衍长子。他爱好文学,善诗赋,成为当时博通众学的文学家。由于身份地位和待人宽厚的性格,身边聚集了许多学士,商讨古文,聚书3万多卷,选出上自周秦,下迄齐梁各种文体的代表作品,编辑成《文选》一书,共30卷,为我国现存最早的一部古代诗文选集,后人又称《昭明文选》。

庾信

庾信(513年~581年),字子山,南北朝文学家。梁代诗人庾肩吾之子。早年曾任梁湘东国常侍等职,随同庾肩吾及徐摛、徐陵父子出入宫禁,陪同太子萧纲(梁简文帝)等写一些绮艳的诗歌,被称为"徐庾体"。著名的《哀江南赋》是他的代表作。庾信是南北朝骈文大家,与徐陵齐名。他的文风以讲究对仗和几乎处处用典为特征,与徐陵有相似之处。历来论者,往往推崇他为六朝首屈一指的骈文家,这是由于他善于运用典故,纯熟地驾驭"骈四俪六"的语言格式,毫无生硬之感。

隋唐五代十国作家

杨素

杨素(544年~606年),隋代诗人,他是隋朝开国大臣。他的诗歌现存仅5首。从整体来看,杨素的诗歌无论是写边塞题材,还是抒怀叙旧,都寄寓着深沉的人生感慨,诗境苍凉老成。例如《出塞》,贯穿了一种深沉悲凉的情思,感情真挚、寄托深远。

骆宾王

骆宾王(约 626 年~约 687 年),字观光,婺州义乌(今浙江义乌)人,唐代诗人。"初唐四杰"(卢照邻、骆宾王、王勃、杨炯)之一,又与富嘉谟并称"富骆"。曾任武功、长安两县主簿,侍御史等职。武则天称帝后,曾多次上书讽谏,因而触怒武氏,遭诬下狱,有《在狱咏蝉》诗,托物寄情。后被贬为临海县,世称骆临海。7 岁时作《咏鹅》诗被称为神童。他擅长七言歌行,其诗多悲愤之词,他的长篇歌行《帝京篇》在当时就已被称为绝唱。骆宾王的创作在扭转六朝以来的形式主义诗风、重视作品的内容方面,起了一定的先驱作用,特别是在近体诗语言的提炼与形式的完成上做出了贡献,对唐诗的发展起了推动作用。有《骆宾王文集》。骆宾王少年落魄,宦海沉生反抗的情绪。后来徐敬业起兵反对武则天,他代为写下了著名的《讨武曌檄》。传说武则天看这篇檄文,读到"一抔之土未干,六尺之孤安在"时,大吃一惊,忙问"这是谁写的",并责备宰相没有用这个人。后徐敬业兵败,骆宾王下落不明,有的说是被杀,有的说是做了和尚。

卢照邻

卢照邻(约 636 年~695 年),字升之,自号幽忧子,幽州范阳(今河北涿州)人,唐代诗人。"初唐四杰"之一。他擅长诗歌骈文,他的诗以歌行体为最佳。意境清迥,以韵致取胜。其代表作《长安古意》借历史题材,描绘首都长安的繁华景象与现实生活的各个侧面,清词丽句,委婉顿挫,寄慨深微,耐人寻味。

杜审言

杜审言(645 年~708 年),字必简,河南巩义市人,唐代诗人,杜甫的祖父。中进士后,任隰城尉,恃才高,以傲世见疾。累迁洛阳丞,因事贬吉州司户参军。武后时授著作佐郎,迁膳部员外郎。神龙初年,因交结张易之获罪,被流放峰州。后入朝为国子监主簿、修文馆直学士。他是武后时代的宫廷诗人,写过一些内容空虚的应制诗,与同时的沈佺期、宋之问齐名,"文章四友"之一。他也写有一些表现游宦生活、极富真情实感、以浑厚见长的好诗,《登襄阳城》为其代表作。他熟练运用律诗这种新体制,五律与七律均完全和律,无一粘者,对律诗的定型做出了杰出贡献,由此奠定了他在诗歌发展中的地位。

卢照邻

苏味道

苏味道(648年~705年),赵州栾城人,唐代诗人,与李峤并俱文名,时人谓"苏李"。他是武后时代的宫廷诗人,与杜审言、李峤、崔融号称"文章四友"。苏味道在当时颇有文名,但文章现已失传,诗仅存16首,其诗风清正挺秀,绮而不艳,多咏物诗。代表作为《正月十五夜》《咏虹》《和武三思于天中寺寻复礼上人之作》等,其中《正月十五夜》写元宵夜景,有古今元宵诗第一之誉,诗中"火树银花合,星桥铁锁开。暗尘随马去,明月逐人来"更是佳句。

王勃

王勃(649或650年~675或676年),字子安,绛州龙门(今山西河津)人,唐代文学家。"初唐四杰"之一,也是"初唐四杰"中成就最高的一位。代表作有抒情诗《送杜少府之任蜀州》,其中"海内存知己,天涯若比邻"成为千古流传的名句;散文名篇有《滕王阁序》。著有《王子安集》。

王勃

杨炯

杨炯(650年~693年),唐代诗人。"初唐四杰"之一。杨炯以边塞征战诗著名,所作如《出塞》《从军行》《战城南》《紫骝马》等,表现了为国立功的战斗精神,气势轩昂,风格豪放。今存诗33首,五律居多。

宋之问

宋之问(约656年~712年),一名少连,字延清,唐代诗人,上元二年(675年)进士。武则天时官尚方监丞。唐中宗增置修文馆学士,他与杜审言等同入选。因谄附张易之、张昌宗兄弟,于神龙元年贬为泷州参军。后官至考功员外郎。以知贡举受贿,贬越州(今浙江绍兴)长史。睿宗即位,以其依附太平公主,流放钦州(今广东省钦县),随即"赐死"。宋之问与沈佺期齐名。他们对诗歌的贡献主要在声律方面。宋之问擅长宫廷应制诗,为武后所赏识,但贬谪荒远之地所写的非宫廷应制作品,则多有真切的生活感受,也有一些优秀的篇章。如《题大度岭北驿》《渡汉江》等。尽管其诗还没有摆脱齐梁的影响,但语言的锤炼,气势的流畅,已和齐梁浮艳的诗风不同;在格律形式的完整上,更为历代批评家所推崇。

刘希夷

刘希夷(651年~680年),字庭芝,一作延之,汝州(今河南临汝)人,唐代诗人,上元二年(675年)进士。喜饮酒,又爱好音乐,善弹琵琶,落魄不拘常格,相传死时不满30岁。刘希夷少有文华,好为闺情诗,风格柔婉。词旨悲苦。他的《白头吟》(一作《代悲白头翁》)、《公子行》《捣衣篇》等七言歌行宛转流畅,前人多称赏之。《白头吟》"年年岁岁花相似,岁岁年年人不同"两句,更是古今传诵。另一些军旅边塞诗,如《将军行》《从军行》,则清峻雄浑,表现出诗人豪放的气魄。

上官仪

上官仪(608年~665年),字游韶,陕州(今河南陕县)人,唐代诗人。他是唐初受到太宗、高宗宠信的宫廷诗人,是初唐诗坛仍占统治地位的齐梁宫体诗风的代表作家。其诗继承了齐梁宫体诗的风格,十有八九为奉和应诏之作,多应制称颂、艳情唱酬,并无实际的现实内容,但以真挚的思想感情著称。稍后更是发展出"以绮错婉媚为本"的上官体。《八咏应制》一诗就是典型的齐梁宫体诗。"瑶笙燕始归,金堂露初晞。风随少女至,虹共美人归",完全是浮华腐化生活的描写,"残红艳粉映帘中,戏蝶流莺聚窗外",更暗含色情的意味。他除写这种"绮错婉媚"诗歌以外,还把作诗的对偶归纳为六种对仗的方法,这对律诗形式的发展起了一定作用。

沈佺期

沈佺期(约656年~约715年),字云卿,相州内黄(今河南内黄)人,唐代诗人,上元年间中进士。武后时官协律郎,累迁考功员外郎。曾因受贿入狱。中宗即位,因诣附张易之,被流放州。后历宫中书舍人、太子少詹事,开元初卒。沈佺期工于五言律诗,风格绮靡,不脱梁、陈宫体诗风。他也写有一些反映贬谪生活的优秀诗歌,例如《古意》《杂诗》等。对律诗的成熟与定型,他与宋之问题做出了很大贡献,他们大力写作律体诗,以自己的创作实践总结了五、七言近体律诗的形式规范,完成了律诗的体制,扩大了律诗的影响,是唐代律诗的奠基人。他的《独不见》是一首较早出现的优秀七言律诗。

贺知章

贺知章(659年~744年),字季真,晚年自号四明狂客,唐代诗人、书法家。少年时因文辞知名,后因"清淡风流"而为人倾慕。武则天证圣元年(695年)时为进士,超拔群类科,累迁太子右庶子,充侍读。因张说推荐,入丽正殿书院修书,同撰《六典》和《文纂》,后迁礼部侍郎,累迁秘书监。后弃官徒步归乡里,自号"四明狂客"。天宝初年(742年)请求批准为道士,皇上答应,以自家宅为"千秋观"而隐居。又求周公湖数顷为放生池,皇上还诏赐镜湖。《六典》为《唐六典》,十三卷,详载当时百官的职掌及沿革。《文纂》今已佚。

张若虚

张若虚（约 670 年～约 730 年），唐朝诗人。曾任兖州兵曹。唐中宗神龙中以文辞俊秀驰名于京都，与贺知章、张旭、包融并称"吴中四士"。现仅存诗两首：《代答闺梦还》和《春江花月夜》。《春江花月夜》是一篇脍炙人口的名作，它沿用陈隋乐府旧题。抒写真挚动人的离情别绪及富有哲理意味的人生感慨，语言清新优美，韵律婉转悠扬，洗去了宫体诗的浓脂艳粉。诗中"江畔何人初见月，江月何年初照人，人生代代无穷已，江月年年只相似"为后人千古传唱。

陈子昂

陈子昂（661 年～702 年），字伯玉，梓州射洪（今四川射洪）人，唐代诗人。生活在武后时代，出身富豪之家，敢于直谏，屡遭打击，最后死于狱中。陈子昂对文学的突出贡献主要表现在从诗歌理论和实践两方面扫除了形式主义的残余，开创了唐代诗风。陈子昂是初唐诗歌革新的倡导者，初唐诗坛经"初唐四杰"的倡导后开始逐渐摆脱梁陈宫体诗颓靡诗风的影响，陈子昂是继"四杰"之后又一位高举诗歌革新大旗的文学家。其代表作《感遇》诗 38 首突破了泛拟古题的倾向，借古喻今，抒发了作者的思想和怀抱。他的另一首代表作《登幽州台歌》，境界阔大，感情深沉，营造出深广邈远、悲壮苍凉的意境。

李峤

李峤（645 年～714 年），字巨山，赵州赞皇（今河北赞皇）人，唐代诗人。少时即有文名，20 岁举进士，在唐高宗、武则天、唐中宗、唐玄宗四朝为官。李峤富于才思，其诗多咏物之作，其作品较为狭窄，意境低沉，多为宫廷唱和诗。他与同乡苏味道齐名，合称"苏李"，又与苏味道、崔融、杜审言三人并称"文章四友"。明人辑有《李峤集》。

张九龄

张九龄（678 年～740 年），字子寿，韶州曲江（今广东韶关）人。他是盛唐前期重要的诗人。尤其是他的五言古诗，在唐诗发展中有很高的地位和巨大的影响。他的五言古诗代表作有《感遇》12 首、《杂诗》5 首等。他的五言律诗情致深婉，蕴藉自然，如《望月怀志》《望庐山瀑布》等都是历来传诵的名作。

王之涣

王之涣（688 年～742 年），字季陵，原籍晋阳（今山西太原市），后迁往绛郡（今山西新绛）。唐代边塞诗人，现仅存 6 首绝句，但这 6 首诗却使他在文学史上有一定的地位。他的诗音乐性强,适宜配乐歌唱,许多诗被乐工制成歌曲。他的诗中有关边塞风光的描写尤为著名,如《折杨柳》,其中后两句"羌笛何须怨杨柳,春风不度玉门关",尤其含蓄双关,婉转深刻。名篇有七绝《凉州词》、五绝《登鹳雀楼》。

王之涣

孟浩然

孟浩然(689年~740年),襄州襄阳(今湖北襄阳市)人。唐代的田园山水诗人。孟浩然早年隐居鹿门山,并游历于吴越湘闽之间,40岁时才到长安求仕,结识了许多达官名士,诗名大噪,但应进士不第。后来他的好朋友张九龄从尚书右丞相降为荆州都督府长史,召他去做幕中从事,这时他已经50岁了。不久就患痘疾而死,所以他是一个以布衣终老的诗人。孟浩然是唐朝第一个大量写山水诗的人,是从谢灵运的山水诗到王维的山水诗这一过渡阶段最有名的山水诗人,与王维齐名。他的诗清淡,长于写景,反映隐逸生活的诗作居多,受到李白、杜甫等人的推崇。现存诗260首左右,其中220首是五言诗。著有《孟浩然集》。

李颀

李颀(约690年~约751年),祖籍赵郡(今河北赵县)人,唐代诗人,开元十三年(725年)进士,天宝中被任为新乡县尉。久未迁调,后弃官过炼丹求仙的隐居生活。李颀的诗以五古和七言律诗见长,其中尤以边塞诗著称。边塞诗虽然数量不多,但思想深刻,境界高远,风格秀丽而又雄浑,不乏慷慨激昂之音。其七言歌行及律诗尤为后人所推重。《古意》《古从军行》是其优秀代表作。他还写过赠别朋友的诗,以纵横恣肆的笔调和构想,刻画朋友的独特性格,如《弹棋歌》《赠张旭》。描写音乐的诗也颇为后人称道,如《听董大弹胡笳声兼寄语弄房给事》,以听觉、视觉形象描写旋律变化,化无形为有形。他又好神仙、慕道术,写有神怪类题材的诗歌,这类诗歌形象诡怪,叙述本事后,又作奇想、发议论,在盛唐诗坛颇为少见。

王昌龄

王昌龄(约698年~757年),字少伯,京兆长安(今陕西西安)人。盛唐最负盛名的诗人之一,开元十五年(727年)进士。他在文学史上的特殊贡献就在于对七言绝句的开拓。他的七言绝句成就很高,既善于捕捉典型情景,又善于概括和想象,语言圆润蕴藉,音调和谐婉转,民歌气很浓。他现存诗180余首,如表现戍边生活的《从军行》和描写妇女生活的《越女》《采莲曲》《闺怨》等,因多写边塞军旅生活,气势雄浑,格调高昂,被誉为"七绝圣手"。

王维

王维(701年~761年),字摩诘,太原祁县(今山西祁县)人,唐代著名诗人、画家,山水田园诗的集大成者。王维的创作以诗歌为主,随着思想的变化可分为前后两期。前期诗歌创作内容积极,风格豪放,多以游侠、边塞为题材,情调昂扬,表达了建功立业的英雄气度和保国戍边的爱国热情。其笔下的边塞景物也充满了豪情,如《使至塞上》的名句"大漠孤烟直,长河落日圆"。后期他在政治上逐渐妥协,为了逃避,他寄情山水,继承和发展了谢灵运开创的山水诗的传统,对陶渊明田园诗的清新自然也有所吸取,使山水田园诗的成就达到了一个新的高峰。他后期的诗文和绘画作品被誉为"诗中有画,画中有诗"。其特点在代表作《山居秋暝》等诗中都有较好的体现。总之,王维的山水田园诗都力求勾勒一副画面,表现一种意境,给人浑然一体的印象,在表现山水田园之美的同时也表现出诗人的性格。

李白

李白(701年~762年),字太白,号青莲居士,唐代诗人。官至供奉翰林,因性格傲岸,不为权贵所容,使他对腐败社会加深了认识,写下了许多抨击帝王权贵荒淫奢侈和控诉现实政治黑暗的诗篇,是继屈原之后最伟大的浪漫主义诗人,中国古典诗歌巅峰时期的杰出代表,对后世影响极大。他与杜甫齐名,并称"李杜",后人尊称他为"诗仙"。现存诗作990余首,其名篇有《望庐山瀑布》《行路难》《将进酒》《梦游天姥吟留别》《长干行》《静夜思》《秋浦歌》《望天门山》《送友人》等。著有《李太白集》。

李白

高适

高适(702年~765年),字达夫,又字仲武,德州蓨(今河北景县)人,唐代边塞诗人,因任左散骑常侍,封渤海县侯,世称高常侍。其诗作侧重表现现实,多苍凉悲壮之音,对当时的边疆形势和士兵疾苦均有反映,与岑参并为唐代边塞诗派的代表,人称"高岑"。代表作《燕歌行》,著有《高常侍集》。

崔颢

崔颢(704年~754年),汴州(今河南开封)人,唐代诗人,开元十一年(723年)进士,官至司勋员外郎。所作边塞诗慷慨豪迈。代表作有七律《黄鹤楼》。明人辑有《崔颢集》。

储光羲

储光羲(约706年~约763年),唐代诗人。润州延陵(今江苏丹阳)人。祖籍兖州(今属山东)。开元十四年(726年)进士,与崔国辅、綦毋潜同榜。授冯翊县尉,转汜水、安宜、下邽等县尉。仕宦不得意,隐居终南山的别业。后出山任太祝,世称储太祝。迁监察御史。天宝末年,奉使至范阳。安史乱起,叛军攻陷长安,他被俘,迫受伪职,后脱身归朝。贬死岭南。著有《正论》15卷、《九经外义疏》20卷,并佚。有《储光羲集》5卷,《全唐诗》编为4卷。

常建

常建(708年~约765年),唐代诗人,开元十五年(727年)进士。其诗多为五言,常以山林、寺观为题材,是唐代山水田园派诗人,也有部分边塞诗。其诗歌艺术上较完整,但意境非常孤僻。《题破山寺后禅院》是他的名作:"清晨入古寺,初日照高林。曲径通幽处,禅房花木深。山光悦鸟性,潭影空人心。万籁此俱寂,但余钟磬音。"此外,"松际露微月,清光犹为君"(《宿王昌龄隐处》),"夜久潮侵岸,天寒月近城"(《泊舟盱眙》),都是他的名句。

刘长卿

刘长卿(709年~约780年),字文房,河间(今河北河间市)人,唐代诗人。他生活在唐王朝由盛转衰的时期,诗歌内容广泛,各体皆备,诗名盛于中唐前期。安史之乱的社会状况及民生疾苦在诗中亦有所反映。但大多写遭谗贬谪、胸臆不平之意,以及感慨政治失意和山水闲逸的情怀,缺乏雄深苍劲之作。刘长卿以五七言近体为主,尤工五言,自诩为"五言长城"。其风格含蓄温和,清雅洗练,接近"王孟"一派。五律简练浑括,于深密中见清秀,如《新年作》《岳阳馆中望洞庭湖》等都是精工锤炼之作;七律也多秀句,如"细雨湿衣看不见,闲花落地听无声""秋草独寻人去后,寒林空见日斜时"等历来传诵人口;绝句如《逢雪宿芙蓉山主人》《江中对月》,则以白描取胜,饶有韵致。著有《丛书集成》《刘随州集》。

杜甫

杜甫(712年~770年),字子美,世称杜少陵,唐代诗人。他的诗歌以深刻、真实的笔触,广泛地再现了当时社会的动荡、政治的黑暗和人民的疾苦,感情真挚而沉郁,风格雄浑而壮丽,被后世誉为"诗史",他也被称为"诗圣"。杜甫继承了《诗经》、汉乐府的现实主义传统,记事名篇,因事命题,开创性地发展了现实主义,与李白成为盛唐诗坛现实主义与浪漫主义高峰的代表,对新乐府运动产生了积极影响。其名篇有《望岳》《丽人行》

《兵车行》《春望》《闻官军收河南河北》《偶题》《茅屋为秋风所破歌》等,著有《杜工部集》传世。

岑参

岑参(约718年~769年),原籍南阳(今河南南阳)人,后迁居江陵(今湖北江陵),唐代边塞诗人,官至嘉州刺史。岑参诗歌的主要思想倾向是慷慨报国的英雄气概和不畏艰难的乐观精神;其艺术特色是气势雄伟,想象丰富,色彩绚烂,风格奇峭。他擅长七言歌行,用歌行体描绘壮丽多姿的边塞风光,为唐诗的繁荣发展做出了贡献。从军多年,对边塞生活体验深刻,有《岑嘉州诗集》。代表作有七古《白雪歌送武判官归京》等。

岑参

元结

元结(719年~772年),字次山,唐代诗人。天宝十二年(753年)进士。肃宗乾元二年由国子司业苏源明推荐,上《时议》三篇,擢山南东道节度参谋,后任道州刺史。卒年五十三,赠礼部侍郎。他与杜甫同时,强调诗歌的实用功能,要求诗歌反映现实,写有大量反映批判现实、同情人民的诗歌,情感真挚动人。他的诗歌力求摆脱声律束缚,不尚词华,不事雕饰,朴素简淡,在当时自成一格,但忽视诗歌艺术,结果艺术成就往往不高。他多写古体诗和绝句,代表作是《悯荒诗》《贫妇词》《贼退示官吏》等。同时他的散文也取得了较高成就,为韩愈、柳宗元之先驱。著有《元次山集》。

钱起

钱起(722年~约780年),字仲文,吴兴人,唐代诗人。天宝十年中进士,官秘书省校书郎,官终尚书考功郎中。他是大历十才子之一,曾和王维、裴迪等人唱和,诗风与王维相近。诗格新奇,理致清赡,代表诗作有《登胜果寺南楼雨中望严协律》《题玉山村叟屋壁》等。"曲终人不见,江上数峰青"是为人称道的名句。《赠阙下裴舍人》:"二月黄鹂飞上林,春城紫禁晓阴阴。长乐钟声花外尽,龙池柳色雨中深。阳和不散穷途恨,霄汉长怀捧日心。献赋十年犹未遇,羞将白发对华簪。"表现了功名不得实现的惆怅。《送僧归日本》中"惟怜一灯影,万里眼中明";《谷口书斋寄杨补阙》中"竹怜新雨后,山爱夕阳时",都是极佳的抒情写景诗句。

张继

张继,生卒年不详。字懿孙,襄州(今湖北襄阳)人,唐代诗人。官至检校祠部员外郎,有张祠部之称。其诗多为旅游题咏,诗风爽利激越,不事雕琢。代表作品有《枫桥夜泊》。

韦应物

韦应物(737年~约792年),京兆长安(今陕西西安)人,唐代诗人。出身关西望族,初以三卫郎侍玄宗,放浪不羁,后悔悟,折节读书。贞元初任苏州刺史,故有"韦苏州"之称。他的部分作品对安史之乱后社会离乱、人民疾苦的现状有所反映,《采玉行》《夏冰歌》等揭露了官吏的横行,表达了对人民的同情,可以说是元、白新乐府的新声。他以山水田园诗歌著名,人比之为陶潜。后世以陶、韦并称,或以王、孟、韦、柳并称,都是根据这类诗歌。他的诗歌,语言简淡,除去雕饰,而风格秀朗,气韵澄澈。代表作如《滁州西涧》《淮上即事寄广陵亲故》《赋得暮雨送李胄》《游开元精舍》等。著有《韦苏州集》。

李益

李益(746年~829年),字君虞,陇西姑臧(今甘肃武威)人,唐代诗人。代宗大历四年(769年)进士,官终礼部尚书。他的诗歌吸收了乐府民歌生动活泼的精神,用俊伟轩昂的笔调和奇异独特的构思,写出实际的生活体验,意境阔远,不为篇幅所限;声调铿锵,富于音乐美,被时人谱入乐府歌唱。他擅长以七绝表现边塞生活,后人往往把他与王昌龄相提并论。他的边塞诗多反映中唐时期士卒对战争的厌倦,格调凄凉感伤。除七绝外,其他诗体也偶有佳作,如五律《喜见外弟又言别》《夜上受降城闻笛》《从军北征》等。

孟郊

孟郊(751年~814年),字东野,湖州武康(今浙江德清)人。唐代著名诗人。年近50举进士时,写下"春风得意马蹄疾,一日看尽长安花"的名句。诗以五言古诗为主,《游子吟》深入人心。因作诗刻意苦吟,好奇险,与贾岛齐名,苏轼称之"郊寒岛瘦"。元好问嘲笑他是"诗囚"。他积极支持韩愈的文学主张,有"孟诗韩笔"之誉。

王建

王建(约765年~830年),字仲初,颍川人(今许昌)人。大历十年(775年)进士,晚年任陕州司马,镇守边塞。王建和当时著名的诗人白居易、刘禹锡、张籍等人常有来往,艺术风格上也相近。因此当时人们将他与张籍并称为"张王"。他的《宫词》100首很有名气,他还擅长写乐府诗,尤其擅长在诗作中运用素描、速写的手法。诗作明白畅达,画面清新秀丽,富有生活气息。著有《王司马集》。

韩愈

韩愈(768年~824年),字退之,河南河阳(今河南孟州市)人,祖籍昌黎,又称韩昌黎。贞元十九年任监察御史,因上疏极言宫市之弊,贬为阳山令。晚年任吏部侍郎,又称韩吏部。韩愈学通贯六经百家,反对六朝以来的文风,提倡散体,文笔雄健,气势磅礴。由于他和柳宗元等人的倡导,终于形成了唐代古文运动,开辟了唐宋以来古文的发展道路。他的诗歌有独创成就,对宋诗的发展有重要影响。门人李汉编其撰作为《昌黎先生集》。

韩愈

刘禹锡

刘禹锡(772年~842年),字梦得,洛阳(今河南)人,匈奴族后裔,唐代文学家、哲学家。刘禹锡诗风雄浑深沉,言近旨远,加之创作数量极多,后世称之为"诗豪"。其作品《陋室铭》《竹枝词》《柳枝词》《酬乐天扬州初逢席上见赠》等均为流传不衰的名篇。著有《刘梦得文集》。

白居易

白居易(772年~846年),字乐天,晚号香山居士,唐代杰出诗人,新乐府运动的开创者和集大成者。在文学上主张"文章合为时而著,歌诗合为事而作"。他的长篇叙事诗《长恨歌》《琵琶行》将抒情与叙事完美地结合在一起,还有讽喻诗《秦中吟》《新乐府》,七古《卖炭翁》,七律《钱塘湖春行》是千古传颂的名篇。有《白氏长庆集》传世。

柳宗元

柳宗元(773年~819年),字子厚,河东解(今山西运城市解州镇)人,贞元九年(793年)进士,因官终柳州刺史,又称柳柳州,也称柳河东。诗文皆工,尤擅长散文,笔风峭拔简练,独具风格。与韩愈同为古文运动的倡导者。他的散文题材多样,其论说文表达自己的政治历史观,如《封建论》;传记叙事文多取材于下层人物,发展了《史记》以来的人物传记,如《捕蛇者说》;寓言散文,篇幅短小,寓意深刻,《黔之驴》最为著名。尤其著名的是他的山水游记,如"永州八记":《始得西山宴游记》《钻鉧潭记》《钻鉧潭西小丘记》《至小丘西小石潭记》《袁家渴记》《石渠记》《石涧记》《小石城山记》,即其典范。传世有《柳河东集》,也称《唐柳先生集》。

贾岛

贾岛(779年~843年),字浪仙,一作阆仙,范阳(今河北涿州市)人。唐代诗人。曾任长江主簿,故称贾长江。其诗长于五律,注重词句锤炼,为唐代著名"苦吟诗人",自称

"两句三年得，一吟双泪流"。"推敲"的典故即由其诗句"僧敲月下门"而来。《寻隐者不遇》为其名作。著有《长江集》。

元稹

元稹（779年~831年），字微之，河南河内（今河南洛阳附近）人，唐代诗人。与白居易共同倡导新乐府运动，并称"元白"。他非常推崇杜诗，其诗学杜而能变杜，并于平浅明快中呈现丽绝华美，色彩浓烈，铺叙曲折，细节刻画真切动人，比兴手法富于情趣。在诗歌形式上，元稹是"次韵相酬"的创始者，《酬翰林白学士（代书一百韵）》《酬乐天（东南行诗一百韵）》，均依次重用白诗原韵，韵同而意殊，这种"次韵相酬"的做法在当时影响很大。元稹在散文和传奇方面也有一定成就，所作传奇《莺莺传》，即为后来《西厢记》故事的来源。《田家词》为其代表作。著有《元氏长庆集》。

李贺

李贺（790年~约816年），字长吉，福昌（今河南宜阳）人，唐代诗人，唐皇室远支，死时仅27岁。常与王勃等同被后人引作"天妒英才"的实例。有"鬼才"之称。他文思敏捷，以乐府诗著称，其诗想象丰富，构思奇特，极具浪漫主义风格。他的诗歌，抒发了理想无法实现的苦闷，反映了社会的现实矛盾，揭露了统治者的荒淫堕落，表达了对人民疾苦的同情，歌颂了边塞将士的英雄气概。他的诗歌特点是善用神话传说，意境新奇瑰丽，想象奇特丰富，色彩艳丽浓重，语言精练，富有象征性。他的诗歌对晚唐杜牧、李商隐、温庭筠都有影响。代表作是《李凭箜篌引》《雁门太守行》等。著有《昌谷集》。

杜牧

杜牧（803年~852年），字牧之，京兆万年（今陕西西安）人，出身高门望族，唐代文学家，晚年居住长安南樊川别墅，后世因称之杜紫微、杜樊川。杜牧的文学创作有多方面的成就，诗、赋、古文都足以成名家。诗歌创作是杜牧最特出的方面，善用绝句形式讽咏时事，如《赤壁》《过华清宫绝句》等。他与晚唐诗人李商隐齐名，并称"小李杜"。他的古体诗受杜甫、韩愈的影响，题材广阔，笔力峭健。他还把散文的笔法、句式引进赋里，写出象《阿房宫赋》那样融叙事、抒情、议论为一炉的新体"散赋"，突破六朝、唐初以来赋作日益骈偶化、声律化的趋势，对后来赋体的发展有重要影响。著有《樊川文集》。

温庭筠

温庭筠（812年~866年），本名岐，字飞卿，太原祁（今山西祁县）人，唐代词人、诗人。他是唐宰相温彦博后代，但后来家道中落。他长期出入于歌楼妓馆，为士大夫不齿，终生困顿，晚年始任方城尉和国子监助教。他才思敏捷，据说他叉手一吟便成一韵，八叉八吟就完成一篇，时称"温八叉""温八吟"。温庭筠是唐代写词最多的作家，也是中国文学史上第一个大量写词的文人。温庭筠的词多写闺情，描绘妇女的容貌、服饰、情态，这类词继承南朝宫体诗风，并替花间词人开了道路。五代时后蜀赵崇祚选录了温庭筠、皇甫松、孙光宪等18家词为《花间集》，温庭筠被尊为花间词的先导，由此形成"花间词派"。温庭筠的诗和李商隐齐名，并称"温李"。他的诗写羁旅行役、吊古兴亡、边塞荒寒、咏史咏物等。但更多表现个人的沦落，而较少伤时感世的作品。他的爱情诗，辞藻瑰丽，而雕琢过甚。

李商隐

李商隐(约813年~858年)，字义山，号玉溪生，又号樊南生，晚唐杰出的诗人。李商隐的诗歌流传下来的约600首。无题诗是李商隐独具一格的创造。它们大多以男女爱情相思为题材，意境要少，情思婉转，辞藻精丽，声调和美，读来令人回肠荡气。李商隐以近体诗和律诗的成就最高，代表了晚唐诗歌的最高成就，对后世影响很大。有《李义山诗集》《樊南文集》传世。

李商隐

陆龟蒙

陆龟蒙(？ ~881年)，字鲁望，吴郡(今江苏苏州)人，举进士不第，隐居松江甫里，人称甫里先生，又号江湖散人，晚唐文学家。他是晚唐文学家皮日休的好友，文学主张和创作风格都与皮日休接近，并称"皮陆"。陆龟蒙的文学成就主要是讽刺散文，这些作品，多愤世嫉俗之词，富有现实意义，或比喻、寓言，借物寄讽，或者用历史故事，托古刺今，都有很强的讽刺力量。代表作是《野庙碑》《蚕赋》等。他的某些小诗，讽刺也很尖刻，《筑城词》是代表。著有《笠泽丛书》《甫里先生集》。

皮日休

皮日休(838年~883年)，字逸少，后改袭美，自号间气布衣、醉吟先生、鹿门子等，襄阳(今湖北襄樊)人，晚唐著名诗人、散文家。懿宗咸通七年(866年)，入京应进士试不第，退居寿州(今安徽寿县)。八年再应进士试，以榜末及第。曾在苏州刺史崔璞幕下做郡从事，后入京任著作佐郎、太常博士。僖宗乾符二年(875年)出为毗陵副使。后参加黄巢起义军，任翰林学士。巢败，不知所终。皮日休与陆龟蒙并称"皮陆"，有唱和集《松陵集》。诗文多抨击时弊、同情人民疾苦之作。他和陆龟蒙、罗隐的小品文被鲁迅誉为唐末"一塌糊涂的泥塘里的光彩和锋芒"(《小品文的危机》)。著有《皮子文薮》。

韦庄

韦庄(约836年~910年),字端己,京兆杜陵(今陕西西安市南)人,唐末著名诗人。唐朝宰相韦见素的后裔,早年丧父,家境贫寒,50多岁才考中进士。唐朝灭亡时,王建建立了前蜀国,曾任用他为宰相。留有《浣花集》,诗作共319首。韦庄曾目睹黄巢的军队攻入长安,后来写下了1000余字的叙事诗《秦妇吟》,对事件做了详细动人的描写,一时间广为流传,人们也称韦庄为"秦妇吟秀才"。韦庄的诗清丽,立意深刻,是"花间派"中的重要人物,有很多为人称道的作品。

聂夷中

聂夷中(约837年~约884年),字坦之,河东(今山西永济)人,唐末诗人。出身于贫苦人家。30岁时,考中进士,后任华阴县尉。他留有诗作37首。由于他的出身和当过下层官吏的经历,所以和劳动人民很接近,对穷苦人的境遇十分同情,对专横跋扈的王公贵族十分憎恨。他的诗作,有对王公贵族进行揭露抨击的,也有表现自己对农家艰辛痛苦的同情的,《咏田家》寥寥几笔,将农民痛苦的生活用质朴的语言表现出来。但由于思想局限,把改善人民生活的希望寄托于帝王的恩赐之上。

韩偓

韩偓(844年~923年),字致尧(一作致光),小字冬郎,自号玉山樵人,京兆万年(今陕西西安)人,唐代诗人。曾与朱全忠的篡唐阴谋作针锋相对的斗争,因此被贬出京,两次拒绝朱全忠召复原官的邀请,在无力改变现状的情况下,采取不合作的态度,最后,寓居福建,终老山林,对李唐王朝尽了忠臣之节。他是晚唐诗词兼善的诗人,童年即能诗,曾得姨父李商隐赞赏。他是翰林学士,其诗作具有"百科全书式"的性质。七绝《寒食夜》《已凉》风格清新雅致,言辞华美,是其诗歌中的优秀之作。

杜荀鹤

杜荀鹤(846年~904年),字彦之,自号九华山人,池州石埭(今安徽石台)人,唐代诗人。未仕前曾隐居九华山、庐山多年,足迹遍及浙、闽、赣、湘等地。大顺二年(891年)中进士。杜荀鹤继承杜甫、白居易等人的现实主义诗歌传统,自称"诗旨未能忘救物"(《自叙》),"言论关时务,篇章见国风"(《秋日山中》)。其诗能反映社会现实,关心民生疾苦。他专攻近体,无一篇古体。语言浅近通俗,明白晓畅,亦被人讥为"鄙俚近俗"。著有《杜荀鹤文集》。

冯延巳

冯延巳(约903年~960年),一名延嗣,字正中,广陵(今江苏扬州)人,南唐诗人。仕于南唐烈祖、中主二朝,三度入相,官终太子太傅,卒谥忠肃。多才艺,尤长写词,内容虽多闺阁情事,而语句清新,取象开阔,艺术成就很高。王国维在《人间词话》里评论其词曰:"虽不失五代风格,而堂庑特大,开北宋一代风气。"可见其影响之大。存词一百多首,著有《阳春集》。

李煜

李煜(937年~978年),原名从嘉,号钟隐,又号莲峰居士,字重光,徐州(今江苏徐州)人,一说湖州(今浙江湖州市)人,南唐第三代君主,世称南唐后主,与其父南唐中主李璟合称南唐二主。李璟在位时南唐已奉表称臣于周,961年,李煜即位,宋已代周,南唐更是岌岌可危,但仍纵情声色,过着苟且偷安的生活。975年11月宋灭南唐,被俘的李煜过了两年多的囚徒生活,42岁时被宋太宗毒死。李煜工书善画,能诗善乐,尤长于写词,其在位时的词多是对宫廷生活的迷恋,如《浣溪沙》,风格近似花间派,是五代时最著名的词人。被俘后的词念念不忘"故国""往事",词多深哀剧痛,直抒胸臆,善于用今昔对比、借物寓情,白描的手法,通俗明净的语言,塑造悲剧形象,具有高度的艺术概括力,如《虞美人》"春花秋月何时了"、《浪淘沙》"帘外雨潺潺"、《乌夜啼》"林花谢了春红"等,均见于《南唐二主词》。

宋代作家

柳开

柳开(946年~999年),原名肩愈,字绍先(一作绍元),后改名开,字仲涂,又号补亡先生,自称东郊野夫,大名(今属河北)人,北宋散文家。开宝进士,历任右赞善大夫、殿中丞、监察御史、殿中侍御史。他以韩愈、柳宗元的继承者自居,在沿袭五代浮靡文风的北宋初期散文中,倡言"革弊复古",提出重道、致用、崇散、尊韩等观点,主张文章要宣传孔孟之道,作文要有助于封建教化。他提倡古文,是宋代古文运动的先驱。其作品文字质朴,但枯涩,成就不高,他的复古提倡并没有产生重大影响。著作有《河东先生集》。

王禹偁

王禹偁(954年~1001年),字元之,巨野(今属山东)人,北宋文学家。宋太宗太平兴国八年(983年)进士,晚年曾任黄州地方官,后世又称"王黄州"。出身贫寒,入仕后多次遭贬谪。但为人刚直,有"兼济天下"之志,信从儒家传统的政治伦理观。王禹偁反对晚唐五代的浮靡文风,崇尚杜甫、白居易的诗风,《对雪》《感流亡》等诗作反映了民间疾苦,而《村行》《寒食》等描绘山水景物、抒发内在情怀的作品,反映出他较高的诗艺。王禹偁对北宋一代的诗歌风气具有开启意义。王禹偁的散文,言之有物,清丽疏朗,如名篇《黄州新建小竹楼记》,骈散结合,抒情描写俱佳,是欧、苏散文的先导。他的论说文如《待漏院记》,叙事文如《唐河店妪传》等,也都是优秀的古文篇章。有文集《小畜集》。

林逋

林逋(967年~1028年),字君复,钱塘(今浙江杭州)人,北宋诗人。终身不仕不娶,长期隐居西湖孤山,布衣终身,以种梅养鹤为乐,有"梅妻鹤子"之称,谥"和靖先生"。诗以七律见长,其《山园小梅》中的"疏影横斜水清浅,暗香浮动月黄昏"为千古秀句。

柳永

柳永(约987年~1053年),字耆卿,原名柳三变,因排行第七,世称柳七,又曾官至屯田员外郎,世称柳屯田,崇安(今福建)人。柳永为人放荡不羁,流连歌楼舞榭,为当时士人不屑。由于仕途坎坷、生活潦倒,他由追求功名转而厌倦官场,沉溺于旖旎繁华的都市生活,在"倚红偎翠""浅斟低唱"中寻找寄托。是北宋第一个专业词人,他不仅开拓了词的铺叙手法,使词通俗化、口语化,在词史上产生了较大影响。代表作品有《雨霖铃》《八声甘州》等。著有《乐章集》。

范仲淹

范仲淹(989年~1052年),字希文,吴县(今江苏苏州)人,北宋政治家、军事家、文学家,谥号文正。其散文多富有政治内容,名词《渔家傲》反映了边塞生活。贬为邓州知州时写了著名散文《岳阳楼记》。著有《范文正公文集》。

张先

张先(990年~1078年),字子野,乌程(今浙江吴兴县)人,北宋词人。官至都官郎中,晚年往来于杭州、吴兴之间,过着游历的生活。他的词与柳永齐名,而才力不如柳永,主要写当时文人诗词酬唱、樽酒交欢的生活,以及离愁别绪、自然风景。其词多用慢词形式,风格清新工巧,雅致含蓄,

范仲淹

韵味隽永。以"云破月来花弄影"的句子而被称为"三影郎中",时人称他为张三影。《天仙子·水调数声持酒听》《木兰花·龙头舴艋吴儿竞》等词最为著名。有《张子野词》。

晏殊

晏殊(991年~1055年),字同叔,抚州临川(今江西临川县)人,北宋宰相、词人。14岁以神童应试,赐进士出身,出仕真宗、仁宗两朝,死后谥元献。晏殊擅长小令,有《珠玉词》130多首。其一生优游富贵,其词多为歌酒风月,闲情别绪,笔调闲婉,理致深蕴,音律谐适,词语雅丽。代表作是《浣溪沙》(一曲新词酒一杯)、《踏莎行》(细草愁烟)、《破阵子》(燕子来时新社)。他也工诗,代表作是《寓意》。著有《宴元献遗文》一卷。

尹洙

尹洙(1001年~1047年),字师鲁,河南洛阳人,北宋文学家。他自幼聪敏好学,宋仁宗天圣二年(1024年)进士及第,历任经略判官、集贤校理、通判州事等职,庆历七年(1047年)病卒。尹洙在政治上始终与范仲淹共进退。他是新古文运动的先驱,与欧阳修、梅尧臣等高举韩柳复古文的大旗,一改宋初文坛的浮靡之气,开一代文学新风。他通古知今,文章内容广泛,语言优美,行文简而有法,曾称范仲淹《岳阳楼记》为"传奇体",不满意他的描绘景物用辞藻及对偶。词仅存一首。著有《尹洙集》《五代春秋》。

梅尧臣

梅尧臣(1002年~1060年),字圣俞,宣州宣城(今属安徽)人,宣城古称宛陵,故又称宛陵先生,北宋诗人。梅尧臣工诗,与苏舜钦齐名,时号"苏梅",他是北宋诗文革新运动的重要人物之一。欧阳修十分敬重他,称其为"诗老"。他的诗歌指陈时弊,关心民生疾苦,反映了较为广阔的社会生活,具有较深刻的社会意义。其诗风格平淡、意境含蓄,善于以朴素的语言描画清切新颖的景物形象。代表作品如《田家四时》《伤桑》《田家语》《寒草》等,均能在平凡的景物之中寓以深刻的哲理。他对开辟宋诗的道路做出了重要贡献,刘克庄称他为宋诗的"开山祖师"。著有《宛陵先生集》60卷。

欧阳修

欧阳修(1007年~1072年),字永叔,号醉翁、六一居士,吉州吉水(今江西吉安)人,北宋散文家。宋仁宗天圣八年(1030年)进士,官至枢密副使,参知政事,因议新法,与王安石不合,致仕,退居颍川,卒谥文忠。欧阳修是北宋诗文革新运动的领袖。他的文学成就以散文最高,影响也最大。他继承了韩愈古文运动的精神,在散文理论上,提出文以明道的主张。他取韩愈"文从字顺"的精神,大力提倡简而有法和流畅自然的文风,反对浮靡雕琢和怪僻晦涩。他不仅能够从实际出发,提出平实的散文理论,而且自己又以造诣很高的创作实绩,起了示范作用。他一生写了500余篇散文,有政论文、史论文、记事文、抒情文和笔记文等,各体兼备。《朋党论》《与高司谏》《醉翁亭记》《丰乐亭记》等,都是历代传诵的佳作。他的《六一诗话》是中国文学史上第一部诗话,以随便亲切的漫谈方式评叙诗歌，成为一种论诗的新形式。并撰有《毛诗本义》《新五代史》《集古录》等。与宋祁合修《新唐书》。著述今存有《欧阳文忠公集》，153 卷，附录 5 卷，其中《居士集》为欧阳修晚年自编。

苏舜钦

苏舜钦（1008 年~1048 年），字子美，祖籍梓州铜山（今四川中江南），后移居开封（今属河南），北宋诗人。他是诗文革新运动中的重要作家，与欧阳修、梅尧臣并齐名，时称"欧苏"或"苏梅"。苏舜钦是慷慨、豪迈、积极要求改变现实的诗人，他的诗歌热情奔放，有别于梅尧臣诗微婉古淡、含蓄深远。其代表作有《城南感怀呈永叔》《吴越大旱》《庆州败》等。另外，他在文学理论上强调文学的社会功能，认为诗歌是人们思想感情的自然流露。著有《苏学士文集》16 卷。

苏洵

苏洵（1009 年~1066 年），字明允，号老泉，眉山（今四川境内）人，北宋散文家。他与其子苏轼、苏辙并称"三苏"，俱在"唐宋八大家"之列。苏洵散文论点鲜明，论据有力，语言锋利，纵横恣肆，具有雄辩的说服力。他的论文见解亦多精辟，他反对浮艳怪涩的时文，提倡学习古文；强调文章要"得乎吾心"，写"胸中之言"；主张文章应"有为而作"，"言必中当世之过"。著有《嘉祐集》。《权书》包括 10 篇文章，都是评论政治和历史的。

周敦颐

周敦颐（1017 年~1073 年），字茂叔，道洲营道（今湖南道县）人，北宋文学家。他一生担任州县地方官吏，晚年在庐山莲花峰下建濂溪堂讲学，因此世称"濂溪先生"。周敦颐是以客观唯心主义的创始人而出现在中国哲学史上的，他开创的宋学理学，后经二程、朱熹发展，成长为官方正统哲学。周敦颐讨厌纸醉金迷的生活，以素净、淡泊为足，以"饱暖""康宁"为乐，酷爱端庄清幽、玉洁的莲花。他写了《爱莲说》，通过对莲花的赞美，歌颂其坚贞的气节。鄙弃追名逐利的世态，表现了他洁身自好的生活态度。

周敦颐

司马光

司马光（1019 年~1086 年），字君实，陕州夏县（今山西闻喜）涑水乡人，世称"涑水先生"，北宋政治家、文学家。仁宗宝元年间中进士，神宗时官至翰林学士、御史中丞。他极力反对王安石变法。哲宗即位后，他出任宰相，几乎全部废除王安石的变法措施。为给统治者提供历史借鉴，主持编写《资治通鉴》一书，成为古代一部杰出的编年史。《资治通鉴》上起周威烈王二十三年（前403年），下迄后周世宗显德六年（959年），全书共294四卷。另有《目录》《考异》各30卷。取材于各种正史、野史文集、谱录等200余种，经过作者加工剪裁而成。该书语言简练晓畅，事实清晰严谨，有些篇章具有较高的文学价值，如"赤壁之战""水之战"等。著有《司马文正公集》。

王安石

王安石（1021年~1086年），字介甫，号半山，江西临川（今江西抚州）人，北宋政治家、文学家。庆历二年进士。仁宗嘉祐上万言书，主张变法。神宗熙宁二年任参知政事，领三司条例使，实行新法，兴农田、水利、青苗、均输、保甲、免役、市易、保马、方田诸法，为旧党所反对。熙宁九年罢相，神宗死，太皇太后高氏临朝听政，司马光入相，尽罢新法。晚年退居江宁，闭门不言政，以元丰中封荆国公，世称王荆公。王安石博学，于诸经皆有著作，文章诗词皆主张文学"务为有补于世"。所作险峭奇拔，政论尤简洁有力，其代表作品有《游褒禅山记》《读孟尝君传》《答司马谏议书》《祭欧阳文忠公文》《伤仲永》《上仁宗皇帝言事书》等。后人称为"唐宋八大家"之一。卒谥文。著有《周官新义》《唐百家诗选》《临川先生文集》（又名《王文公集》）等。

晏几道

晏几道（1038年~1110年），字叔原，号小山，抚州临川（今江西抚州）人，晏殊第七子，北宋词人。能文善词，与其父齐名，合称二晏。自述写词是"往者浮沉酒中，病世之歌辞不足以析醒解愠，试续南部诸贤绪余，作五、七字语，期以门娱"，受五代艳词影响而又兼"花间"之长，以小令见长，工于言情，语言华丽，曲折轻婉，其词做多抒写人生失意之苦与男女悲欢离合之情，对歌女常怀深刻之同情，感情真挚，深沉动人。《临江仙·梦后楼台高锁》《鹧鸪天·彩袖殷勤捧玉钟》等也是其代表作。著作有《小山词》。

沈括

沈括（1031年~1095年），字存中，号梦溪，钱塘（今浙江杭州）人，北宋著名科学家、政治家。曾参与王安石变法，后屡遭贬谪。晚年退居润州（今江苏镇江）梦溪园，撰写学术性巨著《梦溪笔谈》，内容涉及数学、天文、气象、物理、化学、生物、地质、医药等领域，被誉为"中国科学史上的坐标"。

苏轼

苏轼（1037年~1101年），字子瞻，号东坡居士，北宋杰出的文学家、艺术家。官至礼部尚书。他与父亲苏洵、弟弟苏辙合称"三苏"，为"唐宋八大家"之一。他是北宋中期的文坛领袖、文学巨匠,散文、诗词、书、画等都有很高的造诣和成就。他的诗歌清新豪放,洒脱自如,善用夸张比喻,少数诗篇也反映民间疾苦,指责统治者的奢侈骄纵,把宋词艺术推上了最高峰。词开豪放一派,对后代很有影响。代表作品有《念奴娇·赤壁怀古》《前赤壁赋》《水调歌头·丙辰中秋》等。

沈括

苏辙

苏辙(1039年~1112年),字子由,晚年居颍川,因自号颍滨遗老,眉州眉山(今四川眉山)人,北宋散文家。仁宗嘉祐进士,累官尚书右丞,门下侍郎。政治态度与诗文风格均受兄苏轼的影响。其为文力倡"养气"说,提出"文者气之所形"的主张,强调作家主观修养、气质及性情与客观实际阅历的结合。其散文气势不及苏轼,但简洁秀丽。《黄州快哉亭记》为传诵名篇。与父苏洵、兄苏轼同列"唐宋八大家"。著有《栾城集》。

黄庭坚

黄庭坚(1045年~1105年),字鲁直,号山谷道人,又号涪翁,洪州分宁(今江西修水)人,北宋著名的诗人、书法家,江西诗派的开创者。他推崇杜甫,重视诗法,但刻意求奇;书法尤善行草,自成一格,与苏轼、米芾、蔡襄并称"宋四家"。代表作有《登快阁》《雨中登岳阳楼望君山》《清明》等,思致幽远,情趣深浓,历来为人称道。著有《山谷集》,书法有《黄庭坚书颜延之〈五君咏〉》传世。

秦观

秦观(1049年~1100年),字少游,一字太虚,号淮海居士,世称淮海先生,高邮(今江苏高邮市)人,北宋词人。少年时丧父,侍母家居,借书苦读,研习文辞。元丰八年(1085年)进士。秦观与黄庭坚、晁补之、张耒齐名,号称"苏门四学士"。秦观的诗、词、文皆工,尤长于词。他是北宋以后几百年被视为词坛第一流的正宗婉约派作者。其词多写男女恋情和放逐后的愁苦。笔法致密,长于运思,蕴藉含蓄,音律和美。如《满庭芳》《望海潮》《水龙吟》《千秋岁》《踏莎行》等名作,哀感顽艳,幽婉动人,具有很高的艺术性。在他描写男女恋情的词中,也不乏爽健开朗之作,如广为传诵的《鹊桥仙》中写到的"两情若是长久时,又岂在朝朝暮暮",与一般此类作品相比,就具有很高的思想境界。著有《淮海集》《淮海居士长短句》等。

陈师道

陈师道(1053年~1102年),字履常,一字无己,别号后山居士,彭城(今门苏徐州)

人,北宋诗人。16 岁时从师曾巩,当时朝廷用王安石经义之学取士,陈师道不以为然,不去应试。后由苏轼等推荐,为徐州教授,后历任太学博士、颍州教授、秘书省正字。一生安贫乐道,闭门苦吟,为"苏门六君子"之一。他诗宗杜甫,受黄庭坚影响很深,内容多局限于个人生活,反映社会现实不够深广。《示三子》《舟中》为其代表作。其词内容狭窄,以拗峭惊挺见长,存在词意艰涩之病。代表作有《木兰花》《西江月》《卜算子》《南柯子》《南乡子》《清平乐》等。著有《后山先生集》。

周邦彦

周邦彦(1056 年~1121 年),字美成,号清真居士,钱塘(今浙江杭州)人,宋神宗时因献《汴都赋》擢为太学正,后交替在地方和京都任职。周邦彦是北宋后期的著名词人,他的作品多写男女情思及羁旅行役,表现了那个时代文人士大夫的压抑和苦闷。艺术上他精通音乐,能自度曲,尤严于格律,平仄之外,又分四声,经他之手,词的声韵变得更为和谐精当,为后世格律词派所宗,称之为"词家之宗""集大成者",开南宋姜夔、张炎一派,影响巨大。他还发展了柳永开创的铺叙手法,在其改造下,词的章法结构、谋篇布局显得变化多端,跌宕有致,词的表现力、抒情容量都得到了提高。周邦彦本人的创作风格典雅精丽,颇有传世杰作。《兰陵王·柳》《少年游·并刀如水》为其代表作品。著有《清真词》。

叶梦得

叶梦得(1077 年~1148 年),字少蕴,号石林居士,苏州吴县(今江苏苏州)人,北宋词人。哲宗绍圣四年(1097 年)进士,翰林学士、吏部尚书、龙图阁直学士。晚年隐居湖州卞山石林谷,以读书吟咏自乐。能诗工词,词风早年婉丽,中年学东坡,南渡后多感怀国事,转向简淡宏阔,晚年简洁。著有《建康集》《石林词》《石林燕语》等。

李清照

李清照(1084 年~约 1155 年),号易安居士,济南章丘(今山东济南)人,南宋著名女词人。是礼部员外郎李格非之女,太学生、金石学家赵明诚之妻。夫妻二人琴瑟和美,共同搜集的古代书画金石甚多,因金兵入侵,流寓南方,所收藏的大部分遗失,不久赵明诚亦病卒。李清照是婉约派的代表人物,其词清新、含蓄、曲折。其创作有前后两个明显时期,前期作品主要内容为离别相思与自然风光。如风格活泼、自然,语句清新、别具一格的《如梦令》二首,而抒写对丈夫的相思之情的《一剪梅》《醉花阴》《凤凰台上忆吹箫》等则意味隽永,耐人寻味。后期作品一改闲适清新风格,主要抒发伤感怀旧、悼亡之情。如表达女词人哀愁和寂寞情绪的千古名作《声声慢》,笔调细腻,感情真挚,富含感染力,传唱至今。有作品《漱玉词》。

陈与义

陈与义(1090年~1139年),字去非,号简斋,洛阳人,北宋末、南宋初年的杰出诗人。文学上以诗著名,前期创作受到黄庭坚和陈师道较深的影响,讲究锻炼词句,追求奇警廋硬的艺术趣味,被后人归为江西诗派三宗之一。后期受到国家巨变的影响,创作转为悲慨沉郁,并注入了爱国的激情,风格上更加接近杜甫。著有《简斋集》。

张元幹

张元幹(1091年~约1161年),字仲宗,号芦川居士,又号真隐山人,永福(今福建永泰)人,南宋词人。张元幹的词作约180多首,为人称道的作品是《贺新郎》。风格豪放、悲壮,但也有不少清新、婉丽之作,词风多样。他继承了苏轼所开创的豪放派的词风,又通过自己的创作实践,使词的内容更紧密地同政治斗争结合起来,使词成为对国事发表见解和感触的一种艺术手段,这对南宋的许多优秀词人都起了重要影响。著有《芦川归来集》和《芦川词》。

岳飞

岳飞(1103年~1142年),字鹏举,相州汤阴(今河南汤阴县)人,南宋初期抗金名将、文学家。幼年家贫,由其母亲自授学,喜读兵法和史书,有勇气。宣和四年(1122年)应募从军,英勇善战,屡建奇功。自建炎初年以来,岳飞始终主战,反对妥协投降。但在宋高宗及秦桧等投降派的统治下,岳飞的抗战主张难以实现,被秦桧等设计召回,解除兵权,并诬以谋反,下狱害死。孝宗淳熙六年(1179年)赐谥武穆。宁宗嘉定四年(1211年)追封鄂王,改谥忠武。岳飞在一生戎马生涯中写下了不少洋溢着爱国激情的作品。如他的诗作《送紫岩张先生北伐》,慷慨激昂;他的词作《满江红》《小重山》,动人心魄,感人肺腑,均为后世广为传诵。著有《岳忠武王文集》传世。

岳飞

洪迈

洪迈(1123年~1202年),字景卢,别号野处,饶州鄱阳(今江西鄱阳县)人,洪皓第三子,南宋文学家。绍兴十五年(1145年)中进士。洪迈学识渊博,熟悉典故,一生著述极为繁富,作品内容广泛,思想性极为深刻,富有哲理性。语言优美、生动。作品据《四库全书》所载有:《野处类稿》2卷、《史记法语》8卷、《万首唐人绝句》90卷。还有《容斋随笔》

陆游

陆游(1125 年~1210 年),字务观,号放翁,越州山阴(今浙江绍兴)人,南宋伟大的爱国主义诗人。一生以诗文为武器,抒写抗敌御侮、恢复中原的激越情怀和壮志难酬的悲愤,想象丰富而气势雄浑,在文学史上具有深远影响。他存诗共约 9300 余首。其诗歌中始终贯穿着炽热的爱国主义精神;体制上各体兼备,古体、律诗、绝句都有出色之作,其中尤以七律写得又多又好。代表作品有《剑南诗稿》《渭南文集》《老学庵笔记》等。

范成大

范成大(1126 年~1193 年),字致能,号石湖居士,平江吴县(今江苏苏州)人,南宋诗人。29 岁中进士,历任司户参军,参知政事等职,因疾退居石湖,卒谥文穆。"中兴四大诗人"之一。范成大是我国诗歌史上著名的田园诗人,代表作《田时田园杂兴》60 首,分"春日""晚春""夏日""秋日""冬至"五组,描绘了农村景色,风俗人情和农民生活,风格清新明快,脍炙人口。他也是位爱国者,1170 年出使金国写的'72 首绝句,集中表现了他的爱国精神。此外,以《催租行》《后催租行》为代表的揭露剥削、同情人民的诗,既真实,又辛辣,风格平易浅显,清新妩媚。今存《石湖居士诗集》《石湖词》等。

范成大

尤袤

尤袤(1127 年~1194 年),字廷之,小字季长,号遂初居士,晚年号乐溪、木石老逸民,无锡人,南宋诗人。出身于书香门第,与杨万里、范成大、陆游并称"中兴四大诗人"。他的作品流传很少,就现存诗歌来看,他关心现实,在诗歌中对南宋朝廷一意偏安、屈膝投降流露出不满情绪,对山河的破碎、人民遭受异族压迫十分忧愤。诗歌写得平易自然,晓畅清新,用词通俗易懂,没有华丽的辞藻,也没有生僻的典故。《青山寺》可称为他现存诗歌中的代表作。

杨万里

杨万里(1127 年~1206 年),字廷秀,号诚斋,吉州吉水(今江西吉安)人,南宋诗人。绍兴二十四年(.1154 年)进士及第官至秘书监。杨万里一生作诗 1 万多首,流传下来的有4200 余首。他与陆游、范成大、尤袤齐名,并称"南宋四大家"。他的诗歌创作开始时学江西诗派,后转向唐代诗人学习,并把青少年时学江西诗派所写的 1000 多首诗全部烧掉。后又转而师法自然，终于创辟了一种新鲜泼辣的写法，世称"诚斋体"。他的诗以描写自然景物为最多，并以写景咏物见长，想象丰富，意境新颖，语言清新活泼，浅近明白，有的作品还具有幽默、诙谐的特点。代表作有《过扬子江》《雨作抵暮复晴》《悯农》《农家叹》等。著有《诚斋集》。

朱熹

朱熹(1130年~1200年)，字元晦，一字仲晦，号晦庵，晚号晦翁，别称紫阳，徽州婺源(今江西婺源县)人，南宋著名理学家。侨寓建阳(今属福建)，宋高宗绍兴十八年(1148年)进士。历知南康军、秘阁修撰、宝文阁待制。主张抗金，并强调积极准备。后主持白鹿洞书院、岳麓书院，教授五十余年，弟子众多。死后追封信国公，改徽国公，从祀孔庙。他广注典籍，对经学、史学、文学、乐律以及自然科学等都有一定贡献。他写了大量讲解儒家经传的著作，发展了程颢、程颐关于理气关系的学说，建立了一个完整的客观唯物主义的理论体系。明清两代他被提升到儒学的正宗地位，是理学之集大成者。在人性论上，主张"存天理，去人欲"，"格物致知"，以"穷理尽性"。但也有不少真知灼见的评论。他有较高的文学素养，诗文创作有一定成就，存诗1300余首。著作颇丰，有《四书集注》《诗集传》《楚辞集注》《韩文考异》等。

辛弃疾

辛弃疾(1140年~1207年)，字幼安，号稼轩，历城(今山东济南)人，南宋爱国词人。辛弃疾的词现存600多首，是宋人词集中最丰富的一家。辛词不但数量上超过时人和前辈，思想艺术上也达到了高度成就。辛词内容十分丰富，抒写力图恢复国家统一的爱国热情，倾诉壮志难酬的悲愤。与苏轼共为豪放派代表，《破阵子·为陈同甫赋壮词以寄之》《永遇乐·京口北固亭怀古》《水龙吟·登建康赏心亭》等均有名。著有词集《稼轩长短句》。

辛弃疾

姜夔

姜夔(约1155年~约1221年)，字尧章，别号白石道人，又号石帚，饶州鄱阳(今江西波阳)人，南宋词人、诗人，格律词派的先锋。姜夔的诗、书、词、乐均有建树，以卓越的文学艺术才能知名于世。其词多为咏物、记游、离别相思和抒写个人身世之作，感情真挚，音律严谨，语言精练典雅，风格清幽冷峻。如《暗香》〔旧时月色〕、《疏影》〔苔枝缀玉〕、《长亭怨慢》〔渐吹尽枝头香絮〕、《扬州慢》〔淮左名都〕等。著作有《白石道人歌曲》《白石道人诗集》《诗说》《续书谱》《古怨》等可考者12种。

戴复古

戴复古(1167年~约1248年),字式之,号石屏,天台黄岩(今属浙江黄岩县)人,南宋诗人。终身布衣,长期浪迹江湖。他毕生致力于诗歌创作,生前以讲诗负盛名达50年,早年受"永嘉四灵"的影响,学晚唐诗,间亦掺杂了江西诗派的风味。后来又登陆游之门。他推崇杜甫、陈子昂,常常以诗抒写忧国伤时的情怀;他又主张"论诗先论格",不肯滥作应酬诗,所以他的艺术成就高于四灵、江湖诸人之上。他也长于词,多豪放之作。〔满江红〕《赤壁怀古》有意模仿苏轼的〔念奴娇〕。

刘克庄

刘克庄(1187年~1269年),字潜夫,号后村居士,莆田(今福建莆田)人,南宋著名诗人、词人。出身世家,嘉定二年(1209年)以荫补官,任建阳(今福建建阳)县令。这期间因作《落梅》诗,言官指为讪谤,免官废弃多年。宋理宗淳祐中特赐同进士出身,任史事。累官秘书监、工部尚书兼侍读。他是南宋后期继承辛弃疾豪放词风而获得较大成就的作家,他发展了辛弃疾词风奔放、疏宕的一面,但缺乏深沉、精警。他的词作数量极为丰富,经常流露出对人民疾苦和国家危机的关心,代表词作有《贺新郎·送陈真州子华》《清平乐·五月十五夜玩月词》等。刘克庄是江湖派的代表诗人之一,他继承了陆游、辛弃疾的爱国主义和现实主义精神,写了一些关心国事、揭露统治阶级腐朽无能、同情人民疾苦的诗篇。作者在登临、游历、咏史、咏物的诗篇中,也往往托物寓意或借古讽今,充满忧国伤时的感慨。刘克庄生在程朱理学已成为统治思想的时期,很推崇朱熹,因此在他的作品里不时流露"头巾气"。他喜欢在诗里发议论,具有说教意味。著有《后村先生大全集》。

文天祥

文天祥(1236年~1283年),字宋瑞,又字履善,号文山,庐陵(今江西)人,南宋大臣、爱国政治家、文学家。文天祥的文学创作以元军攻陷临安为界,分为前后两期。前期多为应酬之作,精华多在后期,所作《指南录》《指南后录》的集名出自其诗句"臣心一片磁针石,不指南方不肯休",表现他力图恢复,念念不忘宋室的不屈不挠的意志。其中《正气歌》写于大都狱中,诗中遍举胸怀"正气"之士的高风亮节以自勉,集中体现了作者的崇高气节和至死不渝的坚贞意志。《过零丁洋》中的"人生自古谁无死,留取丹心照汗青",更是历来人们争相传诵的名句。著有《文山先生全集》。

严羽

严羽,生卒年月不详,字仪卿,邵武(今福建邵武市)人,南宋文学理论家、文学批评家。其屋后有水入莒溪,名沧浪,故取别号沧浪逋客。与同族有诗才的严参、严仁,号称"三严"。他反对苏轼、黄庭坚以及当时流行的江西派诗歌多用典、多议论,"尚理而病于意"的诗风,提倡学习汉魏晋盛唐诗歌。提出学诗的方法:妙悟,以禅喻诗,认为"禅道惟在妙悟,诗道亦在妙悟",只有"悟"才是"当行"。诗歌理论专著《沧浪诗话》影响极大。明胡应麟认为明诗之所以能"上追唐汉",就是严羽提倡的结果。

金代作家

王若虚

王若虚(1174年~1243年),字从之,号慵夫、滹南遗老,藁城(今河北藁城县)人,金代文学家。承安二年(1197年)进士,累官国史院编修、左司谏等职。王若虚精于经、史和文学,所著《滹南遗老集》具有浓厚的批判色彩和怀疑精神,在金代学术界有着独特的地位。在文学理论上,他对风靡一时的夸奇斗险的江西派形式主义文风深为不满。他的理论,对于革新金代诗风有着积极的作用。

元好问

元好问(1190年~1257年),字裕之,号遗山,忻州秀容(今山西忻县)人,金代文学家、史学家。出生于鲜卑贵族拓跋氏。元好问的文学成就以诗歌最高。今存诗1360余首,在题材的广泛性、内容的丰富性和反映现实的深刻性上,堪称一代之冠。代表作如《壬辰十二月车驾东狩后即事五首》《癸巳五月三日北渡》等,表现了金元之际国破家亡的社会现实。其登临览胜之作如《游黄华山》等,皆雄秀高奇,别开新境。另外,他的词的成就也很高,足以与两宋词家并比。著有《元遗山全集》。

元明作家

萨都剌

萨都剌(1272年~1355年),字天锡,号直斋,蒙古族人,元代诗人。祖父以功留镇代郡,遂为雁门(今山西代县)人。泰定四年(1327年)进士,历官闽海廉访知事、河北廉访使等。萨都剌具有丰富的汉文化修养,精通汉语,擅长诗词,在当时以宫词、艳情乐府一类的诗著名。这些诗学晚唐温庭筠、李商隐,常于浓艳细腻之中流露出自然生动之趣,如乐府名作《芙蓉曲》《燕姬曲》等。他也有一些作品反映了当时社会的黑暗,如《大同驿》《黄河月夜》《鬻女谣》《早发黄河即事》等,表现了对人民疾苦的关注与同情。他也有一些好的山水诗,如《过嘉兴》。其词也颇有成就,如《满江红·金陵怀古》,颇为读者传诵。

后人曾推崇萨都剌为"有元一代词人之冠"。他的诗虽有较高的艺术成就,却缺乏充实的思想内容。著有《雁门集》《集外诗》《天锡词》。

关汉卿

关汉卿(约1234年~1300年),号已斋叟(一作一斋),大都(今北京市)人。曾任太医院尹。他学富才高,是元初最著名的杂剧作家,为元曲四大家(关汉卿、马致远、白朴、郑光祖)之首。关汉卿生性倜傥,机敏过人,且滑稽多智,不仅所编剧本为一时之冠,而且通棋艺、诗学、书法、围棋,会歌舞会演唱,有着丰富舞台经验,他凭助于对艺术的始终不渝的追求而从事创作。他的作品既有悲剧作品也有喜剧作品,还有不少散曲,今存有60余种。现存杂剧作品18种,小令57首,套数13套。《关大王单刀会》《闺怨佳人拜月亭》《感天动地窦娥冤》《赵盼儿风月救风尘》《望江亭中秋切脍旦》都是著名的杂剧作品。关汉卿的散曲全收在《金元散曲》中。

白朴

白朴(1226年~约1306年),字仁甫,一字太素,号兰谷,元代戏曲家。白朴的杂剧有16种,现存《唐明皇秋夜梧桐雨》《裴少俊墙头马上》《董秀英花月东墙记》3种,其内容大多写男女情事。他的散曲内容大抵是叹世、咏景和闺怨之作,这也是元代散曲家经常表现的题材,艺术上以清丽见长,是当时有成就的作家之一。此外还有一些小令吸收了民间情歌的特点,显得清新活泼。

马致远

马致远(约1250年~约1321年至1324年秋季间),号东篱,大都(今北京市)人,元代戏曲作家。他热衷于功名又在功名上遭受过不少挫折,只任过省提举等小官,后看破红尘,隐居林中。马致远共创作杂剧16种,现存7种:《破幽梦孤雁汉宫秋》《吕洞宾三醉岳阳楼》《马丹阳三度任风子》《西华山陈抟高卧》《半夜雷轰荐福碑》《江州司马青衫泪》《开坛阐教黄粱梦》,还有《刘阮误入桃花洞》第四折残曲。其中《汉宫秋》最为有名,马致远是个享有盛名的戏曲家,他在散曲上的成就为元代之冠,明代贾仲明称他为"曲状元"。作品内容主要有三类:叹世、咏景、恋情,共留下104首,套数17套,总名《东篱乐府》,其中〔天净沙〕、〔寿阳曲〕为人们所熟悉。

马致远

张养浩

张养浩（1270年~1329年），字希孟，号云庄，济南人，元代著名散曲家。曾任监察御史，因批评时政而免官，复官至礼部尚书，又辞官隐居济南云庄。元文宗天历二年（1329年），关中大军征拜陕西行台中丞。张养浩自幼好学，上自儒家经典，下至诸子百家，唐诗、宋词、笔记小说，无所不读，又诗赋、文章无所不能，尤长于散曲。他隐居济南云庄8年期间，登华不注，游大明湖，览龙洞，赏泉水，"寄傲山林，纵情诗酒"，创作了大量诗文散曲。其作品流传下来的有散曲小令160多首，诗近400首，各类文近百篇。代表作品《山坡羊·潼关怀古》，其中"兴，百姓苦！亡，百姓苦！"句更是饱含对人民的同情，感情真挚，含义深沉。

张可久

张可久（约1270年~约1350年），字小山，庆元（今浙江宁波）人，元代散曲作家。他是元代散曲"清丽派"的代表作家。他散曲的主要艺术特色是讲究格律音韵；着力于炼字炼句，对仗工整，字句和美；融合运用诗、词作法，讲究蕴藉工丽，而且常常熔铸诗、词名句，借以入于典雅。代表作为《金字经·春晚》。著有《小山乐府》。

王实甫

王实甫（1260年~1336年），一名德信，大都（今北京市）人，元代戏曲作家。代表作《西厢记》5本共21折，在元代杂剧中具有"天下夺魁"的艺术成就。以歌颂反封建的爱情为主题，歌颂张珙和崔莺莺为争取婚姻自由所进行的斗争，矛头直指封建礼教和婚姻制度，具有强烈的反封建思想。王实甫所做杂剧，名目可考者共13种。今存有《崔莺莺待月西厢记》《吕蒙正风雪破窑记》和《四大王歌舞春堂》3种；此外还有少量的散曲流传：小令1首，套曲3种（其中有一残套）。小令「中吕·十二月过尧民歌」（《别情》）很有特色，辞藻绮丽，与《西厢记》曲词风格相似。

郑光祖

郑光祖（1264年~？），字德辉，平阳襄陵（今山西临汾附近）人，元代杂剧作家。他写过杂剧18种，今存《迷青琐倩女离魂》《醉思乡王粲登楼》《辅成王周公摄政》等8种。《倩女离魂》是其代表作。此剧据唐人陈玄祐传奇《离魂记》改编而成，写王文举与张倩女"指腹为婚"，但张母嫌文举功名未就，不许二人成婚。文举被迫上京应试，倩女忧念成疾，灵魂离开躯体去追赶王文举，与之相伴多年。王文举中状元后，携倩女魂归至张家，离魂与病卧之身重合为一，遂欢宴成亲。郑光祖的杂剧曲词艳丽、典雅而情致凄婉。他的散曲今存套数两首，小令6首，词曲清丽，讲究音律。

纪君祥

纪君祥，一作纪天祥，生卒年不详，元代戏曲作家，钟嗣成《录鬼簿》说他"配李寿卿、郑延玉同时"。著有杂剧 6 种，现仅存 1 种，即《赵氏孤儿冤报冤》（一作《赵氏孤儿大报仇》，简称《赵氏孤儿》）。《赵氏孤儿》是一部具有浓郁悲剧色彩的历史剧。故事情节跌宕起伏、曲折；人物造型特色鲜明，剧情真实感人。剧中的一批正面人物形象，作者赋予他们不畏强权，见义勇为，视死如归的崇高品格。但他们性格的完成，并不是标签式的抽象道德观念的外化，而是在剧情的展示和尖锐的矛盾冲突中加以凸现的，因而显得真实感人。另《陈文图悟道松阴梦》一剧，仅存曲词 1 折。

高明

高明，生卒年不详，字则诚，温州瑞安人，元代戏曲作家。早年在家读书，元至正五年（1345）中进士，在浙江处州、杭州等地做过几任小官。后过着隐居著书的生活。《琵琶记》是南戏，是高明在元末避乱隐居宁波时根据长期流传的《赵贞女》改编而成的。《赵贞女》写蔡伯喈上京应举，长期不归，留下妻子赵五娘在家，独立奉养公婆。蔡家父母死后，赵五娘进京寻夫，伯喈不认，以马踩赵五娘，剧情以雷轰蔡伯喈结束。《琵琶记》以此故事为蓝本，但改变了故事人物形象，蔡伯喈不再是忘恩负义之人，而成为全忠全孝之人。高明的主观意图是宣扬封建道德。全剧思想内容比较复杂，但有一些情节非常动人，《糟糠自厌》是最动人的一个。

睢景臣

睢景臣，生卒年不详，字景贤，扬州（今江苏扬州）人，元代散曲家。传世作品不多，杂剧有《屈原投江》《牡丹记》《千里投人》，已失传。散套《般涉调哨遍·高祖还乡》为其代表作。该作取材于刘邦称帝后回乡的史实，通过他一个乡邻的观察与回忆，对他嬉笑怒骂，揭露了他的无赖本质，从而加以无情的嘲讽和鞭挞。此曲大胆辛辣，具讽刺文学特色，是元代散曲的优秀作品。

宋濂

宋濂（1310 年～1381 年），字景濂，号潜溪，谥文宪，浦江（今浙江浦江）人，明代文学家。官至翰林学士承旨。宋濂推崇宗经，认为只有孔子之文"才称之为文"，"六籍之外当以孟子为宗，韩子次之，欧阳子又次之"，对于违背"温柔敦厚"传统的文章一律采取否定态度。他擅长散文创作，尤以传记文成就突出，代表作《秦士录》《王冕传》《李疑传》等文章人物形象生动鲜活。他的写景散文数量亦不少，且风格近似欧阳修，文笔清新，写景状物生动，不事雕琢，代表作有《桃花洞修禊诗序》《环翠亭记》等。他被明太祖朱元璋推其为"开国文臣之首"。著有《宋学士文集》。

刘基

刘基(1311年~1375年)，字伯温，青田(今浙江青田)人，明初文学家。元末进士，他博学多才，通天文、兵法，亦善诗文。辅佐朱元璋平定天下，为开国功臣之一，封诚意伯。尽管他像范蠡一样功成身退，但仍然受到朱元璋的猜疑，被牵入胡惟庸案，忧愤而死。寓言体散文集《郁离子》较为著名。著有《诚意伯刘文成公集》。

罗贯中

罗贯中(约1330年~1400年)，名本，字贯中，号湖海散人，杭州人，祖籍太原，元末明初小说家、戏曲家。罗贯中的创作才能是多方面的。他写过乐府隐语和戏曲，但以小说成就为主。今存署名罗贯中的作品，除《三国志通俗演义》外，还有《隋唐志传》《残唐五代史演义》和《三遂平妖传》。这些作品中《三国志通俗演义》的成就最高。为我国四大古典名著之一。全书以宏大的结构描绘了三国时期复杂的政治军事斗争，起自黄巾起义，终于西晋统一。作品谴责了统治者的残暴和丑恶。反映了动乱时代人民的痛苦和对清明政治、对亡君的向往，体现了鲜明的"拥刘反曹"倾向。《三国志通俗演义》"文不甚深、言不甚俗"，语言简洁明快而又生力。它把历史和文学自然结合，有现实的描绘，又充满了浪漫主义的传奇色彩。除小说创作外，贾仲名《录鬼簿续编》说他"乐府隐语，极为清新"。他现存戏曲作品有《赵太祖龙虎风云会》杂剧。杂剧的基本思想和《三国志通俗演义》类似，描写君臣之间的亲密关系，并希望通过"正三纲、谨五常"来结束奸雄争霸造成的悲惨局面。

高启

高启(1336年~1374年)，字季迪，长洲(今江苏苏州)人，元末曾隐居吴淞江畔的青丘，因此号青丘子，明初著名诗人。明初受诏入朝修《元史》，授翰林院编修。洪武三年(1370年)朱元璋拟委任他为户部右侍郎，他固辞不赴，返青丘授徒自给。后被朱元璋借苏州知府魏观一案腰斩于南京。他与杨基、张羽、徐贲合称"吴中四杰"。其诗雄健有力，富有才情，开始改变元末以来缛丽的诗风。学诗兼采众家之长，无偏执之病。但从汉魏一直摹拟到宋人，又死于盛年，未能熔铸创造出独立的风格。反映人民生活的诗质朴真切，富有生活气息；吊古或抒写怀抱之作寄托了较深的感慨，风格雄劲奔放。有诗集《高太史大全集》，文集《凫藻集》，词集《扣舷集》。

于谦

于谦(1398年~1457年)，字廷益，号节庵，钱塘(今浙江杭州)人，明代政治家、文学家。明成祖永乐十九年(1421年)进士，曾任兵部右侍郎、左侍郎。1449年，瓦剌部也先犯境，英宗御驾亲征被俘，于谦调集军队守卫京都，被明代宗提升为兵部尚书。他才智过人,指挥时镇定自若,思虑周密开阔。性格刚直不阿,说话据理属实不避嫌疑,因而得罪权贵。在被释放的英宗夺取帝位后,听信权臣诬陷而将于谦处死。终年60岁。于谦是明代著名诗人,他笔力遒劲,意象深远,其高风亮节时时表露于词句中,《石灰吟》是其明志之诗。他的散文多为奏议,慷慨陈词、切中事理,可见其雄才大略。传世有《于忠肃集》。

于谦

李东阳

李东阳(1447年~1516年),字宾之,号西涯,湖南茶陵人,明代诗人。天顺八年(1464年)进士,官至吏部尚书、华盖殿大学士,是"茶陵派"的代表人物。在诗论上,他主张宗法杜甫,但多着眼于杜诗的格律声调,而不是杜诗的现实主义精神。他的诗歌多应酬题赠予模拟之作,形式上追求典雅工丽。李东阳的理论与创作对后来的前后七子的拟古主义具有很深的影响。他的作品主要有《怀麓堂集》《怀麓堂集讲话》《燕对录》等。

王九思

王九思(1468年~1551年),字敬夫,号渼陂,别署紫阁山人,陕西鄠县人,明代文学家、戏曲作家,为"前七子"之一。弘治年间进士,曾任翰林院检讨、吏部郎中等职,宦官刘瑾垮台后,被列名阉党,屡遭贬斥。他的著作主要有杂居《沽酒游春》(又名《杜甫游春》《曲门春》)、《中山狼》,散曲集《碧山乐府》,诗文集《渼陂集》等。《杜甫游春》描写杜甫春游长安城郊,见宫室荒芜,村落萧条,因而痛斥李林甫"嫉贤妒能,坏了朝纲"。作者在此是有意借杜甫之口来骂当朝权贵,借古讽今,表现了对当权者的不满。

唐寅

唐寅(1470年~1523年),字伯虎,一字子畏,号桃花庵主、鲁国唐生、逃禅仙史、南京解元等,江苏苏州人,明代书画家、文学家,被誉为明中叶江南第一才子。与祝允明、文徵明、徐祯卿号称"吴中四才子"。他博学多能,吟诗作曲,能书善画,曾因科场舞弊案受牵连,功名受挫,自此"任逸不羁,颇嗜声色",采取了玩世的生活方式。唐寅以卖文鬻画闻名天下。他的诗词真切平易,不拘一格,大量采用口语入诗,意境警拔清新,具有独创的成就。他的画从山水到人物、仕女、神仙故事以及写意花鸟等都十分精到,他的书法也俊逸超群,在书画史上具有重要的地位。

李梦阳

李梦阳(1473年~1530年),字天赐,又字献吉,号空同子,甘肃庆阳人,明代文学家。弘治九年(1496年)进士,曾任户部郎中,因反对宦官刘瑾而下狱,瑾败之后,迁江西提学副使,为"前七子"代表人物之一。他精通古文词,与"前七子"何景明一样提倡"文必秦汉,诗必盛唐"的文学主张,强调真情,倡言复古,这对于反对文坛上虚浮散文"台阁体"文风具有很大的冲击作用。此外他对民歌在文学上的价值也有所肯定。但他过分重视诗歌的格调、法式,走上了盲目尊古的歧路,他并未真正继承唐宋以来的优秀文学传统,仅以形式上的机械摹拟为能事,创作出一大批徒具其表而无灵魂的诗歌,使诗歌创作走上歧途。代表作有《玄明宫行》《秋望》等。著有《空同集》。

施耐庵

施耐庵(1296年~1370年),明代小说家。长篇小说《水浒传》的作者。因现存《水浒传》的嘉靖本、天都外臣序本以及袁无涯刊本等皆题有"施耐庵集撰、罗贯中纂修"的字样,可知施、罗的生活时代应相近。施耐庵对《水浒传》的创作是功不可没的。《水浒传》以北宋末年宋江起义为故事框架,融合了南宋以来的水浒故事,在元代《大宋宣和遗事话本》的基础上,借鉴了元杂剧《李逵负荆》《黑旋风双献功》等情节,最终写成。施耐庵将长达数百年间流传下来的水浒故事整理出来,将原来简单、粗糙的初级原始文学素材加工成一部不朽的文学巨著,在前代艺人、戏剧家的基础上,将一部口头相传的民间文学作品变为案头供人阅读之作,塑造了一批性格鲜明的形象,在主题、结构、语言诸多方面进行了再创作,使梁山好汉一百零八将的故事深入人心,取得了杰出的艺术成就。

归有光

归有光(1507年~1571年),字熙甫,号震川,昆山(今江苏)人,后徙居嘉定(今上海),明末散文家。60岁中进士,官任南京太仆寺丞。在明代的文坛上,各种拟古复古的诗人流派十分流行,尤其前后七子为代表。归有光对这种倾向极为不满,他所作散文朴素简洁,善于叙事,与王慎之、唐顺之、茅坤等称为"唐宋派"。代表作为《项脊轩志》。著有《震川先生集》。

吴承恩

吴承恩(约1500年~约1582年),字汝忠,号射阳山人,是明朝著名小说家。出身于一个由官入商的家庭。吴承恩一生创作了多部作品,其代表作《西游记》是一部举世瞩目的浪漫主义杰作。《西游记》以唐代玄奘和尚赴天竺取经的经历为蓝本,在《大唐西域记》《大唐慈恩寺三藏法师传》《大唐三藏取经诗话》等作品基础上,经过整理、构思最终写定。作者无情地撕下了天庭、龙宫、地府所谓庄严神圣的外衣,并给予极大的蔑视和无情的嘲弄。就连西天所谓的极乐世界，作者也以玩世不恭的口吻，揭露了这个世界在佛祖如来的纵容下勒索钱财的丑行。作者笔下那昏庸无道的玉皇大帝，实际也是明代人间帝王的影子，而那些妖魔鬼怪，除了一部分是自然力的体现外，更多的则是人间贪官豪绅的象征。特别是人物塑造上，采取人、神、兽三位一体的塑造法，特别体现在对孙悟空、猪八戒的形象塑造上，使人觉得亲切、新奇、有趣。全书组织严密，繁而不乱，语言活泼生动且夹杂方言俗语，使全书呈现出一种乐观向上的情调。

梁辰鱼

梁辰鱼(约1521年~约1594年)，字伯龙，号少白、仇池外史，苏州昆山人，明代戏曲家。平生任侠好游，因失意于功名，而寄情于声乐。《浣纱记》是昆腔兴起后出现的第一个昆曲剧本，也是他的代表作品。这部剧作取材于《吴越春秋》，以范蠡和西施的爱情故事为线索，描写了吴越的兴亡，赞扬了为国家利益牺牲个人爱情和幸福的行为。但是与一味宣扬封建伦理的作品不同，这部剧作也渲染了西施在成为政治的牺牲品时所感受到的悲哀，令人十分感动。其他主要作品还有散曲集《江东白苎》以及杂剧《红线女》。

徐渭

徐渭(1521年~1593年)，初字文清，改字文长，号天池山人、青藤道士，浙江山阴(今绍兴)人，明代戏曲家、文学家、书画家。工书法，善绘画，长于行草，擅长花鸟画。他曾8次乡试都名落孙山，后入胡宗宪幕府，参与策划抗倭事宜。胡宗宪被逮自杀，徐渭深受刺激，先后九次自杀，还因为杀死妻子下狱7年。晚年更是潦倒不堪，穷困交加，以卖画为生。徐渭的写意花卉惊世骇俗，用笔狂放，笔墨淋漓，不拘形似，自成一家，创水墨写意画新风，历来被世人称道。他的诗文书画处处弥漫着一股郁勃的不平之气和苍茫之感。著有《徐文长集》30卷留世。他的作品《南词叙录》是中国戏曲史上研究南戏的一部重要的专著。他的杂剧《四声猿》在中国戏曲史上也占有很高的地位。此外，还有一部讽刺闹剧《歌代啸》相传也是他的作品。

王世贞

王世贞(1526年~1590年)，字元美，号凤洲，又号弇州山人，太仓(今江苏太仓)人，明代文学家、史学家。嘉靖年间进士。王世贞早年与李攀龙同为后七子领袖，继承并鼓吹前七子的复古理论，主张"文必秦汉，诗必盛唐"。他主张诗歌要华与实统一，提倡"学古而化"，"一师心匠"。到了晚年见解有所改变。他的诗歌创作能秉承前人的现实主义传统。不论是乐府诗、律诗都有佳作。他还是一个史学家，在收集和整理明代史料方面，做出了重要贡献，后人称赞他"负两司马之才"。对戏曲艺术他也颇有研究。他的作品主要有《弇州山人四部稿》《续稿》《弇山堂别集》等。

李贽

李贽(1527年~1602年),号宏甫,又号卓吾,别号温陵居士,福建泉州晋江人,明代思想家、文学家、史学家。26岁时乡试中举,官至云南姚安府知府,54岁时辞官,晚年专事于著书讲学。因其思想异端,且对封建的假道学、程朱理学的抨击引起了当权者的不满,被以"敢倡乱道,惑世诬民"的罪名被劾入狱,自刭而死。他倡导"童心说",反对孔孟之道,即反对以孔子的是非观为是非标准。此外,他的思想中还有民主性的因素,认为"尧舜与途人一,圣人与凡人一"。其思想对晚明社会和文学创作具有重大影响。他的著作主要有《焚书》《续焚书》《藏书》《续藏书》《李氏文集》等。

汤显祖

汤显祖(1550年~1616年),字义仍,号若士、海若,自署清远道人,晚号茧翁,临川(今江西)人,明代戏曲作家。少年即有诗名,万历年间进士,曾任南京太常寺博士、礼部主事,与顾宪成等东林党关系密切。49岁辞官回家,专事于戏曲创作。他的传奇作品《牡丹亭》《邯郸记》《南柯记》《紫钗记》被称为"玉茗堂四梦"或"临川四梦",以他为代表的这一戏曲派别被称为"临川派"或"玉茗堂派"。在哲学上,他受王学左派、泰州学派的影响,推崇李贽,重视人心自然的情感,崇尚真性情,反对假学道。在戏剧创作上,他提倡文采,主张抒写人的真情实感,不受格律的限制。《牡丹亭》是其代表作品,文采斐然,具有很高的文学性和思想性,代表了明代戏曲创作的最高峰。除戏曲创作外,他还著有诗集《红泉逸草》《问棘邮草》和诗文集《玉茗堂全集》。

袁宏道

袁宏道(1568年~1610年),字中郎,号石公,公安(今湖北公安)人,明代文学家。与兄宗道、弟中道并称"三袁",又称为公安派。他主张"性灵说",认为诗文应"任性而发",反对拟古主义。其散文以清流畅著称,曾风靡一时,卓然自成一家。代表作有《满井游记》《猛虎行》《虎丘记》。著有《锦帆集》《解脱集》《华嵩游草》等。

冯梦龙

冯梦龙(1574年~1646年),字犹龙,号墨憨斋主人,长洲(今江苏)人,明代文学家。与兄冯梦桂、弟冯梦熊并称"吴下三冯"。他的代表作是话本集

冯梦龙

《喻世明言》(又称《古今小说》)、《警世通言》《醒世恒言》,合称"三言",代表了明代拟话本小说的成就。此外,他还增补了长篇小说《平妖传》。将其改为《新列国志》,编辑了《古今谭概》《情史》等笔记故事。由于其在通俗文学方面的巨大贡献,被称为"民间文学整理人"。

凌濛初

凌濛初(1580 年~1644 年),字玄房,号初成,别号空观主人,乌程(今浙江)人,明代小说家。著有拟话本集《初刻拍案惊奇》《二刻拍案惊奇》,后人合称"二拍"。与冯梦龙的三言合称为"三言二拍",是明代拟话本小说的杰出代表。"二拍"是作者据野史笔记、文言小说和当时社会传闻创作的,因而具有强烈的市民社会意识。书中有很多宣扬封建道德与迷信思想的作品,也有露骨的色情描写,其中较为亮丽的是反映商人的经济活动、市民的人生观念,以及爱情与婚姻的一些作品,如《转运汉巧遇洞庭红》《叠居奇程客得助》等。

钱谦益

钱谦益(1582 年~1664 年),字受之,号牧斋,晚号蒙叟、东涧老人,江苏常熟人,明末清初散文家、诗人。明万历进士,曾参与过东林党人的活动。入清后,被授予内秘书院学士兼礼部右侍郎的官职,充《明史》馆副总裁。后称病返回乡里。晚年隐居农村,著述至终,并筑绛云楼以藏书检校著述。钱谦益学问渊博,泛览子、史、文籍与佛藏。论文为诗,他提倡"情真""情至",倡导学问,反对空疏。他的诗文在当时极负盛名,东南一带将其奉为"文宗"。他的著作有《初学集》《有学集》《投笔集》《苦海集》等,此外还编选了《列朝诗集》《吾炙集》等作品。

徐弘祖

徐弘祖(1587 年~1641 年),字振之,号霞客,江阴(今江苏)人,明代旅行家、地理地质学家和游记散文作家。著有《徐霞客游记》,是我国第一部日记体游记,被称作"古今游记第一"。

张岱

张岱(1597 年~约 1689 年),字宗子,又字石公,号陶庵,又号蝶庵居士,浙江山阴(今浙江绍兴)人,明末文学家。张岱的小品散文是传统散文的发展,直接接受了公安派、竟陵派的主张,反对复古的文风。同时其文取材广泛,从各处侧面反映出明末社会的现实情况,在对往日繁华生活、风景世情的追忆中,寄托着对于故国的深深眷恋及对于国破家亡的慨叹,他的小品文集《西湖寻梦》和《陶庵梦忆》正是此类作品的代表。

张溥

张溥(1602年~1641年),字天如,太仓(今江苏太仓市)人,明末著名散文家。幼时读书非常刻苦。他读书先亲自抄录,然后再朗诵一遍就烧掉,然后再抄读,再烧,达六七遍之多。虽数九寒天,手掌开裂而不间断。29岁中进士,被选为翰林院庶吉士,但他没有就任就告假,在家乡组织文学社团复社,相聚者达数千人之众。四方人士向他征求诗文,他才思敏捷、挥毫立就。但后来复社陷入党争,他自己也险遭其难。他著有《七录斋集》15卷。他的散文语言质朴,叙事简洁,情调爽朗而思想开阔。《五人墓碑记》是他的代表作。

清代近代作家

金圣叹

金圣叹(1608年~1661年),名采,字若采,一名人瑞,字圣叹,吴县(今江苏苏州)人。明末清初著名文学批评家。曾评点"六才子书",即《离骚》《庄子》《史记》、杜诗、《西厢记》《水浒传》。对《水浒传》艺术特点的分析颇有见地。

黄宗羲

黄宗羲(1610年~1695年),字太冲,号南雷,又号梨洲,浙江余姚人,明清之际思想家、史学家、爱国作家。为东林党人黄尊素长子。年轻时,曾领导"复社"成员坚持反宦官权贵的斗争。南明亡后隐居著述。他认为天地之间只有一气,反对"理在气先"的宋儒观点。从明朝的覆灭中他认识到诸多的社会弊端,都源于君主专制制度,而强烈抨击专制制度。所著《明儒学案》是我国第一部学术史专著。他的反君主专制思想,集中体现在其另一代表作《明夷待访录》中。该书代表了市民阶层争取权利平等的要求,被学术界视为中国启蒙思想的先驱,对近代政治思想影响很大。

李渔

李渔(1611年~约1680年),号笠翁,字笠鸿、谪凡,浙江兰溪人,清代著名的戏曲作家和戏曲理论家。自少遍游四方,曾到过苏、皖、赣、闽、鄂、鲁、豫、陕、甘、晋、北京等地,晚年自南京移家杭州西湖,因此自号湖上笠翁。他的戏曲论著都保存在《闲情偶寄》中。李渔重视戏曲文学,重视作品的结构,将主题思想和结构联系起来论述,并要求戏曲语言浅显。他继承别人的成就,结合自己舞台和演出方面的经验,在戏曲文学的创作实践和舞台演出方面提出了许多宝贵的意见。他写的剧本保留下来的有18种,常见的为《笠翁

顾炎武

顾炎武（1613年~1682年），初名绛，字宁人，号亭林，明亡后改名炎武，自署蒋山傭，昆山（今江苏昆山）人，明末清初思想家、学者、诗人。青年时曾参加"复社"，反宦官权贵。清军南下，又起兵抗清。失败后，游历大江南北、长城内外，观察形势，图谋再举，至死不仕清朝。他学问博深，在学术上有多方面的成就，开清代朴学之风，著有《天下郡国利病书》《日知录》等。在音韵学上，他对阐明音学源流和分析古韵部目等方面，多有贡献，著有《音学五书》。散文《复庵记》文字简洁，感情真挚，其名句"天下兴亡，匹夫有责"成为中国人的座右铭。

顾炎武

尤侗

尤侗（1618年~1704年），字同人，一字展成，号悔庵，又号艮斋，晚号西堂老人，江苏长洲（今苏州）人，清代文学家。康熙十八年（1679年）举博学鸿儒，授翰林院检讨，参与了《明史》的编修。他的诗文谐谑幽默，多新警之思，曾撰《西堂杂俎》，多为游戏之作，格调不高。在诗论方面，他将唐宋诗歌置于平等的地位。他的诗作以才华取胜，也有很多反映时事的作品。在词曲创作方面，著有《百末词》6卷。此外他还创作有传奇《钧天乐》，杂剧《读离骚》《吊琵琶》《桃花源》《黑白卫》《清平调》5种，合集为《西堂曲腋》，流传甚广。他的创作大都被收入《西堂全集》和《馀集》中，共135卷。

朱彝尊

朱彝尊（1629年~1709年），字锡鬯，号竹垞，晚号小长芦钓师，又号金风亭长。浙江秀水（今嘉兴县）人，清代文学家。朱彝尊诗文兼工，尤善于词，曾编纂唐宋五代宋金元词五百家辑为《词综》，并著有《曝书亭集》。作为浙西词派的领袖人物，在作词方面他主张以南宋的姜夔、张炎为宗，讲求字句声律，曾言"不师秦七（秦观），不师黄九（黄庭坚），倚新声玉田（张炎）差近"。他的词多言情咏物之作，风格典雅清丽，但大都精巧有余而沉厚不足。

蒲松龄

蒲松龄（1640年~1715年），字留仙，一字剑臣，别号柳泉居士，世称"聊斋先生"，山东淄川（今山东淄博市）人，清代文学家。出身"书香"门第，大部分时间居乡以授徒自给，贫困潦倒。蒲松龄憎恶贪官污吏、土豪劣绅，同情劳动人民的疾苦。他是一个多才多艺的作家，一生著作颇丰，有诗、文、词、赋、戏曲、俚曲和杂著。最有名的是他花20多年左右的时间写成的文言短篇小说集《聊斋志异》。《聊斋志异》共有 491 篇,其内容有抨击科举制度、八股文风的,有揭露贪官污吏、恶霸劣绅的,更多的则是写爱情故事,赞美自由纯真的爱情,控诉封建礼教对爱情婚姻的束缚。由于作者思想的局限,小说中也有一些陈腐的封建说教和因果报应等迷信色彩。在艺术上,多采用幻想形式,想象丰富奇特,境界扑朔迷离,神奇迷人。特别是一些狐妖幻化的人物,给人一种平易可亲的感觉,既有平常人的感情个性,又有超凡的奇异之处,具有很强的吸引力。代表篇章有《席方平》《促织》《司文郎》《红玉》等。此外,还著有《聊斋诗集》《聊斋文集》《日用俗字》《农桑经》等。

洪昇

洪昇(1645 年~1704 年),字昉思,号稗畦。浙江钱塘(今杭州)人,清代戏剧家。所作《长生殿》歌颂了唐玄宗与杨玉环的忠贞爱情,同时又暴露他们腐朽生活给社会带来的灾难,场面壮丽,曲词优美,曾轰动一时。与孔尚任被誉为"南洪北孔"。

孔尚任

孔尚任(1648 年~1718 年),字季重、聘之,号东塘,别号岸堂,自称云亭山人,山东曲阜人,清代戏剧家、诗人。孔子 64 代孙。所作《桃花扇》演绎侯方域、李香君的爱情和南明兴亡的故事,充满爱国情怀。

纳兰性德

纳兰性德(1655 年~1685 年),原名成德,字容若,号楞伽山人,满族正黄旗人,清代词人。其先祖原为蒙古吐默特氏,后因攻占纳喇部,以地为氏,改姓纳喇,即纳兰。康熙十一年(1672 年)举人,康熙十五年赐进士出身,授三等侍卫,后迁至一等。其父纳兰明珠为清康熙时大学士。纳兰性德留传下来的诗词很多,但词的成就更高。其词以小令见长,缠绵清丽,多哀婉凄愁之情调,抒情真挚,描写生动自然,不事雕琢,风格颇似李煜。另外因其曾任康熙皇帝侍卫,多次奉命出塞,故一部分描写边塞生活的词作也写得颇具特色。王国维评之曰:"纳兰容若以自然之眼观物,以自然之舌言情。此初入中原,未染汉人风气,故能真切如此。北宋以来,一人而已。"(《人间词话》)此语对纳兰性德词的评价甚高,亦概括了他的个人风格。有词集《侧帽集》《饮水词》。辑有《全唐诗选》和《词韵正略》。

方苞

方苞(1668 年~1749 年),字凤九,一字灵皋,号望溪,桐城(今安徽桐城市)人,清代散文家。"桐城派"创始人之一。康熙四十五年(1706 年)进士,累官礼部右侍郎。曾经因戴名世《南山集》案牵连入狱,后获赦,擢礼部右侍郎、三馆总裁。方苞崇尚理学,论文讲"义法"。因而,他的文论仍然是儒家正统的论调。他的散文多为经说和书序碑传之类,内容大抵是程朱学说,阐发封建伦理观念。但也有一些脍炙人口的作品,如《狱中杂记》,以确凿的事实,揭露了清代监狱中的种种黑暗、腐败和残酷的内幕,对惨无人道的封建统治进行了有力的控诉。文章重在叙述事实,材料典型,组合有序,环环相扣,简洁有力。著有《方望溪全集》。

沈德潜

沈德潜(1673 年~1769 年),字确士,号归愚,江苏长洲(今苏州)人,清代诗人、诗论家。乾隆四年(1739 年)进士,官至内阁学士兼礼部侍郎。沈德潜现存诗 2300 多首,大多是歌功颂德之作,只有少数作品反映了当时民间的疾苦。他的古体诗宗汉魏,近体诗宗盛唐,不喜宋元诗歌,推崇前后七子。论诗主张"格调说",提倡"温柔敦厚"之"诗教"。晚年入仕后极受乾隆皇帝赏识,被称为"老名士",经常出入皇宫与乾隆皇帝议论诗歌源流升降,甚受嘉许,使其诗歌和诗论风行一时,影响很大。著作有《沈归愚诗文全集》,编有《古诗源》《唐诗别裁集》《明诗别裁集》《清诗别裁集》等。

沈德潜

郑燮

郑燮(1693 年~1765 年),字克柔,号板桥,兴化(今江苏)人,清代文学家、书画家。康熙年间秀才、雍正年间举人、乾隆年间进士。郑板桥有多方面的文学、艺术才能,擅画竹、兰、石。工书法,用隶体参入行楷。他的诗、书、画,人称为"三绝"。生平狂放不羁,多愤世嫉俗的议论与行动,被称为"扬州八怪"之一。他的诗歌表现真率性情,大量题画诗都有寄托,诗歌特点是不傍古人,多用白描,明白流畅,通俗易懂。他的词多写景状物以及酬赠之作,也有一些佳篇。其散文风格,坦率自然,富有风趣,《家书》传诵尤广。

吴敬梓

吴敬梓(1701 年~1754 年),字敏轩,号粒民,晚年又号文木老人,安徽全椒人,清末小说家。青年时生活豪纵,后家业衰败,迁居南京。36 岁时安徽巡抚举荐他到京应博学宏词试,因病不赴,此后对科举不再热衷,开始做《儒林外史》。中年以后,生活愈加贫困,性格也愈加倔强,不向贫困低头,不向权贵俯首。晚年开始研究经学,还著《诗说》7 卷。善诗赋,尤以小说著称。所作《儒林外史》,从多方面揭露士大夫的丑恶嘴脸,对科举制度和封建礼教进行深刻的批判,成为我国文学史上著名的古典讽刺小说。著有《文木山房集》。

全祖望

全祖望（1705年~1755年），字绍衣，学者称谢山先生，鄞县（今浙江宁波）人，清代史学家、文学家。一生潜心于学术，在经学、史学、文章诸方面均有成就，尤以经史学为最，为后期浙东学派代表人物。著有《鲒埼亭集》。

曹雪芹

曹雪芹（约1715年~约1763年），名霑，字梦阮，号雪芹，又号芹圃、芹溪，祖籍辽阳，其先世原是汉族，后为满洲正白旗"包衣"，清代小说家。少时家势贵盛，生活豪奢，其父被革职后，落入贫困。巨大变故使其对社会有了深刻认识，"披阅十载，增删五次"，创作了我国古典小说中最伟大的现实主义作品《红楼梦》，后40回一般认为是高鹗续作。

袁枚

袁枚（1716年~1797年），字子才，号简斋，别号随园老人，浙江钱塘（今杭州）人，清代诗人、诗论家。曾任知县，辞官后于江宁（今南京）小仓山下修筑随园定居，自号仓山居士。他的思想比较自由解放，他对当时统治学术思想界的汉、宋学派都表示不满，特别反对汉学考据。他认为"诗有工拙，而无古今"，提倡诗写性情、遭际和灵感，反对尊唐小说，不满神韵派，也批驳了沈德潜的主张，创为性灵派。著有《小仓山房诗文集》。著名诗评有《随园诗话》，还有笔记体志怪小说专集《子不语》，散文名篇有《黄生借书说》《书鲁亮侪》等。

纪昀

纪昀（1724年~1805年），字晓岚，一字春帆，自号石云，谥"文达"，直隶献县（今河北献县）人，清代著名学者。乾隆进士，官至礼部尚书、协办大学士。他学问渊博，长于考证训诂，曾任四库全书馆总纂官，以毕生精力纂定《四库全书总目提要》200卷，论述各书大旨及著作源流，考得失，辨文字，为清代目录学成就的巨著。他的诗文中，多应制奉和、歌功颂德之作，属于典型的"廊庙文学"。少数述怀、纪行诗歌尚清新可诵。所著《阅微草堂笔记》是《聊斋志异》后又一部影响很大的文言短篇小说集。

蒋士铨

蒋士铨（1725年~1785年），字心余，又字苕生，号清容、晚号定甫，江西铅山人，清代诗文家、戏曲家。乾隆年间进士，官至内阁中书，被授予编修，充武英殿纂修官等职。其戏曲作品有《红雪楼十二种曲》等。其中《冬青树》主要叙述南宋灭亡的历史故事，歌颂文天祥等人坚贞不屈的民族气节。《临川梦》则将剧作家汤显祖搬上舞台，表达了对这位伟大的剧作家无限崇敬之情。蒋士铨的创作题材多样,是个多才多艺的作家,主要继承了汤显祖的风格,在当时影响较大。除剧作外,他还著有《忠雅堂诗集》《诗集》《铜弦词》等。

姚鼐

姚鼐(1732 年~1815 年),字姬传,一字梦谷,室名惜抱轩,人称惜抱先生,安徽桐城人,清代散文家。乾隆年间进士,官至刑部郎中、记名御史等。曾在江宁、扬州等地书院讲学达 40 年。治学以经为主,兼及子史、诗文。他是继方苞、刘大櫆之后"桐城派"的集大成者。在理论上,他提倡文章要"义理""考证""辞章"三者相互为用。在文章美学上,他提出了阳刚与阴柔的概念。同时,他发展了刘大櫆的拟古主张,提倡从"格律声色"入手去模拟古文,进而达到"神理气味"。著有《惜抱轩诗文集》。

洪亮吉

洪亮吉(1746 年~1809 年),字君直,一字稚存,号北江,阳湖(今江苏常州)人,清中叶经学家、文学家。在经史、地理、音韵、训诂等方面都有成就。著有《洪北江全集》,其论文《治平篇》提出了人口繁衍与社会经济力量存在的矛盾问题,是我国历史上人口论学说中的一个创见。

李汝珍

李汝珍(约 1763 年~约 1830 年),字松石,直隶大兴(今属北京)人,清代小说家。少小颖异,厌恶八股文,学识博广。历 20 余年著成长篇小说《镜花缘》,歌颂女子才华,表现了尊重妇女地位的民主思想。

林则徐

林则徐(1785 年~1850 年),字元抚,一字少穆,晚号埃村老人,福建侯官(今福州)人,清代著名政治家、诗人。嘉庆十六年(1811 年)进士,历官翰林院编修、道台。道光十八年(1818 年),以钦差大臣赴广东查禁鸦片,抗击英军。战后,被诬革职,谪戍伊犁。后放还,任云贵总督。他曾与龚自珍、魏源、黄爵滋等人提倡经世致用之学。写诗虽系余事,但写得情深意浓,诗意盎然,从严谨的格律和深厚的功力中表现出诗人豪爽俊逸的艺术风格。著有《云左山房诗钞》。

龚自珍

龚自珍(1792 年~1841 年),一名巩祚,字瑟人,号定庵,浙江仁和(今杭州)人,清代思想家、文学家。道光进士,官至礼部主事,后辞职南归。其博学多识,为嘉、道年间提倡"通经致用"的今文经学派重要代表人物。其哲学观点,持"性无善无不善"之论,反对孟子"性善"与荀子"性恶"的偏颇论断。强调万事万物无不处于变化之中。其诗文中积极倡导"更法""改图",敢于揭露政府的腐败无能,洋溢着爱国热情。晚年受佛教天台宗影响较深。所写散文奥博纵横,自成一家,诗歌尤富有战斗性,风格多变,人称"龚派"。其代表作有《尊隐》《明良论》《乙丙之际著议》《送钦差大臣林公序》《病梅馆记》等。其《己亥杂诗》(315首绝句)表达对国事的感慨与生平经历的哀乐。著有《定庵文集》。

魏源

魏源

魏源(1794年~1857年),原名远达,字默深,又字墨生、汉士,湖南邵阳(今湖南隆回)人,近代学者、思想家、诗人。晚年皈依佛教,法号承贯。道光进士。与龚自珍齐名,并称"龚魏"。魏源生活在近代社会内忧外患重重矛盾交织的特殊时期,他希望能够提出切实可行的救国方针,于是他综合考察各国的地理历史条件创作了《圣武记》《海国图志》两部著作,提出了著名的"以夷制夷""师夷长技以制夷"的方针。这种对于现实的关注态度使得魏源在学术思想上批判汉学末流与宋学末流学风,提倡"经世致用"的学风。他的山水诗如《湘江舟行》等诗,亦在艺术上很有特点,使魏源的诗歌创作呈现出不同的艺术风格。在散文创作方面,魏源秉承"经世致用"的文风,内容充实,说理透彻,分析精当,语意畅达,令文章独具一格,与桐城派古文的意趣大相径庭,对后来新体散文的发展产生了一定影响。

林纾

林纾(1852年~1924年),原名群玉、秉辉,字琴南,号畏庐、冷红生,福建闽县(今福州)人,中国近代翻译家、文学家。能诗善画,古文创作也名闻一时,但其最大的成就还是在小说翻译、小说创作和理论方面,尤其是他的翻译影响了一代学人。他以古文翻译外国的小说,其译文妙语连珠,富于感情,他的译作深为世人所喜欢,但他本身却是一个不懂外语的翻译家,可谓是译界奇谈。《茶花女》是其主要代表作品,这部作品在中国近代文坛上具有重要的影响,林纾一生翻译小说近二百种,被人们誉为"译界之王"。在古文方面,他以桐城派的义法论为核心,同时注意克服桐城派古文的种种弊病,提倡发展,反对墨守成规。

严复

严复(1854年~1921年),字又陵,又字几道,福建侯官(今福州)人,中国近代启蒙思想家、翻译家、文学家。少年就读于福州船政学堂,光绪二年(1876年)留学英国,接受了西方资产阶级的政治文化思想。回国后,任北洋水师学堂总教习等职。甲午战争失败后,他忧心国事,努力寻找救国之路,提倡民主,提倡新学,成为维新运动中出色的启蒙思想家。他翻译了赫胥黎的《天演论》和亚当·斯密的《原复》等书,第一次系统地介绍了西方资产阶级的政治制度、哲学思想,在当时产生了很大影响。政论文章为《严译名著丛刊》。

刘鹗

刘鹗(1857年~1909年),字铁云,别署洪都百练生,江苏丹徒(今江苏镇江)人,清末小说家。少精数学,后学医术,复改经商。因八国联军入京时私售仓粟,获罪流放新疆而死。所著《老残游记》被鲁迅称为晚清四大谴责小说之一。另著有《铁云藏龟》。

康有为

康有为

康有为(1858年~1927年),原名祖诒,字广厦,号长素,广东南海人,近代思想家、文学家。光绪进士。在民族危亡日益深重之际,曾多次给皇帝上书,阐述其改良主义的政治主张和变法的具体措施,影响极大,成为近代维新运动中的领袖人物。他是著名诗人。诗作题材广泛,记录了诗人的政治活动和时代风云的变迁,抒发了他变法图强的思想。戊戌政变失败,流亡海外,足迹遍及亚、欧、非、美四大洲,丰富的生活阅历,给他的诗增添了新的内容。诗作远法杜甫,近接龚自珍,意象瑰丽,气势磅礴,风格雄浑,富有浪漫主义色彩。主要著作有《新学伪经考》《孔子改制考》《大同书》《康南海先生诗集》等。

吴沃尧

吴沃尧(1866年~1910年),又名宝震,字小允,又字茧人,后改趼人,广东南海(今广州)人,因居佛山镇,自称我佛山人,清末(近代)小说家。吴趼人对于近代文学,最推崇吴敬梓的《儒林外史》,他的作品大都得到了《儒林外史》的精髓。清末民初写社会小说的作品无不仿造《儒林外史》,这同吴趼人的倡导不无关系。所作《二十年目睹之怪现状》为晚清四大谴责小说之一。

李宝嘉

李宝嘉(1867年~1906年),字伯元,号南亭亭长,江苏武进人。清末小说家,是清末小报创始人之一。小说以《官场现形记》《文明小史》成就最高,前者为晚清四大谴责小说之一。在晚清谴责小说创作方面,李宝嘉是一位多产而卓有成就的作家,他虽然寄希望于封建统治者的"觉悟"和改良,但痛切地看到社会政治的腐败,广泛运用讽刺手法,从各个不同的角度反映了清末封建社会的黑暗现实,特别是对清末官场的种种罪恶行径进行了有力的揭露与鞭挞,在晚清小说史上占有重要地位。

章太炎

章太炎(1869年~1936年),名炳鳞,后改名蜂,字枚叔,号太炎,浙江余杭人,中国近代哲学家、社会学家、民主革命家、学者。早年提倡维新变法,曾任《时务报》撰述,后来接受了孙中山的民主革命纲领,宣传民主革命。1903年因发表《驳康有为论革命书》并为邹容《革命军》作序,触怒清廷,被捕入狱。1906年出狱后东渡日本并加入中国同盟会。1917年之后他逐渐脱离了民主运动,以讲学为业。1935年在苏州主持章氏国学讲习会,主编《制言》杂志。晚年参加了抗日救亡运动。他的一生著述颇丰,约有400余万字,研究范围涉及文学、历史、哲学、政治等各个方面,在我国近现代学术史上占有重要的地位。他的著作主要有《訄书》《国故论衡》《社会学》(译著)、《章氏丛书》《章氏丛书续编》《章氏丛书三编》等。

曾朴

曾朴(1872年~1935年),字孟朴,又字小木、籀斋,号路珊,笔名东亚病夫,江苏常熟人,近代小说家。出身于官僚地主家庭,光绪十七年(1891年)中举,后赴京参加会试。早年接受了西方思想影响,倾向维新派,参加过康有为、梁启超组织的变法活动。光绪二十九年弃官后,从事出版业,先后开办了小说林书社、创办了《小说林》杂志,其间开始创作其代表作《孽海花》。全书以金雯青与傅彩云的故事为主线,通过展现当时京城内外官僚名士、庸俗文人的生活环境和精神世界,揭露了清末社会的黑暗与腐败,将批判的矛头直指封建王朝的最高统治者,将救国的希望寄托在资产阶级民主革命派身上。这些都是作品中反映出的进步思想。但是由于阶级的局限,曾朴并未看到造成当时社会混乱状况的真正根源是什么,使作品思想的深度不够,同时他对资产阶级民主革命派的幻想过多,过度美化了自由民主的口号。小说在艺术上取得了一定成就,可称得上是"晚清四大谴责小说"中最成功的一部。

梁启超

梁启超(1873年~1929年),字卓如,号任公,别号饮冰室主人,广东新会人,戊戌维新的领袖,政治家、文学家。协助康有为发动在京应试举人联名请愿的"公车上书"。1898年在京参加"百日维新"。9月,政变发生。梁启超逃亡日本,一度与孙中山为首的革命派有过接触。在日期间,先后创办《清议报》和《新民丛报》,鼓吹改良,反对革命。著作有《饮冰室合集》。《少年中国说》《谭嗣同传》为其代表作。

现当代文学作家

王国维

王国维(1877~1927年),字静安,号观堂,浙江海宁人,近现代著名学者、文学评论家。清末秀才。他早年广泛研读了西方哲学及文学著作,对德国唯心主义哲学家叔本华的学说尤为喜爱。30岁以后,从事中国戏曲史和词曲研究,著有《曲录》《宋元戏曲考》和《人间词话》等,初步勾勒出中国古代戏曲发展的轮廓。特别是《人间词话》影响很大。论词标举境界说,所论涉及艺术特征和现实主义与浪漫主义的创作方法等问题。他崇尚自然,指出艺术思维的特征是:"贵具体而不贵抽象",强调文学艺术的美感作用。1913年起,专攻经、史,旁及古文字学、音韵学,以精研甲骨文、金文闻名中外。他的学术思想及史学思想,对中国近代哲学、历史学和文学的发展都有较大影响。在文学史方面,除词曲、戏剧和《红楼梦》的研究外,还对西方资产阶级文学思想和美学思想进行介绍,引入中国。著有《海宁王静安先生遗书》《观堂集林》。

刘大白

刘大白(1880~1932年),原名金庆棪,字柏桢,号清斋,浙江绍兴人,近现代教育学家、诗人。5岁熟读唐诗,8岁学习制艺试帖律赋,10岁潜心诗词,15岁应科举考试,得过优贡生,并曾膺拔贡。1912年主编《绍兴公报》,1914年在东京加入同盟会,自1917~1931年,先后出任浙江省议会秘书长,复旦大学、上海大学教授,浙江大学文理学院中国文学系主任兼教授,教育部常务次长及代部长等职。著有《中国文学史》和新诗集《旧梦》《邮吻》《叮咛》《再造》《秋之泪》。诗论集《白屋诗话》等多种。

鲁迅

鲁迅(1881年~1936年),原名周樟寿,后改名周树人,字豫才,浙江绍兴人,现代文学家、思想家、教育家、革命家。1902年去日本学医,后弃医从文,希望用以改变国民精神。1909年,翻译《域外小说集》,介绍弱小民族文学。1918年5月,第一次用"鲁迅"的笔名,在《新青年》发表中国现代文学史上第一篇白话小说《狂人日记》,彻底揭露了封建礼教的"吃人"的性质,奠定了新文学运动的基石。参加《新青年》杂志工作,成为"五四"新文化运动的伟大旗手。1921年发表了中篇小说《阿Q正

鲁迅

传》。1930年起,先后参加中国自由运动大同盟、中国左翼作家联盟等。先后参与主编了《莽原》《语丝》等文艺期刊。陆续创作出版了《呐喊》《坟》《热风》《彷徨》《野草》《朝花夕拾》《华盖集》《华盖集续编》等专集。表现出爱国主义和彻底的革命民主主义思想。编著《中国小说史略》《汉文学史纲要》《唐宋传奇集》《小说旧闻钞》等。

苏曼殊

苏曼殊(1884年~1918年),原名戬,字子谷,后改名玄瑛,法号曼殊,广东香山(今广东中山)人,近现代作家、诗人、翻译家。苏曼殊多才多艺,诗、文、小说俱佳,且工书画,善尺牍,精于禅理,并通晓英、法、日、梵等多种文字,他较早地将雨果、拜伦等作家介绍到了中国并翻译了他们的作品。苏曼殊的小说艳丽而凄婉,诗歌清新纤巧而又略带高逸之气,在近代文坛上具有很大的影响,后人将他的作品辑为《苏曼殊全集》。在近代文坛上,苏曼殊可以说是一位怪杰,他并没有受过很高的教育,却极有天分,他曾两度出家却又情缘不断。柳亚子评价他"不可无一、不可有二"。死时仅35岁。

周作人

周作人(1885年~1967年),原名櫆寿,字启明,号知堂,浙江绍兴人,现代散文家。"文学研究会"发起人之一,"五四"运动时期提倡"人的文学",20世纪30年代和林语堂一起倡导"闲适幽默"小品。其诗《小河》被誉为"新诗中的第一首杰作"。著有《自己的园地》《过去的生命》《中国新文学的源流》等。

林觉民

林觉民(1887年~1911年),字意洞,号抖飞,福建侯官人。黄花岗七十二烈士之一。参加辛亥广州起义,不幸受伤,被捕后从容就义。遗有《绝笔书》两封,其中《与妻书》悲壮慷慨,充满为国民争取自由而牺牲一己的革命精神。

柳亚子

柳亚子(1887年~1958年),原名慰高,又名弃疾,字安如,又改字亚庐、亚子,笔名青兕、春蚕等,江苏吴江人,现代著名诗人。柳亚子工于旧诗,尤长于七言,诗词具有爱国精神。著有《磨剑室诗集、词集、文集》《柳亚子诗词选》,编有《苏曼殊全集》《孙竹丹烈士遗集》等。

胡适

胡适(1891年~1962年),原名洪马辛、嗣穈,字适之,安徽绩溪人,现代作家、学者。早年留学美国,回国后任北大教授。五四初期反对文言文,提倡白话文,是新文化运动的著名人物，影响很大。1917 年初在《新青年》上发表了《文学改良刍议》。曾在古代文学史、哲学史方面做过一些开创性工作。1946 年任北京大学校长。主要作品有《胡适文存》《白话文学史》《中国章回小说考证》《五十年来之中国文学》等。

刘半农

刘半农（1891 年~1934 年），江苏江阴人，现代文学家、语言学家。著有《扬鞭集》和《回声实验录》等专著。

郭沫若

郭沫若（1892 年~1978 年），原名郭开贞，笔名郭鼎堂、麦克昂等，四川乐山人，现代著名的诗人、剧作家、历史学家、考古学家。他是鲁迅之后的中国文坛领袖。其诗歌代表作《女神》在中国新诗史上有创始之功，其中名篇有《凤凰涅槃》《天狗》《心灯》《地球，我的母亲》。他的历史剧《屈原》《蔡文姬》《武则天》等在中国近代戏剧中也占有极重要的位置。诗集另有《长春集》《东风集》。还著有文艺论集多部，如《李白与杜甫》等。

许地山

许地山（1893 年~1941 年），名赞堃，字地山，笔名落花生，原籍福建龙溪，生于台湾，现代作家。"文学研究会"发起人之一。他于 1921 年发表第一篇小说《命命鸟》，接着又发表了前期代表小说《缀网劳蛛》和具有朴实淳厚风格的散文名篇《落花生》。20 世纪 20 年代末以后所写的小说，保持着清新的格调，但已转向对群众切实的描写和对黑暗现实的批判，写得苍劲而坚实，《春桃》和《铁鱼底鳃》便是这一倾向的代表作。他的创作并不丰硕，但在文坛上却独树一帜。著有《空山灵雨》，还编有《中国道教史》（上）、《印度文学》《大藏经索引》《许地山选集》等。

叶圣陶

叶圣陶（1894 年~1988 年），原名叶绍钧，江苏苏州人，著名作家、教育家。"文学研究会"发起人之一。长期在商务印书馆和开明书店任编辑，编过《小说月报》和《中学生》等刊物，并从事创作工作。1922 年出版第一本短篇小说集《隔膜》，1923 年出版的《稻草人》是我国第一部童话集。代表作品为长篇小说《倪焕之》，批判了"教育万能"的错误思想。新中国成立后，曾任出版总署署长、教育部副部长兼人民教育出版社社长、中央文史研究馆馆长、全国政协副主席等职务。

叶圣陶

洪深

洪深(1894 年~1955 年),学名洪达,字浅哉,又字伯骏,江苏常州人,中国电影戏剧理论家、剧作家、导演。"左联"成员。曾导演《少奶奶的扇子》《第二梦》等,有剧作《申屠氏》《冯大少爷》《劫后桃花》等,其三部曲《五奎桥》《香稻米》《青龙潭》,为"五四"以来优秀剧作之一。著有《洪深文集》。

张恨水

张恨水(1895 年~1967 年),原名张心远,笔名愁花恨水生、恨水,祖籍安徽潜山人,生于江西广信,现代小说家。其贡献在于完成了对章回体小说的改良和完善。张恨水一生写了约 3000 万字的作品,中长篇小说达 100 余部。他是由深受鸳鸯蝴蝶派影响的旧派小说向现代小说过渡的代表性作家。代表作主要有长篇章回体小说《金粉世家》《啼笑姻缘》《春明外史》《八十一梦》《五子登科》等,通过恋爱悲剧反映军阀统治下的黑暗现实。

邹韬奋

邹韬奋(1895 年~1944 年),原名思润,江西余江人,现代作家、新闻记者,"七君子"之一。从 1928 年在上海主编《生活》周刊起,毕生从事新闻出版工作。1935 年,由美归国,创办《大众生活》周刊,同时参加抗日救亡活动。1936 年 3 月被迫出走香港,创办了《生活日报》及《生活日报星期增刊》。1943 年写下《对国事的呼吁》一文,表达了他对蒋介石实行反动政策的愤慨。他写的通讯和评论具有极强的现实主义特色,产生了广泛的社会影响。主要著作有《萍踪寄语》《萍踪忆语》《经历》《抗战以来》《患难余生记》等。

林语堂

林语堂(1895~1976 年),原名林和乐、后改为林玉堂、林语堂,福建龙溪人,著名作家、学者。早年留学美国、德国。创办《论语》,成为"论语派"的主要代表,提倡"闲适幽默"的小品文。曾主编过《人世间》《宇宙风》等刊物。著有《剪拂集》《大荒集》《锦秀集》《国语词典》等,代表长篇小说有《京华烟云》等。

茅盾

茅盾(1896~1981 年),原名沈德鸿,字雁冰,浙江桐乡市乌镇人,是中国现代作家。和鲁迅、郭沫若一起,为中国现代文学奠定了基础,在文学史上有着不可磨灭的功绩。在1927 年 9 月发表《幻灭》时,他首次使用"茅盾"为笔名。他一生有不少的小说、散文、文学评论创作,还翻译过许多外国作品。长篇小说《子夜》是他的代表作,被誉为中国第一部成功的现实主义作品。《林家铺子》《春蚕》这两部短篇小说在现实主义小说中也占据了很高的地位。主要作品还有"蚀"三部曲《幻灭》《动摇》《追求》；"农村三部曲"《春蚕》《秋收》《残冬》；长篇小说《腐蚀》《霜叶红似二月花》；剧本《清明前后》；散文《白杨礼赞》等。中国作家协会设立了"茅盾文学奖"。

图片旁：茅盾

郁达夫

郁达夫（1896年~1945年），原名郁文，字达夫，浙江富阳人，现代作家。曾留学日本，归国后与郭沫若等组织了创造社。1945年在印尼被日本宪兵杀害。小说大多带有"自叙传"性质。代表作有小说《沉沦》《春风沉醉的晚上》《薄奠》等，著名散文有《故都的秋》《钓台的春昼》等。

徐志摩

徐志摩（1897年~1931年），笔名诗哲、南湖等，浙江海宁人，现代著名诗人。曾利用《新月》公开反对我国无产阶级革命及革命文学运动，是"新月派"的主要诗人。曾留学美国、英国，回国后先后在北京大学、南京中央大学任教。主要作品有《志摩的诗》《翡冷翠的一夜》《猛虎集》《云游》《落叶》等，较有名的诗篇有《再别康桥》等。

田汉

田汉（1898年~1968年），字寿昌，湖南长沙人，现代戏剧的奠基人，诗人、剧作家。1919年开始话剧创作，写了《咖啡店之一夜》等作品，其早期的剧作表现了较强的浪漫和唯美情调。1920年出版通信集《三叶集》。1921年与郭沫若等人组织"创造社"，同年回国，编辑出版《南国》半月刊。1927年发起组织南国电影剧社，进行话剧创作和演出。1929年创作了代表作《名优之死》，塑造了刘振声的反抗性格和悲剧命运。1930年加入"左联"，积极推进革命戏剧的发展。创作了《义勇军进行曲》《毕业歌》等优秀歌曲的歌词。著有文学剧本《乱钟》《回春之曲》《月光曲》《琵琶行》《江汉渔歌》《丽人行》《汉阳泪》《哀江南》等，戏曲剧本《白蛇传》《西厢记》《晴探》《文成公主》《关汉卿》等。

王统照

王统照（1897年~1957年），字剑三，山东诸城人，现代作家、诗人。"文学研究会"的发起人之一，曾主编过《文学》。主要作品有：小说集《夜行集》《春雨之夜》等，诗集《童心》《放歌集》，报告文学集《北国之春》，散文集《去来兮》《云片集》等。

朱自清

朱自清（1898 年~1948 年），原名自华，字佩弦，号秋实，祖籍浙江绍兴，生于江苏扬州，现代作家、学者、民主战士。曾留学英国，是"文学研究会"成员，长期在清华大学任教，从事创作与学术研究，最后成为一名坚强的民主战士。其著作共 26 种，约 200 万字。诗文合集有《踪迹》，散文集有《背影》《欧游杂记》《你我》，学术著作有《经典常谈》。尤以散文成就最高，被称为"至情之文""至美之文"。散文名篇有《背影》《春》《绿》《荷塘月色》《威尼斯》《桨声灯影里的秦淮河》等。

郑振铎

郑振铎（1898 年~1958 年），笔名西谛、郭源新等，福建长乐人，现代作家、文学史家。"文学研究会"发起人之一。先后主编《小说月报》《文学周刊》等，文学研究著作有《文学大纲》《中国俗文学史》《欧行日记》等，著有长诗《卢沟桥》，还翻译过泰戈尔的《新月集》《飞鸟集》等外国文学作品。

翦伯赞

翦伯赞（1898 年~1968 年），维吾尔族，湖南桃源人，我国著名历史学家。他是中国马克思主义思想早期传播者之一。用马克思主义立场、观点和方法，研究中国的社会问题。抗日战争是时期，他发表了大量的抗日救亡论文，唤醒、鼓动民主抗日。1937 年 5月，翦伯赞加入中国共产党，投身中华民族解放事业。新中国成立后，翦伯赞历任中央人民政府政务院文化教育委员会委员、中央民族事务委员会委员、北京大学副校长等职，并当选为全国政协委员。全国人大第一、二、三届代表。代表作有游记体散文《内蒙访古》。

老舍

老舍（1899 年~1966 年），原名舒庆春，字舍予，老舍是笔名，满族，北京人，现代作家。五四时期开始白话创作。曾任英国伦敦大学东方学院中文讲师。回国后任齐鲁大学、山东大学教授。1951 年被北京市人民政府授予"人民艺术家"称号。他的小说以浓郁的地方色彩、生动活泼的北京口语写成，通俗而不乏幽默，形成了老舍的风格，成为"京味小说"的开创者。主要作品有《月牙儿》《我这一辈子》《老张的哲学》《骆驼祥子》《四世同堂》《龙须沟》《茶馆》《济南的冬天》《小麻雀》《在烈日和暴雨下》等。

闻一多

闻一多（1899 年~1946 年），原名闻家骅，号友山，笔名一多，湖北浠水人，现代著名诗人、学者、民主战士。是前期"新月派"的重要诗人，主张新诗格律化，追求"三美"（音乐美、绘画美、建筑美)，在"五四"诗坛上具有独特风格。有诗集《红烛》《死水》。著名篇目有《太阳吟》《洗衣歌》《发现》《一句话》《死水》等，学术著作有《神话与诗》《古典新义》等。1946 年 7 月发表了著名的《最后一次讲演》后当天下午被国民党特务杀害。

闻一多

方志敏

方志敏(1899 年~1935 年)，江西弋阳人，无产阶级革命家，现代文学家。在狱中写出的著名散文《可爱的中国》《清贫》《狱中纪实》是我国革命文学中的精品，也是方志敏的代表作。

瞿秋白

瞿秋白(1899 年~1935 年)，原名瞿双、瞿爽、瞿霜，笔名有史铁儿、宋阳、易嘉等，江苏常州人，无产阶级革命家，散文家。文艺理论家、翻译家。1920 年以《晨报》记者身份赴苏联考察，写了《俄乡纪程》和《赤都心史》，这是我国两部最早的报告文学作品。1922 年在苏联加入中国共产党。1931 年~1933 年在上海期间，与鲁迅结下了深厚友谊，并一起领导左翼文艺运动，编选《鲁迅杂感选集》，并写了《序言》；翻译了恩格斯、列宁等有关文艺方面的经典论著和其他马列文论著作，并写了不少文艺理论的文章。主要著作有译文集《海上述林》(两卷)、《高尔基创作选集》《街头集》《论中国文学革命》等。

苏雪林

苏雪林(1897 年~1999 年)，曾用名瑞奴、瑞庐、小妹，又名苏梅，字雪林，笔名绿漪、灵芬、老梅等，原籍安徽太平，生于浙江瑞安，现代女作家、文学研究家。1952 年到台湾，任台湾师范大学、台南成功大学教授，1973 年退休。其间于 1964 年赴新加坡任教于南洋大学。她的著作颇丰，其中有小说散文集《绿天》，历史小说集《蝉蜕集》，自传体长篇小说《棘心》，散文集《屠龙集》，散文评论集《蠢鱼生活》《青鸟集》，历史传记《南明忠烈传》，回忆录《文坛话旧》《我的生活》《我与鲁迅》，戏剧集《鸠罗那的眼睛》，专著《二三十年代作家与作品》《中国文学史》，古典文学论著《唐诗概论》，以及《苏绿漪佳作选》《苏雪林选集》等，另有一些译作。苏雪林的创作常写个人生活经历，笔致秀丽畅达，不乏女性作家温婉、幽丽的气质。

冰心

冰心(1900 年~1999 年)，原名谢婉莹，福建福州人，现代著名散文家、诗人、儿童文学家。在 1919 年发表小说《两个家庭》时首次使用"冰心"作为笔名。她的诗歌可将哲理性与抒情融合在一起，即含蓄又生动，能给人以思想启迪和美感享受，且短小精悍，自由活泼，一时形成"冰心体"小诗的潮流。她的散文成就比小说和诗歌更高，多表现"爱的哲学"，被誉为"美文"的代表。诗集《繁星》《春水》，小说《超人》《悟》，散文《笑》《寄小读者》等是她早期作品中的代表性作品。《樱花赞》《小橘灯》《再寄小读者》等则是发表于新中国成立后的优秀作品。冰心对印度文学家泰戈尔的诗歌和剧作及其他国家的文学作品的翻译，也有突出贡献。

冰心

阿英

阿英（1900年~1977年），原名钱德富，又名钱杏邨，笔名钱谦吾、张若英等，安徽芜湖人。现代著名的剧作家、文艺理论家。青年时参加过"五四"运动。1926年加入中国共产党。1927年与蒋光慈等人组织"太阳社"，编辑《太阳月刊》《海风周报》。1930年加入"左联"，曾任常委，又任中国左翼文化同盟常委。新中国成立后任天津市文化局长、市文联主席等职。一生著述，包括小说、戏剧、散文、诗歌、杂文、文评、古籍校点等共有160余种。《晚清小说史》等有日译本，德译本。《李闯王》有捷克译本。

夏衍

夏衍（1900年~1995年），原名沈乃熙，字端先，浙江杭州人，现代剧作家、翻译家。1929与郑伯奇等人组织上海艺术剧社。他的剧做多从平凡的日常生活中选取题材，大都具有强烈的时代性，在人物的刻画上致力于揭示其内在的心理活动，情节多平淡无奇，结构严谨，具有隽永、素淡的艺术风格，为中国的话剧做出了突出的贡献。主要著作有话剧剧本《上海屋檐下》《秋瑾传》《赛金花》等，电影文学剧本《风云儿女》《压岁钱》等，报告文学《包身工》，论著《夏衍剧作选》《电影论文集》等，译著长篇小说《母亲》等。

李金发

李金发（1900年~1976年），广东梅县人，是中国新文学运动早期象征诗歌的创造者和代表人物。他说他的诗要"表现一切"，实际上所表现的是"对于生命欲揶揄的神秘及悲哀的美丽"，又因其诗打破一切格律，诗句间可以任意跳跃，更加自由化而被人称为"诗怪"。有诗作《微雨》《食客与凶年》《为幸福而歌》等，以《微雨》影响最大。

蒋光慈

蒋光慈（1901年~1931年），原名蒋侠僧，笔名光赤，安徽六安人，现代诗人、小说家。

1928 年，与阿英、孟超等人组成"太阳社"，编辑《太阳月刊》《拓荒者》。新诗代表作有诗集《新梦》《哀中国》，小说代表作有中篇小说《少年漂泊者》《短裤党》，长篇小说《田野的风》。作品还有长诗《哭诉》、小说《冲出云围的月亮》等。

柔石

柔石（1902 年~1931 年），姓赵，名平福，后改名为平复，柔石是其笔名，浙江宁海人，现代小说家，"左联五烈士"之一。主要作品有小说《二月》《为奴隶的母亲》等。另有短篇小说集《希望》和翻译作品卢那察尔斯基的《浮士德与城》《高尔基》《阿尔泰莫诺夫之事业》及《丹麦短篇小说集》等。

沈从文

沈从文（1902 年~1988 年），原名沈岳焕，湖南凤凰人，现代著名作家。1926 年起先后在《晨报副镌》《现代评论》《文学》等刊物上发表作品。其创作中影响较大的是乡土小说，主要表现士兵、船夫和湘西少数民族的生活，讴歌下层人民的淳厚性格以及人情美和风俗美。代表作有中篇小说《边城》《长河》，散文集《湘西散记》等。

胡风

胡风（1902 年~1985 年），原名张光人，湖北蕲春人，现当代著名诗人、评论家。1949 年新中国成立前著有诗集《野花和箭》《为祖国而歌》，新中国成立初创作了长诗《时间开始了》。后者激情勃发，语言凝重，为当代歌颂性的诗歌创作开了先河。另著有评论集《逆流的日子》《为了明天》等，诗集《欢乐颂》《安魂曲》等，散文及杂文集《棘源草》《人环二记》等，另出版有《胡风评论集》《胡风杂文集》《胡风译文集》等。

梁实秋

梁实秋

梁实秋（1903 年~1987 年），原名治华，字实秋，笔名子佳、秋郎、程淑等，原籍浙江杭县（今浙江余杭）人，生于北京一个诗礼仕宦之家，现代作家、理论批评家、英国文学史家、文学翻译家。1949 年赴台湾，梁实秋一生著译丰硕，从 20 世纪 20 年代起出版的主要理论批评著作有《浪漫的与古典的》《文学的纪律》《文学因缘》《偏见集》，散文、杂文集有《骂人的艺术》《雅舍小品》《秋室杂文》等。他的散文大抵从日常生活事件中撷取题材，透视社会情态，抒写人生襟怀。作者学识渊博，腹篇宏富，行文庄谐并出，机趣迭生，情味浓郁，雅洁清隽，自成一格。他还出版有专著《英国文学史》以及几乎倾毕生之力译成的《莎士比亚全集》37 卷，并主编有目前最大型的英汉辞典《远东英汉大辞典》等字典多种。

冯雪峰

冯雪峰(1903年~1976年)，原名福春，笔名雪峰、画室、洛扬等，浙江义乌人，现代作家、诗人、文艺理论家。主要作品有诗集《湖畔》《灵山歌》《真实之歌》，杂文《乡风与市风》《有进无退》，反映长征的长篇小说《卢代之死》。

胡也频

胡也频(1903~1931年)，福建福州人，现代作家，"左联五烈士"之一。作品有小说《一幕悲剧的写实》《到莫斯科去》《光明在我们前面》。

巴金

巴金(1904年~2005年)，原名李尧棠，字芾甘，四川成都人，现代著名作家。"巴金"是他1928年发表第一个中篇小说《灭亡》时始用的笔名。重要作品有：长篇小说"激流三部曲"《家》《春》《秋》，"爱情三部曲"《雾》《雨》《电》，中篇小说《寒夜》《憩园》等。《家》等是我国现代文学史上描写封建家庭历史最成功的作品。1982年，巴金获意大利"但丁文学奖"。巴金创作的常带有强烈主观性、抒情性的中长篇小说，与茅盾、老舍的客观性、真实性的中长篇小说一起，构成现代文学中长篇小说的艺术高峰。

丁玲

丁玲(1904年~1986年)，原名蒋冰之，湖南临澧人，现当代女作家。1927发表小说《莎菲女士的日记》，反响强烈。这部丁玲早期的代表作，显示出了她热情与开放的创作个性。1930年参加中国左翼作家联盟，主编左联机关刊物《北斗》月刊。这时期她创作了《水》《母亲》等多个作品，是其走向文学创作道路的丰收时期。1936年去陕北，在解放区写的小说分别收录在《一颗未出膛的枪弹》《我在霞村的时候》等集子中，这些作品是对人民大众的斗争和意识改造及成长的记录。1948年写成了她创作道路上具有里程碑意义的长篇小说《太阳照在桑干河上》。小说描绘了新中国成立前土改的历史画面，反映了当时农村尖锐的阶级斗争，概括了时代转换的历史进程。

沙汀

沙汀(1904年~1992年)，原名杨朝熙、杨子青，四川安县人，现代作家。"沙汀"是1932年出版短篇小说集《法律外的航线》时用的笔名。主要作品有《淘金记》《困兽记》《还乡记》《在其香居茶馆里》等，散文集《记贺龙》。新中国成立后又创作中篇小说《春枫坡》和短篇小说《你追我赶》等。

艾芜

艾芜(1904年~1992年),四川新繁人,现代作家。主要著作有《百炼成钢》《故乡》《山野》《一个女人的故事》《南行记》等。

戴望舒

戴望舒(1905年~1950年),原名戴梦鸥,浙江杭县(今浙江余杭)人,现代诗人。是我国"现代派"诗歌的代表作家。诗歌代表作有《我的记忆》《雨巷》《狱中题壁》《我用残损的手掌》等,《雨巷》使戴望舒获"雨巷诗人"的美誉。有诗集《我的记忆》《望舒草》《灾难的岁月》《望舒诗稿》等,另有不少译著、论述和笔记。

臧克家

臧克家

臧克家(1905年~2004年),山东诸城人,现当代诗人,诗坛泰斗之一。1933年出版了第一部诗集《烙印》。1946年在上海任《侨声报》文艺副刊、《文讯》月刊、《创造诗丛》主编。1949年创作著名诗篇《有的人》,诗作语言朴素、对比强烈、形象鲜明,歌颂了鞠躬尽瘁、死而后已的人,嘲弄了对人民作威作福不可一世的人。臧克家的诗歌语言朴素凝练,感情真挚深沉,具有韵味无穷的艺术魅力。著有新诗集《烙印》《罪恶的黑手》《运河》《从军行》《淮上吟》等,旧体诗集《臧克家旧体诗稿》,散文集《乱莠集》《我的诗生活》(1905~1993年),原名冯承植,字君培,河北涿州人,现代诗人、散文家,被鲁迅称为"中国最杰出的抒情诗人"。代表作品集有《无花果》《冯至诗文集》《东欧杂记》,还有诗集《昨日之歌》《西郊集》,散文集《山水》,论文集《诗与遗产》,译著《海涅诗选》《德国——一个冬天的童话》等。

赵树理

赵树理(1906年~1970年),原名赵树礼,笔名野小、吴戴等,山西沁水人,现代作家。是"山药蛋派"代表作家,他的小说有浓厚的乡土气息。早年即从事通俗文学的创作。20世纪40年代先后发表《小二黑结婚》《李有才板话》《李家庄的变迁》《三里湾》等作品,影响很大。《小二黑结婚》被誉为"解放区文艺的代表作之一"。

吴伯箫

吴伯箫(1906年~1982年),原名吴熙成,山东莱芜人,现代著名散文家。1925年发表处女作《白天与黑夜》。20世纪30年代发表散文结集《羽书》。1951年任东北教育学院副院长，1954年任人民教育出版社副社长、副总编辑，后任中国社会科学院文学研究所副所长。著有散文集《羽书》《黑红点》《出发集》《烟尘集》《北极星》《忘年》，报告文学《潞安风物》。

张天翼

张天翼（1906年~1985年），原名张元定，号一之，湖南湘乡人。现代作家、儿童文学家。抗战初写《速写三篇》，揭露抗战中的阴暗面。代表作为讽刺短篇小说《华威先生》和《包氏父子》。主要作品有《鬼土日记》《从空虚到充实》，儿童文学作品有《大林和小林》《宝葫芦的秘密》《大灰狼》《秃秃大王》等。

李健吾

李健吾（1906年~1982年），笔名刘西渭，山西运城人，现代作家、戏剧家、文学翻译家。学生时代即写作小说、散文和新诗。曾留学法国，研究福楼拜作品。回国后致力于教学、写作和翻译工作。作品有《雨中登泰山》《坛子》《使命》《一个兵和他的老婆》《青春》《山河怨》等。

萧军

萧军（1907年~1988年），原名刘鸿霖，笔名田军、肖军，辽宁义县人，现代作家。主要作品有《八月的乡村》《五月的矿山》《过去的年代》《涓涓》《江上》等。

周立波

周立波（1908年~1979年），原名周绍仪，湖南益阳人，现代作家。长篇小说《暴风骤雨》描写了东北农村土改运动的全过程，获斯大林文学奖。新中国成立后创作作品有《铁水奔流》《山乡巨变》《湘江一夜》《中国人民的胜利》等。

陈白尘

陈白尘（1908年~1994年），原名增鸿、征鸿，江苏淮阴人，现代剧作家、戏剧教育家。主要作品有喜剧《结婚进行曲》《升官图》《阿Q正传》等，历史剧《大渡河》《大风歌》，电影剧本《乌鸦与麻雀》等。另有小说集《曼陀罗集》《小魏的江山》等，长篇散文《云梦断忆》《寂寞的童年》等。

傅雷

傅雷(1908 年~1966 年),上海人,现当代文学翻译家、文艺评论家。1927 年开始发表作品。一生译著宏富,译文以传神为特色,更兼行文流畅,用字丰富,工于色彩变化。有专著《傅雷家书》《世界美术名作十二讲》,译著《托尔斯泰传》《约翰·克利斯朵夫》《恋爱与牺牲》《高老头》《欧也妮·葛朗台》《幻灭》《贝姨》《老实人》《嘉尔曼》《艺术哲学》《罗丹艺术论》《傅雷译文集》等。

萧乾

萧乾(1910 年~1999 年),原名萧秉乾,黑龙江兴安岭人,蒙古族,现代作家、翻译家。二战期间,曾作为《大公报》记者在欧洲战场采访,写出许多优秀特写。1979 年赴美进行文学交流活动,写出特写集《美国点滴》。有长篇小说《梦之谷》、报告文学集《人生采访》和翻译作品《好兵帅克》《培尔·金特》《尤利西斯》等。

殷夫

殷夫(1910 年~1931 年),原名徐柏庭,又名徐祖华,笔名殷夫、白莽等,浙江象山人,现代诗人。"左联"五烈士之一,被视为"革命诗人"和"红色诗人"。诗歌代表作有《别了,哥哥》《血字》《五一歌》等,有诗集《孩儿塔》。

吴晗

吴晗(1909 年~1969 年),原名吴春晗,字辰伯,浙江义乌人,著名历史学家、杂文作家。曾与闻一多一起积极参加爱国民主运动,是著名的民主战士。新中国成立后历任清华大学历史系主任、文学院院长及北京市副市长等职。致力于历史研究几十年,著作颇多,是著名的明史研究专家。代表作有《读史札记》《朱元璋传》,京剧剧本《海瑞罢官》《谈骨气》。

曹禺

曹禺(1910 年~1996 年),原名万家宝,字小石,祖籍湖北潜江人,出生于天津,现代戏剧家。学生时期就经常参加戏剧演出,大学毕业前写成话剧《雷雨》,轰动剧坛。此后又创作了《日出》《原野》《北京人》《明朗的天》《王昭君》等剧本。曹禺在话剧艺术上的成就,使他成为现代文学史上最有成就的戏剧家之一。

艾青

艾青(1910年~1996年),原名蒋海澄,笔名获菽加、克阿、林壁等,浙江金华人,我国现代著名诗人。"艾青"是1933年发表寄自狱中的诗《大堰河——我的保姆》时首次使用的笔名。艾青是继郭沫若之后最有成就的诗人,把"五四"以来的自由诗发展推向了一个新的高峰。代表诗集为《黎明的通知》。还有长诗《火把》《向太阳》,其他诗集《大堰河》《北方》《旷野》等。

钱钟书

钱钟书(1910年~1998年),字默存,号槐聚,江苏无锡人,现代著名学者、小说家。被誉为"中国文化昆仑"。1937年毕业于英国牛津大学,获副博士学位。又赴法国巴黎大学进修法国文学。1938年秋归国。1941年回家探亲时,因沦陷而羁居上海。1946年出版短篇集《人·兽·鬼》,1947年出版了最为著名的《围城》,《围城》已有英、法、德、俄、日、西语译本。散文大都收入《写在人生边上》一书。学术著作有《谈艺录》《管锥篇》。

钱钟书

姚雪垠

姚雪垠(1910年~1999年),原名姚冠三,河南邓州市人,现代作家。20世纪30年代即开始发表小说,其代表作《李自成》共5卷,约30多万字。这部历史小说巨著,经过了长时期的酝酿准备,倾注了作者几十年的心血,获首届"茅盾文学奖"。其作品还有《差半车麦秸》《牛德全与红萝卜》《春暖花开的时候》《戎马恋》《长夜》等。

卞之琳

卞之琳(1910年~2000年),祖籍江苏溧水人。主要作品有《十年诗草1930~1939》《人与诗:忆旧说新》《山山水水》《小说片断》(莎士比亚悲剧论痕)、《莎士比亚悲剧四种》《英国诗选及法国现代诗十二篇》。

杨绛

杨绛(1911年~2016年),原名杨季康,江苏无锡人,现当代作家、翻译家、外国文学研究专家,著名学者钱钟书的夫人。1949年前的主要作品有戏剧《称心如意》《弄假成真》等,在当时引起了很大影响。1949年后,相继创作完成了《干校六记》《洗澡》《我们仨》等。《洗澡》描述了新中国成立后知识分子在第一次思想改造运动中的心路历程,揭示了知识分子的人性百态。杨绛的戏剧和小说等多犀利机巧,隽永幽默。而散文,大多属回忆性散文,以写人记事为主。文章笔调平缓、自然、客观,气度从容、博大,语言精巧、纯熟。译作有《小癞子》《堂·吉诃德》等。

萧红

萧红(1911 年年~1942 年),原名张乃莹,笔名萧红、悄吟,黑龙江呼兰区人,现代作家。1933 年因抗婚而出走,漂泊中结识萧军,在他及其他东北作家的影响下,开始文学创作。1934 年,萧红将自己的 5 个短篇小说和萧军的 6 个短篇小说合编成小说集《跋涉集》出版。同年完成了长篇小说《生死场》,在鲁迅帮助下作为“奴隶丛书”之一出版,由此也奠定了她在中国文学史上的地位。1940 年出版短篇小说集《朦胧的期待》。同年赴香港,期间完成了她的代表作——回忆性长篇小说《呼兰河传》。主要著作有散文集《商市街》《桥》等,短篇小说集《旷野的呼喊》等,长篇小说《马伯乐》等。

何其芳

何其芳(1912 年~1977 年),四川万县(今重庆万州区)人,现代诗人、文学评论家。代表作有《生活是多么广阔》《我为少男少女歌唱》《我歌唱延安》等,诗集有《预言》《夜歌和白天的歌》,散文集《画梦录》,论文集《关于现实主义》《论〈红楼梦〉》等。

邓拓

邓拓(1912 年~1966 年),笔名马南邨,福建闽侯人,新闻工作者、杂文家、历史学家。曾从事工人运动、史学研究和报刊领导工作。20 世纪 60 年代写的《燕山夜话》,共收杂文150 篇,具有较强的思想性、艺术性和趣味性。

穆时英

穆时英(1912 年~1940 年),笔名伐扬、匿名子,浙江慈溪人,现代小说家。1929 年开始小说创作。翌年在《新文艺》上发表第一篇小说《咱们的世界》及《黑旋风》,又有《南北极》经施蛰存推荐到《小说月报》发表,引起文坛注视,自此成名。1932 年在《现代》杂志创刊号上发表小说《公墓》,为创刊首篇作品,成为现代派健将,以其年少多产而风格独特,被人称为“鬼才”作家。他与刘呐鸥、施蛰存等形成中国文坛上的“新感觉派”。此后又出版了小说集《白金的女体塑像》《圣处女的感情》《夜总会里的五个人》《上海的狐步舞》,这是“新感觉派”的代表性作品。这些小说也流露出明显的颓废感伤气息,但穆时英笔调却风靡一时。随着政治思想的激变,于 1933 年前后参加国民党图书杂志审查委员会。后参加编辑《文艺画报》。抗日战争爆发后赴香港。1939 年回沪,后来被国民党特工人员暗杀。

孙犁

　　孙犁(1913年~2002年),原名孙树勋,河北安平人,现代作家。"荷花淀"派的创始人和代表作家。他的小说熔写景抒情于一炉,充满诗情画意,有"诗体小说"的美誉。20世纪30年代到延安鲁艺,发表了《荷花淀》《芦花荡》等优秀短篇小说。主要作品有长篇小说《风云初记》、中篇小说《铁木前传》,还有一些散文集、论文集。

唐弢

　　唐弢(1913年~1992年),又名唐韬,原名唐瑞毅,常用笔名晦淹,浙江镇海人,现代作家、鲁迅研究家。1933年在鲁迅的影响下,开始写散文和杂文。同年6月在《自由谈》上发表散文《故乡的雨》。新中国成立后,曾在上海邮政工会、全国文协上海分会、复旦大学等处任职。1953年任中国作家协会上海分会书记处书记,并任《文艺新地》《文艺月报》副主编。1956年兼上海市文化局副局长。1959年起调北京任中国科学院文学研究所研究员。

杨朔

　　杨朔(1913年~1968年),原名杨毓缙,山东蓬莱人,现代作家。1937年集资创办了北雁出版社,同年去延安参加革命,并着手翻译《彼得大帝》。1953年出版了他的代表作《三千里江山》。小说热情地歌颂了中国人民志愿军战士的崇高的爱国主义和国际主义精神。其成就主要表现在散文创作上。他的散文以诗情而著称,著有中篇小说《帕米尔高原的流脉》《红石山》《望南山》《北线》《锦绣河山》,短篇小说集《月黑夜》《北黑线》,长篇小说《三千里江山》《洗兵马》(未完),散文、报告集《潼关之夜》《铁骑兵》,散文集《亚洲日出》《东风第一枝》《海市》《生命泉》,儿童文学作品《雪花飘飘》,以及《杨朔文集》等。名篇有《茶花赋》《雪浪花》《荔枝蜜》《香山红叶》等。

杨沫

　　杨沫(1914年~1995年),原名杨成业,笔名杨君默、杨默,湖南湘阴人,现代女作家。代表作《青春之歌》是一部反映20世纪30年代知识分子精神面貌和思想历程的优秀作品。其他作品还有长篇小说《苇塘纪事》,短篇小说选《红红的山丹花》《杨沫散文选》,长篇小说《东方欲晓》《芳菲之歌》《吴华之歌》,长篇报告文学《不是日记的日记》《自白——我的日记》等。

杨沫

周而复

周而复(1914 年~2004 年),原名周祖式,笔名吴疑、荀寰等,安徽旌德人,现代作家。20 世纪 30 年代末到延安从事革命文艺工作,写了长篇报告文学《诺尔曼·白求恩片断》。代表作有长篇小说《上海的早晨》《白求恩大夫》等。

徐迟

徐迟(1914 年~1996 年),原名徐高寿,浙江吴兴人,现代诗人、著名报告文学家。代表作是报告文学《哥德巴赫猜想》。还著有诗集《二十岁的人》,散文集《美文集》,报告文学《地质之光》《生命之树常绿》《在湍流的涡旋里》,译著《巴尔玛修道院》(司汤达著)。

梁斌

梁斌(1914 年~1996 年),原名梁维周,河北蠡县人,现代作家。1935 年发表了描写高蠡暴动的第一篇小说《夜之交流》。代表作品为长篇小说《红旗谱》,激起强烈反响,被誉为反映民主革命时期中国农民生活和斗争的史诗式作品,具有鲜明的民族风格和浓郁的乡土气息。其他作品还有《播火记》《烽烟图》《翻身记事》等。

严文井

严文井(1915 年~2005 年),原名严文锦,湖北武昌人,现代作家、儿童文学家。20 世纪 30 年代到延安从事革命文艺工作。曾任《人民文学》编辑。其作品影响最大、成就最高的是寓言和童话,故事生动,构思巧妙,富有哲理和诗意。主要著作有《严文井童话集》《严文井童话寓言集》等。他的《丁丁的一次奇怪的旅行》《"下次开船"港》《小溪流的歌》《南南和胡子伯伯》等童话被译成英、俄、捷、日、朝等国文字,很受国内外小读者的喜爱。

田间

田间(1916 年~1985 年),原名童天鉴,安徽无为县人,现代诗人。1934 年加入"左联",被誉为"时代的鼓手"。1936 年出版的《中国牧歌》和长诗《中国农村的故事》,被国民党列为禁书。代表诗作有《给战斗者》《假使我们不去打仗》,有诗集《给战斗者》《戎冠秀》《赶车传》《我的短诗》等,散文集《板门店纪事》《火花集》,诗评集《海燕颂》等。

柳青

柳青(1916 年~1978 年),原名刘蕴华,陕西吴堡人,现代著名小说家。抗战时期开始了文学生涯，主要作品有短篇小说集《地雷》《牺牲者》，长篇小说《种谷记》《铜墙铁壁》《创业史》(第一、二部)，中篇小说《狠透铁》，散文特写集《皇甫村的三年》和《柳青小说散文集》等。

刘白羽

刘白羽(1916年~2005年)，北京人，现代作家。20世纪30年代开始文学创作，40年代是随军记者。抗美援朝期间曾两赴朝鲜。其作品以散文为主，代表作有散文集《万炮震金门》《红玛瑙集》《长江三峡》等，他的散文基调是歌颂光明、歌颂英雄的人民；深刻的哲理性是他散文的特色。刘白羽散文风格激越、刚健，闪耀着时代的光彩。

林海音

林海音(1918年~2001年)，原名林含英，台湾省苗栗县人，生于日本大阪，现当代女作家。她提携了大量台湾的文学青年，出版了众多文学名作，被称为台湾文学"祖母级的人物"。1998年荣获"第三届世界华文作家大会"颁发的"终身成就奖"。林海音以高超的技巧，剪裁往事，用非成人的思想和情感，形成自己独特的风格。著有散文集《窗》《两地》《家住书坊边》等，短篇小说集《烛心》《城南旧事》等，长篇小说《春风》《晓云》等，广播剧集《薇薇的周记》《林海音自选集》等。其中《城南旧事》在改编成电影后成为家喻户晓的佳作。

穆旦

穆旦(1918年~1977年)，原名查良铮，浙江海宁人，现当代诗人、翻译家。1947年参加"九叶诗派"的创作活动。这期间创作了《森林之魅》《五月》《控诉》《诗八首》等。其中《诗八首》是一组祖露真情、宣示爱的哲理、艺术表现独到的情诗，它所表现的主题是理性的爱情温和长久，本能的爱情热烈短暂，只有二者相互融合才能达到完美。1949年赴美留学，获芝加哥大学文学硕士学位。1953年回国，任南开大学外文系副教授，主要从事俄、英诗歌的翻译工作。主要著作有诗集《探险队》《穆旦诗集(1939~1945)》《旗》等，及《叶甫盖尼·奥涅金》《唐璜》《英国现代诗选》等大量翻译作品。

琦君

琦君(1917年~2006年)，原名潘希真，浙江永嘉人，现当代女作家。1949年赴台湾，后定居美国。出版散文集、小说集及儿童文学作品30余种，内有《烟愁》《红纱灯》《三更有梦书当枕》《桂花雨》《细雨灯花落》《读书与生活》《千里怀人月在峰》《与我同车》《留予他年说梦痕》《琦君寄小读者》《琴心》《菁姐》《七月的哀伤》《琦君自选集》等。

秦牧

秦牧(1919年~1992年),原名林觉夫,广东澄海人,现代作家。其文学创作涉及面广,写过小说、诗歌、散文、杂文以及文艺评论、科学小品,但以散文为主。影响最大的作品是文艺随笔集《艺海拾贝》《语林采英》。他的散文熔博识、理趣和激情于一炉,联想灵巧,开掘深广,意到笔随,娓娓漫谈,承传和发展了现代散文史上的"谈话风"传统,因而成为当代中国散文的代表作家之一。

郭小川

郭小川(1919年~1976年),原名郭恩大,笔名郭苏、伟倜等,河北丰宁县人,现代诗人。先后出版《投入火热的斗争》《致青年公民》《雪与山谷》《将军三部曲》《甘蔗林——青纱帐》《郭小川诗选》等十余本诗集。郭小川作为一位著名的"战士诗人",他的诗歌始终与时代共同着脉搏,从中可以"看到时代前进的脚步,听到时代前进的声音"。诗人还善于把强烈的时代精神与自身日益成熟的诗歌艺术结合起来,借助浓郁的抒情、鲜明的形象和巧妙的构思,以触动读者的心灵并引起长久的思索。他曾采用阶梯式、民歌体、自由诗、新辞赋体等多种诗体形式进行创作,尤其是在学习我国民歌和古代诗歌词赋的表现手法,倡导与实践新格律体诗歌创作方面,做出了很大的贡献。

魏巍

魏巍(1920年~2008),原名魏鸿杰,笔名红杨树,河南郑州人,当代作家。早期创作以诗歌为主,长诗《黎明风景》曾获晋察冀边区文联授予的鲁迅文艺奖。主要诗作收入《魏巍诗选》。中华人民共和国建立后,致力于散文、通讯、报告文学创作,取得突出的成就,《谁是最可爱的人》《依依惜别的深情》等名篇传诵一时,先后结集出版了《谁是最可爱的人》《壮士行》等。1978年完成长篇小说《东方》,获首届茅盾文学奖。随后又写成长篇小说《地球的红飘带》,这些作品都富有时代感和革命英雄主义气概。

张爱玲

张爱玲(1920年~1995年),原籍河北丰润,生于上海,名门之后,现当代女作家。她有着异常的文学才华,从小就受到西方文学艺术的熏陶,又酷爱中国的古典诗词和小说,因此她的作品是中西古今文学艺术的融会,既是传统的,又是现代的,历来被称为"新鸳蝴体""新洋场小说""娱情小说"等。她的作品是才与情的统一,其内容多以上海和香港两大都市为

张爱玲

背景,描写当时社会那些没落的封建世家和半新半旧的资产阶级家庭人物,注意挖掘人物的精神世界,表现人性中的种种病弱和丑拙,同时也对人物内心深处的寂寞和悲凉寄予了极大的同情和理解。艺术上她注重意象世界的创造,作品含蓄、凝练而耐人寻味。主要作品有散文集《流言》,散文小说合集《张看》,中短篇小说集《传奇》,长篇小说《倾城之恋》《半生缘》。其代表作《金锁记》曾被傅雷誉为"我们文坛最美的收获之一"。晚年主要从事中国文学评价和《红楼梦》研究。

王汶石

王汶石(1921年~1999年),原名王礼曾,曾用名王仲斌,山西荣河(今万荣)人,当代作家。1955年起多次下乡深入生活,搜集大量创作素材,写成《风雪之夜》《新结识的伙伴》《沙滩上》等有影响的小说。曾任中国文联委员、作协西安分会副主席等职。著有短篇小说集《风雪之夜》《大木匠》《沙滩上》,中篇小说《阿爸的愤怒》《黑风》以及歌剧《战友》《风雪之夜》曾几次再版,译成外文。作品善于深入开掘平凡生活的内蕴,文笔幽默,色调清朗,地方风味浓郁。

杜鹏程

杜鹏程(1921年~1991年),原名杜洪溪,曾用笔名司马君,陕西韩城人,当代作家。其代表作《保卫延安》是我国第一部在广阔和巨大的规模里正面描写革命战争史迹的有较高成就的作品。1958年发表的散文《夜走灵官峡》,在极短的篇幅里,塑造了在共产党领导下进行社会主义建设的无名英雄,文笔洗练,构思精巧,是当代散文中不可多得的佳作。

李季

李季(1922年~1980年),原名李振鹏,笔名里计、于一帆等,河南唐河人,现当代诗人。他曾用通俗文艺形式写了《卜掌村演义》、章回体小说《老阴阳怒打虫郎爷》,以及通讯、小说和诗歌。1946年先后在《三边日报》《解放日报》发表了以陕北民歌"信天游"为形式的长诗《王贵与李香香》,在新诗的民族化、大众化方面取得了突破性成就。他长期在玉门等油田生活,写了许多歌唱油田建设者的新歌,被称为"石油诗人"。他的诗作语言通俗平易,风格朴实明朗,生活气息浓郁,表现了自然和谐的美。李季著有诗集《王贵与李香香》《憎恨之歌》《玉门诗抄》(一、二集)、《生活之歌》《致以石油工人的敬礼》《菊花石》《西苑诗草》《杨高传》《难忘的春天》《海誓》《剑歌》《石油诗》(一、三集)、《石油大哥》《李季诗选》,短篇小说集《戈壁旅伴》,还写有散文、独幕剧、儿童诗、童话诗等作品。

峻青

峻青(1922年~2019年),原名孙俊卿,山东海阳人,当代著名作家。峻青以革命战争为题材的作品,善于在惊险的故事情节、残酷的斗争环境中刻画理想化的人物,文笔酣畅淋漓,情调激越昂扬,描写悲壮动人。著有短篇小说《黎明的河边》《最后的报告》《海燕》《怒涛》《胶东纪事》,长篇小说《海啸》,中篇小说《夜渡》《黄河在咆哮》,散文集《欧行书简》《秋色赋》《雄关赋》《沧海赋》《履痕集》《峻青散文选》,还出版有电影文学剧本《桃花岛》,儿童文学集《风雪》以及6卷本《峻青文集》等。

马烽

马烽(1922年~2004年),原名马书铭,山西孝义人,现代作家。"山药蛋派"第二号作家。1942年发表第一篇作品《第一次侦察》。后与西戎合著的长篇章回小说《吕梁英雄传》,是建国前夕在工农群众中最有影响的作品之一。马烽的小说主要描写农民在不同历史时期精神世界的变化,生活画面广阔,人物形象丰满,表现手法丰富。主要作品有《我的第一个上级》《刘胡兰传》《吕梁英雄传》《太阳刚刚出山》等。

曲波

曲波(1923年~2002年),山东黄县人,当代作家。代表作《林海雪原》成功地塑造了杨子荣、少剑波等英雄形象,情节曲折惊险,故事引人入胜,细致深刻地再现了惊心动魄的剿匪斗争,富于传奇色彩。曾多次再版,被改编成话剧、京剧、曲艺和电影,并被译成英、俄、日、阿拉伯等多种文字出版。还出版了长篇小说《山呼海啸》《戎萼碑》《桥隆飙》等。

贺敬之

贺敬之(1924年~),笔名艾漠、荆直,山东峄县人,现代诗人。抗战时期开始诗歌和散文创作。曾在延安鲁艺学习,和丁毅等集体创作了大型歌剧《白毛女》《回延安》《放声歌唱》《雷锋之歌》《西去列车的窗口》等脍炙人口的诗作。

金庸

金庸(1925年~2018年),原名查良镛,笔名姚馥兰、林欢,浙江海宁人,当代武侠小说家。金庸作品富于民族主义和爱国主义思想,在浑厚的中国主体文化意蕴中注入了现代意识,在传统的小说风格中引进了西方小说技巧,确立了新的创作规范,发展了武侠的文艺特性,成为新派武侠小说的一代宗师。他在广阔而严峻的背景下,描写了波澜壮阔的英雄故事,展现武侠世界的瑰姿逸态,气象万千,格调奇崛幽峭,富于幽默谐趣。主要武侠作品有《书剑恩仇录》《雪山飞狐》《倚天屠龙记》《射雕英雄传》《神雕侠侣》《天龙八部》《笑傲江湖》《鹿鼎记》等15部,以及《金庸作品集》。

茹志鹃

茹志鹃（1925 年~1998 年），曾用笔名阿如，初旭，祖籍浙江杭州，生于上海，当代女作家。1950 年发表第一个短篇小说《柯栋梁与金凤》。茹志鹃的小说大多取材于历史，以清新的笔调，新颖别致的构思和深厚的感情，塑造外柔内刚、品德高尚的普通人形象，展示过去革命战争的生活画面。也有一些作品描写了社会主义建设时期的新人新事，作品具有文笔细致独到、格调淡雅的风格。代表作是《静静的产院》《百合花》《高高的白杨树》等。

梁羽生

梁羽生（1926 年~2009 年），原名陈文统，笔名梁慧如、冯瑜宁等，广西蒙山人，当代作家。1962 年后专事写作。梁羽生继承中国章回小说的传统写法，结合西方现代小说技巧，将人物置于一定的历史背景和地理环境内展开活动，渲染时代氛围，注重塑造生动的人物形象，重视作品的思想内涵。以独特的创作个性和卓著的成绩，成为港台新派武侠小说的代表性作家之一。著有《龙虎斗京华》《七剑下天山》《萍踪侠影录》《江湖三女侠》《白发魔女传》《云海玉弓缘》《还剑奇情录》《瀚海雄风》《侠骨丹心》《狂侠·天骄·魔女》《风云雷电》《广陵剑》《弹指惊雷》等武侠小说 30 余部。另有《中国历史新话》《古今漫话》《文艺杂谈》等历史小品、文艺随笔集。

高晓声

高晓声（1928 年~1999 年），生于江苏武进一耕读之家，20 世纪 50 年开始创作、诗、戏剧，都写而不多。1958 年被打成右派，1979 年平反后才重新握笔。以小说《李顺大造屋》《陈奂生上城》，被视为是农村题材反思、改革小说的代表人物。迄今已出版小说、散文、诗歌、戏剧、创作谈等专集和选集 30 部，部分作品被译成多国文字，其中英、日、德、荷四种文字有专集。

陆文夫

陆文夫（1928 年~2005 年），江苏泰兴人，当代作家。著名作品有短篇小说《献身》《小贩世家》和《围墙》《美食家》等。

宗璞

宗璞（1928 年~），原名冯钟璞，祖籍河南唐河，生于北京，当代女作家。成名作是短篇小说《红豆》，代表作是中篇小说《三生石》。散文名篇有《西湖漫笔》《报秋》等。

李準

李準(1928年~2000年),河南孟津人,蒙古族,当代作家。1953年发表了成名作《不能走那条路》,引起强烈反响。李準的小说展现了中国农村新生活的广阔画面,显示了洗练流畅、朴实浑厚的特色。有一些小说改编成戏曲和拍摄成电影,或被翻译到国外。主要作品有《李双双小传》,剧本《高山下的花环》《牧马人》等。长篇小说《黄河东流去》获茅盾文学奖。

余光中

余光中(1928年~2017年),福建永春人,生于南京,台湾诗人、散文家。1952年出版第一本诗集《舟子的悲歌》。几十年来,他的诗、散文、评论、翻译作品等著作达几十种,其中诗集《莲的联想》《敲打乐》《天狼星》等十多部,散文集《左手的缪思》《青青边愁》等7部。其诗题材广泛,构思奇巧,字句凝练,主题隐伏,受西方现代诗影响很深。在台湾和海内外都有影响。

柯岩

柯岩(1929年~2011年),原名冯恺,祖籍广东南海,生于河南郑州当代女作家。为孩子们创作了大量富有教育意义和生活情趣的戏剧,诗歌。主要作品有剧本《飞出地球去》《水晶洞》,儿童诗集《大红花》《最美的画册》,诗与戏剧合集《"小迷糊"阿姨》等。其作品多取材于少年儿童的日常生活,构思精巧,语言清新,儿童诗尤具特色。《周总理,你在哪里?》是作者在粉碎"四人帮"后创作的一首著名的抒情短诗,作品以真挚的感情、新颖的构思,丰富的想象和拟人化的手法,并特别运用了反复咏唱的方式,深沉而真切地表达出人们怀念周总理的情感。

王愿坚

王愿坚(1929年~1991年),山东诸城人,当代作家。1952年后任《解放军文艺》编辑,并编辑革命回忆录《星火燎原》,曾到老革命根据地进行采访。1954年起发表了《党费》《普通劳动者》《足迹》等一批为文坛瞩目的小说。著有短篇小说集《珍贵的纪念品》《党费》《普通劳动者》《后代》《亲人》《小游击队员》《七根火柴》《王愿坚小说选》。还曾与陆桂国合作,将小说《闪闪的红星》改编为同名电影剧本并拍成影片。王愿坚善于描绘革命战争年代苏区人民的英勇斗争和红军的战斗生活,构思精巧,故事生动,形象鲜明,真切感人。

玛拉沁夫

玛拉沁夫(1930年~),内蒙古吐默特旗人,蒙古族,当代作家。1952年初,发表第一篇小说《科尔沁草原的人们》引起文艺界重视。他的代表作是长篇小说《茫茫的草原》,描写内蒙古人民的生活和革命斗争,格调清新明朗,富于鲜明的民族特色和草原生活气息。还出版了短篇小说集《春的喜歌》《花的草原》,拍成电影的电影文学剧本《草原晨曲》(合写)、《沙漠的春天》《祖国啊,母亲》,散文集《远方集》,以及《玛拉沁夫小说选》《玛拉沁夫小说散文选》等。他的《活佛的故事》获1980年全国优秀短篇小说奖。不少作品被译成国内兄弟民族文字和英、俄、日、法、世界语等文字。

流沙河

流沙河(1931年~2019年),原名余勋坦,四川成都人,现代诗人。1948年高中时期开始发表作品。1956年出版第一部诗集《农村夜曲》。1957年参与创办诗刊《星星》,并发表散文诗《草木篇》,由此为诗界、文学界瞩目。但后者不久即遭到公开批判,被认为是"站在已被消灭的阶级立场"上,"向人民发出的一纸挑战书",由此被打为右派,遣送回原籍劳动。20世纪70年代末回归文坛,仍然以诗作为主,记叙自己以往的生活遭遇和心理体验,后结集为《流沙河诗集》《故园别》《游踪》等。

邓友梅

邓友梅(1931年~),笔名右枚、方文等,原籍山东平原,生于天津,当代作家。1956年发表成名作《在悬崖上》。邓友梅的小说创作浸润着时代的风雨,着力塑造性格鲜明的人物形象和注重风俗画的描绘,作风刚健、明朗、醇郁。他的《话说陶然亭》《寻访"画儿韩"》《那五》《烟壶》等一组体现独特风味和美学追求的民俗小说,为人所赞赏。还著有长篇小说《凉山月》《邓友梅短篇小说选》、中短篇小说集《京城内外》、中篇小说《"猎户星座"行动》、散文集《樱花·孔雀·葡萄》等。

从维熙

从维熙(1933年~2019年),笔名碧征、从缨,河北玉田人。1956年开始专业创作。曾任北京市文联专业作家、作家出版社社长兼总编辑。1950年发表处女作《战场上》。1955年出版第一部散文小说集《七月雨》。1978年恢复创作活动后发表和出版的重要作品有《大墙下的红玉兰》《远去的白帆》《北国草》《风泪眼》《走向混沌》等中、短篇小说和散文。其作品注重描写当代中国曾经经历过的历史曲折,展示"左"的错误所造成的灾难性后果,情节起伏动人,多具有浓郁的悲剧色彩。他所开拓的"大墙文学"作品,笔墨震撼人心,格调冷峻沉郁。

王蒙

王蒙(1934 年~　)，河北南皮人，当代作家。1953 年创作长篇小说《青春万岁》，作品讲述了 20 世纪 50 年代初期一批高中学生的火热生活。1956 年发表早期的代表作《组织部新来的年轻人》，引起极大的反响。小说对机关内的官僚主义作风及其危害进行了无情的抨击，体现了作品鲜明的现实主义风格。1963 年赴新疆生活多年。王蒙的作品反映了中国人民在前进道路上的坎坷历程，他也由初期的热情、纯真趋于后来的清醒、冷峻，而且乐观向上、激情充沛，并在创作中进行不倦的探索和创新，被誉为"中国当代文坛的常青树"。另著有长篇小说《活动变人形》《这边风景》等，中短篇小说集《深的湖》《蝴蝶》等，小说集《冬雨》《坚硬的稀粥》等，散文集《德美两国纪行》，评论集《漫话小说创作》《王蒙报告文学集》等。作品被译为英、俄、日等多种文字在国外出版。

王蒙

冯德英

冯德英(1935 年~2022 年)，山东牟平(今属乳山)人，当代作家。1954 年开始创作长篇小说《苦菜花》，经两年多刻苦写作，出版后被译成日、俄、英等文本。还出版了长篇小说《迎春花》《山菊花》，长篇三部曲《大地与鲜花》第一部《染血的土地》等，另有一些短篇小说、散文和电影剧本。冯德英的"三花"长篇系列集中反映了胶东半岛人民艰苦卓绝、英勇顽强的革命斗争，情节起伏跌宕，语言清新流畅，性格描写细腻生动，具有抒情乡土的特征。

李敖

李敖(1935 年~2018 年　)，生于哈尔滨，1936 年随家迁北平，当代作家。1949 年全家迁居台湾。1963 年出版第一本著作《传统下的独白》。1979 年应邀为《中国时报》写专栏，出版有《李敖文存》《李敖文存二集》。1981 年发表《天下没有白坐的黑牢》，揭露台湾监狱黑暗。翌年 8 月又发表《隐而不退的告白》，并逐月出版一册《千秋评论》。著有《历史与人像》《为中国思想趋向求答案》《教育与脸谱》《上下古今谈》《文化论战丹火录》《闽变研究与文星讼案》《乌鸦又叫了》《两性问题及其他》《李敖的信》《也有情书》《不要叫吧》《李敖回忆录》等。

刘绍棠

刘绍棠(1936 年~1997 年)，北京通州人，当代作家。他的小说格调清新淳朴，文笔通俗晓畅,描写从容自然,结构简洁完整,乡土色彩浓郁。成名作是短篇小说《青枝绿叶》。其他作品还有《蒲柳人家》《蛾眉》《中秋节》《小荷才露尖尖角》《京门脸子》《豆棚瓜架雨如丝》以及散文短论集《我与乡土文学》等。

张贤亮

张贤亮(1936 年~2014 年),原名张贤良,原籍江苏盱眙,生于南京,当代作家。他的《灵与肉》(后改编为影片《牧马人》)、《肖尔布拉克》分获第 3、第 6 届全国优秀短篇小说奖;《绿化树》获第 3 届全国中篇小说优秀奖。中篇小说《男人的一半是女人》曾引起争论,并出版了英、美、法、日等国及香港、台湾地区版本。他的作品还有小说集《灵与肉》《肖尔布拉克》《感情的历程》,中篇小说《土牢情话》《龙种》《河的子孙》,长篇小说《男人的风格》,散文集《我的菩提树》等。他的小说深沉而广阔的反映时代风貌,注重描写人物的心灵及其命运,笔调凝重,气象雄浑,表现出对诗情意境和哲理意味的美学追求。

谌容

谌容(1936 年~),原名谌德容,原籍四川巫山,生于湖北汉口,当代女作家。谌容1964 年开始创作,1980 年因发表中篇小说《人到中年》而蜚声中外。她的作品曾多次获奖。出版有长篇小说《万年青》《光明与黑暗》,小说集《永远是春天》《赞歌》《真真假假》《太子村的秘密》《谌容小说选》《谌容中篇小说集》,以及《谌容集》等。她还发表过一些散文。谌容善于在日常家庭生活中挖掘出重大的社会主题,追求小说的诗意美和艺术表现的新颖独到,格调清新明丽、委婉细腻、朴实深沉。

张洁

张洁(1937 年~2022 年),原籍辽宁,生于北京,当代女作家。1978 年发表第一篇小说《从森林里来的孩子》,获同年全国优秀短篇小说奖。著有作品集《张洁小说剧本选》,小说散文集《爱是不能忘记的》《方舟》,小说集《祖母绿》,长篇小说《深重的翅膀》《只有一个太阳》,散文集《在那绿草地上》以及《张洁集》等。张洁以"人"和"爱"为主题的创作,常引起文坛的论争。她不断拓展艺术表现的路子,作品以浓烈的感情笔触探索人的心灵世界,细腻深挚,优雅醇美。

琼瑶

琼瑶(1938 年~),原名陈喆,笔名琼瑶、心如、凤凰等,湖南衡阳人,台湾当代女作家。16 岁在台湾《晨光》杂志发表短篇小说《云影》。读高中时,先后发表 200 余篇文章。1963 年自传式长篇小说《窗外》出版,一举成名。1963 年~1985 年,共创作长篇小说《幸运草》《几度夕阳红》《彩云飞》《心有千千结》《在水一方》《月朦胧,鸟朦胧》《雁儿在林梢》《碧云天》《冰儿》等四十余部。美化人生的爱情理想是她小说的主旋律；曲折新奇、波澜起伏的故事情节是她小说引人入胜的主要手段；具有浓郁诗意、雅俗共赏的文学语言是她小说独具魅力的重要特点。因此她的言情小说拥有庞大的读者群。并有大量作品被拍成电影、电视剧。

琼瑶

蒋子龙

蒋子龙（1941年~），笔名田重，河北沧县人，当代作家。小说《乔厂长上任记》在1979年全国优秀短篇小说评选中名列前茅。中篇小说《开拓者》《赤橙黄绿青蓝紫》《阴错阳差》《燕赵悲歌》等也深受读者欢迎。蒋子龙以敏锐的思想，择取工业的重大题材，将时代风云汇于笔端，提示改革进程中的诸多矛盾，着重塑造开拓者的群像，显示出刚健、遒劲、沉雄、豪放的格调。其他作品还有短篇小说集《拜年》《一个工厂的秘密》《蒋子龙短篇小说集》《蒋子龙中篇小说集》和长篇小说《蛇神》，散文集《珍爱心灵》等。

刘心武

刘心武（1942年~），笔名赵壮汉、刘浏等，四川成都人，当代作家。1977年发表短篇小说《班主任》，获首届全国优秀短篇小说奖，由此取得在文坛上的地位。后又发表《爱情的位置》《我爱每一片绿叶》等小说，曾激起强烈反响。他对生活感受敏锐，善于做理性的宏观把握，擅长青年题材，把塑造人物同对生活思考的抒情议论结合，是他小说的艺术特色。主要著作有短篇小说集《班主任》《母校留念》等，中短篇小说集《绿叶与黄金》《大眼猫》《蓝夜叉》等，长篇小说《钟鼓楼》《风过耳》等，还出版有散文集、理论集、儿童文学等作品以及8卷本《刘心武文集》。

冯骥才

冯骥才（1942年~），祖籍浙江慈溪，生于天津，当代作家。冯骥才以写知识分子生活和天津近代历史故事见长。注意选取新颖的视角，用多变的艺术手法，细致深入的描写，开掘生活的底蕴，咀嚼人生的况味。著名作品有《神鞭》《雕花烟斗》等，前者被改编成同名电影。其他还有小说集《铺花的歧路》《啊！》《意大利小提琴》《高女人和她的矮丈夫》等。

席慕容

席慕容（1943年~），原名穆伦·席连勃，意为浩荡大江河，祖籍内蒙古明安旗，蒙古族，台湾女作家。她是蒙古族王族之后，外婆是王族公主。在父亲的军旅生活中，席慕容出生于四川。14岁入台北师范艺术科。后又入台湾师范大学艺术系。1964年入比利时布鲁塞尔皇家艺术学院专攻油画。毕业后任台湾新竹师专美术科副教授。举办过数十次个人画展,出过画集,多次获多种绘画奖。1981年,台湾大地出版社出版席慕容的第一本诗集《七里香》,一年之内再版七次。其他诗集也是一版再版。席慕容多写爱情、人生、乡愁,写得极美,清新、易懂、好读也是她拥有大量读者的重要原因之一。

三毛

三毛(1943年~1991年),原名陈平,浙江定海人,生于四川重庆,台湾女作家。1948年随父母去台湾。1972年,去撒哈拉大沙漠与西班牙潜水师荷西结婚。在沙漠生活的6年中,写下了富有大漠浪漫风情的散文集《撒哈拉的故事》《雨季不再来》《稻草人手记》《哭泣的骆驼》等作品。1979年荷西意外遇难,她在《梦里花落知多少》《背影》等散文中,叙写生离死别的悲哀和痛惜。三毛的作品是她人生的真实记录,虽缺乏对社会现实开阔深入的关照,但她独特的生活经历,率真任性、洒脱自如的文字,取得生动感人的效果。1991年1月4日因病住院期间自杀。

霍达

霍达(1945年~),回族,北京人,当代女作家。霍达写了小说、散文、报告文学、电影、电视剧、话剧等大量作品。她的《红尘》获全国优秀中篇小说奖,《万家忧乐》获全国优秀报告文学奖,《鹊桥仙》获全国优秀电视剧奖,电影剧本《我不是猎人》获全国优秀少年儿童读物奖。还著有中短篇小说《魂归何处》《红尘》,长篇小说《穆斯林的葬礼》《天裂》《未穿的红嫁衣》,报告文学《国殇》,历史剧《秦皇父子》和《霍达电影剧作选》等。

施叔青

施叔青(1945年~),台湾鹿港人,当代女作家。在彰化女子中学读高中时因得陈映真的赞赏,发表第一篇小说《壁虎》。1978年定居于香港。著有短篇,小说集《约伯的末裔》《拾掇那些日子》《常满姨的一日》《倒放的天梯》《愫细怨》《完美的丈夫》《一夜游——香港的故事》,长篇小说《牛铃声响》《琉璃瓦》。戏剧论文集《西方人看中国的戏剧》等。

周国平

周国平(1945年~),生于上海,当代著名散文家、学者。1967年毕业于北京大学哲学系,1981年毕业于中国社会科学院研究生院哲学系,现为中国社会科学院哲学研究所研究员。著有学术专著《尼采:在世纪的转折点上》《尼采与形而上学》,随感集《人与永恒》,诗集《忧伤的情欲》,散文集《守望的距离》《各自的朝圣路》《安静》,纪实作品《妞妞:一个父亲的札记》《南极无新闻——乔治王岛手记》等,1998年底以前作品结集为《周国平文集》(1~6卷),译有《尼采美学文选》《尼采诗集》《偶像的黄昏》等。

李存葆

李存葆(1946 年~），山东五莲县人，军事文学家。他的创作渗透着民族传统的审美意识和习惯，他写的当代军人表现出"位卑未敢忘忧国"的人格风貌和"仁""义"的历史积淀，作品流溢出一股雄壮的悲剧美和浓郁的诗情美。主要作品有诗歌《野营组诗》，报告文学《将门虎子》《金银梦》，中篇小说《高山下的花环》《山中，那十九座坟茔》等。

余秋雨

余秋雨(1946 年~），浙江余姚人，当代著名学者。毕业于上海戏剧学院戏剧文学系。历任上海戏剧学院院长、教授，上海戏剧家协会副主席。1962 年开始发表作品。在海内外出版过史论专著多部，曾被授予"国家级突出贡献专家""上海市十大高教精英"等荣誉称号。近年来在教学和学术研究之余所著散文集《文化苦旅》先后获上海市文学艺术优秀成果奖、台湾联合报读书最佳书奖、上海市出版一等奖等。余秋雨的艺术理论著作——《戏剧理论史稿》，在出版后次年即获全国首届戏剧理论著作奖，十年后获文化部全国优秀教材一等奖；《戏剧审美心理学》荣获上海市哲学社会科学著作奖。因《行者无疆》获得 2002 年度台湾白金作家奖。

张承志

张承志(1948 年~），回族，原籍山东省济南市，现代作家、学者。他在蒙古历史和北方民族史的研究工作中有一定成果，在小说创作上也是硕果累累。他的初作是蒙文诗作《人民之刊》和短篇小说《骑手为什么歌唱》，并获 1978 年全国优秀短篇小说奖和全国少数民族文学创作荣誉奖。此后发表的小说有中篇小说《阿勒克足球》《黑骏马》《春天》《北方的河》。1987 年又出版了长篇小说《金牧场》。

北岛

北岛(1949 年~），原名赵振开，祖籍浙江，生于北京，当代诗人。20 世纪 70 年代初开始作诗，抒写他对生活由希望到失望的自我心绪和感触。"朦胧"诗派代表之一。1976年天安门"四五"运动爆发后，他写了《回答》一诗，此诗在 1979 年 3 月号《诗刊》发表后引起了强烈反响。他曾与朋友创办了非正式刊物《今天》。1980 年起任《新观察》《中国报道》（英文版）编辑。为中国作协创委会诗歌组成员。著有《北岛诗选》《太阳城札记》《北岛顾城诗选》，中篇小说《波动》，小说集《归来的陌生人》，译诗集《北欧现代诗选》等。诗作运用象征、通感、蒙太奇等多种表现技巧，诗风深沉而冷峻。

路遥

　　路遥(1949 年~1992 年),陕西清涧人,当代作家。1982 年起从事专业创作,任中国作协理事、作协陕西分会副主席。著有中篇小说《惊心动魄的一幕》《人生》。《人生》被改编摄制成同名电影上映,产生广泛影响,还出版有小说集《人生》《当代纪事》《姐姐的爱情》,3 卷本长篇小说《平凡的世界》等。

张抗抗

　　张抗抗(1950 年~),当代女作家。张抗抗的小说以对人的尊严和价值、人生的意义和人性结构的关注为旋律。她善于展现特定的时代的青年人从迷茫到躁动、到抗争的心路历程,人物的心理状态在她细腻的笔下显得活灵活现。主要作品有长篇小说《分界线》《隐形的伴侣》,小说集《张抗抗中篇小说集》《夏》《塔》《淡淡的晨雾》等。

舒婷

　　舒婷(1952 年~),原名龚佩瑜,福建厦门人,当代女诗人。著有诗集《双桅船》《会唱歌的鸢尾花》、散文集《心烟》等多种。代表作有《致橡树》《四月的黄昏》《祖国啊,我亲爱的祖国》。诗风细腻而沉静,哀婉而坚强,具有抒情、浪漫、朦胧的女性风格。

王小波

　　王小波(1952 年~1997 年),北京人,当代作家。他生前鲜为人知,死后声名广播。出版作品有《黄金时代》《白银时代》《青铜时代》《我的精神家园》《沉默的大多数》《黑铁时代》《地久天长》;纪念、评论集有《浪漫骑士》《不再沉默》《王小波画传》。

毕淑敏

　　毕淑敏(1952 年~),出生于新疆伊宁,长在北京,当代女作家。从事医学工作 20 年后,开始专业写作。1987 年开始共发表作品 200 余万字。1989 年加入中国作家协会。著有长篇小说《红处方》《血玲珑》《拯救乳房》,中短篇小说集《女人之约》《昆仑殇》《预约死亡》,散文集《婚姻鞋》《素面朝天》《保持惊奇》《提醒幸福》,短篇集《白杨木鼻子》《毕淑敏文集》(8 卷)等。

贾平凹

　　贾平凹(1953 年~),原名贾平娃,陕西丹凤人,当代作家。1972 年发表处女作《一双袜子》。1978 年发表小说《满月儿》，开始引起文坛注意。他早期的作品主要是以陕西山村的普通人为题材，抒写恬淡的生命旨趣，富于地域风土特色，格调清新隽永、明丽自然。自"商州系列"起，则开始向空灵的意韵发展，并且探讨都市中人的生存状态。出版小说、散文、文论集二十余本。主要有长篇小说《商州》《废都》《白夜》等，中、短篇小说集《山地笔记》《早晨的歌》《天狗》等，散文集《月迹》《爱的踪迹》等。

韩少功

韩少功（1953 年~），笔名少功、艄公等，湖南长沙人，当代作家。是倡导"寻根文学"的主将，对传统文化心理的反思和批判是其创作的一个基本主题。比较著名的有《爸爸爸》《女女女》《马桥词典》《文学的根》《西望茅草地》等。他的小说多取材于知识青年生活和农村生活，以思想蕴含的丰富性与深刻性独树一帜，被翻译成英、法、俄、意等多种外国文字。

王安忆

王安忆（1954 年~），祖籍福建同安，生于江苏南京，当代女作家。1975 年冬开始发表作品，1980 年发表成名作《雨，沙沙沙》。著有小说集《雨，沙沙沙》《王安忆中短篇小说集》《尾声》《流逝》《小鲍庄》，长篇小说《69 届初中生》《黄河故事人》《流水三十章》《父系和母系的神话》《长恨歌》，散文集《蒲公英》《母女漫游美利坚》（与茹志鹃合集），儿童文学作品集《黑黑白白》，论著《心灵世界——王安忆小说讲稿》以及《乘火车云旅行》《王安忆自选集》等。其中《本次列车终点》获 1962 年全国优秀短篇小说奖，《流逝》和《小鲍庄》分获全国优秀中篇小说奖。不少作品表现了作者对社会人生问题的深沉思考。她善于从平凡的生活中发掘其底蕴，抉微钩沉，纤毫毕现。笔墨素淡，情韵幽婉。一些作品在文坛上产生广泛的影响。

方方

方方（1955 年~），原名汪芳，南京人，中国当代女作家，曾任《今日名流》杂志社社长兼总编辑，《长江文艺》社长兼主编，湖北省作家协会主席，中国作家协会第五、六、七、八、九届全委会委员。著有小说《风景》《行云流水》《桃花灿烂》，小说集《大篷车上》《一唱三叹》《汉口的沧桑往事》《乌泥湖年谱》《水在时间之下》《民的 1911》《武昌城》《涂自强的个人悲伤》《惟妙惟肖的爱情》《是无等等》等。着重描写底层人物的生存状态，以冷峻的目光剖析人性的弱点，探索生命的本真意义。

莫言

莫言（1955 年~），原名管谟业，1955 年 2 月 17 日出生于山东高密，中国作家协会副主席、2012 年诺贝尔文学奖获得者，亦是第一个获得诺贝尔文学奖的中国籍作家。1981

年开始发表作品《春夜雨霏霏》,1984 年因《透明的红萝卜》而一举成名。1986 年,在《人民文学》杂志发表中篇小说《红高粱家族》引起文坛极大轰动。1987 年担任电影《红高粱》编剧,该片获得了第 38 届柏林国际电影节金熊奖。2011 年凭借小说《蛙》获得茅盾文学奖。2012 年获得诺贝尔文学奖。获奖理由是:通过幻觉现实主义将民间故事、历史与当代社会融合在一起。2013 年担任网络文学大学名誉校长。2016 年 12 月,当选中国作家协会第九届全国委员会副主席。2017 年 11 月,莫言获香港浸会大学荣誉文学博士学位。同年 12 月,凭借作品《天下太平》,获“2017 汪曾祺华语小说奖”中的短篇小说奖。2019 年,创作小说《等待摩西》。2019 年 11 月,与王振共同创刊《两块砖墨讯》。2020 年 7 月 31 日,出版中短篇小说集《晚熟的人》。2021 年 4 月 14 日,被香港大学授予荣誉文学博士。莫言因一系列乡土作品充满“怀乡”“怨乡”的复杂情感,被称为“寻根文学”作家。据不完全统计,莫言的作品至少已经被翻译成 40 种语言。

顾城

顾城(1956 年~1993 年),北京人,当代诗人。20 世纪 70 年代开始写诗。顾城是我国新时期“朦胧”诗派的代表人物,被称为以一颗童心看世界的“童话诗人”。顾城的诗纯真无瑕、扑朔迷离,在充满梦幻和童稚的诗中,却充溢着一股成年人的忧伤。这忧伤虽淡淡的,但又像铅一样沉重。因为这不仅是诗人个人的忧伤,而是一代人觉醒后的忧伤,是觉醒的一代人看到眼前现实而产生的忧伤。著作有诗集《无名小花》《舒婷、顾城抒情诗选》《北岛、顾城诗选》《黑眼睛》《顾城诗集》等,另与谢烨合著长篇小说《英儿》。

铁凝

铁凝(1957 年~),河北赵县人,生于北京,当代女作家。1975 年发表第一篇小说《会飞的镰刀》等。1979 年发表《灶火的故事》等短篇小说。出版有短篇小说集《夜路》,作品集《没有纽扣的红衬衫》《哦,香雪》,中篇小说《午后悬崖》,长篇小说《玫瑰门》《无雨之城》,以及 5 卷本《铁凝文集》。台湾曾出版她的短篇小说集《麦秸垛》。《没有纽扣的红衬衫》获第 3 届全国优秀中篇小说奖及“十月”文学奖,改编为电影《红衣少女》,曾获当年百花奖。

池莉

池莉(1957 年~),湖北人,当代女作家。1990 年调入武汉文学院,为专业作家。1995 年,任文学院院长。2000 年,任武汉市文联主席。1979 年开始发表文学作品。著有《池莉文集》(7 卷)、小说《烦恼人生》《不谈爱情》等,长篇小说《来来往往》《小姐,你早》以及散文随笔集多部。获全国优秀中篇小说奖,鲁迅文学奖以及《人民文学》《十月》《当代》《小说月报》等各种文学奖 50 余项。有多部小说被改编为电影、电视剧。

王朔

王朔（1958 年～　），北京人，当代作家。先后发表小说《一半是海水，一半是火焰》《顽主》《我是你爸爸》《看上去很美》等中、长篇小说，受读者欢迎。作品以游戏、颓废为精神特征，对白通俗又充满活力，语言戏谑、反讽。

余华

余华（1960 年～　），浙江人，当代作家。主要作品有《世事如烟》《黄昏里的男孩》《在细雨中呼喊》《活着》《许三观卖血记》等。是"先锋派"的代表作家，小说具有非凡的想象力，冷漠的叙事语言风格，充满淡泊而又坚毅的力量。《活着》被译为多国文学。

苏童

苏童（1963 年～　），江苏苏州市人，当代作家。1984 年毕业于北京师范大学中文系。1983 年开始发表文学作品。曾经当过教师、文学编辑，现为江苏省作家协会专业作家。主要作品为江苏文艺出版社出版的《苏童文集》，代表作中篇小说《妻妾成群》《罂粟之家》《三盏灯》《肉联厂的春天》《桂花连锁集团》，长篇小说《米》《我的帝王生涯》《城北地带》《菩萨蛮》，散文随笔集《纸上的美女》《苏童散文》等。

海子

海子（1964 年～1989 年），原名查海生，出生于安徽怀宁县高河查湾，当代诗人。海子生活在童话的国度，他的诗充满了对一切美好事物的眷恋之情。但敏感而脆弱的心灵构成了诗人极为忧郁的品格，后以死亡来完成对诗歌的追求。出版的作品有长诗《土地》和短诗选集。名篇有《面朝大海，春暖花开》等。

张小娴

张小娴（1967 年～　），英文名 Amv，香港著名言情小说家。1995 年推出第一部长篇小说《面包树上的女人》而走红文坛，是继亦舒之后，香港最受欢迎的言情小说家。她的写作风格随意自然，深深扣住读者的内心。其他小说作品包括《卖海豚的女孩》《三个 ACUP 的女儿》《荷包里的单人床》。散文集包括《我微笑，是为了你微笑》《不如，你送我一场春雨》《禁果之味》《月亮下的爱情药》《亲密心事》《悬浮在空中的吻》《幸福鱼面颊》《思念里的流浪狗》等。张小娴的作品，善于描写都市的男欢女爱，深受年轻读者的欢迎。

文化谜踪

文化是人类历史的产物，世界各个民族在其历史进程中以不同的方式创造着不同的文化。作为历史的烙印，文化包罗万象，无处不在。

《诗经》是否为孔子所编？八卦的原意何在？预测千古的《推背图》究竟是什么……这些文化之谜耐人寻味，又令人陶醉。

甲骨文之谜

大约在公元前 16 世纪，商汤灭夏，在中原立国。从此中国历史进入商代。商王盘庚曾五次迁都于殷。直到商纣亡国总共 273 年，商代晚期的统治中心一直在殷。但商朝被灭之后，殷民迁走，殷都逐渐变成一座废墟。殷都的文明也只局限于文字记载上，甚至有人认为那些记载不可作为信史。后来，一连串的偶然事件逐渐否定了这种怀疑。考古者逐渐将殷都积淀的古文明展现出来。

1899 年，北京国子监祭酒王懿荣老先生感到身体不舒服，就买了一剂含有"龙骨"的药物，在准备将这些"龙骨"研碎时，王懿荣发现这些坚硬的东西并不是什么骨头，而是上面有许多划痕的变黄的龟甲。王懿荣是一位研究古文字的专家。好奇心驱使他拿起甲骨仔细地观察。他吃惊地发现这些划痕像是一种文字。他于是将

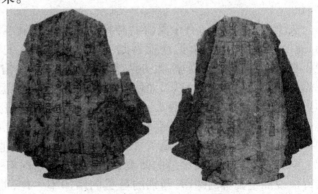

大型涂朱红牛骨刻辞　商

这家药店的全部"龙骨"买下，经过细致研究和考证，断定这种非篆非籀的字形是商代的一种占卜文字。

我们现在已能解释商代的文字为什么要刻在甲骨或兽骨上，为什么这些刻着文字的甲骨碎片总是有许多裂纹或切痕。原来所有这些碎片都是史书上所称的"卜骨"。骨上的裂纹是人们有意用高温加热所造成的。根据商代的习俗，商代人上自王公下至庶民，无论是大事还是小事，都要用这种龟甲和牛胛骨进行占卜。占卜时，就用燃炽的木枝烧炙甲骨的反面凿出的槽和钻出的圆窠，这时甲骨因厚薄不匀而出现"卜"字形裂纹。这些裂纹就是他们判断吉凶的"卜兆"。占卜以后，将所问事顷刻记在甲骨之上，这就是"卜

辞"。占卜的内容是以当朝国王为中心的,有对祖先与自然神祇的求告与祭祀,有对天象、农事、年成以及风、雨、水的关注,也有对周围各国战争的关注和商王关于旬、夕、祸、福以及田游、疾病、生育的占问等。这样就为我们提供了许多商代历史事件或天气气象的资料。

王懿荣的发现引起了许多中外人士对甲骨的重视。1908 年,经罗振玉先生多方查询,才得知甲骨实出自河南安阳小屯一带。伴随着甲骨被确认、购藏和挖掘,古文字学家也开始对甲骨文进行破译。经过众多专家的努力,甲骨片上排列的文字成为可以通读的文句了,从而证实了出土甲骨文的小屯村正是古文献记载的殷墟。因此,一个湮没了三千多年的繁华故都终于在世人面前得以呈现。

自 1899 年发现殷墟甲骨至今,约有 15 万片以上商代甲骨已出土,现分藏在中国内地和台、港、澳地区,另有一部分流散到其他国家。殷墟甲骨文内容涉及商代的政治、经济、文化及天文等。可以说甲骨文的发现和破译帮助我们解开了历史上许多难解之谜,而发现的甲骨文共有 4500 多个单字,还有三分之二的文字等待人们去破解。

汉字起源真是"仓颉作书"吗

早在几千年前就产生的汉字孕育和记录了中华民族古老的历史文化,传承了黄土地上悠久的文明。汉字以它独特的形状和用法而在诸多文字中独树一帜,汉字是怎样产生的? 又是什么人发明的? 对于这个问题,历来有不同的说法,最为流行的是"仓颉造字"说。

关于"仓颉造字",有个美丽而神奇的传说。仓颉本来是黄帝的史官,他有着四个眼睛,能上观天文,下察地理,还能看到一般人所看不见的东西。黄帝时期,人们都还在结绳记事,这种方法过于简单,没办法将复杂多变的各种情况记录下来,人们往往因为无法正确传达和交流自己的意思,而使农耕生产受到了阻碍。于是关心民生的黄帝就命令仓颉去想办法。仓颉接到命令后,把自己关在洧水河岸边上的一个房子里,天天想得饭都忘了吃,觉都顾不得睡,整天蓬头垢面,还是很长时间也没造出字来。有一天,他站在屋门口的大树下发呆,一只凤凰飞过,把嘴中的果实丢在他面前,仓颉捡起来仔细一看,发现上面有一个从来也没见过的图案,十分美丽。这时有一个猎人经过,看到那个图案就告诉他说那是貔貅的蹄印,与别的兽类的蹄印不一样,而且世界上万物的蹄印都是各不相同的。仓颉从这些话中得到了启发,意识到自己原来造不出字是因为闭门造车的缘故。于是,他周游四方,跋山涉水,看到什么都要仔细地观察和思考,将他们的特征记下来,风花雪月、飞禽走兽、日月星辰都成为他的灵感来源。他将这些灵感的美丽动人的地方整理出来,成为最早的象形字。传说他在造字的时候,天上竟然不可思议地下起米来,夜间听到天地间有野鬼凄厉地哭嚎声。仓颉把他造的这些象形字献给黄帝,黄帝看后非常满意,立即召集九州酋长前来,让仓颉把造的这些字传授给他们,九州酋长们又在各自的部落和领土大力推行。于是,九州大地人们都开始使用这些象形字,这给人们生产生活和交流信息提供很大的方便。

关于这段传说,很多书中有相关的记载,在汉代淮南王刘安著的《淮南子》一书中说:

仓颉

"颉作书，天雨粟，鬼夜哭"。汉代最伟大史学家司马迁在《史记》一书中也说："造端更为，前始未有，若仓颉作为……是也。"到了东汉，许慎更是很明确地在《说文解字》中写道："黄帝之史仓颉，见鸟兽蹄迒之迹，知分理之可相别异也，初造书契。"《兖州续志》中说"仓颉，冯翊人，黄帝史官。生四目，观鸟迹而制字。"此外，为了纪念仓颉造字的功劳，后人还根据传说把河南新郑县城南仓颉造字的地方称作"凤凰衔书台"，到了宋朝时还有人在这里建了一座叫"凤台寺"的庙宇。甚至仓颉的坟墓也有多处，其中文物考古工作者在现在的铜城镇王宗汤村调查发现一处龙山文化遗址，距今约4000余年，据说原来就是被当地人称"仓王坟"，坟前原来还建有"仓王寺"。可以看出，仓颉造字的说法还是很有来历的。

但是如果客观和理性地分析的话，汉字的复杂和多变根本不可能由一个人在一个较短的时间内发明出来。仓颉所处的时代还是原始社会，人们每天风餐露宿，最基本的生活都无法保证，如此低的生产水平和文化水平要发明像汉字这样既是独立发展又有相当久远历史的文字，对仓颉这种原始人来说简直不可能。此外，根据学者的考证，当时的文字有许多异体字，无疑产生于很多人的手中，所以人们认为"仓颉造字"是一种不太可信的说法，可能性大些的是他对这种形体不一的文字进行了整齐划一的工作。荀子就曾经认为：古时候，创造文字的人很多，文字是众人发明的，仓颉的功劳只是在于整理它们罢了。一个很有说服力的考古史实是有人发现西安半坡出土的陶器上有一些刻画符号，笔画简单，距今大约6000年左右，比仓颉造字的时代早1000年。除了仓颉外，还有传说中的神农作穗书，黄帝作去书，祝融作古文，少昊作鸷凤书，曹阳氏作蝌蚪文，曹辛氏作仙人书，帝尧作龟书，大禹铸九鼎而作钟鼎文等等，可以说是各有各的道理。文人学者们为此考证了2000多年，发表了各种看法，但谁也没能压倒对方，成为权威。

但不管"仓颉作书"的真相是怎么样的，不论它是严肃的史实还是美丽的传说，都反映出人们对祖国文字的热爱、对它传承中华民族悠久文化的肯定。正因为人们对那些造字的祖先怀着热烈的感激和景仰，那些动人的传奇才能流芳千古。

绘画的始祖是谁

在世界美术史上，中国画独树一帜。中国绘画的起源可追溯到原始社会，其绘画痕迹留于陶器上的各种花纹、图案上，但现代意义上的绘画并非这些花纹、图案。那么，谁是中国画的始祖？中国画起源于何时？我国有很多关于这个问题的传说，古籍上也对此众说纷纭。

"白阜始作图画说"。《画史会要》中说："火帝神农氏，命其臣白阜，甄四海，纪地形而图画之，以通水道之脉。"白阜是传说中神农氏的大臣，古人在讨论绘画起源诸问题时极少提及此说，因为白阜画的是地形图。

"绘画源于黄帝说"。《鱼龙河图》说："黄帝遂画蚩尤形象，以威天下。"这些可以说是绘画。《云笈七签》又云："黄帝以四岳皆有佐命之山，乃命潜山为衡岳之副，帝乃造山，躬形写象，以为五岳真形之图。"这两者都只能算是画地形图了。

"伏羲氏始作画说"。《周易·系辞上传》云："古者伏羲氏之王天下也，仰则观象于天，俯则观法于地，观鸟兽之文，与地之宜；近取诸身，远取诸物。于是始作八卦，而文籍生焉。"古今都有学者认为，伏羲氏所画八卦的爻象的意义原在图形，因为它们都是象形的。伏羲氏观察天象画出了"乾"，根据大地则画了个"坤"等等。因而伏羲氏所画的八卦乃是中国最原始的绘画。

"绘画始作于史皇说"。史皇是黄帝的大臣。《文选》李善注中说："《世本》云：'史皇作图。'宋忠曰：'史皇，黄帝臣；图，谓图画物象。'"《云笈七签》则称："黄帝有臣史皇，始造画。"说得更为直截了当。在《画史会要》中，黄帝之臣史皇"体象天地，功侔造化"，颇"善鱼"，无一不通，无一不画。黄帝的另一大臣仓颉作文字便是授传于史皇的"写鱼龙龟鸟之形"。

"绘画始于仓颉说"。不仅书法，绘画亦源于仓颉。书画同源是得到我国大多数学者的肯定的。朱德润《存复斋集》云："书画同体而异文……类皆象其物形而制字；盖字书者，吾儒六艺之一事，而画则字书之一变也。"《孝经援神契》中说道："奎主文章，仓颉效象。"宋均注云："奎星屈曲相钩，似文字之画。"意即"屈曲相钩"的文字实际上就是中国最原始的绘画。

"绘画始祖为封膜说"。《画麈》中指出："世但知封膜作画。"意思是说人们只知晓封膜为绘画之祖。但此说没有根据。唐人张彦远见到《穆天子传》中有"封膜昼于河水之阳"之语后，误把"封"当作姓，又将"昼"解为"画"，并用郭璞的注来证实这一误解，很是牵强，有穿凿附会之意，使后人误传世上曾有过"封膜"其人，并说中国绘画之祖就是封膜。此说实为以讹传讹，故而不足凭信。

"敤首为绘画始祖说"。《说文解字》曰："舜女弟名敤首。"敤首是传说中英雄时代舜的妹妹，她曾"脱舜于瞍象之害"，向两个嫂嫂告发了恶徒们欲置舜于死地的阴谋，救了舜一命。《列女传》盛赞她善画，"造化在心，别具神技"。敤首又名嫘或画嫘。正是由于嫘创造了绘画，所以她又叫画嫘。

然而，敤首的绘画事迹，距今年代久远，某些古籍的记载又缺乏有力的根据，往往带有神话色彩，无从查考。中国绘画的始祖也许是黄帝时代的人物，究竟谁属目前仍是个谜。

左丘明有没有著《国语》

《国语》是我国最早的一部国别体史书，共有 21 卷，分别记载了西周末年和春秋时期周、鲁、齐、晋、郑、楚、吴、越等八国的史事。这部书以记述人物的言论、对话为主,其中有不少脍炙人口的历史故事。如召公谏厉王止谤(《周语》)、勾践卧薪尝胆终于灭吴(《越语》)、管仲帮助齐桓公称霸(《齐语》)等等,一代一代被后人传诵。《国语》不仅对研究春秋战国时期历史有重要价值,其生动、幽默的语言也对后世文学产生了积极的影响。但《国语》的作者是谁历来是各位学者争论不休的话题。

西汉大史学家司马迁说:"左丘失明,厥有《国语》"(《报任安书》)。东汉史学家班固也说,左丘明在写完《左传》之后,"又纂异同为《国语》"(《汉书·司马迁赞》)。三国时吴人韦昭在为《国语》作注释时,在序文中也认为左丘明作《国语》。唐代史学家刘知几也持有同样的见解,认为"《国语》家者,其先亦出于左丘明"(《史通·六家》)。但在刘知几之后的唐代大文学家柳宗元首先提出了相反意见。他写有《非国语》二篇,否定左丘明为《国语》作者。从此,宋人刘世安、吕大光、朱熹、郑樵,直至清人尤侗、皮锡瑞等,也都对左氏作《国语》的传说产生了怀疑。

左丘明

在现代学者中,对这个问题的认识分歧依然存在。徐中舒认为:《左传》《国语》"此两书其中大部分史料都应出于左丘明的传诵。古代学术,最重传授系统,谁是最初传授者,谁就是作书的人"(见《〈左传〉的作者及其成书年代》)。张孟伦认为:"《国语》是左氏编纂的。司马迁不但用它做过《史记》的资料,而且在《自序》里说过'左丘失明,厥有《国语》'。这就不但告诉了我们《国语》是左丘明编纂的,而且是他失明后'发愤之所作为'的,我们也就不必再有什么怀疑了。"他又说:"汉、魏各学者钻研《国语》,又做过精密注释工作,都没有怀疑《国语》是出自左氏的;宋儒宋庠作《国语补音》,也以为这种看法是很正确的。"(见《中国史学史》上册)李宗邺认为,"汉距春秋甚近,汉人说《国语》是左丘明作的,当为可信"(《中国历史要籍介绍》)。

但也有不少学者不同意上面诸位学者的说法。王树民认为:"《国语》和《左传》以不同的形式叙述了基本上同时期的史事,这一点很受世人的重视。自从《左传》为经学家所尊奉,于是《国语》也称为《春秋外传》,并说为左丘明所作,其说实无根据。"又说,"《国语》为汇编之书,非出一时一人之手,这从本书的形式和内容方面,都可以得到充分的证明。"又说,"各篇的作者和全书的编者,现都已无从查考,也就不必强求了。"(见《史部要籍解题》)顾志华认为:"《国语》是一部汇编之书,它仅仅反映了春秋时期的八个国家,其中每个国家所记史事详略不同,写法也不相同,不像出自一个人的手笔,很可能是当时各国史官把史事记下来后,有人在这些材料的基础上进行整理、加工、润色而成的。至于最后定稿者是谁,就不得而知了。《国语》的成书年代也已不能确定,大致是在战国初年,各篇先后有所不同。"(见《中国史学名著题解·国语》)

由于双方若要说服对方,都还必须更深入地考证左丘明的确切生活年代及事迹,还要更加详细地对比分析《左传》《国语》在记载史事方面的异同,包括书法体例、语言风格、思想观点等等。探究《国语》的作者究竟是谁成为史学界的一大难题,也将成为提高《左传》和《国语》研究水平的一个重要环节。

《吕氏春秋》究竟成书于何年

《史记·吕不韦列传》曾载："《吕氏春秋》布咸阳市门，悬千金其上，延诸侯游士宾客，有能增损一字者予千金。"这便是有名的"一字千金"之说。此书的编纂者吕不韦是卫国国都濮阳（今河南濮阳西南）人，早年通过经商成为大贾，"家累千金"。庄襄王作了秦王后，拜吕不韦为相，以酬谢其奔走请托的拥立之功。在秦执政期间，吕不韦不但学习信陵君、春申君的养士风气，还学习信陵君使用宾客著书立说的办法，命宾客综合各派学说之长，编成《吕氏春秋》一书。

《吕氏春秋》分三部分，即《八览》《六论》《十二纪》，共160篇。至今有关它的成书年代，说法不一。

第一，作于秦八年说。在《吕氏春秋》的《序意篇》中，吕不韦说："维秦八年，岁在涒滩，秋，甲子朔，朔之日，良人问十二纪。"高诱注云："八年，秦始皇即位之八年也。"古人习惯将序作于书作成后，那么，吕不韦自说《吕氏春秋》成于秦始皇即位八年（前239）当然可信。

第二，作于秦十年说。司马迁在《史记·自序》中说："不韦迁蜀，世传《吕览》。"张守节的《正义》说："即《吕氏春秋》。"也就是说《吕氏春秋》成于"不韦迁蜀"之后。司马迁可以用其作《史记·吕不韦传》记载的吕不韦迁蜀的那一段历史证明自己《吕氏春秋》成书于秦十年后的观点，"秦王（秦始皇）十年（前237）十月免相吕不韦，出文信侯（吕不韦）就国河南。岁余，诸侯宾客相望于道，请文信侯。秦王恐其变，乃赐文信侯书，其与家属徙处蜀。吕不韦自度稍侵，恐诛，乃饮酖而死。"司马迁在《史记·太史公自序》中又说："不韦迁蜀，世传《吕览》。"不韦迁蜀在秦十年之后，这一点是很清楚的，而这又与上所证吕氏之书成于秦始皇六年之说不相符。

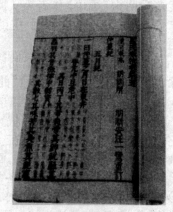

《吕氏春秋》书影

究竟哪一个说法符合历史的真相，还是一个未解之谜。

《诗经》是否为孔子所编

《诗经》是中国第一部诗歌总集，标志着中国文学史的光辉起点和现实主义文学传统的源头，在中国文学史上占有极其重要的地位。关于《诗》的作者，说法最多的是被后世尊为"孔圣人"的孔子，"孔子删诗"在众多文献中都有记载。

传说距今两千年前的春秋战国时代，诸侯战乱、群雄割据，各个国家之间天天都上演着硝烟纷飞、刀兵相见的场面，孔子正生活在那个时期，为了传播自己的政治文化信仰，他不辞辛苦，风尘仆仆地带着诸多弟子周游列国，一路上吃尽了各种苦头，但他的理想在祖国鲁国行不通，到齐国也碰壁，到陈、蔡等小国，更不必说了。在卫国，被卫灵公供养，住了较长时间，到了六十九岁时才回到鲁国，目睹统治者的荒淫无道后，他转而从事《诗》《书》《礼》《乐》等六经的整理工作，将大半辈子精力都用于教育和整理古代文献。传说那时礼崩乐坏，人们谈诗的风气早就很少了，但孔子却十分重视《诗》的言志和交谈两种用处，认为《诗》是贵族阶层必不可少的教育科目，但当时流传的诗大部分是"王官采诗"。"采诗"是指周王朝派出专门的使者在农忙季节到各地采集民谣，由周朝史官整理后给天子看，目的是了解民情。但这些诗有好有坏，甚至有造反和淫乐的成分，为此，孔子把三千多篇古诗做了大量的删削，只留下 305 篇。强调"不学诗，无以言"，强调"诵诗"要"使之四方"而能"专对"。孔子不但要求弟子学《诗》，还要求于此两方面能够熟练运用。

先秦时人们把孔子删过的诗集称《诗》或《诗三百》，汉朝时儒家将其奉为经典，称为《诗经》，沿用至今。《诗经》收入了 305 篇诗；另有 6 篇只存题目而无内容，叫作"笙诗"。这样实际存在着 311 个题目，305 篇诗。这些诗歌分为三部分：风诗 160 首，雅诗 105 首，颂诗 40 首。现在我们看到的《诗经》的内容十分丰富。里面记录了两千余年前中华民族古老的祖先们在黄河两岸用质朴的声音吟唱着的一首首优美动听的歌曲。这中间包含了对生活劳动中种种愉悦和磨难的感受，还有追求爱情时的各种纯朴大胆而真实的心声。这些诗大多感情真挚、强烈、质朴、健康。

关于"孔子删诗"的事，孔子在《论语》中是这么说的，"自卫返鲁，然后雅颂各得其所"（自从我由卫国回到鲁国后，诗中的类别雅颂才得到分类归位）。在众多文献中也都有记载，在《史记》中记载得最为完整。司马迁在《孔子世家》中说："古者《诗》三千余篇，及至孔子，去其重，取可施于礼义，上采契、后稷，中述殷周之盛，至幽、厉之缺。……礼乐自此可得而述，以备王道，成六艺。"后世许多文献也都是从这点演化来的。

但是后代一直有人怀疑是否真有孔子删诗的事。《左传》中记载有人在孔子还不到 10 岁时就已看到了定型的《诗经》。唐代的孔颖达认为就算是像《史记》中说的那样，孔子删诗前有很多诗，但从书中引用的诗来看还是删去的少，《史记》中说去了十分之九，恐怕还是不太可能。宋代的朱熹也持同样的看法，有人问朱熹关于孔子删诗的事，他说："那曾见得圣人执笔删那个，存这个？也只得就相信传说去。"清朝的崔述也说根据《论语》《孟子》《左传》《礼记》等书的考证，孔子后散失的诗还没有十分之一，所以"由是观之，孔子无删诗之事"。魏源也说："夫子有正乐之功，无删诗之事。"《左传》襄公二十九年载，吴公子季札在鲁国观看周乐，为他演奏的就是国风、小雅、大雅、颂，与今天《诗经》的编次相同，十五国风排列先后的次序也基本和现在《诗经》差不多。当时孔子还是七八岁的小孩，可见《诗经》的编次在孔子以前大体上就是这样，孔子并未删减，也没有做多大的改变。

这些怀疑到近代的古史辩运动时达到了极端，钱玄同甚至从根本上否认孔子与六经之间的关系，钱玄同在 1923 年在《答顾颉刚先生书》中认为："孔子无删述或制作六经之事……《诗》《书》《礼》《易》《春秋》，本是各不相干的五部书（《乐经》本无此书）……六经的配成，当在战国之末。"钱玄同以怀疑儒家经典奠定了他在中国历史学的地位。古史辩运动对于儒家经典的怀疑，可以说是对两千年来中国文化、学术、政治的核心部分，具有神圣不可侵犯性质的"经"的最后一击。但疑古学派"非圣无法""荒经蔑古"虽然适应了时代的要求，但却又在疑古过程中产生怀疑过头的倾向。但钱玄同的看法也可以作为对

"孔子删诗"的又一挑战。

总之，《诗经》编者是谁直接关系着《诗经》在整个儒学系统中的定位问题和渊源问题，因此，有待后世的进一步解答。

孔子著《春秋》之谜

《春秋》是流传下来的迄今为止我国最早的一部编年体史书，也是儒家的主要经典。人们谈论《春秋》时，往往提到孔子。但《春秋》到底是不是孔子所作？人们对此有不同的看法。

一种观点认为，《春秋》就是孔子所作。它最早由孟子提出来。孟子认为，春秋时社会动荡，各种邪说暴行屡屡出现，"孔子成《春秋》而乱臣贼子惧"。现代学者指出，孔子之所以作《春秋》，一是因内乱，一是因外患。孔子作《春秋》以正名分，给诸侯、大夫以严正的褒贬，从心理上来钳制他们，以安定天下的秩序，恢复周王室的政治权力，同时达到"尊王攘夷"的目的。

另有一种观点认为，《春秋》不是孔子所作，不过是由孔子整理而成。有的学者指出，孔子是我国历史上第一个创办私立学校的教育家。他为了能更好地讲学，搜集鲁、周、宋、杞等故国文献，重加整理编次，形成《易》《书》《诗》《礼》《乐》和《春秋》六种教本。孔子对它们的内容虽有删节，但态度是"信而好古"，也就是尽量保持原有的文字，包括原来的史事内容和表达风格。司马迁在《史记·孔子世家》中说："子曰：'弗乎弗乎，君子病没世而名不称焉。吾道不行矣，吾何以自见于后世哉？'乃因史记作《春秋》，上至隐公，下讫哀公十四年，十二公。"据此说法，孔子是根据鲁国和周王室以及其他诸侯国的史官的记载略加修改，编写成一部简要的史书。《春秋》中的一些字句都是沿用以前史官的写法，并非孔子的创造。

《春秋》内页

还有一种观点，认为孔子根本没有著作或删订《春秋》。"五四"以后，钱玄同主张此说。他认为，"六经"（《诗》《书》《易》《礼》《乐》《春秋》）并没有孔子改动的痕迹。《春秋》应是鲁史旧文，其中如"郭公""夏五"之类，都保存了原来的缺简，只不过在长期转写、流传中，难免会有改动。他们又举出《论语》作为例子，说《论语》载孔子生平言行甚详，其中论《诗经》的最多，但对于《春秋》却一字未提；孔子时代《春秋》还是鲁国秘藏的国史，孔子不可能也不必要对这本秘藏的国史进行改编。有的学者则根据《春秋》记载孔子生年和卒年，认为孔子修《春秋》的说法是不能成立的。因为他不会自称"孔子"，又不能写出自己的卒年。孔子只是曾经把《春秋》作为教材而已。经孔子一用，《春秋》便逐渐流传到了民间，然后再由孔门弟子一代一代地传述下去。《春秋》不是一时而成或出于一人，而是由鲁国史官们在两百多年时间里陆续编纂而成，从而出现了一些前后风格、笔调不太一致的地方。

以上三种说法各有道理，谁也不能彻底说服谁，遂成文史上的又一桩公案。但不论《春秋》是否为孔子所作，都不会削弱孔子作为文化伟人的地位和《春秋》作为古籍的不可估量的研究价值。

《山海经》到底是什么性质的书

《山海经》是我国第一部描绘山川与物产、风俗与民情的大部头地理著作，还是我国古代第一部神话传说的大汇编，有着巨大的文化价值与历史价值。全书共十八篇，分为《山经》和《海经》两个部分。然而，对于这样一部体系庞大的"怪"书的性质归类，却是各有各的看法。

有一种比较有影响力的观点认为，《山海经》是一部巫术之书、记祭祀的礼书和方士之书，是古人行施巫术的参考书。鲁迅在《中国小说史略》中称"《山海经》……盖古之巫书也"。他的观点对中国学者产生了重大的影响，绝大多数人都持此种观点。班固把《山海经》置于"术数略"的"形法家"，是"大举九州之势"而求其"贵贱吉凶"，类似后世讲究"风水"的迷信之书。这是对《山海经》性质的最早的说明。后司马迁认为它荒诞不经，难登大雅之堂，认为《山海经》中虽然记载了方位、山川、异域，但那是因为祭祀神灵的需要，如《海外西经》记载的"登葆山，群巫所从上下也"。此外，《海经》中所记载的海外殊方异域、神人居住的地方、怪物的藏身之处，都是秦汉间鼓吹神仙之术的方士的奇谈。由于诸多对巫术和祭祀的记载，《山海经》被归类为语怪、巫术书。

《山海经》书影

茅盾从神话学角度把《山海经》归为一部杂乱无章的神话总集，专记古怪荒诞的神话故事。这一看法很具有普遍性。《山海经》所收的神话故事源自上古历史传说，以及各地诸侯国的报表文书和采自民间的神话故事。如我们周知的"女娲补天"就来自于《大荒西经》，还有《大荒北经》中的夸父追日，《北山经》中的精卫填海、后羿射日、共工怒触不周山、大禹治水、黄帝擒蚩尤等这些神话传说都来自《山海经》中的记载。

此外，还有不少学者认为《山海经》是一部自然地理和人文地理专著，是"第一部有科学价值的地理书"，具有极高的军事价值和政治价值，它详细地记载了境内山川地貌的距离和里数，还记录了各个地区的山脉、河流，以及草木、鸟兽、矿藏等，还有关于各地的特产和风情的记载。

近世的许多学者，也都认为它是一部既有科学内容、又杂有巫术迷信成分的地理志。既是历史地理学家又精通古代神话和宗教的顾颉刚颇赞同此观点，或许是为了在巫书与地理志之间寻求一种平衡与融合。很长一段时间内，《山海经》是地理书似乎成了定论。

但是后来也有人认为，虽然《山海经》记述了山川、异域，但是它并不是以讲述地理为目的，不能够把它误认为是一部实用的地理书。

还有一种观点，认为《山海经》是根据图画记述的。在晋代，陶渊明有诗曰："泛览周王传，流观山海图，俯仰终宇宙，不乐复何如？"《山海经》中有些文字，如"叔均方耕""长臂人两手各操一鱼"，确实是根据图片来述说的。根据我国古代很早就有的关于山川地图的记载，可以推测出《山海经》成书时有一种绘载山川道里、神人异物的图画，也就是说最早的《山海经》是图文并茂的，上面既有图形图画，多为一幅幅线描的怪兽人神插图，也有文字，还有大量图画式的文字。

《山海经》是实用的自然地理和人文地理专著，还是杂乱古怪的神话？是奇士编撰的小说，还是巫术和方士之书？它成书于什么时代，作者又是谁？谜底仍未解开，还有待于新的发现和进一步探讨。

《胡笳十八拍》究竟是谁的作品

"为天有眼兮何不见我独漂流？
为神有灵兮何事处我天南海北头？
我不负天兮天何配我殊匹？
我不负神兮神何殛我越荒州？"

怒涛滚滚般不可遏制的悲愤，诅天地咒神祇、雄浑不羁的气魄以及用整个灵魂倾诉出来的绝唱，绞肠滴血般痛苦的诘问，这就是著名的《胡笳十八拍》。对于《胡笳十八拍》的作者是谁，中国文学史上历来有争议。有的学者认为是当年曹操迎回汉家的蔡文姬，有的学者却持相反的观点，更有学者认为是董庭兰所作。下面把各家说法分别叙述出来。

郭沫若作话剧《蔡文姬》，著文六谈《胡笳十八拍》，认为蔡文姬是《胡笳十八拍》的作者。他说，这实在是一首自屈原《离骚》以来最值得欣赏的长篇抒情诗，只有身临其境的人，才能写出这样的文字来。郭沫若认为《胡笳十八拍》是蔡文姬被胡骑所掳后所写的作品。但是文史专家们有不同的看法。他们认为《胡笳十八拍》不是蔡文姬所作，主要理由有：

其一，《胡笳十八拍》的描写不合地理环境和历史事实。

第一，刘大杰等指出，在那时根本没有诗中所叙"城头烽火不曾灭，疆场征战何时歇？杀气朝朝冲塞门，胡风夜夜吹边月"那种汉兵与匈奴的争战不休。说明作者并不了解南匈奴和东汉王朝的关系。南匈奴已于东汉末年内附东汉王朝。距离文姬所居的南庭匈奴河套地区尚远。再者在建安八年蔡文姬归汉，而曹操则在建安十二年平定三郡、乌桓，在时间上也不对头。这与诗中"两国交欢兮罢兵戈"也不符。

第二，刘大杰等指出，汉末南匈奴分为二支，文姬可能被居河东平阳即今山西临汾的於扶罗、呼厨泉一支掳去。而诗中"夜间陇水兮声呜咽，朝见长城兮路杳漫""塞上黄蒿兮枝枯叶干"不合地理环境。

第三，否定者认为，诗中有"戎羯"一词，而羯族是晋武帝后"匈奴别种入居上党以后才有的名称"，蔡文姬在五胡乱华之前预先知道是不可能的。

其二，不见著录、论述和征引。

刘大杰等人认为，汉《后汉书》《文选》和《玉台新咏》以及晋《乐志》和宋《乐志》均无《胡笳十八拍》的记载，六朝论诗的人也没有称述，《蔡琰别传》也没有引用它的诗句。由此断定，它是唐人伪造。

其三，关于风格、体裁问题。

刘大杰等认为，从语言结构、音律对偶及修辞炼句上看，此诗具有和东汉诗不同的特征。诗中"杀气朝朝冲塞门，胡风夜夜吹边月"两句，东汉诗中不曾有过炼字、修辞如此精巧、平仄如此谐调、对仗如此工整的，在东汉诗赋中也没有"人生倏忽兮如白驹之过隙，然不得欢乐兮当我之盛年"这种错综句法。用语方面，诗中"泪阑干"是唐时始有的词汇。语句方面，"夜闻陇水声呜咽"是袭用北朝民歌《陇头歌辞》。用韵方面，《胡笳十八拍》和曹植《名都篇》《美女篇》的通押迥别。先韵和寒韵不通押，也是唐人用韵方法。

有人指出，全诗 1200 多字，只有两联对仗工整，比起同期建安诗篇不算多，不能抓住两联就说它不是东汉风格。

而朱长文《琴史》卷四《董庭兰传》："天后时，凤州参军陈怀古善沈、祝二家声调，以胡笳擅名。怀古传庭兰。"沈即沈辽。《崇文总目》载："《大胡笳十八拍》，沈辽集，世名沈家声。沈辽早于陈怀古，陈怀古为董庭兰师。"

《文姬归汉》图

以上说法各有道理，到底《胡笳十八拍》为何人所作这个问题，学术界至今仍未给世人一个满意的答案。

王羲之是否写过《兰亭序》

提起《兰亭序》，人们就会想起王羲之。王羲之是我国古代伟大的书法家，为历代学书者推崇，被尊为"书圣"。相传，书法史上的丰碑——《兰亭序》就是出自王羲之之手。东晋永和九年(353)三月三日，王羲之与谢安等当时名流，在山阴(浙江绍兴)兰亭修禊，作诗行乐，王羲之挥毫作序，即为《兰亭序》。后来，《兰亭序》为唐太宗所得，并断定为王的真迹。最后，原件成了唐太宗墓的殉葬品。

但到了南宋，姜夔因唐代何延之、刘悚二人对《兰亭序》流传途径记载的不同，开始对《兰亭序》作者产生怀疑。他认为，梁武帝收集王羲之书帖 270 余轴，提到了《黄庭》《乐毅》《告誓》，但却未提及《兰亭》。这还只是怀疑。清末李文田则干脆否认了《兰亭序》是王羲之所作，因为《世说新语》中刘孝标注引王羲之此文不叫《兰亭序》而称作《临河序》，李文田还认为定武本《兰亭序》是隋唐人添上去的。李还从文字字体上论述《兰亭序》帖是后人伪造，是隋唐间的书法创作。李文田成为公开否定《兰亭序》出自王羲之之手的"第一人"。

1965年，郭沫若根据在南京附近出土的东晋《王兴之夫妇墓志》《谢鲲墓志》等文物，再次提出《兰亭序》为伪作。文章说在这年的《文物》杂志上发表了《由王谢墓志的出土论到<兰亭序>的真伪》的文章，文章说："《兰亭序》不仅从书法上来讲有问题，就是从文章上来讲也有问题。"他斩钉截铁地断定这篇文章"根本就是伪托的，墨迹就不用说也是假的了。"并进而推断它是陈僧智永所书。如此，《兰亭序》不仅字不是王羲之写的，连文章也不是他作的了。

此文发表以后得到了不少人的赞同，他们的主要论据是序文前后格调不一致，因为"夫人之相与俯仰一世"以后一段文字与王羲之一贯的思想不符，"悲得太没有道理"，"更不符合王羲之的性格"，因此认为"《兰亭序》是在《临河序》的基础上加以删改、扩大而成的"。1972年第8期的《文物》杂志上又发表了郭沫若《新疆出土的写本〈三国志〉残卷》一文，认为晋代没有楷书与行书，文章中说"天下的晋代书都必然是隶书体"，从而成为否定《兰亭序》伪作的又一论据。

但这种说法遭到了高二适、商承祚、章士钊等人的反驳，他们从东晋书法风格等角度

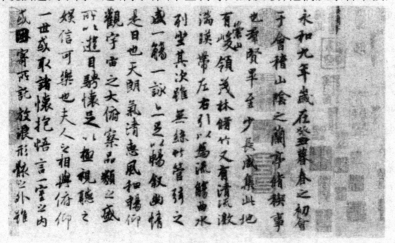

《兰亭序》帖

出发，进行了一次外围考证，认为"东晋时代的章草、今草、行书、楷书确已大备，比较而言，后两者都是年轻的书体，到了羲之，把它向前推进变化，因而在书法史上起着承先启后的作用"。至于题目的前后差别，是因为"羲之写此文时并无标目，其标目乃是同时人及历代录此文者以己意加上去的"，所以有《临河序》《兰亭诗序》《修禊序》《曲水序》等名。因为"羲之的思想有许多矛盾的地方"，"这些矛盾反映在《兰亭序》以及诗句的情感变化上"，从而造成了思想上的矛盾之处。《世说注》中的《临河序》比《兰亭序》少了一段感伤文字，只是刘孝标删节了而已。

这些不同的说法，给《兰亭序》增加了些许神秘的色彩，从而让《兰亭序》更受到人们的珍视。

预测千古的《推背图》究竟是什么

人类文明的发展历史已有至少五千年,在历史的车轮滚滚前进的同时,现代文明快速发展也伴随着一些人类自身难以解释和解决的问题。对于茫茫难以预测的未来,如果有人或有些事物能揭露其奥秘,一定会引起社会上的轰动。各国的科学家与有识之士都进行了大量的推测,就连好莱坞的大片也对此热衷不已。而中国在这方面也有自己的很多预言,其中最家喻户晓、脍炙人口的,而且也最为扑朔迷离的,当属一千三百多年前,唐贞观年间袁天罡及李淳风合作的《推背图》。

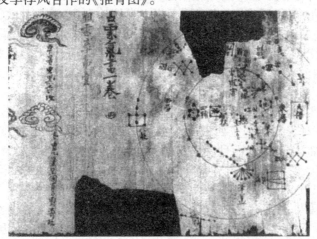

敦煌星图

《推背图》是中国比较有影响力的预言之一,由初唐的司天监李淳风和袁天罡共同编写,共六十象,分别预言了从唐朝后发生的主要历史事件。从地域范围来看,涉及中国和外国,如三十八象——噬嗑卦,预言的就是第一次世界大战。据说《推背图》有数个版本,原因是清兵入关后,恐怕有人能预知清朝未来,清廷故意颠倒《推背图》的顺序而制作不同版本流入民间。

对于《推背图》的起源的说法也很神秘。据说,李淳风精通天文历算,有一次他坐观紫微星斗,进行推算,预感到不久将有武则天乱唐的灾难。当他推算得忘了情准备一直推演下去时,突然被另一位术士袁天罡从后面推了一下后背,提醒道:"天机不可泄露!"他才就此罢手,不再推算,但这时他已经推到千年之后了。李淳风便把他推算的天机,写成诗歌,并配以图画,通过袁天罡作为奏章呈给了唐太宗。这种事关国家机密的东西当然是不能再让别人看的,可是后来却不知怎么泄漏出来,这就是我们现在看到的所谓的《推背图》。《推背图》不仅把唐数百年间,而且唐代以后的宋辽金元明清的治乱兴衰都预测得分毫不差。真是前无诸葛亮,后无刘伯温!而且最为珍贵的是它的一幅幅插图,把唐以后一千多年的中外服饰也都预测出来了,包括满族的花翎马褂,甚至洋人的西服革履,也预言得惟妙惟肖。从这个意义上来说,人们很难解释得通,为什么唐代的一个术士,能够预测未来的事情,以至于后来的清朝统治者都惧怕它的神奇魔力,不得不通过扰乱视听的方式,破坏《推背图》的版本的完整,来维持自己的统治。

据说一位预言家曾引用《推背图》的预言,证实唐朝的武则天和杨贵妃乱唐之事也被预言中了。《推背图》第二象,谶曰:

累累硕果　　莫明其数
一果一仁　　即新即故
颂曰:
万物土中生　　二九先成实
一统定中原　　阴盛阳先竭

预言研究家据此认为,第二象预言的是唐朝女祸灾难。一盘果子是指李子这种果实,即指代唐朝,它的个数是二十一,指的是从唐高祖至昭宣年间共有二十一主。"二九"者指唐二百八十九年。"阴盛者"指武则天当女皇统治大唐,淫昏乱政,几乎危及唐朝的稳固统治。开元之治虽然可以与贞观之治媲美,却由于杨贵妃招来灾祸,女人受到宠幸,以致国乱家毁,所以称之为"阴盛阳先竭"。而这些从中国历史上都能找到证据来证明,从而也愈来愈加剧了人们对《推背图》的向往和崇拜,也增添了《推背图》在人们心目中的神秘色彩。

由上我们不难理解,为什么《推背图》在人们心目中如此有吸引力。的确,在人们心中,《推背图》是一种很神秘的东西,好像它是一本天书,能预知未来,它包含着什么"天机",预言着未来的社会变迁,而且诗图并茂,在世界上被一些人称之为"中国七大预言"之首,它颇能引起人们的好奇心。但是如果《推背图》真能预知未来,李淳风这个人也太神奇了。他真是历史中确切存在的人吗? 是有什么特殊的才能吗?

李淳风确有其人,在《旧唐书》《新唐书》中都有他的传。他是唐太宗时人,博通群书,精通天文历算、阴阳之学。他曾经主持铸造过浑天仪,编成《麟德历》以取代过时的《戊寅历》,在唐代是一个了不起的天文学家、科学家。另一方面,他在史书中又被塑造成一个预言家,在稗官野史中更成了出阳入阴、兼判冥事的半仙(故事虽然在《西游记》中为大家所知,但最早却是见于唐人的笔记《朝野佥载》)。后来,由于他预测武则天乱唐之事,激怒了唐太宗被杀。由此可见,所谓预言书的作者的真伪更多的是文学家的描绘多一点,而他本身的真实情况也因此变得扑朔迷离。

再加上长期以来,《推背图》一直被当成禁书,不要说市面上不能出售,就是家里私自收藏和传阅也是违法的。人们往往有这样一种心理,对于一些"禁"的东西,兴趣愈浓,所以越是不让看的书就越是感到神秘,这样一来二去,反而不少人心里真的认为《推背图》中藏着什么天机。这从另一方面也加剧了《推背图》的神秘。但不论怎么讲,《推背图》反映了中国传统文化的瑰丽灿烂,反映了中国传统文化的博大精深和神秘。

水墨山水的始祖是谁

山水画是一种表现山川之妙,并能为人类寻求某种精神寄托的画种。中国的山水画则以它抽象的笔墨,生动的气韵创造了一个虚灵如梦、物我两忘的奇妙世界。尤其是水墨山水,更是以其轻烟淡彩、洗净铅华的形式受到了古代清高文人的推崇。从古至今,水墨山水画名家辈出。那么，究竟谁是我国水墨山水的始祖呢？关于这个问题，历来就有很多的争论和传说。

一种说法认为顾恺之是我国水墨始祖的第一人。传说当年东晋著名的大画家顾恺之为了绘画创作，四处游山玩水，当他游行到三峡时，他站到船头，放眼望去，三峡那一片奇山异水上面还有蓝天白云，猿猴的叫声和飞鸟的鸣啼回荡在山谷里，尤其是那些碧绿的山峰望过去，一层又一层渐淡，在雾气围绕中显得神秘莫测。面对鬼斧神工的大自然的杰作，顾恺之心情澎湃，感慨万千。他不禁感叹：真是风光无限好！我要把这些都画下来让人们都看到！一时兴起的他，叫来仆人铺开画案，摆上纸笔，在山风吹拂的船上，顾恺之对着秀丽的江山，拿起笔来，挥毫泼墨，便成就了一幅气象万千的山水画。相传这就是中国第一张水墨山水画。由于画的山水灵秀十分动人，一时被人们纷纷效仿。不过，这只是一种传说，顾恺之的这幅画并没有实物流传下来，因此无法确定他到底是不是水墨山水的始祖。但有一点可以肯定的是，今天我们所能见到的最早的山水画，应当是顾恺之的《女史箴图》和《洛神赋图》中的背景山水。虽然顾恺之的这两幅画是以表现人物为主体的，山水只是人物背景的衬托，但是，作为人物背景组成部分的山、兽、林、鸟却结合得很完整，表现得也很真实。画里用线条来表现山川的形态以及俯视的角度都成为后来山水画的基本表现技法，尽管这种表现还比较幼稚，但却不能否认它的开创性地位。从这种意义上说，顾恺之不但是中国人物画的第一人，而且也称得上是中国山水画的祖师爷。

不过，更多的研究者认为，水墨山水的开山始祖并不是顾恺之，而是唐代著名的山水诗人王维。

王维是个大才子，除了写诗外，琴棋书画样样皆通。他年轻时积极进取，一直官至尚书右丞。后来因为张九龄被贬到荆州，奸相李林甫独揽朝政，政治腐败，社会黑暗。不能在仕途得意的王维于是转向山林，回归自然。隐居期间，他斋戒禅诵，心无旁骛，过着居士生活。深山老林之中，朋友往来不便或者是诗人根本不愿与他们交往，也没有什么娱乐活动，于是王维就画下那些充满诗情画意的山水田园诗。正如《山中寄诸弟妹》一诗云："山中多法侣，禅诵自为群。城郭遥相望，唯应见白云。"中国向来是诗画一体的，诗中有画、画中有诗的境界最受推崇。王维的诗画就是一个最好的例子。他的画就像他的诗描写的那样，出现的都是空旷清幽的自然景色，比如：雪景、剑阁、栈道、晓行、捕鱼等都是他泼墨挥毫的对象。所以王维的画里是充满着诗意的。另外，由于王维是一位参禅的诗人，他的画中总有着佛家的恬淡。王维的山水画和诗一样没有喧闹的景物，仅用水墨渲染，体现出一种清幽淡远的意境。所以，无论诗画，王维的作品都体现出一清字。另外，王维的画不拘于对景象事物的细部作具体而微的形、色的描绘，只是追求神韵。从艺术上看，王维的画笔墨精湛、渲染极佳，用墨"重""深"，功力非常之深。但让人遗憾的是，王维的绘画真迹现已保留无几，我们只能从前人的文献记载里窥见他的非凡神采了。苏轼在一则短文中记载说王维曾在当时开元寺画过一铺壁画，壁画是一个高僧像，苏轼在"嘉祐癸卯上元夜"来看这幅画，当时夜已经很黑，风吹动油灯，那僧人竟然像要从画中的景色中走出来一样。

此外也有人提出，王维也不是水墨山水的开山始祖，真正的开创者应当是六朝刘宋时的宗炳和王微，正是他们对透视法的阐发及中国空间意识特点的揭示透露了千古的秘密。还有一种说法是，在拥有五千年文明的古老中国，山水画的起源很早。它的起源可

山水画

以追溯到秦汉时期。据史书记载,秦汉时期已经有了山水画,可惜没有实物流传下来。总之,中国画博大精深、源远流长,后世对于水墨山水画的始祖究竟是谁众说纷纭。但因为无论是顾恺之还是王维,今天都看不到他们水墨山水画的真迹,甚至连复制品也没有,所以至今这个问题仍尚待考证。

杜牧是《清明》诗的作者吗

　　清明时节雨纷纷,路上行人欲断魂。
　　借问酒家何处有? 牧童遥指杏花村。
　　这是唐代诗人杜牧的一首脍炙人口的名作。千百年来,此诗以其清秀生动而又意境真切的文字征服了后世,成为老幼皆知的小诗,至今还有很多酒馆店铺以"杏花村"命名。但是,一直以来却都有这样一个怀疑:杜牧真的是这首《清明》诗的作者吗? 有很多人提出了异议。不少人怀疑这首诗根本不是杜牧所写。比较有代表性的学者是文伯伦先生。他认为《清明》诗的渊源十分可疑。杜牧的诗文集是《樊川文集》,共二十卷。这个文集是由杜甫的外甥裴延翰编次的,裴延翰在此文集的序中提到,杜牧在临终的时候说,"始少得恙,尽搜文章阅千百纸掷焚之,才属留者十二三"。可见,杜牧对自己可以传世的文章是有着极其严格的要求的。他对自己所有的文章经过严格的挑选,保留下的不过是平生所有诗歌创作的十之二三。后来,从晚唐时候起一直到北宋,人们一直反复地收集和编纂杜牧的诗歌刻本,但是都没有找到这首《清明》诗。可见,它是值得人怀疑的。

　　收录这首《清明》诗的最早的文集是南宋时期刘克庄所编纂的《分门纂类唐宋时贤千家诗选》,这也是南宋刘克庄之前及之后唯一收录此诗的文集。但是人们认为这个选本有很多可疑的地方,而且历来评价也不高。

　　既然这首诗在唐人和宋人的文集中都没有提及过,那么起码收录此诗的文集的作者刘克庄应该在自己的相关著作中有所记载。然而,让人疑惑不解的是,刘克庄的《后村诗话》中提到过多次杜牧,也多次具体涉及杜牧的作品,但是对这首《清明》诗却只字未提。相反,刘克庄在《后村诗话·前集》中甚至认为杜牧的《樊川外集》《樊川别集》中混入了一些不是杜牧所写的诗歌,而且认为杜牧有很多诗歌已经散佚。既然刘克庄已经注意到了这一点,那么他一定会对杜牧的诗歌多加留意,如果发现有新的杜牧诗,又怎么可能不在自己的文集中有所描述?

此外,这首诗的风格与杜牧的一贯风格不一致。杜牧向来以为诗歌创作"以意为主,以气为辅,以辞采章句为之兵卫",又说"某苦心为诗,本求高绝,不务奇丽,不设习俗。不今不古,处于中间"。这些话在他的《答庄充书》《献诗启》中有明确的记载,明确表达了杜牧的创作态度。并且杜牧其人才气纵横,抱负远大,平生所研究的是"治乱兴亡之迹,财赋兵甲之事,地形之险易远近,古人之长短得失"。综观杜牧的诗文创作,可以看出他所追求的是一种情致高远、笔力挺拔的诗风。历代文学评论家论及杜牧的诗风的时候,也都一致认为其诗"豪而艳,宕而丽"。"豪"是指感慨淋漓,挺拔警悍;"宕"是指情韵悠长,清新多变。而《清明》诗显然是与他的写作风格不相一致的。这显然不是《清明》诗的诗风。

有人则坚持认为杜牧是此诗的作者,持这种看法的人通常是引用《江南通志》的记载。在此通志中记载说,杜牧在池州任刺史时,曾写过"清明时节雨纷纷"的诗句。而杏花村就在池州的城西不远处,据说城的附近还有一个名为"杜湖"的湖泊。但是认为此诗作者非杜牧的人则反驳说,很多地方通志中的记载往往有"攀龙附凤"之嫌,他们喜欢引入著名人物以增加本地的文采,这在历史上不乏例证。《江南通志》也不例外,所以尽管它言之凿凿,却不能成为杜牧是《清明》诗作者的证据。

可是为什么后世会将此诗看作是杜牧的作品呢?如果不是杜牧所作,又是出自谁之手呢?这又是一个难解的谜。人们猜测这首诗可能是南宋人所作,因为不仅诗风近似南宋,而且"雨纷纷"和"欲断魂"之句可能是用来表示时人国破家亡的凄凉心境。至于它的流传,文伯伦认为可能是在流传的过程中,由于刘克庄编纂的《千家诗》较为粗糙,很多作品都没有署上作者的姓名,因此就出现混乱姓名的情况。而杜牧的很多怀古诗在当时颇得人心,又曾经长期在江南做刺史,所以有人就将此诗假托在杜牧的名下了。又由于这首诗的通俗清秀,以及思想感情上与很多人达成了共鸣,可谓是妇孺皆知,杜牧也就成为人们心目中此诗的作者。

杜牧到底是不是《清明》诗的作者?这位风流俊秀的江南才俊,留下了"商女不知亡国恨,隔江犹唱《后庭花》"等著名咏史诗,也留下了这个富有生活气息的《清明》诗之谜。这有待于今人的破译。

《韩熙载夜宴图》成因之谜

《韩熙载夜宴图》流传于世千多年来,摹本迭出,渔樵佳话亦不少。仅关于它的成因故事,就有几种观点:宋人的《宣和画谱》说,李煜命令顾闳中夜窥韩第并作此画,仅是为了满足那位南唐后主"欲见(韩)樽俎灯烛间觥筹交错之态"的好奇心。宋陶岳撰《五代史补》时却说，李煜派阃中画出韩熙载"不羁"之态的目的是把此画赐给韩，"使其自愧"。元代《画鉴》等书的作者又出新编，认为李煜派顾阃中夜窥韩第并作画，既非好奇，也非规劝，而是想在上调韩熙载当丞相前，了解一下此人的生活作风，且派去"窃窥"和后来作画的不止顾阃中一人，还有一位叫周文矩的，也是御前大画家。《画鉴》的作者汤堂说，他曾亲眼见过周文矩的《韩熙载夜宴图》。

事实上，这些传闻的可靠性是很值得怀疑、揣测的。李后主时代，韩熙载已是兵部尚书兼充勤政殿学士，其私人府邸岂是外人可"窃窥"的？再说，李后主即使想了解韩熙载私生活情况，也用不着费这么多心机，因为韩熙载早年是有名的"知礼"大臣，曾任知制诰（专为皇帝理文书），为人"素高简，无所卑屈"，不饮酒，不贪财，写得一手好文章，多才多艺。晚年，见南唐气数已尽，不愿做亡国之君的陪葬品，以蓄伎、放荡"自污"，甚至装乞丐上街说唱，闹得世人皆知，这难道还需要李煜派人去打听吗？如果说《韩熙载夜宴图》的成因与韩熙载不能成为丞相有关，倒是有几分可信；此画也许是韩、顾（或周）的袖里之作，是韩熙载导演的"自污"剧目之一。要知道他是一位史称"隶书与画皆隽绝一时"的著名画家。

有学者认为，这幅名画展现的不是历史事实，有一桩鲜为人知的历史冤案隐藏在这背后。

他们依据的是朱伸玉的《南唐演义》一书记载的说法，据载：韩熙载是南唐时有名的文人，他生性刚正不阿，为人从不虚与委蛇，敢于直言。此人平生不善饮酒，略饮一点便会面红耳赤，心跳不止，更不至于通宵进行宴饮。那么，这幅《夜宴图》是如何来的呢？原来，当时南唐李璟在位时，以宋齐丘为后台的"五鬼"（五个奸臣）把持朝政。他们结党营私，徇私舞弊，胡作非为。韩熙载力劝李璟远小人，近良臣。"五鬼"因此恨透了他。为了打击韩熙载，"五鬼"一面设法收买了当时的大画家顾阃中，让他作画造谣韩熙载，一面又到处散布不利于韩熙载的各种谣言。顾阃中为了画得像，颇费了一番心血。他为了能够随意出入韩府，以便描画韩府的人物、景色及建筑，不得不先装出一副与韩熙载要好的样子，然后就照着宋齐丘家宴会的场面铺陈作画，经过一番移花接木之后，终于绘成一幅《韩熙载夜宴图》。这幅千古名画流传至今，谁能猜测出它表现的竟并非历史事实，甚至还包藏着一伙奸人的祸心，使韩熙载蒙受了千年不白之冤。

韩熙载夜宴图（局部）

宋真宗年间的"天书"之谜

　　北宋真宗年间,据传有"天书"突现泰山,乃降"祥端"。此事是真是假,已成为千古之谜。

　　史载,宋辽建立"澶渊之盟"后,畏敌如虎的宋真宗回到开封。在宋辽对峙的情况下,宋朝如何维持自己的政权呢?奸臣王钦若欺骗宋真宗说:"戎狄之性,畏天而信鬼神,而今不如大搞符瑞,请天命以自重,戎敌便不敢轻视宋朝了。"他建议宋真宗"封禅",说这是"镇服四海、夸示戎狄"的"大功业"。这正合崇尚迷信的宋真宗之意。大中祥符元年(1008)宋真宗想东封泰山,任命王旦作封禅大礼使,王钦若作经度制置使,陈尧叟、冯拯分别做礼仪使,宦官周怀政负责在泰山营建行宫,为东封作有关的准备。此时王钦若上奏,说自古以来,必须天降祥瑞,才能封禅。祥瑞即指河出图、洛出书、醴泉涌、甘露降、芝草生、佳谷现等种种灵异之事,据说乃上天有意降下的吉祥征兆。真宗正为难,王钦若又道,无人知晓上天何时降下祥瑞,所以祥瑞亦可人造。《易经·系辞》所载河图洛书并非实有其事,不过以神道设教罢了。真宗心领神会。

　　正月的一天,宋真宗对大臣们说:"朕于去年十一月在梦境中看到仙者,说这个月会有天书出现在泰山。"几天后,王钦若对宋真宗说:"泰山脚下有醴泉涌出,泉旁出现了'天书'。"事实上,这是王钦若在迎合真宗。当时还在修建行宫的周情政,却拿着自造的泰山"天书"没日没夜地赶回京师,献给真宗,宋真宗亲自到含芳园奉迎泰山天书,还让送天书的功臣周怀政得到了高官厚禄。此"天书"为一书卷,上有泥封、丝结。内书"赵受命,兴于宋,付于恒。居其器,守于正。世七百,九九定"等等善祷善颂之语。意为大宋江山永不倾倒。天瑞即降,十月,真宗开始东封,周怀政和皇甫继明拿着"天书"在前面,真宗在大批侍卫保护下,经过澶州、郓州来到泰山,到了山门,因为山路崎岖危险,只能下去走。登上岱顶,祭祀了昊天上帝,而且将"天书"陈放在圜台的左边,祭礼结束后,群臣高呼万岁,声音回荡在山间。下山后真宗又宴请大臣们,群臣皆加官晋爵。

宋真宗

　　就在满朝文武庆贺"封禅"时,有大臣劝告真宗节省开支、勤于政事。但真宗不听劝阻,执意于大中祥符四年(1011),率领文武百官到河中府汾阴祭祀后土。大中祥符五年(1112),真宗说他又梦见玉皇大帝授予"天书"。于是大设道场,在京师建景灵宫,供奉玉皇大帝。一时间,朝廷内外乌烟瘴气。

　　宋真宗整日不问政事,热衷于祭祀天地鬼神的迷信活动,这标志着北宋上层机关腐化,政治趋向形式化,北宋自此埋下了走向衰落的隐患。1126 年,金国率兵南侵,掳走徽、钦二帝,宣告了北宋的灭亡。

《满江红》的作者真是岳飞吗

　　岳飞是南宋抗金卫国的名将,骁勇善战,在南宋初期抗金战争中屡建功劳。他一生征战,反对投降,代表了广大人民矢志抗金,执着地追求收复失地、报仇雪耻的愿望。

　　绍兴六年,岳飞从鄂州移军襄阳北伐,一路上,顺利地收复了伊(阳)、洛(阳)、商(州)等州,大军围攻陈、蔡地区。但是,这次北伐,虽然五战五捷,却因钱粮不继抽回,而未能成功。岳飞面临着这种极其困难的处境,只好中途折回。岳飞的满腔热血沸腾起来,他想起自己从戎报国、风尘仆仆地转战在南北各地的战场上,虽然已经得到了节度使的荣誉与少保的官位,但是,这与自己追求的收复失地、报仇雪耻的壮志相比,个人的高

岳王庙内正殿

官厚禄算得了什么呢? 岳飞情不自禁写出了千古绝唱——《满江红》:

　　怒发冲冠,凭栏处,潇潇雨歇。抬望眼,仰天长啸,壮怀激烈。三十功名尘与土,八千里路云和月。莫等闲,白了少年头,空悲切。

　　靖康耻,犹未雪,臣子恨,何时灭! 驾长车、踏破贺兰山缺。壮志饥餐胡虏肉,笑谈渴饮匈奴血。待从头,收拾旧山河,朝天阙。

　　人们一直以为这首豪气冲云天的词是岳飞所作。而近代学者余嘉锡却对《满江红》的作者是岳飞提出了疑问。他认为有两点值得怀疑:

　　疑点之一是这首词最早见于明代嘉靖十五年(1536)徐阶编的《岳武穆遗文》,在岳飞去世(1142)后,这首词从来不曾见于宋、元人的记载或者题咏跋尾,为什么会突然出现在400年后的明代中叶呢? 这是令人生疑的。

　　另一个可疑之处是岳飞孙子岳珂所编《金陀粹编·家集》中没有收录这首词。岳飞的儿子岳霖和孙子岳珂,曾费尽千辛万苦、不遗余力地搜求岳飞遗稿,但在他俩所编的《岳王家集》中,却没有收录这首《满江红》,而且31年后重新刊刻此书时,仍然没有收录

该词。如果真是岳飞所作，怎么会没有收入呢，岂不怪哉？据此，余嘉锡认为《满江红》可能不是岳飞所作，而是明代人的伪托。

继余嘉锡之后，20世纪60年代后期，夏承焘写了一篇《岳飞〈满江红〉词考辨》的文章，他除了赞同余嘉锡的怀疑外，又从词的内容上找出了一个新的证据，即"贺兰山缺"的地名有问题。他认为岳飞伐金要直捣的黄龙府，在今吉林省境内，而贺兰山却在今内蒙古河套之西，南宋时属西夏，并不是金国土地，这首词绝非是岳飞所作。

针对上述论断，一些学者又提出了不同的看法，认为不能轻易怀疑《满江红》的真伪，岳飞的确是《满江红》的作者：岳珂的《金陀粹编·家集》中没有收录此词，是当时复杂的政治局势使然，岳飞遭人陷害冤死时，他所有的奏议、文字都遭毁弃，岳珂没能及时发现此词；历史上也有很多重要篇章是在当时被遗漏或湮没后重见天日的，古代的私人藏书，往往被视为珍宝，不想宣泄外人，因而某些珍藏的典籍手稿不可能都有记载；至于词中的"胡虏""匈奴""贺兰山"等都是借古喻今，并不是实指，不能简单地当作是违背地理状况。

《满江红》这首耀煌古今、激动人心的爱国名篇究竟是否出于岳飞手笔？学者们各持己见，尚难统一观点。但是不管作者是谁，这首词抒发了作者"精忠报国"的怀抱，表现了这位英雄不愿虚度年华，迫切希望建立功名事业、报仇雪耻及收复国土的雄心壮志。风格豪迈悲壮，音调激昂，可谓"千载后读之，凛凛有生气焉"。

李清照晚年有没有改嫁

李清照，宋代杰出女词人，号易安居士，北宋著名学者李格非之女，21岁嫁名士赵明诚，夫妻相得，皆好学能文。李清照在丈夫赵明诚亡故以后，是否改嫁张汝舟，成了后代学者深究而不得其解的历史之谜。

到了近代，有不少人提出李清照改嫁一事不存在。况周颐对张汝舟、李清照在赵明诚死后的行踪进行了考证，证明两人踪迹判然，当然不足信改嫁之事。黄墨谷几次著文为清照"辩诬"，对俞正燮等人的观点表示赞同，也将自己的不少看法提了出来。这些看法主要有以下几点：第一，黄墨谷对其他宋代李清照改嫁情况的记载提出异议。照他看来，宋代这么多人记载李清照改嫁一事，可是，赵明诚的表甥，又是綦崇礼的儿女亲家谢伋在他的著作《四六谈麈》中不但不提李清照改嫁一事，还称李清照为赵令人李，并且引了李清照对明诚表示坚贞的祭文，"坚城自坠，怜杞妇悲深"。第二，黄墨谷对李清照自传性文章《后序》提出了自己的看法。她提出，按照历法和宋代著作《容斋四笔》《瑞桂堂瑕录》的记载，《后序》应当作于绍兴五年，这时张汝舟已经除名三年了。换句话说，即使清照有改嫁一事，《后序》中也应该提到。除了上面这些说法外，黄墨谷认为谈论清照改嫁一事，不应该摒弃她的自传性文章《后序》所反映的内容，也不应该摒弃她的诗、词、文章和生平事迹。李清照曾经讲过类似"虽处忧患而志不屈"等述志的话，她在明诚死后又为颁行《金石录》耿耿于怀，在68岁时还上表于朝。这些情况，也极好地证明了清照并没有改嫁。

另一些学者不赞同俞正燮、黄墨谷等人观点。他们认为，在记载清照改嫁的材料中，

"就时间而论,胡仔、王灼、晁公武、洪适都是清照同时代人。就地域论,胡仔、洪适之书,一成于湖州,一成于越州,并不是去天万里,而胡仔、王灼成书时清照仍然健在。要说在清照生前他们就敢明目张胆地造她的谣言,伪造《谢启》,这是不近情理的。南渡后明诚的哥哥存诚、思诚都曾做到不小的官,赵家那时并不是没有权势"(黄盛璋《李清照事迹考辨》)。针对《谢启》的真伪问题,黄盛璋提出,李清照"颂金通敌"冤案发生在建炎三年,从《谢启》中提到的"克复""底平"和称綦崇礼为"内翰承旨"等情况看,《谢启》当作于绍兴三年以后,因为建炎三年,朝廷正在仓皇避乱,不可能看"克复""底平"等事。再说,当时綦崇礼只担任中书舍人的官职,此职不能冠以"内翰承旨"的头衔。由此可见,发生在建炎之年的"颂金冤案"与《谢启》风马牛不相及。

李清照

有人提出张李二人在明诚卒后到汝舟踪迹判然,黄盛璋对此提出,从宣城、广德经吴兴有一条"独松岭道",故不能肯定张汝舟是否去过杭州。黄盛璋还根据宋代社会习俗分析改嫁一事,他认为,明清两代妇女守节才趋严格。《宋史·礼乐志》中对治平、熙宁年间诏许宗女、宗妇两嫁之事有所记载。可见,宋代视改嫁为平常之事,宋人自然就不会惊诧于李清照改嫁一事了。

《西厢记》作者之谜

元代是中国戏曲发展史上最光辉的历史阶段之一。在元杂剧中,《西厢记》"天下夺魁",对后世影响很大。

那么,《西厢记》的作者是谁呢?对于这个问题,从明代开始出现了几种不同说法。元末钟嗣成的《录鬼簿》和明初朱权的《太和正音谱》及稍后王世贞的《艺苑卮言》都认为《西厢记》的作者是王实甫。几乎与此同时,又出现三种意见,认为《西厢记》是关汉卿作或者关汉卿作王实甫续和王实甫作关汉卿续。《西厢记》全剧共 5 本 21 折,所谓"关作王续"或"王作关续",意即其中第五本系由王或关补续。由于对王实甫和关汉卿的生平后人知之甚少,因此《西厢记》究竟出自谁人之手,都不能提出使人信服的理由来。

新中国成立后,认为《西厢记》为王实甫一人所作成为国内比较通行的看法。游国恩等主编的《中国文学史》认为"王作关续"是封建统治者对《西厢记》的排斥和丑诋。谭正璧尽管也认为《录鬼簿》和《太和正音谱》的说法是可信的,但他又认为,关汉卿也是做过《西厢记》的,不过不是杂剧,而可能是小令(《乐府群玉》卷四中,就有关汉卿作的总题为《崔张十六事》的《普天乐》小令 16 支),从而就有了关汉卿作或续作《西厢记》杂剧的误传。从 20 世纪 60 年代初开始,又有人在前人研究的基础上提出新的见解。例如,陈中凡对王实甫独作说和"王作关续"说都加以否定。他认为,《西厢记》确实原由王实甫创作,但那不是多本连演的杂剧。现存的《西厢记》打破了元杂剧一本四折,每折由一个独唱到底的通例,在王实甫生活的元代前期还不具备这种条件。再则,《西厢记》在思想内容和艺术成就方面与公认由王实甫所创作的《丽春堂》等剧相比,都有极大的差异。因而可以推知现存的《西厢记》是在元曲创作阵地南移到杭州,受到南戏影响后,由元代后期曲家改编而成的。从史料记载来看,无论是最早有关《西厢记》记载的元人周德清的《中原音韵》,还是明初朱权的《太和正音谱》,都只摘引了《西厢记》前四本,而对第五本却没有任何提及,因此推断"王西厢"原本应是四本,金圣叹将第五本定为"续书"还是有一定道理的。

《永乐大典》正本流失何方

　　《永乐大典》是我国文化史上最早且最全面的一部百科全书,而且是迄今为止世界上最大的古代百科全书。明代永乐年间,明成祖朱棣命解缙、姚广孝前后用了5年时间编辑《永乐大典》,参加编写、撰稿、圈点的文人多达3000多人。《永乐大典》全书共22877卷,凡例、目录60卷,装订成11095册,3.7亿字。然而,这么一部重要的百科全书,在嘉靖年间重录之后,它的正本已丢失,委实奇怪。后人的有关记载又众说纷纭,而且以讹传讹,成了中国文化史上一件重大谜案,至今也没有形成定论。后人对《永乐大典》正本下落提出了种种看法和疑问。

　　有一种看法认为,随明世宗将此典殉葬于永陵。理由有三条:其一,从明世宗厚爱《永乐大典》来看,在明代帝王中,曾阅读过《永乐大典》的,不过明孝宗、明世宗两人。明孝宗曾命录《大典》药物禁方赐御医房诸臣。和孝宗比,世宗则更爱《大典》。据《明世宗实录》载:他"几案间每有一二帙在焉","按昀索览";嘉靖三十六年(1557)宫中失火,世宗连夜多次下命令抢救《大典》,之后又决定"重录一部,贮之他所,以备不虞"。由于明世宗对《永乐大典》视为珍宝,所以正本极有可能为其殉葬于永陵。其二,在明代,有用生者平时喜爱的书籍殉葬的习惯,如60年代山东发掘朱元璋子鲁王朱檀墓,发现殉葬的有《黄氏补千家集注杜工部诗史》等典籍;70年代上海郊区发掘的明墓中有成化本的《白兔记》等。明世宗在位时间很长,又极爱《大典》,用《大典》正本殉葬的可能性自然也极大。再者,从永陵的建筑特点来看,其工程甚为宏伟,超过明代诸陵,以其建筑规模,也存在将《大典》正本殉葬的可能。

　　还有一种观点认为,《大典》正本藏于皇史宬夹墙说。此说以著名历史学家、山东大学历史系教授王仲荦先生为代表。王先生对《永乐大典》素有研究,他始终认为"正本没有亡毁,我怀疑藏在皇史宬夹墙里"。皇史宬是修成于明世宗嘉靖十三年

《永乐大典》书影

（1534）专门存放《实录》《圣训》及《玉牒》等的皇家档案库。而皇史宬的建筑,包括门、窗、大梁全用砖石修葺,殿基耸出地面,具有防火防水的功能。因此,《永乐大典》正本有可能藏于皇史宬夹墙内。

还有一种看法是《永乐大典》正本毁于明亡之际。坚持这一看法的人很多,以郭沫若署名的《影印〈永乐大典〉前言》为代表。郭沫若说:"明亡之际,文渊阁被焚,正本可能即毁于此时。"

由于史籍没有明载《永乐大典》正本的下落,后人也在此问题上又有种种猜测和臆想,所以正本至今下落不明。要弄清它到底行踪何处,看来只有借助考古发现了。

施耐庵是《水浒传》的作者吗

施耐庵,一般认为他是元末明初人,并认为他是我国古代四大名著之一的《水浒传》的作者。迄今为止,所有版本的《水浒传》上都冠名施耐庵。

《水浒传》在我国是家喻户晓的文学名作。它主要记叙了北宋末年宋江等三十六人聚集梁山泊的农民起义,通过描述其爆发、发展直至失败的全过程,揭露了封建统治阶级的罪恶,歌颂了梁山英雄的反抗精神,也指出了农民起义的必然悲剧结果。《水浒传》中刻画了如鲁智深、林冲、武松、李逵等至今为人民所熟悉的梁山好汉,这些人物形象长久地活跃在人民心中,可谓妇孺皆知。

学术界对施耐庵是否为《水浒传》作者的怀疑有其自身的原因。

《水浒传》是根据以往长期流行的宋江起义的民间故事,在说书人的"水浒故事"话本和元朝的《水浒》杂剧的基础上进行再创造而最终完成的。在这个由民间口头流传再到文人加工创造的漫长过程中,再加上在那个历史时代,很多作品上并不署上作者的名字,甚至并不署名。后世对施耐庵是否为《水浒》作者的怀疑正源于此。

有人提出了施耐庵并没有写过《水浒传》一书,《水浒传》的作者应该是罗贯中。罗贯中与施耐庵大致属同时代的人,也是一个大作家。考证罗贯中所做的《三遂平妖传》,其中二十一篇赞词中有十三篇直接被插入到《水浒》中,这足以说明《水浒》也是由罗贯中所作。

施耐庵著《水浒》图

也有人认为《水浒传》是施耐庵和罗贯中合作共同写出的。他们查证说,在《忠义水浒传一百卷》上题有"施耐庵撰,罗贯中编次"。此外,在天都外臣作序的《水浒传》上也题署"施耐庵集传,罗贯中撰修"。这两个版本,一个是《水浒传》的祖本,一个是如今能见到的最早的《水浒传》的版本,其权威性是显然的,因此是可信的。

但是有人根据对《水浒传》问世时间的考证后指出,现在可能见到的最早谈到《水浒传》的文献出现在嘉靖年间,此时距离元朝灭亡已经有一百多年了。所以《水浒传》不会产生在元末明初。此外,在《水浒传》中提到了很多明朝的建制,而根据可见的史料记载,施耐庵是元末明初人,又怎么可能写出明朝的建制?

由此,他们判断说施耐庵并没有写作《水浒传》,并提出,真正的《水浒传》作者应该是郭勋,因为郭勋的百回本《水浒传》应该是《水浒传》的最早版本。

接着又有人对施耐庵的真伪问题提出了质疑。施耐庵在历史上真有其人吗?有考证说,明朝嘉靖时还没有公开在小说卷首上署作者的真实姓名的惯例,那么《水浒传》上署的"施耐庵"也就有并不是作者的真实姓名,很可能是为了逃避文字狱的迫害而伪造的名字。

看来,施耐庵是否写成了《水浒传》这部作品,还有很多的疑点。追究时代的原因,在那个时候,小说还只是末流文学,是被士人所不齿的,所以像"施耐庵"这些人仅仅流传下自己的作品,自己本人却被埋没了。他也许没有想到,多年以后,他的作品会在人们心中有如此大的震撼;也一定想不到,后人会因他所留下的甚少的资料而展开如此激烈的争论。这个谜,不知何时才能解开!

谁是《金瓶梅》的真正作者

《金瓶梅》是一部惊世奇书,也是"明代四大奇书"之一,还被清代小说点评家张竹坡誉为"第一奇书"。它借《水浒传》中"武松杀嫂"一节引出以西门庆为主角的一段市井生活,借宋代的人物暴露明代社会的腐败。一般认为书名是以西门庆三个重要女人名字中的各一个字拼凑成的。"金"指潘金莲,"瓶"指李瓶儿,"梅"指庞春梅。这本书思想内容丰富、艺术手法娴熟,但是它问世时,作者并没有署上自己的真实姓名,所以学者们对它的作者问题始终抱有很大的兴趣,以至《金瓶梅》的作者到底是谁,迄今仍然无定论。

《金瓶梅》的作者署名"兰陵笑笑生",但其真名实姓考证至今并无定论,作者是何方人氏也说法不一。因为作者声称写的是山东地面的人和事,署名中又有"兰陵"字眼,加之作品用语基本上是北方话,所以多认为是山东人。有的研究者认为作者是李开先。李开先是山东人,嘉靖进士,40岁罢官回家,他的身世、生平和对词曲等市井文学的极深的爱好和修养与前人对《金瓶梅》的说法不谋而合;作品本身也证明它同李开先关系密切;李开先的作品《宝剑记》也是用《水浒》的故事,把《金瓶梅》和李开先的《宝剑记》做比较,就会发现不少相同之处。所以《金瓶梅》和《三国演义》《水浒传》《西游记》一样,都是在民间艺人中长期流传之后,经作家个人写定的,而这个写定者就是李开先。还有人认为作者是另一个山东人贾三近,他是嘉靖、万历年间大文学家,因为《金瓶梅》一书从头到尾贯穿了大量的峄县人仅用的方言俚语,峄古称兰陵,从贾三近的生平事迹,以及宦游处所、人生经历、嗜好、著作目录等方面看,他是最接近"兰陵笑笑生"的一个人。

最流行的看法则认为,嘉靖年间的大文学家王世贞是《金瓶梅》的作者。王世贞,字元美,号凤洲,又号燕州山人,是南京刑部尚书,也是明代著名的文学家、史学家。王世贞才学富赡,文名满天下,与李攀龙、谢榛等合称为"后七子"。在前后七子中最博学多才。李攀龙去世后,他独领文坛20年。《明史》称他"才最高、地望最显,声华意气,笼盖海内"。

他为官清正,不附权贵。东林党杨继盛被严嵩陷害下狱,他经常送汤药,又代杨妻草疏。杨被害后,他为杨殓葬;父亲被严嵩陷害,他作长诗《袁江流钤山冈》和《太保歌》等,揭露严嵩父子的罪恶。他精于吏治,乐于提拔有才识之人,衣食寒士,不与权奸同流合污,受时人推重。

据说他作《金瓶梅》是想为父报仇,王世贞的父亲因献《清明上河图》的赝品,被人识破,因而得罪权臣严嵩和严世藩父子,最后被残害致死。王世贞为报父仇,特作小说《金瓶梅》献给严世藩投其所好。书的内容隐射严嵩父子,揭露他们的种种丑行,而书上又涂有毒药,当严世藩读完此书后就中毒而死了。

但是著名学者吴晗率先对这个观点提出质疑,他查阅了大量的正史、野史、笔记,以翔实的史料作为依据,推翻了前人据以立论的主要依据——《清明上河图》与王世贞家族的关系,得出历史上的王世贞之父并不是因为献假图被害,严世藩也不是因为中毒而身亡的结论,否定了《金瓶梅》为王世贞所做的传统看法。吴晗还从书中大量运用的"山东方言"这一点来看,认为王世贞虽然在山东做过三年官,但是要像本地人一样用方言写出这样的巨著是不可能的。他还明确指出,《金瓶梅》应为万历十年至三十年的作品,作者绝不可能是王世贞。有不少研究者也撰文支持吴晗的观点。

20世纪80年代,国内开始有语言学家发表文章对作者的山东籍贯表示怀疑,理由是作品中有不少用语是当今山东方言所没有的,反而在吴方言区经常用到,于是大胆设想作者有可能是吴方言区人。30年代时,英国汉学家阿瑟·韦利就曾提出《金瓶梅》作者是徐渭这一说法,在60多年后的今天却被绍兴文理学院讲师潘承玉新近出版的《金瓶梅新证》给证实了。

潘承玉的《金瓶梅新证》首先从时代背景推断《金瓶梅》成书时代为明嘉靖末延续至万历十七年稍后,而这正与徐渭的生活时代相吻合。从地理原型、风俗、方言等诸角度多层面来看,小说与绍兴文化也有很深刻的联系,根据《金瓶梅》是一部"借宋喻明""借蔡讽严(嵩)"之作的定论,指出当时正是绍兴形成了全国第一个反严潮流,披露了徐渭与陶望龄以及沈炼为代表的一大批"反严乡贤"鲜为人知的史实,从沈炼正是被严嵩迫害致死,断言徐渭是因感于乡风,感于沈炼的冤死愤慨而作《金瓶梅》。另外,徐渭在晚年曾暗示过他花40年心血而完成了一部长篇小说。而《金瓶梅》的措辞用语、文风都与徐渭十分吻合。另外,从作者写作《金瓶梅》的特殊心态,也跟徐渭的遭际一脉相承。

中国古典文学名著《金瓶梅》问世四百多年来,作者究竟是谁?创作背景怎样?笑笑生究竟是何人,还是一个未解的谜,这一连串疑问仍像重重迷雾笼罩,等待后人的解答。

门神由来之谜

"门神门神骑红马,贴在门上守住家;门神门神耍大刀,大鬼小鬼进不来"。每到岁末,家家户户都要请两张门神回家左右相对贴在自家大门上,门神大多面目狰狞,形状可怖,中国人认为把他们可以把那些妖魔鬼怪阻挡在自己家门外,护佑家宅康宁。门神也因为与老百姓生活息息相关而成为民间最受信仰的神祇之一。那么门神是怎样产生的?他们的原型又从哪来呢?关于这些至今没有定论,主要有两种提法。

一种说门神来源于"桃人"。中国人认为桃树是"神树""仙木",可以避邪驱鬼。桃木剑可以杀鬼,佩戴桃木符可以避邪,而在门上挂上桃木人也可以让大鬼小妖不能进家,《典术》中就有记载:"桃者,五木之精也,故压伏邪气者也。桃之精生在鬼门,制百鬼,故今作桃人梗着门以压邪,此仙木也。"而桃人最早就据说是两位神仙——神荼、郁垒的化身。他们生活在上古时代,是帮助黄帝管理鬼国的部将。他们住在东海的桮都山上,山上有一株树干茂密得可以覆盖三千里的大神树。在神树的东北方有一座鬼门,门两旁一左一右各站神荼和郁垒,树下有一只凶猛的白虎。树顶上还站着一只金鸡,每天太阳从东边升起的时候,第一个照在它身上,金鸡便放声啼叫,声音传遍神州,天下的雄鸡也会跟着啼叫,把夜间在人间游荡的孤魂野鬼吓回到鬼门里。神荼、郁垒在门两边监视着那些回来的鬼怪。每到年末岁尾,他们便会在桃树下会审诸鬼。一旦发现有那些在人间作怪的鬼怪,会马上把鬼怪喂白虎。因此,鬼怪最怕神荼、郁垒,哪怕是看见他们的画像、听见他们的名字都会马上逃走。所以人们便用桃木雕成两位神样挂在门边驱怪。而"金鸡"因为是司晨之灵,白虎是百兽之王,那些夜间活动的鬼怪都十分害怕他们。所以"帖画鸡户上"而使"百鬼畏之","画虎于门,么不敢人。"关于这种说法较早记载在《月令广义·正月令》上:"黄帝之时,神荼郁垒兄弟二人性能执鬼于桃树下。令人画其像于桃板,列于门户,书其名于下。"

到了汉代,春节挂新桃木人形成风俗,县官们常在除夕之夜,在内门旁用草绳悬挂桃木雕人,门上画上老虎,以抵御所谓的凶鬼。后来桃木人慢慢发展到在纸上画像,也就成了门神画。到了宋代,雕版门神画在北宋首都的汴京出现。

另一种说法来自《三教源流搜神大全》上所记载:唐太宗李世民建立唐朝搬入新宫殿时,半夜三更常听到卧室外面有扔砖头瓦片的声音,后来还听见有厉鬼哭喊嚎叫。唐太宗于是请了很多和尚和法师来为他布法场,烧香念经降服冤魂。可是一点用都没有,宫门外的鬼祟越闹越烈,弄得他寝食不安。一次上朝时,他把这件事告诉给大臣们。大将秦琼奏道"臣生平杀个人就像切块瓜,收尸体像聚蚂蚁,还会怕鬼魅吗?我愿和尉迟恭全副武装站在宫门外把守,把那些鬼魂赶走!"李世民同意了。这天夜里秦叔宝、尉迟恭手拿玉斧,腰系钢鞭、弓箭,把守在唐太宗的卧室外,果然一个晚上都没有听见任何声音。后来唐太宗为了免除他们二人每晚守夜的辛劳,便请来画师画了他们二人的全身像,悬贴左右宫门上,那些冤鬼作祟的事从此都消失了。这件事传到民间后,人们纷纷沿袭了这个办法,把二位将军的画像也当了门神,在《西游记》中有记载:"他们本是英雄豪杰旧勋臣,只落得千年称门尉,万古作门神。"他们也是民间流传得最广泛的。二个门神的神像样式也有很多,有坐的,有立的;有徒步的,有骑马的;有执金瓜的,有舞鞭的。后来,还有其他的武将的画像都被人们画成了武门神,如赵云、马超、薛仁贵、孟良、焦赞、杨延昭、穆桂英、岳飞等等数十种。也出现了文官演化出的文门神,大多穿一品朝服,或抱象牙笏板,或拿蝙蝠、马、宝瓶、鞍等吉祥器物。

门神的来历是什么至今仍然是个谜,但门神从其诞生之日起两千多年来,就傲立于千家万户的大门之上,抖尽其威风,至今不衰。

高鹗续写了《红楼梦》吗

《西游记》《水浒传》《三国演义》以及《红楼梦》并称为我国古典文学的四大名著,其中又以《红楼梦》成就最高,达到了我国古典文学的顶峰。《红楼梦》成书至今已有二百余年的历史了。作为我国最重要的一部小说,它不仅感动了中国人,也得到了世界人民的重视与喜爱。《红楼梦》有各种不同的版本,数十种续书,流传到世界各国。

长期以来,人们普遍认为曹雪芹只写了《红楼梦》的前80回,后40回是清代文人高鹗所写。然而由于《红楼梦》的成就如此之高,人们对它的热爱如此之深,曹雪芹心中的《红楼梦》的后40回究竟如何,一直成为文学界乃至热爱"红楼"的人的一大遗憾。

"高鹗续书说"最早是由我国大学者胡适提出来的。他最早看到《红楼梦》的时候,认为小说的诗词是在暗示人物的命运和结局,但是看到后来,有些人物的结局并不按照诗词所预言的那样。所以他提出小说的前80回和后40回有矛盾,进而猜测《红楼梦》可能是由两人所写。同时,经他考证,高鹗的同年进士张船山在《赠高兰墅鹗同年诗》题解中写道:"传奇《红楼梦》后四十回俱兰墅所补。"于是胡适便将补书的作者认定是高鹗。这种观点提出后长期被人们接受,也就是很多人普遍认为《红楼梦》后40回是由高鹗所写的原因。对于高鹗补写后40回,也有不同的说法。一种说法是高鹗根据自己的喜好编出自己喜欢的后40回,自娱自乐,还有一种说法更可笑,那就是高鹗奉清廷的要求,修改和续写"红楼",所以在思想上必然受到约束。

然而,随着对内容的进一步研究,很多学者、专家认为高鹗不可能续后40回《红

大观园图(局部)

楼梦》。首先,从高鹗的生平来看他不可能续写《红楼梦》:高鹗,字兰墅,一字云士,清代文学家。因为他酷爱小说《红楼梦》,所以自取别号"红楼外史"。他是汉军黄旗内务府人,祖籍铁岭(今属辽宁)。他于乾隆五十三年(1788)中举人,六十年(1791)中进士。据胡适考证,高鹗续写"红楼"的时间是在1791至1792年,只有两年的时间。然而,这么短的时间,高鹗可能写出占原书一半篇幅的后40回吗?高鹗怎么可能求取功名的时间里花如此多的精力续写《红楼梦》?这显然是件不合情理的事情。其次,高鹗续写"红楼"的时候,真本的《红楼梦》并没有完成太久,可能根本就没有消失,只是零散不全,需要补充,那么高鹗何必又要舍弃原来的而自己另写后40回呢?难道他想替曹雪芹干活,自己

做无名英雄吗？

而且据我国的红学专家周汝昌老先生考证，《红楼梦》的结果不是高鹗所续的那样，而是在大抄家后，贾府全家败落，在贾环及赵姨娘等的密告下宝玉和凤姐入狱，后来被小红（红玉）和贾芸搭救，凤姐因此心力交瘁而亡，宝玉沦为更夫时宝钗也已郁郁而亡。在抄家前黛玉与湘云投湖自尽，后来史湘云被搭救，沦落风尘。最后与宝玉邂逅二人结为夫妻。这才是故事真的结局。这么说，高鹗续书又何必两头不讨好呢？

我们再来看看曹雪芹。传说他曾"披阅十载，增删五次"，这说明《红楼梦》很可能本来就已经写完了，只是一些原因，我们没有看到后40回。那么高鹗是否真的续写后40回呢？

目前，一些专家学者认为高鹗不仅没有续写后40回，而且现存的红楼梦都是曹雪芹本人所写。据他们考证，将1959年山西发现的《乾隆抄本百廿回红楼梦稿》（简称《红楼梦稿》）与其他所有版本进行了比照，发现《红楼梦稿》才是曹雪芹的手稿本，而其他所有版本都是曹雪芹在这部稿本上一边修改一边由不同的人抄录出去的。只是由于全书修改的时间很长，抄出去的版本很多。另一方面，从语言上来考证，全书120回通用的语言风格都是南京话，而东北人高鹗是写不出来的。况且，"红楼"中的人物是变化发展的，不一定与诗词的预言发生矛盾。

无独有偶，一位计算机专家从数学统计方面入手，在语言风格上，通过计算机的统计、处理、分析，也对《红楼梦》后40回由高鹗所作这一流行的看法提出了异议，认为120回都是曹雪芹所作。

《红楼梦》后40回到底是由谁续写的？也许这并不重要，正如断臂维纳斯的完美之处，因为不完美而完美，后40回是给读者留个想象空间。到底是谁误读了《红楼梦》？高鹗是否钻了只有80回的这个空子？他是否真见到了80回以后的残稿？到底他的40回续书，和雪芹真书有无关系？这成了一个历史之谜，不过也正是因为后人的续写，才使得《红楼梦》这一经典成为一部有始有终的完整作品。

贴春联之谜

在中国过春节最为盛行也最具有诗情画意的应该是"总把新桃换旧符"的春联了。春联是对联的一种，也叫"门对""春贴""对联""对子"。过年时，各家的街门、屋门的门框上，都贴春联，门楣上还要贴"横批"。春联既可高悬在大雅之堂，又可张贴在茅屋之中，它以工整、对偶、简洁、精巧的文字描绘时代背景，抒发美好愿望，是我国特有的文学形式。

春联作为一种独特的文学形式，在我国有着悠久的历史。春联是从桃符演变来的，又称"桃版"。传说中黄帝时代，鬼国在度朔山上，那里有一棵枝干覆盖3000里的大桃树，黄帝的神官神荼、郁垒每到除夕都要在树下审问群鬼，把干坏事的鬼捆了喂白虎。所以古人认为桃木是五木之精，能制百鬼，从汉代起就有用桃木作魇胜之具的风习，以桃木作桃人、桃印、桃板、桃符等辟邪。最早的门神像是以桃木刻成的，后来改成桃木板或桃木条画神荼、郁垒画像，挂在两扇门上，称为"桃符"。后来人们为了方便书写开始在过年时写吉祥话于桃木板上，逐渐成为春联。但作为以文字形式表现的春联究竟是什么时候出现的，众说纷纭，到现在仍然是中国传统文化的未解之谜。

一种说法认为春联的出现是由于明太祖朱元璋的提倡，因此春节贴春联的民俗应该是在明代开始盛行的。据史书上记载，号称"对联天子"的朱元璋酷爱对联，不仅自己挥毫书写，还常常鼓励臣下书写。清代的陈云瞻在《簪云楼杂话》中记述道："春联之设，自明太祖始。"有一年除夕，朱元璋兴致大发，传旨全国，不论是公卿大臣还是平民百姓，家家户户门上都要贴一副对联，以示普天同庆。第二天他悄悄微服出宫去，沿着大街边走边看，看见有一家的门上什么都没有，朱元璋便敲门进去，装作路人打听他们怎么敢违抗圣旨。主人愁眉苦脸，唉声叹气地告诉他："我家是阉猪为生的，自己根本不会写字，请人代笔别人又看不起我的身份，不愿帮我写，实在是没办法啊。"朱元璋听后大笑，对主人说："拿笔墨纸砚过来吧，我写一副对联送给你。保证不仅符合你的身份，还会奇巧幽默、对仗工整、平仄协调。"等对联写成后，围观的人都连声叫好。阉猪人也大喜过望。联上写着"双手劈开生死路，一刀割断是非根"。后来有人认出了朱元璋，这件趣事传开了。以后当时的文人也把题联作对当成文雅的乐事，写春联便成为一时的社会风尚。

但是专家认为如果以此就说春联始于朱元璋的说法是很不准确的。原因是历史记载，春联在我国有着悠久的历史，发展到今天已经有一千多年了，作为一种独特的文学形式。它从五代十国时就开始，到朱元璋的时候不过是很兴盛了。中国最早的一副春联是后蜀之主孟昶所写的，据《宋史·蜀世家》上记载着公元964年的除夕：蜀后主孟昶命学士为题桃符，以其非工，自命笔题云："新年纳余庆，嘉节号长春。"这副"新年纳余庆，嘉节号长春"流传开后才被认为是中国春联的来历。宋代过年写春联已经相当普遍了，在《宋史·五行志》《梦粱录》《癸辛杂识》等古籍中都有记载。王安石的《元日》诗中写的"千门万户曈曈日，总把新桃换旧符"就是当时春联盛况的真实写照。入清以后，乾隆、嘉庆、道光三朝，对联犹如盛唐的律诗一样兴盛，出现了不少脍炙人口的名联佳对。

虽然春联的来历还是中国文化的未解之谜，但它代表了人们对新一年的期盼，在历史上留下了众多佳句"春风阆苑三千客，明月扬州第一楼""爆竹一声除旧岁，桃符万户迎新年""天增岁月人增寿，春满乾坤福满门""门迎春夏秋冬福，户纳东西南北财"等等，这些成为中国传统文化中的宝贵遗产。

除夕放鞭炮之谜

每到春节，中国人都会燃放烟花爆竹来庆贺新的一年的来到，这就是王安石诗中说的："爆竹声中一岁除，春风送暖入屠苏。"除了喜庆之外，最早人们为什么要放爆竹呢？关于这个谜，还有一个有趣的故事。

相传在远古的洪荒时代，有一种凶恶的怪兽，人们叫他"年"，年兽生活在深海里，长得獠牙利爪，性情很凶猛。每到大年三十的晚上，年兽就要从海里爬出来破坏庄稼，见人就吞，见屋就毁，令百姓们不能好好地过年。为了躲避它，人们只好在除夕之夜把老弱病残送到深山老林里避难，青壮年的男人们留在家里拿着大刀锄头，把门反锁着守卫家门。一年的除夕，人们正在手忙脚乱地收拾干粮包裹，一个风尘仆仆的老人来到一个农家要水喝,他鹤发童颜、精神矍铄、气宇不凡。农户好心地告诉他关于年兽的事,让他赶紧和村里人一起逃到山里,老人微微一笑:"不用担心,让我来赶走那个孽畜吧!"众人都以为这个老人疯了,可是老人任凭村里人怎么劝都不听,他来到一个荒弃的破房子里,闭门不出。眼看天就要黑了,人们只好不再管他各自逃命去了。半夜,年兽又来到村里,村里一片漆黑,它四处闻嗅着人类的气味,沉重的脚步声使看家的人无不心惊胆战。这时,那间废弃的小屋里突然出现了强烈的灯火,年兽立刻调头扑向那里,它刚顶开门跑进院子,突然出现了一团大火伴着"啪啪"的爆响,年兽听到巨响、看见火光吓得掉头逃窜,好像受了重伤一样嗷嗷痛叫。人们闻声赶来,看见老人身穿红袍站在院子中大笑着消失了,废屋门上贴着红纸,院里一堆未燃尽的竹子仍在"啪啪"炸响,屋内几根红蜡烛还发着余光。第二天,逃难的人回来听说这件事,都连连称奇。后来老人托梦给那个农家,说自己是天上的紫微星,他为了拯救人们,才决心消灭年兽。他已经用火球将年兽击倒后用粗铁链将它锁在石柱上了。消息传开后,人们都十分高兴。为了纪念这件事,每到除夕之夜,家家户户都贴红纸、穿红袍、挂红灯、敲锣打鼓、燃放爆竹,来庆祝这祥和平安的一年。

还有人认为鞭炮原来是人们用来避邪祛灾的,不少书已经有过详细介绍。而西汉东方朔的《神异经·西荒经》说得更加详细:西方的深山里有一种长得像人的鬼魅,面目狰狞,个子很矮,常常袒胸露臂在河里捕食小鱼小蟹,而且看到人也不害怕也不跑。看到山里有人露宿,他就在人们都睡着后,靠着火来取暖并烤食鱼虾吃,有时候还乘人不在偷人的盐,可是它跑得很快,人们也追不上,它还会使人得寒热病。人们根据它的叫声给它取名叫山臊。一次,一个猎人无意间用竹子点着火了,发出巨大的爆炸声,山臊吓得只发抖,急忙逃窜去了。史学家认为:东方朔所提的恐怕只是一种动物而已,后代人以讹传讹,于是爆竹便有了避邪祛灾的功能。

放爆竹图

《诗经·小雅·庭燎》篇中有"庭燎之光"的记载。所谓"庭燎"就是用竹竿之类制作的火炬,竹竿燃烧后,竹节里的空气膨胀,竹腔爆裂,发出噼噼啪啪的响声,后人根据这些描写附会出来的"爆竹"的由来。《荆楚岁时记》中载:"正月一日,是三元之日也,春秋谓之端日,鸡鸣而起,先于庭前爆竹以辟山魈恶鬼。"这段记载至少说明爆竹在古代是一种驱瘟逐邪的音响工具,这就使得燃放爆竹的习俗从一开始就带有一定的迷信色彩。

比较科学的看法是,在唐朝初年,由于战乱四起,死去的人很多,造成了民间瘟疫四起。有个很聪明叫李田的人,他想到烧火放烟可以祛除灾害,于是尝试把硝石装在竹筒里点燃,结果发出震天的巨响,还产生了浓烈的烟雾,他的家人都没有生病。于是人们纷纷学习这种做法,结果驱散了那些病毒,制止了疫病流行。这便是爆竹的最早雏形。后来,道家炼丹,出现了把硝石、硫黄和木炭按一定比例混合的可以控制的火药,人们将火药填充在竹筒内燃烧,产生了真正意义上的"爆仗"。到了宋代,纸的运用已经普及了,民间开始普遍用纸筒和麻茎裹火药编成串做成"编炮"（即鞭炮）。炸开后响声贯耳，纸屑飞扬，火药香四溢，于是爆竹又叫"爆仗"。又因为它的声音清脆得像抽鞭子的声音，所以也叫"鞭炮"。在"鞭炮"的基础上又出现了各种花炮乃至烟花。关于上述爆竹的演变过程，《通俗编排优》写得很明白：古时爆竹。皆以真竹着火爆之，故唐人诗亦称爆竿。后人卷纸为之。称曰"爆竹"。此外，爆竹的功能也由避邪驱鬼完全转变为节日的吉祥、热闹、喜庆和欢乐。王安石诗曰："爆竹声中一岁除，春风送暖入屠苏。"爆竹成为老百姓们庆贺新禧的工具。

到了明清的时候，讲究礼仪的中国人还规定放爆竹的许多讲究。按燃放的时间，分为"关门爆竹"和"开门爆竹"。除夕晚上祭完祖宗和已去世的父母之后，全家关上门团圆饭的时候，要放"关门爆竹"，一般放一到三挂鞭炮，这挂炮的意思是将旧的一年的所有不愉快都送走，然后一家人就围坐在一起说说笑笑，一直守岁到新年的钟声敲响。大年初一早上一开门的时候或出去拜年的时候就要放"开门爆竹"，又叫"开财门"，一般放一挂鞭炮。寓意是新的一年日子过得红红火火，如果不放炮就出门去是一种很不吉利的做法。

鞭炮的来历究竟是什么至今仍有待考证。

三寸金莲——谁创造了缠足恶俗

缠足，是封建时代摧残妇女、娱乐男性的一种恶俗，曾经使无数妇女尤其是大家闺秀蒙受了极大的痛苦。在近代的民主革命中，禁止缠足，放脚，成了妇女解放的一项重要内容。然而，妇女缠足究竟始于何时，又是何人首倡此种恶俗，却至今还没有统一的定论。

中国古代封建礼教、封建道德的一个突出表现就是妇女地位极其低下，妇女被视为男人的附属品和玩物。为了迎合男人的情趣、满足男人的欲望，妇女无论做出多大牺牲都被视为理所当然的，如"楚宫之腰"就是相当典型的例子。《诗经》中说："月出皎兮，佼人僚兮，舒窈纠兮。"舒，就是迟姗的意思。窈纠，形容走路好看的样子。张平子在《南都赋》中也写道："罗袜蹀躞而容与。"总之，古代妇女走路以缓慢行走移动为美；反之，不但不美，也不符合封建礼仪。缠足的发生，大概主要是基于这一点，但究竟始于何时呢？又是何人首倡呢？一种说法认为：妇女缠足开始于五代。持此论的人大多引用南宋张邦基《墨庄漫录》中的一段记载：南唐王李煜有一宫女叫作窅娘，轻盈善舞，以帛缠足，使之纤小如新月一般。她穿着白色的袜子在六尺高的金制莲花上翩翩起舞。以后被其他人所效仿，开缠足之先河。到了宋代，妇女缠足的风气已经相当盛行。据《宋史·五行志》记载：宋理宗时，宫女们由于缠足，两只脚变得纤小，被人称为"快上马"。陆游《老学庵笔记》中也记载：宣和末年，妇女缠足穿的一种尖底鞋，称为"错到底"。徐积在《咏蔡家妇》中有"但知勒四支，不知裹两足"这样的诗句。苏轼的一首《菩萨蛮》，极言当时妇女脚小的程度："涂香莫惜莲承步，长愁罗袜临波去；只见舞回风，都无行处踪。偷看宫样稳，并立双跌困。纤妙说应难，须从掌上看。"

对上述说法持有异议的学者认为："缠足的开始至少不迟于唐代"，也就是说，在五代以前就有了。他们引用元代伊世珍《琅嬛记》所载："安史之乱"时，杨贵妃在马嵬坡被缢死后，当地有一位老妇人因为捡到杨贵妃的袜子而致富。她的女儿叫王飞，还拾到一双雀头履;上面嵌有珍珠,履仅三寸长。王飞将这双鞋奉为异宝,从不肯轻易给人看。据此,推论出缠足在唐玄宗时就已经存在了。《群谈采余》中有咏叹杨贵妃罗袜诗一首:"仙事凌波去不远,独留尘袜马嵬山。可怜一掬无三寸,踏尽中原万里翻。"阮阅编的《诗话总龟》中记载了唐玄宗从蜀避难回来,为怀念杨贵妃曾经写过《罗袜名》,诗中有"窄窄弓弓,手中弄初月"之句。在唐代文人的笔下,也有了对女人小脚的描写。例如白居易《上阳人》诗中的"小头鞋履窄衣裳,天宝末年时世妆"、《花间集》中的"慢移弓底绣罗鞋"等等,反映了当时妇女已经缠足并且成为一种风气。清代内地有人到西藏,发现当地的灯具形状很像弓鞋,被称为"唐公主履"。唐公主,指文成公主。有人便认为这是唐代缠足的实证。

仕女照

缠足不迟于唐代这种说法本身,也有值得怀疑的地方。有人指出,若要缠足,必须以裹脚布层层裹住,这样便不能穿袜子。马嵬坡的老妇人既然拾得杨贵妃的袜子,可见当时还没有缠足。郭若虚的《图画见闻记》中说:唐太宗命令所有的宫人穿红锦鞠靴,这是一种袜筒很高的靴子,缠足的宫人,很难设想能穿着这种靴子行走。所谓"慢移弓底绣罗鞋"只是形容鞋底为弧形,鞋尖向上弓曲,就像现代的女式鞋中的一种款式。《宋史》中记载:"韩维为颍王记室,侍王坐。有以弓鞋进者,维曰:'王安用此舞鞋?'"清代的袁枚也认为弓鞋仅仅是舞鞋而已。还有人引用唐代韩偓《屟子》诗中"六寸跌圆光致致"之句,说明当时尚无缠足恶习。唐有大尺和小尺之分,大尺相当今天的0.985尺左右,小尺相当0.82尺左右,由此推断,当时的6寸之脚也不能说很小。

《丹铅总录》认为缠足始于唐代,但《丹铅总录》一书的作者是明代的杨慎,杨慎写此书时正发配到云南充军,疏于考订,书中的讹误不少。因此,给我们揭开缠足起源之谜又增加了重重困难。因此,缠足究竟始于何时,其首倡之人是谁,至今仍是谜,还有待于进一步的考证。

妻妾成群——中国古代"纳妾"之谜

中国古代的纳妾制度,是典型的一夫多妻制。也就是说一个丈夫可以娶若干妻子一起生活。其特点是夫妻之间不平等,妻妾之间也不平等,妾往往处于家庭的最底层。"妾"在《释名》中的解释是:"妾,接也,以贱见接幸也。""次妻""旁妻""副妻""侧室""外室""小妻""小妇"等也被称为"妾"。

中国古代的纳妾制度起源很早,是伴随着原始社会的夫权制的产生而出现的。如我国的大汶口文化(前4300~前2500)就出现了丈夫与妻妾合葬的现象。这说明那时的人已经开始纳妾了。

"三宫、六院、七十二妃"是我们常常看到的一句中国古话,说的就是中国皇帝的纳妾现象。传说周文王就有后妃24人。秦始皇灭六国后,曾将原六国宫中与各地挑选出来的无数美女全部收入阿房宫中。到了汉朝,汉元帝宠幸3000人,东汉桓帝蓄美5000人。到了晋武帝时,后宫美女竟超过了1万。隋炀帝的后宫虽然只有5000人,但加上各地的行宫,宫女人数也超过1万。唐明皇李隆基是最高纪录的保持者,当时从都城皇宫到各地行宫的宫女人数竟达4万之众。

帝王们的后宫妃妾开始减少是从宋代以后,再也没有一个帝王挑战"万人"的记录。妻妾成群的风气到了袁世凯时期愈演愈烈。袁世凯不仅一人拥有妻妾16人,而且她们中还有姐妹和姑侄。

除了帝王四处选拔全国佳丽之外,中国古代的民间也是纳妾成风。如《红楼梦》中的平儿、香菱都属于小妾。即使是以刚正不阿闻名于世的海瑞,也在年过花甲之时,买了两个年轻的小妾。

李白的"举头望明月,低头思故乡"这样的佳句已是我们自小就能背诵的。可是大多数人却不知道唐代大诗人李白也是一位一夫多妻制度的"执行"者。清末红顶商人胡雪岩更是妻妾成群。

中国的纳妾制度不仅是一种风俗习惯,甚至还有法律规定。在明代的法律上就明文规定"凡男子年满四十而无后嗣者"得纳妾。这是因为中国有所谓的"不孝有三,无后为大"的古训,娶上几个小妾,其目的是给祖宗延续香火。这也给中国古代男子纳妾找到了一个很好的借口,使纳妾变成了一种堂而皇之地行为。自纳妾制形成以来,绵延近千年而不绝,并有着极其广泛而深厚的社会基础。这又是为什么呢?追溯到根本来说,纳妾制其实是一种原始社会形态。在原始社会,男人出门狩猎,女人在家持家守护,猎到食物后,女人不能先吃,而要让男人首先吃饱。纳妾现象更为制度化、普通化,是到了君主专制制度确立时候的事。皇帝可以有三宫六院七十二嫔妃,百姓也可以三妻四妾。夫权统治是封建社会的相应产物和特点,纳妾制度正是适应了封建君主专制,才得以绵延下来。直至新中国成立,纳妾制度才被废除。

佛教在中国立足之谜

佛教从印度传入中国,受到了中国本土的儒家和道教的抵制,受到儒、道两家猛烈攻击,历经多次劫难。

汉代以后,由于丝绸之路的开辟,佛教开始从印度来到中国。刚到中国,佛教没有汉文佛经为依据,更没有华人僧徒做内援,力量非常弱小,只得依靠黄老道术以图立足,于是便把佛陀释迦牟尼的神迹全都放在老子头上,产生了老子化胡说。由于佛门对这一说法没有提出过任何异议,所以人们对此也未介意,只是糊里糊涂地将二者视为一体共同祭祀。至此,佛教广泛流传,势力膨胀,西晋末年与道教产生矛盾。道教又提出了老子化胡说,佛教已经羽翼丰满,不再承认这一说法。于是道士王浮根据以往传说,作成《老子化胡经》贬斥佛教。《化胡经》使佛教在道教面前大为难堪，引得僧人群起而争论，纷纷指责此书，并竭力证明佛在道先。从此，《化胡经》的真伪成了历代僧道长期争执的焦点问题。

由于佛教的学说经义，常令人五体投地，深信不疑。特别是那些贪恋富贵的帝王们，很容易成为佛门说教的信徒，南朝梁武帝是其中最突出的一个。梁武帝萧衍，是十足的佛教迷，他曾亲自注解佛经，撰写论文，参加佛事，甚至还先后三次舍身佛门。在历代信奉佛教皇帝的支持下，僧尼寺院开始泛滥，直接危害国家财政，威胁王

白马寺

权统治，加之道教从中作梗，于是便发生了几次大规模以政权力量直接打击佛教的灭佛活动。"三武一宗之难"就是佛门的极大灾难。

所谓"三武一宗之难"，即指北魏太武帝拓跋焘、北周武帝宇文邕、唐武宗李炎和后周世宗柴荣四人采取措施打击佛教的活动。

佛教在沉浮兴衰和儒道围攻的漫长过程中逐渐变得圆滑变通，开始与儒道沟通以改造自身学说，以求更加适应中国统治者的要求。佛教吸取他家之长，逐渐中国化，逐渐儒学化，从而也就在中国文化中深深扎根，进而形成了中华民族普遍认同的中国佛教。

寺庙撞钟 108 响之谜

"姑苏城外寒山寺，夜半钟声到客船。"在我国的寺庙中都有撞钟的传统，并且撞钟次数也有严格规定，那就是撞 108 次。这 108 声，在我国已敲打了千年以上。在我国苏州市寒山寺，每年除夕撞钟 108 下。该寺在除夕之夜 11 时 42 分开始撞钟，当敲到 108 下时，恰是凌晨 0 时 0 分，预示来年的到来；而在受中国文化的熏陶的日本，全国寺院在除夕夜也是敲钟 108 下。因为在中国古律声学中，"徵"的律数为 108。

撞钟为何撞 108 次呢？难道仅仅因为"徵"的律数是 108 吗？诸多学者为解释这 108 次钟响，努力研究，力图找到科学的答案。汇集这些前人的成果，分析起来共有三种说法：

第一，据麟庆《鸿雪因缘图记》记载："钟声之数取法念珠，意在收心入定。"该书又载，"素闻撞钟之法，各有不同，河南云：前后三十六，中发三十六，共成一百八声任；京师云：紧十八，慢十八，六遍凑成一百八。"撞钟 108 响是给 108 位神佛歌功颂德，并可以消除人们 108 桩烦恼忧愁，因此"108"成为佛的象征。所以为了表示对佛的虔诚，人们往往撞钟 108 下、念经文 108 遍或拨动一遍 108 颗佛珠。

第二，按照《周易》说法，"九"数含有吉祥之意，108 是 9 的倍数，将"九"的吉祥之意推向了极限，象征至高无上。黄烈芬认为："一百零八也是一种文化运动的象征，是易经

中思想的演化。在易学中，天一地二天三地四天五地六天七地八天九地十。天为阳，地为阴，阳中九为老、七为少，阴中六为老、八为少，老变而少不变。故阳爻称九，阴爻为六。一百零八，其和为九，九九归一。一主至高无上的天。"

第三，郎瑛的《七修类稿》中说："撞一百零八声者，一岁之意也。盖年有十二月，二十四节气，七十二候，正是此数。"这就是说将 12 加上 24 再加上 72 恰好是 108。108 这个数字经常出现在我国文史古籍中：《水浒传》中齐聚梁山好汉 108 位；在中国武术中，有 108 个穴位；泉城济南有趵突泉点 108 个；拉萨大昭寺殿廓的初檐及重檐间有 108 个雄狮伏兽；北京天坛祈年殿每层有石栏 108 根；北京雍和宫法轮殿内放的大藏经刚好是 108 部……这些 108 的含义如何，是表示对佛的崇敬还是什么，还有待深思。

"汗血宝马"为何流汗如血

《史记》中记载说汉朝时大宛国（即现时乌兹别克斯坦的费尔干纳一带）的贰师城附近有一座高山，山上有一种野马，跑起来就像飞一样，人们没法捕捉它。于是大宛国人在春天晚上把五色母马放在山下。野马与母马交配了，生下来一种马像长了翅膀，日行千里，肩上出的汗像鲜血一样红，这就是汗血宝马，人们还管它叫"马天子"。

汉武帝喜爱汗血马的高大、勃发，以为是一种奇特的动物。得知大宛国上好的马都在贰师城，藏起来不给汉使者，他于是叫车令等人拿一千两金和一具用黄金做的马去请贰师城的上马。大宛国王认为是国宝，所以不肯把马给汉朝使者。汉武帝大怒，拜李广利为贰师将军，于太初元年发属国 6000 骑兵、数万恶少年伐大宛，但因粮草不足只好留在敦煌。太初四年他又发兵 6 万、牛马上万准备攻破大宛。大宛的贵族于是把大宛王毋寡杀掉，头颅献给李广利，另立一位对汉朝友好地为大宛王。与汉军议和，汉军选良马数十匹，中等以下公母马 3000 匹，并约定以后每年大宛向汉朝选送两匹良马。

自汉代以来，西域汗血马的神话流传了一千多年。汗血马从汉朝进入我国一直到元朝，曾兴盛上千年，但是到后来却消失无踪。它真的存在于世上还是只是神话呢？许多专家都质疑史书上说汗血马能够"日行千里，夜行八百"只是传说。一般的马最多日行 200多千米。速度最快的纯血马一分钟能跑 1000米，但这样的速度只能在训练场或赛马场坚持一两分钟，时间一长，马就可能累死。我国养马史专家谢成侠教授曾对汗血马进行过专门考证。认为从产地名称、体形等特征考证这种活在史书上的传奇之马"汗血马"的原型其实是现在的阿哈马。这种马体高，体型优

镀金金马

美，头细颈高，四肢修长，皮薄毛细，轻快灵活。目前在土库曼斯坦仅有 2000 匹左右。它虽然不能日行千里，但却保持着千米 1 分零 7 秒的速度纪录，创造了 84 天跑完 4300 千米

的纪录。但记录却没有显示有它流的汗像鲜血一样。

马汗一般是白色的,呈泡沫状,不可能像血一样。那么史书上记载的"汗血"到底是怎么回事呢? 这里也有许多的争论。有人认为:这是一种由副丝虫病感染而造成的出血现象。

这种病病源为多乳突副丝虫,它们寄生在马皮下组织内和肌间结缔组织内,虫体呈白色丝状,体质柔软,常呈 S 状弯曲,雌虫常在马皮下形成出血性小结节,以吸血蝇类作为中间宿主。这种病常在每年 4 月份开始发病,七八月份达到高潮,以后逐渐减少,来年又复发。因为到了夏天这种副丝虫就钻到外面排卵,这时就会刺穿马皮,尤其是在晴天的中午前后,病马的颈部、肩部、鬐甲部及体躯两侧皮肤上就会出现豆大结节,结节迅速破裂后流出的血很像淌出的汗珠。还有人认为马在高速奔跑时体内血液温度可以达到45℃到46℃,但它头部温度却恒定在与平时一样40℃左右。据此,有关动物专家猜测:汗血马毛细而密,这表明它的毛细血管非常发达,在高速奔跑之后,随着血液增加5℃左右,少量红色血浆从细小的毛孔中渗出也是极有可能的。

围绕汗血宝马的故事至今还谜团未解。1969 年在我国甘肃武威雷台出土了一只极品文物青铜制品,为了表现汗血马四蹄离地,风驰电掣般地飞奔的形态,这件青铜器匠心独运创造出让马的后蹄踏在一只飞燕上安然无恙的形象,被郭沫若先生定名为"马踏飞燕"。这已经成为我国的国宝,享誉海内外,汗血马的故事更是名扬四海。

中国大百科

艺术百科

马博⊙主编

导　读

　　艺术的诞生与发展，是人类勤劳与智慧的结晶。

　　艺术是人类社会一项重要的文化构成，是人们在日常生活中进行娱乐游戏的一种特殊方式，又是人们进行情感交流的一种重要手段，属于娱乐游戏文化的范畴。艺术文化的本质特点，就是用语言创造出虚拟的人类现实生活。艺术发生的基础是人类的语言，有效的艺术创造必须完全借助于语言。人类有什么样的语言形式，就会有什么样的艺术形式。

　　艺术是人类社会生活的重要的不可缺少的一个方面。艺术像"一江春水向东流"，他从冰雪高处发源，汇聚起许多细流，合成一股洪波，曲折奔流，穿过悬崖峭壁，冲倒层沙积土，挟卷滚滚沙石，快乐勇敢地流走，享受路上遭遇的一切，无论艰难险阻还是狂风暴雨，直到汇入大海的怀抱；艺术又像"一蓑烟雨任平生"，她婀娜多姿、风情万种，在蒙蒙细雨里吟唱，没有打伞，将所有的思绪放飞，翩翩起舞着，在草原上，崖壁上，城墙上，只要她动情便从早春湿润的泥土中，勇敢快乐地破壳出来。

　　艺术素养是人类精神境界的重要内涵。马克思曾经说过："如果你想得到艺术的享受，你本身就必须是一个具有艺术修养的人。"一个富于艺术修养的人，他的精神生活一定比别人丰盈和充满活力，他永远不会真正寂寞，因为他是汇聚着人类的全部尊严和骄傲活着。一个有艺术修养的人，不论他担任什么工作，总会比其他人更能体谅人、更仁慈、更幽默，更易展现个性，更潇洒从容。历史上许多政治家、军事家、企业家能以他们的辉煌业绩产生广泛的影响力和巨大的震慑力，他们身上最具魅力的地方，往往是那一份艺术素质。

　　《艺术百科》部分全面介绍了书法、绘画、文学、音乐、雕塑等诸多的艺术门类，展示人类文化多姿多彩的画面。我们选取了大量有代表性的名家名作、风格流派，并以精练、浅显的语言共同阐述中国源远流长的艺术发展历程。在璀璨的艺术星空中，那些有代表性的经典作品，不单是作者的才华表现，也蕴涵着时代、社会，民族的兴衰成败，透露着物质文明和精神文明的发展轨迹。所以，本部分采用大量精美的图片把那些标志性的艺术作品一一展现出来。本部分是一座巍峨宏丽的艺术殿堂，一条源远流长的知识巨川，它把传统的艺术教育和未来的展望，有机和谐地结合在一起，引导当代中国人顺应悠久古老的中华文明融注世界发展的现代潮流。人类创造了艺术，生活中离不开艺术，有了艺术的生活会更加美好，关键在于去发现、去创造……

书法艺术

基本常识

◎ 书法

中国传统艺术之一。指毛笔字书写的方法,主要讲执笔、用笔、点划、结构、分布(行次、章法)等方法。如执笔要指实掌虚,五指齐力;用笔要中锋铺毫;点划要圆满周到;结构要横直相安,意思呼应;分布要错综变化,疏密得宜,全章贯气等等,都是前人在实践中总结出来的经验。

法帖·碑帖·墨迹

古代流传下来的书法作品,主要有三种形式。一种是法帖,依照墨迹摹刻而成。刻帖之风始于宋代。一种是碑帖,为根据出土的碑石所拓的拓片。一种是墨迹,其最能反映书法家各方面特征的形式,除了运笔的灵活、神气的酣畅能淋漓尽致地表现出来外,作者的感情境界等也跃然纸上。

金石

古铜器、石刻的总称。金,指钟鼎铜器之类;石,指碑碣石刻之类。是撰文于金石上,记创造、勒箴铭、颂扬功德等而产生的一种镌刻品。钟鼎彝器始于段商,石刻则创于秦代。两汉金石并盛,汉以后金少石多,南北朝则造像勃兴,金器更少传世,唐代碑碣尤盛。至于辑历代金石文字,编为目录,则始于北宋欧阳修之《集古录》;摹其形状集为图谱,则盛于吕大临之《博古图》;至明清金石、考古之风尤盛,顾炎武、叶弈苞等,各有著述,或以石刻考辨今古文,或以金文发明六书指要,成为新兴的专门学科。

甲骨文

亦称"契文""卜辞""龟甲文字""殷墟文字""贞卜文字"。是我国现存最古老的文字。因镌刻、书写于龟甲和兽骨之上,故名。殷商王朝,常利用龟甲兽骨写刻卜辞及占卜有关的纪事文字。甲骨文多出土于河南安阳小屯村,(殷商都城遗址,也叫殷墟),光绪二十四年(1898年)始被发现。光绪三十年(1904年)孙诒让首先考释骨文,著成《契文举例》。1928年后,经多次考古发掘,先后出土十余万片,为盘庚迁墟后至纣亡273年间之物。单字总数约4600字,其中可识文字达1700字。文字结构已由独体趋合体,并有大批形声字,是相当进步的一种文字,但多数字的笔画和部位都没有定型。文字象形简古,劲健挺秀,且有很高的艺术性。在今天可识的汉字中,以甲骨文为最古。

石鼓文

秦代刻于十块鼓形石上的文字而得名。它是我国现存最早的石刻文字。唐初在陕西雍县(今凤翔)三畤原出土。因其文字内容记狩猎事,故又名"猎碣",或因地名而称"雍邑刻石"。其文属大篆,秦系文字的典型作品,亦是研究小篆来源的重要资料。其书用笔匀圆对称、凝重,体现出稳中求变的特色,昭示出已向小篆过渡。自石鼓文以后刻石作为一种新文化,风靡于秦国,出现了《诅楚文》《峄山》《泰山》《琅玡台》等刻石。传世著名的有北宋拓本明安国《十鼓斋》"中权""先锋""后劲"三本,已流入日本。后劲本存字最多,凡491字。

石鼓文

碑学

亦称碑版学。其一,研究考订碑刻之源流、时代、体制、拓本真伪和文字内容等的学科;其二,崇尚北碑之书派与"帖学"相对称。清嘉庆、道光以前,书法崇尚法帖,自阮元倡为南北派论,包世臣、康有为继起提倡北碑,其风大盛。道光之后,碑学中兴,盖事势推迁,不能自滞,遂有北派碑学与南派帖学之分。

帖学

指研究考订法帖的源流、优劣、拓本的先后好坏，以及书迹的真伪和文字内容等的学问。又指崇尚魏晋以下，如钟繇、王羲之、颜真卿等书风体系的学派，以区别于碑学，即崇尚法帖的书派，与"碑学"相对称。帖学盛行于清代。

篆书

篆书先有大篆后有小篆。三千多年前的殷商时代，在龟甲、兽骨上刻画的文字，即"甲骨文"是篆书的雏形；商周时代铸造在钟、鼎、货币、兵器等青铜器上的文字，称"金文"或"钟鼎文"；春秋战国时代刻在石篆、石鼓等石制器皿上的文字，称"石鼓文"。上述甲骨文、金文、石鼓文通称大篆。公元前221年，秦始皇统一中国后，规范全国文字，由丞相李斯整理、书写了统一的字体，称为"小篆"。篆书的代表作品有秦代李斯的《泰山刻石》《琅玡台刻石》，唐代李阳冰的《三坟记》，清代邓石如的篆书墨迹等。

隶书

隶书是汉字书体之一。相传为秦末程邈所整理，省改小篆，去繁就简，字形变圆为方，笔画改曲为直，改"连笔"为"断笔"，从线条化走向笔画化，更便于书写。这种书体流行于古代"徒隶"，即下层办公文的小官之中，故称为"隶书"。从篆到隶是汉字演变史上的一个转折点，奠定了楷书的基础。隶书结体肩平，工整精巧，撇、捺等点画向上挑超，轻重顿挫富有变化，书法造型艺术较为美观。隶书的代表作品有《史晨碑》《礼器碑》《曹全碑》《乙瑛碑》《张迁碑》《石门颂》等。

隶书

正楷

正楷又称"正书""真书""楷书"，从隶书演变而来。字形由扁改方，笔画中取消了隶书的波势，变成横平竖直。这种书体由于规矩整齐，具有"楷模"的作用，故称楷书。楷书盛行于六朝，到了唐代，出现繁荣局面，并形成书法发展的高峰。宋元明清的书法家都以唐以前楷书为规范，近代以至当代学者更是如此。唐代的颜真卿、柳公权、欧阳询，加上元代的赵孟頫，被公认为四大楷书名家。他们的作品至今仍是初学书法的范本。楷书的代表作品有颜真卿的《颜勤礼碑》《大麻姑仙坛记》，柳公权的《玄秘塔碑》《神策军碑》，欧阳询的《九成宫醴泉铭》，赵孟頫的《胆巴碑》《妙严寺碑》等。

行书

亦称"行押书"。行书是楷书的快写,始于汉代,以后流行于各个朝代。它不如楷书工整,也不如草书潦草,是介于楷、草之间的一种书体。最有名的草书作品是东晋书法家王羲之的《兰亭序》,有"天下第一行书"之誉。行书中带有楷书或接近于楷书的称为"行楷",带有草书或接近于草书的则称为"行草"。

草书

别称"藁书"。草书是按照一定规律将字的点画连写起来的书体,并不是随心所欲地乱画,它的艺术价值超过实用价值。一般分章草和今草两种,章草是隶书简易快写的书体,字字独立不连写,笔画带有隶书的形迹,东汉史游的《急就章》是其代表作。今草是楷书急就快写的书体,字和字之间往往连在一起,晋代王羲之的《十七帖》,唐代孙过庭的《书谱》是其代表作。唐代的书法家张旭和怀素将今草写得更加放纵,多字相连,夸张浪漫,难以辨认,被称为"狂草"。张旭的《古诗四帖》和怀素的《自叙帖》是狂草的代表作。

瘦金书

亦称"瘦金体"。楷书的一种。宋徽宗赵佶,楷书学褚遂良、薛曜、薛稷而出以新意。运笔挺劲犀利,笔道瘦细峭硬而有腴润洒脱的风神,成一家法,自号"瘦金书"。存世作品有《楷书千字文》《神霄玉清宫碑》。今之仿宋体,亦是从此中脱出。此书体以形象论,本应为"瘦筋体",以"金"易"筋",是对御书的尊重。

八分

魏、晋时也称楷书为隶书,因别称有波磔的隶书为"八分",以示区别。关于"八分"的解释,唐张怀瓘《书断》引王愔说:"字方八分,言有模楷。"又引萧子良说:"饰隶为八分。"张怀瓘解释为:"若八字分散,……名之为八分。"清包世臣说:"八,背也,言其势左右分布相背然也。"《唐六典》:"四曰八分,谓《石经》碑碣所用。"同意张说的人较多。

六分半书

这是书法的一种字体,由清代著名书画家郑板桥所创。郑板桥的书法与绘画一样,都具有狂怪意趣。他的字学黄庭坚,而又融入兰竹笔意,创六分半书。其特点是,以真、隶为主。糅合草、篆各体,并用作画的方法来书写。

籀文

也叫"籀书""大篆"。因著录于《史籀篇》而得名。字体多重迭。春秋战国期间通行于秦朝。现保存在《说文解字》中的籀文有 225 字。清王国维《史籀篇疏证序》云："《史籀篇》文字,秦之文字,即周秦间西土文字也。"唐张怀瓘《书断》则认为:"籀文者,周太史所作也,与古文、大篆小异。"实际从广义看:籀文应包括大篆、小篆、古文等;从狭义看则仅指《史籀篇》文字,一般以《石鼓文》为籀文之代表作。

金文

金文被誉为中国"书法之祖"。金文是"吉金文字"的简称。金文最早出现在商代末期,盛行于西周,内容多为关于当时祀典、赐命、诏书、征战、围猎、盟约等活动或事件的记录,都反映了当时的社会生活。金文字体整齐遒丽,古朴厚重。传世的有铭文的钟鼎彝器很多,较著名的有大盂鼎、散氏盘、毛公鼎、王孙钟、宗周钟等。金文基本上属于籀篆体。这些文字,在汉武帝时就已被发现,当时有人将在汾阳发掘出的一尊鼎送进宫中,汉武帝因此将年号定为元鼎(公元前 116 年)。以后金文又陆续有所发现。宋代文人欧阳修、赵明诚都著书对金文做过研究和记载。虽然金文是书法之鼻祖,但它随着历史的发展,逐渐被淘汰,不及碑文传世多,但越是稀少,越显得珍贵。金文因铸于铜器,比书于竹简布帛上的文字更垂久远,因此对后代书法有更大的影响。

魏碑

魏碑是指介于隶书、楷书之间的一种书体,也称魏体。因见于北朝元魏石刻上故名。时楷书初兴,隶法尚存,故体貌百变,而方正凝重,上承钟、王,下启隋、唐。有"北朝书体"或"北碑体""北书"与"南朝体"之分。元魏为北朝书体之代表,见于当时的石刻、摩崖、造像等。北派指赵、燕、魏、齐、周、隋之书,由钟繇、卫瓘、索靖至崔悦、丁道护等人。南朝体指东晋、宋、齐、梁、陈的书风。清咸丰、同治之际,崇尚北碑,经康有为、阮元、包世臣的鼓吹而影响一代书风。

魏碑

十体书

即十种书体。有两种说法:一是唐张怀瓘《书断》以古文、大篆、籀文、小篆、八分、隶书、章书、行书、飞白、草书为十体。二是《宣和书谱》以古文、大篆、小篆、八分、飞白、薤叶、垂针、垂露、鸟虫、连珠为十体。

文房四宝的别称

笔——毛颖、管城子、管、毫、毛锥子、中书君。
墨——陈玄、松滋侯、龙宾、龙香剂。
纸——褚先生、麦光、赫蹄、滑砥方絮。
砚——陶泓。

文房四宝

湖笔

  元明时期,湖笔出名。湖笔的发源地在浙江吴兴的善琏村,吴兴旧属湖州府,所以称为"湖笔"。相传蒙恬曾在善琏村住过,被当地人奉为"笔祖",还修建了纪念他的"蒙公祠"。这个时期,湖州成了全国的制笔中心,并出现了冯应科、张进中、吴升等一大批制笔名师。随后,湖笔的制作工艺开始向外流传,在全国很多地方都有湖笔笔庄。

砚及四大名砚

  砚是用来研墨的。我国最早的古砚是秦代石砚。到了唐代,制砚工艺达到高峰,出现了广东端州的端砚、安徽歙州的歙砚、甘肃临洮的洮河砚以及山西绛州的澄泥砚,即我们现在常说的"四大名砚"。它们是以砚的出产地命名的,其中端砚名气最大。端砚的产地在广东肇庆,古称端州。它有"群砚之首""天下第一砚""文房四宝之宝中宝"的美誉。那里的石料质地细密柔润,研出的墨黔均匀,雕出的花纹精美生动,是难得的艺术珍品。

蚕头燕尾

  书法上说横划起笔着纸迟笨的,叫"蚕头";捺划收笔出锋处,提笔回锋,分成叉式的,叫"燕尾"。这是不善于学习颜字碑刻所容易染上的一种习气。

画(划)沙印泥

  书法家比喻用笔的方法。褚遂良《论书》云:"用笔当如锥画(划)沙,如印印泥。"黄庭坚云:"如锥画(划)沙,如印印泥,盖言锋藏笔中,意在笔前。"锥锋划进沙里,沙形两边突起,而中间凹成一线,以形容书法"中锋""藏锋"之妙;印章印在泥上,不会走失模样,此言下笔既稳且准,能写出意中构成的字迹。

铁画银钩

  书法艺术上要求点划既要刚劲,又要道媚。欧阳询《用笔论》:"刚则铁画,媚若

银钩。"

银钩虿尾

书法说"乙"字的末趯,叫"虿尾"。庾肩吾《书论》:"或欲挑而还置。……是以鹰爪含利,出彼兔毫,龙管润霜,游兹虿尾。"欲挑还置,是说遇到钩趯,必先驻锋而后趣出。索靖自称其书为"银钩虿尾",就是说他的趯法,如银钩之遒劲有力。

分行布白

指书法上安排字的点划和布置字、行之间关系的方法。字的点划有繁简,结体也有大小、疏密、斜正,故分行布白的要求,是使字的上下左右相互影响,相互联系,达到整幅呼应。

馆阁体

是一种书体名。明、清科举取士,考卷的字,要求写得乌黑、方正、光洁,大小一律。至清代中期,要求更严,使书法艺术到了僵化的程度。在明代此种楷书叫"台阁体";清代则叫"馆阁体"。因当时馆阁及翰林院中的官僚,擅写这种字体,故名。后来把写得拘谨刻板的字,也贬称为"台阁体""馆阁体"。

翰墨

义同"笔墨",原指文辞。三国曹丕《典伦·论文》曰:"古之作者,寄身于翰墨,见意于篇籍。"后世亦泛指书法和中国画。《宋史·米芾传》:"特妙于翰墨,沈着飞翥,得王献之笔意。"

尺牍

牍为古代写字用的木片,为木简中的一种。长约尺许,故曰"尺牍"。后世又称"公文"为"文牍",书札为"尺牍"。《汉书·陈遵传》云:"略涉传记,赡于文辞,性善书,与人尺牍,主皆藏弆以为荣。"刘宋虞龢《论书表》云:"卢循索善尺牍,尤珍名法。"

临摹

学习前人书法的一种方法。置碑帖于一旁,依照其笔画书写的称"临";以薄纸蒙在碑帖上,依其形迹而复写的称"摹"。南宋姜夔《续书谱》称:"初学书不得不摹,亦以节度其手,易于成就。"又称:"临书易失古人位置,而多得古人笔意;摹书易得古人位置,而多失古人笔意。临书易进,摹书易忘,经意与不经意也。"

笔锋

笔锋一是指笔毫的锋尖;二是指字的锋芒。运笔时,将笔的锋尖保持在字的点划中叫"中锋";藏在点划中间而不出棱角叫"藏锋";棱角外露叫"露锋";将笔的锋尖偏在字的点划一边叫"偏锋"。一般以"偏锋"为书法的弊病。"中锋"行笔,是书法艺术的基本技法。历代书法家都十分讲究"笔笔中锋"。"藏锋"和"露锋"则能表现字的骨力和神韵的美。

书丹

古人刻碑先在碑石上用朱笔写字,然后再镌刻。所以,后世称书写碑志为书丹。

笔法

写字作画用笔的方法。中国书画主要都以线条表现,所用工具都是尖锋毛笔,要使书画的线条点划富有变化,必先讲究执笔,在运用笔毫时掌握轻重、快慢、偏正、曲直等方法,称为"笔法"。

"心正则笔正"的含义

"心正则笔正"这句话是唐朝柳公权说的。一次唐穆宗问他用笔方法,柳公权回答说"心正则笔正。"它的真正含义是借回答用笔方法,来劝谏皇帝要做心地正直的贤明圣君。因此,这是一句语意双关而又含义深刻的话。

运笔七法

汉字书法根据字形结构划分的七种运笔法,即点、划(横)、直、勾、撇、捺、连。

永字八法

"永字八法"是书法中的一个术语。汉字是由笔画组成的,练习书法时,先要从笔画练起。各个笔画的书写方法是不一样的,古代书法家将所有笔画的书写方法总结为8个,即:侧、勒、努、趯、策、掠、啄、磔,也就是现在所说的:点、横、竖、钩、提、撇、短撇、捺。"永"字正好包括了书法中的8种基本笔画,写好"永"字,等于掌握了8种笔画的书写技法,因此,初学书法

永字八法

的人往往将"永"字作为笔画练习的对象,加以习练。相传,晋代大书法家王羲之最早提出"永字八法"的主张,并且他本人用了 15 年时间练写"永"字,最终成为书法名家。

颜筋柳骨

唐颜真卿的字多筋,柳公权的字多骨,故称"颜筋柳骨"。宋范仲淹诔石曼卿文:"延年之笔,颜筋柳骨。"

"三希堂"三件书法珍宝

清朝乾隆皇帝专门修建的"三希堂"收藏着王羲之的《快雪时晴帖》、王献之的《中秋帖》、王殉的《伯远帖》。

书法名家的"书风"

"一笔书"是汉末张芝的"书风";"欧体"是唐初欧阳询的"书风";"颜体"是盛唐颜真卿的"书风";"柳体"是唐代柳公权的"书风";"虎体"是唐代李阳冰的"书风";"赵体"是元代赵孟頫的"书风";"独步"是明末董其昌的"书风";"漆书"是清代金农的"书风"。

魏碑书体"十美"

康有为曾对魏碑的艺术特点进行高度概括。提出魏碑书体"十美":魄力雄强、气象浑穆、笔法跳跃、点画峻厚、意态奇逸、精神飞动、兴趣酣足、骨法洞达、结构天成、血肉丰美。

美术字

美术字是有图案意味或装饰意味的字体。美术字源于我国。我国从春秋中叶开始,逐渐形成了七国对峙的局面,出现了"言语异声""文字异形"的分裂状态。另一方面,由于生产力的发展,铸铜器不再为王室独占,各国各自制作了许多铜器,使之慢慢从"国家重器"变为装饰品和实用的工艺品。这样,铭文就被当作花饰一样看待,成了铜器花饰的一部分,于是出现了各种各样为起美化铜器作用的美术字。后人根据这些文字的不同花饰,称它们为鸟书、虫书、金剪书、悬针篆等。这就是世界上最早的美术字。

钢笔书法

钢笔书法是在书法(毛笔书写的方法)的基础上发展起来的一门艺术,指钢笔书写的方法。钢笔书法源于 20 世纪初。19 世纪,美国人沃特曼发明了钢笔。后来这种方便适用的书写工具传入我国,当代的书法家们便开始了钢笔书法的研究。使用钢笔书写我国汉字最早的是苏曼殊大师,他在 1919 年前翻译《文字因缘》原稿就是用钢笔书写的。苏曼殊的钢笔字很讲究字形和结构的美,引起了很多人的兴趣,特别是使一些对使用钢笔书写有偏见的人感到这一书写工具亦很有发展前途,从而促进了钢笔在我国的普及。后来,很多人对钢笔书法艺术产生了兴趣。1935 年,上海商务印书馆出版了由陈公哲书写的钢笔字帖《一笔行书钢笔千字文》。它笔力遒劲,线条流畅潇洒,引起了更多人对钢笔书法的关注。其后,邓散木和白蕉两位书法家合写了《钢笔字范》。从此钢笔字进入了艺术领域。新中国成立后,钢笔书法走向繁荣。

石门十三品的由来

石门十三品是以汉、魏为主体的 13 种石刻。石刻中文字古朴拙劲,个个功力极深。石门十三品原刻在汉中的褒斜栈道上。褒斜道是沿横跨秦岭的褒谷、斜谷凿石架木而成的栈道(亦称阁道),褒斜道全长 250 多公里,南出褒谷口穿越七盘山时有一段 1900 年前由人工开凿的隧道,历史上称为石门。石门隧道长 15 米多,高 3 米多,宽 4 米多。古人用秦岭柴草之便,燃起大火在石壁上烧,随后用水或醋浇激,使石头酥脆,然后再开凿,工程极其艰难。历代古人目睹石门之雄,栈道之伟,感叹之际于石门内和石门南北的山崖间题记留念,遂形成石门摩崖石刻。这些石刻的技法造诣极高,自汉魏以来的历代书法大多可见于此。特别是石刻中有为历代文人、书法家所景慕的以汉魏为主体的 13 种石刻,故被称为“石门十三品”。石刻以《石门颂》《石门铭》最为著名,其次是为景物题名的“石门”“玉盆”“衮雪”等。

米芾“刷字”

“刷字”,是指运笔迅速、率意、挥洒自然,代表人物为宋四家之一的米芾。米芾又称“米襄阳”“米南宫”。他的书法吸取二王及苏轼、黄庭坚等人的优点,发展成为自己独特的豪爽风格。他不墨守成规,反对写字装腔作势,注重天真自然,发展个性,其笔法姿容俊美。米芾自评其风格为“刷字”。他用笔力道劲健,运笔迅速,给人挥洒自然、毫无矜持造作之感,同时结字不失严谨,使得作品整体气韵生动。从“刷字”可以看出米派书法独辟蹊径的书艺风格,这就是所谓的“米书”。

为何把学习书法称“临池”

相传东汉的张芝临池学书,池水尽黑,因此后人把学习书法称为“临池”。

西安碑林的“名碑”

草书有唐代怀素写的《千字文》,行书有唐代怀仁集王羲之的《大唐三藏圣教序碑》、楷书有颜真卿的《颜勤礼碑》。

南北书派

书法家因其个性、阅历、学识、修养及师承等不同,书法作品也呈现出独特的风貌,遂构成书法流派。书法上的南北派之说,比绘画上董其昌提出的"南北宗"说要早。元朝赵孟頫在其《论书》中说:"晋宋以下,分南而北……北方多朴有隶体,无晋逸雅。"北派崇尚北朝碑刻,南派崇尚法帖。唐贞观以前,南派不显;至宋,北派碑学愈见衰微,而南派帖学独步艺坛。

两晋书法世家

中国书法艺术在两晋出现过几个大的书法世家。这不仅在中国,在世界书法史上也是独特的现象。以卫觊、卫瑾、卫恒、卫铄为代表的卫氏家族;以索靖、索永为代表的索氏家族;以陆机、陆云为代表的陆氏家族;以王羲之、王献之为代表的王氏家族。

著名书法家及作品（墨迹）

李斯

李斯(前284年~前208年),秦代书法家。字通古,楚上蔡(今河南省上蔡县西南)人。从荀卿学帝王术,西仕于秦,为客卿。始皇定天下,斯为丞相。定郡县之制,下禁书令,变仓颉籀为小篆,后世称为"小篆之祖"。李斯篆书"画如铁石,字若飞动,作楷隶之祖,为不易之法"。李斯佐秦灭六国,后为赵高构陷,腰斩咸阳。著有《仓颉》七篇,已佚。传世书迹有《泰山刻石》《琅玡台刻石》等。《泰山刻石》的篆书,世称"玉筋篆",对后世影响深远,历来习小篆者无不奉为圭臬。

李斯

蔡邕

蔡邕(133年~192年),东汉文学家、书法家。字伯喈,祖籍陈留圉(今河南杞县南)。他在汉灵帝时被召任郎中,后因弹劾宦官而遭到诬陷,流放朔方。遇赦后亡命江湖十余载。献帝时董卓专权,强令邕入都为侍御史,拜左中郎将,因此后人也称他"蔡中郎"。董卓遭诛后,他亦被捕,死于狱中。蔡邕精于篆、隶,他的字章法自然,笔力劲健,结字跌宕有致,整饬而不刻板,静穆而有生气,无求妍美之意,而具古朴天真之趣。他还受工匠用扫白粉的帚在墙上写字的启发,创造了千古称绝的"飞白书"。这种书体,笔画中丝丝露白,似用枯笔写成,为一种独特的书体。蔡邕还是汉代书法理论的集大成者,他的《篆势》《笔赋》《笔论》《九势》等在中国书论史上占有重要地位。传世作品有《嘉平石经》,相传《曹娥碑》也是他写的。

张芝

(约112年~约192年),汉末书法家。字伯英,敦煌酒泉(今属甘肃)人。他勤学好古,淡于仕进,拒绝了朝廷的屡次征召,一生醉心于书法艺术。张芝在书坛上,一直享有极高地位,被尊为"草圣"。他最擅长章草,后来摆脱了传统的书写习惯,将章草的点画进行了简省,并加以波磔,使其体势一笔而成,偶有不连,而血脉不断,充满灵动、飘逸之感,被称为"今草"。张芝的草书对后世产生了深远的影响,包括王羲之、王献之在内的大书法家都曾向他借鉴。传世作品有《冠军帖》《终年帖》等。

钟繇

钟繇(151年~230年),三国魏大臣、书法家。字元常,会之父。颍川长社(今河南长葛东)人,一作许昌人。举孝廉为郎,历官侍中尚书仆射,封东亭武侯;魏国初建,迁相,明帝即位,迁太傅,人称钟太傅。工书,师法曹喜、蔡邕、刘德升,博采众长,兼善各体,尤精于隶、楷。点画之间,多有异趣,结体朴茂,出于自然,形成了由隶入楷的新貌。与张芝、王羲之齐名,并称"钟张""钟王"。历代奉以为法。真迹不传,宋以来法帖中所刻《宣示表》《贺捷表》《荐季直表》《力命表》《墓田帖》等,都出于后人临摹。

钟繇

陆机

陆机(261年~303年),西晋文学家、书法家。字士衡,吴郡(今江苏苏州)人。一作华亭(今上海松江)人。祖逊,父抗,皆三国吴名将。吴亡入晋,为太子洗马,著作郎,后官至平原内史,世称"陆平原"。陆机才华出众,少有异材,文章冠世,与弟陆云,世称"二陆"。工书法,尤擅长行草书。又善诗,重藻绘排偶,且多拟古之作,所作《文赋》为古代重要文学论著。后人辑有《陆士衡集》。传世《平复帖》为现存书家墨迹最早者,现藏北京故宫博物院。此帖书法古厚淳雅,介于章草与今草之间,与西晋竹木简草书相类。此帖以秃笔仓促书成,用笔率意、洒脱,风格与汉晋简牍墨迹中的草书十分相似,反映了由隶变革的过程。观之虽字与字之间很少牵连,但通篇气脉相贯,首尾一致,历代所称道。著录于《墨缘汇观》等。摹刻有《秋碧堂帖》《诒晋斋帖》《南雪斋帖》《盼云轩帖》《鄰苏园帖》等,以《秋碧堂帖》镌刻最精美。

卫铄

卫铄(272年~349年),东晋女书法家。人称卫夫人,字茂漪,河东安邑(今山东西夏县)人。汝阴太守李矩妻。工书法,师钟繇,正书妙传其法。王羲之少时,曾从她学书。

王羲之

王羲之

王羲之(321年~379年,一作303年~361年),东晋书法家。字逸少,琅琊临沂(今属山东临沂)人。出身贵族。官至右军将军,会稽内史,人称王右军。因与王述不和辞官,定居会稽山阴(今浙江绍兴)。工书法,早年从卫夫人(铄)学,后改变初学。草书学张芝,正书学钟繇,并博采众长,精研体势,推陈出新,一变汉、魏以来质朴的书风,成为妍美流便的新体。其书备精诸体,尤擅正行,字势雄强多变化,形成自己独特的艺术风格,开创了书法历史的一代新风,有着承前启后的作用,被称为"书圣"。书迹刻本甚多,散见宋以来所刻丛帖中。行书保存在唐僧怀仁集书《圣教序》内最多。草书有《十七帖》等。真迹无存,唯有唐人双钩廓填的行书《姨母》《奉橘》《丧乱》《孔侍中》《兰亭序》及草书《初月》等帖。《兰亭序》是他的代表作,有"天下第一行书"之誉。

王献之

王献之(344年~386年),东晋书法家。字子敬,小字官奴,琅琊临沂(今山东临沂)人。他是王羲之的第七子,在书法史上被誉为"小圣",与其父并称为"二王"。曾经担任过州主簿、秘书郎、长史,累迁建武将军、吴兴太守,征拜中书令,故人称"王大令"。王羲之一家数子均谙书法,唯独王献之最具禀赋,敢于创新,不为其父所囿,从而也为魏晋以来的今楷、今草做出了卓越贡献,有"破体"之称。他的字在笔势与气韵上要超过其父,米芾称他"运笔如火箸画灰,连属无端末,如不经意,所谓一笔书",即是指在草书上的"一笔书"狂草。作品有《鸭头丸帖》《兰草帖》《舍内帖》《诸舍帖》《中秋帖》《洛神赋》《授衣帖》等。

欧阳询

欧阳询(557年~641年),唐代书法家。字信本。潭州临湘(今湖南长沙)人。官至太子率更令,弘文馆学士,封渤海县男。工书法,学二王(羲之、献之),劲险刻厉,于平正中见险绝,形成刚健严谨的独特风格,世称"欧体"。对后世影响很大。与虞世南、褚遂良、薛稷并称为唐初四大书法家。碑刻有正书《九成宫醴泉铭》《化度寺碑》《虞恭公温彦博碑》《皇甫诞碑》等。行书墨迹有《张翰》《卜商》《梦奠》等帖。编有《艺文类聚》一百卷。

欧阳询

虞世南

虞世南(558年~638年),唐初书法家。字伯施,浙江余姚(今属浙江)人。他从小就过继给叔父为子,曾跟随王羲之之七代孙僧智永和尚习书法,深谙王羲之的笔法。虞世南生性沉静,刚直忠贞,为唐太宗李世民所器重,官至银青光禄大夫、弘文馆学士。唐太宗常称虞世南有德行、忠直、博学、文辞、书翰"五绝",对其评价极高。虞世南的书法用笔深粹、典丽,圆融道逸而外柔内刚,风骨遒劲而几无雕饰或火气。被称为"虞体"流派,与欧阳询的"险劲"一路并称"欧虞"。他的行草书,则几乎是王羲之行草诸帖的嫡传。他与欧阳询、褚遂良、薛稷并称为唐初四大书法家。传世作品有《孔子庙堂碑》《汝南公主墓志铭并序》《积时帖》等。

李邕

李邕(678年~747年),唐代文学家、杰出的书法家。字泰和,广陵江都(今江苏扬州)人。李善之子,少知名,荐为左拾遗。天宝初为汲郡北海太守,故人称李北海。天宝元年(747)被诬奸赃入狱。宰相李林甫令祁顺、罗布爽杖杀之。北海文章、书翰、正直、辞辨、义烈皆过人,时称六绝。善正行草书,文名满天下。李邕长于碑志文,当时许多人请他作碑志。取法二王(羲之、献之)而有所创造,笔力沉雄,由于他善于吸收众家之长,自成一家,故他的书法风采动人,气宇轩昂,有一种凌厉无前之气势。唐李阳冰称他为"书中仙手"。对书法,李邕反对模仿,曾说"学我者死,似我者俗"。李邕高超的书法艺术,影响到宋、元、明。他对宋米芾、元赵孟頫、明董其昌等产生过较大的影响,学者多以为法式。据著录记载,他书艺出众,尤长碑颂。先后撰八百通,现存尚有二十多种。较著名的有《云麾将军李思训碑》《云麾将军李秀碑》《麓山寺碑》《法华寺碑》《卢正道碑》,其中以《麓山寺碑》最著名。明人辑有《李北海集》。

张旭

张旭(约685年~约759年),唐代书法家。字伯高,吴郡(今江苏苏州)人。他初仕为常熟尉,后官至金吾长史,人称"张长史"。张旭是一位极有个性的草书大家,他为人洒脱不羁,卓尔不群,喜欢饮酒,往往大醉后挥毫作书,或以头发濡墨作书,如醉如痴,世人称之为"张颠"。并与李白、贺知章等人相善,称为"酒中八仙"。他精工楷书、草书,尤以草书著称,师学"二王"而又能独创新意,用抽象的点线去表现书法家思想情感博大清新、纵逸豪放之处,远远超过了前代书法家的作品,把书法艺术升华到新的境界,具有强烈的盛唐气象。传世书迹有《郎官石柱记》《肚痛帖》《古诗四帖》等。

颜真卿

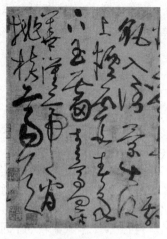

张旭书法

颜真卿（709年~784年），唐代大臣、书法家。字清臣。京兆万年（今陕西西安）人。开元进士，任殿中侍御史，因被杨国忠排斥，出为平原（今属山东）太守。安禄山叛乱，他联络从兄杲卿起兵抵抗。后入京，历官至吏部尚书，太子太师，封鲁郡公，世称颜鲁公。唐德宗时，李希烈叛乱，他被派前往劝谕，为希烈缢死。书法初学褚遂良，后从张旭得笔法，正楷端庄雄伟，气势开张；行书遒劲郁勃，古法为之一变，开创了新风格，他的书法代表了唐代书法艺术的第二次高峰，对后人影响极大。他创造的"颜体"，是后世临摹的范本。与柳公权并称"颜柳"。碑刻有《多宝塔碑》《麻姑仙坛记》《李元靖碑》《寒食帖》《颜勤礼碑》《颜家庙碑》等。行书有《争座位帖》。书迹有《自书告身》及《祭侄文稿》。后人辑有《颜鲁公文集》。

怀素

怀素（737年~799年），唐代书法家。俗姓钱，字藏真，零陵（今湖南长沙）人。他原本出身世家，少年时忽发出家之意，皈依佛门改字藏真，史称"零陵僧"或"释长沙"，晚年在四川成都宝园寺撰写经文。怀素与草书家张旭齐名，人称"张颠素狂"或"颠张醉素"。他虽然身在佛门，却嗜酒如荤，醉后兴之所至，便笔走龙蛇，留下风骤雨旋般气势磅礴的作品，给人以"剑气凌云"的豪迈感。他的草书用笔圆劲有力，使转如环，奔放流畅，一气呵成，称为"狂草"。传世作品有《千字文》《自叙帖》《圣母帖》《论书帖》《藏真帖》等。

柳公权

柳公权（778年~865年），唐代书法家。字诚悬，京兆华原（今陕西耀州区）人。官至太子少师。工书，正楷尤知名。初学王羲之，遍阅近代笔法，而得力于颜真卿、欧阳询，骨力遒健，结构劲紧，自成一体，与颜真卿并称"颜柳"。他创造的"柳体"是继颜真卿之后唐代书法的又一座高峰，在书法史上占据着重要地位，对后世影响巨大。他的书碑很多，以《玄秘塔碑》《金刚经》《神策军碑》为最著。书迹有《送梨帖题跋》。

蔡襄

蔡襄（1012年~1067年），北宋书法家。字君谟，兴化仙游（今属福建）人。官至端明殿学士。工书，学虞世南、颜真卿，并取法晋人。正楷端重沉着，行书温淳婉媚，草书参用飞白法,为"宋四家"之一。传世碑刻有《万安桥记》,书迹有《谢赐御书诗》和书札、诗稿等。后人辑有《蔡忠惠集》。

黄庭坚

黄庭坚

黄庭坚(1045~1105年),北宋诗人、词人、书法家。字鲁直,自号山谷道人,晚号涪翁,又称黄豫章,洪州分宁(今江西修水)人。英宗治平四年(1067年)进士,以校书郎为《神宗实录》检讨官,迁著作佐郎。后以修实录不实,遭到贬谪。黄庭坚为苏门四学士之一,是江西诗派的开山祖师,生前与苏轼齐名。世称苏黄。擅文章、诗词。尤工书法,兼擅行、草,以侧险取势。纵横奇崛,自成风格,为宋四家之一。所著《豫章先生文集》30卷,《四部丛刊》本,诗文兼收;《山谷全集》39卷,《四部备要》本,只收诗赋;自选诗文集《山谷精华录》,词集《山谷琴趣外篇》等。墨迹有《华严疏》《松风阁诗》等。

赵构

赵构(1107年~1187年),宋代高宗皇帝、书法家。字德基,涿州(今河北省涿州市人)。赵佶第九子。在位36年,偷安忍耻,称臣纳贡,终成南宋偏安之局,是一位昏庸无能之主。但在书法上却颇有造诣,尤工正、行书,书宗"二王"、智永、山谷、米芾又辅以六朝风骨,遂成一家。存世书迹有《道德经》《禁酒碑》《临智永真草千字文》《草书洛神赋》等。陶宗仪《书史会要》所评曰:"高宗善真、行草书。天纵其能,无不造妙。或云初学米芾,又辅以六朝风骨,自成一家。"

赵孟𫖯

赵孟𫖯(1254年~1322年),元代书画家。字子昂,号松雪道人、水晶宫道人、在家道人、太上弟子等。居有欧波亭,世称赵欧波,又颜其斋为"松雪",因称"赵松雪""松雪道人"。吴兴(今浙江湖州)人。宋亡仕元,官至翰林学士承旨、荣禄大夫,封魏国公。"荣际五朝,一名满四海。"卒后,谥文敏。工书,初效宋高宗赵构,中学钟、王诸家,晚法李邕。文才极高,书法影响元、明、清三代,六体俱能,尤工楷、行,所书与颜、柳、欧并举,世称"赵体"。赵体书法字体秀美,法度谨严,神采焕发。结体略取横势,重心安稳,撇捺舒展,取李北海笔意,往往在楷书中带有行书体态。赵孟𫖯在中国书法史上,是承前启后、继往开来的一位大书法家。传世墨迹和碑板较多。亦善画、能刻印。著有《印史》《松雪斋集》等,墨迹有《龙兴寺帝师胆巴碑》,此外还有《清河秘箧表》《东图玄览》《南阳名画表》《式古堂书画汇考》《三虞堂书画目》等书著录。

鲜于枢

鲜于枢(1246 年~1302 年),元代书法家。字伯机,号困学山民、寄直老人,渔阳(今河北蓟州区)人,后居杭州,曾做过太常博士的官职。书法成就主要在于行草书。他使用独特的回腕法,写字强调骨力,行笔潇洒自然,笔法纵肆而不失古朴,结体谨严而气魄恢宏,笔墨淋漓酣畅,书体遒劲凝重,受到赵孟頫的大力推崇。作品有《渔父词》《透光古镜歌》《困学斋集》《困学斋杂录》《真书千文》《老子道德经卷上》《苏轼海棠诗卷》《韩愈进学解》等。

翁方纲

翁方纲(1733 年~1818 年),清代书法家。字正三,一字忠叙,号覃溪,晚号苏斋。直隶大兴(今属北京市)人。官至内阁大学士。长于考证金石,富藏书。对书画、金石、谱录、诗词等艺,靡不精审,其书法尤名震一时。书学欧、虞,谨守法度。尤善隶书。墨迹有《苏轼论书跋语轴》,著有《两汉石记》《粤东金石略》《汉石经残字考》《石州诗话》等。《苏轼论书跋语轴》作品中温润丰厚的浓墨与纤细的游丝形成强烈的对比。在运笔用墨过程中,由浓渐淡、由粗渐细的过渡缓冲。整幅作品用笔以圆润轻柔为主,没有丝毫方刚急躁的火气,运笔沉酣,墨色浓厚,笔画丰满,筋劲骨健,妙得神韵,是他的精品之一。

包世臣

包世臣(1775 年~1855 年),清代学者、书法家、书学理论家。字慎伯,号倦翁、小倦游阁外史,安徽泾县人。泾县古名安吴,人称包安吴。曾任江西新喻(今新余)知县。关心时政,对农政、漕运、盐政、货币、鸦片以及鸦片战争后外国商品侵略对中国自然经济的破坏等问题,均有论述。工书,用笔以侧取势,提倡北碑,对后来书风的变革,颇有影响。著有《安吴四种》,其中《艺舟双楫》下篇为书法理论著作,为学者所推重。

《石鼓文刻石》

战国刻石文字。原石为 10 个短粗的鼓形石柱,每石皆环刻四言古诗,内容系记载国君的狩猎活动,故又称"猎碣"。无年代及撰书人名。据各家考订,有周宣王、秦文公、秦穆公、秦襄公不同之说。各鼓字数不等,每石 9 至 15 行,每行 5 至 8 字。大篆书。石鼓于唐代贞观初年出土于陕西雍县(今之凤翔)。其书法古茂遒朴,历来为世人所重。从书法角度看,石鼓文"如金钿委地,芝草团云,不烦整裁,自有奇采"(康有为语),具有高度的艺术性。作为传世最早的石刻篆书,石鼓文在篆书艺术乃至整个书法艺术的发展中具有重要地位。

《泰山石刻》

亦称《封泰山碑》。是秦始皇二十八年(公元前 219 年)登泰山颂秦德的刻石。相传为李斯所书。字形工整,笔画圆健,是秦始皇统一文字后的标准字体,即"小篆"。

泰山石刻

《西岳华山庙碑》

东汉名碑。刻于桓帝延熹八年(165 年),原在陕西省华阴市西岳庙中,明嘉靖三十四年(1555 年)关中地震,碑被震倒,碎裂。今已无存。碑文内容系概述汉代礼祀名山大川之制的历史渊源、祀典内容及祭祀之庄重气氛。清朱彝尊评此碑云:"汉隶凡三种,一种方整,一种流丽,一种奇古,惟延熹(华岳碑)正变乖合,靡所不有,兼三者之长,当为汉隶第一名。"因此文献艺术价值极高,唐以来备受金石书法界盛赞。由于此碑书法精妙,而碑石又毁灭不存,所以名气极大,其拓本十分珍贵。原石拓本传世者有四,即长垣本、华阴本、四明本和玲珑山馆本。

《曹全碑》

它的全名是《汉合阳令曹全碑》。此碑刻于东汉中平二年十月,碑上记载了合阳县令曹全的功绩。明万历初《曹全碑》在陕西合阳出土,现藏于西安碑林博物馆。

《鲜于璜碑》

东汉碑刻。全称《汉故雁门太守鲜于君碑》,延熹八年(165 年)立。1973 年天津武清高村公社出土。其字大小不一,与爨近,文与碑阳也类同。有界格,两面共 827 字。汉代碑刻能完整保留至今,且文字清晰者不多,此碑新出,文字基本完好,书法方整拙朴,与张迁碑相近,但较张迁碑宽扁丰厚,艺术水平较高,可视为汉隶方笔流派代表之一,为汉隶中的珍品。它是汉碑隶书中方笔一派的主要代表作品，艺术价值甚高。由于此碑出土晚，字迹清晰，故为研究汉代书法的重要资料。

曹全碑

《熹平石经》

在石碑上铭刻儒家经典的做法始于东汉，这类石刻被称为"石经"。《熹平石经》为东汉熹平年间所刻，规整划一，非常程式化，是中国历史上最早的官定儒家经典刻石。汉代独尊儒术之后，朝廷将儒家经文刻制成石头书籍，供学官们正宗校勘，作为向太学生讲授的标准经本。熹平石经共刻《鲁礼》《尚书》《周易》《公羊传》《仪礼》《论语》等7经，共46石，计200910字。共历时9年制成，制成后立于洛阳太学门前，主要由蔡邕等人用隶书体写成，是中国书法史上著名碑刻。

《马王堆帛书》

汉代无款墨迹。湖南长沙马王堆汉墓中所发掘的汉代墨迹。书于绢帛之上。帛有整幅与半幅，整幅宽48~50厘米。出土时破损严重，经整理，已判明共有28种，共12万余字。内容其中除《周易》和《老子》有今本传世外，绝大多数为古佚书，包括六艺、诸子、兵家、数术、方术、古地图、哲学、天文等，其内容十分丰富，经专家考订，这些帛书大部分于西汉初年（汉高祖至文帝初年），即公元前2世纪初前后30年之间抄写的。这是中国考古学和中国书法史上的一次重要发现。书体以篆隶为主，亦有介于二者之间的古隶。书法不拘一格而通体和谐，其字形修长，笔画屈曲圆转，多用中锋，这些都还是篆书的遗绪；但许多偏旁部首已脱离篆书的写法，具备了隶书的雏形。其中《老子》（甲本）、《老子》（乙本）和《战国策》书法最精美。这些作为西汉初期的墨迹实物，使人们清楚地看到了"古隶"的真实面目。这对探讨书体相衔、衍化之迹价值很大。

《张迁碑》

汉碑中的名品。此碑用笔以方笔为主，拙朴淳厚，骨力雄健，碑额为缪篆颇有特色。结体取正势，端直横茂，浑穆古拙；运笔以方笔为主，转折处方圆兼备，而多在直线和方折中加一熟练有力的弧线。在拙朴中见秀美，端庄中显灵动。

《洛神赋》

单刻帖。三国魏曹植撰文，晋王献之书。小楷。十三行（《洛神赋》文片段）。此帖原为麻笺本，入宋残缺。南宋末贾似道先得九行，后又得四行，刻于苍白石上，美其名曰

"碧玉",故又称《玉版十三行》。其书法虚和简静,宽绰灵秀,世称"小楷之极则"。原石书法挺遒劲朗。重刻本数十种皆从此摹刻。《戏鸿堂》《快雪堂》《停云馆》等均曾摹刻。

洛神赋(局部)

《爨宝子碑》

东晋名碑。全称《晋振威将军建宁太守爨宝子碑》。义熙元年(405年)立。清乾隆四十三年(1778年)出土于云南省曲靖县城南70里之杨旗田。爨氏是南朝时西南少数民族地区的重要上层人物,此碑记载了宝子的生平,对研究民族史有参考价值。额正书"晋故振威将军建宁太守爨府君之碑"15字。碑文亦正书。书法为由隶向楷过渡之典型,被公认为早期正书之珍品。

《黄庭经》

单刻帖。晋代小楷法帖。传为王羲之书于永和十二年(356年)。唐代褚遂良《右军书目》列入正书五卷中第二。帖凡60行,结体质朴端凝,比例舒适。呼应巧妙。字形因字而异,或抱合,或开拓,上下承继变化,左右虚实借让,全无做作之气。行虽不直,但气势流贯,得自然之趣。其运笔筋骨血肉相辅,粗细长短相间,虽穷极变化,复归匀称。世有初学《黄庭》恰到好处之说,故历来被奉为小楷上品。隋代智永,唐代欧阳询、虞世南、褚遂良等均有临李。又李白诗云:"山阴道士如相见,应写黄庭换白鹅。"故此帖亦称《换鹅经》。原迹久佚,传世临摹翻刻本极多,以《秘阁续帖》本、《越州石氏帖》本为最佳。

《乐毅论》

单刻帖。夏侯玄（泰初）文，永和四年（348 年）王羲之书。小楷 44 行，行 17 字。其书开阔纵横，柔中寓刚。唐代褚遂良谓"笔势精妙，备尽楷则"。是传世王羲之小楷最佳范本之一。唐太宗所集右军书，唯此为石刻（刻于梁代）。此石本传为随唐太宗殉入昭陵。后为温韬盗出，石残。末行存"海"字。后世拓本以"海字本"为祖本，但无原拓本传世。

《兰亭序》

《兰亭序》是王羲之最具代表性的作品，被称为"天下第一行书"，在我国书法史上产生过巨大的影响。此帖用笔以中锋为主，间有侧锋，笔画之间萦带纤细轻盈，笔断而意连，提按顿挫一任自然，整体布局错落有致，具有潇洒流利、优美动人的无穷魅力。

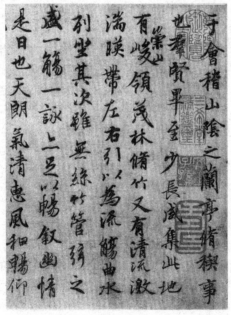

兰亭序（局部）

《十三行》

著名小楷法帖。晋王献之书《洛神赋》残存的一段，自"嬉"字起，至"飞"字止，计十三行，故名。元赵孟頫《松雪斋集》载，墨迹有两本：一为晋时用麻笺所书，墨彩飞动。宋高宗先收得九行，后归贾似道，贾又续得四行，最后为赵孟頫所得。又一本是唐人用硬黄纸所书，后有柳公权跋两行，人称《柳跋十三行》，书法遒丽。明万历间，杭州出一石刻（石紫色,前人传为"碧玉"),谓在葛岭出土,或云出自西湖。或以为即贾似道据家藏墨迹所刻的原石。南宋末,曹之格曾翻刻入《宝晋斋法帖》中。柳跋一本。在南宋《越州石氏帖》中有摹刻。

《爨龙颜碑》

南朝名碑,亦称《大爨碑》(《爨宝子》又称《小爨碑》,二合为"二爨")。南朝宋大明二年(458年)立。碑原在云南省陆凉县贞元堡,清道光六年(1826年)云南总督阮元访得,始大显于世。圆首有穿,额正书"宋故龙骧将军护镇蛮校慰宁州刺史邛都县侯爨使君之碑"。碑文为爨道庆撰。内容为有关爨须颜镇压当地少数民族起义的记载,对研究民族史有一定参考价值。道光七年(1827年)阮元建亭保护时曾刻跋语。书法极似北魏《嵩高灵庙碑》,险劲简古。颇多隶意。康有为评为:"隶楷之极则,有'六朝碑版之冠'之誉。"

《泰山金刚经》

亦称《经石峪金刚经》,其内容为《金刚般若经》,刻在花岗岩溪床上。是现存形制和规模最大的摩崖刻石。在山东省泰安县泰山石经峪花岗岩石砰上。无款年月。隶书。字数逾千,现存八百多字。因其规模巨大,故全拓本极难得。《金刚经》书法博大雄浑,字径过尺。被誉为"榜书之首""大字鼻祖"。其书体以隶法为主,又兼参篆、楷和行草笔意,姿致似横奇斜富有变化,确为翰墨奇观。书体虽以隶法为主,但总的来看,其书体介于隶书与楷书之间,反映了由隶向楷的过渡状态。书者有唐邕、王子椿等数说。阮元《山左金石志》考此为北齐天保年间(550~559)所作。

《龙藏寺碑》

隋代碑刻。全称《正定府龙藏寺碑》。隋开皇六年(586年)恒州刺史鄂国公金城的王孝仙所立。碑现存河北省正定县隆兴寺内。此碑记述了当时的鄂国王孝仙动员州人1万集资造寺之事。此碑书法宽博和谐,其用笔细劲轻松,具有流动感和轻重变化,结体以方正为主,略呈扁形,左右开张,点画精丽而有法可循,给人以清爽匀称的感觉。此碑为隋碑第一,在书体之嬗递上起到承前启后的作用。尤其对唐代书法,特别是唐初诸大家的影响甚大。

《十七帖》

著名草书法帖。原为唐太宗集藏晋王羲之草书书卷之一。计书札二十八通,因第一札首有"十七"二字,故名。当时太宗于卷末亲书"勅"字,付弘文馆解无畏摹勒成副,并经褚遂良校定,号称《勅字本十七帖》,也称《馆本十七帖》。为传世王羲之草书中之代表作。今存有翻摹的宋拓本。此帖部分书札也刻入《淳化阁帖》《大观帖》中,字迹与"馆

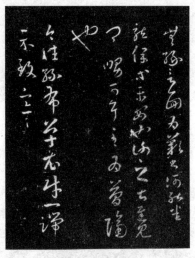

本"不同，相传为唐贺知章的临本。又有"西安本"，不全，亦唐人所临，石已佚。

《晋祠铭》

唐代行书碑刻，唐太宗撰并书。全称《晋祠之铭并序》。立于贞观二十年（646年）。内容记唐立国后的文治武功并歌颂唐叙虞的治国方略。行书，全文共1203字。行草入碑，由此开始，是我国现存最早的行书碑。碑额用"飞白"笔法写成，唐太宗乃历史上第一人。此碑文为行书（兼草），为唐太宗晚年所书，全法"二王"，书法遒劲，神气浑沦，故历来宣传。其字行笔、结体、行气都很可观。此碑以笔力为主。用笔浑厚自然，结字、用笔，颇似《怀仁集王圣教序》。由于此铭是他平生杰作，历来评价很高。

《圣母帖》

单刻帖，唐贞元九年（793年）五月怀素草书，碑石则刻于宋元祐三年（1088年）。今在陕西西安碑林。此刻左角有唐代裴休等雁塔题名，此帖线条遒劲，富有弹性感觉。曲线如滚转的圈圈。这是怀素较有约束之作。另外，此帖之佳处，还保留有一部分章草，故此帖成为唐朝时不可多得的草书帖，为怀素书迹中之上品，颇为世重。

《自叙帖》

《自叙帖》是怀素的代表作，笔力最为狂纵。全文纵横奔放，一气呵成，其势如大江大河，一泻千里。参差变化是其最大特点。每行多为6字，也有8字，行行字数不同，疏密不一，全靠手心相应的节奏而定，却极富层次感、节奏感，于参差变化中得匀称，给人以巧夺天工、奇趣天成之感。

《伯远帖》

王珣是王羲之的族侄,以辞翰著称,擅行草。《伯远帖》是王珣的书法名作,也是传世晋人墨迹中唯一具有名款的真迹。此帖行笔出入顿挫,峰棱俱在,笔笔有浓淡变化。笔画写得较瘦劲,结体较开张,特别是笔画少的字显得格外疏朗、飘逸。

《肚痛帖》

唐代张旭所书。《肚痛帖》一共 30 个字,写的是:忽肚痛不可堪,不知是冷热所致。取服大黄汤冷热俱有益。张旭当时肚子疼得厉害,在这种非常情况下,他拿起毛笔,蘸饱墨,洋洋洒洒一气贯之。所以整幅作品看起来非常连贯,潇洒飘逸,极富情趣。

肚痛帖(局部)

《颜勤礼碑》

唐代书法家颜真卿所作。在颜真卿的传世名碑中,最能表达颜鲁公墨迹神采的要属《颜勤礼碑》,此碑是颜真卿为曾祖父颜勤礼所书写的神道碑,1922 年在长安出土,现存于西安碑林博物馆。

《胆巴碑》

元代碑刻。全称《龙兴寺帝师胆巴碑》,赵孟頫撰书并篆额。胆巴(1230~1303)为吐蕃人,一名功嘉葛刺思,元朝国师,曾赴天竺学习梵文经典。死后追封"大觉普慈广照无上帝师"。此碑即为胆巴而立,延祐三年(1316 年)刻。原石在河北省正定。已佚。《访碑录》据江苏嘉定钱大昕拓本著之,"似石已佚,拓本罕传,余有一本纸里甚旧,昔年得之,不知其为仅见之品。"孙星衍著《寰宇访碑录》,所据为上海嘉定钱大昕拓本,此碑在子昂书迹中为上品佳作。此碑书法近李北海，秀整妍媚中别具刚劲、柔韧意韵，学书者多取以为法。有影印本行于世。此碑之墨本，民国初存叶恭绰手，冯氏刻蕴真堂帖，曾借来刻之，现藏北京故宫博物院。

《三希堂法帖》

《三希堂法帖》是产生于清代的一部历代书法名创汇帖。清代乾隆皇帝十分喜爱书法，他征得晋代王羲之的《快雪时晴帖》，王献之的《中秋帖》和王珣的《伯远帖》三部稀世书法珍品，遂收藏于养心殿一室内，并将该室取名"三希堂"。乾隆十二年（1747 年），又命大臣选宫内所藏历代书法墨迹之精华与这三件珍品汇总，选编、摹刻成一部丛帖，命名为《三希堂石渠宝芨法帖》，简称《三希堂法帖》。该帖收录了历代 135 家 340 件楷、行、草书作品，另有题跋 210 件，总计 9 万多字。所收法帖极多，刻工精良，堪称历代法帖之冠。

绘画艺术

基本常识

绘画

　　绘画是造型艺术的一种。是用笔、刷、刀等工具,黑墨、颜料、油脂、溶剂、稀释剂等物质材料。通过构图、造型、线条、设色、明暗处理等表现手段,在纸木板、纺织品、器皿、墙壁或其他平面上,绘制可见形象的艺术。绘画分为东方画系和西方画系。以中国画为代表的东方绘画,偏重写意传神和线条造型。传统的西方绘画,以素描为基础,油画为正宗,用近远法、描影法等各种技法精深地画出立体感,注重形态的写实性,一些西方现代派绘画追求抽象表现,与传统绘画大相径庭。

绘画的几种颜料

　　绘画的创作过程是一种触觉和视觉上的体验。在所有优秀的绘画作品中,所画的对象和所用的方法之间总是会有一场令人着迷的对话,画家熟练而巧妙地铺涂上颜料来表达所要诉说的对象。颜料不同,诉诸画布的效果就不同。绘画发展到今天,主要有油画颜料、水彩、水粉、蛋彩、丙烯等颜料。

中国画

　　我国绘画若从新石器时代仰韶文化的"鹳鱼石斧纹"算起,至少有 5000 年;若以战国帛画为首,则起码也有 2300 年以上的历史了。晋唐之时,出现了许多绘画名人,如顾恺之、展子虔、吴道子、韩幹等,唐时曾设宫廷画师。宋时绘画更是有了发展,徽宗时还曾设画院从事专门创作,徽宗亦是著名的丹青高手。明清时文人画又兴盛一时。"中国画"一名出现比"西洋画"晚。1917 年,陈独秀首次提出了改良中国画的主张。中华人民共和国成立后,"国画"一名继续使用。1957 年,北京国画院成立时,周恩来总理建议改称"北京中国画院"。自此,"中国画"成为公认的、统一的名称。
　　中国画简称国画。国画指我国具有悠久历史和民族文化特征的传统绘画。按照题材分,可以分为山水画、人物画和花鸟画;按手法分,可以分为写意、工笔、勾勒、没骨、设色、水墨画;按照形式分,又可以分为屏风、立轴、横披、长卷、册页、扇面等样式。

油画

油画是西洋画的一种。用含有油质的颜料在布或木板上绘成。严格地说,油画起源于尼德兰。欧洲初期的油画,采用生鸡蛋作调料融合矿物颜料作画,最后在画面上用很薄和透明的油色罩在画上。15 世纪,尼德兰画家凡·艾克在总结前人作画经验的基础上,反复试验。发现亚麻油和核桃油是比较理想的调和剂,颜色易于调和,便于运笔,同时又可层层敷设,画面透明鲜亮,表现对象更具真实感的效果。用这种油调色作画,画面干燥的时间不快不慢,可以趁湿继续在已经画就的底层上加工绘制,干透的时间也只要两三天,而无须像从前那样借助光晒和炭火烤。颜色干透后很牢固,附着力强,色彩既有光泽,也不易褪色。艾克现在还有作品存于墨尔本。他被称为早期尼德兰画派的一位大画家。用这种油调色作画,具有很多优点,故很快流传全欧洲,成为欧洲各国绘画的主要形式。

油画

油画的运笔技巧

油画有多种用笔技巧,以绘画术语可分为:挫、拍、揉、线、扫、踩、拉、擦、抑、砌、划、点、刮、涂、摆等。这些技巧都有相应的运笔要领,比如用力的大小、轻重。在具体运用时也各有侧重,必须灵活掌握。

油画材料

油面材料一般可分为基底材料、油画颜料和媒介剂材料三大类。基底材料指承载绘画颜料的花布、木板等依托物材料和上面的涂料。油画颜料是直接绘制在画面上描绘图像的色彩和肌理所用的材料。媒介剂材料指用于调整颜料形状并使其和基底材料结合在一起的辅助性材料，比如各种稀释剂、结合剂和上光剂等。

油画颜料

油画颜料分为矿物质和化学合成两大类。最早的颜料多为矿物质，首先要用手工将其研磨成细末，然后再进行调和使用。近代随着科学技术的发展，颜料种类不断增加，并且都由工厂批量生产，装入锡管内，通过不同的化学比例进行调和后使用。这就要求绘画者要掌握一定的颜料性能才能更好地配置出上好的颜色，从而更好地发挥绘画的色彩效果。

油画的画笔、画刀

画笔一般用弹性适中的动物毛制成，有平锋扁平形、短锋扁平形、尖锋圆形及扇形等种类。画刀，又称调色刀，可以分为尖状、圆状的，多为薄钢片制成。主要用于在调色板上调匀颜料，也有的画家以刀代笔，直接用刀在画布上作画或者用刀在画布上形成颜料断面、肌理等，以增强艺术表现力。

素描

素描是油画的基础，画家在进行创作时，通常先画素描稿。素描强调表现对象的结构，并运用明暗五调子（亮部、中间色、暗部、高光和反光）描绘对象。有不少油画大师的素描作品具有独特的审美价值，如，文艺复兴时期的意大利画家达·芬奇、19世纪末俄罗斯画家列宾等的作品。由于素描对绘画的影响，美术院校都将其作为主课。

素描

夜间画

"夜间画"的名称出自意大利文。本意是"夜间的光线"。由于这种画能渲染一种神秘的氛围,达到意想不到的宗教效果,因而深受教会的欢迎。教会甚至一度把夜间画看成了油画的最高成就,从而大大促进了"夜间画"的发展。拉图尔是"夜间画"的首创者,也是最著名的代表。不过,后来随着审美观念的转变,这种绘画形式逐渐被人们遗忘了。

水粉画

水粉画是使用水调合粉质颜料绘制而成的画,是介于水彩画与油画之间的一个画种,能兼具油画的浑厚与水彩画的明快两种特点。水粉颜料一般不透明,具有较强的遮盖力,可以在画面上产生艳丽、柔润、明亮、浑厚的艺术效果。

水粉画源于意大利。文艺复兴时期艺术大师达·芬奇、米开朗琪罗,均曾用水粉画笔做过素描和画稿;1720年,威尼斯女画家卡里埃拉将水粉画带到巴黎,得以在法国繁衍并传遍全欧洲,当时的大画家布歇、夏尔丹、拉杜坎非常热衷于此,一时间作水粉画成为社会风尚,形成水粉画第一个鼎盛时期;进入19世纪后,大画家如德拉克洛瓦、米勒、马奈、雷诺阿等无不作水粉画,尤其是德加和美国女画家卡萨特,将水粉画推到又一个顶峰。水粉画于20世纪初传入我国。

壁画

壁画是古老的艺术形式,通常画在洞窟、宫殿、寺院、墓室和厅堂的墙壁上,作为装

壁画

饰。壁画是人类早期最主要的绘画品种,无论东西方都有大量的壁画遗迹。如古埃及神庙里的壁画、我国著名的敦煌壁画、西方文艺复兴时期的壁画等。这些壁画的内容大部分与宗教有关,是当时社会生活的真实写照。古代的壁画材料比较简单,一般使用蛋清或水与植物材料混合成颜料。现代壁画的材料有较大的发展,如使用丙烯等颜料,科技含量较高,作品色泽可以长久保持。

湿壁画

湿壁画是根据在壁面上绘制时,壁面的干湿不同而划分出来的壁画类型。方法是在半干的墙壁上,用清石灰水混合颜料绘制而成。由于壁面不干,颜色会渗透到湿壁中,不能预先打草稿,重复再来,所以必须一次性完成,难度较大。不过,也因为如此。可以产生浓重的色彩,形成特别的表现效果。

干壁画

干壁画是壁画的一种类型,主要指在已经干透的壁面上用混合颜料绘制而成的壁画。一般是先把墙面磨得很平。然后刷上一层石灰浆,干燥后再在上面作画。因为壁面是干的。一般画面不变形,相对比较简单。

蛋彩壁画

蛋彩壁画是壁画的一种类型,以蛋黄或蛋清作为调和剂与各色颜料融合后,在干壁上作画。因为蛋黄、蛋清干后透明有黏性,从而使画面也具有透明、坚硬等特点。这是壁画中常用的简易而又效果明显的颜料组合形式。

史前壁画

画在洞窟里的史前壁画是迄今为止人类发现的最早的绘画作品。大约出现于旧石器晚期。这些绘画多以动物形象为主,尤以奥塔米拉岩洞和拉斯科岩洞的壁画价值最高。

敦煌飞天壁画

飞天是西方极乐世界中最美好的神灵之一。据传说,她们居住在风光明媚的宝山之中。不食酒肉,专采百花香露。每当佛祖讲法的时候,她们就在天空抛洒花雨,散播芳香。飞天作为一种美好的形象常常出现在敦煌壁画中。据统计,莫高窟中共绘有 4500 多个形象各异的飞天。她们有的身长 2.5 米,有的只有不足 5 厘米,但个个都轻盈自在,体态婀娜。尤其是唐代所绘的飞天,体形丰满圆润,身披彩带,临风飞舞,优美至极。

砖壁画

指 20 世纪 70 年代,在甘肃嘉峪关市东北 20 公里戈壁滩上的魏晋墓中发现的壁画。这些壁画与过去的壁画有所不同,大多是以高 16~18 厘米,宽 34~36 厘米的一块砖面为一幅画面来描绘的,共存画面七百余幅。均用白粉涂底色,红色圈出粗重的边框,墨线勾出形象轮廓,再填颜色。

版画

版画是一种以刀为笔,在木板、铜板、石板等材质的板面上进行刻画的绘画艺术。它可以印出多份原作,视觉冲击力很强,也很有表现力,多用于文学作品的插图。版画种类主要有凹版(铜版画)、凸版(木刻与胶版画)和平版(石版画)三种。

版画

套色版画、凸版版画

套色版画指以几块木版套印出两种以上颜色的版画。因制作工具、材料及印刷的不同,又可分为水印、油印、粉印等。

凸版版画是版画的一种类型。有木刻、石刻、砖刻、石膏刻等多种。方法为:在介质的平面上以刀刻去画稿的空白部分。所存形象凸起,故称凸版。模样刻成后,经印刷后完成。一般的印章就是这种刻法。木版画用油性油墨印刷,称为油印。用水性颜料印刷,称为水印。

帛画

帛画是中国绘画中的一种重要形式。河南洛阳东郊殷人墓葬中出土的画幔是现存最早的帛画。战国时代的帛画艺术已有相当高的成就,尤其是人物肖像画。这个时期的帛画,到现在共发现四件:一是《人物龙凤图》;二是《人物御龙图》;三是《缯书四周的画像》;最后一件帛画画面已经无法辨识,出自湖北江陵马山一号墓。

瓶画

古希腊时期画在陶制器皿上的图画称为瓶画。

漆画

指以天然漆为主要材料的绘画。中国漆画有七千多年的历史。

岩画

岩画是刻凿或者绘在岩壁表面上的图像。中国史前时期的岩画,形象较小,分布较散,主要采用平刻或平涂的表现手法。

人物画

中国画的三大主要画科之一,也是西方绘画的主要门类之一,是以描绘和塑造人物形象为主体的绘画艺术。中国的人物画出现在山水画、花鸟画之前,因描绘侧重不同,可以分为:肖像画、故事画、风俗画。根据记载,人物画在春秋战国时已达到很高水准。从战国楚墓帛画,可以看到当时人物画的成就。中国人物画强调"以形写神""气韵生动""形神兼备",有独特的艺术风格。现代人物画在发扬笔墨传统的同时,借鉴西方写实方法,使中国的人物画面貌一新。

仕女画

人物画的一种。指以描绘上层妇女生活为题材的画。现存最早的有实物仕女图的是长沙楚墓出土的帛画《人物龙凤图》。而能正式代表仕女优美娴雅姿态的绘画是晋代顾恺之的《女史箴图》《列女仕智图》《洛神赋图》等。

吴带曹衣

中国古代人物画中两种相对的衣服褶纹的表现程式。相传唐吴道子画人物,笔势圆转,所绘衣服鼓动飘举,盈盈若舞,宛如在风中飞扬一般;而北朝齐曹仲达则笔法稠迭,衣服紧窄,后人因称"吴带当风,曹衣出水"。这两种风格,也流行于古代雕塑、铸像。一说曹指三国吴的曹不兴,吴指南朝宋的吴暕。出自北宋郭若虚《图画见闻志》卷一《论曹吴体法》。

文人画

中国画的一种。指中国古代文人画家的绘画。文人画家主张表现画家的主观情感，不拘于物象的外形刻画，强调绘画要有诗一样的意境。喜欢用简淡的水墨表现，不推重工细艳丽的画法。文人画从北宋时开始形成。代表画家有唐代的王维；宋代的苏轼、米芾等。

风景画（山水画）

以自然景物（包括村庄和城市）为描写对象的绘画。在中国民族绘画中，称为"山水画"。早期山水画多是为了烘托人物，后来逐渐独立出来成为单独的画种，而人物成了点缀或者不画人物。山水画的主要形式有水墨、浅绛、青绿、金碧等。

花鸟画

中国画的三大画科之一。是以描绘花卉、竹石、鸟兽、虫鱼为主体的绘画艺术。我国远古陶器上已有简单的花鸟图案，这是最早的"花鸟画"。东晋、南北朝、宋时画在绢帛上的花鸟画已经逐步形成独立画科，并出现了一些专门的画家。唐宋时趋于成熟、繁荣。

中国花鸟画从传统技法的角度可划分为工笔、写意和工兼写三种。工笔花鸟画从画法上还可以分为白描、淡彩、重彩和没骨四种。

界画

中国绘画中用界尺引线的特殊门类。以宫室、楼台亭阁等建筑物为题材，而用界笔直尺画线的绘画，也称"宫室画"。历史上著名的界画作品有宋代的《雪霁江行图》《黄鹤楼》《滕王阁图》等。

静物画

一般指描绘摆放在桌子上的花果、器物等无生命者的绘画。静物画，是专业绘画训练中不可缺少的学习手段，也是独立存在的一门绘画种类。静物画看似简单，其实需要画家有以物传情，以情入画的本领，需要使情感和表现形式高度统一。从美学角度看，静物画可以使复杂趋于简单，使客观现实传达主观意念，更好地表现事物本身从容、坦然的特性。

历史画

以历史事件为题材的绘画。在中国此类绘画颇多，现存的如唐代阎立本的《步辇图》,以及宋代陈居中的《文姬归汉图》等,都是描绘历史故事的作品。在欧洲,17世纪理论家认为历史画是绘画中最重要的题材。历史画在19世纪获得了新的发展。

历史画

院体画

院体画又简称"院体""院画"。中国画的一种,一般指宋代翰林书画院及其后宫廷画家比较工致一路的绘画。院体画为迎合帝王宫廷的需要,多以花鸟、山水、宫廷生活及宗教内容为题材,作画讲究法度,重视形神兼备,风格华丽细致。

宣传画

也叫"招贴画"。一种以宣传鼓动为目的、结合简短号召文字的绘画,通常指政治宣传画。广义包括文化活动的海报和商品广告等。具有造型简括突出、色彩鲜明醒目等特点。大都经过复制,张贴于街头或公共场所。它从早期的图画传单演变而来。

漫画

漫画是一种具有幽默性质的画种,画面诙谐、风趣。一般是用夸张、比喻和象征的手法,突出地表现内容,以利于讽刺、批判或宣传、鼓动。我国的现代漫画,常用来歌颂新人、新事、新风尚。用漫画形式来表现广告内容,也能达到"出奇制胜"的效果。

年画

年画是中国的一种绘画体裁,多在欢庆大年(春节)时张贴,装饰环境,含有祝福、吉祥、喜庆之意,故称"年画"。年画是中国特有的民间美术形式,最早大约萌始于秦汉之际,当时逢大年除夕便在门户上画神荼、郁垒和虎以驱鬼魅不祥之物。现在的年画为木板水印,以简练的线条、鲜明的色彩,表现喜庆欢乐的画面。年画产地不一,各富地方特色,而天津杨柳青、山东潍坊和苏州桃花坞是中国三大著名木版年画产地,此外,广东佛山、四川绵竹等地的年画也较为著名。

桃花坞木版年画

中国江南一带著名的民间木版年画。因在江苏省苏州市桃花坞地方生产而得名。始于明代，盛于清雍正、乾隆年间，后因石印术兴起，逐渐衰落。印刷方法兼用着色和彩色套版，风格上受传统木版插图的影响，清代中叶的部分作品也受欧洲铜版画影响。题材多样，有《大庆丰年》《岁朝图》《姑苏万年桥》《合家欢》《白蛇传》等，备受群众喜爱。

佛山木版年画

中国华南地区著名的民间木版年画。因在广东省佛山镇（现为佛山市）生产而得名。始于明永乐年间，以清乾隆、嘉庆至抗日战争前为盛，销行及于南洋各地。有原画、木印及木印工笔三种，大多是门画。线条刚劲、粗放、简练，用色多大红、橘红、黄、绿等，有地方特色。

杨柳青年画

中国北方著名的民间木版年画。因在天津西南杨柳青生产而得名。始于明朝末年，至清雍正、乾隆年间兴盛繁荣起来，至今已有三百多年的历史。多取材于旧戏曲、美女、胖娃娃，寓喜庆、吉祥之意。构图丰满，笔法匀整，色彩鲜艳。其制作采用木版水印和人工彩绘相结合的方法，具有独特的艺术风格。新中国成立后，从内容到形式都有了革新和发展。

绵竹木版年画

中国西南地区的一种民间木版年画。因产于四川省绵竹县而得名。创于明末清初，以光绪年间为盛期。有"门画""斗方"和"画条"等种类。大都以木版印出轮廓线，再填色、开相而成。造型质朴、粗犷，色彩鲜丽。销行及于西南、西北各省和其他地区。

杨柳青年画

潍县木版年画

产于山东省潍县的民间木版年画。作坊多设于西杨家埠、仓上等地。题材分吉利画、旧戏曲故事、神话传说等。形式有大贡笺、方贡笺、小横匹和福字灯等。初期风格受杨柳青年画影响，后来自成体系。重用原色，对比鲜明，线条粗壮，风格纯朴，是其特点。

盛于清代中叶,清末逐渐衰落。新中国成立后,在题材、赋彩和刻印等方面都有革新和发展。

连环画

连环画是用多幅画面连续叙述一个故事的绘画形式。连环画源于我国。汉代,我国就有刻在砖上的单幅人物故事画。唐代,开始具有连环画的雏形。当时的画格式非常自由,有些已用连续性的绘画来表现。元明时代,小说、戏曲发达,因而有了连环画的插图。建安虞氏所刻《全相平话三国志》,是第一部以插图形式出现的连环画。清代,又产生了单页的连环故事画(即年画),一个故事印一张或印二三张。清末,随着石印技术的输入,出现了最初的"回回书"(小说的每一篇、每一回都插图)。光绪二十五年(1899 年),上海文益书店首次出版朱芝轩绘制的石印《三国志连环图画》,使连环画得以迅速发展。"连环画"一词亦源于此。

我国第一次把图画故事书叫作连环画,是从 1925 年开始的。当时上海世界书局出版了一本《西游记》定名为"连环图画"。虽然有人把以后出版的这类书称为"公仔书""牙牙书""小人书"。但统一的叫法还是"连环画"。

中国连环画之最

现存最早的连环画:湖南马王堆一号汉墓漆棺上的连环画《土伯吃蛇》和《羊骑鹤》。

最早定名的"连环图画"的出版物:1925 年上海世界书局出版的《三国志》《水浒》《西游记》等。

影响最大的连环画:张乐平画的《三毛流浪记》。

篇幅最长的连环套书:上海人民美术出版社于 1951 年出版的《三国演义》,共计 60 册,近 7000 幅。

组画

是用一组或几幅画来表现一个主题的绘画形式,每幅画之间既可以各自独立,又是同一主题的组成部分。如。顾恺之的《女史箴图》、荷加斯的《时髦婚姻》等。

画像砖

古代祠堂、墓室的装饰画。盛行于东汉,四川、山东、河南等地发现较多。表现形式为阳刻线条、阳刻平面、浅浮雕等相结合;用模型印制,或直接刻在砖上,有的施加色彩。内容有割禾、制盐、采莲、射弋、饮宴、歌乐、杂技、车马出巡、神仙故事等。构图富于变化,造型简练生动。后代园林建筑等也用画像砖,大都浮雕、圆雕结合,亦称"花砖"。

画像石

　　所谓画像石就是在石头上刻出一些图像,也称石刻画,主要用于墓室、墓前祠堂、石阙等墓葬建筑的建造与装饰。它产生于西汉,盛于东汉,魏晋之际仅有个别实例。故又称汉画像石。它的产生恐怕是担心壁画不能久传的缘故。从技法上讲,这种石刻画突出以线造型的特点和黑白关系,没有色彩,是绘画和雕刻结合的一种形式。主要内容可分为以下6类:庄园经济条件下的生产劳动,体现墓主人身份、经历的礼仪与象征物,墓主人生活,历史故事和历史人物像。神话故事、祥瑞物象与天象图,各种以植物为主题的花纹和图案。

变体画

　　画家对同一画题,用几种不同的构图、表现方式加以处理,力求更充分体现主题思想,除其中主要的一幅外,其余各幅都叫变体画。如,法国画家杜米埃的《起义》《洗衣妇》,俄国画家列宾的《不期而至》《查波罗什人》等,均有几幅变体画。

肖像画

　　肖像画是指描绘人物形象的绘画,包括头像、胸像、全身像和群像等。欧洲肖像历史悠久,15世纪以后达到全盛,涌现出了大批著名的肖像画家。肖像画要求画家有精湛的写实能力,并且能准确抓住人物的性格特征,达到形神兼备的艺术效果。中国肖像画也称"写真""传神""写照"。

风俗画

　　一种绘画的风格和类别,描绘一定地区、民族和一定社会阶层中人们的日常生活、民俗风情的绘画。在更普遍的意义上,指的是"种类",指各种按主题不同分类的绘画,如风景画、人体画等。

指画

　　所谓指画,就是用指头蘸墨作画。据说为清初画家高其佩梦中所创。高其佩从小喜欢作画。他发明指画后,曾说过他作指画运用了手的各个部分,指甲、指头、手掌、手背。可见指画不单用指头。高其佩作品颇丰,他用指头画的《钟馗》《松鹰图》《出猎图》等,用线既拙且活,别有一番情趣。高其佩之后继者也很多,逐渐形成了"指头画派",师承高其佩的甘怀园、赵成穆、朱伦瀚、李世倬、高璇等均小有名气。乾隆年间人苏廷煜也工指画。如现代画家潘天寿也是其中名家。

风俗画

火笔烫画

　　火笔烫画是我国古代流传下来的一种民间艺术。历代火烫画多以花鸟鱼虫或仕女图为题材，以装饰为主。如，在木制家具上烫制花卉、小鸟，显得高雅美观；在堂屋正中挂上一幅火烫中堂、对联，显得宏丽庄重。现代烫画多以电烙铁或专制的火笔在三合板、五合板或红、白松木板上作画。火笔烫画既有国画特点，又有工笔画的风格：既是艺术品，又是工艺品。

彩陶纹饰

　　通过对各地新石器文化遗址的发掘，出土了大量的各式各样的彩绘陶器。在这些 5000 年前的陶器上，除了描绘有简单几何图形外，还有人物、鸟兽、花草等图案。从这些彩陶纹饰的描绘方法上，可见当时的绘画技法已相当熟练。几何纹的严整连续、动植物纹的生动造型，以及对人类自身生活的认识与表现，体现了先民们复杂的构思和想

彩陶纹饰

象能力。几何形纹饰彩陶主要出自甘肃永靖或宁夏出土的马家窑器物；青海大通孙家寨出土的一只陶盆上描绘着舞蹈的人们；西安半坡村陶器上已开始出现蛙和鸟纹；河南临汝仰韶文化遗址出土的一个陶缸上鲜明地绘着"鹳鱼石斧纹"。这些形象生动、意趣盎然的彩陶绘画，充分表明了原始人类对美的认识已具有相当的能力。

青铜装饰画

　　在青铜器上用锋利的刃器刻画或用异色的金属镶嵌的装饰画。青铜器装饰画构图一般为多层连续展开样式，画面人物刻画简练，动感性强。

铁画

铁画，亦称"铁花"，是一种具有独特风格的民间工艺美术品。它是用铁片和铁线锻打焊接成的山水、花鸟画形式，做成挂屏、挂灯。铁画源于我国安徽芜湖一带，相传已有三百余年的历史。据说，创始人汤鹏原是一个铁匠。自幼与画家为邻，时常偷看画家作画。有一次竟遭斥责，从此发愤图强。以砧为砚，以锤代笔，锻铁为画，终于"名噪公卿间"。目前，铁画已驰名中外。

扇面题诗作画的由来

自古以来，文人墨客喜欢在纸扇上题诗作画，以扇喻人、借扇发挥。扇面题诗作画源于我国汉代，宫廷女诗人班婕妤失宠于汉成帝，她托词于纨扇，写下了动人的《怨歌行》："新裂齐纨素，鲜洁如霜雪。裁为合欢扇。团圆似明月。出入君怀袖，动摇微风发。常恐秋节至，凉飙夺炎热。弃捐箧笥中，恩情中道绝。"此后，扇面题诗被人效仿。逐渐又发展成扇面作画。后又发展成诗画同题在一个扇面。

画面题诗的由来

画面题诗即在绘画的画面上根据画意题写诗词。画面题诗源于我国宋代，最先在画面上题诗的人是宋徽宗赵佶。宋徽宗之前虽有题诗画，如，唐代白居易的《画竹歌》，罗隐的《题磻溪垂钓图》等，但诗没有直接写在画面而是写在别纸上。宋徽宗有一次闲来无事，画了一幅《腊梅山禽图》，自我欣赏中来了雅兴，题了一首五言绝句："山禽矜逸态，梅粉弄轻柔，已有丹青约，千秋指白头。"他把这首诗直接写在了画面上，开了画面题诗风气之先河。

画面题诗

速写

速写是绘画的一种方式，是面对观察对象，运用简练的线条，迅速简要地描绘出对象的轮廓、神态等特征的艺术手法。是培养画家敏锐的观察力和迅速把握事物特征的重要练习方法。

插图

又名"插画"。指插附在书刊中的图画。有的印在正文中间,有的用插页方式,对正文内容作形象的说明以加强作品的感染力。各类书刊的插图,如文学、科学、儿童读物等,因内容不同而形式各异。现在一般所说的插图,主要指文学作品的艺术插图。画家根据作品的思想内容,进行创作,因此文学插图又具有独立的艺术价值。中国过去的"出相""绣像""全图"等亦属插图的一种。

题款

又称款书、款识,指画家在画上题写的姓名或字号、标题、作画的时间、地点及诗文等。款书从元代起,开始逐渐流行。"款"是指作者的署名,"题"是指与绘画相关的文字、诗词等。在画面上大段题字的称为"长款",仅题作者姓名的称为"穷款"。画面上除诗跋外,仅题作者姓名和年代、地点的称"单款",又叫"下款"。另题馈赠者名姓、字、号、原因的叫"上款"。

六要

中国古代画论对绘画创作提出的六个要求。有两种说法:一是五代梁荆浩《笔法记》"夫画有六要:一曰气,二曰韵,三曰思,四曰景,五曰笔,六曰墨。……气者心随笔运,取象不惑;韵者隐迹立形,备仪不俗;思者删拨大要,凝想形物;景者制度时因,搜妙创真;笔者虽依法则,运转变通,不质不形,如飞如动;墨者高低晕淡,品物浅深,文采自然,似非因笔"。二是北宋刘道醇《圣朝名画评》提出识画之诀,在乎明六要而审六长,"所谓六要者:气韵兼力一也,格制俱老二也,变异合理三也,彩绘有泽四也,去来自然五也,师学舍短六也"。

四君子

中国画中对梅、兰、竹、菊四种花卉题材的总称。花鸟画之分支。明万历年间黄凤池辑《梅、竹、兰、菊四谱》。陈继儒称"四君",标榜"君子"的清高品德。后来又名"四君子"。

岁寒三友

宋、元部分画家好写墨竹、墨梅,将竹、梅和松画在一起,称"岁寒三友"。

四君子

米氏云山

宋代的米芾、米友仁父子,世称大米和小米。他们对于中国山水画的贡献,在于开创了被后世称为"米氏云山"的崭新画格,从而极大地丰富了山水画的表现手法和艺术境界。它用墨别具风格,以笔浅蘸水墨,横落纸面,利用墨与水的渗透作用来表现烟云迷漫、雨雾朦胧的江南山水,画史上称"米点皴"或"落茄皴"。

米芾极欣赏南唐画家董源的山水作品,称赞他"峰峦出没,云雾显晦,不装巧趣,皆得天真"。米芾之所以喜欢江南雾霭云蒸的山水景致,与他的生活经历有关。他曾游宦长沙,熟谙潇湘云烟迷蒙之景;后定居镇江,又可常见云气弥漫、林树隐现的奇观。正由于他对于传统绘画艺术有高超的辨识能力,对于真景山水又有着深切的体验,同时又有一支善书之笔,所以才能独出心裁地创造了烟云变幻、雾气空蒙的"米氏云山"画法。

画家最擅长的画物

元代画家王冕最善于画梅;清代画家郑板桥最善于画竹;现代画家徐悲鸿最善于画马;现代画家李可染最善于画牛;现代画家齐白石最善于画虾;现代画家黄胄最善于画驴;近代画家虚谷最善于画金鱼。

"马一角"与"夏半边"

马远在构图上喜欢取一角之景,使画面留出大面积空间,表现广阔深远的意境,因而被称为"马一角"。夏圭在构图上则常常取半边景致,侧重一隅,意境开阔,因而被称为"夏半边"。

赵孟頫的绘画主张

赵孟頫的绘画主张主要有两点：标榜复古和提倡笔墨的书法趣味。前者指模仿"古意"的笔墨，而不是学习古人关注人们生活，后者则指孤立地谈论绘画笔墨与书法的一致性。

李成作品为何珍贵

李成的山水画在北宋时期风靡一时，当时就出现了许多仿品。米芾笑说他一生之中见过两件李成真迹，而仿品却见过 300 幅。李成的作品在当时如此受欢迎，而真迹又是难得一见，因而显得格外珍贵。

《韩熙载夜宴图》的由来

韩熙载是五代时南唐的北方贵族，才华出众却怀才不遇。南唐后主李煜有意授他为相却又十分不放心，于是派顾闳中前去察访。韩熙载无意为官，为了避免同僚的猜疑，故意纵情于声色。顾闳中察访之后，凭着记忆绘制了这幅《韩熙载夜宴图》呈给李煜，令人惊叹。

《韩熙载夜宴图》(局部)

"画龙点睛"的由来

我国南朝梁时代的画家张僧繇善画寺院壁画，尤以画龙最为擅长，相传他画龙不点睛，一点睛就要飞去，"画龙点睛"的成语即源于此。

四家样

曹家样:北齐曹伸达,线条稠密重叠,衣服紧窄的佛像形象。
张家样:南朝梁张僧繇,面短而艳、慈善丰腴的佛像形象。
吴家样:唐代吴道子,线条圆转、衣服飘举的人物形象。
周家样:唐代周昉,雍容丰腴的仕女和体态端严的佛像。

青绿山水

青绿山水是唐代李思训、李昭道父子所创的中国山水画画体,指以石青、石绿作为主要色彩的山水画,有大小青绿之分。大青绿以勾勒为框架,少皴染,重设色;小青绿在赭色基础上,施以石青或石绿。

"诗中有画、画中有诗"

唐代著名诗人、画家王维倡导水墨山水,富于讲情画意,被誉为"诗中有画、画中有诗"。

"黄家富贵,徐熙野趣"

五代的花鸟画家黄筌、徐熙,他们的作品具有不同的审美风貌。黄筌画珍禽异鸟,墨线细勾,典雅工丽;徐熙画汀花、野竹、蔬果,粗笔浓墨,略施色彩,表现野逸的情趣。

绘宗十二忌

中国古代画论中关于山水画的若干忌病之说。一忌布置迫塞;二忌远近不分;三忌山无气脉;四忌水无源流;五忌境无夷险;六忌路无出入;七忌石止一面;八忌树少四枝;九忌人物伛偻;十忌楼阁错杂;十一忌溶淡失宜;十二忌点染无法。

以我国画家命名的水星上的环形山

国际天文学联合会决定,水星上的环形山以我国画家命名的是五代南唐画家董源、南宋画家梁楷、元代书画家赵孟頫、元代画家王蒙、清初画家朱耷。

中国字画的落款

书画题款分上下款,上款是受字画方的字号、称谓,称谓后一般都是自谦辞和对对方表示恭敬之词。

雅属、清属、大雅:这幅作品是应对方高雅的嘱咐而作。

雅玩、清玩、清赏:表示这件作品供对方赏玩而已。

斧正、斧政、削正、郢政:"请指导"的意思。

哂正、粲正:"见笑了。请正之"之意。

法正:以法则纠正之,用于行家。

教正、督正、诲正:语气庄重。教正、诲正用于师长;督正用于教导过自己的老教师。

俪正:指对方夫妇均为行家。

补壁:只供补补空白而已。

惠存:是送给集体单位的。

下款:主要书写作者名字、时间、地点和谦辞,也有附带写上年龄、籍贯的。

中国书画的分类

堂幅:即"中堂",画幅既宽又长,均悬挂堂屋正中。

条幅:可卷可挂,大多数中国书画都装裱成条幅;有一种特窄长,形如古琴。因此称作"琴"条。

屏条:形如条幅,但不能单独悬挂,常见的是几条一起挂。有四条、八条、六条、十二条,最多十六条。内容多为春、夏、秋、冬四季景或仿古之作。

对联:即"对子",必须两个相对而挂,不能单独悬挂。

横披:把书画装裱成卷子形式,不可悬挂。只可展阅。

册页:先把书画装裱成页子,再组成册子。分为十开、十二开、十六开、二十四开,均为双数。

扇面:书画家把字或画作在扇面上,可裱在扇骨上,亦可单独保存。

国画的色彩

国画最常见的色彩是黑色,此外。还有许多种缤纷的色彩,红、黄、蓝三种是基本色,三种颜色巧妙调和,可以调成藤黄、土黄、朱砂、洋红、赭石、花青、石青、石绿等多种色彩。

中国画的基本功

中国画讲究"诗、书、画"融成一体,所以要求具有三方面的基本功:笔墨、型和文学修养的基本功。

中国画透视上的"三远"

中国画透视上的"三远"指的是高远(自山下而仰视山巅)、深远(自山前而窥山后)和平远(自近山而望远山)。

中国古代画论中品评书画艺术的三个等级

指的是三品，即神品、妙品和能品。

中国历史上著名的画家

中国杰出画家中最具代表性的有以下几位：东晋画家顾恺之、唐代画家吴道子、唐代画家王维、唐代画家阎立本、唐代画家荆浩、五代南唐画家董源、北宋画家范宽、北宋画家郭熙、南宋画家李唐、元代画家黄公望、元代书画家赵孟頫、明代画家徐渭、明代画家陈洪绶、清代画家石涛。五代时西蜀名家李夫人用墨在窗纸上描画，首创了墨竹画法。

中国美术之最

新中国最早的美术馆：中国美术馆，1958年对外开放；
古代规模最大的风俗画：北宋宣和年间的《清明上河图》；
最早的绘画批评理论专著：魏晋南北朝时齐人谢赫的《古画品录》；
最早的绘画史专著：唐代张彦远的《历代名画记》；
流传至今最早的画谱：宋代宋伯仁的《梅花喜神谱》；
岩画学的最早一部专著：《阴山岩画》；
迄今最早的一幅纸画：在新疆吐鲁番阿斯塔那的晋代墓中发现的《地主生活图》（现代人命名）；
现存最早最有名的人物画卷：东晋顾恺之的《女史箴图》；
现存最早的有名的山水画卷：隋代画家展子虔的《游春图》；
最早传入日本的山水画样式：唐代时期的青山绿水；
最早传入中国的油画：由明末清初意大利的传教士利玛窦带来的，画中画的是圣母怀抱圣子；
最早的色粉画：1919年颜文梁在苏州画的《画室》；
最早的版画：868年（唐咸通九年）雕刻的《金刚经》扉页上的木刻版画《说法图》；
最早的连环图画：魏朝的"魏武定九十大造像记"上刻着12幅释迦牟尼的故事；
最早的画报：1874年在福州创刊的《小孩月报》；
最早的漫画杂志：1931年由叶浅予、张光宇等人编的《上海漫画》；
现存最早的壁画：河南洛阳卜秋墓壁画，西汉时期（前86年~前49年）；
现存最早的木器绘画：河南安阳侯家庄商代墓葬出土的木器印痕（又称花土）；
最早的美术专门学校：1912年刘海粟在上海创立的"上海图画美术院"；
最早的现代美术展览会：1919年在苏州旧皇宫内举办的"苏城赛画会"。

绘画流派及并称

韩马戴牛

指唐代画家韩幹和戴嵩。

顾陆

指东晋画家顾恺之和师法他的南朝宋人陆探微,并称"顾陆",号为"密体"。

南北二石

指齐白石、傅抱石两位画家。

青藤、白阳

陈道复的山水画笔墨淋漓,不拘形似,以神统形,与徐渭并称"青藤、白阳",对后世的影响很大,被世人称道。

六朝三杰

东晋的顾恺之,有才绝、画绝和痴绝三绝之称;南朝梁人张僧繇,画山水不以笔墨勾勒,史称"没骨山水";南朝宋人陆探微,用笔连绵不断,称为"一笔画"。

清末三大画家

指书画家、篆刻家赵之谦;画家任颐和书画家吴俊卿。

六朝四家

指六朝时期杰出的四位画家,分别是顾恺之、曹不兴、陆探微与张僧繇。

五代山水四大家

五代时期山水画成绩斐然,名家辈出,出现了四位著名的山水画家:荆、关、董、巨,即荆浩、关仝、董源和巨然，他们合称为"五代山水四大家"。

南宋四家

南宋院体山水画家刘松年、李唐、马远和夏珪四人的合称。属豪纵简略一路画风。

元四家

元四家是元代山水画四位代表画家黄公望、王蒙、倪瓒、吴镇的合称。黄公望的画笔意简远逸迈、气势雄浑；王蒙是茂密幽邃而有秀逸之趣；倪瓒则以简朴淡雅为主而寓萧疏气象；吴镇画风近似倪瓒而又别具空灵之气，让人有身在江南湿润水乡的感觉。

明四家

明代中叶画家沈周、文徵明、唐寅、仇英四人的合称。而沈、文两位又为"吴门派"宗师。四人中沈周与文徵明为文人画，唐寅与仇英为近院体画。四人又有师友关系，画艺各有特点。

清初画坛"四王"

旧时对清初山水画家王时敏、王鉴、王翚、王原祁四人的合称，又称"江左四王"。他们之间有着师友或亲属关系，在绘画风尚和艺术思想上，直接或间接受董其昌影响，其画风提倡摹古，讲究笔墨趣味，表现出淡泊宁静，与世无争的情怀。对清代山水画则有深远影响。康熙至乾隆年间有王昱（字日初，号东庄，原祁族弟）、王愫（字存素，号林屋山人，时敏曾孙）、王玖（字次峰，号二痴，翚曾孙），王宸（字小凝，号蓬心，原祁曾孙）；其后又有王三锡（字邦怀，号竹岭，昱侄）、王廷元（字赞明，玖长子）、王廷周（字恺如，玖次子）、王鸣韶（字夔律，号鹤溪，嘉定人），画山水俱效法"四王"，前者称为"小四王"，后者称为"后四王"。

清初"四僧"

指朱耷（八大山人）、石涛（朱若极）、弘仁（江韬）和髡残（刘介丘）。均明末遗民，深通禅学，寄情书画，各有独特造诣。其画风格张扬个性，反对因循守旧，感情色彩强烈。

元六家

元代山水画家赵孟頫、高克恭、黄公望、吴镇、倪瓒、王蒙6人的合称。他们的画风虽各有特点，但主要都从五代董源、北宋巨然的基础上发展而来，重笔墨、尚意趣，并结合诗文书法,是元代山水画的主流。

清六家

清初山水画家王时敏、王鉴、王翚、王原祁、吴历、恽寿平六人的合称。亦称"四王、吴、恽"。四王之间有着师友和亲属关系,都受明末画家董其昌影响,画学宋元,法本黄公望,重临摹,仿古画,轻写生和创造。"四王"山水受到官方的推崇,被尊为"正宗",从学者甚多,对清代三百年画坛影响至深。吴历出于王时敏之门,曾随传教士去澳门,略带西洋技法,又是王翚的同乡。恽寿平初善山水画,后与王翚为友,舍山水而学花竹禽虫,以北宋徐崇嗣没骨法为宗,有明丽秀润的特色,称为"恽派"。他们六人为继明代董其昌之后享有盛名,领导画坛,左右时风,当时被视为"正统"。

金陵八家

明末清初在南京的八位画家龚贤、樊圻、高岑、邹喆、吴宏、叶欣、胡慥、谢荪八人的合称。他们八人的绘画题材和风格不尽相同,因聚居金陵(今江苏南京)皆有一定时誉(以龚贤最著),故称。另有乾隆间《上元县志》载:陈卓、吴宏、樊圻、邹喆、蔡霖沦、李又李、武丹、高岑为"金陵八家"之说。但多以前者为准。

扬州八怪

清朝康熙、雍正、乾隆三朝有一批在扬州卖画的"怪"画家,他们的绘画风格与当时的正统画家不同,他们的思想行为也和当时的习俗不大一样,因而后人称其为"扬州八怪"。关于八位画家,说法不一,《天隐堂集》谓是郑燮、金农、高凤翰、李鱓、李方膺、黄慎、边寿民、杨法;《古画微》谓是李方膺、汪士慎、高翔、边寿民、郑燮、李鱓、陈撰、罗聘;《瓯钵罗室书画过目考》谓是罗聘、李方膺、李鱓、金农、黄慎、郑燮、高翔、汪士慎;《中国绘画史》谓是金农、罗聘、郑燮、闵贞、李方膺、汪士慎、黄慎、李鱓。

"扬州八怪"怪在哪儿

"扬州八怪"在笔墨技法上很有创新,因为他们生活在清代的乾隆年间,当时正统的画风是守旧的,而他们不拘前人陈规,独具风格,所以被时人视为怪物。他们作画多以花卉为题材,亦画山水、人物,主要取法陈道复、徐渭、朱耷等人,融诗书画印为一体,其笔墨技法对近代写意花卉影响很大。

画中九友

清初吴伟业所作《画中九友歌》中,赞明末清初董其昌、杨文聪、程嘉燧、张学曾、卞文瑜、邵弥、李流芳、王时敏、王鉴等9位画家为"画中九友"。

画中十哲

指清代娄东画派的 10 位画家。即董邦达、高翔、高凤翰、李世倬、张鹏翀、李师中、王延格、陈嘉乐、张士英、柴慎等 10 位。他们崇古保守的画风，与"虞山画派"相依托。即这 10 位娄东派的画家，亦兼写虞山画派，如李世倬。他们又受"四王"的影响甚大，其主要以临摹复古为主。但其中也有自出机杼、别故致新的画家，如高凤翰、高翔等。

各画派的代表人物

浙派——戴进；吴门派——文徵明；江夏派——吴伟；松江派——董其昌；云间派——沈士充；苏松派——赵左；虞山派——王翚。

米派

指宋代米芾、米友仁父子所绘之画。画史上称"大米""小米"，或名"二米"。米芾画山水从董源变来，突破勾廓加皴的传统技法，多用水墨点染，不求工细，自谓"信笔作之，多以烟云掩映树石，意似便已"。其子米友仁山水画发展了米芾技法，"略变其尊人所为，成一家法"，用水墨横点写烟峦云树，崇尚平淡天真，运笔潦草，自称"墨戏"。"二米"均居襄阳和镇江，对萧、湘二水及金、焦二山自然景色特别陶醉。故"二米"山水画多以云山、雨霁、烟雾为题材，纯以水墨烘托，用卧笔横点成块面的"落茄法"表现烟雨云雾、迷茫奇幻的妙趣，世称"米点山水""米氏云山"。

浙派

亦称"浙江画派"。明代前期主要画家戴进开创。作画受李唐、马远影响很大，取法南宋画院体格。擅山水、人物、花果、翎毛，画艺很高，风行一时，从学者甚多，逐渐形成"浙派"。后江夏（今湖北武昌）人吴伟，学戴进而更为豪放，也有不少人追踪他的画风，又形成浙江派的支流——"江夏派"。浙派、江夏派的著名画家有张路、蒋三松、谢树臣、蓝瑛等。明代中叶后，吴派兴起，主宰画坛。至明末"浙派"不再出现于画坛。

吴门派

亦称"吴门画派"。明代沈周与其学生文徵明，画山水崇尚北宋和元代。与取法南宋的"浙派"风格不同。它盛行于明代中期，从学者甚众。著名的有文伯仁、文嘉、陈道复、陆治、钱毅等。他们都是苏州府人，苏州别名"吴门"，故称。吴门派在当时画坛占有重要位置。

吴派

明代中、晚期的代表画派。明中期的画坛，以"吴门派"为首，晚期则推崇"松江派"。松江本属吴地，后人因合称两派为"吴派"。

新安画派

以明末清初渐江为先路，与查士标、孙逸、汪之瑞合称"新安派四大家"。因渐江为歙县人，查士标、孙逸、汪之瑞为休宁人，而晋唐时这两个县皆属新安郡治，所以得名"新安画派"。该画派的特点宗法元代书画家黄公望、倪瓒，多写生黄山云海松石之景。着墨无多。用笔坚洁简淡。

华亭派

"华亭派"又名"松江派"，以顾正谊为创始，以董其昌为代表。董其昌深谙古法，所画用笔洗练。墨色清淡，风格古雅秀润，代表了"华亭派"的风格，与"吴门画派"精工具体形体对照。董其昌以自己的绘画实践做理论的基础，"开堂说法"，提出了引起后世争论的"南北宗"学说。董其昌提倡文人画的书卷气，强调南宗绘画的正统地位，从而表明崇南贬北的个人爱好。虽然董其昌"南北宗"论为一己之说，但是它能形成巨大的社会反响，应该说是反映了当时的社会风尚，有着广泛的社会基础。"华亭派"中的其他画家还有宋旭、陈继儒、赵左（苏松派）、沈士充（云间派）等。

娄东派

一称"太仓派"。清代山水画流派之一。山水画家王原祁，继其祖父王时敏家学，效法黄公望，名重于康熙间，一时师承者甚多，以族弟王昱、侄王愫，弟子黄鼎、王敬铭、金永熙、李为宪、曹培源、华鲲、温仪、唐岱等为著。其后，曾孙王宸、族侄王三锡，以及盛大士、黄均、王学浩等，亦学王原祁。王原祁是江苏太仓人。娄江东流经过太仓，故人称"娄东派"。此派崇古保守的画风，与"虞山派"相同。对清代山水画甚有影响。

江西派

亦称江西画派。以清初画家罗牧为代表的画派。罗牧江西宁都人，寄居江西南昌。善画山水，笔意空灵，在黄公望、董其昌之间，得魏石床传授，林壑森秀，墨气盎然，颇具韵味。时称妙品。江淮间人师之者众，为江西派创始人。秦祖永评其画云"稳当有余而灵秀不足"。

虞山派

清代山水画流派之一。山水画家王翚,先后师王鉴、王时敏,并取法宋、元,画名盛于康熙间,学生有杨晋、顾昉、李世倬、上睿、胡节、金学坚等。翚为江苏常熟人,当地有虞山,一因有"虞山派"之称。其崇古风尚对清代山水画影响颇大。

海上画派

简称"海派"。中国画的一个流派。指鸦片战争后聚集上海的各地画家,他们在传统基础上破格创新,风格自由,个性鲜明,雅俗共赏,与民间艺术关系密切,善于借鉴吸收外来艺术。代表人物有赵之谦、虚谷、任颐、吴昌硕等。

岭南画派

简称"岭南派"。近代中国画的一个流派。广东地处五岭之南,明清以来出过很多著名画家。高剑父、高奇峰、陈树人等人创立了岭南画派。他们的作品,多写中国南方风物,融合日本和西洋画法,注重写生,笔墨不落俗套,色彩鲜丽,别创一格。

翰林图画院

一名"翰林图画局",简称"画院""图画院"。宋代帝王御用的绘画机构。汉、唐已有宫廷画家。五代十国时,画家比较集中南唐、西蜀,始有"画院"。北宋初设置"翰林图画院(局)",按才艺高下,分别予以祗候、待诏、艺学、学生等职衔。徽宗朝,一度建立"书画学",规定肄业和考绩等制度;"画院"的规模以此时为盛。南宋重整"画院",规模不减北宋,元、明、清虽未设立和宋代相同的机构,但仍罗致画家服务宫廷。

著名画家

曹不兴

曹不兴,生卒年月不详,三国吴画家。不兴,一作弗兴,吴兴(今属浙江)人。擅画龙、虎、马和佛教人物。作巨幅画像,心敏手运,须臾即成。在吴地与皇象善书、严武善弈等号称"八绝"。相传孙权命他画屏风,误墨成蝇状,孙权疑为真,举手弹之。时康居僧人会(即康僧会)携佛像从南方入吴,不兴曾加模写,有"佛画之祖"之誉。书画真迹早已散失。

顾恺之

顾恺之(约348年~409年),东晋画家。字长康。小字虎头,晋陵(今江苏无锡)人。曾为桓温及殷仲堪参军,义熙初年(405~418年)初任通直散骑常侍。多才艺,工诗赋、书法,尤精绘画,尝有"才绝、画绝、痴绝"之称。多作人物肖像及神仙、佛像、禽兽、山水等。画人注重点睛,自云"传神写照,正在阿堵(即这个,指眼珠)中"。在建康瓦棺寺绘《维摩诘像》壁画,光彩耀目,轰动一时。后人论述他作画,"意存笔先,画尽意在";笔迹周密,紧劲连绵如春蚕吐丝。后人把他和师法他的南朝宋画家陆探微并称"顾陆",号为"密体",以区别于南朝梁张僧繇、唐吴道子的"疏体"。著有《论画》《魏晋胜流画赞》《画云台山记》,其中"迁想妙得""以形写神"等论点,对中国画的发展有很大影响。存世的有《女史箴图》《洛神赋图》《列女仁智图》等。

顾恺之

展子虔

展子虔(约545年~约618年),北周末隋初画家。渤海(今山东阳信)人。历北齐、北周入隋任朝散大夫、帐内都督。擅画人物、车马,人物描法细致,以色晕染面部;画马立者有走势,卧者有起跃之状。亦工台阁,写山川远近,有咫尺千里之势。曾在洛阳、长安、江都等地寺院绘佛教壁画。画迹有隋代官本《法华变相图》《长安车马人物图》《南郊图》

《游春图》等。《游春图》为现存最古的卷轴山水画。

阎立本

阎立本（601年~673年），唐代画家。雍州万年（今陕西西安）人。与父毗、兄立德俱擅工艺、建筑和绘画，驰名隋、唐间。立本继承家学，显庆中任将作大臣；兄死后，代工部尚书，后任右相，改中书令。工书法，擅画人物、车马、台阁，有丹青神化"冠绝古今"之誉。取法张僧繇、郑法士，而能"变古象今"，笔力圆劲雄浑；尤精肖像，善于刻画性格。画唐太宗像及《秦府十八学士》《凌烟阁功臣二十四人图》等，为当时称誉。作品《步辇图》是一幅具有重要意义的历史画，今存有宋代摹本。此外，存世作品有《历代帝王图》等。

张萱

张萱，生卒年月不详，唐代画家。京兆（今陕西西安）人。开元间（713年~741年）任史馆画直。工画人物，以擅绘贵族妇女、婴儿、鞍马名冠当时。曾作《长门怨词》《宫中七夕乞巧》《望月》等图。绘写宫女们迫处深宫的幽怨。相传其画妇女惯用朱色晕染耳根；还善以点簇笔法构写亭台、树木、花鸟等宫苑景物。存世《唐后行从图》传是他的作品，又有《捣练图》《虢国夫人游春图》，为宋徽宗摹本。

吴道子

吴道子（约680年~759年），唐代画家。又名道玄，阳翟（今河南禹县）人。擅画道释人物，兼工山水、花鸟。为唐玄宗器重，授以"内教博士"。所画人物衣袖、飘带有迎风飞舞之势，故有"吴带之风"之称。在设色上，其画作常以线条为主体，略加渲染，以显出立体感。从而突破了南北朝以来铁线描、施重彩的雅致绮丽风格，呈现出雄浑奔放、墨彩兼备的画风。故而被奉为"画圣"，民间画工尊之为"祖师"。画迹有《明皇受箓图》《十指钟馗图》《天王送子图》《维摩诘图》等。

韩幹

韩幹（约706年~783年），唐代画家。京兆蓝田（今陕西西安）人，一作大梁（今河南开封）人。擅绘肖像、人物、鬼神、花竹，尤工画马，师曹霸而重视写生。天宝（742~756年）中，在宫廷写唐玄宗内厩"玉花骢""照夜白"等名马，写出壮健雄骏之状，当时称为独步。后官太府寺丞，建中初（约公元780年）尚在。存世作品有《照夜白图》《牧马图》等。

韩滉

韩滉（723年~787年），唐代书画家。字太冲，长安（今陕西西安）人。与韩幹是同时代的鞍马画大家。他书法学张旭，绘画学陆探微，擅长画田家风俗，人物水牛，能曲尽其妙，尤其是画牛。画迹有《李德裕见客图》《尧民击壤图》《田家风俗图》《五牛图》（旧称《文苑图》）等。元代赵孟頫为《五牛图》题跋，称其"神气磊落，稀世名笔"。

周昉

周昉，生卒年月不详，唐代画家。字景玄，又字仲朗，京兆（今陕西西安）人。出身显贵家庭。先后官越州、宣州长史。工仕女，初学张萱，后则小异，多写贵族妇女优游闲佚的生活情景，衣褶劲简，容貌丰肥，色彩柔丽，颇为当时宫廷和士大夫等所欣赏。并擅作佛道宗教画，创制有民族风格的"水月观音"。雕塑者亦仿效它，称为"周家样"。兼工肖像，有兼得神情之誉。亦能画鞍马、鸟兽、草木。画迹有《三家像》《杨妃出浴图》《簪花仕女图》等。相传《挥扇仕女图》也是他的作品。

荆浩

荆浩（约850年~?），五代后梁画家。字浩然，沁水（今属山西）人，隐居太行山洪谷，号洪谷子。擅画山水，常携笔摹写山中古松；作云中山顶，能画出四面峻厚的雄伟气势。他自称兼吴道子用笔和项容用墨之长，创水晕墨章的表现技法。亦工佛像，曾在汴京（今河南开封）双林院画过壁画。是中国山水画发展过程中具有重要影响的画家之一。存世《匡庐图》相传是他的作品。

顾闳中

顾闳中（约910年~约980年），五代南唐画家。江南人。曾在南唐中主、后主时任翰林院待诏。工人物，用笔圆劲，间有方笔转折；设色浓丽，善于描写人物神情意态。当时，南唐后主李煜打算用中书侍郎韩熙载为相，但听说他好声伎，经常在家举行夜宴活动，便暗中命顾闳中夜至其家。窥视韩熙载与宾客门生的夜宴活动。顾闳中经过细心观察，绘成了他唯一的传世之作《韩熙载夜宴图》。

关仝

关仝（约907年~约960年），五代至北宋的著名画家。也作关同、关童，长安（今陕西西安）人。其山水多画黄河中游地区的巍峰林峦。时而也描绘村居野渡、渔市山驿等生活场景，皴法严实而劲健，力现山崖与林木的坚实形质，布境兼"高远"与"平远"两法，落墨渍染生动，饶于韵味，笔简气壮，景广意长，人称"关家山水"。在北宋画坛上，关仝与李成、范宽齐名，号称"三家山水"。传世作品有《秋山图》《秋晚烟岚图》《江山渔艇图》《江山行船图》《春山萧寺图》。

董源

董源(? ~约962年),五代南唐画家。源一作元,字叔达,钟陵(今江西南昌)人。自称"江南人"。中主时任北苑副使,人称"董北苑"。擅画水墨或淡着色的山水,用状如麻皮的皴笔表现山峦,上多矾头(山顶石块)苔点,多画丛树繁密,丘陵起伏,云雾显晦和溪桥渔浦、汀渚掩映的江南景色,后人评为平淡天真,唐无此品。也有设色浓重的,山石皴纹甚少,景物富丽,近李思训格调,而较放纵活泼。兼工龙、牛、虎和人物。巨然学他的水墨山水画,有所变格,后世并称"董巨",为五代、北宋间南方山水画的主要流派,对后世影响很大。作品有《渔父图》《牧牛图》《出洞龙图》《夏景山口待渡图》《潇湘图》《夏山图》《龙宿郊民图》等。

巨然

巨然,生卒年月不详,五代南唐及宋初画家。江宁(今江苏南京)人。为金陵开元寺僧人,擅画山水,追踪董源,笔墨秀润,擅画烟岚气象及山川高旷之景,更富有田园风致。随南唐后主降宋后住汴京(今河南开封)开宝寺,在学士院绘《烟岚晓景》壁画,为时人称赏。用长披麻皴画山,山顶多作矾头(山顶石块),以破笔蘸墨点苔,常于水边点缀风吹的蒲草,林麓之间,布置松柏卵石,风格苍郁清润。与董源并称"董巨"。存世作品有《秋山问道图》《层崖丛树图》《万壑松风图》等。

李成

李成(919~967年),五代、宋初画家。字咸熙,先世为唐宗室,居长安(今陕西西安),后迁居青州益都(今属山东)。人称李营丘。能诗,善琴、弈。尤擅画山水,初师荆浩、关仝,后常模写真景而自成一家。多作平远寒林,画法简练,笔势锋利,好用淡墨,有"惜墨如金"之称;画山石好像卷动的云,后人称这种表现技法为"卷云皴"。他和关仝、范宽形成五代、北宋间北方山水画的三个主要流派。后人学他画法的较多。他的画迹在北宋时已经很少,米芾甚至提出了"无李论"之说。作品有《晴峦萧寺图》《读碑窠石图》等,现存与王晓合作的《读碑窠石图》为宋代摹本。

范宽

范宽(约950年~约1032年),北宋山水画家。名中正,字仲立,因性情宽和,人称范宽,华原(今陕西耀州区)人。常往来汴京、洛阳,天圣(1023年~1032年)中尚在。初学李成,继法荆浩,后感"与其师人,不若师诸造化",因移居终南山、太华山。对景造诣,不取繁饰,自成一家。落笔雄健凝练,用状如雨点、豆瓣、钉头的皴笔画山。皴笔布列山石的正面,起伏更见有势,山顶植密林,水边置大石,屋宇笼染黑色,画出秦陇间峰峦浑厚、峻拔逼人的景象。亦擅画雪景。评者以为"得山之骨"。与关仝、李成形成五代、北宋间北方山水画的三个主要流派,对后世影响很大。作品有《溪山行旅图》《寒林雪景图》《雪山观楼图》等。

郭熙

郭熙(约 1000 年~1090 年),北宋山水画家、理论家。字淳夫,河阳温县(今属河南)人。熙宁(1068~1077 年)间为图画院艺学,后任翰林待诏直长。工画山水,取法李成,山石用状如卷云的皴笔,画树枝如蟹爪下垂,笔势雄健,水墨明洁,早年风格较工巧,晚年转为雄壮,常于巨幛高壁,作长松乔木,回溪断崖,峰峦秀拔,云烟变幻之景。他提出的"三远"法,是中国山水画处理空间关系手法的一个重要发展。他系统概括和总结了前人山水画的经验,写出了理论专著。后人把他与李成并称"李郭",和荆浩、关仝、董源、巨然都是五代、北宋间山水画的大师。存世作品有《早春图》《关山春雪图》《窠朝石平远图》《幽谷图》等。有画论,子郭思纂集为《林泉高致》。

米芾

米芾(1051 年~1107 年),北宋书画家、鉴赏家。初名黻,后改为芾。字元章,号襄阳漫士、海岳外史、鹿门居士等,祖籍太原(今山西)人,迁襄阳(今湖北襄樊)。世称米襄阳。后定居润州(今江苏镇江)。宋徽宗赵佶召为书画学博士,官至礼部员外郎,人称"米南宫"。能诗文,擅书画,精鉴别,好收藏名迹,能以假乱真。他以行草书最著,博取前人所长,用笔俊迈豪放,有"风樯阵马,沉着痛快"之评。与蔡襄、苏轼、黄庭坚合称"宋四大家"。画山水出自董源,天真发露,不求工细。多用水墨点染,自谓"信笔作之,多以烟云掩映树石,意似便已"。子友仁继父法有所发展,自称"墨戏"。画史上有"米家山""米氏云山"和"米派"之称。传世书法作品甚多,主要有《苕溪诗卷》《蜀素帖》最为著名,还有《书史》《画史》《宝章待访录》等著作。

李唐

李唐(1066 年~1150 年,一作约 1050 年~?),南宋画家。字晞古,河阳三城(今河南孟州市)人。宋徽宗朝(1100 年~1125 年)入画院,宋高宗南渡,李唐亦流亡至临安,以成忠郎衔任画院待诏,时年近八十。擅画山水,变荆浩、范宽之法,用峭劲的笔墨,写出山川雄峻的气势。晚年去繁就简,创"大斧劈"皴。画水打破鱼鳞纹程式,而得盘涡动荡之状。兼工人物,初似李公麟,后衣褶变为方折劲硬。并以画牛著称。李唐的画风为刘松年、马远、夏圭、萧照等师法,在南宋一代传派很广,对后世也有大的影响。作品有《万壑松风图》《清溪渔隐图》《长夏江寺图》《采薇图》《晋文公复国图》等。

米友仁

米友仁(1074 年~1153 年,一作 1086 年~1165 年),北宋末、南宋初书画家。一名尹仁,小名寅哥、鳌儿。黄庭坚戏称"虎儿",赠以古印并诗"我有元晖古印章,……教字元晖继阿章"。故字元晖。米芾长子,人称"小米"。早年即以擅书画知名,宋徽宗宣和四年(1122年),应选入掌书学;南渡后官兵部侍郎、敷文阁直学士,高宗曾命他鉴定法书。善行书。山水画发展了米芾技法,用水墨横点写烟峦云树,运笔草草,自称"墨戏",对后来"文人画"中的笔墨纵放有影响。存世画迹有《潇湘奇观图》《云山得意图》等。

赵佶

赵佶(1082年~1135年),北宋皇帝、书画家。即宋徽宗。神宗子,哲宗时封端王。政治上昏庸腐败,生活上穷奢极欲,任用蔡京等人把持国政,推行对内镇压,对外妥协的"守内虚外"的政策。搜刮江南奇花怪石,筑园名"艮岳",导致阶级矛盾日见激化,爆发了河北、山东、江南等地农民起义。宣和七年(1126年)底。在女真贵族发动掠夺战争期间,他传位与儿子赵桓(钦宗),自称"太上皇"。靖康二年(1127年),他和钦宗同被金兵俘虏,后死在五国城(今黑龙江依兰)。在位时广收历代文物、书画,扩充并亲自掌管翰林图画院;使文臣编辑《宣和书谱》《宣和画谱》《宣和博古图》等书。擅书法,真书学薛曜,自称"瘦金书",也写狂草,传有真书及草书《千字文卷》等书迹。绘画重视写生,以精工逼真著称,工花鸟,相传用生漆点鸟睛,尤为生动。但不少作品是画院中人的代笔。画迹有《芙蓉锦鸡图》《瑞鹤图》《池塘秋晚图》《四禽图》《雪江归棹图》等。

张择端

张择端,生卒年月不详,北宋画家。字正道。东武(今山东诸城)人。幼好读书,早年游学汴京(今河南开封),后习绘画。宋徽宗赵佶朝供职翰林图画院。专工界画宫室,尤擅舟车、市肆、桥梁、街衢、城郭,自成一家。传世作品《清明上河图》是其杰作之一。画上无名款。但卷后有金代张著1186年题跋,文中提到画卷前有宋徽宗赵佶题写标题,故知张择端为徽宗时画院的画家。

张择端

马远

马远(1140年~1225年),南宋画家。字遥父,号钦山,祖籍河中(今山西永济西),生长钱塘(今浙江杭州)。曾祖贲、祖兴祖、父世荣、伯父公显、兄逵,都是画院画家。他继承家学,宋光宗、宋宁宗时(1190年~1224年)历任画院待诏。擅画山水,取法李唐。能自出新意,下笔遒劲严整。设色清润。山石以带水笔作大斧劈皴,方硬有棱角;树叶有夹笔,树干用焦墨,多横斜曲折之态;楼阁大都运用界尺,而加衬染。多作"一角""半边"之景,构图别具一格。有"马一角"之称。后人也有认为此系南宋偏安写照。又工画水，兼精人物、花鸟。后人把他与夏圭并称"马夏"，加上李唐、刘松年，合称"南宋四家"。存世作品有《踏歌图》《水图》《华灯侍宴图》等。

刘松年

刘松年（约1131年~约1218年），南宋画家。钱塘（今杭州）人。其山水、人物画在院画中称为绝品。同时擅长界画。山水画的内容多以江南"茂林修竹，山清水秀"的风光为对象。他经常把人物和山水结合起来，着重描写典雅清丽的自然环境，表现士大夫的悠闲享乐生活。画迹有《便桥会盟图》《溪亭会话图》《四景山水图》《醉僧图》《罗汉图》等。

夏圭

夏圭，生卒年月不详，南宋画家。字禹玉，钱塘（今浙江杭州）人。他是画院待诏，早年工人物画。后来以山水画著称。他与马远同时代，被合称为"马夏"。在构图上，夏圭用笔、构图与马远相似，喜欢大胆剪裁，突破全景而取半边之景。人称"夏半边"。存世作品有《溪山清远图》《江山佳胜图》《西湖柳艇图》等。

钱选

钱选（1239年~1299年）。南宋末至元初花鸟画家。字舜举，号玉潭、川翁、习翁等，湖州（今浙江吴兴）人。南宋景定间乡贡进士。善画人物、山、花鸟。在花鸟画方面，他又是一位从工丽向清淡转变而有较大影响的一家。其画笔致柔劲，着色清丽。有装饰味。传世作品有《牡丹图》《柴桑翁像图》《浮玉山居图》《山居图》等。代表作《牡丹图》画红、白牡丹花两朵，配以绿叶，将牡丹花的富丽华贵充分地表现出来。

黄公望

黄公望（1269年~1354年），元代画家。本姓陆，名坚，平江常熟（今属江苏）人。出继永嘉（今浙江温州）黄氏为义子，因改姓名，字子久，号一峰、太痴道人，晚号自号井西道人。他幼时聪颖，博学多才，通音律、善书法。五旬之年才开始学画，专写山水，得赵孟頫指授，宗法董源、巨然。作品常描绘所居虞山、富春山一带风景。喜欢用纸作画，比前代画家更重视用笔的变化，尤其多用干笔皴擦，发展了董源、巨然一派运用水墨的传统，着色仅淡赭，被称为"浅绛"画法。他的画对明、清山水影响甚大，后人把它与吴镇、倪瓒、王蒙合称"元四家"。著有《写山水诀》。传世画迹有《富春山居图》《天池石壁图》《九峰雪霁图》等。

吴镇

吴镇（1280年~1354年），元代画家。字仲圭，号梅花道人、梅沙弥。嘉兴（今属浙江）人。一生清贫。擅画水墨山水，师法巨然的长披麻皴，兼以斧劈和括铁皴；善用湿墨表现山川林木郁茂的景色，笔力雄劲，墨气沉厚，不同于巨然"淡墨轻岚"的风格。喜作《渔父图》，寄寓他向往自然和"隐遁避世"的思想。写松竹亦挺劲。后人把他和黄公望、倪瓒、王蒙合称"元四家"。画迹有《双桧平远图》《渔父图》《秋山图》等，绘有《竹谱》，又有《梅道人遗墨》一卷，系后人辑录他的诗和题跋。

倪瓒

倪瓒（1301年~1374年），元代画家。初名珽，字元镇，号云林子、幻霞子等，无锡（今属江苏）人。生于富豪之家。年轻时生活优裕，性格孤傲。中年后家境败落，寄居佛寺。生活境遇的巨变，使他情绪十分消极、悲观，陶醉于吟诗作画。他擅长水墨山水，极少赋色。构图平实简约，不求奇险，用笔用墨极其简练；多用清淡水墨，干笔皴擦，创造出一种幽然淡泊的意境。其作品有《渔庄秋霁图》《虞山林壑图》《容膝斋图》《幽涧寒松图》等。

沈周

沈周（1427年~1509年），明代书画家。字启南，号石田、白石翁，长洲（今江苏苏州）人。一生未仕，为人宽厚，工诗文、书法、绘画，享誉极高。出身书香门第，曾祖与王蒙友善，父、伯皆为文人画家，他自幼学画，擅山水、花鸟、人物，以山水最有名。山水早年得杜琼、刘珏亲授，主要师法王蒙，所作多盈尺小幅，笔法细密。中年后转师黄公望及宋代诸家，作品也始拓为大幅，用笔劲健，颇具骨力。晚年又醉心吴镇，笔墨粗简，苍劲浑厚，秀润雄逸，意境清幽淡远，同时讲求诗书画的有机结合，丰富和发展了文人画的笔情墨趣。作品多画江南山水，注重师法造化。其花鸟，形象写实，笔墨简括厚润，画风质朴。沈周的绘画在明清时影响很大，创绘画中的吴门派，并被后世列为明四家之一。有《庐山高图》《仿董巨山水》《东庄图》《沧洲趣图》等传世。著《客座新闻》（已佚）、《石田集》等。

文徵明

文徵明（1470年~1559年），明代书画家。初名璧，字徵明，以字行，更字徵仲，号衡山居士，江苏长洲（今江苏苏州）人。"吴中四才子"之一。他年少时欲求取仕途，但屡试不第。曾荐授翰林院待诏，不久，即致仕归田。毕生致力于诗书画，成为享誉大江南北的画坛高手。文徵明是沈周的学生，山水、人物、花卉无所不长，而尤以山水画题材数量最多。成就也最高。尤其是他笔下的青绿山水，创立了极具文人画意趣的小青绿样式，对后世有深远的影响。他是吴门画派的杰出人物。董其昌把他推为"南宗"正统。他的书法也卓有成就，尤长行书与小楷，法度谨严，颇有晋唐书风。传世作品有《古木寒泉图》

《溪桥策杖图》《江南春图》《惠山茶会图》等。

唐寅

　　唐寅(1470年~1523年)，明代画家。字子畏，又字伯虎，号六如居士，江苏长洲(今江苏苏州)人。29岁应乡试，是应天(南京)府中第一名解元，声名很盛。与祝允明、文徵明、徐祯卿号称"吴中四才子"。他博学多能，吟诗作曲，能书善画，曾因科场舞弊案受牵连，功名受挫，自此"任逸不羁，颇嗜声色"，采取了玩世的生活方式。唐寅以卖文鬻画闻名天下。他的诗词真切平易，不拘成法，大量采用口语入诗，意境警拔清新，具有独创的成就。他的画从山水到人物、仕女、神仙故事以及写意花鸟等都十分精到，他的书法也俊逸超群，在书画史上具有重要的地位。代表作有《惊艳图》《孟蜀宫伎图》《牡丹仕女图》等。

董其昌

　　董其昌(1555年~1636年)，明末书画家、鉴赏家、书画理论家。字玄宰，号思白、香光居士，谥文敏，华亭(今上海市松江区)人。万历十七年(1589年)中进士，累官至南京礼部尚书。他的书法结构森然而天真烂漫，神秀淡雅，在赵孟頫妩媚圆熟的"松雪体"称雄书坛数百年后独辟蹊径，称雄一代。他的山水画潇洒生动，特别讲求用墨的技巧，水墨画兼擅泼墨、惜墨的手法，浓淡、干湿自然合拍，着墨不多，却意境深邃，韵味无穷。他的创作成为文人画追求意境的典范。画论上标榜"士气"，把古代山水画家比喻佛教宗派，划分为"南北宗"，并推崇"南宗"为文人画正脉，形成崇"南"贬"北"的偏见，此说滋蔓晚明以后的画坛。但也说过作画须"读万卷书，行万里路"，给后来论画有积极影响。传世作品有《鹤林春社图》《浮岚暖翠图》《神楼图》《西湖八景图》《溪回路转图》等。

米万钟

　　米万钟(1570年~1631年)，明代书画家。号友石，字仲诏、子愿，关中(今属陕西省)人。居燕京(今北京)。宋代大书画家米芾后裔。万历二十三年(1595)进士，二十四年授江宁令尹，官至太仆少卿。工翰墨，有好石之癖。明陶宗仪《书史会要》谓米万钟"行得南宫家法与华亭董太史齐名，时有南董北米之誉。尤擅署书，擅名四十年，书迹遍天下"。世称米万钟、董其昌、邢侗、张瑞图并称"明末四大书家"。绘事以北宗为楷模，山水细润精工。有时亦泼墨仿米法作巨幅。传世作品有《菊石图》《秋山萧寺图》《寒林仿客图》等。著有《篆隶考》等。传世书迹较多，有《刘景孟十八寿诗轴》《尊拙图诗轴》《题画诗轴》等。

蓝瑛

　　蓝瑛(1585年~1666年)，明末清初画家。字田叔，号蝶叟、石头陀等，钱塘(今浙江杭州)人。他年轻时对仕途深感失望,决心在绘画上有所成就。初学黄公望,后来受到董其昌的启迪,远游大江南北,开阔了眼界,创立了独树一帜的"武林画派"。蓝瑛本是工匠出身,他得民间画工的用色要领。故在他的山水画中经常使用色彩对比强烈、搭配热烈的青绿和朱色,形成了青绿山水的艺术特点。他同时从事绘画教育,门下曾出过人物画大师陈洪绶。传世作品有《秋壑飞泉图》《溪山秋色图》《白云红树图》等。

陈洪绶

陈洪绶(1598 年~1652 年),明末画家。字章侯,号老莲,诸暨(今属浙江)人。幼年即喜绘画,师蓝瑛;及长,求理学于刘宗周。补生员后应乡试不中,至北京捐为国子监生;一度为宫廷作画,后雨返。清兵入浙东,于绍兴云门寺为僧一年余;后自号悔迟、悔僧。亦称老迟。在绍兴、杭州卖画。擅画人物,取法李公麟,评者谓其力量气局在唐寅、仇英之上。所作躯干伟岸,衣纹细劲清圆;晚年作品,造型夸张。他的人物画存世作品很多,较著名的有《吟梅图》《窥柬》《屈子行吟图》《归云来图》《生鲁居士四乐图》《隐居十六观图》《六逸力图》《莲石图》《荷叶鸳鸯图》《花卉山马图》以及《杂画册》等。

朱耷

朱耷(1626 年~约 1705 年),清初画家。有雪个、个山、人屋、八大山人等别号,南昌(今江西南昌)人。他本是明代皇室后裔,20 岁时便弃家避祸山中,23 岁剃发为僧,释名传綮,字刃庵,中年时曾因为躲避清政府征召而佯狂装疯。康熙十九年(1680 年)还俗,此后便在家乡以诗文书画为事,直至去世。他擅画水墨花卉禽鸟,笔墨简括、凝练,形象夸张,亦画山水,意境冷寂。所画鱼鸟每作"白眼向人"的情状,署款八大山人,连缀似"哭之"或"笑之"的字样;以及意含隐晦的题诗,都寄寓着亡国之痛。朱耷是明清近三百年来成就最高、影响最大的画家之一,他绘画做到了削尽冗繁,返璞归真,笔墨清脱,以一种含蓄蕴藉、丰富多彩、淋漓痛快的艺术语言,塑造了一个前所未有的纯净、酣畅境界。他的书法平淡天成。藏巧于拙,笔涩生朴,不加修饰,静穆而单纯,不着一丝人间烟尘气,有着很高的艺术成就。传世作品有《快雪时晴图》《河上花图》《行书四箴》《般若波罗蜜心经》《杂画图》《杨柳浴禽图》等。

石涛

石涛(1642 年~约 1707 年),清初画家。姓朱,名若极,广西全州人。明藩靖江王朱守谦子,悼僖王朱赞仪的十世孙。父朱亨嘉于南明隆武时在广西自称"监国",为瞿式耜俘杀。他年龄尚幼,后隐蔽为僧,法名原济,亦作元济(后人误传为"道济"),号石涛,又号苦瓜和尚、大涤子、清湘陈人等。早年屡游安徽敬亭山、黄山;中年住南京,曾在南京、扬州两次见康熙帝;去过北京,与辅国将军博尔都等交游;晚年定居扬州卖画,康熙五十七年(1718 年)尚在。擅画山水,常体察自然景物,主张"笔墨当随时代",画山水者应"脱胎于山川""搜尽奇峰打草稿",进而"法自我立"。所画山水、兰竹、花果、人物,讲求独创,构图善于变化,笔墨恣肆,意境苍莽新奇,一反当时仿古之风。对扬州画派和近代中国画影响很大。兼工书法和诗,并擅园林叠石。有《苦瓜和尚画语录》(其手写刻本名《画谱》)及后人所辑的《大涤子题画诗跋》等。对画论有深入研究。

李鱓

李鱓(1686年~1756年),清代画家。亦作觯,字宗扬,号复堂,别号懊道人。江苏兴化人。康熙间举人,曾为宫廷作画,后任滕县知县,被免职后,在扬州卖画。擅花卉虫鸟,初师蒋廷锡,画法工致;又师高其佩,进而崇尚写意,取法徐渭、朱耷,落笔劲健而有气势。每有反映其仕途失意和"孤芳自赏"之作。能诗。为"扬州八怪"之一。代表作品有《风荷图》《墨松图》《松藤图》《芍药萱花图》等。

金农

金农(1687年~1763年),字寿门,又字司农、吉金,号冬心先生、曲江别史、稽留山民、曲江外史、昔耶居士、心出家庵粥饭僧等,浙江钱塘(今杭州)人。长住扬州。清代书画家。以"布衣"自乐,被荐举办博学鸿词科未就。遂只身游历四方,最后流落在扬州卖画为生,贫困老死。能诗,善书法,其隶书最为著名。楷书自创格调,自称"漆书",精篆刻。50岁后,才从事绘画。擅画梅花、竹子及浅墨小品,用笔简朴。又善画山水、佛像、马,兼长于题咏。他的绘画尤以墨梅见长。他从画汉代画像石刻中汲取精髓,故作品富有金石气,风格质朴、苍老,造诣很深,世间称他为"扬州八怪"之首,声望很高。作品有《采菱图》《荷塘图》《双勾兰花图》《人物山水图》等。著有《冬心先生集》。

郎世宁

郎世宁(1688年~1766年),天主教耶稣会修士、画家兼建筑家,意大利米兰人。康熙五十四年(1715年)来中国北京传教,成为清代宫廷画家,曾参与增修圆明园建筑工事。擅长肖像、花鸟、走兽,尤工画马。所作参酌中西画法,注意透视和明暗,刻画细致,注重写实,而止于形似。他将欧洲的绘画品种和方法传授给中国的宫廷画家,为中西文化艺术的交流做出了积极的贡献,颇得皇家青睐。作品有《百骏图》《弘历观马戏图》《松鹤图》等。

郑燮

郑燮(1693年~1765年),清代书画家、文学家,字克柔,号板桥,江苏兴化人。康熙时秀才,雍正举人,乾隆进士。曾任山东范县、潍县知县,后因助乡民胜诉及赈济饥民,得罪豪绅,遭弹劾而罢官。久居扬州卖画为

郑燮

生。书画文辞名重一时，尤以墨竹为胜，将草书中竖长撇法入画，风格明快劲峭，用笔略嫌扁薄，变化不大。又好论画。工书法，融隶书于行楷中，自称"六分半"。郑氏蔑视贪官，同情穷人，是一位有气节、受人爱戴的文人，但也是一位一生不得志的画家。他的书画风格对后世的影响较大。代表作品有《竹石图》《劲竿凌云图》《丛兰荆棘图》等。著有《郑板桥全集》。

吴昌硕

吴昌硕（1844年~1927年），近代篆刻家、书画家。初名俊、俊卿，字昌硕，仓石。别号有缶庐、苦铁、大聋、老缶、老苍等。浙江安吉人。清末曾官江苏安东知县，在任仅一月，后寓上海。中年后始作画，其绘画内容以梅、兰、竹、菊、藤萝、葡萄等为主，取法徐渭、朱耷、李鱓，并受赵之谦、任颐的影响。设色大胆，别开生面，用色混而不脏，艳而不俗。自有一种古朴的美。他把书法用笔融于绘画，成为"海上画派"的杰出代表。工诗、书法，擅写"石鼓文"，精篆刻。远宗秦汉，近取浙皖精英，自创面目。光绪三十年（1904年）在杭州成立"西泠印社"，被推为社长。他又能融各家之长，并贯通他的书法、篆刻，创雄健苍劲的风格。对艺术创作主张"出己意""贵有我"，因此他的作品具有浓厚的"性格特点"。他的作品诗、书、画、印配合得宜，融为一体，其艺术风尚对我国近现代画坛影响极大，对日本影响也很大。传世作品有《桃实图》《天竹花卉》《紫藤图》《墨荷图》《杏花图》等。

齐白石

齐白石（1864年~1957年），现代书画家、篆刻家。原名纯芝，字渭清，后改名璜，字濒生，号白石，别号借山吟馆主者、寄萍老人等，湖南湘潭人。早年曾为木工，后结交当地文人，学习绘画、诗文、篆刻、书法，靠为人写照、卖画、刻印为生。中年多次出游南北，57岁后定居北京。专业卖画、刻印。在艺术上常与陈衡恪相切磋，推崇徐渭、朱耷、李鱓及吴昌硕等诸家，60岁后，画风遽变，重视创造。融合了传统写意画和民间绘画的表现技法，形成独特的艺术风格。擅作花鸟虫鱼，笔墨纵横雄健，造型简练质朴，色彩鲜明热烈；并善于把阔笔写意花卉与微毫毕现的草虫巧妙地结合一起。亦画山水、人物。篆刻初学浙派，后多取法汉代凿印，布局奇肆朴茂，单刀直下，劲辣有力。能诗文。新中国成立后，他对书画、篆刻的活动，益见勤奋。曾任中国美术家协会主席。代表作品《虾》，是其画虾的最高境界，具有极高的艺术价值。

齐白石

黄宾虹

黄宾虹(1865年~1955年),现近代艺术巨匠。原名懋质,后改名质,字朴存,一作朴人。后以号行,别署予向、虹庐、虹叟,中年更字宾虹,祖籍安徽歙县,出生于浙江金华。他早年激于时事,参加了同盟会、南社等革命社团,后潜心学术,深研画史、画理。黄宾虹对中国的传统山水画笔墨做了总结性的考察研究,他的作品已经走到了传统山水画模式的边缘,其抽象性格又和世界现代艺术倾向接近,为中国画史进入现代竖起了一块新的里程碑,堪称中国传统山水画精华之集大成者和现代艺术的开拓者。代表作有《山水》等。著有《古印概论》《古文字释》《古画微》《虹庐画谈》《鉴古名画论》《画法要旨》《宾虹诗草》等,与邓实合编《美术丛书》,别有辑本《黄宾虹画语录》。

何香凝

何香凝(1878年~1972年),现代著名画家。原名瑞谏,号双清楼主。祖籍广东南海,生于香港。国民党革命派杰出代表。她的父亲是香港的大地产商,但她却不安于现状,积极投身革命。1897年10月,她与著名革命家廖仲恺结婚,后来跟随孙中山从事辛亥革命和反对南北军阀的斗争。他们夫妇协助孙中山制定了"新三民主义"革命纲领,对改组国民党、促成国共合作做出了巨大贡献。新中国成立后曾担任中国美术家协会主席等职务。何香凝是一位具有创新意识的画家,她的绘画观念、表现技法曾借鉴了日本画的写意精神、细节之精微描绘、山水画中天空的晕染法等,所作山水、花鸟笔致圆浑质朴,尤工狮、虎、鹤等动物画,意态生动逼真,显示出高超的技艺和独特的风格。著有《何香凝诗画集》。

潘玉良

潘玉良(1895年~1977年),近代画家。原名陈玉清,后改名为张玉良。生于苏州。她幼年父母早逝,13岁时被赌棍舅父骗到芜湖,卖给了妓院当烧火丫头,幸得芜湖盐督潘赞化救出火坑,并与之结为伉俪。玉良为表感激之情。遂改为潘姓。潘玉良是我国旅法最早、最著名的女画家,她曾两次远渡重洋,在巴黎从事艺术活动达五十多个春秋。她将中国传统的线描手法融入西方绘画技巧,色彩线条互相依存,用笔俊逸洒脱,气韵生动,赋色浓艳,雍容华贵,呈现出秀美灵逸而又极富独创性和个性化的审美情趣。代表作品有《窗前女人像》《菊花和女人体》等。

潘玉良

刘海粟

刘海粟(1896年~1994年),现代美术家、教育家、美术史家、画家。字秀芳,江苏省武进区人。1912年在现代中国第一所美术学校——上海国画美术院(上海美术专科学校前身)任校长,招收了徐悲鸿、王济远等高材生,并冲破封建势力,首创男女同校,增加用人体模特和旅行写生。1918年到北京大学讲学,并第一次举行个人画展,受到蔡元培、郭沫若的称赞。1919年他到日本考察绘画及美术教育,其油画作品备受日本画坛重视和推崇,被称为"东方艺坛的狮"。1929年刘海粟赴欧洲考察美术,三年间创下近百幅美术作品,受到巴黎美术界好评。新中国成立后曾任华东艺术专科学校校长,南京艺术学院院长,1981年被聘为意大利国家艺术院名誉院士,并被授予金质奖章。刘海粟是一位兼容并包的艺术家,他兼擅中国画、油画、书法、诗词和美术史论,笔力深厚,苍拙老到,笔、墨彩的混用,创立了独家面貌,是我国20世纪最杰出的画家之一。代表作品有《黄山》《彩荷》《山茶锦鸡》《白菡新开初过雨》等。

刘海粟

徐悲鸿

徐悲鸿(1895年~1953年),现代画家、美术教育家,江苏宜兴人。少时刻苦学画,后留学法国。曾携中国近代绘画作品赴法、德、比、意及苏联展览。抗日战争期间,屡以已作在国外展售,得款救济祖国难民;并参加民主运动。长期从事美术教育工作,新中国成立后任中央美术学院院长,中华全国美术工作者协会主席。在绘画创作上,提倡"尽精微,致广大";对中国画主张"古法之佳者守之,垂绝者继之,不佳者改之,未足者增之,西方绘画可采入者融之"。擅长油画、中国画,尤精素描。人物造型,注重写实,传达神情。曾创作《九方皋》《愚公移山》等寓有进步思想的历史画。所画花鸟、风景、走兽,简练明快,富有生气,尤以画马驰誉中外。画能融合中西技法,而自成面貌。其他作品还有《奔马》《溪我后》《田横五百士》《会师东京》等。

徐悲鸿

丰子恺

丰子恺（1898年~1975年），现代画家、文学家、美术和音乐教育家，浙江桐乡人。早年曾从李叔同学习绘画、音乐，1921年去日本。回国后先后在上海、浙江、重庆等地从事美术和音乐教学。受佛教影响，作《护生画集》寓以佛家护生戒杀之旨。五四运动后，即进行漫画创作，早期漫画多暴露旧中国的黑暗，后期常作古诗新画，并常把儿童生活作题材，自谓"要沟通文学及绘画的关系"，有《锣鼓响》等作品。造型简括，画风朴实，受日本画家竹久梦二的影响。新中国成立后，曾任上海中国画院院长、中国美术家协会上海分会主席。作有《庆千秋》《饮水思源》等具有新意的作品。著有《音乐入门》，译有《西洋画派十二讲》和外国文学作品《源氏物语》《猎人笔记》等多种。

潘天寿

潘天寿（1897年~1971年），现代画家、美术教育家。早年名天授，字大颐，自署阿寿、雷婆头峰寿者、寿者，浙江宁海人。长期从事绘画活动和美术教学。新中国成立后，曾任中国美术家协会副主席、浙江美术学院院长。擅长写意花鸟和山水画，远师徐渭、朱耷、石涛等人，近受吴昌硕影响，布局善于"造险""破险"，笔墨有金石味，显得朴厚劲挺，气势雄阔，赋色沉着斑斓，能融诗、书、画、印于一炉，形成自己面目。亦能人物。他所独创的指墨画以其沉郁古拙、气势恢弘而独步画坛。于画史、画论研究有素。代表作有《松石》《小龙湫下一角》《秋夜》《和平鸽图》《泰山图》等等。著有《中国绘画史》《治印丛谈》等。

潘天寿

张大千

张大千（1899年~1983年），现代画家。原名正权。后改名爰，曾一度为僧，法号大千，又称大千居士，以法号行。四川内江市人。自幼随母学画，作花鸟草虫白描。他钻研传统艺术。博采百家之长。工笔写意、花鸟、山水、人物无所不精，最喜写荷花。20世纪30年代山水画有"南张北溥（心畲）"之说。并与齐白石齐名，又称"南张北齐"。1940年去敦煌临摹壁画和雕塑两年半。画风一变，作品神采生动，朦胧厚重。1952年后定居巴西。从事写生作画，举办画展等，驰名世界艺坛。1978年后移居台北，晚年绘画生涯，在中国画传统技法的基础上吸取现代抽象艺术因素，创泼墨、泼彩新貌，对中国画的发展做出了新的贡献。他传世作品颇多，有《泼墨荷花图》《黄山文笔峰图》《庐山全图》《溪桥行舟图》等。印有《张大千画辑》《张大千画集》《大风堂名迹》等。

傅抱石

傅抱石(1904年~1965年),现代山水画大家。原名瑞麟,号抱石斋主人,江西新余人。早年曾得到徐悲鸿资助留学日本,回国后在中央大学艺术系任教。新中国成立后任江苏省国画院院长、中国美术家协会副主席。傅抱石在艺术上崇尚革新,他长期深入体察真山真水,摆脱了古人的笔墨,在山水画上取得了巨大的成就。他创作时章法结构不落俗套,别出心裁,线条纵逸挺秀,设色沉浑质丽,善于把水、墨、色融合为一体。在布局上,他打破了传统形式,常在满纸上下充塞山峦树木,不大留出天空,以"大块文章"的结构形成遮天盖地、壮丽沉雄的磅礴气势。人民大会堂的巨幅山水画《江山如此多娇》便是他与关山月合作的杰作。他还擅绘水和雨,独创"抱石皴"法。他的人物画也用笔洗练,着重气韵,自成一格,达到了传神的效果。有《傅抱石美术文集》《中国绘画理论》《中国山水人物画技法》等数十种著作行世,影响甚为深远。

张乐平

张乐平(1910年~1992年),现代漫画家,浙江海盐人。青年时曾当学徒,并学习月份牌年画,后靠画广告为生,亦创作漫画。1937年参加抗日漫画宣传队直至抗战胜利。1946年在上海参与发起上海美术作家协会和上海漫画家协会。1949年后,在中国美术家协会上海分会、解放日报社、上海少年儿童出版社任专业画家。20世纪80年代后任中国美术家协会顾问、《漫画世界》主编。其漫画以政治讽刺见长。他所创作的三毛形象,妇孺皆知,名播海外,被誉为"三毛之父"。张乐平除创作单幅漫画外,其他系列漫画有《二娃子》《萌萌与菲菲》《百喻经新释》《胡大生活漫记》《父子春秋》《我们的故事》《好孩子》《宝宝唱奇迹》《小咪画传》《小萝卜头》等。三毛系列漫画有《三毛流浪记》《三毛翻身记》《三毛日记》《三毛新事》《三毛迎解放》等。

著名绘画作品

《舞蹈纹彩陶盆》

《舞蹈纹彩陶盆》是青海大通县出土的陶盆内壁上所绘的舞蹈人物。原始艺术家们以剪影的手法,描绘出5000年前我们祖先的一个生活场景。画面由5幅相同的舞蹈图组成,每幅图中有5个舞蹈者,手拉着手在跳舞,面部都朝向右前方,头上的羽饰斜向左侧,下体的尾饰甩向右侧。动作谐调整齐,舞姿轻盈自然,形象稚拙生动。相邻的两组人物之间,用多至8条的下垂的内向弧线隔开,令人想起在和风中飘拂的柳枝。

舞蹈纹彩陶盆

《鹳鱼石斧纹》

《鹳鱼石斧纹》是画在一个陶缸外壁的画面,陶缸出土于河南临汝。左边画一只高大的白鹳,口中叼着一条大鱼,右边竖立着一把装有木柄的石斧。这是我国目前发现的史前陶器上画幅最大的作品,反映了原始人的氏族崇拜:鹳向石斧奉献祭品,祈求保佑氏族吉祥安宁。画面色彩单纯鲜艳,鹳身用白色平涂,不勾轮廓,再用黑色画出眼睛。分外有神。鱼和斧则用粗浓的黑线勾勒,对比强烈。这幅距今六千余年的杰作,标志着古代绘画艺术由纹饰绘画向纯绘画发展。

《人面鱼纹彩陶盆》

《人面鱼纹彩陶盆》的彩陶盆是在陕西西安出土的,距今约有六千多年。盆的内壁上有一个人面,圆脸,额的右半部涂成黑色,左半部是一黑色半弧形。眼睛眯合,直鼻,嘴的左右各衔一条鱼,双耳也连着两条小鱼。头戴三角形高帽。盆中还画了另外两条鱼。这种人面纹可能是巫师的头像,他正衔鱼作法,期望捕鱼丰收。

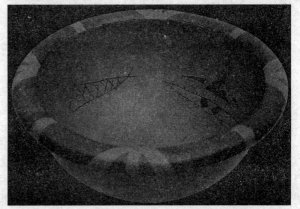

人面鱼纹彩陶盆

《宴乐渔猎攻战图》

《宴乐渔猎攻战图》是在一件战国时期的青铜壶的壶身上用红铜镶嵌的图画。画面横向展开,最上一列,左边(以拓片左右为序)凉亭中有两人正在射箭,他们后边的人在指挥竞射,亭前两人报靶和计算胜负。下方另有 5 人鱼贯而入,准备参赛。最下边 3 人在烹调食物。右边一群人在桑林中采桑、运桑。第二列也分为两组,左边建筑物内有人饮宴,室外奏乐的在吹笙、撞钟、击磬,一群持矛的表演者应和着鼓师的节拍在跳舞。右边的人们在仰射雁群,帐篷里有人在更衣休息,右上角有人在射箭。第三列为水陆攻战,有攻城也有舟战。最下一列上层是两猎人持矛与兽搏斗,下层是用双兽组成的桃形图案。整个画面内涵丰富,人物有 120 人以上,形态生动,穿插得体。

《马王堆一号汉墓帛画》

《马王堆一号汉墓帛画》在湖南长沙出土,呈"T"字形。帛画的内容可以分成上、中、下三部分,分别表示天上、人间、地下。天上部分,右边是太阳,太阳内立有金乌;左边是月亮,月牙拱围着蟾蜍和玉兔;正中是人首蛇身的女娲。另外还有怪兽和王宫的守门人等。人间部分,表现墓主人的日常生活,穿着锦绣衣袍拄杖而行的贵妇人就是墓主人,她的前面有男仆跪迎,后面有侍女随从。地下部分,一个大力士双手上举,撑着大地,他的四周有许多奇形怪状的鸟兽。三个部分,以四条龙穿插联系在一起。这幅画与战国帛画都是表现墓主人灵魂升天的主题。构图繁复严整,既富有浓厚的生活气息,又充满神奇的想象。线条或粗犷或精细,运用灵活。色彩浓烈鲜艳,历经两千多年仍然光彩夺目,有一种诡异、瑰丽的效果。

《人物龙凤图》

此图 1949 年在湖南长沙陈家大山楚墓出土,是中国现存最古老的一幅画。时间在公元前 451 年至前 225 年之间。画面右下方一女子侧身而立,拱手合掌,神态肃穆。她的上方是一只似奔似舞的凤鸟,昂首展翅,两腿前后张扬,姿态矫健。画面左边是一条蜿蜒上升的巨龙,它没有传说中的角,也没有鳞,而有着蛇一样的花纹。这幅画用挺拔有力的圣线勾描,再敷以色彩,有一种典雅的装饰风格。

《人物御龙图》

此图 1973 年在长沙子弹库楚墓出土,可以看作是《人物龙凤图》的姊妹篇。一留须男子面向左而立,身佩宝剑,手握缰绳,驾驭着一条长龙。龙头高昂,龙尾翘起,龙身平伏供男子伫立。龙身下有一尾鱼,龙尾上站一只鹤。古时称鹤为天国神鸟。

人物龙凤图

人上方有张举如伞状的舆盖。画中人物、龙、鱼均朝向左方,垂穗、衣袍则飘向右方,表现了迎风前进的动势。这幅画线条飞扬、舒展,在勾线的基础上用色彩平涂和渲染,技巧更趋成熟。画中的人物就是墓主人,他借龙引导,以便进入天国。

《车骑出行图》

20世纪70年代考古工作者在陕西咸阳一处秦代宫殿遗址中发现了一道残壁,上面留有壁画的痕迹。壁画的内容有车马、仪仗、建筑物等,用的颜色都是矿物质颜料。至今鲜艳如新。此图是壁画中保存得最完好的一部分。有3辆车由南朝北奔驰,4匹枣红马驾一辆车,马头上饰白色面帘,马脖子上搁着白色的轭具,车是白辕黑盖。车马都是以正侧面的剪影形式来表现,但缺少细部的刻画。壁画具有古朴浑厚的风格。

和林格尔汉墓壁画

东汉壁画。1972年在内蒙古自治区和林格尔新店子村西东汉墓中发现。壁画内容主要分三部分:第一部分描绘墓主仕宦经历,分布在前室、中室、甬道之中;第二部分描绘墓主人生前生活的情景,分布在后室、耳室,主要是乐舞、宴饮、厨炊、农耕、坞壁等图画;第三部分画在中室西、北两壁和前后室顶部,内容多为历史故事。如"二桃杀三士""丁兰孝亲""七女为父报仇""孔子见老子"等,及其他如天象、祥瑞图和神话故事等。总的来说。壁画的主要内容是描绘死者的仕途经历和官职的升迁。用"庄园""官舍"和"车马出行"等图夸耀其"权威"和"富贵"。画中人物、车马,丰富而生动,造型也相当准确。

《二桃杀三士》

壁画在汉代应用得相当广泛。我们现在所能见到的较为完整的汉代壁画,是1957年在河南洛阳老城西北的一座西汉墓中发现的,创作的时间约在公元前48年至公元7年之间。壁画的题材多样,《二桃杀三士》是其中的一幅。此画是汉代画像石常表现的题材。画中高足盘内放两个桃。三人中两人正执剑取桃,另一人怒不可遏,抽剑而起。《二桃杀三士》叙说了一个历史人物故事:春秋战国时期,齐景公的5名勇士居功自傲,晏子建议齐景公除掉3人。齐景公按照晏子的计谋赏赐给3名勇士两只桃子,谁的功劳大谁吃,结果3名勇士因争功互相残杀,最后同归于尽。画家造型注重人物神态,突出动势,成功地渲染出紧张的气氛。

《鹿王本生图》

莫高窟第二百五十七窟的《鹿王本生图》,成画于1500年前的北魏时期,是敦煌石窟壁画艺术的代表作。传说,一只鹿王身上的毛有9种颜色,头上的角像雪一样洁白。一天,它看见一个男子掉到河里,快要淹死,就把这个人救了上来。鹿王嘱咐这个男子,不要把它藏身的地方告诉别人。男子感谢鹿王的救命之恩,并答应永不泄露鹿王的住所。当他回到城市之后,看到国王正悬赏捉拿鹿王,要用鹿王的美丽皮毛为皇后做衣服,他竟然忘恩负义,带领国王的军队去捕杀鹿王。结果,他全身生疮而死。这个佛教宣扬佛法的故事,画家用横向的9个场面表现,分别从南北两端开始,到中间为故事的高潮和结束。壁画突出了汉晋以来壁画的平面装饰特征,但画中王宫的建筑形式、皇后穿的衣服,说明受印度画风的影响。画家注意了色彩的立体效果,土红色的主调与绿色、白色的对比,显得浑厚强烈。

《女史箴图》

东晋画家顾恺之的代表作品。此画是根据西晋文学家张华《女史箴》一文而作。描

女史箴图(局部)

绘了古代宫廷仕女的节仪行为,人物造型准确生动,神情变化微妙,动态自然,线条飘逸,富有韵律,充分展现了中古艺术的秀雅与高贵。

《洛神赋图》

东晋画家顾恺之的代表作品。此画是由多个故事情节组成的类似连环画而又融会贯通的长卷。全幅作品共画了 61 个人物。分为几个场景。分段描绘的画卷用一幅幅连续的画面展示了从曹植见到洛神,直到洛神离去、曹植返回的整个过程,反映着人物欢乐、哀怨的情绪。画家将不同情节置于同一画卷中,洛神和曹植在一个完整的画面的不同场景中反复出现,以山石、林木及河水等背景,将画面分隔成不同情节,使画面既分隔又相连接,和谐统一,丝毫看不出连环画式的分段描写的迹象。图中山石、林木,反映了早期山水画的表现技法和面貌。

《游春图》

隋代展子虔的作品。此画是我国现存画中最早的一幅独立山水画,历来被认为代表了中国早期山水画的面貌。它是一幅描绘贵族游春的山水画。只见幽静的山谷间,伸出一条曲折的小径。游人们行于小径上,或骑马或步行,观赏着沿途的青山绿水。波光粼

粼的湖面上,一艘游艇缓缓荡漾,船上的女子被美景陶醉,流连忘返。山腰和山坳处有几处佛寺,其幽静令人向往。全幅以自然景物为主,人物点缀其中;线条细劲有力,人马虽小如豆粒却一丝不苟,形态毕现。山石有勾无皴,色彩厚重,以青绿为主调,间以红白诸色,和谐中又见变化,其鲜艳明亮的色彩烘托出秀丽山河春意勃发的生机。构图上画家采用俯视取景法,将远景、近景向中景集聚,使画面各物整体地统一为一体,有种"咫尺千里"之艺术效果。

《步辇图》

唐代画家阎立本杰出的历史肖像画作品。此画描绘的是唐太宗接见迎接文成公主的吐蕃使臣禄东赞的情景。画家用遒劲坚实的铁线描塑造人物,极为概括简练,色彩虽仅着红、黑、白和淡赭,但已觉十分丰富。

《历代帝王图》

唐代画家阎立本的作品。《历代帝王图》画了两汉至隋代 13 位帝王像。画中帝王或立或坐,通过对外貌特征的刻画,揭示了每一个帝王不同的心态、气质和性格。如晋武帝司马炎富于宏图大略的气度,陈后主平庸暴虐终成亡国之君的鄙俗相貌等,都给人以深刻的印象。作品有别于南北朝时人物创作类型化的技法,而使肖像的创作达到了一个新的水平。

《江帆楼阁图》

唐代画家李思训的作品。李思训被称为"青绿山水画之祖"。此画是表现游春的情景。画面上方江天辽阔,烟波浩瀚,几只轻舟似有若无,点缀其中;下方是山峦密树,林木掩映中有一座院落,可以看到院内的楼阁朱廊。山道、河岸,有人或骑马或步行,游赏春天景色。人物虽小,却笔法工整,精致生动。设色以石青、石绿为主,墨线转折处用了泥金。颜色有深浅不同的变化,层次丰富,气派豪华,是唐代艺术堂皇典丽、金碧辉映的贵族作风。画中雕梁画栋的建筑物,画家须用界画画出。历代都有不少界画的名家,他们受到了唐代界画艺术的影响。

《虢国夫人游春图》

唐代画家张萱的作品。此图描绘唐玄宗的宠妃杨玉环的三姊虢国夫人及其眷从出游赏春的情景。全幅共画八人,皆骑马,前三骑与后三骑是侍从、侍女和保姆,中间并行二骑为秦国夫人与虢国夫人,其中秦国夫人居右上首,正向虢国夫人说着什么。图中人马动势舒缓从容,人物形象艳媚丰满,正应游春主题。构图上错落自然,疏密有致,画家只以湿笔点出斑斑草色作为背景,极好地突出了主要人物。用笔简练而圆润秀劲,透出妩媚之姿。全图极为生动贴切地表现了贵妇人们春游时悠然自得的神情,画面格调活泼明快,设色典雅富丽,意境空漾清新。此幅洋溢着一种雍容、自信、乐观的盛唐风貌,反映了当时的贵族妇女尤其是杨家兄妹无聊而骄奢的生活。

虢国夫人游春图(局部)

《捣练图》

唐代画家张萱的作品。捣练,就是把生绢捣熟,因为生绢发硬,捣熟后的绢才能用来做衣服。捣练是一种单调费力的劳动,高官显贵们的夫人小姐们是不肯做这些工作的,在宫中从事捣练的人都是那些无品级的宫女们。《捣练图》依次描绘了捣练、织修、熨烫等劳动情景。画中的妇女体态丰盈,高髻艳装。作者用简明坚劲、柔和流动的线条,斑斓而不冗杂、明艳而不单调的色彩,刻画了捣练女子的健康之美、劳动之美。在构图上,这幅图虽然也没有设置背景。但整个画面安排得十分巧妙,三组人物或立或坐,有低有高,错落有致。各组人物之间又彼此呼应,联系紧密又自然和谐。捣练一组,一人回身挽袖与理线一组相应,后两组人物之间穿插了一个蹲着扇火转首的女童,使三组人物气脉相承。最后一组人物中,最左边的妇女身姿略向后倾,扯直的长练依然有飘柔的质感,使画面有了生动的韵律。此外,作者还善于捕捉劳作中的微小细节,并对这些细节进行了深入的刻画。生动地传达出了生活的情趣,表现出了人物不同的心理和性格特点。

《天王送子图》

唐代画家吴道子的作品。此画传说出自吴道子的手笔。《天王送子图》又名《释迦降生图》,描绘释迦牟尼降生后,他的父母抱着他去拜谒天神,众神向他施礼的情景。这里选的一部分表现释迦的父亲小心翼翼地怀抱着初生的释迦缓缓前行,释迦的母亲紧跟在后,一神兽伏地而拜,衬托出初生婴孩释迦牟尼的无上威严。这是一个外来的宗教题材,画中本来应是外国人,但在吴道子的笔下完全被汉民族化了。画家采用白描技法。人物都用线条勾勒。线条轻重顿挫,波折起伏,似乎具有狂风暴雨的气势。

《江干雪霁图》

唐代画家王维的作品。此画江水横流、江岸蜿蜒、雁阵排排、雪山连绵,可谓意境深远,气势雄浑。其间再点缀些杂树、房舍、小桥、人物,更为画面增添了几分情趣。称得上"笔墨宛丽,气韵高清",充满了诗一般的气氛和情调。为诗情与画意巧妙结合的经典之作。

《照夜白图》

唐代画家韩幹的代表作。此图画面十分简洁：一桩拴一马。此马鬃毛乍立,眼睛圆睁,突出表现了"照夜白"四蹄腾骧、昂首嘶鸣的神骏气势,同时也透露出它的乍惊、焦躁、恳求以至示威等复杂情态,令人不禁要产生伸手解缰之感。韩幹用劲健有力的线勾勒出马的肥壮,再略施渲染增加体积感。构图简单而大胆,将马桩立于画面中央,巧妙地使立桩、横马相交错,使黑与白、稳定与跳动、细瘦与肥壮形成强烈对比,赋予画面以生命的节奏。

《斗牛图》

唐代画家戴嵩的作品。此画也是传世的画牛佳作。这两头水牛相斗,也许是尾声了:一头牛已经力怯,正要逃离,另一头牛却穷追不舍,用角猛抵着它的后腿。从这里我们可以想见它们相斗时的凶狠。画家用水墨绘出,大的动势显出牛的野性的一面。

《五牛图》

唐代画家韩滉的代表作品。此画图中所画行进中的五头牛姿势各异,神态有别,色泽花纹亦不同,其一举一动、一俯一仰,仿佛皆有灵气。第一头牛侧身俯首,伸长脖子,似在寻觅青草;第二头牛翘首甩尾,好像正在咀嚼;第三头牛在大声鸣叫,为图中唯一正面站立的牛,表现难度较大,画家却描绘准确,立体感极强;第四牛缓步前行,姿态优美;第五牛似行似止,仿佛刚摆脱了羁绊。整个画面除右侧有一小树除外,别无其他衬景,每头牛都可独立成章。技巧上,作者以粗壮有力、具有块面感的线条表现牛的强健、有力和皮毛的质感。体现了朴实的田家风味。据说画家是以此五牛来比喻自己兄弟五人。以任重而温顺的牛的品性来表达自己内心为国为君的情感。所以此图是以物寄情的典型之作。此图卷是目前所能见到的最早画在纸上的绘画作品。笔法精妙,线条流畅,表现了作者高超的笔墨技巧,是难得的唐画佳作。

《簪花仕女图》

唐代画家周昉的传世杰作。描绘的是一群贵妇在花园中游戏赏花的情景,分为采花、赏花、漫步和戏犬四个场景,人物形象丰满,神态优美,线条细致流畅,设色鲜艳,展示出高超的绘画技法。

《花鸟六条屏》

1972年,考古学家在新疆阿斯塔那古墓群的一座唐墓的墓室后壁,发现了一幅《花鸟六条屏》。《花鸟六条屏》用红色的边框线隔为六幅。这种六曲屏风的构图形式,是唐代

簪花仕女图（局部）

流行的样式。每一幅都很完整,六幅组织在一起又可以成为彼此相关的优美画面。从左至右,第一幅,一只大雁正安闲地闭目养神;第二幅,一只锦鸡带着三只小鸡在草丛里觅食;第三幅,一只有红白相间羽毛的野鸭在休息;第四幅,一只伫立的鸳鸯注视着远方;第五幅,一对野鸭依偎相伴;第六幅,一只锦鸡正昂首鸣叫。前三幅禽鸟右相,后三幅禽鸟左相,成为左右对称的两组画面。每一幅画中央禽鸟的背后都有一丛花草,上方点缀流云与小鸟,下方则是水草与浮萍。禽鸟的造型准确写实,花草则带有很强的装饰美感,设色浓丽鲜艳。《花鸟六条屏》看来是民间画工的作品,它是到现在为止我们能够见到的唯一的唐代花鸟画真迹。

《匡庐图》

五代后梁画家荆浩的作品。描绘的是庐山的自然景色,以全景式的构图表现了山峰和水边乡居景色的清幽。画面下端描绘的是山麓景致,树木、屋舍、河流、石径、撑船的舟子以及赶驴的行人。往上便是半山瀑布、桥梁亭屋、山中林木,一种山光岚气隐约浮动其中。山峰越上越高,越高越陡,在群峦众岭的映衬环拥下,最高峰挺然直出,上摩苍穹。作者将"高远""平远"二法结合起来,交替使用,使得峻峭耸立的巍巍峰峦与开阔平旷的山野幽谷自然呈现于图中,而古松巨石与层叠的峰峦相映相发,更将全画幽深缥缈的境界准确地烘染出来,使得画面宏阔博大,气势雄伟峭拔。这幅画是我国山水画步入成熟期的代表作品之一。作者荆浩创立了笔墨并重的北派山水画,是唐末五代时期影响最为深远的山水画家之一。

《潇湘图》

五代南唐画家董源的作品。此画表现了一派秀丽风光,江面开阔平静,山峦起伏连绵。近处,滩头有乐工在吹奏击鼓,小船上有穿红衣服的人在端坐,似是达官贵族游览潇湘胜景。远处,渔人们在拉网捕鱼,有的在水中把守网口,有的在岸上拉网。两组人物之外,河洲间隐约有两只渔船往来。画家将自然美景与人们的现实生活相结合,更使作品生色。全画水墨淡色,素雅轻润,只有人物用厚重鲜艳的颜色,显得十分醒目。董源的水墨山水开创了多种画法,对后世影响很大。

《写生珍禽图》

五代后蜀花鸟画家黄筌的作品。此图是他画给儿子临摹用的画稿，没有构图上的组织，共画了22种飞禽、昆虫和一大一小两只乌龟。每一种都画得极其精细，羽毛、翅翼、鳞甲，无不质感逼真。让人觉得它们都有活泼的生命。全图采用双勾填彩的画法。就是先用淡墨细笔勾出轮廓，再填上彩色染成，风格富丽工巧。画家在精确描绘自然对象的同时，还表现了一定的意趣。

《韩熙载夜宴图》

五代南唐画家顾闳中"目识心记"的稀世珍品。描绘了南唐中书侍郎韩熙载纵情享乐的场景。全画由"听乐""观舞""休闲""清吹"和"散宴"五部分组成，既可各自独立而又互相关联。从而以韩熙载为中心，描绘了夜宴的整个过程。作品用墨圆劲流利而又不失沉着，设色绚丽而又不失清雅，用高超的绘画技巧细腻地描绘出韩熙载的心境：超然自适、气度轩昂，却又郁郁沉闷、寂寞寡欢。

《雪竹图》

五代南唐画家徐熙的作品。此图描绘竹石覆雪的情景。石后粗竹峭拔，老树盘根，细嫩丛杂的小竹参差其间，意趣盎然。画家在每节竹子的上部用浓墨点染，至下部逐渐淡至白色，竹节突出部位的白雪就显得很有厚度。有些小枝及竹叶，则是在反面即绢底上柒墨衬出来的，使雪意更加浓烈，突出了雪竹的特点。

《晴峦萧寺图》

五代、宋初画家李成的稀世之珍。这幅作品构图气势雄伟，用笔苍劲娴熟、坚实有力，皴擦甚少而骨干自坚。渲染较少。亭台楼阁用界尺画成，工整严谨，细致稳健，这正是李成作品的典型特点。

《溪山行旅图》

北宋画家范宽的名作。此图以峻伟屹立的大山，一泻千尺的飞瀑，路边淙淙溪水及山路上的行旅。描绘了秦陇山川的雄伟景色，使人如身临其境。高岫巨嶂上，崇山巨峰，屏障天汉，使人犹觉石破天惊。涧中飞泉一线，直落千仞。下临深谷，山断云横，空蒙一片，俯窥而不能知其深。山脚下石径斜级，逶迤于密林荫底。一队赶驴行人，由左侧穿林而来，点出"溪山行旅"主题，极富关陕地方特色和生活气息。整幅画全用浓墨皴擦，很好地凸现了景物的质感。范宽的画峰峦浑厚，势壮雄强，深沉磅礴，气势逼人，有一种真正理解山的精神，使山的精神与人的思想感情融为一体的境界。《溪山行旅图》便是这种境界的突出展现。

《早春图》

北宋山水画家和理论家郭熙的传世名作。描绘了北方早春时特有的季节特征。曙色笼罩着大地，山谷间晨雾蒸腾而起。冰雪开始融化，树枝绽出新芽。早醒的溪水已带着大地复苏的消息流向四方……画家同时并用了多种透视方法，远近高低，层次丰富。画面纯用水墨表现，画山，用了一种弯曲的皴法，岩石看起来好像云一样可以流动；画树，树枝形似螃蟹的爪，这种笔法使树木也仿佛有了活跃的生命。整幅画从布局到笔墨，都使我们感受到大自然内在的律动，宁静的气氛中潜行着新春的活力。

《墨竹图》

北宋书画家文同的作品。一竿倒垂的竹子占据了整个画面，竹枝弯曲，如飞凤展翅。枝干刚劲有力，富有弹性，竹叶迎风翻转，生机蓬勃。画家只用墨来画，借墨的浓、淡、干、湿的变化，显出竹子的光影层次，效果和彩色一样丰富。文同喜欢种竹、赏竹、画竹，日积月累，细心观察。竹子的形与神已活跃在画家胸中。成语"胸有成竹"，就是从文同画竹的故事来的。

溪山行旅图

《渔村小雪图》

北宋画家王诜的作品。此画描写的是江南冬季，小雪初霁，渔夫捕鱼的情景。图中雪山奇松，峰回路转，溪岸边渔艇停泊，意境萧索，画面中笼罩着一种空灵静寂的感觉，虽有渔夫的艰苦劳作，反映的却是高人志士向往山林隐逸生活的超脱情怀。此图是王诜师法李成又自成一家的作品。图中山石画家先以侧锋短笔勾皴，再以"破墨法"渲染其边缘轮廓，之后用清水向内化开，使墨色轻淡自然。寒林长松则用中锋浓墨。颇显葱郁茂密，突出了其凌寒不凋的高贵品格。积雪的表现上以山峦留白为主，另外还在峰顶、树杈、沙脚施以白粉。而雪后的阳光，画家则以树头、苇尖略染金粉的方式表现。使得通幅水墨之中参以唐朝以来金碧山水的画法，极有创造性。王诜师法李成又极尽己才，独成一家。其独有的画风在北宋画坛上独树一帜，对后世亦影响颇大。

《采薇图》

南宋画家李唐的作品。此图画的是伯夷、叔齐的故事。伯夷、叔齐兄弟两人。原是商朝的贵族,在殷商亡国之后,不与周朝合作,逃到首阳山,仅靠采薇充饥,最后终于饿死。李唐原是宋徽宗时的画师,北宋灭亡后,他怀念祖国河山的感情极为强烈,通过《采薇图》歌颂了宁死不妥协的精神品质。画家用截取式构图,突出了人物活动。幽僻的深山里,伯夷、叔齐席地而坐,伯夷双手抱膝,侧首注视叔齐;叔齐一手抵地,一手指点着。两人正倾心交谈。线条轻重顿挫,具有很强的节奏感,画须眉的笔法精细又富有变化。散置的小锄及提筐,点出了"采薇"的画题。全图为水墨,浅设色,环境阴湿荒凉,气氛郁闷压抑,反衬出人物的坚毅性格。

《潇湘奇观图》

北宋末、南宋初书画家米友仁的代表作。这幅画中,山水画常用的皴法几乎都遮去了,剩下的是苍苍林带,冥冥云山。山水随着云雾的游动变化而时隐时现,朦胧缥缈,超逸空灵。画家充分发挥了水墨渲染的效果,形成醒目而委婉的黑白章法,率意而真切地抒发了对江南春雨景色的感受。元、明、清以及现代山水画家连点成面或大面积墨块、色块的画法,可以说都受到米派的影响。

《瑞鹤图》

北宋皇帝、书画家赵佶的作品。此图典雅华贵,占画面五分之四的天空中,有20只仙鹤,除两只立在皇宫屋顶外,其余的都在天空盘旋,但飞动方向绝无雷同。设色上,大面积的石青色平涂,凸现了鹤的洁白;宫殿的青瓦红墙及缭绕的红云,表现了祥瑞的气氛,上下在对比中形成了平衡。

《清明上河图》

北宋画家张择端的代表作品。此画描绘了清明时节,北宋京城汴梁以及汴河两岸的繁华景象和自然风光。全图可分为三部分:序幕是在疏林薄雾中,各形各色的人从京郊踏青扫墓归来,点出清明时节的特定风俗。中段是繁忙的汴河码头,只见人烟稠密,粮船云集,车水马龙,熙熙攘攘。后段是热闹的市区街道部分,以高大的城楼为中心,两边的屋宇鳞次栉比,各色人等,各种交通工具穿插其中,绘色绘形。全画共涉及人物500多,牛、马、骡、驴等牲畜五六十匹,车、轿20多辆,大小船只20多艘,构图疏密有致,注重节奏感和韵律的变化,笔墨章法都极为巧妙。此画是中国绘画史上最著名的作品之一,创立了一种全景式的社会风俗样式,具有巨大的艺术价值和历史价值。

《寒雀图》

北宋画家崔白的作品。崔白在继承黄筌和徐熙二体的基础上,创造了一种清淡疏通、活泼自然的画法,把花鸟画提高到一个新的阶段。此图描绘了隆冬时节树枝间的9只麻雀,鸣跳嬉戏,活灵活现。9只麻雀或聚或散,或飞或栖,但都相互呼应,形态各异,无

清明上河图（）

论向背、俯仰、正侧，还是伸缩、飞栖、宿鸣，无不惟妙惟肖。一片空白的背景令人想到荒寒的雪野。画家用工笔画麻雀，然后淡色渲染。树干用干笔皴擦，表现枯树的质感。树干的横斜平直与麻雀形体的浑圆柔润对比，使作品更具艺术魅力。

《江山秋色图》

南宋画家赵伯驹的作品。此图描绘深秋时节辽阔的山川郊野景色。全图重峦叠嶂。奔腾起伏，悬崖间行云缭绕，瀑布飞溅；山下河渠弯曲，涟漪道道；峰间水畔穿插楼观屋宇，又栈道长廊回环其中；苍松古柏、茂林修竹错落有致，与自然山水相得益彰。景物中还安排了众多的人物活动：闲步于竹径者、放牧于林间者、垂钓于水滨者皆栩栩如生，又有游人拾级登高，山顶高楼处亦有人正侃侃而谈，人物极小但比例准确，须眉表情皆清晰可见，生动传神。全图布局严谨，色调明快，恰到好处地再现了祖国锦绣河山之美，堪称是一幅"周密不苟"的佳作。赵伯驹对中国画坛做出了重大贡献，与其弟赵伯骕并为"青绿巧整"的代表画家之一，形成了南宋院体画派之一格，对后世影响甚大。

《踏歌图》

南宋画家马远最为著名的传世之作。描绘了四个酩酊醉酒的老汉乘着酒兴手舞足蹈的情景，表现了"丰年人乐业，陇上踏歌行"的意境。画面布局似全景又非全景，以大片云烟衔接而成，卓有新意。

《西湖柳艇图》

南宋画家夏圭的作品。此图描绘了西湖堤岸的杨柳和水榭画舫，中景点缀乘轿游人,以简洁的画面表现了西湖恬淡秀美的风貌。夏圭画山劈染兼用,水墨交融,淋漓尽致,突出表现了其精于山水,用笔苍老,水墨淋漓,点景人物笔简神全,寥寥数笔而神态迥出的笔墨特色。

《泼墨仙人图》

南宋画家梁楷的作品。放浪江湖的仙人,有一种与常人相异的奇趣——光光的、宽宽的额头隆起,几乎占据整个头颅的三分之二,朝天的鼻子上有一双眯成"八"字的小眼睛。身披长袍,脚蹬草鞋,袒胸露腹,一副醉态。画家是用墨泼在纸上画的,以精练的笔墨勾写,用大笔任意挥洒。仙人的自在逍遥、酒后忘情的神态面目跃然纸上。在这幅画中,画家变形、漫画以及抽象意味的绘画手法,比西方现代主义绘画早了8个世纪。

《出水芙蓉图》

出水芙蓉图

南宋画家吴炳的作品。荷花,又称"莲花",或称"水芙蓉"。此图以近距离的特写镜头,突出了荷花初放最佳时刻的妩媚花姿。全图以"没骨法"画出,用墨绿重色画叶面,留出浅绿色的叶茎;用粉红色作为花瓣的底色。再用稍浓的红色晕出花瓣的明暗,勾出脉纹与轮廓,色彩清丽饱和;用嫩黄色画出的花蕊,似乎还带着拂晓时晶莹的露珠。整个画面虽然只是一朵荷花,但娇艳欲滴,像刚刚涌波出水,形象高洁,表现了出淤泥而不染的品格。

《浴马图》

元代书画家赵孟頫的作品。此图描绘管理马的人在绿荫溪边为群马洗刷沐浴的场面。9个人物中,有的牵着马刚刚来到,有的在冲洗马身,有的乘凉小歇。14匹骏马,体格雄健,但毛色不同,神态各异,或立于水中,或卧在岸上,或低头饮水,或昂首嘶鸣。画面上所有人与马的形象,互为照应,显示出画家构图的高深功力。人与马的造型及画法有唐人的笔意,色彩明丽,画风秀逸而又古雅。

《富春山居图》

元代画家黄公望的代表作品。此画长达6米有余,画家花费了4年心血绘制而成。描绘了富春江两岸的初秋景色,笔墨苍简清润,空灵秀逸,体现了黄公望炉火纯青的功力。

《墨梅图》

元代画家王冕的作品。此图描绘一枝含苞的梅花横斜在画幅中间,劲拔有力的枝干

富春山居图(局部)

有数尺之长。已开未开的梅花洋溢着一种蓬勃的生气,显得十分清新可爱。画的左上角有一首题诗:"吾家洗砚池边树,朵朵花开淡墨痕。不要人夸好颜色,只留清气满乾坤。"很明显,诗与画中充满生气的梅花寄托了画家的胸怀和理想。全画虽然只用淡墨,却能把梅花的姿态表现得那样清新悦目。

《渔父图》

元代画家吴镇的作品。描绘了悠悠然随意漂泊于江湖中的一叶孤舟,并题渔歌于其上,词语清新,如"只钓鲈鱼不钓名""一叶随风万里身"等句,抒发其安贫乐道、自鸣高雅的情怀。吴镇作画吸取董源、巨然皴法,笔墨雄秀清润,具有苍茫气象。

《具区林屋图》

元代画家王蒙的作品。此图布局饱满,重山复岭,密树深溪,所有的空间都被笔墨覆盖。不仅山石、树木和落叶全用浓密重叠的笔法,就是山间溪流也用一道道细线勾出的水纹填满。但满而不臃,密而不塞,在繁密而又变化的用笔中,表现了景物的层次感和空间感。王蒙以细密、繁复的点和线来塑造景物形象,描绘出苍郁浑厚、湿润幽深的江南山林。

《牡丹仕女图》

明代画家唐寅的作品。图中绘一高髻簪花女子,手持纨扇,露出无限眷恋之意。仕女形象娟秀端丽,眉目和发髻勾勒精细,晕染匀净,线条苍劲畅利,既继承了宋代人物画法中工整流畅的线描工夫,又吸取了元人刚健方折的笔法,具有刚柔相济的艺术特点。

《墨葡萄图》

明代书画家徐渭晚年的作品。此图画的是山野之中的野葡萄，画家以饱含水分的泼墨法，随意挥洒，点染出藤条和葡萄。藤条错落低垂，葡萄晶莹欲滴。画家自题的诗句"笔底明珠无处卖，闲抛闲掷野藤中"，道出了他有才能而不能施展的心境，叹息自己纵有千斛明珠的才华却无人赏识，也只能像山葡萄那样在荒野中自生自灭。那串串被"闲抛闲掷"的葡萄，正是徐渭的化身。

《窥柬》

明代画家陈洪绶的作品。《窥柬》是《西厢记》插图中的一幅。表现崔莺莺看张生的信柬，红娘在屏风后偷看的情景。莺莺双手捧信柬，全神贯注，流露出对张生的爱慕；红娘口衔手指，显出热情天真与机智。背景屏风上满布花鸟，既有舞台效果，又富生活情趣。陈洪绶的画，形象鲜明，章法奇妙，线条流畅婉转。这些作品被刻版流行，成为明末版画中脍炙人口的佳作。

《乞儿图》

清代画家高其佩的作品。是一幅指画，描画一个蓬头赤足、衣服破烂的少年，正弯腰向人乞讨，神情卑微而又无奈。笔墨豪放，浓淡粗细变化中有种天然的意趣。高其佩的指画很有成就，花鸟人物，无不精妙。

《松鹤图》

清代画家沈铨的作品。此图描绘江畔的两只仙鹤。图中大江波涛翻滚，场面雄奇壮阔，江畔立一块峻峭青石，上有仙鹤两只，一只引颈高鸣，另一只缓步回首，均意态悠闲，气度堂堂，如同两位诗人在临江放歌一般。石隙间有茂盛的丛竹挺出，逶迤延伸到江波之中，波涛汹涌处，竹枝随波浮沉，天趣盎然。峭壁古松苍劲，随风横空起舞。气象沉雄博大。全图苍松浓郁，枯藤披垂，竹花互掩，清流急湍，鹤的形体动势都极为生动，蕴涵"松鹤延年"的吉祥之意。画家讲究法度，笔墨精妙，造型严谨，赋色妍丽，极尽勾染之能事，显示了深厚的写生功力。此幅是画家花鸟画作中的精品，作者取北宋黄家院体画法作画，技法上又有所发展，独成一格，引领着当时的花鸟画坛，影响远及日本，在绘画史上占有重要地位。

《竹石图》

清代画家郑燮的作品。画家以白描笔意绘庭中竹石。只见画面中有修竹数枝，艰瘦挺拔，节节屹立而上，直冲云天，几欲撑破画面，每一片叶子都有着不同的表情。墨色水灵,浓淡有致,极为逼真地表现出了竹子的质感,竹后的巨石亦顶天立地,气势冲天。画家构图突破陈规,采取以柱石居中、左竹右诗的章法,竹、石和题诗文字的位置处理得十分协调,整个画面浑然一体,完美统一。图中瘦石与修竹并立,有种"秋风昨夜窗前到,竹叶相敲石有声"的诗意。全画用笔简练,墨色浓淡枯润。极具性情,气势俊朗萧散,卓然不群。画家的一生甚为坎坷,图中的竹倔强而独立,正是其傲然不屈的形象写照,画家独特的艺术风格在中国画坛上举足轻重。影响极为深远。

松鹤图

《苏武牧羊图》

清代画家任颐的作品。苏武是汉武帝时的官员,天汉元年(公元前 100 年),奉命出使匈奴。后被匈奴扣留,他宁死不屈,被流放到北海(今俄罗斯的贝加尔湖)牧羊。19年后才被匈奴放归。他到达匈奴时正当壮年,归来时已是须发皆白的老人了。《苏武牧羊图》突破了传统人物画的格局,删除繁复的背景,着重于人物神态的刻画,获得形神兼备的效果。苏武仰望长空,神情坚毅,手中举的是代表汉朝政权的节杖,在流放的漫长岁月中,他昼夜怀抱节杖,不忘祖国。

《百子图》

清代画家吴嘉猷的作品。此图描绘百子游玩的情景。图中画有一段高高的墙壁,墙壁中间有一拱形门,院内院外各有一棵细瘦的树,树枝上尚未长叶却开满了粉红的花朵。树下一群孩子正在玩耍。他们都约五六岁的样子,头上扎着小辫,穿着五颜六色的衣服,有的在做游戏,有的在讲故事,有的在踢毽子,门外还不断有小孩子涌进来。画面设色淡雅。儿童神态逼真,活泼可爱,只是人物面容稍嫌雷同。画家作画时注重传统的国画手法。也吸收了某些西洋技法,画面构图紧凑,线条流畅简洁。《百子图》是画家风俗画中的代表作。这种新兴的世俗美术适应 19 世纪末的上海市民口味。画家的画风在当时有相当大的社会影响,对以后的年画和连环画创作也产生了一定的推动作用。

《桃实图》

近现代画家吴昌硕的作品。此图描绘一枝生于岩石之畔的桃枝,枝上硕果累累。画家以浓墨写桃叶,寥寥数笔勾就,形象逼真。设色艳丽的七颗大桃,浓重浑厚,艳而不俗。如见盈盈果实,如闻馨香四溢,令人垂涎欲滴。整个画面风格豪放浓丽,构图布局极具匠心,而且画家以最擅长的篆籀手法用笔,使画面融有金石之气。技法上,画家以长锋悬肘挥写,笔意雄健,使全幅笔墨淋漓,色彩浓郁,气魄醇厚。画面右侧自叶下的一行直款,一直拖至底,使画面的章法更加完美,充分体现了画家多方面的艺术造诣。此图是画家72岁高龄时的花卉精品,不仅代表了画家花卉领域的最高造诣,而且是百年来的桃画作品中最成功的作品之一。画家雄健的画笔一振晚清萎靡干枯之风,开创现代写意画派的新景象。

《虾》

近现代画家齐白石的作品。《虾》描绘了水中的八只虾,八虾皆在水中活泼、灵敏、机警地游动着,浓墨点成的双眼活灵活现,浸润渲染的腰身晶莹剔透,线条勾勒的长须柔中有刚,极富生命力。画家笔墨简练,以寥寥之笔描绘虾的形态、质感、动势,却皆栩栩如生,极为传神。画面左侧有画家颇富个性和功力的书法题款和奇绝飘逸的金石印章。使得整个画面更有非凡的表现力。值得一提的是,画家只画了八只透明的小虾,而未用一丝一毫的笔墨去渲染水,观之却感觉清水满满荡漾于整个画面,真是怪哉妙极,不得不佩服画家功力之浓厚。画家一生嗜画鱼虾,但一直到晚年才把虾画得生机盎然,出神入化,这幅作于画家88岁高龄的杰作,代表了画家毕生画虾的最高成就,具有极高的艺术价值。

《山水》

现代画家黄宾虹的作品。此图山峦重叠,云雾缠绕,古树苍郁,葱茏林木中可见数间房舍及二三人物。画家笔墨枯淡浓湿,参差离合,在浓重密黑中状写出浑厚华滋、凝重幽深的境界。

《玉兰黄鹂图》

近现代画家于非闇的代表作品。此图是一幅著名的工笔花鸟画作。只见画幅中一枝玉兰花枝从右上向左下横斜而生,其上开满洁白的玉兰花朵。高雅娇嫩,幽香阵阵似正随风而来。两只黄鹂正游戏于玉兰花间,一只盘旋飞于空中,一只栖于枝上向空中的伴侣啼叫,羽毛鲜艳,动态活泼。画家以宁静的蓝色作地,如沉睡的大海般深沉,其上的玉兰花雅洁端庄,冷暖相衬间更显其纯净典丽。画家以工笔入画,画面充满浓厚的装饰意味。画家虽工笔作画但笔法并不拘泥于摹似的真实,而是更强调艺术家理性与感性的加工,风格自成一家,对现代的工笔花鸟影响极大。

《黄山》

近现代画家刘海粟的作品。在刘海粟的山水画作中,黄山是最常见的题材。他先后十上黄山揣摩造化。其所绘黄山,有的全用泼彩、泼水,用笔健劲老辣,气势逼人;有的泼墨与没骨重彩并用,汪洋恣肆,气魄阔大。奇幻壮丽的黄山寄托了画家对祖国山河无限热爱的深情。画中点画勾勒与泼彩并用,笔线强悍而老辣,设色以石青、石绿和大红。在强烈的色彩对比中突出了画家晚年的艺术风格和艺术创造性。

《奔马》

近现代画家徐悲鸿的代表作品。图中之马四蹄腾空,急驰而至,那飞动的马鬃,腾空的四蹄,都充分展现了马儿挣脱羁绊,追求自由的精神。马匹的骨骼结构准确,外形动态逼真。是具有典型个性的徐悲鸿画马模式,完美而精彩。画家融合中、西技法,逼真而生动地描绘了马的飒爽英姿,用笔刚健有力,用墨酣畅淋漓,施彩时以马的形体结构为依据,墨色浓淡有致,既表现出了马的形体,又不影响墨色的韵味,极好地体现了中西绘画的精髓,使马儿带着时代精神驰骋在画坛上。给当时的中国画坛带来了清新、有力、刚劲的风气。画家一生极嗜画马,写生画稿达几千幅之多,这幅举世闻名的《奔马》也是现代中国画的象征和标志。在中国现代绘画史上,徐悲鸿的马独步画坛,无人能与之相媲美。

《护生画集》

近现代画家丰子恺的作品。此画集是画家46年的心血结晶,总共6集。共450张图,全书诗、书、画合一,以关爱生命为题材,劝养护慈悲心为宗旨。画家遵从弘一法师嘱,从1929年弘一法师50岁起,每十年作一集,各为50幅,60幅,70幅,80幅,90幅和100幅,与弘一法师年龄同长。护生画内容大致有三类:一是劝诫,规劝世人勿杀生害命,上至牛、马、犬和燕子等人类的朋友,中至鸡、鸭等饕餮之徒的口中餐,小至一只蚂蚁。都是造物主的赐予,不可践踏生命。二是扬善,赞美和谐的生态世界,赞美仁慈的平凡人家。三是歌颂,有古往今来的动物典故,也有奇闻怪传。这些绘图是丰子恺先生毕生的心血,也是其一生漫画风格的代表作品,从中我们可以看到画家一生的画风变化,是一本非常有艺术价值的作品。

《庐山全图》

近现代画家张大千的作品。此图是画家的绝笔,雄浑博大,气象万千。展开画幅:右首起部,云雾缥缈,峰峦隐现,隐约长松临风,郁郁葱葱;接着云消雾散,密树杂生,其间亭桥屋宇,星罗棋布;再而峰岭叠嶂,逶迤起伏,古木森然,如黑云蔽日;继而飞瀑流泉,柳暗花明,山冈屋树,如沐春阳;末端峰峦明灭,层次鲜明。山势至此直落幽深;水天相接处,平湖如镜,全卷结束。画家以泼墨为主成画,虚实相间,时而雄伟,时而细腻,几经潮起潮落,最后以悠远宁静收尾。全幅浑厚撼人,奇伟瑰丽,似与天地相融,观之令人犹如置身山前,遍览庐山磅礴雄姿。

《江山如此多娇》

现代画家傅抱石、关山月的作品。《江山如此多娇》系两人为庆祝中华人民共和国成立 10 周年而合作创作的巨幅国画,以毛主席的诗词为题材绘成并命名。画面中,一轮红日照耀着长城和黄河,沐浴着江南的沃土和喜马拉雅山的积雪。明亮的阳光下,祖国的大好河山"红装素裹",显得"分外妖娆",图中的画名为毛主席当年所亲题。此画摆脱了古人的笔墨,大气磅礴,壮丽沉雄。画家创作章法不落常套,水、墨、色自然融合为一体,布局上亦打破传统,整个画面几乎不留空白,形成了遮天盖地的磅礴气势。此画逼真地表现了祖国河山的壮丽雄伟,是两位画坛巨匠的山水画之代表作品,在山水画坛上有着极高的声誉。

江山如此多娇

《流民图》

现代画家蒋兆和作品。流民,指因遭遇灾害而流亡外地,生活没有着落的人。这幅画作于 1945 年。日本帝国主义入侵我国,劳苦大众在敌人的铁蹄下亡命流离,饥寒交迫,老弱无依。画家直面人生,刻画了百余个真人大小的人物,有倒毙路旁的老人,有病饿而死的孩子……反映了日寇统治下中国老百姓的悲惨处境,揭露了法西斯残害人民的暴行。蒋兆和以中国画的线描为基础,用线造型,同时引入西画素描和明暗光影,描摹生动,形神兼备,开创出中国现代水墨人物画的新境界。《流民图》是中国人物画史上的一座丰碑。

《春雨江南图》

现代画家李可染的作品。画家破除了明清以来山水画的形式化和程式化,注入了现代特色,创造了一种前无古人的新境界。《春雨江南图》中画家没有用传统的线性笔墨结构,而是用团块性的笔墨结构来描绘江南山水。天与地的空间被压缩到极限,突出立体山势。山体紧紧地贴在一起,画面深邃静穆。同时。他将前人没有表现过的山林间的逆光引入画面,形成了前山亮、中山黑、远山灰的色调,最明亮的高光部分放在最小的空间,格外醒人眼目。画家表现的是现代人眼中的中国山水,气韵生动,博大沉雄。

《三毛流浪记》

现代画家张乐平的作品。《三毛流浪记》反映了旧中国儿童的苦难,是画家对黑暗现实的控诉。1948年一发表,就引起了轰动。画家以洗练的笔墨塑造出一个倔强而幼稚的小男孩形象,叙写出他令人心酸、催人泪下的遭遇。三毛的故事中有着孩子的天真,读《孤苦伶仃》,我们会在感叹中发出苦笑,在苦笑中眼含泪花。1949年后,画家用三毛的形象表现新中国儿童的幸福生活。画家笔下的三毛已不再是那个头大腿细、面黄肌瘦的流浪儿了,而是系着红领巾的活泼健康的小男孩,连3根头发也好像高兴得在跳动。

《绿色长城》

现代画家关山月的作品。此画吸收了西画的成功经验,赋予色彩以鲜明的表现力。绿色的树林。红色的屋顶,视觉上十分响亮;海面与林木上的光线,有着很强的层次感,显示了岭南画派的用色特点。苍劲朴厚的树木枝干,又表现了画家传统国画的深厚功夫。关山月画梅自成一家,《俏不争春》的梅花雄浑厚重又妩媚清丽,枝干全用隶书笔意写出,花朵则以没骨点成。枝干如铁,繁花似火,构成了关氏笔墨中的阳刚之美。

《开国大典》

现代画家董希文的作品。1949年10月1日,毛泽东在北京天安门向全世界庄严宣

开国大典(油画)

告中华人民共和国成立。《开国大典》再现了这一激动人心的历史场景。画家构图时把国家领导人集中在画面的左侧。背景是一排顶天立地的大红圆柱,给人以庄严崇高的感

受。画面中心是正在讲话的毛泽东主席的侧面形象。画面右侧是游行队伍。气势宏伟开阔。天空中的朵朵白云,则为肃穆的气氛增添了动感。同时,画家借鉴中国传统的工笔重彩画法,强调色调的单纯、对比与强烈。红地毯、红灯、红柱、红旗,蓝天、绿树,黄色的菊花,金色的灯穗,节日的喜庆色彩,使人感到富丽堂皇又热烈亲切。《开国大典》表现了鲜明的民族特色和民族气魄。

《父亲》

当代画家罗中立的作品。这是一位老年农民的形象:布满皱纹的古铜色脸膛,缺豁的牙齿,皴裂的嘴唇,青筋隆起、皮肤粗糙的双手端起了盛水的粗碗。画家表现了他的勤劳、朴实、善良、慈祥和生活贫困的真实境况。此画借鉴了西方超级写实主义的手法,描绘精细,每一个毛孔、每一滴汗珠都得到了逼真的显现,并合理地凝结为一个整体。同时,强烈的暖色调,充分表现了秋收时节炙人的阳光、淋漓的热汗和乏渴的痛饮,进一步突出"父亲"劳作的艰辛。画面迸发出摄人心魂的巨大力量。《父亲》反映出画家对中国社会现实的深沉思考,对默默无闻、含辛茹苦为中国革命和建设做出重大贡献的中国农民的虔敬。在《父亲》面前,每一个观者都会受到触及心灵的强烈震撼。同时,从"父亲"忧虑的面孔中也看出坚忍而不消沉的希望之光。

雕塑艺术

基本常识

雕塑

传统的雕塑一般是指雕刻和塑造。雕刻的雕塑是将硬质材料，如石头、大理石或木头中凿去多余的部分而凿成的。塑造是指利用诸如黏土、熟石膏和蜡这类可塑性材料逐步成型的塑造过程。雕塑不长于叙述，只能表现动作的一个瞬间，但恰是这一点，使作品的效果生动传神。

石雕

雕塑的一种形式。亦称"石刻"。石雕是在大理石、花岗石、青石、砂石等石质材料上

石雕

雕刻而成。由于石质材料得诸自然，又能长期保存，因此石雕成为大型和装饰性雕塑的

主要品种。我国古代大型石窟、摩崖、陵墓雕刻和建筑雕刻,绝大多数用石雕成。现仍保存大量的石窟,秦代的石鲸鱼是巨大的石质雕成。

贝雕

雕塑的一种形式。在贝壳上雕刻花纹或图像,或用贝壳镶嵌成工艺品,都称为"贝雕"。距今约 60 万~1 万年前的旧石器时代的原始先民已用蚌壳雕磨成简单的装饰品,为中国古老的雕刻制品之一。经过长期的发展,其品种越来越多。在陈设品方面,有人物、动物、花卉、挂屏、屏风等;在生活用品方面,有各种文具、烟具、台灯等。也有介于二者之间的用品。由于贝壳是自然资料,取材便利,色彩富丽,深受广大群众的欢迎。

椰雕

雕塑的一种形式。中国海南岛人们利用椰子壳雕制成的工艺品。旧时代官吏常以之进贡朝廷,因此曾被称为"天南贡品"。品种有镶锡、镶银、檀香木镶嵌、贝雕镶嵌、清壳等。雕刻手法有平面浮雕、立体浮雕、通雕、沉雕等。风格古朴,深浅得宜,造型自然优美。

泥塑

雕塑的一种形式,亦称"彩塑"。它采用黏土、纤维(如麦秸、稻草、纸筋、棉花等)、河沙作为塑造主要原料,加水捣匀后,捏制成雕塑形象的泥坯,经阴干打磨后,再上粉底,然后在粉底上施彩绘。这类作品主要是塑在庙宇及石窟之中,如我国甘肃省敦煌莫高窟等。另外还有民间工艺品,如无锡的"惠山泥人"及天津的"泥人张"等(俗称泥人),是各具风格的工艺美术品。一般作为金属铸像、石膏像、水泥像、玻璃钢像、石雕等不同雕塑制品的形象与造型阶段,亦即创作阶段。是制范的模子,各种材料复制的依据。

木雕

雕塑的一种形式。木雕是以各种木材及树根为材料进行的雕刻,是传统雕刻工艺中的重要门类。木雕常用的材料有楠木、樟木、柏木、黄杨、龙眼木、红木、梨木、杨木、桑树根及其他果木。木雕一般构图都以圆木周边宽度为限,以雕刻人物、山水、花卉、翎毛、楼台亭阁、动物水禽等室内小型题材作品为主。

竹刻

雕塑的一种形式。按材料分类的工艺雕刻品之一。在竹制实物(如折扇骨、烟具、文具、对联、雨伞等)上面雕刻各种字、画的一种工艺品。流行于我国南方各地,已有四百多年的历史,明代后期上海嘉定竹刻最有名,形成以"三朱"为代表的"嘉定派"。有浮雕、镂雕、阴刻等多种技法。另有用老竹根雕成各种人物、动物等形象的可作陈设品、供观赏的工艺品。这种"竹根雕"也称"竹刻"。

寿山石雕

福建福州市郊寿山所产的石料雕刻品。利用当地出产的晶莹如玉、色彩富丽的石料，雕成各种人物、动物、花果等的陈设品。寿山石也是雕刻印章的名贵材料。

青田石雕

寿山石雕

青田石雕产于浙江省青田县，约始于南宋庆元年间，距今有 800 年的历史。青田石雕以镂刻见长，在创作上，它的特点是依形布局，取势造型，依色取巧，因巧施艺，尤其对天然俏色、透明白色的利用，使其更具风采。风格上，它构图丰满，富有浓厚的装饰趣味和江南的地方色彩。在技艺上，它精雕细刻，不留刀痕，异常光洁。品种上，则以花卉、山水风景见长。"葡萄山""高粱""西游记"是青田石雕的优秀作品。

陵墓雕塑

纪念性雕刻的一个类别。多指古代封建帝王、臣属陵墓地上的装饰雕刻。陵墓雕刻常用石材，形体巨大，气势威武，庄严肃穆。雕刻内容为武士、仪卫、神兽等用来显示墓主生前身份、地位，也是权力的象征。西汉武帝时名将霍去病（公元前 140~前 117 年）因抗击匈奴战功卓著，封骠骑大将军，元狩六年（公元前 117 年）死后，在茂陵边起冢，冢上竖石，冢前有动物、怪兽等石刻，是我国现存早期石雕群中体积最大的圆雕作品。

宗教雕塑

雕塑艺术的一个类别。古代的宗教雕塑以古希腊神庙的神像雕塑、基督教时代的教堂雕塑、中国的佛教雕塑为代表。古希腊人信奉泛神论，在城市的高处筑起神庙，立神像，其神像就成了雕塑的主题。如公元前 5 世纪，古希腊的伟大神像雕刻家菲狄亚斯，曾为奥林匹亚城宙斯神庙制作了宙斯巨像。后来从 5~15 世纪的中叶，以教堂中的圣徒像为主，代替了古希腊的神像雕，如古罗马圣彼得大教堂顶端上有 140 个石刻圣徒像。佛教由印度传入中国后，就开始有佛教雕塑，其主要是寺庙和石窟的佛像，因为佛教要传经活动，集中地就有崇拜偶像，名山大川就是建立寺庙和石窟佛像的圣地。因此，就有"有山必有庙，有庙必有佛"的传说。中国的敦煌石窟、云冈石窟、龙门石窟等，都有高大的佛像和数量众多的小佛。

象牙雕塑

象牙雕塑指用象的牙齿雕刻出各种图案和形象的雕塑作品。也称"牙雕"。因为象牙质地坚韧、色泽圆润,雕刻起来十分富于变化,而且象牙看起来非常高贵,所以象牙雕很受人们的青睐。但现在为了保护野生动物,国际上已经禁止用象牙作为雕塑材料。

象牙雕塑

青铜器雕塑

雕塑艺术,属硬质雕塑品种。用青铜(即锡、铜合金)铸成的雕塑品。因青铜具有优良的铸造性、高抗磨性和化学稳定性,故可以塑造小支点、偏重心、能抗强振动的塑像,可表现精确、清晰而细节完美的构图。表面经过不同的化学处理后,可以得到不同色泽、丰富质感和独特表现力,并增强古代青铜器的装饰性,从而使其具有永久性和纪念性的特质。中国古代青铜器雕塑很是盛行,尤其商周的青铜器雕塑尤为精美,如饕餮纹卣浮雕、鸮尊浮雕、象尊雕刻、四羊方尊、人面纹方鼎、折觥浮雕、伯矩鬲雕刻、鸟盖盉雕刻等。

青铜器

冰雕

冰雕是一种利用天然冰加工而成的特殊的艺术品,源于俄国。1940年初,欧洲遇到了罕见的冬季严寒,除了南部地区以外,整个大陆冰天雪地,所有河流湖泊都结了厚厚的冰,在这样恶劣的天气里,专横跋扈的俄国女皇安娜·伊万诺夫娜开了一个残忍的玩笑:她命令工匠用冰块在彼得堡市的涅瓦河上建一座宫殿,作为失宠的王子米歇尔·格里申的新房。工匠们很快建成了一座长17米,有3个房间的冰宫,冰宫内摆着各种造型美观的冰制家具、床上用品和炊具,连外面的小花园也"长着"用冰雕塑的树木花草,女皇命令王子在这座冰宫中举行了婚礼并度过洞房花烛之夜,女皇的恶作剧,却引起了人们对冰雕艺术极大的兴趣。从此,冰雕逐渐成为人们喜爱的一种艺术形式。

海南椰雕

海南椰雕是用椰子壳精雕镂刻而成的工艺品,源于家庭对椰壳的利用。人们根据它的形体美观不腐不蛀的特点,加以精心制作,雕上各种飞禽走兽、山水花草等,逐渐成为美丽的工艺品。明末清初,海南椰雕的工艺水平相当高,不但上有新漆,而且还用铜、锡、银嵌边衬里,并且品种繁多:从茶具、餐具、酒具乃至烟具、花瓶等,均有制作。如今椰雕样品已达千余种,分浮雕、沉雕、通花、油彩嵌贝壳和嵌石膏上彩等6类。

海南椰雕

陶瓷雕刻

陶瓷雕刻是我国的一种独具风格的艺术品。陶瓷雕刻既要讲究中国书法、绘画的笔墨功力和气韵,又要讲究金石艺术的各种刀法,被称为"陶瓷上的刺绣"。清末,陶瓷雕刻已是景德镇的一项专业。当时。擅长刻瓷的有黎瑛和他的儿子黎勉亭。民国时,袁世凯为了讨好英帝国主义,特请黎勉亭到北京,为英王乔治刻相。6个月完工,神态逼真。可惜,他们的刻瓷技艺后来失传了。如今,陶瓷雕刻在我国山东、北京、江西、上海、辽宁、黑龙江等地有了很大发展。

雕塑之最

中国古籍中最早谈及绘画和雕刻艺术的书:《韩非子》;

古代塑像最多的地方:山西大同的云冈石窟,塑像达5.1万多尊;

中国现存世界上最大的石佛:四川的乐山凌云石佛;

中国现存最大的经幢:河北省赵县的陀罗尼经幢;

中国现存最大的檀香木佛像:北京雍和宫内的万福阁(又名大佛楼)中的弥勒佛之像;

世界上最大的木雕佛像:河北承德普宁寺大乘之阁中一尊观音木雕像;

中国最重的一座牙雕:北京工艺美术厂雕制的巨型牙雕——"成昆铁路";

世界上最早韵纪念建雕塑:公元前5世纪70年代古希腊克里提与涅西奥特所做的《弑暴君者》雕塑群像和雅典的李希克拉特纪念碑;

世界最大的的雕刻:美国石雕艺术家齐奥尔科瓦尔斯基用了34年在美国南达科的一

膳山上凿成的印第安人首领骑马征战的巨大石像；

世界上现存最大的铜像：日本奈良市的东大寺一尊用黄铜分八次铸造塑而成的巨大佛像。

雕塑种类及作品

半坡陶塑

原始社会雕塑。属仰韶文化半坡类型遗物。1954～1957 年陕西西安东郊半坡遗址出土的一批陶器上附饰品，距今约 6800 年前，以地命名为半坡遗物。从塑工粗放拙雅看，是运用捏塑与锥划相结合方法制作的雕塑。比较重要的作品有圆雕陶塑人头像、兽形盖钮和鸟形盖钮三件。

河姆渡陶塑动

原始社会雕塑。属河姆渡文化遗物。1973～1974 年间浙江余姚市河姆渡遗址出土的两件陶塑动物。均捏塑手法制作，两者大小一样，长 6.3 厘米，高 4.5 厘米。一是陶猪，身体肥胖，腹部下垂，四肢短小，嘴部前伸，肩部略耸，仿佛在奔走觅食，具有温驯家猪的形态；二是陶羊，呈翘首匍匐状，形象亦颇温驯善良。此物是我国江南地区迄今发现年代最古老的雕塑作品，对于研究江南原始艺术与早期畜牧业发展具有重要意义。现藏浙江省博物馆。

秦始皇兵马俑

1974 年 3 月在陕西省临潼骊山下的秦始皇陵东侧，发掘出陶制的兵马俑千余件。陶俑的身高均在 180 厘米以上，陶马高约 150 厘米，和真人真马相仿。兵马俑的形象塑造十分生动，富有变化。按身份有将领、中下级官吏和兵卒之分，兵卒又分骑士、驭手、车士、弩兵等。这些陶俑都很写实，精确地刻画出了陶俑的不同身份、年龄、个性与心理活动。形象塑造真所谓栩栩如生，呼之欲出，使人惊叹不已，成为世界雕塑艺术中的一批瑰宝。

陶乐舞俑

山东济南无影山西汉前期墓出土。这是一组彩绘乐舞、杂技、宴饮陶俑。在一个长 67 厘米，宽 47 厘米的陶盘上塑造了 22 个陶俑，情节丰富，形象生动，两个长袖飘飘的女子，正在翩翩起舞，4 个青年男女表演杂技，备具特色。有倒立的，有折腰的，有作柔术的，十分活泼精彩。奏乐的有 8 个人，或吹笛，或抚琴，或执棒敲钟，或击扁形小鼓，或击大鼓，还有袖手而立的观赏者。这组陶俑表现了西汉时期地主阶级的奢侈生活。在雕塑作品中还是第一次发现描写杂技的题材。

长信宫灯

是一尊圆雕。长信宫灯 1966 年出土于中山靖王刘胜妻窦绾墓。此灯外形是宫女执灯，灯盘可以转动，以改变灯光照射的角度。灯火的烟通过手进入体内。整座灯是一件完美的圆雕，各部分造型比例适当，人物神态安详。

司母戊大方鼎

商代青铜器。司母戊大方鼎是现今发掘出来的最大的青铜器。它因腹内铸有"司母戊"三个字而得名，一般认为这个鼎是商王祭祀母亲"戊"用的祭器。司母戊大方鼎呈长方形，长 110 厘米，宽 78 厘米，高 133 厘米，重 875 公斤。这个巨型的青铜器，造型雄伟，花纹华丽，结构复杂。大鼎腹部铸有蟠龙纹和饕餮纹，脚部刻有蝉纹。整个鼎具有非常强烈的神秘感。

秦始皇兵马俑

四羊方尊

商代后期青铜器装饰雕刻，亦称"四羊方尊"与"四羊方尊雕刻"，1938 年在湖南宁乡

四羊方尊

月山铺出土。尊高 58.3 厘米，口方每边长 52.4 厘米，重 3.5 公斤。大沿，沿下饰焦叶纹和夔纹带，长颈，高圈足，器身为四羊，肩部有四突出的羊前半身，即羊的头部和腹部构成尊

腹的四角。羊角向内卷曲。形象逼真,其间还有龙纹、龙首突出在四羊首之间;高圈足上饰羊的腿部及首朝下的夔纹,羊口微张,仿佛发出"咩咩"叫声,生动别致。器通体饰扉棱八道,尊用圆雕、浮雕与线刻,浑然一体。方尊采用分铸法制造,纹饰非常细致,达到雕刻与器形的完美结合。它体现了极强的艺术性,是商代后期青铜器中的精品。

马踏飞燕

汉代雕塑,又名铜奔马、马踏龙雀。著名学者、考古学家郭沫若第一个认出骏马蹄下的是只燕子,所以给它定名马踏飞燕。虽然有些人对这只燕子持怀疑态度,认为是鹰的一种,但我们却习惯叫它马踏飞燕。

马踏飞燕

数珠观音

宋代雕刻。大足石刻是宋代规模较大,制作精良而又凿造比较集中。具有代表性的雕刻遗存。重庆市大足区境内分布的摩崖造像甚多,经普查现存有宝顶、北山等19处。数珠观音是北山摩崖石刻的精品之一,深受大家赞赏,都为她所具有的艺术魅力所吸引。她两手斜搭胸前,上身微微向后侧转斜倚,头部略朝前倾,眼梢嘴角流露着微妙的喜悦,全身姿态,静中显有轻柔的动势,肌肤柔和,质感很强,特别是那临风飞舞的衣带,更加强了优美、飘逸的气氛,使人感到她仿佛是一位人间的少女,仪态妩媚,亲切可爱,具有人间世俗情趣,所以人们则称之为"媚态观音"。

秦桧跪像

明代铜铸像。在今浙江杭州岳王坟左侧前方。岳飞被秦桧杀害后十余年,孝宗朱佑橖诏复其官,谥武穆,并在杭州栖霞岭下修建岳飞坟。武宗朱厚照正德八年(1513年),指挥李隆在岳坟前铸秦桧、王氏、万俟卨三人反绑裸体铜像。神宗朱翊钧万历二十二年(1594年),又增一张俊铸像。因民众憎恨奸臣秦桧,跪像屡毁屡建。清德宗载湉光绪二十二年(1896年)布政使张祖翼曾重铸铁像,并有《岳墓重铸四铁像记》,云:"益以人心义忿,积秽曡击,身首残弃,因命乙范之,使跪如前状、殛奸回于既往怀正气于人间,以告万世之为人臣者。"

明十三陵石刻

在北京昌平区境内的天寿山。陵区包括明代永乐七年(1409年)至十一年(1413年)建成的长陵及陆续修建的献陵、景陵、裕陵、茂陵、泰陵、康陵、永陵、昭陵、定陵、庆陵、德陵和思陵。陵区正门前竖着一座五门六柱十一楼的汉白玉石大牌坊,坊宽28.86米。约为坊高的一倍有余。结构宏伟,牌坊的尖柱石上方雕有蹲卧的麒麟、狮子以及其他怪兽构成的生动的石雕图案,是我国现存石碑坊中最大的一座。神道两旁排列石兽6种,12对,24件。獬、骆驼、象、狮、麒麟、马各为一对蹲卧,一对伫立。石人12,武将、文臣、勋臣各两对,均为立像。雕像均用整块的白石琢成,体积最大的达30立方米。

莫高窟

古代雕塑。莫高窟俗称"千佛洞"。位于甘肃省敦煌市东南的鸣沙山东麓崖壁上,是一处由建筑、绘画、雕塑组成的博大精深的综合艺术殿堂,也是世界上现存规模最宏大、保存最完好的佛教艺术宝库,被誉为"东方艺术明珠"。它创建于前秦建元二(366年)。后来经过各朝相继凿建,到唐代已有1000余窟龛。现存洞窟492个。

龙门石窟

在河南洛阳南郊12.5千米的伊水两岸,从北魏迁都洛阳之后(494年)开始凿建。龙门开凿的造像活动,在北魏晚期盛极一时,此后的东魏、西魏、北齐、北周等都续有雕造,到唐代贞观至天宝(627年~756年)间又曾兴盛。合计佛龛2100多个,雕像10000余躯。题碑3000余块,佛塔近40座。北魏具有代表性的石窟除古阳洞、宾阳同,还有莲花洞等。龙门石窟的雕像内容较多,同时技法也趋向成熟和精致。圆雕主要组成中除了佛与胁侍菩萨外,又出现了迦叶、阿难二弟子与护法力士的形象。佛、菩萨的塑像造型厚重匀称,脸型逐渐变得温和秀丽,衣服由贴体迈向宽松,衣纹逐渐流畅。

龙门石窟

云冈石窟

云冈石窟位于山西省大同市西 16 千米武周山（又名云冈）南麓。石窟依山开凿，东西绵延一千米。现存洞窟 53 座，造像 5.1 万余尊。石窟始凿于北魏兴安二年（453 年），大部完成于太和十九年（495 年），造像工程延续到正光年间（520～525 年）。后世曾多次修缮，并增建佛寺，以辽金所建规模最大。云冈石窟以石雕造像气魄雄伟、内容丰富多彩见称。大佛最高者 17 米，最小者仅几厘米；菩萨、力士和飞天等形象生动活泼，塔柱的动物形象和植物纹样引人入胜。在云冈数十座洞窟中，第 5 窟、第 6 窟和五华洞堪称云冈艺术精华。

麦积山菩萨像

麦积山菩萨像位于甘肃天水市东南丛山中的麦积山石窟，是十六国后秦（384～417年）年间开凿的，经北魏、北周、隋、唐、宋、元以至明、清都有造像。现存龛窟 194 个，大型雕像 1000 余躯。其中北朝作品，多属北魏与北周时代的，无论佛像、菩萨和飞天等，一般身躯都瘦削修长，肩阔腰细，衣纹贴身而流畅，面相清俊秀丽，表情自然活泼，动态自由多样，富有生活气息，显示了佛教雕像更合乎当代人们审美的艺术形式。麦积山全部造像多为泥塑，在形象塑造上，麦积山的泥塑更接近于现实生活，佛像更富有人间味，供养像几乎都是当地民间服饰，肤色着色，与敦煌泥塑相仿，均是彩塑。麦积山第 121 窟中的佛弟子和菩萨像，并排直立在一个小龛中，似在窃窃私语，婉言商议，神态生动而有真实感，体躯比例合度，衣饰线条简洁、流畅，富有装饰趣味。

天安门华表雕刻

明代石刻。属明清宫廷建筑雕刻之一。举世闻名的北京天安门，明代称"承天门"。现存的天安门前后两组4座白石华表，一组在天安门前金水桥南两侧，一组在天安门后，以天安门为中心形成南北东西对称布局。明代的汉白石华表是运用多种雕刻手法雕造成的建筑装饰。缠绕在华表柱身上的主体云龙纹，以压地稳起的浅浮雕手法，使华表整体深厚挺拔。柱头横贯透雕的云朵，两者相结合，犹如蟠龙凌空腾飞，透出神奇之美。柱头的莲花瓣石盘上饰以圆雕的坐"吼"。华丽的八角座围及四周的栏板上雕刻凸起蜿蜒的行龙，和4个角柱饰有圆雕蹲狮的组合，都烘托白石华表特有的素洁华贵之美。这是由立体圆雕、透雕、浅浮雕等综合技法表现的结果。华表主身上雕刻的云龙代表了明清时代宫廷建筑的主题，"华表"之称也有中华民族的象征。它与雄伟的天安门结合，使之更加雄伟壮观。

天安门华表雕刻

人民英雄纪念碑

人民英雄纪念碑始建于1952年，1958年完成。作者是刘开渠、曾竹韶、王丙召、傅天仇、滑田友、王临乙、萧传玖、张松鹤等人。形式为浮雕群，在北京天安门广场人民英雄纪念碑身下须弥座束腰四周，内容是"鸦片战争、太平天国金田起义、辛亥革命、武昌起义、五四运动、五卅运动、八一南昌起义、抗日战争、胜利渡长江等"。造型概括真实，典型地反映了不同时期人民斗争的活动，有较高的艺术价值和教育意义。

人民英雄纪念碑

建筑艺术

基本常识

建筑学

研究设计与建造建筑物的一门科学。主要内容为综合研究建筑功能、物质技术条件、建筑艺术以及三者的相互关系;研究建筑设计方法以及如何综合地运用建筑结构、施工、材料、设备等方面的科学技术成就,以建造适用、经济、美观的建筑。

庄园

中国古代的庄园,是指包括住所、农田、园林等的建筑组群。就其名称而言,因庄园主的地位不同就有着不同名称。如属于贵族、官吏、地主的为私庄,有别庄、别业、别墅、有墅等名称;属于寺庙的称常住庄;属于皇室的为皇庄,有王庄、宫庄、有苑等名称。中国封建社会前期,大面积经营庄园很是盛行,其庄园主往往占有大片良田沃地及山川名胜。庄园内一般较多农田、住宅、鱼塘、林牧场、果蔬园、农副业作坊以及供游赏的园林等。唐代以后,以园林为重点的别墅有较大的发展,中国园林史上最著名的别业,当推唐诗人兼画家王维的辋川别业。这些规模较大的园林,对造园艺术的发展有着深远的影响。

牌坊

中国古代建筑品种,也叫牌楼。我国古代作为表彰、纪念、导向、标志功德的建筑物。是一种只有单排立柱,起划分或控制空间作用的建筑物。在单排立柱上加额枋、垫板等构件而不加屋顶的称牌坊,在单排立柱上加额枋、斗拱等构件,上覆瓦顶的称牌楼。但后来将两词通用,但严格地说两者仍是有区别的。初期于两望柱间加额枋,立于城区街坊入口处,作为坊门。古人常用坊门表彰人和事,如贞节坊、功德坊等。北宋中期里坊制度废除后,改用牌坊代替坊门。后来为加强其标志功能,渐由一门发展为三门、五门或七门。从规模上分,有一间二柱三楼,三间四柱七楼,三间四柱九楼等。随着历史的发展,牌坊的作用也增加,在园林、庙宅、陵墓、祠堂、衙署、道路等地不断竖立起牌坊,起到渲染气氛、陪衬主体建筑、丰富街景、指示方位等作用。石牌坊以明代的、琉璃坊以清代的具有代表性。牌坊多立于离宫、园囿、寺观、陵墓等大型建筑入口处和城镇街衢要冲、大路起点、桥两端等处。

华表

传统建筑品种。为成对的立柱，起标志或纪念性作用。表在秦汉已有，是一种标志性的独立木柱，柱上有横木。表又称表木、桓表，成对地立于宫署门前或桥梁、道路、城垣或陵墓两侧。华表最早多以木为柱，后来为了坚固，改用石柱。东汉时已有石制墓表，立于神道两则。现存的表都是石制，如南京南朝帝王陵墓的墓表、河北定兴北齐义慈惠石柱及明清北京天安门前后的华表和陵墓的墓表等。南朝墓表以梁吴平忠侯萧景墓前的最为完整精美，有方座圆形柱础，竖刻束竹形槽和凹槽的柱身，顶置石刻圆盘和辟邪，柱身上段正面嵌横长石版，刻职衔。义慈惠石柱柱顶为小石屋，可能为表征佛国的"天宫楼阁"。柱身八角，正面上部平面上刻有颂铭。明清的表又称华表，多经雕饰，柱身刻盘龙，柱上端贯云版，顶为蹲狮，俗称"朝天吼"。表柱有圆形、八角形等。华表四周围以石栏。华表和栏杆上遍施精美浮雕。明以后的华表多为石制。主要立在宫殿、陵墓前，个别有立在桥头的，如北京卢沟桥头。明永乐间所建北京天安门前和十三陵碑亭四周的华表是现存的典型。

影壁

又称照壁、照墙。古称门屏。是古建筑大厅前特有的设置，即砌筑于大门内或大门外，与大门相对的作用屏障的短墙。始置于西周时期。后世影壁多以砖砌，有的墙下还砌有须弥座，顶部覆以瓦脊。墙面或绘画，或砖雕，兼有装饰、遮蔽、标志功能。雕饰精美的影壁，在建筑物的入口处，成为建筑物的第一道空间，使人产生即将进入内院的思想准备，形成空间转换的心理感受。影壁的形式各异，有一字形，八字形等。它是由壁身、壁座、壁顶三部分组成。壁身用磨砖做出枋柱形，中心和四角加砖雕花饰或代以吉祥语牌。壁座又称下碱，一般为砖砌。壁顶有庑殿式、歇山式、悬山式、硬山式等。所用的建筑材料也不同，有砖砌、土坯砌或用夯土砌、琉璃镶砌等多种。影壁的作用在于，能在大门内外形成一道与街巷既相连又有限隔的过渡空间，使人无法窥视宅院内部情况，故有较大的实用价值。

女儿墙

源出"女墙"，又名"压檐墙"。房屋外墙高出屋面的短墙。也是屋面与外墙衔接处理的一处方式，作为屋顶上的栏杆或房屋外形处理的一种措施。在制作方法上，一般均将顶部砌成直线形或曲线形，绝大多数墙面多有雕刻或贴塑花纹装饰，起到屋顶栏杆的作用，并可防止雨水直接下落。亦有一种女墙，又称"女垣"。筑于城垣墙顶两侧，故亦称堞。它的产生出于军事防御需要。

江南三大阁楼

湖南的岳阳楼、湖北的黄鹤楼和江西的滕王阁。

中国四大回音建筑

四川潼南石琴、北京天坛回音壁、山西蒲州救寺塔和河南郊县蛤蟆塔。

中国七座著名的白塔

北京市北海公园白塔、天津市蓟州区白塔、山西省太谷县白塔、辽宁省辽阳市白塔、浙江省杭州市白塔、四川省南充市白塔、云南省大姚县白塔。

建筑之最

世界上现存最早的一份建筑设计蓝图：1977年在河北平山县出土的一幅铜建筑设计平面图；

世界建筑史上最早一部完整的造园理论著作：明末画家、造园家计成于1631年成书的《园治》；

中国现存最高的砖塔：河北定县城内的开元寺塔；

中国现存最古老的木结构高层楼阁建筑：独乐寺。

著名建筑家及建筑著作

鲁班

鲁班

鲁班（约前507年~前440年），我国古代建筑工程家，被建筑工匠尊为祖师。鲁班姓公输，名般，因为他是鲁国人，"般"和"班"同音，古时通用，故称鲁班。童年时参加过较多的土木建筑工程劳动，积累了丰富的实践经验，在木工、建筑、器械诸方面都有发明创造。鲁班的名字散见于先秦诸子的论述中，被誉为"鲁之巧人"。两千多年来，鲁班的名字已家喻户晓，故有关鲁班的传说广泛流传，大致内容主要关于主持兴建具有高度技术性的重大工程、关于改革和发明生产工具,以及热心帮助建筑工匠解决技术难题等。

李诚

李诚(1035年~1110年),北宋建筑专家。字明仲,郑州管城(今河南郑州)人。出身于官僚家庭,父亲李南公曾做过户部尚书。荫官郊社斋郎,从哲宗元祐七年(1092年)开始在将作监供职,曾任主管营造的将作少监、将作监等职。期间他主持了不少有名的宫殿、府邸、城门、寺庙等大型土木建筑工程。如主管营造五王邸、龙德宫棣华宅、九成殿、朱雀门、太庙、辟雍、开封府廨等。并受命重修《营造法式》,于元符三年(1100年)完成,宋徽宗崇宁二年(1103年)颁行,其内容多来自当时熟练工匠的实践经验,体系严谨,内容丰富,是当时建筑科学技术的百科全书,流传至今,成为研究中国古代建筑的重要参考书。李诚博学多艺,还著有《续山海经》十卷、《古篆说文》十卷、《续同姓名录》二卷等,惜均失传。

梁思成

梁思成(1901年~1972年),我国现代建筑学家和建筑教育家。广东新会县人。生于日本东京。1923年毕业于清华大学,1927年获宾夕法尼亚大学建筑系硕士学位。1927~1928年在美国哈佛大学研究院研究世界建筑史。他是中国建筑学的开拓者之一。曾任前"中央研究院"研究员、清华大学建筑系教授等。1940~1947年,被美国耶鲁大学聘为教授,联合国总部大厦设计委员会成员,1953年起任中国建筑学会副理事长,1995年当选为中国科学院技术科学部委员。他是我国最早用科学方法研究古建筑的学者之一。由于他长期研究中国古代建筑,为中国建筑史的研究做了开创性的工作。他为中华人民共和国国徽、首都人民英雄纪念碑等建筑的设计工作做出了贡献。主要著作有《宋营造法式》《清式营造则例》《中国建筑史》等。

梁思成

贝聿铭

贝聿铭(leoh Ming Pei,1917年~2019年),美国当代著名建筑大师。美籍华人,生于中国广东,成长于苏州。1935年赴美求学,1940年获麻省理工学院学士学位。1946年获哈佛大学硕士学位,留校任教,1948年起,任译肯多夫地产公司建筑部负责人。1956年自设建筑事务所,从事建筑设计工作。由于他经常与建筑家交往,从而形成了从环境经济和实用角度去理解建筑的思想方法。尤其值得注意的是,他注意建筑为人所用,为使用者着想。他的建筑作品较多,对纽约、波士顿、费城、蒙特利尔、新加坡等大城市的旧区改造和新区的开发做出了贡献。美国建筑界赞誉他"一直处于现代建筑设计的顶峰"。他的作品较多,主要有美国大气研究中心、纽约肯尼迪国际机场候机楼、华盛顿国家美术馆东馆、北京香山饭店等。

著名建筑

五台山佛光寺

我国现存著名的佛教建筑之一。位于今山西五台豆村的佛光山,故名。相传创建于北魏,后毁。唐大中十一年(857年)重建。该寺依山而建,坐东向西。占地70余亩,其主建筑大殿面阔7间,进深4间,长34米,宽17.66米,有内外两周柱列。屋顶采用单檐四坡式,外观大方雄伟。柱头上的斗拱出跳四层,下两层为"华棋",上两层为"下昂"。梁架用九架,有格子状的天花板,称为"平棊"。在"平棊"之上有梁架,构件不加艺术处理。但在"平棊"之下的部分露出大梁,以四跳的偷心斗棋支撑起,构造简明有力。殿内空间幽雅多变,富韵律感。殿内有一长形佛坛,上面供奉唐朝原塑的众多菩萨神像,造型雄浑,具有很高的艺术价值。殿内的唐代题字、壁画、塑像等,是重要的唐代艺术遗物。配殿文殊殿建于金天会十五年(1137年),整个大殿建筑唐风甚浓,被人称作"世间的瑰宝",在世界建筑史上占有重要的地位。

五台山佛光寺

独乐寺

在天津蓟州区城内,相传建于唐初,辽统和二年(984年)重修。现存观音阁和山门是辽代的遗物,在中国建筑史上占有重要的地位。因为,它几乎完成了木结构内部空间及塑造形式的最精炼之可能,是木匠创造力高度发挥之杰作。观音阁面宽5间,深4间,柱列内外2周。外观上为重檐歇山。但内加暗层,计为3层。从剖面来分析,为容纳高16米之十一面观音佛像。楼板中开六角形空井,外有平座,暗层开四角形空井。顶部平闇置六角形藻井,上下空间连为一气。用"叉柱造"使上下柱稍错开,柱微内倾以获稳定。斗拱雄大,计用24种之多,上檐双抄双下昂,使屋顶降低。下檐四跳华棋,隔跳偷心。阁的各部分有精确的比例权衡,结构构件处理得极其简练。结构和装饰的结合,在这里也是极成功的例证。

悬空寺

悬空寺自古以来一直被列为北岳恒山的第一奇观。其建筑特色可以概括为"奇、悬、巧"三个字。悬空寺距地面高约50米,上载危岩,下临深谷。整个建筑皆为木质结构。民谚以"悬空寺,半天高,三根马尾空中吊"来形容悬空寺的奇险。悬空寺的主要建筑有寺院、佛堂、禅房、太乙殿、三佛殿、关帝庙、钟楼、鼓楼、送子观音殿、伽蓝殿、千手观音殿、地藏王菩萨殿、纯阳宫、释迦殿、三官殿、雷音殿、栈道、五佛殿、三教殿等。此外,悬空寺内共有各种铜铸、铁铸、石雕、泥塑像八十余尊。

大昭寺

大昭寺气势磅礴,宏伟壮丽,占地面积约为2万平方米。文成公主从长安带来的释迦牟尼镀金铜像被供奉在主殿中央,两旁屹立四尊姿态各异的力士塑像。松赞干布、文成公主和尺尊公主等人的群像陈列于西侧配殿内。

大昭寺的建筑结构采用了汉族的梁架、斗拱、藻井等形式。人物、飞天、鸟兽、植物等浮雕及彩画被刻于梁、柱、枋、框上。成排的木雕伏兽和人面狮身像排列在内廊檐部。在大昭寺主殿四墙上,绘满长近千米的壁画,在壁画中可以看到《文成公主进藏图》,还有一幅绘画了大昭寺施工场面的《大昭寺修建图》。寺内保存了大量元代壁画、雕像。大殿内藏有元代之前的佛经1万余部。

嵩岳寺塔

河南登封的嵩岳寺塔。此塔建于北魏,塔身十六边形,高15层40米,塔身略呈凸曲线,使赝大的塔身稳重而不呆板,古朴中含着秀丽。密檐式塔的特点是塔下有须弥座,主要以砖、石为材料建成,一般为八角外形,个别为十二角,内部实心没有门窗(有的只是一些通光小孔)。

妙应寺塔

　　是我国现存最早、造型优美的喇嘛塔。此塔建于元代至元八年（1271 年），由尼泊尔匠师阿尼哥设计，通体白色，台基高 9 米，塔高 50.86 米，底座面积 1422 平方米，由塔基、塔身和塔刹三部分组成，塔身不用雕饰，而轮廓雄浑，气势磅礴，是我国古代喇嘛塔中的杰作。

妙应寺塔

大正觉寺金刚塔

　　北京大正觉寺金刚塔是我国年代最早、形体最大的金刚塔，此塔建于明成化九年（1473 年），塔座呈方形，塔座高就有 25 米，在此上面建造了分立在塔中心和四角的五座密檐式方形石塔，五座塔中间的一座最高，高 13 层，其余四边四座高 11 层，塔座及全部塔身用汉白玉建造，整个造型敦厚而稳重，塔身与塔座都有精美的雕刻，雕刻着佛教题材的人物、动物，结构紧密和谐，刻工精致，艺术价值极高。金刚塔的形式奇特，源于印度，主要形体以一个高大中空的基座和基座上的几个小塔组成，这种塔传入中国后，增加了中国传统的琉璃瓦罩亭形式。

应县佛宫寺木塔

　　应县木塔原名佛宫寺释迦塔，建在山西应县城佛宫寺的山门内。木塔位于 4 米高的两层石砌台基上，木塔之基又分为上下两层，均为青石砌筑，下层呈方形，上层呈八角形，台基各角均有角石，上雕石狮。塔身平面也呈八角形，外观为五层，通高 67.13 米，底层直径为 30 米。应县木塔既坚固又壮观，是建筑结构与使用功能完美结合的典范。此外，应县木塔还出土了一批辽代写经、刻经和木板套色绢质佛像画等珍贵文物，为进一步研究辽代的政治、经济、文化、宗教活动等提供了实物资料。

晋祠圣母殿

晋祠是山西太原市著名的风景区，现存寺庙较多，而以圣母殿和殿前的飞梁、献殿、金人台等一组建筑为主。圣母殿是重檐歇山顶周围廊的大殿，建于宋天圣间（1023 年～1031 年），外观极其秀丽轻巧，是北宋建筑的代表作品。殿内 43 个塑像，也是宋代塑像中最精美的作品。飞梁是建筑在殿前水池池上的十字形小桥，它的柱梁构架，大部分保持着宋代做法。殿前中轴线上有水池飞梁的布局，常见于敦煌莫高窟壁画中，这是现存最早的一处例证。飞梁前的献殿，是一具空敞的凉亭般的建筑，建于金大定八年（1168年），但是它的斗拱做法和圣母殿有很多共同点，可能是金代修建时参考了大殿的做法。

安济桥

桥位于河北赵县的洨河上，在赵县南门外，当地又称之为大石桥，亦称赵州大桥。由隋代大业年间名匠李春所设计建造的，桥长约 64.4 米，宽 9.6 米，是由宽约 34 公分的 28 道单券并列构成。主券两端各负两个小券，桥身以雕琢精确的石块筑成像虹一样的大拱，跨距长达 37.02 米，高 7.23 米。券石高才 1.03 米。它最大的特征是在大拱的两肩又各筑上两小拱，除了利于排水，又可减轻大拱的负担，使整个桥体显得轻巧美观。在结构上，大拱用 28 道石券并列构成。这种结构的古代石拱桥，在山西、河北两省内共保存着 7 座，其中当推安济桥为最早也是最大的一座。它的出现是中国建筑史上的一件大事，反映出 7 世纪时我国工程力学的伟大成就，以及砖石工程施工的高度技巧。

卢沟桥

位于广安门外丰台区，因跨越卢沟河（今永定河）而得名。卢沟桥与河北赵州桥、泉州洛阳桥并称中国古代三大名桥。此桥始建于金代，初名广利桥，迄今已有八百余年历史。卢沟桥的东端建有碑亭，石碑为乾隆皇帝所书，正面为"卢沟晓月"，背面为卢沟桥诗。卢沟晓月在金代时便是著名的燕京八景之一。这里曾爆发了震惊中外的卢沟桥事变。桥的东侧便是宛平县城。宛平城建于明末，原是保卫京都的拱极卫城。宛平城墙上至今可见中日军队在此交战的累累弹痕。

拙政园

位于苏州城内东北。明嘉靖（1522 年～1566 年）时，御史王献臣辞职还乡，购大宏寺废地建园，取晋代潘岳《闲居赋》中"拙者之为政"之语意，命名"拙政园"。此园经多次易主，经过多次改建而成。全园主要有 3 部分：中部是重心，西部称为补园，东部旧为归田园址。其中部是精华所在，主要以水面为主，十分之八九的建筑皆临水而筑。中部正中为水池，池东南以建筑为主，分布各处的建筑物都以与水面及其周围风景相结合为准则，而以游廊、小桥等为串联全园风景建筑的脉络。在池东南的建筑群中，以远香堂为主体，

卢沟桥

南望有山如屏,东望绣绮亭,西邻倚玉轩而见香洲,北临荷池,隔岸雪香云蔚亭和待霜亭突出于水面小山之巅,一园之景可窥其轮廓。池北以山林为主,较空旷而富有自然山林野趣。西部鸳鸯馆和十八曼陀罗花馆为主体,其主体建筑倚园南缘布置,沿水墙边构水廊,高低曲折,是苏州诸园中游廊之范例。

颐和园

颐和园位于北京西郊西山脚下海淀一带,是西山园林"三山五园"之一。颐和园全园

颐和园

分四大部分:东宫门区,原为清朝皇帝从事政治活动和生活起居之所,曾囚禁光绪皇帝的玉澜堂便处于此区;万寿山前山景区,是最华丽的景区,建筑也最多,区内的佛香阁是全园中心,周围建筑对称分布,呈众星捧月之势,相当宏伟;后山后湖景区,林木葱茏,山路曲折,优雅恬静;前湖区,烟波浩渺,西望群山起伏,北望楼阁成群,湖中的西堤极具江南

特色,横卧湖面的十七孔桥,造型优美。令人过目不忘。颐和园集中了中国古典建筑的精华,容纳了不同地区的园林风格,堪称园林建筑博物馆。

圆明园

圆明园位于北京市西郊,海淀区东部。原为清代一座大型皇家御苑,占地约5200亩,平面布局呈倒置的品字形。圆明园由圆明、长春、绮春三园组成,总面积达350公顷。它的陆上建筑面积和故宫一样大,水域面积又等于一个颐和园。圆明园汇集了当时江南若干名园胜景的特点,融中国古代造园艺术之精华,以园中之园的艺术手法,将诗情画意融化于千变万化的景象之中。圆明园的南部为朝廷区,是皇帝处理公务之所。其余地区则分布着40个景区,其中有50多处景点直接模仿外地的名园胜景。最有名的观水法、万花阵迷宫以及西洋楼等,都具有意大利文艺复兴时期的风格。圆明园是一座珍宝馆,集中了古代文化的精华,同时也是一座异木奇花之园,完整目睹过圆明园的西方人把她称为万园之园。1860年英法联军和1900年八国联军两次洗劫圆明园,园中的建筑被烧毁,文物被劫掠,只剩断垣残壁,供人凭吊。现在的圆明园是遗址花园。

故宫

故宫又称紫禁城,是中国明、清两朝皇帝居住的地方,也是世界上最大的皇帝寝宫。

故宫

故宫历经了24个皇帝,距今已有570多年的历史。故宫四面环有高10米的城墙和宽52米的护城河。城南北长961米,东西宽753米,占地面积达78万平方米,共有9000多间房屋。故宫城墙四周各设城门一座,现今南面的午门和北面的神武门专供参观者游览出入。故宫城内的宫殿建筑布局沿中轴线向东西两侧展开。总体来说,整组宫殿建筑布局谨严、秩序井然、气势雄伟、辉煌壮丽,寸砖片瓦皆遵循了封建的等级礼制,是我国古代建筑艺术的精华。

雍和宫

位于北京城内东北隅安定门内。建于清康熙三十三年(1694年),原为康熙皇帝第四子胤禛(后来的雍正皇帝)的府邸——雍亲王府,雍正三年(1725年)改为雍和宫。乾隆九年(1744年)改建为喇嘛教寺院,作为清政府管理喇嘛教事务的中心。此宫坐北朝南,总体布局严整,有明显的中轴线。门前有广场和三座牌坊,山门以内,沿中轴线向北依次有天王殿、雍和宫、永佑殿、法轮殿、万福阁和绥成楼等主要建筑。与两侧的翼楼组成五重院落,建筑布局别具一格。前半部为左右配殿与前廊座所组成反转式三合院,院中建一大殿,与常见四合院形制不同。后半部采用三殿并列形式,保存了大殿与东西堂并列的古代建筑布局的特点。气派极大,是现存寺庙中少有佳例。而万福阁与左右永康阁、延绥阁以飞阁复道相通,这种手法多见于唐代佛教壁画,此处为罕见的实物。在南北向中轴线上,建筑自前至后,一殿高于一殿,层次分明,主从有序。其中万福阁为最高最大的建筑,阁内是一个高达25米的木雕旃檀佛像。

布达拉宫

在西藏拉萨市西北布达拉山上。相传始建于唐初松赞干布迎娶文成公主时,现有建筑是清顺治二年(1645年)开始营造的,工程历时50年,其后经多次增修改建,始具今日规模。此宫位于布达拉山南侧,从山腰处拔升而起,直达山顶,宫堡东西长400余米,南北宽350米,占地41公顷。外观13层,实为9层,宫顶覆盖镏金瓦,高达117.19米。宫的主体,分为红宫和白宫两大部分。位于上部中央的红宫,由经堂、佛殿、政厅、图书馆,以及存放历代达赖喇嘛灵塔之处的灵堂所组成,是宗教活动和政治活动的中心。白宫位于红宫东面,内设寝室、膳房、客厅、仓库及经堂等。红宫与白宫前的一片平坦地段上,分布着佛具制造所、印经院、马厩、守卫所及监狱等。厚墙围绕宫的四周,防卫森严,此宫全为木石结构,外观气势雄伟,建筑风格体现了藏汉文化的交流。宫内有二十多万尊雕塑大小佛像和大量的壁画。

避暑山庄

避暑山庄又称热河行宫或承德离宫,是清帝王避暑和处理朝政的离宫。位于承德市区北部。占地面积564万平方米。始建于康熙四十二年(1703年),是中国现存最大的皇家园林。承德自然环境兼有南秀北雄的特色,加之距离京师较近,因而被康熙选中辟为北巡行宫。康熙五十年(1711年)康熙帝在山庄的内午门上题额"避暑山庄",遂得名。后经康、乾两帝近90年的不断扩建,至乾隆五十七年(1792年)最后竣工。园内共有宫殿、庭园、寺庙及亭、台、楼、榭等120余组古建筑,由宫殿区和苑景区两部分组成。

承德避暑山庄是中国古典园林艺术的杰作,享有"中国古典园林之最高范例"和"中国地理形貌之缩影"的盛誉。

秦陵兵马俑

秦陵兵马俑的确切名称是秦始皇兵马俑从葬坑,位于秦始皇陵东侧约1500米处。发现于1974年,是当代最重要的考古发现之一。一号坑是当地农民打井时发现的,后经钻探又先后发现二、三号坑,其中一号坑最大,面积达14260平方米。三个坑内共有陶俑近万个,陶马500多匹,木质战车130多乘。无论是兵还是马均同真人真马一般,栩栩如生。坑内还有制作精良的强弓、劲弩、弋、矛、戟、镂、青铜宝剑等兵器。虽然埋在土里两千多年,依然刀锋锐利,闪闪发光,可以视为世界冶金史上的奇迹。这一宏伟的地下建筑古迹,被誉为世界第八奇迹,具有很高的艺术价值。

十三陵

十三陵是明朝十三代皇帝的陵墓区,位于北京市昌平区城北。陵区为一小盆地,周围达40千米。北、东、西三面群山屏立,南面龙、虎二山分列左右,若天然门户。从明永乐七年(1409年)始,先后建长陵、献陵、景陵、裕陵、茂陵、泰陵、康陵、永陵、昭陵、定陵、庆陵、德陵,清初建思陵,总计十三陵,葬有13位皇帝,23位皇后,1位皇贵妃。陵区陵道长7000米,有石牌坊、大宫门、大碑亭、石人石兽等依次排列。1958年在陵区东南修建了十三陵水库。水库南侧建有北京九龙游乐园。陵区松柏葱郁,果树成林,景色宜人,是旅游胜地。1981年设立十三陵特区。

天坛

天坛占地面积达270万平方米,是我国现存最大的一处坛庙建筑,也是世界上最大的祭天建筑群。天坛初名天地坛,嘉靖十三年(1534年)改称天坛。天坛环境庄严肃穆,是明、清两代皇帝祭天、祈谷的场所。

天坛

长城

我国古代宏伟的建筑之一。始建于公元前 7 世纪~前 5 世纪的春秋战国时代。战国时期,各国就在自己的边境上建造长城,以为防御之用。秦代统一中国后,为防御匈奴,把在各国北面的长城连接扩增,西起临洮,东至辽东碣石,号称万里。当时强迫动员了 30 万人民来从事这项艰巨的工作,流传着很多反对秦始皇暴政的可歌可泣的故事。自秦代以后,各朝代都曾修建长城。有时是增补,有时是改线。现有长城大都是明代所建。其沿线城堡墩台林立,险要地带。均设关隘,建筑造型坚挺有力,气魄雄伟。现有长城自甘肃酒泉市嘉峪关开始至河北秦皇岛市山海关止,共约四千余里,每隔数十米便设有一座烽火台,沿城重要关口,均设有关城。

工艺美术

基本常识

工艺美术

造型艺术之一,有时也划属造型艺术范畴。它是以工艺和美术的存在为前提的。大多为劳动人民直接创造,同人民的物质生活和精神生活相关。它们的生产常因历史时期、经济条件、地理环境、文化技术水平、民族风尚和审美观点的不同而表现出不同的风格特色。

工艺造型

又作"造形"。按照审美的要求,即对产品形体的形象进行塑造,就是工艺造型。亦即将工艺材料按照形式美法则进行艺术加工。狭义指造型艺术中的形体塑造,广义则泛指对一切具体可感的物质材料(包括工艺美术、绘画、书法、篆刻、雕塑、建筑等)的形体塑造。其要素包括形态、色彩、肌理三部分。工艺造型必须遵守"适用、经济、美观"为原则。

工艺形象

工艺形象是将工艺材料进行艺术加工、造型后塑造出来的物品的图像,称谓工艺形象。工艺形象属于文学艺术,它是反映现实生活的一种特殊手段,是人们根据现实生活中的各种特殊手段和各种现象加以艺术概括,所创造出来的具体生动的图画。

工艺色彩

是指使用各种不同工艺材料的固有色和人造色。不管是天然色彩还是人工色彩,都可以从色彩的形成因素来认识它。

工艺材料

是制作工艺品所用的物料。工艺材料的质地优劣对工艺品生产更具有特殊意义和作用,它会直接影响工艺品的实用性和审美性。

芙蓉出水与错彩镂金

美学家宗白华把中国艺术中美的理想归为两类:错彩镂金的美和芙蓉出水的美。楚国的图案、楚辞汉赋、六朝骈文、明清瓷器、京剧服装等是"错彩镂金,雕绘满眼"的美,这种美华丽、耀眼。而汉代的铜镜与陶器、王羲之的书法、顾恺之的画、陶潜的诗、宋人的白瓷,是"初发芙蓉,自然可爱"的美,这种美清新、脱俗。在中国美学史上,更多的崇尚"初发芙蓉"的美,即自然、朴素、内在的美。

工艺家

丁缓

丁缓,生卒年不详。传为汉代成帝时工艺名匠。长安(今陕西西安市西北)人。曾制万向置架、卧褥香炉、九层博山香炉、常满灯、七龙五凤灯、七轮扇等名品。因新颖奇巧、别致生动而名盛一时,誉为巧匠。他制造的卧褥香炉作薰被用具,炉中放入香料点燃后安放在褥中,香气四溢,又名"被中香炉"。他设计制作的铜灯,以七龙五凤作装饰,衬以芙蓉莲藕,华丽美观,名谓"常满灯"。还有九层博山香炉,上面透雕有各种奇禽怪兽、穷诸灵异,能自然运动,亦为薰香器皿。所制七轮扇,构思机巧,七轮大皆经尺,递相连续,一人运转,满堂生风。

朱克柔

朱克柔,生卒年不详。宋代女工艺家。名强,以字行。云间(今上海松江)人。宋徽宗、高宗时以缂丝著名。尤擅摹缂书画名迹。所缂人物、树石、花鸟,精巧绝伦,评价极高。缂丝作品主要有《莲塘乳鸭图》《牡丹》《山茶》等。缂工精细,风格高古,形神生动,为南宋缂丝代表作。后世收藏家珍同名画。她的缂丝名作分别藏于上海博物馆和辽宁博物馆。

杨茂

杨茂,生卒年不详。元代雕漆工艺家。嘉兴(今浙江)西塘杨汇人。又工戗金、戗银法。杨茂制造《花卉纹剔红渣斗》，周身以土黄色漆为地，再涂朱漆约五十道，上部雕秋葵，下部雕山茶，底部靠边有针刻"杨茂造"三字款。组织严谨，刀法有力，花纹自然柔和，具有明确的浮雕效果，表现出高超的雕技。另一件杨茂造《山水人物纹剔红八方盘》，亦为故宫博物院藏品。杨茂作品，传世不多。中国剔红技法，传入日本以后，他们称剔红为"堆朱"，盖剔红器为朱漆一道道堆上的意思。又把中国元代雕漆名家张成和杨茂两人的名字，各取一字，称为"堆朱杨成"。沿用到现在，堆朱杨成变为专用姓氏了。

张成

张成，生卒年不详。元代雕漆艺术家。嘉兴（今浙江）西塘杨汇人。擅雕漆，尤以剔红著名。其作品刀法严谨，镂刻深峻，圆浑而无锋芒。所刻山水人物、树石、花卉，均富有装饰美感。与杨茂合称"堆朱杨成"，至今用作雕漆工艺的代称。足见其漆艺高超，影响深远。传艺作品有《观瀑图圆盘》《花卉圆盘》，在黑漆底部有针刻"张成造"三字落款。

周翥

周翥，生卒年不详。明代工艺家，明末时人。江苏扬州人。擅剔红（即雕漆），并创百宝嵌漆器，以金银珠宝、象牙螺钿等多种珍贵材料嵌入器，高贵华美。后人将这种漆器镶嵌法，称为"周制"。作品有大者如屏风、桌、椅、窗格、书架，小者如笔架、茶具、砚匣、书箱等，五色陆离。他又精于雕镂嵌空，以金玉珠母石青绿，嵌作人物花鸟，老梅古千，玲珑奇巧。周翥为扬州漆器百宝镶嵌创始人。今扬州漆器以百宝镶嵌为著名品种，仍以"周翥"或"周制"呼之。

濮仲谦

濮仲谦，生卒年不详。明代工艺家。名澄，字仲谦。以字行。金陵（今江苏南京）人。为金陵派刻竹"开山鼻祖"。有巧思、善选材，常因材施艺，刀法简练，刻数刀便成名作。刀痕浅，剔成器皿，俱被人视为至宝。亦工刻犀、玉、髹漆工艺，与同代嘉兴人张鸣岐铜炉、姜千里螺钿、时大彬砂壶齐名。

工艺美术的种类

图案纹样

图案

广义指某种器物的造型结构、色彩、纹饰进行艺术处理而事先设计的施工方案，制成图样,通称图案。狭义则指器物上的装饰纹样和色彩而言。有的器物如某木器家具,除了造型结构之外,别无其他装饰纹样,亦属图案范畴,或者称立体图案。

纹样

器物上装饰花纹的总称。一般分为单独纹样、适合纹样、隅饰纹样(即角隅纹样)、边饰纹样、散点纹样、连续纹样等。二方连续、四方连续属于连续纹样。纹古通文,是与质相对而言的外在纹彩、装饰。

开光

装饰方法之一。为了使器物上的装饰变化多样,或突出某一形象,往往在器物的某一部位留出某一形状(如扇形、蕉叶形、菱形、心形、桃形、圆形等)的空间,然后在该空间里饰以花纹,称为开光。常见于景泰蓝、雕漆、陶瓷器皿上的图案装饰。原从古代某种建筑物上窗户的形式演变而来。

饕餮纹

饕餮是古代传说中的一种贪食的怪兽。中国商、周时代的青铜器上常刻以夸张变形的饕餮头部形象成一种图案化的兽面,作为装饰纹样,称饕餮纹。首先采用这个名称的是宋代的《宣和博古图》。

几何图案

用各种直线、曲线、圆形、方形、菱形、三角形、梯形等构成规则或不规则的几何纹样作装饰的图案。常运用统一、对比、重复、交错、重叠等组织法则去体现形式美的规律,具有条理化、程序化的美感。由于几何图案是相对于具象的动物、植物纹样而言的非具象形态的组合,也是最早新石器时代先民们对自然形态高度提炼、概括的结晶,所以在以后商周时的青铜器及后世各种工艺品的装饰较多见,如云雷纹、乳钉雷纹、重环纹、弦纹、斜条纹、直条纹、双矩纹、方胜纹等,数千年来一直沿用不衰。

吉祥图案

通过某种自然物象的寓意、谐音或附加文字等形式来表达人们的愿望或理想的流行于民间的图案。如以喜鹊、梅花代表"喜上眉梢",以莲花、鲤鱼代表"连年有余"。

陶瓷工艺

陶器漆器

陶器大约出现在距今 1 万年前左右的新石器时代。这一时期的陶器造型神奇独特、丰富多样,纹饰寓意丰富,构图新奇,被美术界称为"史前彩绘陶"。商代以后,中国进入彩釉陶时期。其中,唐三彩造型生动逼真,色泽艳丽,花纹自然协调,富有生活气息,成为彩釉陶的精品。

宜兴陶器

江苏宜兴丁蜀镇所产的陶器,以日用陶器为大宗,"苏缸"、酒坛、砂锅,质坚耐用。其中紫砂工艺陶更为著名,品种有:壶、杯、碟、瓶、花盆、雕塑等,质地精密,造型大方,装饰纯朴,具有民族风格。据民间传说,紫砂陶器盛暑贮茶不易变味,盆栽花草不易烂根。其传统造型样式有掇球、合菱、竹扁、鹅蛋等多种。宜兴制陶历史悠久,旧有"陶都"之称,新中国成立后生产发展迅速,已成为全国综合性的主要陶瓷产区之一。

紫砂陶器

用中国江苏宜兴丁蜀镇北黄龙山产的陶土(紫砂泥)制成的陶器。又称宜兴紫砂陶器。紫砂泥外观呈紫红色,质地柔软,结构致密,由水云母、高岭土、石英碎屑、赤铁矿等主要矿物组成,具有良好的可塑性。宜兴紫砂陶器的造型大体可分为几何形、自然形、筋纹形和仿古形等几大类。通过点、线、面的巧妙组合与泥色的浑然配置,集造型、色泽、书画、诗词、雕刻于一体,使紫砂陶器别具一格。宜兴紫砂陶器通常采用绞泥、浮雕、镂刻、填泥和银丝镶嵌等装饰手法。生产的品种有餐具、茶具、文具、雕塑和陈设工艺品共2000 多种,年产量达 800 万件。其中以紫砂茶壶最具特色,造型典雅大方,色泽古朴浑厚,既可供人欣赏,又是优良的饮茶用具。

紫砂陶器

瓷器

瓷器是以黏土为主要原料,制成坯胎,在较高的温度下(1300℃以上)烧制而成的。我国是闻名世界的陶瓷古国,英文"中国"(China)一词,就是瓷器的意思。我国最早的瓷器,大约出现在商代后期,到宋元时期,陶瓷工艺达到了鼎盛。当时五大名窑出品的瓷器,成为后世追求仿效的典范。明清时期盛行的彩绘瓷器,如青花、五彩、粉彩等,都达到了彩瓷工艺的高峰。

钧瓷

钧瓷是一种极为稀有的珍贵瓷器。人们用"黄金有价钧无价"来形容钧瓷的名贵。钧瓷加工复杂,色彩绝妙天成,可谓誉满全球。钧瓷源于我国河南省禹县神星镇,因此地有夏禹治水时大会各路诸侯的古钧台而得名。加工钧瓷约源于唐,瓷窑工无意中烧出在黑釉或褐釉上泛有大片蓝斑或灰白斑的花瓷,出现了色似窑变的艺术效果。这种被称为"唐钧"的花瓷烧造技术,启迪了以后的宋钧瓷的产生,并逐渐兴盛于宋,列为宋代五大名窑之首(钧、官、哥、定、汝)。宋人烧制一件钧瓷,要经过七十多道工序。更重要的是他们研究的独特的窑变釉色,同一窑的产品,施同一种釉,烧制出来的釉色却千变万化,无一相同。这是世界瓷工艺发展史上的首创。

青花瓷

青花瓷是一种白地蓝花的釉下彩瓷器。青花瓷萌生于唐代,成熟于元代,盛行于清代,是我国最富民族特色的瓷器。青花瓷的釉质透明如水,胎体质薄轻巧,在洁白的瓷体上敷以蓝色纹饰,素雅、清新,充满生命力。

青花瓷

唐山瓷器

河北唐山所产的瓷器。始于明代,当时只有粗陶,清末始有粗瓷。新中国成立前略产细瓷,新中国成立后才迅猛发展。产品有餐具、茶具、瓶、盘等日用细瓷和陈设品。装饰方法不断革新,如新彩、喷彩、刁金、刁金加彩,20世纪70年代试制成功的结晶釉,则更有特点。此外,尚有建筑、化工、特种工业等方面的用瓷。已成为全国著名的瓷器产区。

景德镇瓷器

景德镇自五代时期开始生产瓷器,至今已有千年历史。景德镇素有"瓷都"之称。景德镇瓷器造型优美、品种繁多、装饰丰富、风格独特。以"白如玉,明如镜,薄如纸,声如磬"的独特风格蜚声海内外。青花、玲珑、粉彩、颜色釉,合称景德镇四大传统名瓷。薄胎瓷人称神奇珍品,雕塑瓷为中国传统工艺美术品。

唐三彩

唐代盛行的一种低温铅釉的彩釉陶器,产地以洛阳为代表,以黄、褐、绿为基本釉色,所以亦称洛阳唐三彩。唐三彩源于唐代,以造型生动逼真、色泽艳丽和富有生活气息而著称。唐三彩的生产已有一千三百多年的历史,吸取了中国国画、雕塑等工艺美术的特点,采用堆贴、刻画等形式的装饰图案,线条粗犷有力。唐三彩的产品种类十分丰富。包括各种形象的人物、动物俑,以及建筑模型、生活用器皿等。有许多艺术珍品。其中以马的塑造表现最为出色,表现出来的姿态十分生动。新中国成立后,唐三彩在传统技术的基础上,改进工艺,提高产品质量,其产品畅销国内外,大大地提高了经济效益。

唐三彩

宋三彩

宋代生产的三彩陶器,是唐三彩的继续。盛行于宋代的仿唐三彩,是低温彩釉陶。它不如唐三彩光润丰富,品行较少,三彩中用红色比较罕见。在河北磁州窑和河南登封、曲河、鲁山、段店等窑普遍烧制。

辽三彩

盛行于辽代的仿唐三彩,亦是低温色釉陶。因以黄、绿、白三色为主,故名。其制品有壶、瓶、罐、盘等印花三彩、刻画花三彩和釉斑三彩。这类色釉富有鲜明的契丹族特色。在今内蒙古赤峰市巴林左旗林东、赤峰缸瓦窑屯已发现烧造辽三彩的窑址。

辽三彩

吹釉

又称"喷釉"。瓷器的传统施釉方法之一。将细纱布蒙于竹筒口上对准坯胎吹釉,吹釉遍数视器物大小而定,少者三四遍,多者十余遍,凡圆器物之大件者均用吹釉法。此法创始于明代景德镇窑。在明宣德间(1426年~1435年),该窑匠师运用吹釉创制了"洒蓝"品种,"雪花蓝"就是利用吹釉的厚薄不均、深浅不同,在白瓷上吹上蓝釉而白瓷仿佛隐于蓝釉之中的白雪,故名雪花蓝。吹釉流行于明清以后。

捏塑

瓷雕成型的一种方法。是用手将陶瓷土捏制成型,此法多用于小件玩具的制作。如陶瓷俑人,及各种动物。捏塑也与雕塑、印花、堆贴等技法结合起来作局部装饰。四川邛县和河南、河北地区瓷窑的捏塑制品为多,其器物造型形态生动而不觉夸张。

开光

瓷器的传统装饰技法之一。此法借鉴于古建筑上的开窗,在器物的主要部位或显明位置,以曲直长短线型,勾勒出圆、方、长、菱形、云彩、心型、花瓣等形的栏框或边框。在边框内描绘花纹山水、人物等,使主题纹饰突出。元代青瓷器上开光装饰很普遍,明清时期开光的花样更为丰富多彩。若在边框外饰以锦纹的,称为锦地开光。

釉里红

釉里红是一种带紫色的红色釉下彩,创烧于元代而盛于清代。它可单独装饰,也可与青花结合使用形成青花釉里红。釉里红呈色稳定敦厚,在我国传统习惯上,常以这种色彩象征吉祥康乐和繁荣昌盛。

中国古代名窑

越窑主要分布在今浙江一带（即余姚、上林湖、滨湖地区），唐朝时称该地为越州，故名。为唐代六大青瓷产品之一。始于商周、盛于唐，发现窑址已达二三十处，以鳖唇山东晋时期遗址最早。该地瓷窑烧制技术精湛，称为"诸窑之冠"。越窑瓷胎骨较薄，施釉均匀，青翠莹润。因烧瓷精美绝伦，唐宫设官鉴制，专制宫廷用具。五代吴越时，越窑瓷器已规定"臣庶不得用"，作为吴越王钱氏御用和贡品，这就使其成为后来的所谓"官窑"前身。历史上又通称为"秘色窑"。

定窑地址在定州（今河北曲阳涧山村和燕山村），故名。是宋代五大名窑之一。以烧白瓷为主，早在唐代已产白瓷，五代时已盛产。至宋代有较大发展。除白瓷外，还有黑釉、酱釉和绿釉等品种，文献上称为"黑定""紫定""绿定"，有剔花、划花、印花等装饰，风格典雅。对各地瓷窑有一定影响，曾有不少瓷窑仿制它的瓷器。原有民窑，北宋后期专烧宫廷用瓷，纹饰以龙凤纹为主。此类宫廷用器多有传世。

汝窑地址在河南临安市，是宋代北方的第一个著名的青瓷窑，是宋代五大名窑之一。它吸收了越窑的釉色、定窑的装饰技法而独树一帜，故釉滋润、薄胎，宋人评青瓷，以汝窑第一。明、清两代品评宋代五大名窑时，也列汝窑第一。它有两部分，其一于北宋后期被官府选为宫廷御用瓷器。其特点：天青色，釉润胎薄底有细小支钉痕。另一部分在临安严和店、轧花沟、下任村三处遗址烧制民用青釉瓷器，现称"临汝窑"。烧瓷时间比前者长，烧青釉印花瓷为主。

官窑是随宋室南渡，便在杭州凤凰山下和后郊坛下先后设置的瓷窑，是在汝窑影响下产生的另一青瓷窑，置窑于修内司。造青瓷，故凤凰山下的官窑又称修内司窑和内窑。内窑青瓷澄泥为范，极其精致，油色莹彻，为世所珍。但窑址迄今未发现。后郊坛下的窑址在30年代时发现在杭州乌龟山，所烧瓷器除盘碗外，多仿周汉时期铜器玉器式样，胎呈黑褐色，釉有粉青、月白、炒朱黄各色。

钧窑地址在钧州境内（今河南禹县），故名，是宋代五大名窑之一。创烧于唐代。历经宋、金、元时期，境内有窑址近百处，以小白峪历史最早。唐代已烧黑釉带斑点的花瓷，由于首创花瓷，原料中加入能产生窑变的铜元素，可以人工掌握色彩艳丽的效果。有玫瑰紫、海棠红等紫红色釉，美如晚霞。北宋后期，专为宫廷烧制供养植奇花异草用的各式花盆与盆托。钧台窑是宋代众多钧窑中最具代表性之一，在窑的遗址中发掘出土数以千计供宫廷陈设用的此类瓷器。

哥窑是宋代五大名窑之一。址在浙江龙泉市。相传南宋时有兄弟二人，各主一窑，兄所烧者曰"哥窑"，弟者曰"弟窑"。两窑的记载最早见于明嘉靖四十年（1561）的《浙江通志》。哥窑多仿三代铜器式样，釉开片形如冰裂，纹片呈黄黑二色，故有金丝铁线之称。传世品较多，多收藏于北京故宫博物院。哥窑地址在龙泉市，但未证实是属龙泉窑系统。

磁州窑在磁州境内（今河北省磁县观台景、彭城镇一带），故名，建于宋代。所烧器物纯供民间使用，品种繁多，以白地黑花（属釉下彩装饰）为主要特征。胎质疏松，造型和纹饰比较豪放。曾对南、北方不少瓷窑产生很大影响。

景德镇窑在今江西景德镇,故名。据记载始于唐代,经宋代至明,在明代一跃成为全国瓷器烧制中心。青花瓷有很大发展,并且出现了彩釉品种。在清代彩釉更有改进和创造。品种更加丰富。既能仿宋代名窑瓷器,又能仿饶玉、石、漆、铜及干鲜果品,几可乱真,南宋起就远销东南亚。自古至今誉满海内外。

中国古代名瓷

青瓷主要产地在浙江一带,因古时称浙江为越州,故青瓷又有越瓷之名,青瓷胎骨较薄,施釉均匀,青翠莹润,如玉似冰。由于烧窑技术的不断改进和提高,青瓷的名贵品较多。

白瓷胎质细洁、瓷质坚硬,被选为唐代宫廷烧制贡瓷。新中国成立后陕西地区唐墓出土有邢州白瓷,唐大明宫遗址也有不少胎釉洁白的邢窑白瓷出土。

宋瓷是中国宋代各地生产的瓷器的总称,宋代瓷器已臻成熟,主要有定瓷、汝瓷、官瓷、钧瓷和哥瓷。以上各瓷历代均列为宋代五大名瓷之一。各种瓷又各具特色,定瓷胎质坚细,汝瓷葱色郁绿,官瓷好施粉青,钧瓷釉色浑浊,哥瓷釉面开片。

景德镇瓷起于汉代,品种齐全,以白瓷之最,青花瓷则色白而花青。

中国古代名陶

彩陶系指坯体上有红、黑、白、黄、赭等彩绘图案者,是我国最古老的工艺美术品。成熟于新石器时中晚期,距今约 10000~4000 年前,其遗物最早发现于河南渑池仰韶村,也是仰韶文化的象征。根据地域,时间及艺术风格不同,可分为半坡、庙底沟、马家窑、半山、马厂等主要类型,基本上在黄河上游地区。

黑陶是因烧窑时的渗碳作用,使黏土含有游离的炭而成黑色,故名。它是我国新石器时代陶器的一种,是龙山文化的象征。黑陶多是轮制陶器,具有黑、薄、光、纽等特点。

白陶是用质地细腻、色泽洁白的高岭土为原料作坯、烧制而成的一种陶器。最早出现于新石器时代大汶口文化时期,制品以壶、鬶为代表,皆为素面,无纹饰,胎质较粗,白度也较差。至商代,白陶烧制有很大提高,胎色纯白。质地细腻坚致,并雕有精美饰纹。白陶的创烧,是由陶向瓷发展的过渡阶段,在陶瓷史上具有重要意义。

灰陶是因成型的陶坯,在烧制时黏土中的铁发生还原作用而呈现的灰色,故名。灰陶有两种,一是在陶土中掺细砂的称"夹砂灰陶",一是不掺砂的称泥质灰陶。灰陶最早见于距今六千多年前的陕西宝鸡北首领仰韶文化遗址。至商代,灰陶的生产已成为制陶工艺的主流,多为日常生活用品。

唐三彩是唐代多彩铅质釉陶产品的总称。三彩多用白、黄、绿三种色。有时也用点蓝釉或黑釉,呈现出色彩斑驳秀润、富丽多姿的艺术特色。唐三彩釉陶器主要见于随葬明器,如俑人、马、骆驼、亭台楼阁、舟船等,也有日用器皿和文房用具等,几乎包括了当时社会生活用器的各个方面。主要产地在西安、洛阳等。

印染织绣工艺

蜡染

古称"蜡缬",是中国民间传统印染工艺之一。蜡染的主要工艺过程如下:用蜡刀蘸蜡液,在白布上用蜡刀描绘各种图案纹样,如几何图案或花、鸟、鱼、虫等,再浸入靛缸(以蓝色为主),后用水煮脱蜡即现纹样。蜡染制品的特点:结构严谨,线条流畅,装饰趣味很浓,具有鲜明的民族风格和地方特色。此法在布依、苗、瑶、仡佬等民族中至今仍盛行,衣裙、被毯、包裹单等多喜用蜡染作装饰,并且作为工艺品受到国内外人民群众的欣赏。

蓝印花布

传统民间印染工艺品之一。用涂柿漆的油纸刻成镂空花板,蒙在白布上,然后用石灰、豆粉和水调成防染粉浆,刮印、晾干后,用蓝靛染色,再晾干,刮云粉浆而成,在防染处成白色花纹,衬以蓝底。蓝印花布具有单纯、质朴、大方、醒目的装饰效果,一般用作被面、蚊帐、门帘、衣料、围裙等。常见纹样有花、鸟、草、蝶等具有吉祥的寓意。中国的纺织品印花技术,始于汉代,宋代称为"药斑布",清代又称"浇花布"。在明清时各地民间的蓝印花布流行极为普遍,有蓝底白花和白底蓝花。花样不同,各具风格。现在民间发展为彩色花布,工艺基本相同,但染色比较复杂。

刺绣

刺绣是我国的一种传统民间工艺,是以绣绷、绣针、绣架为主要工具,用丝线、纱线、绒线、花线、金银线在绣料上刺缀图案的艺术。在我国几千年的历史文化长河中,刺绣工艺不断发展,先后产生了苏绣、粤绣、湘绣、蜀绣等名绣,各具特色,传承至今。

苏绣

四大名绣之一。以江苏苏州为中心的刺绣产品的总称。中国江南地区,盛产蚕桑,一向有"家家养蚕,户户刺绣"的说法。苏州一带刺绣素为民间群众性的副业生产,自成传统业。据历史记载,苏绣已有二千六百多年的历史。宋代宫廷即在苏州设置绣局,民间刺绣作坊相当普遍,当时的刺绣技艺已达较高水平。明清时期,苏绣吸收了上海"顾绣"的技法之长,在图案、针法、色彩等方面逐步形成独特风格。由于积历史之经验,形成了主题突出、形象生动、色彩柔和、层次丰富、针法多样、绣工精微的苏绣风格。自古至今在海内外享有盛誉。由于历史悠久,名手辈出,自成特色。在清末民初,刺绣大师沈奉,除自己绣工绝顶外,还开设学堂,传工讲学,造就艺徒,并有《雪宦绣谱》刺绣名作传世。

苏绣

湘绣

　　四大名绣之一,以湖南长沙为中心的刺绣产品的总称。据考证,在清嘉庆年间,长沙地区民间刺绣业也很普及,已有优秀匠师胡莲仙。光绪二十四年(1898年),其子吴汉臣在长沙开设自制自绣的"吴彩霞绣坊"。绣品精良,流传各地。此后湘绣渐渐闻名全国。又由于当地画师参与绣稿创作,吸取了苏绣、广绣的长处,使湘绣的艺术水平在原有民间刺绣基础上得到不断提高。原先以日用刺绣为主,后增添了绘画性题材的新品种,强调颜色的阴阳浓淡,写实风格。狮、虎、松鼠等动物湘绣为传统题材,形象生动逼真,极有生气。

湘绣

蜀绣

又称"川绣",四大名绣之一。以四川成都为中心的刺绣产品的总称。据晋代常璩著《华阳国志》记载,当时蜀中刺绣已十分闻名,把它誉为"蜀中之宝"。它是四大名绣中属于最早者。清代民间蜀绣已作坊林立。光绪时成立刺绣管理机构,促进了蜀绣的发展。蜀绣以软缎和彩丝为主要原料。针法有晕针、切针、拉针、沙针、油针等一百二十余种。针距细密,针脚平齐,片绒光亮,层次微妙。作为观赏类的传统产品有《芙蓉鲤鱼》《公鸡与鸡冠花》,其禽羽、游鱼的质感性独特。日用品有被面、枕套、服装饰物等,都具有浓郁的地方色彩。所以蜀绣是具有悠久历史的传统刺绣品种之一,具有浓郁的地方色彩。

广绣

又称"粤绣"。四大名绣之一。是广东省广州及其邻近的南海、番禺、顺德等县的"广绣"和潮州的"潮绣"的统称。亦泛指广东近二三世纪的刺绣品。粤绣以构图饱满、繁而不乱、针步均匀、纹理分明、善留水路、装饰性强、色彩浓郁、金银垫绣、立体感强等特点,在绣林中独树一帜。其针法丰富多变,有扭针、捆咬、续插针、旋针、平绣、凸绣、凹针垫筑绣、织锦绣等百余种,极富创造性。绣品分观赏型和实用型两大类。大如6尺高屏风,小如荷包扇套、服装服饰及床上用品,装饰味极富。题材以龙、凤、牡丹、松鹤、猿、鹿、禽鸟、折枝花卉为常见。18世纪又出现了纳丝绣,多用羊皮金作衬,金光闪闪,格外漂亮,广东称"皮金绣"。清代艺人以孔雀毛和马尾毛捻绒入绣,愈增强了表现力。乾隆年间广州成立刺绣会,即锦绣行;光绪时又设工艺局及广绣坊等。因此,从官方来讲也十分重视其生产规模和质量的提高。广绣珍品,国内收藏品以故宫博物院最多,并具有代表性。

京绣

从北京民间刺绣基础上发展起来的一种刺绣品。明、清已有京绣的独立行业,以刺绣各种服饰、日用品为主,尤以刺绣戏衣最为出名。

顾绣

顾绣又称为"露园香绣",是明代上海民间发展而来的一种出自名门闺媛之手的闺阁绣,因源头为进士顾名世而得名。顾绣材质不限于丝,而广取草、斗鸡尾毛甚至头发等材质;其针法丰富多样,绣品中各类形象生动逼真,富有层次感,具有书画的艺术效果。

瓯绣

浙江温州生产的刺绣品。由于温州位于瓯江之滨,故名。其特色为构图精练,纹理分明,绣面光亮适目,有绣画结合之妙。

苗绣

中国苗族妇女的刺绣品。多数苗族妇女从小就学会刺绣，一般应用在袖口、袖套、衣领、后肩、裤脚、裙腰、头巾、腿套等处。花纹布置严密，色彩对比强烈，多采用几何纹样，具有浓厚的地方特色。

苗绣

绒绣

用彩维绒在特制的网眼麻布上进行绣制的一种工艺品，它是新中国成立后新兴的工艺美术。主要产地上海。绒绣绣制过程中可以自行拼色。它善于表现油画、国画、彩色摄影等艺术效果。它可以做到色彩丰富，层次清晰，形象生动。

挑花

刺绣针法，又是织绣的一种。根据布面的经纬纹理，用十字形或井字形的针法挑绣，属于刺绣针法的一种。其组成各种图案纹样，具有朴实、大方、耐用的特点。多用于手帕、服饰、枕套、床沿等处的装饰。流行于北京、浙江等地。另一种属于织绣，又称"挑织"或"十字花绣"。在布料或锦缎上依据经纬线组织，按照设计图案，用细密十字形挑织成花纹。北京、四川的民间挑花以及贵阳的苗族挑花，均具有质朴、浓郁的地方色彩。

织花

用各种纱线、丝线、麻线、毛线在织布机上织成带有花纹的纺织品。中国在商代就有很精美的织花丝绸。少数民族地区，用手工编织的服装饰物或生活用品的装饰，流传非常普遍。

云锦

云锦是中国传统丝织工艺品之一，因其锦纹瑰丽如云彩，故而得名。云锦产地在南京。它的特点是大量用金线，包括捻金、缕金，也包括缕银与银线，是一种善于用金装饰织物花纹的提花丝织物。云锦的主要品种为"妆花""欣金""织锦"。它们以各种金银线交织于一件彩锦中，使花纹金彩辉映，整件织物形成一种瑰丽灿烂、典雅而高贵的艺术效果。

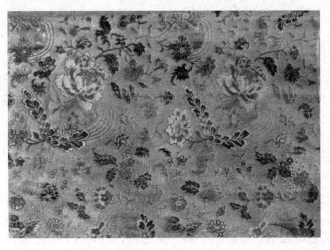

云锦

蜀锦

自三国时期起,四川的织锦业一直非常发达,居全国领先地位,当时成都织造的经线起花的彩锦色泽美丽、花纹新颖,织造技术已达到成熟的地步,被誉为"蜀锦",名扬天下,另外还出现了加金锦等新品种。

宋锦

四川产的蜀锦和苏、湖、杭等地产的宋锦为宋代最有名的织锦精品。宋锦采用一种精密细致的"三枚斜纹地",经线分面经和底经两重,面经用本色生丝,底经用有色熟丝,纬用多种色彩的练丝。以底经作地纹组织,面经作纬线幅长的"结接经"。这种结构继承了唐以来的纬锦织造技术,用彩纬加固结经,形成纬三重起花。宋锦的织造过程完全体现了中国本民族的风格,因而显得严谨规范。

壮锦

壮族劳动妇女编织的工艺品。主要产地分布于广西壮族自治区的靖西、忻城、宾阳等县。以棉纱为经,丝绒为纬,经线一般为原色。纬线则用各种彩色。质地结实,图案别致,纹样精美,色彩绚丽,可作床毯、被面、台布、几垫、挂包、头巾、背带以及壁挂、锦屏等等。传统沿用的纹样主要有回纹、水纹、云纹、花卉、动物等二十多种。近年来又出现了"朵朵葵花向太阳""民族大团结""革命圣地""桂林山水"等八十多种新图案,富有民族风格。

金宝地

"云锦"妆花类品种之一。是运用不同光泽的金线特点，以圆金线织成金底，在金底上织出五色缤纷的花纹，并用扁金线织制大片锦纹，衬托其间。织品金彩辉映，灿烂夺目，是云锦中最具特色的传统产品。

地毯

铺覆地面用的纺织品。种类名目繁多。常以棉、毛、麻线等做原料编织而成。我国生产的编织地毯，常用强度极高的棉纱或化纤股绳作经纱和地纬纱，而在经纱上根据图案的设计，扎入彩色的粗毛（或化纤）纬纱构成毛绒，然后经过剪毛、刷绒等工艺过程而制成。其正面密布耸立的毛绒，质地坚实，强性良好，久已驰名世界。中国地毯编织历史十分悠久，唐代已有新疆地毯与波斯毯交流的记载。宋元以后，随着北方民族的南迁，地毯生产更有所发展。

编织工艺

竹编

竹编是运用竹材制作家具，编织用品。各地竹编风格各异。浙江竹编造型优美，做工精巧，往往是用细篾丝编成器体，用宽竹片制作把手或提梁。福建竹编可以编成十字

竹编

花、海棠花等十多种花样，并且往往在竹篾上加以色漆和金彩，更使人感到精巧华丽。四川竹编以纤细精美著称，作为卷轴面的竹丝帘，薄如蝉翼、光泽似绢的竹丝扇等，都美不

胜收。安徽舒城的竹席,闻名中外,被称为"舒席"。湖北章水泉的竹器,用刮花、刻花进行装饰,并擅长用不同的竹节组成图案,也具有独特风格。

草编

草编材料种类很多,有黄草、蒲草、咸水草、龙须草、金丝草等。由于传统技艺不同,各地风格也不尽相同。如,北方生产小麦,麦秆编就极为发达,山东、河北、河南等省都是著名产地,草帽编在历史上就已大量出口。河北、山东地区的蒲草编,历史极为悠久。此外,嘉定地区的黄草编,广东地区的咸水草编,将草料加工染色,编制具有装饰图案的各种生活用品,如,提篮、套盒、鞋帽、杯垫、草箱、草席以及玩具装饰等,品种丰富多彩,技艺也十分精美。

棕编

用棕丝制成的工艺品。主要产地是四川新繁地区。特点是比一般草编工艺坚实耐磨。主要产品有提兜、箱子、凉帽、拖鞋、玩具等。

棕编

藤编

山藤多产于南方各地,有梨藤、灰藤、花黑藤、盘山藤等多种品种。韧性最强而又金黄闪光的藤是上品,以海南岛产最佳。藤编工艺能编出各种不同的花样和网眼。根据器物的不同部位,可制出各种各样的藤丝。藤编除了制作家具外,还可编织提篮、灯罩、花插以及鸟、兽、灯笼等各种玩具。

竹帘画

一种传统工艺品。是在细竹丝编成的帘子上加上书画的工艺品。早期多当作轿帘使用,清末逐渐发展成为室内陈设的画帘形式。品种有通景屏、单条、斗方、帐檐、对联、灯等百余种。产于四川梁平。

翻簧竹刻

翻簧竹刻是一种特殊的竹制品。它是将竹簧煮后压平,制成各种文具器皿。簧片光洁淡雅,具有象牙的质感。在制品上,往往用单刀或双刀雕刻,或用"火绘"(即烫花)进行装饰。这些工艺品在湖南邵阳、浙江黄岩、四川江安、江西井冈山等地都有生产。

金属工艺

景泰蓝

正名"铜胎掐丝珐琅",简称"珐琅",俗呼"珐篮",习称"景泰蓝"。中国著名的特种工艺品之一。产地北京。点蓝烧蓝,铜胎填嵌,珐琅彩在中国有悠久历史,景泰年间制作最精而著名。故宫博物院最早存品系创于明宣德(1426~1435)间。用铜胎制成,当时以蓝釉最为出色,又在景泰年间广泛流行,习惯称为"景泰蓝"。

景泰蓝

铁画

也叫"铁花"。用铁片和铁线锻打焊接成的各种山水、花鸟画的形式,做成挂屏、挂灯。相传系明末清初安徽芜湖铁匠汤鹏所创造,以后逐渐流传到北京、山东等地。

鎏金

古代金工传统工艺之一,近代称"火镀金"。系将金溶于水银之中,形成金泥(即金汞剂)涂于铜或银器表面加温,使水银蒸发,金就附着于器表,称之"鎏金"。我国古代铜器常用此法作为装饰。

鎏金

金银首饰

黄金和白银特别容易加工成形,制作的工艺品造型精巧优美,色泽富丽华贵,有史以来一直伴随着王公贵族的奢华生活。目前发现的最早的金银制品,是古埃及时代制作的。我国商代已经有了金银饰物,后来的历代封建王朝,都设有官府管理的手工作坊,专门制作金银器。

金缕玉衣

1968 年夏在河北省满城县陵山上发现了两座保存完好的大型汉代墓葬。两墓系并穴合葬墓在石质山体中开凿而出,墓主为汉景帝刘启之子、汉武帝的庶兄刘胜和其妻子。在这两座墓内摆放着琳琅满目的奇珍异宝,最引人注目的是刘胜和其妻窦绾所穿的殓服——金缕玉衣。这两件玉衣的外观和人体的形状相似,它是用正方形、长方形或梯形的小玉片,四角穿孔,以金丝缀连而成,因此称为"金缕玉衣"。如果把金缕玉衣分解开来,可以分为头部、上衣、裤筒、手套和鞋五个部分。刘胜的玉衣全长 1.88 米,由 2498 片各种形状的玉片组成,仅金缕就重 700 克左右。

漆器工艺

漆器

用漆涂在各种器物的表面上所制成的日常器具及工艺品、美术品等,称为"漆器"。早在新石器时期,人们就已广泛使用漆制器物。漆器由于装饰性强,轻便耐用,且工艺精湛,深受人们喜爱。漆器种类繁多,有彩绘、描金、堆漆、雕填、戗金等近 20 个品种。

扬州漆器

中国民间著名的工艺品之一。产于江苏扬州。西汉已具较高技术水平,唐代创"剔红雕漆",明代兴"镶嵌"之法,至清代把两者相结合,又添特色。现生产有"雕漆嵌玉""平磨螺钿""骨石镶嵌""刻漆""红彩勾刀"五大类,产品有各花式的屏风、桌柜、盘盒等家具和陈设用品三百余种。其中"雕漆嵌玉",是将各种具有不同天然色彩的玉石镶嵌在漆器上,构成画面,非常精美。"平磨螺钿"将蚌壳、云母等磨成薄片,锯成各种形状,镶入漆器上,最后磨光,明亮如镜。

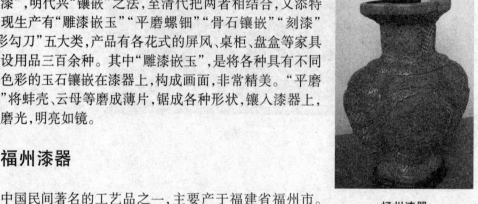

扬州漆器

福州漆器

中国民间著名的工艺品之一,主要产于福建省福州市。其特点轻巧美观,色泽光亮,不怕水浸,能耐温、耐酸碱腐蚀。品种有瓶、盘、盒、文具、围屏等。这种脱胎漆器,清代已称誉海内外,并有些作品已流传至欧美。

虎皮漆

漆器品种之一。漆器表面光滑呈现不同色泽的斑纹,各地叫法不同,也与朝代有关。1984 年在安徽马鞍山市三国吴朱然墓出土的一件"犀皮鎏金铜口皮胎漆耳环",黑、红、黄漆色相同,是迄今为止最早的犀皮实物。明、清时期均有佳作传世,今已为少之。

晕金漆器

晕金漆器又称为"泥金画彩"。以描金纹样先按要求厚施彩漆,再于漆面将干之际用细金粉涂抹,以分阴阳脉理,具有金漆的装饰效果,用这种方法制成的漆器就是晕金漆器。

雕漆

又名"剔红",相传始于唐代。目前主要产地有北京、扬州、天水、徽州等地,以北京产品为最著名。制法是先将调好的漆料涂在铜胎或木胎上,一般涂八九十层。上漆后趁未干透时立刻进行浮雕,然后再烘干,磨光。以朱红色为主。品种有瓶、罐、盘、盒、橱、插屏及台灯和烟碟等。

雕漆

马王堆漆器

汉代漆器,1972 年湖南省长沙市马王堆1 号汉墓出土。有《软侯家具杯盒》《双层九子奁》等 184 件。大部分为木胎成形,即旋木胎,有鼎、盒、钟、盂、盘等,器壁较厚(有的漆盒壁厚仅达 4 厘米);斫木胎有耳环、具杯盒、匜、钫、匕、案等;卷木胎有奁、卮,用于直壁器,壁较薄;此外尚有少量夹纻胎和竹胎。装饰方法有漆绘、油彩绘、针刻、贴金箔、金彩绘等;装饰花纹多为流动的卷云纹、龙凤、涡旋形等,线条刚柔相济,笔势婉约流利,构图疏密有致,具有很高的艺术性。

青铜器

青铜器

青铜是红铜与锡、铅等其他化学元素的合金。公元前 21 世纪,中国进入青铜时代。在奴隶制社会,青铜器是代表贵族身份的礼器。纹饰精美、形象生动、技术高超、种类繁多的古青铜器,集造型、雕塑、绘画等多种艺术于一身,具有极高的实用价值和艺术审美价值,是中国文物艺术中的瑰宝,也是世界艺术史上的精华。

青铜礼器

西周奴隶主制定出整套礼制，规定了森严的等级差别，以维护奴隶制统治秩序。由于礼制的加强，一些用于祭祀和宴饮的器物，被赋予特殊的意义，成为礼制的体现，这就是所谓"藏礼于器"。这类器物叫作"青铜礼器"，简称"礼器"，或称"彝器"。青铜礼器种类繁多，数量巨大。工艺精美，其存在是中国古代青铜器的显著特点。青铜礼器可分为食器、酒器、水器、乐器四大类。

青铜兵器

古代的青铜兵器和我们后来常见的十八般兵器有所不同，青铜兵器种类较多，如刀、

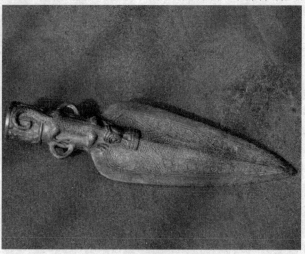

青铜兵器

剑、戈、矛、钺、戟、甲胄等等，功能和形状也较为原始。最常见的青铜兵器是钺。它是用于斩杀的刑具，因而又演化成为权力的象征。中国青铜剑制作，其时代可上溯到商。古代贵族和战士常常随身佩带，用以自卫防身进行格斗。西周早期出现柳叶形的剑。东周时期，战争频繁，剑得到充分发展。这一时期出现了不少稀世珍宝，许多名剑和制剑大师的名字也从此流传百世。装有长柄的砍斫武器刀，在商代就出现了，尤其在西北地区比较流行。戈是从收割作物用的刀发展而来的，其使用方法与刀相仿。它是商周时期兵器中最常见的一种，也最具特色。矛是用于冲刺的兵器。把矛装在戈卡必的上端，既可刺又可勾杀的双重性能兵器称之为戟，西周时代出现了矛戈混铸成一体的"十"字形戟，战国流行"卜"字形戟；到了秦汉，戟变成了"片"字形，如三国时吕布"辕门射戟"的戟，在中国是家喻户晓的武器。

青铜镜

青铜镜是古代人们用以梳妆饰容的生活用具,也是中国青铜器中自成体系、艺术价值极高的工艺美术品。中国古代的青铜镜,就目前所知,最早出现在齐家文化(约公元前1960年)的墓葬中,距今已有4000年的历史。在古代,铜镜与人们的日常生活有着密切的关系,直到玻璃镜出现之后,它才随着玻璃镜的普及而退出了历史舞台。铜镜成为古代青铜器中从齐家文化一直延续到清代,历史最为悠久的门类品种。

青铜铸币

春秋战国时期,青铜铸币成为主要通货。早期青铜铸币的造型大都以农耕工具或刀具为样本,民间俗称这样的钱币为"布币或刀币"。真正把中国钱币外形统一成为"外圆内方"鲜明民族特点的是秦王朝,此后两千余年来中国钱币就一直沿着这一定制进行创新发展。

玉器

玉

玉是一种色彩美丽、质地坚硬而不多见的珍稀的石头。用玉雕琢成的工艺制品称为"玉器"。玉器产生于石器时代,在我国已有七千多年的历史。古代社会,玉器不仅被用于装饰,而且是财富、权力的标志,是统治者祭祀天地、沟通神灵的法物。

玉雕

玉是石的精华,它的质地和色泽都给人以美感。玉雕是以玉为原料雕刻成的工艺品。古语说"玉不琢不成器",一块玉石,只有经过人工雕刻,才会有更高的价值。常见的玉器有生活器具和装饰物,如,玉杯、玉盘、玉镯、玉制花鸟、山水走兽等。我国的玉雕制品精细玲珑,造型可爱,有很高的收藏价值。

礼玉分类

玉璧:通常是扁圆形,中间有孔。王侯贵族朝聘、丧葬时所使用的重要礼器。
玉琮:内有圆孔,外圈为正方形或钝角方形。一般作陪葬之用。
玉圭:扁片状、长条形,一端方头,另一端呈尖角状。最终演变成大臣上朝使用的

玉雕

笏板。

　玉璋:状似古代农具石锄。祭祀山神的礼仪用具。

　玉琥:圆雕或片状虎形器。多用于佩饰。

　玉璜:有圆柱和扁体之分,呈半环形,弧度有大小之分。多用于佩饰。

珐琅器

珐琅器

　　珐琅器是在金属胎的外表涂以玻璃质的釉料,经窑烧而制成的器物。我国的珐琅工艺,分为掐丝珐琅和画珐琅两大类,是在外来文化的影响下,先后于公元 13 世纪末和 17 世纪初发展起来的。

民间艺术

皮影

　　又名"驴皮影",属造型艺术品类,是民间表演艺术的道具,亦称"影人"。它是一种用厚纸或驴皮(少数也用牛皮),平面雕镂并着色的造型艺术品。既是皮影戏的工具,又是壁饰、橱窗装饰的陈设品。皮影最初用厚纸雕刻,以后普遍用驴皮、牛皮或羊皮,经过削制、刮平,根据角色和衬景的需要设计,经过雕簇、敷色、烫平、装订等工序完成。风格类似民间剪纸。因"影人"有手臂、腰、腿等关节部位,分别雕成后用线连缀在一起,在演出时活动自如。

皮影

剪纸

剪纸是我国最为流行的民间艺术之一。民间艺人往往通过谐音、象征、寓意等手法提炼、概括自然形态,然后用纸剪出各种形象的图案,点缀墙壁、门窗、房柱、镜子等。剪纸具有强烈的民族特色,它选题广泛,内容丰富,善于用变形夸张的造型,刻画众多栩栩如生的艺术形象。

烙花

也叫"烫花"。中国民间工艺品之一。用烧热的铁针,在扇骨、梳篦、葵扇或木制家具上烫出各种人物、花卉等纹样。以河南南阳所出产的较为著名。

檀香扇

民间特种工艺品。用檀香木做成各式女用折扇,加以精美的雕刻装饰,用以搧风,香气扑鼻,精神益智。做成大尺寸的折扇可作陈列品。主要产地在杭州、苏州、广州。苏州以"绢花",广州以"拉花"(在檀香木上刻花)尤为著名。

檀香扇

风筝

属民间工艺类别。现为装饰和玩赏的民间工艺制品。唐代后渐变为具有观赏、娱乐、运动等功能的民间玩具。中国风筝传入世界各国年代有先后,但目前放风筝已成为国际性体育项目之一。风筝的制作普及各个角落,其中尤以北京、天津、潍坊、南通最为著名。

盆景

民间工艺品。在花盆里培养某种小型的花草,配置适当的泉、石、亭、桥等构成一种自然景色的缩影,供室内陈列用。我国有五大盆景流派,分别是以扬州命名的"扬派"盆景,以苏州命名的"苏派"盆景,以四川命名的"川派"盆景,以徽州命名的"徽派"盆景,以岭南地区命名的"岭南派"盆景。

泥塑

泥塑,俗称"彩塑",是至今我国保留最古老、最具民族特色的手工制品。它以泥土为原料,以手工捏制成形,或素或彩,以人物、动物为主。泥塑造型优美,生动逼真,具有浓厚的乡土生活气息。

惠山泥人

民间玩具,因产于江苏无锡惠山而得名。因惠山一带有种被称之"磁泥"的黏土,质地细腻,可塑性强,和水糅合敲打后,具有干而不裂、弯而不断的特点,特别适于泥塑。这里民间艺人代代相传,家家擅长捏塑,户户均能彩绘。惠山泥人始于明代,已有四百多年历史。惠山泥人有粗货、细货之分。粗货也称"耍货",即为用模印生产的玩具——彩泥人玩具,代表作品如《大阿福》《蚕花猫》《春牛》等,造型圆浑、丰满、简练、色彩鲜艳。细货又名"手捏戏文",属于观赏泥人,全部用手工捏制,取材于戏曲题材,注重于以虚拟实、以简代繁、以神传情的艺术技巧,具有浓郁的江南情调。

泥人张

泥塑来自民间,古代就有作俑人殉葬、塑佛像供人膜拜、捏玩具供人玩赏的风俗。天津的"泥人张"、无锡的惠山泥人是全国闻名的泥塑。"泥人张"由天津张明山所创,源于清代,世代相传。其泥人形象逼真,神采各异,具有生活实感和独特的风格,形成天津传统工艺的一绝,因此被誉为"泥人张"。张明山传世之作有《惜春作画》《黛玉抚琴》《张敞画眉》等,现藏于故宫和颐和园。

唐卡

又称"藏族轴画",是藏族人民的传统绘画形式。画幅较大,多绘制在棉布或绸缎等

唐卡

丝织品上,以各色彩缎镶边,并饰有飘带,上下两端有以银、铜装饰的木轴,以备展卷。基本色调分蓝、黑、红三种,分别用于不同的祭祀、庆典场合。历史悠久,题材多取历史、宗教故事和生活场景。

面具

又称"假面""脸子",民间戏曲或舞蹈演员的面部道具。用纸、木、竹札糊或以整块木料挖雕成型,外面施以彩绘,塑造出各种不同的角色形象,以增强演员造型的表现力。角色分文官、武将、神怪、动物等。多取传统戏曲验谱的形式,对形象作强烈的夸张,以强调其性格特征,纹饰具有浓烈的装饰美,早期面具多作宗教巫术活动,后渐变成戏曲、舞蹈的道具。另有一部分演变为儿童玩具。由于科技发展,塑料制品作面具的也多了起来,更有特色。

四大名扇

杭州的檀香扇、苏州的绢扇、肇庆的牛骨扇、新会的葵扇。

明式家具

中国木器家具的制造格式之一。明、清以来,家具格式有苏作(苏州制造)、广作(广东制造)、京作(北京制造)等几种。明式家具,基本上就是苏式家具,是当时具有代表性的家具格式。多用紫檀、花梨、红木、杞梓、铁梨等质地坚硬、纹理细密、色泽光润的木材做成。它的形式特点,主要在于造型大方、结构单纯简练,不用繁琐的装饰,充分利用木材固有的纹理色泽,做到既适用又美观。现故宫尚保存有这种格式的实物。它与清代中叶以后追求繁琐雕琢的形式,忽视实用价值的家具风格,形成对比。

篆刻艺术

基本常识

印

印也叫印章，一般蘸红色印泥盖在纸上，是书画的重要组成部分，印文突出，印出来是红字的叫阳文；印文凹进去，印出来是白字的叫阴文。古代书画作品上的印章各种各样，既有作者的名章，也有历代收藏者的名章。与刻印相关的是篆刻艺术，中国很多大书画家同时也是大篆刻家。

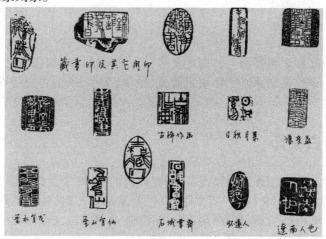

篆刻

章

即"印章"。《汉旧仪补遗》云："丞相、大将军，黄印龟钮，文曰'章'。"据史料记载，汉代沿袭秦制，当时除玺、印名称外，开始有"印章"二字。印章就其作用看有信印、闲章之分。闲章是指斋馆印、收藏印、肖形印、吉语印等。如宋代就有人刻某某图书字样的印章，盖在自己所藏的图书上，以示所有。当人们普遍使用时，人们把一般印章叫"图书"

了。现在我们把印章也称为"图章",这个名词就是由此来的。

玺

又作鉨,即印章。战国时期不论官印、私印都不叫印,而称为"玺"或写作"鉨""鈢"字,就是现在的"玺"字。在秦以前尊卑通用,官、私印均可称"玺"。秦以后只有皇帝的印方可称"玺"。隋、唐时皇帝印章亦称"玺"。武后(武则天)因她厌恶玺字(玺与熄灭的"熄"字音通)。将"玺"字改为"宝"字。清代时皇帝的印章称宝也称玺。

玺

朱记

我国隋唐以后,官印多用朱文,并用朱色加盖印章。唐时已有称印为"记"者。宋朝以后,则"记""朱记"并用,乃官印之一种,如传世宋印有"通远军遮生堡朱记"。《宋史》中有记载给京城以外的官吏及诸军将校等,制有长1寸7分、宽1寸6分的"朱记"官印。又载监司、州县长官等称印,其僚称记。其印约方寸。

金石

金,指商周以来在金属器物上铸刻之文字;石,指秦汉以来碑版刻之文字。后人称研究金石文字谓金石学,篆刻家研究印玺之源流、沿革、文字、风格之变迁等,与金石文字有密切之联系。

朱文印和白文印

把印章盖在纸上,会出现两种情况:一种是红色的字,即朱文印,又称为"阳文印";一种是白色的字,即白文印,又称为"阴文印"。进行篆刻创作时,使所要刻写的字凹下去,然后用这枚印章印在纸上,就可以得到白色的字迹,这就是白文印。相反,如果是刻掉周围多余的印材,使所要的字凸出来,印在纸上的字就是红色的,这就是朱文印。

闲文印与收藏印

闲文印与收藏印是根据印章形式和用途的不同所做的一种划分。闲文印是指刻有诗词、成语等的印章,常刻在书画上,做点缀之用。收藏印是收藏者或鉴赏者钤盖在书画上的标记,用于珍藏书画。这两类印比较灵活自由,有无限宽广的发展方向和艺术形式。

边款和印纽

边款就是印章的背、侧、边上所刻的文字，主要用于记载刻制年月、刻制者的名号等。边款书体有行、楷、隶、草各体。印纽上有小孔，最初是为方便佩戴而设，后来只是为了美观而设。

篆书

字体名。一是泛指汉代隶书以前的古代文字。如小篆、籀文、金文、甲骨文等。二是指春秋战国时通行于秦国的籀文（如石鼓文）。秦始皇统一六国后创立了"秦篆"（即小篆），汉代的缪篆。如王莽时六书，"三曰篆书，即小篆"。

篆刻

篆刻亦称治印，是镌刻印章的通称，为我国的传统艺术之一。由于印章最早采用的是篆书体，故称篆刻。篆刻源于春秋战国时代，篆刻最早的作用是受命做官的凭信和封固简牍，先秦及汉、魏晋时期，印章都由制印正匠镌刻，制印风格各代虽有不同，但都有很高的艺术水平。汉代是印章发展的极盛时期，魏晋以后至唐宋，篆刻艺术日趋衰落。元朝出现了吾丘衍、赵孟頫等文人刻印，篆刻艺术开始复兴。元末明初，王冕得浙江丽水县天台宝华山所产的花乳石，爱它色彩斑斓，刻画如意，开始用石刻印，后人纷纷效仿。明唐伯虎、文徵明等文人，不仅书画高妙，治印亦是能手，受其影响。在文人中兴起一种研究印学之风。

刀法

刀如笔，这是篆刻艺术的最大特点。笔有中锋、侧锋之分，刀同样有中锋、侧锋之别；书有大、小篆隶、真草，印有朱白、疏密、曲直；书法与篆刻虽方法、工具不同，但道理是一样的。为了取得刻印之理想效果，必须根据印材质地、印石大小、印文朱白、笔画疏密、刻刀利纯等不同情况，而处理好用刀速度快慢、动作大小、节奏变化、力量强弱等各种关系。但不管运用何法，行刀原则是一样的，必须做到"胸有成竹，大胆果断，心手相应"。对作品线条的要求也是一样的，即"肥不臃肿，瘦不纤弱，端庄古雅，丰神流动"。刀法自古至今甚多，前人有用刀十三法。通常有冲刀、切刀等，名目繁多。

用刀十三法

这是前人根据刻印时进刀、运刀、刻刀、印质、印文等不同情况与要求而提出的用刀之各种技法。许容《说篆》云："夫用刀有十三法：正入正刀法（以中锋入石，竖刀略直，其势雄，有奇气），单入正刀法（以一面侧入，把刀略卧，其势平，臻于在雅），双入正刀法（两面侧入石也,卧刀。势平,不可轻滑),冲刀法(以中锋抢上,无旋刀,宜刻细白文),涩刀法(欲行不行。不可轻滑潦草,宜用搴古),迟刀法(徘徊审顾。不可率意轻滑),留刀法(停蓄顿挫,留后地步,与涩、迟二法略异),复刀法(一刀不到,再复之也;看病在何处,复刀救之),轻刀法(轻举而不痴重,非浅率之谓),埋刀法(笔锋藏而不露;刀法著而不浮),切刀法(直下而不转旋,急就、切玉,皆用此法),舞刀法(迹外传神,熟极生巧),平刀法(平起其脚,用刻朱文、白文亦间用)。以上刀法全在用刀之时,心手相应,各得其妙。"另在陈炼《印说》中提到之刀法超过以上,各种刀名虽不可不知,然总要刀下有轻重、顿挫、筋力,多用中锋,少用侧锋,时时存古人写字之法。所有刻刀之法,在刻印时不可能如此复杂,仅供实践者揣摸之。

刻印六法

指气韵生动、刀法古劲、布置停匀、篆法大雅、笔与刀合和不流俗套。

刀法六害

刀法之弊病影响作品之质量,因此古人对此十分重视,总结训条。如刀法六害,由明代篆刻家何震著《续学古编》曰:"心手相乘,有形无意,一害也;转运紧苦,天趣不流,二害也;因便就简,颠倒苟完,三害也;锋力全无,专求工致,四害也;意骨虽具,终未脱俗,五害也;或作或缀,成自两截,六害也。"还有"三害""十害"之说等。

封泥

亦称"泥封"。即印章按于泥块上,作为门户和包裹等封口的凭证,这种钤有印章的土块,称为"封泥"。中国古代公私简牍大都写在竹简、木札上,封发时用绳捆缚,在绳端或交结处加以检木,封以黏土,在土块上盖印章,作为信验,以防私拆,常用此法。以后纸帛盛行,封泥之制渐渐废除。封泥制主要盛行于秦汉与魏晋时代。

印泥

亦称"印色"。名称由"封泥"演绎而来的。印泥的发展已有 2000 年的历史,早在春秋秦汉时期就已使用印沁泥,那时的印泥是用黏土制的,临用时用水浸湿,这就是当时称的封泥。到了隋唐以后,随着社会的进步,有人研制出纸张,人们又改用水调组朱砂于印面,印在纸上,这就是印泥的雏形。到了元代,人们开始用油调和朱砂,之后便渐发展成我们现代的印泥了。

封泥

西泠印社

清光绪十三年(1904年),学者丁仁、王提、叶铭、吴隐四人在浙江创立了印社,1913年定名为"西泠印社"。西泠印社是我国研究金石篆刻的学术团体,以"保存金石,研究印学"为宗旨,经百年传承,在国际印学界享有崇高的学社地位,被誉为"天下第一社"。

十大篆刻流派

徽派:明代何震开创的篆刻流派,俗称开徽派。因何震祖籍安徽,故称徽派。何震治印浑厚苍劲,依法而不泥法,开创了师法汉印之风,有创新精神。徽派其他代表人物还有文彭(文徵明长子)、苏宣、朱简、江镐京等。

歙派:明末清初程邃开创的篆刻流派。此派初以文(彭)何(震)为宗,但力求变法,以古籀、钟鼎入印,尤其吸引了秦朱文印的特点及优势,其治印章法严谨。刀笔苍润渊秀,面目截然不同,后自立门户,因此派大都是歙县人,故开创为歙派。歙派其他代表人物还有巴慰祖、胡唐、黄吕、程奂轮、江恂、黄洵和王声等。

浙派:又称西泠八家。清乾隆时以丁敬为首的"丁黄派"突起,力求古法,兼撷众家之长,不墨守汉家成法。其他七人为黄易、奚冈、蒋仁、陈鸿寿、钱松、赵之琛和陈豫钟,西泠八家对篆刻都有所创造,各有千秋。八家之外还有胡震、张燕昌、杨澥、翁大年、华复、杨大受及陈祖望等,都是浙派名家。

蒲田派:也称闽派。据传是清代福建省蒲田县宋珏开创的,他学秦汉钵印,并受明篆刻家文彭与何震影响,风格疏淡、清丽。同时宋珏又擅八法书。其他后继者有吴晋、薛穆生、许有介、兰公漪等。

邓派:也称皖派。以清代篆刻家、书法家邓琰为代表,他精四体书。篆书得汉碑篆额及李阳冰《三坟记》等篆字的体势笔意。沉雄朴厚,自成面目,一洗刻板拘谨之风。篆刻得力于书法,苍劲庄重,流利清新,改变了当时局限于取法秦汉弥印的风气,把当时的篆刻艺术推向一个崭新的阶段。后代的学者如包世臣、赵之谦、程荃、周启泰等传邓氏学派。

齐白石的篆刻

齐白石是一位出身木匠而又诗、书、画、印无不卓绝的大艺术家,对这四绝。他自认为篆刻第一,诗词第二,书法第三,绘画第四。他的篆刻改圆笔的篆书为方笔,形成大刀阔斧的单刀刻法,自成一格。

篆刻著作

《学古编》:篆刻论著。元代吾丘衍著。上卷为《三十五举》,次载《合用文集品目》。尾系《附录》,合为一卷。其中《三十五举》是该书主体,叙述了篆、隶书体的演变及篆刻知识,内容相当具体,是我国最早的印学理论著述。故后世将《三十五举》直呼为书名。在印学史上有划时代的意义,一直被举为经典论著。

《续学古编》:篆刻论著。明代徽派开创者、篆刻家何震所著。此书仿元吾丘衍《学古编》体例。书中亦有不少新颖,还第一次对历来被忽视的古官印、特别印制进行深入探求,别树一帜,具有开拓之功。

《印法参同》:篆刻论著。明代徐上达著。此书完成于明万历四十年(1613 年)。42卷。此著对篆刻学的各种分类均做了详细的分析,尤注重以相辅相成的辩证思想探讨印章之技法,阐述畅达,体豢精微。它流传不广,清以后才为世人知晓。

《六书通》篆体字书。清代闵齐假编、毕宏述增订。十卷。此书以明代《洪武正韵》一书部次编排,首列《说文》篆文,以下列古文、籀文、金文及印文,选录嫌杂,间有错误,因当时字书甚少,旧时篆刻家多以此为据。

《十钟山房印举》篆刻论著。清代篆刻家陈介祺编。是印谱中名著之一。初稿共 10部,每部 50 册,每页 1~4 印。光绪九年(1883)重编,每部增至 194 册,因举分别各种印式。故名"印举"。每页一印,集印逾万,所选较精,可作篆刻参考。

《缪篆分韵》:篆体字书。清桂馥类编。五卷,补遗五篇。集汉、魏印文,依韵排列。搜罗较博,所集之字,下注出处。煎姚觐元有重刻本。

《篆刻学》篆刻论著。现代篆刻家邓散木著。他篆刻著力特深,融书法篆刻于一体,自言生平事艺,篆刻第一。此书初稿系出于作者在 20 世纪 30 年代讲授篆刻时的讲义。本书分上、下两编,共九章,是一部理论与实践创作相结合的佳作,可供学者及治印家研读取经。

篆刻名家

文彭

文彭(1498 年~1573 年),明代篆刻家、书画家。字寿承,号三桥,别号渔阳子、国子先生,长州(今江苏苏州)人。文徵明长子。继承家学,亦善书画,而精于篆刻,风格工稳。与何震并称"文何"。他原多作牙章,在南京居住时,偶得民间灯光石四筐,解剖制作印石,晶莹夺目,冻石之名始见于世,从此改攻石章。为后世所宗,称为流派的开山鼻祖。石章的使用,对篆刻的发展起很大作用。他的篆刻长期被篆刻家奉为规范,印作被后人奉为金科玉律。他的篆刻作品存世极少。

何震

何震(1522 年~1604 年),明代篆刻家。字主臣、长卿,号雪渔,安徽婺源(今属江西)人。篆刻风格端重,他的成就在于创新,能"法古而不泥古",一变当时篆刻风貌,名盛一时,后人推为"皖派"(也叫"徽派")的开创者。与文彭并称"文何"。著有《续学古编》

二卷。

丁敬

丁敬,(1695年~1765年),清代篆刻家。字敬身。号钝丁,别号龙泓山人、丁居士等,浙江钱塘(今杭州)人。篆刻吸取秦印、汉印及前人的长处,擅长以切刀法刻印,苍劲质朴,别具面目,形成"浙派",为"西泠八家"之首。与黄易并称"丁黄"。爱好金石文字,工书能诗。著有《武林金石录》《砚林诗集》《龙泓山馆集》等。

邓石如

邓石如(约1743年~1805年)。清代书法家、篆刻家。原名琰,字石如,又名顽伯,号完白山人,又有完白、古浣、游笈道人等别称,安徽怀宁人。他出身寒门,读书不多,20岁左右便开始浪迹江湖,到处寻师访友。他不入仕途,不慕荣华,始终保持布衣本色,在交游中度过一生。他的小篆富有创造性地将隶书笔法糅合其中,线条圆涩厚重,雄浑苍茫,臻于化境,大大丰富了篆书的用笔,开创了清人篆书的典型,对篆书艺术的发展做出了不朽贡献。在篆刻上,他打破了汉印中隶化篆刻的传统程式,在篆刻中首次采用小篆和碑额的文字,将制印艺术的视野空前地扩大,并形成了自己刚健婀娜的风格。由于他法书基础雄厚,其篆刻作品中的各种篆体精神饱满,加以刀法苍劲浑朴,婀娜多姿,其篆刻成就突出,在清代的印坛名重一时,其篆刻世称"邓派",也有称"皖派"。晚清篆刻家吴熙载、赵之谦、吴昌硕等均受其影响。传世作品有《完白山人篆刻偶成》《完白山人印谱》《邓石如印存》等。

黄易

黄易(1744年~1802年),清篆刻家、书画家。字大易、大业,号小松、秋盦、秋景庵主等,浙江仁和(今杭州)人。篆刻醇厚渊雅,发展了秦、汉的优良传统,有青于蓝,胜于蓝之誉。与丁敬并称"丁黄",为"西泠八家"之一。他有"一心篆刻,大胆秦刀"一语,深得篆刻三昧。工隶书,沉着有致。擅画山水,笔墨清隽;亦写墨梅。兼喜集金石文字。在山东济宁府做同知官时,广搜碑刻,绘有《访碑图》,并著《小蓬莱阁金石文字》等。

陈鸿寿

陈鸿寿(1768年~1822年),清代篆刻家。字子恭,号曼生,别号种榆道人、夹谷亭长、曼龚等,浙江钱塘(今杭州)人。篆刻取法秦、汉,旁及丁敬、黄易,善于切刀,刀法纵肆爽利,对后来取法浙派者影响颇大。为"西泠八家"之一。善书法,能画山水、花卉、兰竹。在溧阳县(今溧阳市)做官时,制陶家杨彭年为制茶具,经其作铭,风行于时,称"曼生壶"。著有《种榆仙馆印谱》《桑连理馆集》等。

赵之琛

赵之琛(1781年~1852年),清代篆刻家。字次闲,号献父、献甫,别号宝月山人,浙江钱塘(今杭州)人。篆刻早年师法陈鸿寿,后从陈豫钟为师,并取各家之长,以工整挺拔出之,以单刀著名。为"西泠八家"之一。印做功力极深,所刻边款,尤为精致。其刀法、章法趋于定式,刀法如锯齿。他生平勤于篆刻,存世作品较多,学者称便。工书法,亦能画花卉、竹石。著有《补罗迦室印谱》等。

钱松

钱松(1818年~1860年),清代篆刻家。字叔盖,号耐青、铁庐,别号未道士、西郭外史等,浙江钱塘(今杭州)人。为"西泠八家"之一。篆刻得力于汉印,曾摹汉印二千方,所作雄浑淳朴。他见闻广博,章法与众不同,刀法总结前人经验,创造一种刀中带削的新刀法,立体感很强,韵味无穷,是当时开创的新流派,并为后来吴昌硕所取法,在浙派中别具面目。善书,能画山水。著有《钱胡印谱》《未虚室印谱》等。

黄士陵

黄士陵(1849年~1908年),清代篆刻家。字牧甫,或作牧父、穆甫,别号倦叟、黟山人,安徽黟县人。篆刻取法汉印,参以商、周铜器文字的体势笔意,章法自然,运刀挺拔,在皖、浙两派外,自成一家,成为黟山派的开创者。对篆刻发做出了重大贡献。并能书画。著有《班诺波罗蜜多心经印谱》《籀书吕子呻吟语》《黟山人黄牧甫印谱》等。

邓散木

邓散木(1898年~1963年),现代篆刻家。初名菊初、士杰,更名铁,号钝铁、老铁,又号无恙、楚狂人、无外居士等,上海市人,晚年迁居北京。他的书法气势雄健,能四体书。篆刻师赵古泥(赵石),行刀亦冲亦切,布局参用封泥特点,疏密有致。特别是在章法上苦心孤诣,集各家之大成,又显有时代气息。印文融籀篆隶于一体。自言,平生事艺,篆刻第一。善诗画。著有《篆刻学》《书法百问》《三长二短印存》《厕简楼编年印稿》等。

音乐艺术

基本常识

音乐

艺术的一种。通过有组织的乐音所形成的艺术形象表达人们的思想感情,反映社会现实生活。音乐起源于劳动,作为社会意识形态,具有广泛的社会影响。每个民族的音乐都具有独特的风格,其中民间音乐占有重要地位。音乐是表演艺术,必须通过演唱、演奏,才能为听众所感受而产生艺术效果。其基本表现手段为旋律和节奏,其他重要表现手段有和声、复调、管弦乐法等。音乐可分声乐和乐器两大类,也可按体裁、形式分为歌曲、合唱、交响曲以及丝竹、吹打、说唱音乐等。音乐又往往与诗歌、戏剧、舞蹈等相结合而成为歌剧、舞剧、戏曲等综合艺术。

音乐的分类

分声乐、器乐两大类。再按体裁形式分为:独唱、重唱、合唱、独奏、重奏、合奏、协奏、交响曲以及丝竹乐吹打、说唱音乐等等。音乐又往往与诗歌、戏剧、舞蹈等相结合,成为歌剧、舞剧、戏曲等综合艺术。

轻音乐与通俗音乐

轻音乐与通俗音乐互相移植、借鉴和融合。现已很难把轻音乐与通俗音乐做出严格的区分。轻音乐具有轻便、易懂和易被人接受的特点。它包括一般的生活歌曲、抒情歌曲、诙谐歌曲、讽刺歌曲,还包括一些轻歌剧、圆舞曲、小型管弦乐序曲、小夜曲等。通俗音乐产生于 18~19 世纪,它轻松活泼、易于流传,因此很快受到了人们的欢迎,迅速流行起来。

乐理

乐理就是记录在乐谱上的各种符号及规则。有了乐理，人们可以很容易整理记录音乐以流传下去，而大部分人通过乐理的学习，可以很快地掌握音乐的入门与操作。通常情况下，乐理就是指音乐的节奏、旋律、速度等。

节奏

音响运动的轻重缓急形成节奏，其中节拍的强弱或长短交替出现而合乎一定的规律。节奏为旋律的骨干，也是乐曲结构的基本因素。

旋律

旋律又称"曲调"，是音乐的灵魂和基础。它是用节奏组织起来的一系列乐音，在高低方面呈现出有秩序的起伏呼应。在音乐作品中，旋律是表情达意的主要手段，也是一种反映人们内心感受的艺术语言。

和弦

3 个或 3 个以上不同的音，按一定的音程关系叠置并同时发出。构成和弦的基本方法是以三度音程叠置，可产生三和弦、七和弦、九和弦等，构成这些和弦的音被称为和弦音，由下至上分别称为根音、三音、五音、七音、九音等。其中大三和弦、小三和弦、大小七和弦最为常用。和弦是和声的基本组织，它的运用是和声学的基础。在中国音乐里，和弦不一定都按三度关系构成。

和声

由两个以上不同的音同时发声构成的音响组合。它的单位(亦说基本素材)是和弦，即由 3 个或 3 个以上不同的音结合构成，是和声的纵向结构。和弦的先后连接是和声的横向运动，即和声进行。和弦、和声进行即和声所应涵盖的内容。它通常根据各个和弦所代表的感情色彩而编写，在音乐作品中起着润色、烘托、渲染的作用，和声与和弦可以共同增强旋律的表现力。

节拍

节拍指音乐中强拍和弱拍的组合规律，也就是重音和非重音循环重复的序列。使用节拍，是为了利用乐音的各种强度来组织它们，从而形成具有一定规律的强弱变化的乐音。

小节

节拍的单位。由一强拍到下一强拍前为止的部分。在乐谱中,小节与小节之间均界以纵线,称"小节线"。

速度

音乐中各种快慢程度的总称,具体指音乐进行时的快慢。它根据作曲者所要表现的内容、所要表达的情感的需要而定,是演奏(唱)音乐作品的主要依据。它通过音乐表演和作曲者在乐谱上的标记存在,用速度术语和速度记号表示。现行的速度术语及记号起源于意大利并于 17 世纪末确立。

力度

音乐中各种强弱程度的总称。具体指音乐中不同程度的强弱。它与"速度"同为表达音乐语言"语气"的重要手段。它通过音乐表演和作曲者在乐谱上的记写两种表现形式存在。现行的力度术语和力度记号均来源于意大利语。

音阶

音阶是一组音高各不相同的音符。它包括 7 个字母,分别用 C、D、E、F、G、A、B 来命名。在世界音乐史上,产生过很多种类的音阶,如流行于亚洲、非洲等地的"五声音阶",也常被称为"中国音阶"。这 5 个音阶叫作宫、商、角、徵、羽。

音高

在声学中称音调。听觉赖以分辨乐音高低的一种特性。乐音的高度主要决定于音波的频率;频率次数多者音高,频率次数少者音低。

标准音高

为合唱、合奏定音及乐器生产的需要制订的统一的音高标准。通常指"音乐会音高",或称"第一国际音高",即 $a^1 = 440Hz$(赫兹),它是于 1939 年被国际认定的现行的国际标准音高,取代了在它之前于 1885 年维也纳国际会议认定的 $a^1 = 435Hz$ 的标准音高,今称"第二国际音高"。$a^1 = 440Hz$ 的具体意义是,中央 C 上方的 A 音 1 秒钟振动数为 440 次,即频率为 440Hz。随着科学技术的不断进步,现已运用电子手段测定音高。获取标准音高的方法有多种,其中简便易行的是使用音叉。

音调

①音乐声学名词,即音高。②有广狭两种意义:狭义指有一定表现意义的短小旋律;广义指有特定风格的音乐语言。不同时代、民族、地区、流派、作曲家及不同体裁的音乐,各有其不同风格的音调。

调号

标示于每行五线谱左端用以表明乐曲的词的升降记号,具体指乐曲所用的调中始终升高或降低的音。分为三种情况:(1)无调号,即没有升降记号;(2)升种调号,即有一个或几个升记号,其顺序为 #F、#C、#G、#D、#A、#E、#B;(3)降种调号,即有一个或几个降记号,其顺序为 ♭B、♭E、♭A、♭D、♭G、♭C、♭F。

唱名

歌唱旋律时,为了便于发音和区别音级,常用七个拉丁文的音节来代表自然音阶中的七个音阶,即 do、re、mi、fa、sol、la、si(或 ti)。中国工尺谱中的上、尺、工、凡、六、五、乙,亦为唱名。六、五、乙的低八度音则唱作合、四、一。

乐章

大型器乐作品(交响曲、协奏曲、组曲、奏鸣曲等)中相对独立的段落。不同的时期、不同的作曲家的音乐作品乐童数量不同。一般采用四个乐章的居多,也最为常见。

视唱

不经过练习、临时看谱演唱的技能。从 17 世纪以来,人们逐步认识到视唱对于音乐专业的重要,而愈来愈重视对此项技能的培养,将它列为音乐教育的基础必修课。现今音乐教育中,它往往与练耳配合进行,成为音乐专业学生必须掌握的基本技能之一。其训练方法一般用发声的元音或唱名唱音阶、音程、和弦、旋律等,其中唱名又采用首调唱名法和固定唱名法两种体系。

练耳

即听觉训练,其目的在于培养对音乐的听辨力、记忆力,丰富并提高人们的内在听觉,切实理解乐谱并具备对其音响效果的想象力和内在感应力。可以采用模唱、敲击节奏、听觉分析、听写等方式进行训练。训练过程必须与乐理、和声、复调、曲式等音乐理论知识相结合，以达到能够在有限的时间内正确判断、记写音程、节奏、旋律、调性、调式、节拍、和弦连接、多声部织体、乐曲结构等。在专业音乐院校中，练耳与视唱配合进行，成为一门必修的基础课程，同时是音乐专业学生必须掌握的一门技能。

十二律

中国古代律制。用三分损益法将一个八度分为 12 个不完全相等的半音的一种律制；各律从低到高依次为黄钟、大吕、太簇、夹钟、姑洗、仲吕、蕤宾、林钟、夷则、南吕、无射、应钟。又，奇数各律称"律"，偶数各律称"吕"，总称"六律""六吕"，或简称"律吕"。十二律有时称"正律"，乃对其半律（高八度各律）与倍律（低八度各律）而言。

八音克谐

"八音克谐"出自《尚书·舜典》。"八音"指古代八大类乐器：金、石、土、革、丝、木、匏、竹，也是对我国古代乐器的统称。八类乐器有条不紊地协奏，产生出美妙和谐、悦耳动听的乐音，就叫"八音克谐"。

琴七弦

传舜制琴，设五弦，名为宫、商、角、徵、羽。后周文王、周武王加以改进，增两弦，第六弦少宫，第七弦少商，琴遂成七弦。

六乐

六乐，又称为"六舞"，即"六代之乐"，是周代时所选定的六部乐舞的合称，主要包括夏商周的宫廷乐舞《大夏》《大濩》《大武》以及黄帝、尧、舜时代的《云门》《大咸》《大韶》。六乐是当时雅乐的最高典范，歌、舞、乐并举，场面恢弘，气势庄严，主要用于祭祀场合。

五声二变

五声是中国民间音乐的音阶表示方法，又称为"五音"，即宫、商、角、徵、羽五个音阶，即相当于现在简谱中的 1（Do）、2（Re）、3（Mi）、5（SO1）、6（La）。后来又出现了"二变"：变徵和变宫，即相当于现在简谱中的 4（Fa）和 7（si），与原来的五声合称为"七声"。

简谱

简谱亦称数字谱，是记谱法的一种。以七个阿拉伯数字表示七声。16 世纪中叶初步成型于欧洲。17、18世纪先后经法国人苏埃蒂、卢梭等人加工而渐趋完备。曾流行于日本，传入中国后又经改进，被普遍采用。现用简谱以1、2、3、4、5、6、7七个数字表示七声（读do、re、mi、fa、so、la、si），用"0"表示休止，其时值为四分音符和四分休止符。在数字下面标一个圆点为低八度音。以此类推，两个点为低重八度音，在数字上面标圆点为高八度。同样，音域越高圆点逐一增加。在数字后面加一短横线"－"表示时值比原音增长一倍。加两个短横线，表示比原音增长两倍……。休止符的时值增长用"0"的增加来表示。在数字或"0"的后面加一圆点（称"附点"）则表示此音或休止符的时值比原音式休止符增长二分之一。调号通常用1＝C、1＝D等表示。

五线谱

五线谱就是用五条横线来记载音乐的一种记谱法。它的诞生至今已有一千多年的历史。远在10世纪的时候，法国人古多就用四条横线来记载音乐。这个发明几乎震动整个欧洲。当时的罗马教皇知道之后，立即将古多召到罗马，并命他把罗马教堂收藏的乐谱，一律改用他的记谱法。当时古多式的记谱法还很不完善，如拍号、小节线条都还没有。直到17世纪初，人们将四条横线改为五条横线，又增加了一个记谱符号，才正式形成体系，并为世界各国所普遍采用。

总谱

由多行五线谱表组成的记录多声部音乐的谱式，其左端连以直线。如歌剧、交响乐等的总谱。其中乐器和人声的声部，均按一定次序分组分行排列，通常自上而下依次为：木管乐器组、铜管乐器组、打击乐器组、声乐组、弦乐组。

分谱

多声部音乐中各种乐器或人声声部的专用乐谱。由总谱中各声部单独抄录而成。

雅乐

中国古代音乐之一。专指古代帝王祭祀天地、祖先及朝贺、宴享等大典所用的乐舞。周代雅乐即指"上舞"，儒家奉之为乐舞的最高典范，认为它的音乐"中正平和"，歌词"典雅纯正"，故称之为"雅乐"。历代封建统治者取得政权后，都循例制礼作乐，歌颂本朝的功德，这种乐舞统称雅乐。汉代以后均由太常或太常寺掌管。

乐府

乐府是指古代中央政府的音乐官署。魏晋之后，它的含义扩大。音乐层面上讲的乐府，仅指一种音乐机关。它的具体任务：一是制定乐谱，为贵族、文人歌功颂德的诗歌配乐演唱；二是培养训练乐工。还有一点，就是为统治者收集民间歌谣。

教坊

　　教坊是古代管理宫廷音乐舞蹈的机构。唐代宫中的内教坊,乐工有男有女。女乐工按色艺分档,色艺最高的称"内人",居于宫中宜春苑。她们在大型歌舞时总是站在队伍前头。其次为宫人,再次为档弹家。这些人的来源一部分为世代乐工之家,还有一部分是罪人妻室沦落为乐伎的,另有各地艺人。对她们的训练非常严格,有专门的教师教授。唐代教坊是当时天下音乐舞蹈精华的荟萃之地。其中名家云集,他们精湛的演技曾使当时倾国仕女们如痴如醉。其中许永新、李龟年等人,都是一时之秀,蜚声艺坛,留下了不少传诵后世的风流佳话。

编钟

　　编钟是中国古代供上层社会使用的打击乐器,由青铜制作而成,由许多大小不同的钟按一定次序悬挂成一组或几组,敲击时能发出两个三度音程的乐音,清脆明亮,悠扬动听,能奏出歌唱一样的旋律。

郑声

　　中国古代音乐之一。原指春秋战国时郑国的民间音乐,后凡与雅乐相悖的音乐,甚至一般民间音乐,均被崇"雅"黜"俗"者斥为"郑声"。因与孔子等提倡的雅乐大相径庭,故受儒家排斥。

板眼

　　传统音乐戏曲常以鼓板安节拍,凡强拍均击板,故该拍为"板";次强拍和弱拍则以鼓签敲或用手指按拍,分别称为"中眼"和"小眼"。

美声唱法

　　提起美声唱法,我们就会想到帕瓦罗蒂、多明戈、卡雷拉斯这世界三大男高音。他们那优美的嗓音,往往使得观众报以热烈的掌声。美声唱法是学院派演唱风格,产生于意大利。16世纪初,意大利出现专业歌手,这对美声唱法的形成起了重要的促进作用。17世纪,美声唱法已在意大利产生,这同意大利得天独厚的气候环境和意大利语言适宜歌唱有关。18至19世纪上半期,美声唱法最盛行,这和意大利歌剧三杰罗西尼、唐尼采蒂和贝利尼的创作业绩分不开,他们的声乐曲不仅适宜美声唱法,而且还将新的歌唱技巧和要求注入美声唱法中,使之达到新的高度。19世纪中期,美声唱法逐渐衰落,但至今仍是被世界公认的一种演唱风格,并且在不断地丰富和发展。直到今天,意大利的歌剧仍然具有非常高的水平。

音乐"1~7"的由来

"多、来、咪、发、梭、拉、西"是舶来品。在我国古代，记述音乐是采用宫、商、角、徵、羽五音记法。在 11 世纪的欧洲，当时教会里唱赞美诗，只有"一、二、三、四、五、六"这六个音。后来，意大利僧侣音乐家归多把圣乐的一首赞美诗每行歌词的第一音依次排列起来，刚好是"六个音阶"，因此，他就用每行歌词的第一个音节"多来咪发梭拉"来代表六声音阶。不久，七声音节问世，才把原来弃掉的那些赞美诗最后一句"圣约翰"几个字的第一音字母拼起来，成为第七个唱名"七"，发音为"西"。到了 17 世纪，意大利音乐家布隆契认为第一音名"乌"，不响亮，提出换用"多"音，他的意见为许多音乐家所接受，于是"一、二、三、四、五、六、七"就正式成为今天的唱法。

中国国歌及词曲作者

在新中国建立前夕，人民政协开会商讨国歌。著名画家徐悲鸿和著名建筑学家梁思成委员力荐以《义勇军进行曲》作为国歌。毛泽东、周恩来当即表示支持他们的意见。1949 年 9 月 27 日，全国政协第一届全体会议通过决议，在中华人民共和国国歌未正式制定前，以《义勇军进行曲》为国歌。

《义勇军进行曲》诞生于 1935 年，剧作家田汉作词；中国新音乐运动的创始人聂耳作曲。这首歌原为电影《风云儿女》的主题歌。

著名古琴曲和琴歌

古琴在长期的历史发展过程中，形成了独特的演奏艺术和各具特色的多种流派，保存下来的古琴曲也极为丰富。自南北朝至清末，琴曲谱集有一百五十多种。著名的琴曲有《高山流水》《酒狂》《潇湘水乐》《广陵散》《幽兰》《离骚》《梅花三弄》《胡笳十八拍》《良宵引》《秋江夜泊》《静观吟》等，有些已经失传。琴歌即以古琴伴唱。著名的琴歌有《关山月》《苏武牧羊》《阳关三叠》。

中国古代四大名琴

齐桓公的"号钟"（周代的名琴）、楚庄王的"绕梁"（楚庄王的琴名）、司马相如的"绿绮"（琴名）和蔡邕的"焦尾"（琴名）。

中国近现代著名歌曲的词曲作者

《毕业歌》：词作者田汉、曲作者聂耳；
《在太行山上》：词作者桂涛声、曲作者冼星海；

《南泥湾》:词作者贺敬之、曲作者马可;

《八路军军歌》:词作者公木、曲作者郑律成;

《中国人民志愿军战歌》:词作者麻扶摇、曲作者周巍峙;

《松花江上》:词曲作者张寒晖;

《大刀进行曲》:词曲作者麦新;

《游击队战歌》:词曲作者贺绿汀;

《歌唱祖国》:词曲作者王莘。

唐代三大乐舞

《七德舞》:原名《秦王破阵乐》,是唐武德年(620年)唐太宗平定刘武周时,由军队创编出来的凯歌军乐。战士随乐起舞,形成独特形式的军舞。

《九功舞》:本名《功成庆善乐》,庆善宫是唐太宗的诞生地,贞观六年(632年),太宗宴群臣于庆善宫,赋诗十韵,后由乐府谱曲演奏,名为《功成庆善乐》,后又改编成《九功舞》。"舞者六十四人,衣紫大袖裙襦,漆髻皮履。舞蹈安徐,以象文德洽而天下安乐也。"(《旧唐书·音乐志》)

《上元舞》:是唐高宗创编。"舞者百八十人,画云五衣色,以象元气。"(《新唐书·礼乐志》)

江南丝竹八大曲

江南民族音乐的八个经典曲目:《三六》《慢三六》《行街》《云庆》《四合如意》《中花六板》《慢六板》《欢乐歌》。

古代十大名曲

中国古代有很多非常有名的音乐家和乐师,也有很多著名的古曲。其中以十大名曲最有代表性,它们是《高山流水》《广陵散》《平沙落雁》《梅花三弄》《十面埋伏》《春江花月夜》《渔樵问答》《胡笳十八拍》《汉宫秋月》和《阳春白雪》。每一部乐曲的后面都有着一段动人的故事,至今听来仍感人至深。

中国最著名的四大女高音歌唱家

分别是黄友葵、喻宜萱、周小燕和郎毓秀。

中国音乐之最

最早的乐器:距今大约有七千余年的骨哨;

最早的琴谏:战国时期魏国的乐师——师经;

现存最早的说唱音乐：战国时期赵国人荀况的《成相篇》；

最早的一位专业古琴演奏家：战国时期郑国的钟仪；

战国时期最有名的歌唱家：韩娥、秦青和薛谭；

现存最早的琴论专书：《太音大全集》（又称《太古遗音》）；

古代最早的音乐学校：西周时期的"大司乐"；

现存最早的琴曲乐谱：《碣石调幽兰》；

最早的音乐理论专著：西汉成帝时戴圣所辑《礼记》中的第十九篇《乐记》；

古代最著名的音乐机构：汉武帝元鼎五年（公元前 112 年）设立的"乐府"；

出土乐器最多最有名的墓：今湖北随州、枣阳一带的曾侯乙墓；

最早记载乐律计算方法"三分损益法"的专著：《管子·地员篇》和《吕氏春秋·音律》；

现存最早的古琴文字谱：南朝梁人琴家丘明所传的《碣石调·幽兰》；

第一部音乐百科全书：中国北宋人陈旸《乐书》；

最早的琴史专著：成书于 1084 年朱长文写的《琴史》；

最早的琴歌谱集：明代朱权的《瞿仙神奇秘谱》；

第一个提出十二平均律理论的人：明代的朱载堉；

最早记载五线谱和音阶唱名的书：成书于 1713 年的《律吕正义》；

最早的军乐队：1899 年袁世凯在天津组建的；

最早的简谱歌曲集：近代沈心工于 1904 年编辑的《学校唱歌集》；

最早的"国产"唱片：1904 年由著名京剧大师孙菊仙在上海灌录的；

最早的音乐刊物：近代李叔同于 1906 年创办的《音乐小杂志》；

现存最早的军乐队：创立于 1916 年的清华大学军乐队；

现代最早一所音乐学校：上海音乐学院（1927 年由萧友梅、蔡元培共同创办的，前身叫国立音乐院）；

第一部管弦乐曲：近代黄自 1929 年 3 月完成的交响序曲《怀旧》；

第一部新歌剧：1945 年由王昆主演的《白毛女》；

最早的二胡教育家：近代的刘天华（刘半民之弟）；

最早的民族交响乐：近代许如辉的《壮志千秋》；

第一个获博士学位的音乐家：近代音乐教育家、作曲家萧友梅；

第一部清唱剧：近代著名作曲家、音乐教育家黄自创作的《长恨歌》；

近代研究东方音乐最有名的人：王光祈；

儿童歌舞剧的创始人：近代的黎锦晖；

新中国最早一部有关音乐的百科性词典：1984 年人民音乐出版社出版的《中国音乐词典》；

近代研究音乐美学的第一人：近现代的著名音乐理论家青主（原名廖尚果）；

最早一首钢琴乐曲题：由音乐家赵元任所做的《和平进行曲》；

第一部民族舞剧：《宝莲灯》；

第一部民族交响乐：《民族解放交响乐》；

第一部管弦乐曲：黄自的管弦乐《怀旧》；

第一所音乐学院：国立音乐学院；

第一位女指挥家:中央歌剧院的首席女指挥郑小瑛;

第一个管弦乐团:北京大学声音传习所管弦乐团;

第一个少儿合唱团:中央人民广播电台少年广播合唱团;

摇滚第一人:崔健;

获奥斯卡音乐奖的第一位中国作曲家:1988年因《末代皇帝》配乐而得奖的苏聪;

最小的弹拨乐器:流行于拉祜、塔吉克、赫哲等三十多个少数民族中的口弦(又称口琴、响篾、吹篾或弹篾)。

乐器

八音

古代对乐器的统称。一般指金、石、丝、竹、匏、土、革、木八种不同材质的乐器。

管乐器

管乐器指利用气流振动管体而发声的乐器,又称为"吹奏乐器""气鸣乐器"。管乐器一般都有吹奏就能发出声音的特点。当演奏者吹奏时,管子内部空气产生振动,就能发出一个声音。演奏者放开或按住开在管壁上的音孔就可以使管乐器发出不同的声音。管乐器一般分为木管乐器和铜管乐器两种。

弦乐器

弦乐器是依靠振动琴弦而发音的乐器。弦乐器有若干根紧绷的琴弦,弦上的振动传送到乐器上,就能发出乐音。弦越细且长度越短,发出的音就越高。乐器的大小也影响音质,例如较小的小提琴,发出的音常比较大的低音提琴高。弦乐器可分为弓弦乐器、拨弦乐器、击弦乐器等。常用的弦乐器是弓弦乐器,如小提琴、中提琴、大提琴等。我国民族乐器中的各种胡琴以及琵琶、古筝、柳琴等也属于弦乐器。

键盘乐器

乐器分类名称之一。指具有键盘装置的乐器,如钢琴、管风琴、风琴、手风琴、钢片琴、排笙等。键盘由一系列按音阶排列的黑自键组成;下方七个较长的键(常为白色)奏C大调自然音阶,上方五个较短的键(常为黑色)奏其变音。

打击乐器

打击乐器也叫"敲击乐器",是一种以打、摇动、摩擦、刮等方式产生效果的乐器族群。其中有些是有固定音高的打击乐器,如云锣、编钟等;其他还有一些无固定音高的打击乐器,如拍板、梆子、板鼓、腰鼓、铃鼓等。若根据打击乐器不同的发音体来区分,可分为两类:一是"革鸣乐器"(也叫"膜鸣乐器"),就是通过敲打蒙在乐器上的皮膜或革膜而发出的乐器,如各种鼓类乐器;二是"体鸣乐器",就是通过敲打乐器本体而发声的,如钟、木鱼、各种锣、钹、铃等。大多数打击乐器有一个确定的音,甚至连鼓的音也是确定的。但一般来说打击乐器的分类是看一个乐器是否有一个确定的音高。定音鼓、木琴、马林巴、颤音琴、铃、管钟、古钹和钟琴都有一定的音高。小鼓、大鼓、沙槌、响板、响棒、牛铃、吊钹、沙球、齿轮剐响器、勺、木鱼、嗵嗵鼓、蒂姆巴尔鼓、三角、震音器、擦衣板、鞭、南梆子一般没有确定的音高。但也有些打击乐器手在录唱片或演奏特别的作品前确定他们的鼓的音高。锣有确定音高的和没有确定音高的两种,西方的锣一般没有确定的音高。吊钹也有有确定音高的,但很少见。此外打击乐器还分膜鸣乐器和自鸣乐器。膜鸣乐器上覆盖着一层膜,打击膜产生声音,比如鼓。自鸣乐器自己就可以发声,比如三角。铃鼓即是膜鸣乐器也是自鸣乐器。

电子乐器

电子乐器是用电子手段产生或改变声音(在音量、音质等方面)的乐器。大多数电子乐器实际上是由电子装置产生声音的键盘乐器,最常见的是电子琴。目前,由于电子技术的提高,各种传统乐器几乎都能电气化了,其中最成功的是电吉他。

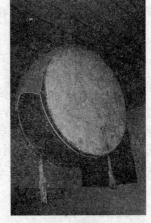

鼓

鼓

鼓是一种历史悠久的打击乐器。据传说,我们的祖先在劳动过程中,发现枯树干和实心树干有完全不同的声音,并且发现中空物体有音量增大的共鸣作用。于是,便用空心树干,蒙以兽皮或蟒皮,做成了木鼓,供娱乐时敲打。到了汉朝,不仅有大小、形状、质地、装饰不同的鼓,而且民间出现了鼓舞乐。在古代,鼓不仅是乐器,而且还是军中必备之物。从汉代开始,鼓的种类渐渐多起来,大约有 20 多个品种,60 多个规格,常见的有大鼓、铜鼓、手鼓、花鼓、腰鼓,缸鼓、铃鼓、书鼓和八角鼓等。各民族也有自己的鼓,朝鲜族和瑶族有长鼓,傣族有象脚鼓,藏族和维吾尔族有手鼓、苗族有铜鼓等。

筝

筝亦称古筝,是一种弦乐器。源于我国战国秦地,又名秦筝。音箱为木制长方形,面上张弦,每弦用一柱支撑,柱可左右移动以调节音高,按五声音阶定弦。唐宋时教坊用筝均13弦,唯清乐用12弦,以寸余长的鹿骨爪子拨奏。近代筝为16弦。后经改革,增至18弦、21弦、25弦等,能转12个调。传统演奏手法是用右手大、食、中三指弹弦,以取得弦音的变化,现已发展为双手均可弹奏,表现力更为丰富。用于独奏、伴奏和合奏。

箫

箫是一种管乐器,源于我国。传说由春秋时箫史根据竖笛改制而成。在古代,箫是用16根或24根开有音孔、长短不等的竹管,排在一起,插入木制的鸟翼形的座子上的一种吹奏乐器(名排箫)。后世则称竹制单管直吹为箫。它音色圆润轻柔,幽静典雅,适于独奏和重奏,是我国古代普遍受欢迎的乐器之一。贵州省玉屏县的玉屏箫十分名贵,是用当地特产的水竹制作的,外形精巧,音质纯正,在全国享有盛名。

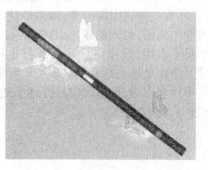

箫

埙

气鸣(吹孔)乐器。是中国古老的吹孔乐器,有约7000年的历史。制作材料有石、骨、玉、陶土等,表状有球形、管形、鱼形和梨形等。以陶土烧制的梨形埙最为普遍。古代有1~7音孔的埙。现代,改革后的埙放大了体积和肩部,扩展了内膛,使音量增大,穿透力强,音色低深苍劲,醇厚悲壮;音孔增加到10个,扩大了音域。分大、中、小3种,大埙定调为D,中埙定调F,小埙定调为G,都能吹出两个八度和一个泛音,并可以转调。

笙

气鸣(簧管)乐器。早在殷代的甲骨文中就有"和"(即小笙)字。笙是春秋、战国和秦、汉时期重要的欢奏乐器。南北朝至隋、唐时期有13簧、17簧、19簧等。笙由笙斗、簧片、笙笛、按音孔、笙箍等组成。笙斗最早用匏(葫芦)制,唐代改用木制,现代则用铜制。笙斗连有吹嘴。簧片最早用竹或苇制成,现代用铜制。笙笛为竹管,上有按音孔和出音孔,下端笙脚装簧片,插入笙斗内。明、清时期,已广泛应用于民间戏曲、说唱伴奏和器乐合奏。有方笙、圆笙等。普遍流行的是13簧、14簧笙。现代,经改革的笙,有17簧、21簧、带扩音管的24簧加键笙、36簧加键笙等。演奏时多吹奏3个或4个音组成的和音,24簧加键笙和36簧加键笙还可吹奏出6个音以内组成的三和弦或七和弦,音量大,转调方便。笙的演奏技法有打音、吐音、历音、滑音、颤指等。可用于独奏、重奏、伴奏、合奏等。17 簧笙音域为 $^{\#}c^1 \sim q^2$;21 簧笙音域为 $q \sim b^2$;24 簧笙音域为 $a \sim f^3$;36 簧笙音域为 $q \sim ^{\#}f^3$(全部半音)。

锣

打击乐器。早在 1400 多年前北魏时期就有了锣。从宋代起,锣便在民间乐队中广泛使用。1791 年,法国作曲家戈赛克把我国锣使用于管弦乐队中。从此,锣就正式加入了交响乐队的"家族",人们称它为"中国锣"。中国锣的音色低沉、浑厚、雄壮,音量变化幅度大,敲时发音迟钝,余音长。一般单击、慢奏、弱奏与中强力度击奏,效果最佳。它宜表现不祥的预兆,灾难性的场面,恐怖的景象,送葬的行列及死亡与哀悼等。合奏中虽不多用,但往往只敲几下就足以刻画出所描述的音乐形象。像在柴可夫斯基的《第六交响曲》,辛沪光的《嘎达梅林》等中外名曲中,虽然仅仅只打一下或两下、三下,却能产生巨大的艺术魅力。

锣

钟

钟流行于世界各国,多以铜、铁铸成。在中国,钟历史悠久。早期编钟的音高多靠钟体大小决定,后期则多凭钟体的厚薄而定。因此,早期编钟是大小相次第,后期编钟多数大小如一。

号

号属于唇振气鸣乐器的一种,管体上有嘴孔或装有吹嘴,吹奏时将唇绷紧贴靠其上,以强度不同的气流使其发音。号的种类很多,有小号、长号、圆号、短号等。

圆号

气鸣(唇振动)乐器,又译法国号。铜制圆锥形号身弯成圆形。号嘴为漏斗状,喇叭口较大,号身上装有回旋式活塞。常用 F 调和 F、^{b}B 双调两种。音域 $B_1 \sim f^2$。使用高音谱表时,记谱音比实际音高纯五度;使用低音谱表时,记谱音比实际音低纯四度。属于移调记谱乐器。圆号声音柔和、丰满,加弱音器后音色温柔、暗淡、悠远,是管弦乐队铜管组和军乐队中的主要中音乐器。

丝弦

丝弦是流行于江苏南部常州、无锡、宜兴一带的大型器乐曲,由民间艺人集体演奏。曲调纯朴明朗,雄健有力,优美动听。从前,每逢庙会、节日,农民即自动集合起来演奏。

胡笳

气鸣(簧管)乐器。又名笳,亦写作葭、筷、菰、菰。其早期形制为芦叶卷而吹之。汉代以后改用木制,并装有苇制哨,无孔。因当时主要流行于塞北西域,故称其为胡笳。后被用于汉魏鼓吹乐中,有大胡笳、小胡笳。清代加有三孔,并带有扩音碗,用于笳吹乐中。自蔡琰《胡笳十八拍》问世以后,以"胡笳"一词为名的诗、词、歌、赋及乐曲屡见不鲜,大多以汉族与匈奴的关系为主题。胡笳音色悲凉,故又有悲笳、哀笳等称谓。

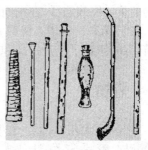

胡笳

箜篌

一作"空侯""坎侯",古拨弦乐器,分卧式、竖式两种。卧箜篌传为汉武帝时乐人侯调所造。据《通典》:"其形似瑟而小,七弦,用拨弹之。"竖箜篌为竖琴前身,后汉时经西域传至中原地区。《旧唐书·音乐志》:"竖箜篌,……体曲而长,二十有二(一作三)弦,竖抱于怀,用两手齐奏,俗谓之擘箜篌。"又有凤首箜篌,属竖箜篌之一种。

唢呐

气鸣(吹管)乐器,又称"喇叭""大笛""苏尔奈"。唢呐是阿拉伯语 surma(祖尔纳)的译音。金元时传入中国。唢呐由哨、芯子、气盘、杆、铜碗等部分组成。其形制是在椎形管杆上开 8 个按音孔(前 7 后 1),杆上端插一细铜管做芯子,芯子上套一苇制哨子,杆下端承接一个喇叭形铜碗。唢呐以形制的大小分别称为大、中、小唢呐,亦有以杆用材不同,将铜杆唢呐称为铜笛,锡杆唢呐称为锡笛。多数唢呐杆为木制,高音小唢呐被称为海笛。唢呐音色高亢明亮,技巧丰富多彩,能吹奏滑音、揉音、箫音、吐音、气顶音、气塌音、花舌音、变色音等。唢呐音色浑厚、响亮,成为民间常用的吹奏乐器之一。北方称"小唢呐"为"海笛",江南亦有称"大唢呐"为"梅花","小唢呐"为"梨花"的。经过改革后的唢呐,有高音、中音、低音 3 种,亦有加键的半音阶唢呐,扩大了音域,转调方便。在乐队中使用的唢呐,高音唢呐音域为 $^{\#}f^{1} \sim d^{3}$,中音唢呐音域为 $a \sim a^{2}$,低音唢呐为 $A \sim d^{2}$。

笛子

笛子是一种古老的管乐器。笛子源于我国,竹制横吹,又称"竹笛""横笛"。周代便有竹制横吹的篪。周代还有一种竹制竖吹的"笛",5孔。汉武帝时,张骞通西域后,从新疆、中亚一带传入一种"横吹",是现在笛子的前身。从汉至今,笛子在我国民间广泛流行,品种日益发展,已有竹笛、木笛、铁笛,甚至玉笛、塑料笛等。笛上有吹孔、膜孔各1个,按音孔6个,尾部常有2~4个出音孔,通常可以吹奏四个调。是用于独奏、合奏或伴奏的重要民族乐器,在民间乐队中,常处于领奏地位。形制大小不一,最常用者有"梆笛""曲笛"两种。中华人民共和国建立后,对笛进行了多次改革,先后制出了成套的12调的笛,有的增加了半音指孔和音键,便于转调。

短笛

气鸣(吹孔)乐器。在管弦乐队中用于木管组。用木料或金属材料制作。构造与长笛相同,管状,长约31厘米。c调。音域 $d^2 \sim c^5$ 。乐谱用高音谱表记写,实际演奏音比记谱音高一个八度。音色尖锐、透明,穿透力极强。在任何编制的管弦乐队中,均使用一支短笛,由第三长笛手兼,很少用于独奏。在铜管乐队中作用尤为重要。

长笛

气鸣(吹孔)乐器,管弦乐队木管组和军乐队主奏乐器。用木料或金属材料制作。管状,全长62厘米,由二至三段插接组成。笛头封闭,笛尾开放。笛头一端开椭圆吹孔,管壁开指孔,并装有杠杆式音键。c调,音域 $b \sim {}^\#f^4$ 。乐谱用高音谱表记写。低音区($b \sim {}^\#c^2$)音色丰满、柔美,中音区($d^2 \sim {}^\#c^3$)音色清亮、甜润。高音区($d^3 \sim b^3$)音色明亮而迷人,超高音区($c^4 \sim {}^\#f^4$)音色尖锐,富有穿透力,在乐队中以演奏旋律和华彩乐句为主。巴赫、莫扎特、维瓦尔蒂、亨德尔、海顿等作曲家均写有大量长笛奏鸣曲和长笛协奏曲。

琵琶

琵琶是一种弹拨乐器,因弹奏方法而得名。源于我国。公元前300年的秦代就已出现,琵琶原名批把,是描摹两种弹奏的手法。在敦煌北魏壁画中所见到的一种腹部为梨形,用4弦或5弦的曲项琵琶,可说是现代琵琶的前身,曲项琵琶约在350年前后,通过印度传入我国。唐代,琵琶被视为最重要的乐器之一,在十部乐中居于首位。琵琶当时不是竖弹,而是横抱着用骨片或木片拨弦发声。贞观初年,有太常乐之裴神符,废弃拨子,改用手指弹奏。这种手弹方法沿用至

琵琶

今。现代琵琶为 6 相 24 品,音域 3 个半八度($A\sim e^3$),包括 12 个半音,可以转 12 个调。定弦有很多种,最常见的为 A、d、e、a,其他则可视乐曲的风格及技巧的需要而定。今福建南音乐队中的琵琶仍为横抱弹奏。

古琴

古琴是我国古代最早的拨弦乐器。源于我国。传说,周初由一名宫女所创。古琴是中国最古老的弹弦乐器,原只称琴,近几十年来,才加上古字。周代开始出现,定型于汉代;魏晋以后,形制已和现在的大致相同。古琴身为狭长的木质音箱,长约 110 厘米,琴头约 17 厘米,琴尾较细;面板用桐木或杉木制成,开有大小不等的两个出音孔(称"凤沼"或"龙池"),琴面设七根弦,音域宽广,音色变化丰富,所以又称"七弦琴"。弹奏时右手弹弦,左手按弦,有吟、揉、绰、注等手法,琴音圆润,韵味悠长,表现力很丰富。在传世古琴之中以唐琴最为珍贵,古人有"唐琴第一推雷公,蜀中九雷独称雄"的赞语。而"春雷琴"则是唐代制琴名家雷威所一生所制之琴中的极品。宋徽宗赵佶在宣和内府曾专门设有"万琴堂"搜罗流传天下的古琴,春雷在万琴堂中名列第一品。

胡琴

胡琴属弓弦乐器,分京胡、二胡、板胡、四胡等,胡琴源于我国。近千年来,在民间广泛流传,不断得到丰富与发展。胡琴琴筒以蛇皮工桐木板蒙面,筒上装琴杆,杆端木轸二或四,从木轸到筒底张弦,琴筒面置琴码架弦,以弓张马尾纳二弦间,奏时左手按弦,右手拉弓,使马尾擦弦而发音。胡琴的母型中又派生出高音乐器京胡、高音二胡、南胡、椰胡和板胡;中音乐器坠胡、中音二胡、四胡和马头琴;低音乐器革胡、大胡和低胡等。二胡虽然只有两根弦,但在艺术家的手中却能奏出优美、浑厚,或欢快,或忧伤的音乐。

钢琴

被称为"乐器之王"。弦鸣(击奏)乐器。由键盘、踏板、击弦机、琴槌、琴弦、金属框架、共鸣板等部件组成。有三角钢琴和立式钢琴两种形制。三角钢琴外形为翼状三角形。琴弦水平装置,通常为 7 组 88 键,音域 $A_2\sim c^5$;立式钢琴外形如长方形立柜,琴弦斜向交错装置,通常为 7 组 85 键,音域 $A_2\sim a^4$。按十二平均律半音排列,基本音级为白键,变化音级为黑键。触动键盘,琴槌即通过杠杆作用击打琴弦发音。

风琴

气鸣(自由簧)乐器,亦称簧风琴。形制如立式钢琴,略小,始见于 19 世纪。规格较多,39~61 键不等,音域较窄,不超过 5 个八度。按键时,双脚交替踩动踏板,操纵风箱振动簧片发声。最早用于教堂,代替管风琴为唱诗班伴奏。1897 年前后由日本传入我国,曾广泛用于音乐普及教育。

口琴

气鸣(自由簧)乐器。最早源于德国,1910 年传入我国。木料或塑料琴身,长方形,有多种形制和规格。常见规格 16~20 厘米长,4~5 厘米宽。正面开两排方格形吹孔,按自然音阶排列。琴身两侧装有金属盖板,音域可达 4 个八度。其发音原理与中国笙相似,呼气、吸气均可发音。现代口琴有双簧口琴、八度双音口琴、和弦口琴、变调口琴、半音口琴、低音口琴等多种形制。其中以 24 孔双簧定调口琴最为多见。口琴音色柔和,表现力丰富,可用于独奏,亦可组成不同规模的乐队合奏。

吉他

弦鸣(拨奏)乐器。起源于古代东方。13 世纪前后由摩尔人传入西班牙,并逐渐发展为具有代表性的西班牙民族乐器。现代吉他的形制于 1790 年前后确立。木制音箱。面板开有圆形音孔,指板上有品位。张 6 根金属或尼龙弦,故又称"六弦琴"。定弦 E、A、d、g、b、e^1,常用音域达 3 个八度以上。19 世纪以后流行范围遍及世界。吉他音色迷人,演奏技巧复杂,表现力极为丰富。

冬不拉

一作东不拉。哈萨克族拨弦乐器。红松木或桦木制成。琴腹呈梨形,分平底和凸底两种,颈细而长,其上缠丝弦以分隔音位,张二弦;用右手弹奏,音量较弱,用以伴奏歌舞。现亦有大小型冬不拉组成的乐队,可奏多声部合奏曲。

马头琴

弦鸣(拉奏)乐器。流行于中国内蒙古、新疆及青海等地蒙古族中。因琴杆上端雕有马头而得名。由音箱、琴杆、弦轴、琴弦、弓子等构成。音箱木制,呈梯形,两面蒙饰有图案的马皮(或羊皮)。琴杆硬木制作,无指板音品。张两根用马尾制成的弦。马头琴的定弦外弦比内弦低,传统马头琴定弦为 e~a,音域为 c 到 c^2;改良马头琴定弦为 a~d^1,音域为 a 到 f^3。演奏时,将音箱置于两膝间,左手扶琴按弦,右手持弓,用马尾弓在琴弦外方拉奏。经过改革的马头琴,扩大了音箱,蒙蟒皮,用尼龙丝弦代替马尾弦。除独奏外,并用于民歌、说书的伴奏,亦常与四胡

马头琴

等乐器合奏。

单簧管

气鸣(单簧)乐器。18世纪以后广泛用于管弦乐队、军乐队、爵士乐队和轻音乐队。因管体多用黑檀木制作,故中国俗称"黑管"。全长66厘米,由管嘴、吹节座管、上节管、下节管、喇叭口5个部分组成。单簧哨片(芦竹制作)用箍卡固定在管嘴上。管体上装有杠杆音键。发音浑厚圆润。有Bb调、A调单簧管与Bb调低音单簧管等数种。常用于特殊效果。在管弦乐队中用于木管组。为使用方便起见,演奏者必需备有一支A调单簧管。

双簧管

气鸣(双簧)乐器。管弦乐队木管组和军乐队中最主要的旋律乐器。木制圆锥形管体,长60~70厘米。管体上端装有芦片对合而成的双簧吹嘴。c调,常用音域^{b}b~g^3。乐谱用高音谱表记写。在管弦乐队中常用于描写牧歌式的田园风光和伤感的情绪。管弦乐队定音时,常以双簧管a^1音为标准。

爵士鼓

我国对爵士乐队中打击乐器组合的习惯称谓,亦称套鼓。主要乐器有以下几种:(1)低音鼓,膜鸣(击奏)乐器。鼓槌用踏板和杠杆装置控制,用脚掌和脚尖踏击演奏,主要起计算节拍和控制节奏的作用。(2)踩镲,体鸣(碰奏)乐器。装在金属架上,用踏板和杠杆装置牵动上下钹互碰,亦可手持木槌敲击,主要起装饰节奏重音的作用。(3)小鼓,膜鸣(击奏)乐器。双手握槌击奏鼓面,音响有力、清脆,节奏鲜明,有明显的摇动感。用铁帚轻击鼓面,则产生轻柔、悦耳的音响。(4)小桶鼓和大桶鼓,膜鸣(击奏)乐器。双手握槌敲击鼓面,节奏变化丰富,常起装饰旋律和渲染气氛的作用。(5)吊镲,体鸣(击奏)乐器。用单手或双手握槌敲击不同部位,音色对比明显,多用于制造特殊气氛。以上乐器均由一人演奏。

著名音乐家

师旷

师旷,生卒年不详。春秋时期晋国的宫廷乐师。字子野,冀州南和人,双目失明。师旷虽是个盲人,但他的听觉格外灵敏,辨音能力超出常人,而且会演奏多种乐器,尤其是演奏古琴达到出神入化的境界。以"曲高和寡"而著称的《白雪》正是师旷所创。此外,他对十二律的完善起了重要作用。"师旷之聪"使得他不但精辩十二律,而且初步掌握了旋宫转调的方法。师旷在音乐理论上是个坚持礼乐正流的保守派。他反对新声淫风,其"好乐无荒"的意思,对孔子"《关雎》乐而不淫"的思想有过影响。可以说师旷的音乐思想,是后来儒家礼乐理论的先驱。

师旷塑像

李延年

李延年(? ~约前 87 年),汉代音乐家。中山(郡治今河北定县)人。乐工出身,父母兄弟亦均为乐工。善歌,又善创造新声。武帝时,在乐府中任协律都尉。为《汉郊祀歌》十九章配乐,又仿张骞传自西域的《摩诃兜勒》曲,作"新声"二十八解,用于军中,称"横吹曲"。

郭沔

郭沔,生卒年不详,南宋琴家,浙派创始者。字楚望,永嘉(今浙江温州)人。理宗时,被毛逊(字敏仲)、杨缵、徐宇等人奉为宗师。曾收集整理不少流传于民间的琴曲。宋末元兵入浙,他移居衡山附近潇湘二水合流处,常泛舟江上,曾作《潇湘水云》一曲,以抒写其故国之痛与身世之感。又作有《泛沧浪》《飞鸣吟》等曲,均流传于世。

沈其昌

沈其昌(1858 年~1930 年),近代琵琶演奏家。号绍周,字肇州。江苏海门人。崇明派代表人物。1918 年前后被聘为南通师范学校和南京高等师范学校的国乐导师。刘天华曾在其指导下学习琵琶。身后,其门生徐卓(字立荪)感念恩师情谊,汇编其遗著及授课要点,编纂《瀛洲古调》三卷。上卷《通论》,以讲述琵琶的构造、音域、品位、定弦、指法等问题为主,强调练习时要循序渐进,慢而不断,快而不乱。中卷《音乐初津》,录有《三六板》等供初学者用的民间乐曲 5 首;下卷《瀛州古调》,共收《平沙落雁》《飞花点翠》《昭君怨》《十面埋伏》琵琶曲 55 首。

萧友梅

萧友梅(1884 年~1940 年),近代专业音乐教育奠基人,作曲家、教育家、音乐理论家。广东中山人。1912 年赴德国学习音乐,以论文《中国 17 世纪前管弦乐队之历史研究》获哲学博士。1927 年在蔡元培等人支持下于上海创办中国近现代音乐历史上第一所音乐学院——国立音乐院(即后来的上海国立音乐专科学校)。中国音乐教育事业先驱,在创办专业音乐教育机构和培养专业音乐人才方面功不可没。撰有《普通乐学》等书,并作歌曲《问》《国耻歌》等数十首及钢琴曲等。

华彦钧（阿炳）

华彦钧（1893 年~1950 年），民间音乐家。小名阿炳。江苏无锡东亭人。自幼随父华清和道士习音乐。15~16 岁时已成为无锡道教界出色乐师。35 岁时双目失明，时人称其为瞎子阿炳。由于社会动乱，道产亦变卖殆尽，阿炳开始了流浪艺人生涯。他的大部分器乐作品出于此时。他精通民族乐器，尤精于琵琶，技艺娴熟，富创作天才，深为群众欢迎。著名作品有二胡曲《二泉映月》《听松》《寒春风曲》；琵琶曲有《大浪淘沙》《昭君出塞》《龙船》等。杨荫浏等辑有《阿炳曲集》。

刘天华

刘天华（1895 年~1932 年），近代专业音乐发展历史中民族器乐大师、作曲家、音乐教育家。江苏江阴人，文学家刘半农之弟。1909 年开始接触西洋管乐。1914 年执教家乡中学过程中，先后随江南民间音乐家周少梅等人学习二胡、琵琶；之后悉心研习多种民族乐器，记录整理民间乐谱，并进入音乐创作领域。1922 年受聘北京大学音乐传习所，之后兼任于北京女子高等师范学校等机构。曾以五线谱准确记录梅兰芳唱腔，并收集珍贵民间乐谱数种，为当时民间音乐创作教学领域最活跃者。所作二胡曲《良宵》《光明行》《空山鸟语》等 10 首和琵琶曲《歌舞引》等 3 首，发展了二胡、琵琶的表现手法。又编有《二胡练习曲》47 首、《琵琶练习曲》15 首。

张寒晖

张寒晖（1902 年~1946 年），现代作曲家。原名张兰璞，河北定县人。作有配合革命斗争的秧歌剧多种，歌曲《松花江上》《游击乐》《去当兵》，以及反映延安大生产运动的陇东民歌改编曲《军民大生产》等。其中《松花江上》在群众中广泛流传。

黄自

黄自（1904 年~1938 年），专业音乐创作的代表，作曲家、音乐教育家。江苏川沙人。1916 年北京清华学校学习，始学音乐。1924 年赴美留学，主攻心理学，兼攻音乐。1929 年回国执教国立音乐专科学校，以严谨高质量著称，培养出一批具有较高专业水平的作曲家，在中国近代音乐教育史上功不可没。清唱剧《长恨歌》为我国现代音乐史第一部该类体裁的作品，音乐会序曲重词是第一部在国外受到好评的交响性管弦乐曲。作品还有管弦乐《怀旧》《都市风光幻想曲》、康塔塔《长恨歌》以及歌曲《南乡子》《思乡》《抗敌歌》《九一八》《旗正飘飘》等。

冼星海

冼星海(1905年~1945年),作曲家。曾用名黄训、孔宇。祖籍广东番禺,出生于澳门。1926年赴北京,入国立艺专学习小提琴。1928年赴上海,入国立音乐专科学校学习小提琴。翌年赴法国留学,在法国期间,创作了《风》(女高音独唱和单簧管与钢琴)和《d小调小提琴奏鸣曲》等作品,演出时受到了巴黎听众的好评。1935年回国,创作了《救国军歌》《夜半歌声》《热血》《青年进行曲》等抗日救亡歌曲。1938年到武汉,创作了《保卫卢沟桥》《游击军》《到敌人后方去》《在太行山上》等爱国歌曲。1938年11月赴延安,在延安期间创作了《黄河大合唱》《九一八大合唱》《生产大合唱》《牺盟大合唱》等大型声乐作品,以及《反攻》《打倒汪精卫》等抗日歌曲,在全国产生了广泛的影响。1940年赴苏联,因苏德战争爆发先后滞留阿拉木图、塔什干、库斯坦那伊和乌

冼星海

兰巴托等地。在此期间,他创作了《神圣之战交响曲》《民族解放交响曲》《中国狂想曲》《满江红组曲》和小提琴独奏曲《郭治尔·比戴》等器乐作品。1945年因病医治无效在莫斯科病逝。冼星海一生创作了各类体裁的音乐作品近三百首。在创作中,他坚持不懈地追求作品的民族风格,用交响音乐的形式表现了中国的民族气质,以及中国人民在抗日战争中的英勇气概和大无畏的斗争精神。

马思聪

马思聪(1912年~1987年),作曲家、小提琴演奏家。广东海丰人。1923年赴法留学,学习小提琴,后考入巴黎音乐学院布舍里小提琴班。新中国成立后出任中央音乐学院院长等职,"文革"中受迫害,1966年11月移居美国。德才兼备的艺术家,他不仅是中国近现代音乐历史中优秀的小提琴演奏家,也是当时著名的作曲家、指挥家、教育家。小提琴曲《牧歌》等奠定了中国近现代小提琴音乐的基础。

聂耳

聂耳(1912年~1935年),作曲家。原名守信,字子义(亦作紫艺)。祖籍云南玉溪,生于昆明市。1927年考入云南第一师范高级英语组,发起组织了"九九音乐社",经常参加校内外的音乐、戏剧演出活动,并利用课余时间学习钢琴和小提琴。1931年到上海谋生,翌年,以"黑天使"为笔名发表了《中国歌舞短论》等一系列评论文章。1932年组织了"中国新兴音

聂耳

乐研究会"。同时，从外籍教师学习小提琴和作曲理论。1935年4月赴日本求学。同年7月17日在藤泽市鹄沼海滨游泳时不慎溺水身亡，年仅23岁。聂耳一生的音乐创作大多是为电影、话剧、舞台剧所写的插曲和主题歌。作品有《开矿歌》《大路歌》《码头工人歌》《新女性》《毕业歌》《前进歌》《自卫歌》《义勇军进行曲》《铁蹄下的歌女》《飞花歌》《塞外村女》《梅娘曲》《告别南洋》等。这些歌曲既有浓郁的民族风格，又有强烈的时代气息，音乐形象十分鲜明。聂耳的创作对我国歌曲艺术的发展产生了极其深远的影响。

王洛宾

　　王洛宾(1913年~1996年)，现当代杰出的音乐家、艺术家。北京人。他早年毕业于北京师范大学艺术系，抗战爆发后参加革命，从事宣传工作。1949年9月，他参加中国人民解放军，同年随军进入新疆。在此后的近半个世纪中，他的足迹遍布大西北，先后收集整理、改编翻译了十几个民族的七百多首民歌，并创作了大量具有浓郁西部特色的优秀民歌，先后出版了8部歌曲集，使中国的西部民歌不仅流传全国，而且传遍了全世界。由于在中国民歌的搜集、整理、传播、创作方面做出的巨大贡献，他被人们尊称为"中国民歌之父"，由他所创作、整理的《在那遥远的地方》《半个月亮爬上来》《达坂城的姑娘》《阿拉木汗》《青春舞曲》等歌曲，至今在世界各地的华人中广为传唱。

王洛宾

马可

　　马可(1918年~1976年)，现代作曲家。江苏徐州人。1939年赴延安，在鲁迅艺术学院音乐系工作。解放战争时期，在东北解放区从事音乐活动。中华人民共和国成立后，致力于戏曲音乐研究工作，并任中国音乐学院副院长兼中国歌剧舞剧院院长等职。1945年参加新歌剧《白毛女》的音乐创作工作，对中国新歌剧的创造和发展做出了重要贡献。又作有秧歌剧《夫妻识字》、管弦乐《陕北组曲》、歌剧《小二黑结婚》及歌曲《南泥湾》《咱们工人有力量》《我们是民主青年》等二百余首。此外，还撰有《中国民间音乐讲话》等音乐论文。

朱践耳

　　朱践耳(1922年~2017年)，当代作曲家。原名朱荣实，字朴臣。祖籍安徽泾县人。生于天津市。1936年考入上海光华大学附中，开始自学作曲。曾随钱仁康学习和声学，随石人望学习手风琴。1940年创作第一首歌曲《记忆》。新中国成立后，先后在上海电影制片厂、北京电影制片厂、新闻电影制片厂从事电影音乐创作。1954年，由国家选送至莫斯科柴可夫斯基音乐学院学习作曲，师从苏联著名作曲家谢·阿·巴拉萨莱。1989年当选上海市文联主席，是中国音乐家协会常务理事。朱践耳音乐创作颇丰，所处每个时代都有佳作问世,其创作观念及手法不断求新,作品体裁广,有歌曲、合唱曲、协奏曲、室内乐曲、交响曲等。代表作品有歌曲《敲碎你的脑袋》《打得好》《唱支山歌给党听》《接过雷锋的枪》、管弦乐曲《翻身的日子》《节日序曲》《交响幻想曲——纪念为真理而献身的勇士》、交响组曲《黔岭素描》、交响音诗《纳西一奇》,分别在第 10、11 届"上海之春"首演并获奖,又先后在苏联、瑞典、日本和芬兰等国演出。《第四交响曲》——为竹笛与 22 件弦乐器而作的室内交响曲获第 16 届瑞士玛丽·何赛皇后国际作曲比赛大奖,成为亚洲作曲家荣获此殊荣第一人。交响诗《百年沧桑》获 1997 年"庆祝香港回归"全国音乐作品征集一等奖。所创作品多次获"上海之春"优秀创作奖、上海市交响乐发展基金会奖、上海文化艺术节"优秀成果奖"、首届上海文化艺术奖评选中的"杰出贡献奖"等。

吴祖强

吴祖强(1927 年~2022 年),当代作曲家。祖籍江苏武进,生于北京市。少年时开始学习钢琴。后随张定和、盛家伦、严良堃等人学习乐理、作曲。1947 年考入南京国立音乐院理论作曲系。新中国成立后并入中央音乐学院,师从江定仙学习作曲。1952 年毕业留校任教。1953 年由国家选送至莫斯科柴可夫斯基音乐学院学习作曲,师从麦斯涅尔等教授。1958 年获全优毕业证书。回国后继续在中央音乐学院作曲系任教,并从事创作。1978 年任中央音乐学院副院长。1982 年至 1988 年接任院长。后担任中国文联执行副主席、党组书记,是全国政协委员、中国音乐家协会副主席。吴祖强身兼创作、教学和领导工作,成就斐然。其成名作为中国舞剧《鱼美人》(与杜鸣心合作)、中国芭蕾舞剧《红色娘子军》(集体创作),在保持和发展民族音乐特色,吸收我国舞剧音乐创作方面进行了成功的尝试,均被选入"20 世纪中国音乐经典"。其中主要音乐片段改编后成为音乐会保留曲目。琵琶协奏曲《草原小姐妹》(合作)为我国第一部琵琶与西洋管弦乐队合作的协奏曲。琵琶与管弦乐协奏音诗《春江花月夜》、二胡与管弦乐合奏《江河水》,曾在美国波士顿交响乐团夏季音乐节公演。管弦乐曲《二泉映月》先后由中、美、法、日、德等国家十几个乐团演出。从事教学三十余年,培养出众多作曲人才。结合教学编著的《曲式与作品分析》,1987 年获全国高等院校优秀教材奖。在担任音院领导期间,解放学术思想,主张将学校办成"中西兼容、综合世界音乐文化"的高等音乐学院,为学院建设和发展做出贡献。撰有音乐评论、译文数十万字。

刘诗昆

刘诗昆(1939 年~),钢琴家。从小学习钢琴。17 岁首次参加国际钢琴比赛,获李斯特国际钢琴比赛第三名和匈牙利狂想曲特别奖,成为我国最早在国际乐坛上争得荣誉的钢琴家之一。多年来,除教学常举办独奏音乐会,演奏中外钢琴曲,同时积极参加《钢琴协奏曲》《战台风》《青年钢琴协奏曲》等中国钢琴作品的创作。演奏技

刘诗昆

巧精湛,音色雄浑明亮,有摄人心魄的力量,对作曲家的意图刻画入微,又具有个人的独特风格和见解。

施光南

施光南(1940年~1990年),现代作曲家,祖籍浙江金华,歌曲创作影响广泛,20世纪70年代初即写有《最美的赞歌献给党》《打起手鼓唱起歌》等群众歌曲,1976年后创作了《周总理,你在哪里》《祝酒歌》等著名作品。1978年后到北京中央乐团,写有《吐鲁番的葡萄熟了》《在希望的田野上》等脍炙人口的集群众性和艺术性为一身的歌曲。同时,留有著名歌剧《伤逝》。

著名歌唱家

周淑安

周淑安(1894年~1974年),中国女声乐教育家。福建厦门人。自幼受家庭熏陶热爱音乐。1914年经考试成为10名中国首批公费留美女学生之一。1920年回国,先后任广东省立女子师范学校、上海中西女塾、厦门大学音乐教员及合唱指挥。1927年再度赴美。1928年回国任中西女塾合唱指挥,指挥该校合唱团于当年上海舒伯特音乐比赛中获头奖。同年应萧友梅之邀任上海国立音乐院声乐组主任。抗战爆发后,辗转多处,以教授私人学习声乐、钢琴为生。1959年应邀在沈阳音乐学院任教。1960年出席全国第三届文代会。周淑安为中国现代声乐事业的先驱,是中国近现代第一位女合唱指挥家。创作大量抗日爱国歌曲、宗教歌曲、艺术歌曲及儿童歌曲,其中部分收入《抒情歌曲集》《恋歌集》《儿童歌曲集》中。编有《英文复音合唱歌选》《舒伯特歌曲集》。撰有《我的声乐教学经验》。

周淑安

喻宜萱

喻宜萱(1909年~2008年),中国女歌唱家。江西萍乡人。1929年考入上海国立音乐院。1935年赴美国深造。1939年回国,先后任金陵女子大学音乐系教师、恩施湖北省立教育学院和国立湖北师范学院教授及音乐系主任等职。新中国成立后,受聘为中央音乐学院声乐系主任、教授。1961 年任音乐学院副院长兼声乐系主任。她精通英、法、德、意、俄及西班牙等多国语言,演唱声音饱满,热情奔放,富于激情,风格兼有戏剧性与抒情性。几十年来在国内外举办近百场独唱音乐会,并多次参加国内重大演出活动。教学中注重基本功训练,注重提高学生的全面素养:提倡中国民间戏曲及民歌演唱方法,土洋结合,洋为中用。选编及译配有《中国歌曲》《独唱歌曲集》《声乐教学曲选》《外国歌曲选》《西班牙歌曲集》《西洋歌剧选曲》等,艺术歌曲主编了《声乐表演艺术文选》。

张权

张权(1919 年~1993 年),中国女歌唱家。江苏宜兴人。1942 年举办第一次个人独唱音乐会,并在中国第一部歌剧《秋子》中担任主角。同年以优异的成绩毕业后留校任教。1947 年赴美国深造。1956 年在中国首次排演的外国著名歌剧《茶花女》中成功地饰演了女主角薇奥列塔。1963 年成功地扮演了民族歌剧《蓝花花》中女主角蓝花花。张权是一位才华出众、人品高尚,但经历坎坷的著名歌唱家。一生举办与参加数百场个人音乐会、中外歌剧和其他形式的演出。她的演唱功力深厚,音色甜润纯净清亮,音域宽广,气息运用自如,修养全面,能轻松驾驭从抒情、花腔到戏剧不同表现风格和技巧的曲目,不仅擅长外国歌剧咏叹调的艺术歌曲的演唱,也擅长演唱中国民族歌剧和中国抒情歌曲。

沈湘

沈湘(1921 年~1993 年),中国声乐教育家。天津市人。1941 年考入上海国立音乐院学习声乐。1944 年因拒绝为日本人演唱被校方开除。自费随意大利音乐家帕器学习。1956 年在全国音乐周中成功担任大合唱领唱。1958 年在歌剧《黑桃皇后》中饰演格尔曼,受到苏联专家赞赏。1987 年

沈湘

始受芬兰萨翁林纳歌剧节和芬兰国家歌剧院之邀每年在芬兰开设"沈湘大师班"。英国和芬兰国家电视台拍摄了介绍沈湘的专题片《中国的歌声》。沈湘一生饱经磨难,但艺术志向不改。他声音圆润丰满,音色宽厚,富有穿透力,且通晓英、意、法、俄、德多种语言,"以广博的知识修养声乐造诣形成自己独特的声乐教学体系,培养许多优秀声乐人才"。

王昆

王昆(1925 年~2014 年),女歌唱家。原名王兰玉,河北唐县人。1939 年成为西北战地服务团最年轻的歌唱演员。1944 年入延安鲁迅艺术学院戏音系,后加入鲁艺音工团做演员。1945 年在中国第一部民族新歌剧《白毛女》中首演主角喜儿,同时参加《兄妹开荒》《夫妻识字》等新型秧歌剧的演出。1955 年入中央音乐学院声乐专家进修班,从苏联专家梅德维耶夫教授学习声乐,后拜嗓音专家林俊卿大夫为师。1976 年后任东方歌舞团

团长,发现和培养了一批青年演员。1989 年后任东方歌舞团艺术顾问。王昆是中国最早的民族声乐演唱家,也是最早的中国新歌剧演员。她的演唱音色明丽,感情质朴,表现细腻,尤擅长演唱中国民歌。曾主演歌剧《白毛女》近百场。演唱代表曲目有《翻身道情》《绣金匾》《咱们的领袖毛泽东》《桂花开放幸福来》《秋收》等。

郭兰英

郭兰英(1930 年~),女歌唱家。原名心爱,山西平遥人。6 岁开始学山西中路梆子。1946 年加入华北联合大学文艺工作团主演新秧歌剧、新歌剧。郭兰英不仅表演基本功扎实,音色亮丽,行腔优美,且能运用戏曲中的牙、眼、身、法、步配合唱、念、做、舞,成功饰演不同角色。她演戏富于激情,极具感染力,赋予角色以鲜活的生活气息和艺术表现。主演的代表剧目有《白毛女》《小二黑结婚》《刘胡兰》《窦娥冤》等,演唱的《南泥湾》《翻身道情》等大量具浓郁地方色彩和民族风格的歌曲,深受欢迎,流传全国。

邓丽君

邓丽君

邓丽君(1953 年~1995 年),是一位华人社会具有影响力的歌手,亦是 20 世纪后半叶最负盛名的华语和日语女歌手之一。原名邓丽筠,英文名 Teresa Teng,祖籍河北省大名县,生于台湾省云林县褒忠乡田洋村,后移居台北县芦洲乡。其父为原"中华民国"军人,随军撤台。有许多资料声称邓丽君小时家境贫穷,但其实并不然,两蒋时代在台外省人有着殊遇。"贫穷"一词只能当作是她或者她的家人的自谦之词。事实上,邓丽君应属于小康家庭的女儿,因拥有优异的歌唱天赋,与刚好符合时代潮流(标准北京话小调)的嗓音与唱技而大放异彩。

1963 年,年仅 10 岁的邓丽君参加中华电台的歌唱比赛并夺得冠军。1966 年,她参加了当时台湾著名的"正声广播公司"的第一期歌星训练班。1967 年正式加盟宇宙唱片公司,14 岁灌录第一张唱片《凤阳花鼓》,当时正值流行歌曲在台湾萌芽时期,她的小调民歌更是大受欢迎。15 岁获邀在台湾最具影响力和最受欢迎的电视歌唱节目"群星会"中表演,随后开始登台演出、上电视、演电影,被誉为天才女歌星,唱片大受欢迎,四年灌录了 20 张专辑,从此她在华人歌坛创下一个又一个耀眼的成就。

音乐作品

《高山流水》

《高山流水》是中国古代著名的琴曲,又分为"高山""流水"两部分。传说著名琴家俞伯牙一次在一处弹琴，樵夫钟子期竟能领会这里描绘"巍巍乎志在高山"，那里描绘"洋洋乎志在流水"，以其形象鲜明、情景交融、韵味隽永而广为流传。子期死后，伯牙痛失知音，摔琴绝弦，终身不弹。

《阳春白雪》

古代著名的琴曲。传为春秋时晋国音乐家师旷所作；一说齐国刘涓子所作。古时每以"阳春白雪"连称，故常被认为一曲，后世琴谱则均分为两曲。最早见于《神奇秘谱》。其《阳春》解题称唐高宗时曾由吕才加以修订；《白雪》解题称："《阳春》取万物知春、和风澹荡之意；《白雪》取凛然清洁、雪竹琳琅之音。"

《广陵散》

是一部著名的琴曲。它最早见于东汉《与刘孔才书》："听广陵之清散。"此曲又名《广陵止息》或《止息》，可独奏，亦可合奏。现在的琴曲《广陵散》是从《聂政刺韩王》发展而来的。它是现存古琴曲中最长的曲了，又名《广陵止息》，讲述聂政刺韩王的故事。嵇康得异人传授此曲，从不传人，后因反对司马氏专权而遭杀害，临刑前曾从容弹奏此曲以托志，自叹"广陵散终将绝响矣"。据传，在刑场上有音乐奇才将听到的曲子写出传了下来，就是今天的《广陵散》。

《汉宫秋月》

中国民族器乐曲名。近代曾以多种演奏形式在民间流传，多是同名异曲。(1)山东菏泽筝曲。主题旋律是由民间乐曲《八板》的变奏构成。它以缠绵哀怨的音调，表现古代宫女望月思乡的情感。乐曲在民间流传约有 200 年的历史。(2)琵琶曲。同名异曲两首，一为乙字调(A 调)《汉宫秋月》，最早见于 1916 年沈肇州所编《瀛州古调》。旋律凄凉婉转，表现一种哀怨情绪。二为尺字调(C 调)《汉宫秋月》，见于无锡吴畹卿传抄谱。全曲 6 段加尾声，旋律抒情委婉，细腻深情，表现古代宫女的苦闷与哀怨。后由《南北派十三套大曲琵琶新谱》《养正轩琵琶谱》等收入，各传派的曲名和乐谱段落划分等虽有不同。但旋律基本相同。(3)二胡曲。1929 年左右，刘天华记录了唱片粤胡曲《汉宫秋月》谱，改出二胡演奏。粤胡曲《汉宫秋月》(又名《三潭印月》)源出同名琵琶曲第 1 段。表现了宫女哀怨悲愁的情绪。

《渔樵问答》

古琴曲。此曲有三十多种版本，现存谱初见于明代。乐曲采用渔者和樵夫对话的方式，表现渔樵在青山绿水间自得其乐的情趣，从而表达出对追逐名利者的鄙弃。乐曲旋律飘逸潇洒，表现出渔樵悠然自得的神态。

《平沙落雁》

古琴曲。明朝此曲称《雁落平沙》。最早见于《古琴正宗》(1634年)。曲调悠扬流畅,通过时隐时现的雁鸣,描写雁群降落前在天际盘旋的情景。琵琶大曲中亦有同名乐曲,以不同曲调表现相似的内容和意境。亦有称琵琶曲《海青拿天鹅》为《平沙落雁》者。

《夕阳箫鼓》

又名《浔阳琵琶》《浔阳夜月》《浔阳曲》等。琵琶大曲。原有抄本流传,后收入《南北派十三套大曲琵琶新谱》,称《浔阳琵琶》。近人改编此曲为民族管弦乐曲,曾易名为《春江花月夜》。各种谱本的分段及小标题多不相同。全曲旋律优美流畅,通过对夕阳西下、渔舟晚归的描绘,赞美了祖国的锦绣河山。

《春江花月夜》

《春江花月夜》是大约在1925年由上海大同社根据《夕阳箫鼓》改编而成的丝竹乐曲,它通过动与静、远与近、情与景的结合,使整个乐曲富有层次,高潮突出,音乐所表达的诗情画意引人入胜。

《胡笳十八拍》

《胡笳十八拍》是古代乐曲。胡笳是一种吹奏乐器,汉代流传于塞北和西域一带,是汉、魏鼓吹乐中的主要乐器。现存《胡笳十八拍》有琴曲与琴歌两种。琴歌曲作者佚名,词作者为诗人蔡琰,即蔡文姬。汉末战乱,蔡文姬流落匈奴部落12年,后被曹操接回中原,表达了一种复杂的心情。音调哀婉凄楚,调式变化丰富,层次发展分明,表现了文姬既思念故土又怀念幼子的痛苦情怀,真切感人,催人泪下。该曲18段,每段歌词8句、10句、12句不等,因此与之相配合的音乐也长短不一。每段音乐是完整独立的,可以单独或连接演唱。同时,全曲内在上和谐统一。清初《澄鉴堂琴谱》载有全曲。

《十面埋伏》

该曲为琵琶曲,声音激越、跌宕,乐曲描写楚汉相争在垓下最后决战的情景。全曲分为十三段:列营、吹打、点将、排阵、走队、埋伏、鸡鸣山小战、九里山大战、项王败阵、乌江自刎、众军奏凯、诸将争功和得胜回营。

《梅花三弄》

明初朱权在洪熙元年整理刊行的《神奇秘谱》中记载了古曲《梅花三弄》,并说此曲原是东晋桓伊为王微之吹奏的笛曲,又名《梅花引》。桓伊最拿手的乐器是笛子,据说他吹奏的乃是东汉蔡邕的遗物,有名的柯亭笛。王微之是王羲之之子,也是一代名流。二人在路上邂逅,王微之请桓伊为他吹笛,于是吹奏出"三调",也就是《梅花三弄》了。

这只笛曲,至唐代还很流行。《神奇秘谱》所载《梅花三弄》是标题音乐。它10段各有小标题,分别为:溪山夜月;一弄叫日声入大霞;二弄穿月声入云中;青鸟啼魂;三弄横江隔江长叹声;玉箫声;凌风夏玉;铁笛声;风荡梅花;罢是不能。原谱为琴箫合奏。全曲以音乐形象描绘梅花不惧严寒,迎风怒放,幽香远传的境界。

《秦王破阵乐》

这是我国唐代的宫廷乐舞。最初用于宴飨,后用于祭祀,属武舞类。音乐以汉族清乐为基础,吸收龟兹乐因素,是中国历史上著名的歌舞大曲之一。唐高宗时的《神功破阵乐》、唐玄宗时的《小破阵乐》皆源于它。

《阳关三叠》

著名的古曲。明清时有不同传谱,但都配有歌词的琴曲,可独奏,亦可弦歌。《阳关三叠》的歌词,就是王维《送元二使安西》一诗:"渭城朝雨浥清尘,客舍青青柳色新。劝君更尽一杯酒,西出阳关无故人。"这首诗抒写离愁别绪很有典型意义,在唐代是一首"流行歌曲"。唐朝时被称为《渭城曲》或《阳关曲》。"三叠"是宋人提出的。三叠如何叠法,后人记法各异。以苏轼之说为例,是第一句唱一遍,后三句皆重复唱一遍,共七唱,极尽回肠荡气之能事。现在流行的《阳关三叠》琴曲,是清末《琴学入门》的传谱。

《潇湘水云》

这是宋代琴家郭沔的代表作,开古琴流派之先河。作品表现了作者爱恋祖国山河的盎然意趣,利用荡吟等手法,成功地表现了云水掩映、烟波浩渺的艺术境界。

《将军令》

民间器乐曲。流行全国,但在旋律、结构与使用乐器等方面,各地不尽相同。常以唢呐主奏,锣鼓配合。许多传统戏曲剧种用之于"吹台力"(幕前曲),亦用作摆阵、操演、升帐等场面的伴奏。如京剧《金锁阵》的摆阵。琵琶大曲中有同名乐曲,并分《汉将军令》《满将军令》两种,见《南北派十三套大曲琵琶新谱》。

《渔舟唱晚》

中国筝曲。娄树华以古曲《归去来辞》为素材发展而成。又一说系金灼南根据山东民间筝曲《双板》《三环套月》《流水激石》改编而成。乐曲分为3段。第1段以优美典雅的曲调和舒缓的节奏,描绘出一幅夕阳映照万顷碧波的画面。第2段用按揉的两种指法相配合,音乐活泼而富有情趣。第3段用快板奏出优美动听的模进音型,随之乐曲逐步加快,表现了心情喜悦的渔民悠然自得,片片白帆随波逐流,渔舟满载晚归的情景。

《霓裳羽衣曲》

《霓裳羽衣曲》是唐代大曲中法曲的精品,唐歌舞的集大成之作。相传,此曲的前部分是唐玄宗望见女儿山后悠然神往,回宫后根据幻想而作;后部分(歌和舞)则是他吸收河西节度使杨敬述进献的印度《婆罗门曲》的音调而成。在开元、天宝年间曾盛行一时,"安史之乱"后,此曲失散。后来,李后主得到残谱后进行了补缀成曲,才又流传至后世,成为中国音乐舞蹈史上一颗光彩夺目的明珠。此曲共为三段:首先是器乐演奏,优雅的古乐萦绕厅堂,仿佛将人们带入玄妙仙境;其次是身披七彩霓虹舞衫的舞女舒展长袖,轻歌曼舞;高潮时,独舞者在急促的舞曲声中奔放舞动,随后旋律转慢,舞而不唱,最终以优美的姿态徐徐退下。

《牧童短笛》

钢琴曲。贺绿汀曲。创作于1934年。同年底,获俄国钢琴家、作曲家在上海举办的"征求有中国风味的钢琴曲"头等奖,对于复调、和声的民族化具有创新意义。

《良宵》

刘天华著名的二胡作品之一。该曲描绘了人们除夕之夜共度佳节的欢乐气氛,基本上是一气呵成的单段体。前32小节旋律优美,节奏平稳,微露愉悦之情。后32小节音域扩展,活跃欢快。

《义勇军进行曲》

歌曲。田汉词,聂耳曲。创作于1935年春,原为影片《风云儿女》的主题歌。在当时,这首战歌激发了人民群众的革命热情和战斗意志,给广大爱国民众以极大鼓舞,成为影响最大的群众歌曲之一。新中国成立后选《义勇军进行曲》为国歌。

《二泉映月》

阿炳最负盛名的作品。乐曲的旋律含蓄深情,如泣如诉,如悲似怒,时而委婉低回,时而激越高亢,流露出一位饱含人间心酸与痛苦的流浪艺人幽怨悲苦的情绪以及对未来美好生活的向往。

《黄河大合唱》

冼星海最重要和影响最大的一部代表作。这部作品以黄河为背景，热情歌颂了中华民族的光荣历史和中国人民的斗争精神，痛斥侵略者的残暴，展现了抗日战争的壮丽情景，激发了全国人民的抗日激情。共八个乐章：《黄河船夫曲》《黄河颂》《黄河之水天上来》《黄水谣》《河边对口曲》《黄河怨》《保卫黄河》和《怒吼吧，黄河》。

《东方红》

《东方红》是一首举世闻名的歌曲，它表达了中国人民对毛泽东同志的崇敬和爱戴之情。词作者李有源是陕西佳县有名的"伞头"（秧歌的领唱、领舞者），他对陕北民歌有着浓厚的兴趣，一有空闲就自编自唱一些歌颂党和领袖人物的民歌小调。1942年的一个旭日东升的清晨，李有源边观赏日出，边用《骑白马》的民间小调填上自己编的词唱起来：东方红，太阳升/中国出了个毛泽东/他为人民谋生存/他是人民大救星/山川秀，天地平/毛主席领导陕甘宁/迎接移民开山林/咱们边区满地红……李有源给它起了歌名《移民歌》，还把这首歌教给儿子李增正唱。1943年李增正带领移民队去延安开荒，这首歌随移民队到处传播，深得群众欢迎。后延安文艺工作者将歌词重新整理修改，并更名为《东方红》，在延安《解放日报》上发表，从此传遍全国。

《没有共产党就没有新中国》

《没有共产党就没有新中国》是一首大家都很熟悉的、语言亲切、质朴的群众歌曲。曹火星词曲，作于1943年9月。当时，蒋介石所著《中国之命运》一书出版，他在书中宣称："没有中国国民党那就没有了中国。"此论调一出，全国人民十分愤慨，延安的《解放日报》以《没有共产党，就没有中国》为题发表了社论，文中列举铁一般的事实据理驳斥蒋介石的论调。

音乐工作者曹火星读了这篇社论之后，激情难抑，他结合自己耳闻目睹中国共产党领导的八路军英勇作战、流血牺牲、打击日本侵略者的功绩和解放区人民安居乐业的活生生事实，产生了一种强烈的创作欲望。他奋笔疾书，以社会精神为依据，以社论标题为歌名，创作了这首从延安传遍整个解放区，又传遍全中国的歌曲。

1949年初，根据民主人士章乃器的提议，在原歌名中增添一个"新"字，改名为《没有共产党就没有新中国》。

舞蹈艺术

基本常识

舞蹈形象

以舞蹈艺术为手段塑造的人物形象和表演过程中的动态形象,即人体的姿态、造型、步伐等动作借助音乐、舞台美术、化装、服饰等艺术因素产生的具有欣赏价值的视觉效果。

舞蹈表情

根据现实生活中人的心理活动和流露感情的习惯特点,经过提炼和艺术加工,用不同的舞蹈形式加以概括并表现出的喜、怒、哀、乐等内心情感变化。

舞蹈动作

舞蹈动作是舞蹈最基本的艺术手段,是构成舞蹈的基本单位。它是指经过艺术提炼、美化了的人体动作,是人们对日常生活、劳动中的动作的模仿及加工。

舞蹈布景

舞蹈布景是完成舞蹈舞台美术造型任务的重要组成部分。根据创作的需要和舞台美术设计意图,一般通过木框影片、画幕、幻灯投影、平台等不同的物质材料,运用绘画、塑型、光色变化等多种造型手段,塑造舞台空间形象,创造舞蹈、舞剧的环境气氛,表现舞蹈和舞剧的时间、地点,并起到情景交融的作用。

舞蹈灯光

舞蹈灯光是舞蹈、舞剧舞台美术的造型手段之一。除提供照明外,主要为了使演出达到条理通顺、场景生动、节奏鲜明的艺术效果,利用光与形、明与暗、光色的冷暖与进退所造成的对比与和谐,使一幅幅舞蹈画面及各个画面之间产生连贯、互应、对比、联想等相辅相成的关系,并通过光色的变化帮助揭示舞蹈、舞剧内在的含义,增强艺术感染力。

舞蹈服装

舞蹈服装是演出时的衣着和服饰。它是角色外部造型的重要组成部分,也是舞台综合艺术不可分割的组成部分。

舞蹈道具

舞蹈道具是为舞蹈表演而制作的用具。多由演员随身携带,是构成舞蹈艺术视觉形象的有机组成部分。

民间舞

泛指产生并流传于民间、受民俗文化制约、即兴表演但风格相对稳定、以自娱为主要功能的舞蹈形式。民族舞不乏朴实无华、形式多样、内容丰富、形象生动等特点,历来都是各国古典舞、宫廷舞和专业舞蹈创作不可或缺的素材来源。

古典舞

泛指以各地区、国家或民族的政治、文化为背景,历史久远、风格独特并且有明显创作痕迹的传统舞蹈。

宫廷舞

奴隶社会、封建社会及现代君主国家专供帝王(酋长)、后妃和贵族阶层欣赏或自娱的舞蹈。大多由宫廷艺术家根据民间舞蹈编创、表演。

社交舞

亦称舞会舞。泛指欧洲文艺复兴以来流行于宫廷舞会和近代流行于各种社交场所的舞蹈。舞步简单易学,形式自由,便于即兴发挥和宣泄情感的舞蹈。在公共舞厅备受青睐,社交舞因而很快融入了平民阶层的文化生活。

乡村舞

英国民间舞蹈,源于苏格兰乡村草地娱乐活动中的对舞和图形舞蹈。16世纪传入英国宫廷后备受贵族阶层青睐,逐渐发展为宫廷娱乐活动中的轮舞、双纵队舞和图形舞,并对葡萄牙、丹麦、法国宫廷舞蹈的发展产生了深远的影响。舞步比较简单,参加人数不限,但队形变化和行进路线、构图均有较严格的约定,并以体现参加者的修养和风度为主要目的。

舞剧

以舞蹈为主要表现手段,并综合音乐、美术、戏剧、文学等艺术形式,表现特定的戏剧内容、意境,人物形象、情绪、心理状态和行为,以及推动情节发展的舞台表演艺术。

独舞

舞蹈样式之一。泛指由女演员或男演员单独表演、结构完整的舞蹈。

双人舞

舞蹈样式之一。泛指由两名演员(性别不限)表演,主题明确,内容、情节完整的舞蹈作品。

三人舞

舞蹈样式之一。泛指由三名演员(性别不限)表演,有独立的内容和主题,情节完整的舞蹈作品。

群舞

舞蹈样式之一。泛指源自民间舞蹈"集体舞"的舞台表演形式,即三人以上、人数不等的多人舞。群舞的画面、构图多变,要求表演者动作整齐,风格统一,配合默契,因而具有丰富的艺术表现力。

现代舞

现代舞是20世纪初在欧美出现的舞蹈形式,是在现代主义思潮的影响下产生和发展起来的。现代舞只是一种舞蹈类型的统称,并不概括其中各种流派的全貌。其最显著的特点是反对古典芭蕾的表现形式和内容,用新的舞蹈手段表现自我,表现自然、社会与人之间的矛盾。

自由舞

所谓自由舞,并不是指随心所欲地舞蹈,而是指通过身体的训练更为自由地表达自我。自由舞的奠基人是美国舞蹈家邓肯。19世纪末,邓肯认为古典芭蕾刻板的程式和陈腐的内容限制了舞蹈家对人类本能感情的表达,于是她光着脚、赤着身,只披着希腊式的长袍,自由坦率地抒发自己的内心感情——当时被称为"自由舞"。

国际标准交谊舞

国际标准交谊舞来源于各国的民间舞蹈,在传统交谊舞的基础上,加以国际统一规则而成。它分为现代舞和拉丁舞两大部分。现代舞包括华尔兹、探戈、维也纳华尔兹、狐步舞、快步舞5种舞蹈。其特点是格调高雅、舞姿优美、轻柔流畅、节奏起伏。拉丁舞包括伦巴、恰恰、桑巴、斗牛舞、牛仔舞5种舞蹈。

舞蹈形式

蒙古族舞蹈

蒙古族民间舞蹈与游牧、狩猎生活密切相关,既热情奔放,又不乏沉稳、含蓄、舒展的

蒙古族舞蹈

特点。一是筷子舞,流行于鄂尔多斯市地区,由一名男子在风俗性节日里单独表演。舞蹈者右手执一把筷子,呈半蹲状,边唱民歌,边用筷子敲击手掌、肩部、腰部和腿部,有时敲击地面。节奏由慢而快,情绪热烈。表演时用三弦、四胡、扬琴、笛子等乐器伴奏。二是安代舞,流行于通辽市一带,又称"查干额利叶"(畦白鹰),源于萨满教的巫术活动。舞蹈者左手叉腰,右手在胸前上下甩动绸巾,有单甩巾踏地、双甩巾踏地、甩巾踏步等几种舞姿。集体表演时,队形呈圆形,一人领唱,众人相和,风格热烈奔放,朴实刚健,有很强的自娱特点。伴奏乐器以抓鼓为主。三是盅碗舞,流行于伊克昭地区,又称"打盅子",是一种独舞形式的民间舞蹈,常在节日欢宴时表演。舞蹈者开始表演时席地而坐,左右手各拿两个盅碗,随着音乐的节奏碰击,发出清脆、悦耳的音响;然后舞蹈者缓缓而起,双手边碰击盅碗边舞动身躯,双脚一前一后踏动,舞姿典雅而优美。伴奏乐器有三弦、扬琴、四胡、笛子等。

朝鲜族舞蹈

流传在中国吉林省延边朝鲜族自治州与黑龙江、辽宁等省的朝鲜族聚住区。朝鲜族是从事水田种植的古老民族,其民间舞蹈具有农耕劳动的特征,它是在古代的扶余、高句

丽及朝鲜半岛的传统文化基础上形成的,后又在中国东北地区的特定环境中,育成具有风韵典雅、含蓄等特色的舞蹈。朝鲜族舞蹈动作多为即兴性的,其特点是幅度大,表演者的内在情绪与动作和谐一致,长于表现潇洒、欢快的情绪。其伴奏音乐旋律优美,节奏多变。朝鲜族舞蹈的主要形式有农乐舞、假面舞、剑舞、长鼓舞、扁鼓舞、扇舞、拍打舞等。

维吾尔族舞蹈

维吾尔族民间舞蹈继承了古代鄂尔浑河流域和天山回鹘的文化传统,并吸收了古代西域乐舞的精华,形式多样,风格独特。其特点是用身体各部位的动作与面部表情相配合,进行感情交流。舞蹈者的头、肩、腰、背、臂、腿和脚趾都有复杂的动作,常以动、静的结合和大、小动作的对比,以及移颈、翻腕等装饰性动作的点缀,形成热情、豪放、稳重、细腻的风格特点。

藏族舞蹈

藏族的舞蹈种类繁多,内容丰富,各类舞蹈分别具有不同的形式、跳法和功能:有顿足为节、连臂踏歌、热烈欢腾的农村果谐,有注重情绪表现、舞姿优美豪放的农牧区果卓,有伴随劳动、激发劳动热情的勒谐,以及稀世罕见、古香古色、具有西域风味的宫廷乐舞噶尔等等。

藏族舞蹈

汉族舞蹈

如果说"高台""地会"是汉族的一种民间舞蹈,那应该说真正的汉族舞蹈则是"祭孔"时所表现的"乐舞"。祭孔乐舞走上正轨则是明、清两朝。清朝后期,汉族舞蹈不仅只有"祭孔乐舞",而且同治、光绪年间,舞蹈已经能登上"会戏"(即庙会)的大雅之堂,当时的人只有观看舞蹈的记录,没有记述舞蹈的名称及形式。进入民国以后民间的花灯歌舞逐步盛行且覆盖了乡村。新中国成立以后,舞蹈进入了全盛时期,民族的大融合在歌舞中表现更加突出,此中的你中有我,我中有你,没有必要再谈汉族的舞蹈是什么。

白族舞蹈

白族舞蹈种类较多,按活动性质划分,有娱乐性、祭祀性两大类。祭祀性舞蹈有羊皮鼓舞、手巾舞、碗笙舞、耍花舞、灯盏舞、巫舞等。娱乐性舞蹈最有代表性的是绕山林。绕山林是白族一年一度最盛大的歌舞集会,一群男女青年手持霸王鞭、八角鼓、双飞燕,浩浩荡荡,吹吹打打,且歌且舞,迤逦而行,场面宏大,热烈非凡。

傣族舞蹈

傣族民间舞蹈优美恬静、感情内在而含蓄，手部动作复杂，四肢及躯干呈弯曲状，形成富有特色的"三道弯"造型。舞蹈动作随节奏的重拍均匀颤动，具有南亚地区民间舞蹈的特征。内容亦十分丰富。

孔雀舞

孔雀舞是傣族具有代表性的一种民间舞蹈，多表现孔雀飞跑下山、漫步森林、饮泉戏水、追逐嬉戏等内容。感情内在含蓄，舞蹈语汇丰富，舞姿富于雕塑性。

长袖善舞

古代舞蹈十分讲究舞袖，因此有"长袖善舞"之称。舞袖通过服饰造成的人体臂部的延伸，不仅夸张了舞蹈动作，而且增强了其表现力。随着各种舞步与身段，双袖时而高扬，时而飘拂，时而翻卷，在空中产生无数美妙无比、流动起伏的舞蹈形象。唐代著名的《霓裳羽衣舞》就是长袖舞。

孔雀舞

中国舞蹈之最

古代最著名的舞蹈家：唐代的公孙大娘；
近现代率先出国学习舞蹈的先驱人物：晚清宫廷舞蹈家裕容龄；
近代最著名的舞蹈家：吴晓邦和戴爱莲；
新中国第一部民族舞剧：1957年首演的《宝莲灯》；
新中国最早一部现代芭蕾舞剧：《红色娘子军》；
新中国第一所舞蹈学校：建于1954年的北京舞蹈学校（现为北京舞蹈学院）；
新中国第一个芭蕾舞团：中央芭蕾舞团（也称中国国家芭蕾舞团，1959年在北京舞蹈学校成立，当时称"北京舞蹈学校实验芭蕾舞团"）；
第一部大型音乐舞蹈史诗：1964年的《东方红》。

中央芭蕾舞团

创建于1959年。早期隶属于北京舞蹈学校，1963年改建为中央歌剧舞剧院芭蕾舞团。建团后陆续上演了《无益的谨慎》《天鹅湖》《海侠》《吉赛尔》《巴赫切萨拉伊的泪泉》《巴黎圣母院》《仙女们》等世界著名芭蕾。1964年以后开始进行中国题材和风格的芭蕾创作，先后上演了《红色娘子军》《沂蒙颂》《草原儿女》《祝福》《鱼美人》等中国风格的芭蕾作品。1980年改用现名。中央芭蕾舞团演员阵容强大，白淑湘、钟润良、薛菁华、刘庆棠、郁蕾娣、武兆宁、唐敏、张卫强等舞蹈家先后担任过主要演员。曾出访过缅甸、南斯拉夫、苏联、罗马尼亚、德国、奥地利、美国、菲律宾等国家，在国际舞坛享有较高的声誉。

上海芭蕾舞团

创建于1960年。其前身为上海舞蹈学校演出一队。建团后陆续上演了《天鹅湖》《吉赛尔》《仙女们》等外国古典芭蕾名剧，以及《葛蓓莉亚》《罗密欧与朱丽叶》《堂吉诃德》中的选场。同时创作了《白毛女》《苗山风云》《长征》《金孔雀》《剑舞》《雷雨》等中国风格的芭蕾作品。1979年改用现名。1981年根据鲁迅名著创作了《魂》《伤逝》《阿Q》等塑造中国近现代文学作品中的典型人物形象的芭蕾作品。顾峡美、石钟琴、凌桂明、余庆云、茅惠芳、欧阳云鹏、林建伟、汪齐凤、杨新华等舞蹈家先后担任过该团主要演员。曾出访过朝鲜、日本、法国、加拿大等国，均深受好评。

舞蹈家

戚夫人

戚夫人（？～前194年），汉代善舞者。定陶（今属山东）人，高祖刘邦宠姬。晋葛洪《西京杂记》称其"善为翘袖折腰之舞，唱出塞入塞望归之曲"。又善楚舞。刘邦死后，遭吕后残害而死。

赵飞燕

赵飞燕（？～公元前1年），汉代宫廷女舞蹈家。原名冯宜主。自幼聪明伶俐，能歌舞，善行气术。其父为音乐家，能做"凡靡之乐"。父亡，家境破败，流落长安（今陕西西安）街头，后被咸阳侯赵临收养，教习歌舞，送给阳阿公主做贴身侍女。因其"身轻若燕，能作掌上舞"，人称赵飞燕。成帝刘骜悦其舞姿，召入宫，封为婕妤。永始元年（公元前16年）立为皇后。相传宫中有太液池，池中有洲，洲上筑榭高40尺，飞燕舞《迎风送远曲》于其上，遇大风，似欲飞去。成帝又令造水晶盘，命二宫女跪托之，供飞燕行舞其上。哀帝即位，封为太后。平帝即位，贬为孝成皇后，遂又废为庶人。后被迫自杀

赵飞燕

身死。

杨贵妃

杨贵妃（719年~756年），号太真，小字玉环，唐蒲州永乐（今山西永济）人。初为玄宗子寿王瑁妃，后入宫得宠于玄宗。天宝四载（745年）封为贵妃，姊妹皆显贵，堂兄杨国忠擅权。她通音律，善歌舞，尤擅舞《霓裳羽衣》和《胡旋》。天宝十四年（755年）安禄山作乱，玄宗偕贵妃逃蜀，路经马嵬驿（今陕西兴平西），六军不发，杀国忠，贵妃也被缢而死。

公孙大娘

公孙大娘，生卒年不详。唐代著名舞蹈艺人。善舞《剑器》。唐诗人杜甫曾在开元五年（717年）观看公孙大娘舞剑器，后于大历二年（767年）在《观公孙大娘弟子舞剑器行》一诗中回忆当时情况："昔有佳人公孙氏，一舞剑器动四方。观者如山色沮丧，天地为之久低昂。"赞叹公孙大娘的剑舞惊心动魄，雄妙神奇。公孙大娘舞时着军装，唐司空图《剑器》诗："楼下公孙昔擅场，空教女子爱军装。"

杨贵妃

舞蹈作品

《霓裳羽衣曲》

《霓裳羽衣曲》是唐代歌舞的集大成之作，相传为唐玄宗所作，在安史之乱之后失传。《霓裳羽衣曲》共36段，表现了仙乐飘飘、舞姿婆娑的情景，描写的是中国道教的神仙故事。《霓裳羽衣曲》在盛唐时期的音乐舞蹈中占有重要地位，玄宗亲自教梨园弟子演奏，由宫女歌唱。

《鱼美人》

3幕5场民族舞剧/北京舞蹈学校创作并于1959年在北京首演/总编导：（苏联）彼·安·古雪夫/编剧：李承祥、王世琦、栗承廉等/作曲：吴祖强、杜鸣心/演员：陈爱莲、王庚尧、陈铭琦等

大海公主鱼美人向往人间美好生活，爱上了勇敢的青年猎人，却不料被垂涎已久的山妖掠走。猎人救下鱼美人，互诉衷情，又被山妖的魔法破坏，猎人堕入海中。鱼美人救

醒猎人,并希望他永做海王。猎人谢绝盛情,带领鱼美人返回人间。正当他们举行婚礼之际,山妖再度施法,将鱼美人掠至妖洞进而逼婚。猎人历尽艰险闯进魔穴,经受种种诱惑最后战胜魔法斩除山妖,与鱼美人终结百年之好。

《白毛女》

7 场芭蕾舞剧/上海市舞蹈学校创作并于 1965 年在上海首演/编导:胡蓉蓉、付艾棣、程代辉、林泱泱/作曲:严金萱/演员:茅惠芳、石钟琴、凌桂明等

除夕之夜,贫苦农民杨白劳被前来逼债的地主黄世仁的狗腿子们打死,其女儿喜儿也被抓走顶债。喜儿在黄家受尽折磨,她不甘凌辱逃到深山靠野果度日,乌发皆白。与喜儿青梅竹马的王大春参加八路军后率队解放了家乡,并追寻到山洞与变成"白毛女"的喜儿相认。在斗争恶霸地主黄世仁的大会上,喜儿血泪控诉,为父报仇。红日东升,喜儿与大春开始了幸福的新生活。舞剧将芭蕾艺术与中国人民革命斗争生活相结合,注重塑造真实的农民形象,将中国京剧和民间舞的素材融入芭蕾的创造之中。舞剧以广为传唱的歌剧音乐作为音乐的主题,并创造性地加入伴唱,使舞剧更具民族风格。

《东方红》

中国大型音乐舞蹈史诗/作者:魏巍、徐怀忠、郭小川、贺敬之、乔羽

这部史诗在周恩来总理的直接关心和指导下完成,组织了专业和业余文艺工作者三千多人参加演出。它概括了从中国共产党的诞生到中华人民共和国成立的斗争历程,体现出了中国人民在中国共产党的领导下不屈不挠、英勇顽强、艰苦奋斗的大无畏的革命精神,形象地表现出了秋收暴动,井冈山会师、二万五千里长征、抗日战争、解放战争等一系列可歌可泣的斗争历程。《东方红》包括朗诵、表演唱、歌舞、舞蹈等方面的综合艺术,集中体现了中国音乐、舞蹈的艺术成就,场面宏大,雄伟壮观,1964 年 10 月为庆祝中华人民共和国建国 15 周年在北京首演。1965 年北京电影制片厂、八一电影制片厂和中央新闻电影制片厂摄制成彩色宽银幕影片。

《红色娘子军》

编导:李承祥、王锡贤、蒋祖慧/作曲:吴祖强、杜鸣心、戴洪威、施万春、王燕樵/演员:白淑湘、钟润良、刘庆棠、王国华等

《红色娘子军》是中国第一部革命历史题材的芭蕾舞剧。编导运用芭蕾原有的特点和技巧,与中国民族民间舞蹈相结合,并从部队生活和军事动作中提炼出新的舞蹈语汇,成功地塑造了吴琼花、洪常青等人物形象。该剧是中国芭蕾事业发展史上的里程碑。

《丝路花雨》

6 场民族舞剧/编剧:甘肃省歌舞团《丝路花雨》创作组,赵之洵执笔/编导:刘少雄、

张强、朱江、许琪、晏建中/作曲：韩中才、呼延、焦凯/演员：贺燕云、张丽、傅春英、崔凤云、仲明华、李为民等

唐代丝绸之路上，画工神笔张救起波斯商人伊努思，却意外地丢失了女儿英娘，数年后伊努思仗义疏财，赎出已沦为歌舞伎的英娘，使父女得以团聚。莫高窟内，神笔张从英娘的舞姿中创作出"反弹琵琶伎乐天"。市曹要霸占英娘，英娘只好随父去往异国。伊努思奉命使唐，市曹唆使强人加害波斯商人，神笔张点燃烽火报警后被害。27 国交易会上，英娘化装献艺，揭露市曹等人的阴谋，消除了丝路之害。

艺术谜踪

文物是中国古代文化的重要组成部分,也是中国文化与文明的重要载体,具有鲜明的民族风格、独特的审美特征、高超的艺术水平和深远的历史价值。科技则是人类摆脱蒙昧、走向文明的巨大推动力,代表一个国家、民族的先进程度和发展方向,科技的历史就是浓缩了的人类发展史。围绕着文物与科技,亦有许多无法解释的谜题:红山文化女神庙里的女神是谁? 勾践剑与夫差矛为何在湖北出土? 马王堆古尸为何历经千年不腐……

《河图》《洛书》是上古的无字天书吗

《河图》《洛书》都是中国上古时期传下来的神秘图案。关于它们的传说是易学史上争论最多、最复杂、最混乱,但同时又是内容最为丰富的问题。

相传在我国远古的伏羲氏时代,有一个丑陋的怪物游到黄河边上的城市孟津,背上负着一块刻有一幅古怪的图案的玉版。这个怪物大得吓人,吃了百姓们的稻谷和庄稼,最后竟然开始生吞人类。伏羲听到这件事,带着利剑来到河边要斩除这头妖怪,妖怪打不过伏羲,跪地求饶,自称是黄河里的龙马,并将背上的玉版献给了伏羲。由于它是来自黄河的宝贝,伏羲称这张图为“河图”,后来,伏羲还按照《河图》做出了“八卦”,可以用来推算历法,预测吉凶等。

到了大禹治水的时候,有一次大禹在洛河引水疏通河道,从干涸的河底浮出来一只可以驮起百十人的巨龟,大禹认为这是一只通灵神龟就将它放生了。不久后,大龟腾云驾雾再次来到洛河,将一块光芒四射的古老玉版献给大禹,上面同样有一些神秘的文字和图画,大禹将这块玉版命名为《洛书》。传说在《洛书》上有 65 个红字。后来经过大禹反复揣摩,整理出历法、种植谷物、制定法令等 9 个方面的内容,古人又根据这九章大法,整理出一本一直传至今日的科学法典《洪范篇》。

上述这些传说在我国最古老的典籍《周易》《尚书》《论语》中都有记载。其中比较可靠的是《周易》中的系辞篇,里面是这样记载的:“河出图,洛出书,圣人则之。”这与上述传说十分吻合。直到宋代,朱熹解《周易》时,还曾派他手下的学者蔡元定去四川,用高价才在民间收购到了华山道士传出的《河图》《洛书》等,都是由一些圆圈点构成的图形。另外,还有一个可信的证据是在现在洛宁县长水一带有“洛出书处”石牌两块。1987 年,安徽含山县凌家滩原始社会末期墓葬中出土大量的玉片和玉龟,据专家考证是距今 5000年无文字时代的原始的洛书和八卦图。

据说《河图》《洛书》在古代出现的时候都有普通人无法识别的文字,但后来都慢慢地散佚,现在人们经常看到的两幅图是宋时朱熹的《易学启蒙》中的,因为有图无字又神秘难解,人们把它们叫作"无字天书"。其中《河图》是用黑白环点示数、排列成图的。即一六居下,二七居上,三八居左,四九居右,五十居中。而"洛图"也只有用黑白环点示数的图。有人形容它"戴九履一,左三右七,二四为肩,六八为足,五环居中"。关于河图洛书上的这些神秘的图案,自古以来无人能破译。

早在春秋战国时期,《河图》《洛书》已经开始与天命、阴阳、占卜等有关了。孔子周游列国不得意时悲叹说:"凤不至,河不出图,吾已矣夫。"那时就已经有老子、孔子写的关于天命的书《河洛谶》各一种。在两汉时期的算命文献中,《河图》《洛书》更复杂和神秘了,共有《河图括地象》《河图始开图》等 37 种,《洛书甄曜度》《洛书灵准听》等 9 种。宋时出现的河图洛书又加进了新的内容,是融天文、人体、阴阳、象数为一体的易学图像,是一种理念的阴阳消长的坐标图,暗喻的范围非常广泛。

龙马负图寺大殿

对《河图》《洛书》的解释非常之多,有些人认为它是古人对天象的观察活动的记载。原因是有关河图的记载最早曾见于《尚书·顾命》篇。记载周康王即位时,在东边厢房有:大玉、夷玉、天球、河图。后人就认为《河图》是测日晷仪与天象图标,这些实物在当时是测日观天察地的仪器,在古人眼中带有神圣和神秘的性质,因而才有可能和代表古代王权威严的古玉器陈列在一起。还有根据《魏志》中说的"宝石负图"是一幅《河图》《洛书》的八卦综合图,看上去像罗经盘,磁针居中,外面围着八卦,最外层为二十八宿。所以这些《河图》是古代测量太阳的晷仪时根据日影来画出的;而《洛书》则是张天文图,用来概括天文的原理。还有人认为西安半坡出土的石板上用锥刺的圆点排成的等边三角形图案是它们的原型。但这还不过是一种有一定联系的设想,还无法看出这种图案与《河图》《洛书》的起源有什么联系。

最近,西南电子技术研究所退休高工杨光和儿子杨翔宇发现,"洛书"的核心"十"字与墨西哥发现的"阿兹台克"历石中心人像的"十"字、金字塔俯视图中心的"十"字完全吻合。他们提出"洛书"是外星人遗物,"河图"则描述了宇宙生物的基因排序规则,而

"阿兹台克"历石则是外星人向地球人的自我介绍。

各种关于《河图》《洛书》的说法都还没有真正找到依据,《河图》究竟是一个什么样的图案,《洛书》究竟是一些什么样的书写符号呢?《河图》《洛书》的原型是什么?古人又是如何按《河图》《洛书》画出八卦的?还有待科学的进一步解答。

远古岩画之谜

我国考古工作者在内蒙古狼山发现了一些远古时代的岩画。其中一幅画让人百思不得其解,上面画着两个桃子形状的东西,中间偏上方有两个圆圆的小洞,有点像人的两只眼睛,不过,如果这是张人脸却又不见鼻子和嘴巴。在这张"脸"的上方和周围画着很多的球状体,星星点点,纷纷洒洒,有人说是宇宙中的星星,也有人说是飞行器,自天而降。所以,很多人干脆把它称为"天神图"。

在韩乌拉山峰下东边沟口的岩画上,也发现了一些奇异的人头像。其中有一幅人头长着一张方嘴,两只圆眼睛,脑袋上还布满了线状物,就像古人形容的"怒发冲冠"。有人说是头发,有人说是天线,在画中还刻着"大唐"两个字。为什么写上这两个字呢?如果这指的是这些岩画的刻画年代的话,为什么不画佛也不画道呢?要知道,在唐朝,宗教画是非常流行的啊!这到底画的是哪一家的神灵呢?

无独有偶,考古工作者在宁夏贺兰山东麓也发现了一批稀奇古怪的远古岩画,共约300幅。其中北侧一块距离地面1.9米的岩壁上画着一幅人像写意画令人过目难忘。这幅画高20厘米,宽16厘米,头朝向西南方向,戴着一个又大又圆的密封式头盔,头盔与紧身连体套装浑然一体。头盔中间有一个圆形孔洞,也许是观察窗。整个头部就像是现代戴着头盔的宇航员。奇怪的是古代不可能有宇宙飞船,古人也不可能看见过今天的宇航员,那么,他们的灵感是怎么得来的呢?

事实上,类似这样的岩画不止在中国,在世界范围内都屡有出现。在非洲撒哈拉大沙漠中,欧美一些国家的考古学家在恩阿哲尔高原的丁塔塞里夫特也发现了一些神秘的人头画像。这些画中的人戴着奇特的头盔,衣着也臃肿可笑。刚开始学者们都不知道这幅画是什么意思。直到美国人造飞船上天,人们才恍然大悟。原来,撒哈拉沙漠岩画上人头上戴的奇特头盔正是现代宇航员的头盔!而这些画中人穿着得非常臃肿的服装也酷似现代宇航员的宇航服!我们不禁要问同样的问题,非洲的这些远古人类又是从哪里得来的艺术灵感呢?这是人物写真呢还是远古人类虚构出来的?如果真是人物写真的话,这些撒哈拉沙漠居民真的见到过天外来客吗?

在古代交通不发达的条件下,世界中的许多民族和地区都不约而同地留下了如此怪诞的图案,这不是能用"实属巧合"这类话能搪塞过去的。自古以来,全世界各个民族都有关于天神们开天辟地的神话传说,除了反映远古人类的艰难创业历程,是否也反映了人类祖先对于古代天外来客的原始记忆呢?也许,正是原始人类对这些具有高度文明的天外来客充满了崇拜,把他们当作神来膜拜,并把他们的形象画在了石壁上。

这些岩画真的是对天外来客的记忆吗?恐怕这个谜一时还无法解答。

仙字潭石刻之谜

　　仙字潭石刻是"仙人"的题字，还是先民的刻画？

　　华安县苦田村，位于福建省漳州市北 34 千米，九龙江支流汰溪的北岸。在葱葱郁郁的山岭中，点缀着富有民族风格的圆形民居。蜿蜒在山脚下的汰溪之水十分清澈，在此处折而东流，形成一个较大的河湾。而被人们称呼为"仙字"的古刻，就镌刻在汰溪旁这些赭红色的山岩上。这些仙字潭岩刻、岩画刻于临水的石壁上，人们以为"仙人题字"，故名由汰溪形成的河湾为"仙字潭"。岩画分布在长约 30 米，高约 2.5 米至 5 米的石壁上，从西向东依次分为数组，以人面像、舞蹈以及其他人物活动为主，图像中还散布着各种符号。

　　华安岩刻相继被发现，并引起人们的广泛地关注。它们大多分布于福建南部九龙江下游及其以东地区，除了上文中提到的仙字潭外，没有大面积多图形的地点，一般是在孤零零的一块岩石上刻石作画。包括石井岩画，有 5 个大小不等的圆形凹穴；石门坑岩画，磨刻在山上路边的一块孤石上，画面最右边是套在一起的两个蹄印形，下边是 11 个蹄印；草仔山岩画，磨刻在一块孤石上，由 5 个蹄形组成，还有数蛇形图案；官畲岩画，刻在孤石上，由 7 个大致表现蹄印和动物形的符号构成；蕉林岩画，多刻在一块块巨石上，反映了蛇的题材；高安岩画，由大小均等的 11 个圆穴组成，可能是星象图；湖林脚印岩画，有男女足迹各一个，相距约 1 米……

　　福建境内被称为"仙字"的 12 处遗迹公布以后，"仙人题字"刻石就成为人们关注的热点。考古学家、历史学家、民俗学家以及美术史研究专家纷纷云集此地，对这些奇怪且看不懂的"天书"进行破解。尤其对于华安仙字潭刻石，到底是"仙人"的题字，还是先民的刻画，学术界中争论纷纷。这也使得华安石刻成为最有影响的闽地文物。

　　华安岩刻，相比较它们所处的峭壁、悬崖，这些字刻显得是那么平整。根据当地乡老的传说，这些"仙字"是"天公"早已经准备好的。这古老的传说，实在是十分离奇。因为根据古书《漳州府志》中的记载，说早在唐朝的时候，就有人将汰溪边这些仙字的拓本拿到了洛阳，当时唐朝的大儒学家韩愈是尚书郎，他看过这些拓本之后说，他竟然认识这些字，并且指称那是上苍关于祭祀神仙的诏令。可是后来漳州主修地方志的文官却始终不明白，为什么韩昌黎能够有这么大的本领，认出这些字的面目，他们在志书中也发出了疑问："韩公何所据？"

　　古文字学的学者根据古代的文献书籍记录，做出了种种推断。有人认为，那是吴部落的酋长在战胜了夷部落、越部落、番部落三个部落之后，为了记录自己的功勋而作的岩刻；有人说，这些仙字潭上有象形字、大篆、苗文、闽文等历代的文字；有人认为，那些文字是台湾高山族最早的文字记载；还有人认为，那是蛮王和妻子以及被俘虏的敌部落酋长的写真像……举证的人们都能够言之有理，并且常常旁征博引。于是，本来就充满着传奇色彩的仙字潭石刻，就更加神秘了。

　　然而，许多美术学史家、考古学家和文物学者则发出了不同的声音。他们斩钉截铁地认为，仙字潭的石刻，不是字，而是画。并且这些画是分布在世界各地的各种奇特的岩画中的一种。

岩画研究学家试着将仙字潭石刻中的图案，和图案化最鲜明的广西花山岩画，以及人物图案最鲜明的连云港将军崖上的岩画进行了对比，从而指出在仙字潭石刻中有岩画成分。这样，他们得到了一个结论：仙字潭石刻中的所有内容，都可以在太平洋地区的香港东龙洲、韩国的盘龟台、台湾的万山以及国内的内蒙古、宁夏等地找到相互进行对照的画面。

仙字潭的石刻中，最突出的也最多的就是"舞人"。在大约有 180 平方米的变质岩的悬崖上，舞人几乎分布在每一处地方。福建境内，反映人们的生活的岩画较少，而仙字潭的石刻则是以人物为中心的。其中，第一组中的舞人是最为热烈、狂放的。第一组的石刻，位于整幅画面的最西侧，高 0.8 米、宽 0.3 米。画面上方的人物手臂，一只向上伸举、一只向下扬出，两腿呈弓步。这种舞蹈者的形体和舞姿，在很多岩画中都可以看到，是一种常见的舞蹈动作，图案化十分鲜明。

仙字潭石刻中的舞者形态各式各样：双臂上举；一臂上举，一臂卡腰；一臂折肘下垂；双臂下扬作蹲步……甚至有双手持棍棒的各种姿势的舞者，千姿百态。他们往往戴着各种颈项饰品，通常以两个圆点表示。有的画面中，杂在舞者中间标志着一些数字，表示舞者的人数。尤其令人注目的是，在舞蹈的行列中，还有不少兽面和无头的人体，以及众多的圆形的坑穴，有鲜明的祭祀的意义。

然而，我们这难以否认，仙字潭石刻中的图案和符号确实又存在文字的性质。这些符号除了有着象形、表意以及比较固定的间架结构之外，也存在着保存和传达信息的功用，至少我们可以说，它处在图像和文字之间的过渡时期。

"是字，还是画"的学术之争，把仙字潭的传奇推向了新的研究领域。

"仙字"还是一个扑朔迷离的谜，等待人们去破解。

塞外彩色陶罐来自何方

在新疆维吾尔自治区乌鲁木齐南郊乌拉泊水库旁的一座古墓中，曾出土了一件彩色单耳小陶罐，罐高 14.8 厘米，口径 9.5 厘米，底径 5.5 厘米。这是一件敞口短颈、鼓腹圆底的陶罐，在颈腹间还有一宽带状的单耳。陶罐为手制，外涂一层土红色的陶衣，陶衣上通体涂绘暗红色的花纹。陶罐颈部是上下两排三角形花纹，腹部为上下两个三角形花纹演变而成的勾连的涡卷纹，耳柄上绘有斜纹方格网状纹，口沿内壁还绘有一圈带纹。整个陶罐制作精巧，色泽艳丽，纹饰醒目，是一件美丽的原始艺术品。令人惊异的是在哈密哈拉墩地区和乌鲁木齐南山阿拉沟地区的古墓中，均发现了同样的陶罐。这是古代哪个民族的创造？陶器上彩绘的三角纹、涡卷纹表现了什么？这些问题令人百思不得其解。

其实，提起彩陶，人们马上就会联想到著名的仰韶文化。瑞典著名的地质学家安特生在当时征求农商部以及中国地质调查所的同意，并且与河南渑池县政府联系，取得当地政府的支持。安特生一行于 1921 年 10 月第三次奔赴仰韶，进行正式的挖掘工作。此次发掘从 10 月 27 日开始到 12 月 1 日结束，历时 35 天。这是安特生在中国进行的最大和最详细的发掘工作，其影响直至今日。安特生把这些远古人类遗存命名为"仰韶文化"。由于仰韶文化的主要特征就是彩陶,因此人们也把仰韶文化称之为"彩陶文化"。这在中国历史上还是第一次运用现代科学的"文化"概念取代了传统史学的神话传说。

距今 6000 多年的半坡彩陶上就绘有鱼纹、蛙纹等动物花纹,更有宽带纹、三角纹等几何形花纹。在生产力还十分低下的远古时代,人们何以制造和绘饰与那个时代极不相称的彩陶文化,至今仍是个谜。面对琳琅满目的彩陶文化,我们为其灿烂的风采所倾倒,也因此迷茫不解而困扰。彩陶文化的研究者总结出彩陶的种类繁多,比如倒三角纹、大倒三角形的网状纹、还有倒三角纹演变而成的涡纹、竖条纹、平行短纹、树枝纹、弧线纹、棋盘格纹等。另外研究者也发现很多地方的出土陶器上的花纹样式及其

三角网纹单把杯

构造方法上都比较类似,那么,世界上是不是存在着一条彩陶文化带?是不是在新石器时代晚期,有一支以彩陶文化为代表的先进农业集团由西向东进入了中国的黄河流域,然后这条线也就在中国境内绵延开来,形成了从新疆到中原的彩色陶器文化?英国考古学家赫伯森先生推论:"彩陶文化的传播路线应该是由西向东的,源头是中东的两河流域,因此在中国的西部特别是新疆地区一定会留下传播痕迹,很有希望发现相同的彩陶。"事实上新疆塞外彩色陶器的发掘呼应了这一推论。

民俗学专家告诉我们,在古代,人们对墓穴的朝向的选择,往往是一个民族认为自己民族的来源之所的方向,表示对于远古时期故土的怀念。而通过观察总结可以我们知道,半坡遗址中所有的墓穴都朝向西方,同属于仰韶文化的北首岭、姜寨、横阵、元君庙、史家等史前遗址的墓穴朝向也与半坡相同。在位于河南西南部的淅川发现的仰韶文化遗址中,墓穴的朝向为西稍微偏北,而郑州和洛阳地区仰韶文化遗址中的墓穴,朝向基本上是西稍微偏南。而与仰韶文化关系紧密的齐家文化范围内的甘肃永靖县史前人类遗址,其墓穴分为南北两片,南部墓穴 99 座,朝向全部西偏北,而北部墓穴 29 座,朝向一律正西,也是以西为主。而新疆察吾乎沟、罗布泊、焉不拉克、艾丁湖、苏巴什、巴里坤草原、伊犁河谷地区、阿拉沟等地发现的彩陶文化墓穴的朝向,也都是朝向西方。那么如果民俗学家所总结的可以与彩陶文化现象相合并的话,彩陶的文化迁徙方向是不是就可以被认为是从西到东的?但是这些也只是猜测和推论而已,并不能确切地说明什么结论。在新疆发现的彩陶作为一种文化的代表或者最先昭示,它必然带给我们广阔的空间去接近曾经的辉煌与智慧。

红山文化女神庙里的女神是谁

1983 年 10 月,在辽宁省建平、凌源两县交界处的牛河梁,考古学家发现了又一处红

山文化祭祀遗址，推测其原来是一座女神庙，出土一件面涂红彩的泥塑女神头像，头高22.5 厘米，面宽 16.5 厘米，形体与真人相当。这是迄今为止新石器时代陶塑遗物最重要的发现。牛河梁红山文化"女神庙"遗址的发现，大约分属 5 或 6 个个体的女神像的陶塑残块。尤为珍贵的是神庙主室西侧发现的接近真人大小的彩塑女神像，肢体虽已残碎，但头部基本完好，较为完整的还有肩臂、乳房、手等。在此以前还在喀左东山嘴红山文化的祭祀遗址中发现了两个小型孕妇塑像。据研究，女神庙已残碎的女像可能也与孕妇像一样同属坐姿，女神头部两眼都用圆形玉石镶嵌，更显生动。这 3 尊女神像虽有大小的不同，但显然都是原始崇拜的偶像。红山文化年代跨度约略相当于仰韶文化时代，距今已 5000 多年。

红山文化是距今五六千年前，一个在燕山以北、大凌河与西辽河上游流域活动的部落集团创造的农业文化，因最早发现于内蒙古自治区赤峰市郊的红山后遗址而得名。红山文化全面反映了我国北方地区新石器时代的文化特征和内涵。其后，在邻近地区发现有与赤峰红山遗址相似或相同的文化特征的诸遗址，统称为红山文化。已发现并确定属于这个文化系统的遗址，遍布辽宁西部地区，几近千处。20 世纪 80 年代中期，对辽西东山嘴牛河梁红山文化女神庙、祭坛、积石冢等进行了一系列的发掘。喀左县东山嘴遗址坐落在山梁顶部中央，面向东南，俯瞰大凌河开阔的河川。这是一处用大石块砌筑的成组建筑遗址，呈南圆北方、中心两侧对称的形制。南部圆形祭坛旁出土的陶塑人像中，有在我国首次明确发现的女性裸像。

与东山嘴相距仅三四十千米的凌源、建平两县交界处，分布着大规模红山文化遗迹，包括牛河梁女神庙、祭坛、积石冢群。牛河梁居大凌河与老哈河之间，为东西走向的山梁。这一带地理环境优越，红山文化遗存密集；以高高在上的女神庙及广场平台为中心，十几个积石大冢环列周围，并且都和远处的猪头形山峰相呼应，形成一个互为联系的祭祀建筑群。目前，发掘工作限于局部，但女神庙已出土大量泥塑人像残块，可辨别出至少分属 6 个人像个体。其中最小的如真人一般大小，主室出土的大鼻大耳竟是真人的 3倍。泥塑人体上臂、手、乳房等，与泥塑禽兽残块以及彩绘庙室建筑构件、墙壁残块等，无一不是杰出的艺术作品，而一尊较完整的人像头部，尤为雕塑佳作。头像结构合理，五官比例准确，表情生动逼真，她不仅是我国文明黎明时期艺术高峰的标志，也是亿万炎黄子孙第一次看到的 5000 年前用黄土塑造的祖先形象，对中华文明起源史、原始宗教思想史的研究具有极其重要的意义。女神庙全长约 22 米，宽约 2～9 米，主体建筑长 18.4 米。庙由多室组成，主室为圆形，左右各有一圆形侧室。主室北部为一近方形室，南部似有三室相连，成一横长室；左右对称，主次分明，布局严谨而又有所变化。这种建筑格局，作为中国建筑的传统延续了几千年，已可追溯到此。所以这座女神庙不仅是中国最早的庙，亦可称为东方建筑之祖。

1983 年秋季，牛河梁女神庙被发现。1984 年，经国家文物局批准，考古工作者对女神庙进行了正式发掘。尽管女神庙的出土是人们翘首以待的事情，但当它真的被挖掘出来的时候，其建筑遗存的完好程度、结构的复杂性，尤其是女神像的规模和精湛的雕塑技艺还是让人大吃一惊。牛河梁遗址由女神庙、祭坛和积石冢等 16 个地点组成，占地约 50平方千米。女神庙位于牛河梁诸道山梁的主梁之上，其地位的重要性从地理位置上也得到了表现。女神庙和其北部的大型山台是牛河梁遗址的主体。山台地势平稳，系人力加工所为，南北东西各长 200 米，四周砌以石墙，极似城址。引人注意的是，神庙与山台的走向完全一致,说明应是一个整体。在山台北侧也发现有塑像残片和建筑物架,说明另有一座神庙与女神庙以山台为中心呈南北对称分布,从而构成一台(或者也可以说一城)两庙的建筑群体结构。女神像发现于 1984 年 10 月 31 日的上午。一位参加发掘的考古队员后来回忆说,根本无法找到一个恰当的词来表达那时的心情。是欣喜若狂吗? 显然不是。当女神像被一点点剥离出来的时候,人们都屏住了呼吸,整个工地悄然无声,只有小铲和小刷子剥离泥土的声音在沙沙响着。当女神头像完全显露出来的时候,辽宁省博物馆的摄像师不失时机地把这激动人心的瞬间定格在胶片上。后来,这张照片被题为"5000 年后的历史性会面"。照片上,女神坦然而镇定地注视着 5000 年后的人们,嘴角带着一丝若有若无的微笑。

牛河梁红山文化女神庙是中国首次发现的远古神殿,其遗址中文化内涵与宗教遗存的丰富程度都是任何其他遗址所无法比拟的。它的发现,对中国史前宗教及文明起源的研究都有着非同寻常的意义。女神被有些人称为"中国的维纳斯",但是这个维纳斯究竟代表何方女神,她究竟从何处以什么样的身份来主持着古老的红山文化? 有人从历史古籍神话传说里查找女神的庐山真面目:《帛书》简述了伏羲、女娲氏族的形成及历史贡献。说伏羲、女娲是中华各族的共祖,并不是神话。公元前 7704 年伏羲卒于桐柏鸡公山。女娲代立,时年 52 岁。伏羲二世、三世皆听命女娲,女娲死后葬于风陵渡。辽宁牛河梁(红山文化)女神庙中宫内端坐着一位比真人大 3 倍的裸体女娲娘娘,两边是龙凤巨型陶塑,四周坐满站满最小也与真人大小一样的裸体女神(有的还是孕妇),她们可能是历代黄帝、少昊、颛顼等氏族的母系祖先。也有人从女神所处的环境及女神庙的历史痕迹考察她的身世归属。但是作为无语的历史,女神的微笑如同蒙娜丽莎的微笑一样等待后人更加精确的解读。

良渚文化为何有众多玉器

良渚文化是我国长江下游太湖流域一支重要的古文化,因 1936 年原西湖博物馆施昕更先生首先发现于余杭区良渚镇而命名,距今 4000~5300 年。

经过半个多世纪的考古调查和发掘,初步查明在余杭区良渚、安溪、瓶窑 3 个镇地域内,分布着以莫角山遗址为核心的 50 余处良渚文化遗址,有村落、墓地、祭坛等各种遗存,内涵丰富,范围广阔,遗址密集。20 世纪 80 年代以来,随着反山、瑶山、汇观山等高台土冢与祭坛遗址的发掘,以大量殉葬精美玉礼器为特征的显贵者墓地被发现,以及莫角山大型建筑基址的被发现,表明良渚文化是中华五千多年前文明程度最高和最具规模的地区之一,良渚遗址堪称东方文明圣地。

良渚文化最著名,最有特色的就属它的玉文化,是中国玉文化的源头,并且一开始就显现出不凡的艺术魅力。良渚文化为何在五千年前就有如此出众的玉文化? 先民们为何要雕琢那么多玉器,他们又是如何雕琢的? 其中有许多谜等待解答。

有人说是因为装饰,美化生活的原因。

中国玉文化源远流长,玉在人们心目中有着崇高的地位。玉,一般晶莹剔透,即使有少量瑕疵,也是"瑕不掩瑜",其石料很稀有,因此也非常珍贵。玉石还不能称为"玉",要经过匠师的精心雕琢，成为具有各种内涵的玉器，正所谓"玉不琢，不成器"。玉有太多美好的品质，因此就往往把具有高洁品质的人和玉相联系。可以证实东周和春秋战国时期就形成了，把玉当作自己（君子）的化身的礼仪。贵族、士大夫佩挂玉饰，以标榜自己是有"德"的仁人君子。"君子无故，玉不去身。"君子必配玉，玉只可配君子。汉许慎在《说文解字》中说，玉，石之美兼五德者。所谓五德，首先指玉的 5 个特性，即坚韧的质地、晶润的光泽、绚丽的色彩、致密而透明的组织、舒扬致远的声音。然后是比附人的五个美德：仁、义、礼、智、信。

装饰生活、美化自己是人的天性，远在 9000 多年前，生产水平极端低下的山顶洞人，在闲时也不忘磨制骨器、石头制作项链等装饰品。7000 年前鱼米之乡河姆渡的先民也是如此，在选石制器过程中，有意识地把拣到的美石制成装饰品，打扮自己，这就揭开了中国玉文化的序幕。在距今四五千年前的新石器时代中晚期，辽河流域，黄河上下，长江南北，中国玉文化的曙光到处闪耀。而最为著名的便是良渚文化出土的玉器。良渚文化玉器种类较多，典型的有玉琮、玉璧、玉钺、三叉形玉器及成串玉项饰等。这些玉器都造型精致，刻有各式图案，有很强的装饰作用，特别是成串的玉项饰。所以说良渚文化出现如此多优美的玉器，是出于装饰生活的原因不无道理。

另一种说法是，良渚玉器大量产生，不仅仅是装饰，而是有更深的文化内涵。把玉作为装饰品反而是更后的事情了。此说的证据是从良渚玉器本身情况来说的。

良渚玉器以体大著称，显得深沉严谨，不是很适合随身佩戴的装饰，是否用于装饰住所还没能考证，但在当时生产力并不发达的情况下，是否会产生这样的需求还是值得商榷。

最能反映良渚琢玉特色的是形式多样，数量众多，如使人高深莫测的玉琮和兽面羽人纹的刻画。良渚玉琮系软玉雕琢而成，从外观看呈外方内圆、上大下小形，每个面的转角上有半个兽面，与其相邻侧面转角上的半个兽面组成一个完整的兽面。这些物品充满神秘气息，现在看来其形状和图案也是令人惊异，隐隐透出一股凉气。这些玉琮的用途应该是与宗教祭祀、财富权力有关。战国《周礼》书中曾有"苍璧礼天""黄琮礼地"之说法。东汉郑玄注"璧圆像天，琮八方像地"，都说明玉琮与对鬼神的崇拜相关。

因此他们认为良渚玉器更深的文化内涵是对鬼神的敬畏，是用于祭祀的神器，由此衍生出"玉"被作为权力的象征。这一点从后来的"玉"的地位可以反证，"玉"不仅仅作为装饰，作为美好品质的象征，在中国文化上，从一开始就更多的是作为具有神圣地位的、能显示权力的神器。

长江中下游一直就有神秘的巫术文化传统，楚国文化强烈的巫术气息，可能就是从此地久远的文明——良渚文化继承的。有人认为，良渚文化就是以"蚩尤"为首领的部落的文化，据考证良渚文化时期已经有初步的政权，可以称为良渚古国。后被中原炎黄部落为首的青铜文化所打败，共同汇入中华文明之中。从历史上看，良渚文化时代的玉文化不仅没有随良渚文化的衰亡而消失，反而被后来的夏、商、周三代王朝全面继承下来，成为古代中华文明最具特色的内容。夏、商、周三代从良渚文化继承的玉文化，包括一些具体的礼器，如象征王权的军事统帅权的玉钺，祭祀天地的玉琮、玉璧、玉圭、玉璜等；甚至连玉琮上那个表征良渚文化宗教信仰系统的神人兽面纹，都被夏、商、周王朝全面继承下来，成为三代礼乐文明的重要内涵。

良渚文化是神秘而又辉煌的，其为何有如此多的玉器，主要是因为装饰，还是因为祭祀尚不能明确，不过良渚玉器形制奇特，肯定包含着先民神秘的思维。

禹王碑书写的是什么

禹作为一个做出多方面伟大贡献的民族英雄，因为制伏了史前大洪水而受到人们的崇拜，特别是为治水，三过家门而不入的精神深深打动了后人。因此关于他的神话传说也很多。

相传大禹开山制服洪水后留了一块碑竖立在衡山岣嵝山峰上，但人们一直没有找到它。据记载，早在唐代德宗时期，著名文学家韩愈、刘禹锡等就听说过衡山有禹王碑的事了。由此可见，最迟在唐代德宗以前，禹王碑就早已竖立在衡山上了。据说，韩愈曾游览衡山，但没有亲眼看到禹王碑。他在《岣嵝峰》一诗中写道："千搜万索竟何有？森森绿树猿犹悲。"同时，刘梦得却记述"祝融峰上有'神禹铭'古石，琅玕姿秘，文蚪虎形"，肯定此碑实有之，独异好古者搜索不得，遂致疑以传疑："岣嵝何须到，韩公浪自悲。"

直到南宋宁宗嘉定五年（1212），有一个名叫何致的人游览衡山，在樵夫的指引下，终于找到了这块禹王碑。他照原样拓描下来，回到长沙，摹刻了一块碑竖立于岳麓山。从此，岣嵝峰的禹碑名扬四海。据描述，碑面宽110厘米，高184厘米，共77字，每字径约17厘米。

据学者研究，这篇碑文既不同于甲骨钟鼎文，也不同于籀文蝌蚪文，很难辨认，杨慎释文也只是一说，难做定论。据古代传说，大禹为了寻求治水方法，日夜奔波于三山五岳，后来，大禹在南岳衡山梦见苍水使者，在仙翁的指点下，获得有治水方略的金简玉书，终于制伏了洪水，有些人便根据此神话传说猜测：禹王碑正面所刻77个奇字就是大禹记述的有关治水方略的内容。但传说毕竟是传说，要揭开石碑的真正面目还要依靠科学。据明代学者杨慎等对禹王碑的考译，全文77字，有两层意思，一是舜命禹去治水；二是禹治水历尽千辛万苦，累弯了腰，长年泡在水中，连汗毛也掉了，最后治平了九州洪水。还有其他学者考证过，结果大同小异。

许多学者认为，一个人有天大的本事，也不可能创造如此复杂的汉字。目前史学界、书法界普遍同意一种观点：汉字是远古时代的先民们在长期的生产、生活实践中，逐渐积累，几经约定俗成后，为人们共同认识、使用而创制的。但为何其字形奇怪，既不像大篆，更不像小篆，也没有一点甲骨文的痕迹。无论如何仅凭这些文字是考证不出其内容的。

禹王碑至今仍是一个无法彻底揭晓的谜，它涉及远古历史及古文字发展问题，只有等待哪一天像甲骨文样大量发现，才有可能通过相互对照来解读。

谜团重重的司母戊鼎

司母戊鼎是世界上罕见的青铜器贵重文物之一，而且也是到今天为止所有出土的鼎中最大最重的。它的存在和发现本身就是一个传奇故事。从它的发现和出土无不充满神奇色彩，再加上它的特定发现时期，使本来就具有很大价值的司母戊大方鼎蒙上了一层层神秘的面纱。

司母戊鼎

司母戊大方鼎的鼎耳为什么不翼而飞？这里有这样的传说：1939 年是一个动乱的年代。时局的混乱，加剧了盗墓风气的盛行，身居河南省安阳市武官村的村民自然不会忘记身居殷墟之旁这块风水宝地，村民们开始有组织地在夜间盗掘古墓。3 月的某个深夜，在河南安阳侯家庄武官村吴玉瑶家的农田里，距武官村大墓西南隅大约 80 米处，随着村民的铁锹"仓啷"的脆响，华丽雄伟的青铜之冠、国之重宝——司母戊大方鼎出土了。村民们忙碌了一夜，但因为鼎太大、太重而实在无法搬动，他们不甘心整夜提心吊胆地忙碌无功而返，于是一个私掘者取来锯子，将大鼎的一只鼎耳锯下，然后又将大鼎重新掩埋。事后他们相约谁也不准说出此事。后来，侵华战争爆发，日本人闻知此事，想花重金购买都没有得到。抗日战争胜利后，司母戊鼎在 1946 年 6 月重新出土，作为蒋介石的寿礼，被用专车运抵南京，拨交中央博物院筹备处保存。但当年被盗墓的村民偷偷锯下的一只鼎耳在动荡的年月里下落不明，这也成为司母戊大方鼎的永远的遗憾。今天我们看到的司母戊大方鼎，有一只鼎耳就是后来补铸上去的。1959 年，中国历史博物馆在北京建馆，司母戊大方鼎又被运到北京展出。现在中国历史博物馆展出的是原鼎的复制品，真品早已作为珍贵的历史文物保护起来了。

司母戊鼎整个总重 875 千克，高达 133 厘米，口长 110 厘米，宽 78 厘米，足高 46 厘米，壁厚 6 厘米。因为此鼎大得足够做马槽，所以人们又称它为"马槽鼎"。司母戊鼎立耳方腹、四足中空，除鼎身四面中央是无纹饰的长方形素面外，其余鼎身各处皆有饰纹，而且各部分纹饰各具形态。鼎身四面的长方形素面周围以饕餮作为主要纹饰，四面交接处，则饰以扉棱，扉棱之上为牛首，下为饕餮。鼎耳外廓有两只猛虎，虎口相对，口中含人头，鼎耳侧是鱼纹纹饰。四只鼎足的纹饰也很有特色，在三道弦纹之上各饰以兽面。鼎腹内壁铸有铭文"司母戊"。其造型、纹饰、工艺均达到极高水平，堪称商代青铜文化顶峰时期的代表作。

关于鼎身腹内的"司母戊"铭文也存在着种种猜测，据此，也产生了一些对司母戊大方鼎属商朝哪个时期的种种说法。目前学术界主要有三种观点，第一种认为这鼎是商王为祭祀他的母亲戊而铸造的，这也是大多数人认可的解释。其中的"司"解释为职司、官司、典司;第二种观点认为,"司母戊"是一个氏族的名称;第三种观点则把"司"释为祠,"祠"则是祭祀的意思。后来还有把"司"解释作王后的"后"字的。"母戊"是谁呢? 根据最早的推测,"母戊"一般被认为是殷王武乙的配偶妣戊,即文丁的母亲,铸鼎者则为文丁。卜辞记载文丁的配偶为妣癸,而武乙的配偶却不见记载,因此陈梦家认为,"母戊"可能是武乙的配偶。据此,则大鼎为殷墟晚期的器物(陈梦家:《殷代铜器》,见《考古学报》)。还有一种意见称,"母戊"可能是指武丁的配偶或祖甲的配偶。因此铸鼎者可能为祖庚、祖甲、或廪辛、康丁。这样,该鼎就是殷墟前期的遗物。

司母戊大方鼎最为神秘也最难让人猜测的是它是如何铸造的。司母戊大方鼎表明商朝青铜器的制作技术已经达到炉火纯青的地步,标志着我国古代青铜工艺出现第一个高峰。但是铸造司母戊大方鼎,在当时的生产力情况下是一件相当困难的事。据推测,司母戊大方鼎的铸造过程是这样的。在商代,冶炼青铜用的是陶制的坩埚,它的形状和后来倒放着的头盔差不多,考古工作者趣称它为"将军盔"。据科学估算,每个"将军盔"能熔铜 12.7 千克。假使铸造一个中小型的铜器,只需用一个坩埚就可以了。但是,要铸造司母戊大方鼎这样的庞然大物就需要七十多个"将军盔"同时浇铸,这意味着要求几百人同时操作。如此浩大的工程该如何施工呢? 有人认为勤劳智慧的奴隶们采取化整为零的战略,先分别铸好鼎耳、鼎足、鼎身,然后再把铸好的各个部分合铸在一起。经过奴隶们的长期艰苦卓绝的劳动,终于铸成了司母戊鼎。但这种猜测没有得到相关科技的论证。直到今天,在发达的科技面前,都没有人能再现铸鼎的情况。

司母戊大方鼎是中华文明的瑰宝,它纹饰美观庄重,工艺精巧,一向为世人所钦羡。因此它的价值更高,而围绕它的种种迷雾也增添了它在世人心目中的地位,司母戊大方鼎之谜地解开,有待考古和科学技术的进一步发展。

西周微刻甲骨文之谜

1976 年,考古工作者在陕西省岐山县凤雏村发现了西周初年的甲骨文。据研究,刻有微型文字的甲骨共有 293 块,大都是周文王晚期到周康王初期的作品。这些刻在甲骨上的文字细若发丝,需要借助 5 倍以上的放大镜才能辨清。在当时的条件下竟能刻写出这么小的字,简直让人难以置信! 一团迷雾笼罩在考古学界:这些文字是怎么刻上去的?

2002 年,考古工作者在陕西城固县宝山村商代遗址烧烤坑出土了一枚距今约 3000 多年的铜针。铜针首端又尖又细,末端还有一个微小的针鼻孔,孔径仅有 0.1 厘米。其做工精致,让现代人为之惊叹。这个铜尖针是做什么用的? 有人认为,这样的铜针就是用来微刻甲骨文的。

那么,微刻出这么小的文字让别人怎么看呢? 甲骨上的文字是需要借助数倍以上的放大镜才能辨别得出的! 但即使没有放大镜,也不能说明当时就没有办法微刻出这么细小的文字。因为有些人的视力是可以超过常人数倍的。今天选拔飞行员的标准,其中一条就是要求视力必须超过常人。另外,现代医学研究发现,患有某些眼疾的人如中心性网络膜炎晚期、黄斑部病变结痂前期等,看东西会比实物大数倍。西周时期有没有人得这些病,我们不得而知,但也不能排除这种可能性。事实上,古人的视力究竟怎样,我们真的一无所知。在美洲丛林中有一个与外界接触较少的部落,他们竟然能用肉眼看见人造地球卫星!这是否说明,原始人类比现代人类的眼睛要好得多呢?

还有一个问题,这些微刻出来的甲骨文有什么作用呢?又是刻给谁看的呢?据专家研究,这几百片甲骨文所记载的内容多是周与商王朝的关系,商王的狩猎以及占卜之类。有人认为,这些内容之所以要微刻是因为关乎"军事机密"。众所周知,商王朝是被周王朝取而代之的,在灭商之前周人必须进行一番长期而又秘密的准备工作。"这些工作除了发展势力,访贤任能,研究周与商的关系,对商王行踪进行侦察也是必不可少的。"这种记录当然属于国家机密,必须严格保密,所以聪明的周人就想到了微刻的办法。

当然,微刻的办法可能是想出来的,也可能是偶然发现的。如果是想出来的,那说明微刻技术在当时就已经存在了,周王只需要任用一些微刻能手就行。但也许当时并没有什么微刻技术,只是那些专门负责占卜及观察天象等职责的巫史在长期思想高度集中的状况下视力得到了提高或者出现了眼疾,从而恰巧发生了看东西比实物大几倍的事情,于是微刻出这些甲骨文也就是自然的事情了。

在科技并不发达的古代,人们是怎么完成如此精细的工作的呢?至今尚无定论。

中国古代到底有没有指南车

有人认为黄帝是指南车的发明者。相传在 4000 多年前,黄帝同蚩尤在涿鹿大战,黄帝打败仗,因为蚩尤能做大雾,使黄帝的队伍迷失了方向。因此黄帝组织人力,研究创造了指南车,于是,再和蚩尤作战就取得了胜利。还有一个传说是西周初,居住在偏远南部的越裳氏派使臣来朝贺周天子,周天子怕他们回去时迷路,就造了辆指南车送他们。

上述传说给人们带来一系列思考:真的有指南车吗?它是什么形状的?

有一个叫马钧的人,生活在三国时期,是一个著名的机械制造家,他能做许多奇特的机械。他改进了提花机,使它操作方便而且省时,还能织出复杂精美的图案;他还创造出了龙骨水车,这个水车结构精巧,运转省力,为灌溉提供了连续不断的水源;他甚至还改进发明了兵器,据说,马钧改进了当时诸葛亮使用的一种"连弩",让它在连续射箭的基础上再提高五倍的效率。他试制成一种很厉害的攻城武器,叫"轮转式发石机",能连续发射砖石,射程几百步;他还创造了"变幻百端"的"水转百戏"。这是一组木偶,利用机械传动装置,机关一开,各个木偶能够各自做着不同的动作,像是一台戏,机关一停,便马上停止运转。由此可见,马钧有杰出的机械设计才能并且发挥得淋漓尽致。

后来马钧在魏明帝的支持下,根据传说潜心研究指南车的造法。不久,马钧真的造出来一辆机械的、能指定方向的车子。他把齿轮传动机装在车上,车走起来,车上木人会自动指示方向。这种车子不同于利用磁铁造的指南针。

现在已看不到马钧造指南车的具体方法了,而且当时人们也没有使用指南车,只是作为陈设而束之高阁。西晋末,这辆指南车就下落不明了。留给后人的只是一个千古之谜。

后秦时,皇帝姚兴又让令狐生造了一辆指南车。可惜那辆指南车在后秦灭亡时,作为战利品被运到了建康。由于年久失修,机件散落,指南功能也就丧失了。

60 年后的齐王萧道成忽然想起这个奇宝来,他让当时著名学者祖冲之再研制一辆指南车,祖冲之便闭门钻研。同时代的索驭林辚由于不服气也造了一辆。又过了几百年,北宋中期的燕肃和吴德仁都制造过式样不同的指南车。

指南车制造困难,比较笨重,实用价值不高。但古时人们对指南车的不断探索与研究,反映了我国古代人民辛勤劳动和不断创新的精神。正是由于几代人不断地辛勤研究,不断地改进和提高,才有我们今天指南针的问世。

中国酿酒的始祖是谁

我国的酒文化十分悠远。早在原始社会末期,我国便发明和生产了酒。那是远古人在劳动中发现了发酵的果类和谷物带有一种味道甘美的浆液,可以取而饮之,他们将这种味道称为酒味。从此,我们的祖先通过不断的实践认识了果类和谷物是怎样被发酵而变得甜美的,最终摸索出了酿酒的技术,制作了各种成酒。1987 年底,在龙山文化遗址中就发现了各种陶制的酒器。一种密封保存完整的商代古酒在河南省被发掘,这酒距今已有 3000 多年的历史了,据专家测定,这种具有浓郁香气的酒是专用于祭祀祖先的,说明当时已有种类繁多的酒,酒也已成为专卖商品,难怪《诗经·商颂》里就有"既载清酤"的描写。商代出土的象形字中就有"酒"字,说明酒在商代已有很大的发展。有的学者认为是在商以前的 2000~3000 年前才开始发明酒的。因此,不管按哪种说法,出生在周朝的杜康,只能是个酿酒者或酿酒技术革新者,而并不是发明酒的始祖。即便是夏朝人仪狄(传说大禹曾饮过他酿造的酒),也不是酒的始祖,还有学者认为酒的起始是在距今 7000 年前的磁山文化时期,那时生产力发展了,粮食和果品逐渐有了剩余,人们就把它们储蓄起来,在存放过程中自然发酵而成为酒,先人们根据这个原理,再反复实践,才有了人工酿酒。

杜康生活的周代,出现了酒曲,这在酿造史上无疑是个飞跃,这也是世界化学史上的伟大创举。1974 年曾在河北平山县战国时期的中山王墓内,发现过两种曲酿酒,一开启密封完好的酒壶盖,一时间酒香四溢,据说这就是闻名遐迩的"杜康",意即好酒。此外"杜康"还应理解成品种名称。曹操说的"唯有杜康",也是泛指好酒之意。《说文解字》上却说酒为"吉凶所造",这里的吉凶不是说吉凶这个人造酒,而是说酒造吉凶。夏禹就曾主张禁酒,并预言"后世必有以酒之其国者"。果然,历代帝王中有许多嗜酒如命,甚至因酒精中毒而死去。商纣王也是过着"以酒为池"的荒淫生活,最后导致国破自焚。周代吸取了教训,颁发了禁酒令,因而酿酒集中在作坊中,开始专行专卖,而不是像以前分散在每家,每户均可自行酿酒,而酿酒技术也从家庭女主人的手中走向专业化,从而杜康之类的名师才得以崛起。我国古代典籍《周礼》也对酿酒过程中各个阶段做了详细区分,说明其产物名称,这体现了我国酿酒技术逐步走向专业化。

中国古代针灸之谜

　　传说中的神医扁鹊能用针灸治病,千百年来人们对此广有探究。神秘的针灸医术起源于何时呢? 这儿有一个传说:远古时一位打猎的人鼻子上中了一箭,这一刺却治好了猎人长久未愈的头痛病。这个传说看似神奇,但并非毫无道理,这种医术的起源似乎可追溯到石器时代,因为在不同地方的石器时代遗址中,均出土了大量用来戳皮肤的石制尖锐工具。

　　针灸学在秦汉时期得到了充分的发展。1993 年春,在四川省绵阳市永兴镇双包山发掘的二号西汉木椁大墓后室中,出土了一件涂有黑色重漆的小型木质人形,上面有一些针灸的经脉直行路径,但没有文字和经穴位置的标记,只用红色的漆线来表示这些路径,在木色烘托下格外清晰分明。这是迄今为止在世界上所发现最早的标有经脉流注的木质人体模型。后来在长沙马王堆三号墓出土了帛书《经脉》。书中论述了人体内十一经脉的循行、主病和灸法的古灸经。这也是有关医学理论基础的经脉学的古文献。另外,中国古代医学还有一部宝典是《黄帝内经》,它是春秋战国及西汉时期,不少古代医学家的宝贵经验总结,积累了各时代的医学成就。其中介绍九种不同的针,按用途来分,九针可分大针、长针、毫针、圆针、锋针等类型。各针有 3 厘米到 24 厘米长短不等。书中编有医治各种病痛和疾病方式的 365 个穴道,并为之一一命名。书中指出金针虽然价格昂贵,但因其有刺激身体的功能,所以医治某些疾病格外有效。而银针则有显著的镇静作用。河北汉代中山王刘胜墓出土有 4 根金针、5 根银针,能识别的有金质毫针、锋针和银质圆针,而有的却残破不能识别针型。

　　虽然由皇帝创意实行了各种《黄帝内经》中的医疗方法。但中国历代还有许多帝王,对生理学,特别是对神经系统,有浓厚的兴趣。例如,据称公元 1 世纪,王莽在医生和御屠协助下曾切开一名敌对者的尸体,用竹签来研究人体神经系统。无独有偶,1000 年后,宋徽宗雇了一个画家,画出经肢解的一名罪犯的人体器官。在徽宗之前,宋仁宗叫工匠打造了一个铜人,铜人身上显示出人体的整个神经系统。这个铜人还用来做医官院学针灸的学生学习和考试的指导实物。据记载,凡针灸科学生考试,须先在铜人体外涂蜡,把水灌到体内,要求被考查者按向指定的穴位进针,下针准确,则蜡破水出,否则就没水出来,这成为检验学生的好手段。宋仁宗有一次因病昏迷,御医束手无策,最后只好找到一位民间医生来进行针灸。这个医生用针刺进了仁宗脑后一个不知名的穴位,刚一出针,宋仁宗就苏醒过来,睁开双眼,连声称赞:"好惺惺!"夸赞医术高明,"惺惺"在当时就是高明的意思,"惺惺穴"这个名字便由此而来。在古书中,类似这种创新的例子很多。治疗全身麻痹、妇人难产、小儿脐风、腹痛、心口痛、头痛、风湿、五官科等病甚至是起死回生,针灸均能做到。

　　针灸医术的发明,是我国古代人民对世界医学的贡献,但它究竟为何有这么多功效还须进一步研究。

中国古代真的出现过飞碟吗

一提到飞碟,人们总是要把它与高科技联系在一起,然而飞碟并不是今天的新事物,它可能不止一次地在2000多年前访问过中国。曾有过许多不明飞行物的记载出现在浩瀚的中国古代文献中,这种飞行物光芒四射,来去神速,从记载看,很像现在所说的飞碟。

《晋阳秋》这本古书是最早记载飞碟的书。其中写道:"有星赤而芒角,自东北西南投入亮(诸葛亮)营。三投,再还,往大,还小。俄而亮卒。"在《三国志》的裴松之的注、郑樵的《通志略》、马瑞临的《文献通考》中都有类似的记载。这件事发生在公元234年秋天,一天晚上,西北五丈原地区的天空中出现一颗星,它发射红光,来去自由,它三来三往,从东北到西南,以后便消失了。如果是星的话,它不可能"三投,再还",也不可能"往大,还小"。从记载看,只有飞碟能自由飞行。

宋朝的著名科学家沈括曾记载了这样一件事:"嘉祐中扬州有一蚌甚大,天晦多见。初见于天长县陂泽中,后转入甓社湖,又后在新开湖中,凡十余年,居民行人常常见之。余友人书斋在湖上,一夜忽见其蚌甚近,初微开其房,光自吻中出,如横一金线。俄顷忽张壳,其大如半席,壳中白光如银,珠大如拳,灿然不可正视,十余里间林木皆有影,如初日所照,远处但见天赤如野火,倏然远去,其行如飞,浮于波中,查查如日。古有明月之珠,此珠色不类月,荧荧有芒焰,殆类日光。崔伯勖曾为明珠赋,伯勖高邮人,盖常见之,近岁不复出,不知所往。樊良镇正当珠往来处,行人至此往往维船数宵以待观,名其亭为玩珠。"此事见于《梦溪笔谈》。记载此事的宋括是一位科学家,给他提供情况的是他的好友,好友就在蚌所在的湖边,应该不是杜撰。从记载看,这颗能发光、能飞行的珠已像一轮飞碟。

在镇江金山,宋朝大诗人苏轼也曾见到过来历不明的飞行物。有一天他游金山,被仰慕他的寺僧留宿寺中。这一夜二更天,苏轼尚未入睡,只见一个光亮的物体在江心降落,并发出光。他用一首诗记录了这个奇观:"是时江月初生魄,二更月落天深黑。江心似有炬火明,飞焰照天栖鸟惊。怅然归卧心莫识,非鬼非人竟何物?"写到这里时,作者又加了个注:"是夜所见如此。"说明不是虚构,而是实见,这就是《游金山寺》。

上述记载表明,中国古代确实有一种来历不明的飞行物多次光临过。这种飞行物有的发红光,有的发白光,有的则缓缓而行,有的快如星火,它们各有不同的外形。但是发出光亮、来去自由是这些飞行物的一个共同的特点。

有些研究者认为,这些记载中的飞行物就是飞碟。一次飞碟坠毁事件被《竹溪县志》记载了下来,从记载看,飞行物能倏忽而过,而"欲坠则止",说明这个高速物体有很高的灵敏度,出了故障后,变得摇摇晃晃,终于坠毁。

有些研究者认为,《松滋县志》记载了覃某被不明飞行物带到贵州的事件,这就是飞碟被人发现以后的报复行为或保密行为,这很像近代一些接触飞碟的人们遭劫持的情况。

还有些学者认为,中国古籍中只是记载辗转传闻的故事,叙述又十分简单,不足为信。可能是一些经过夸张而编造的、道听途说的奇闻逸事。有些研究者则认为,这可能是连现代人也不清楚的古代的一些自然现象,它们能发光,会飞行,因而被误认为是飞碟。

这些古籍记载的飞行物究竟是什么? 只有在现代的飞碟之谜揭开以后,这个问题才能得出可信的答案。

勾践剑和夫差矛为何在湖北出土

吴越之地,自古便以冠绝天下的铸剑术著称。在吴、越两国所铸青铜器中,兵器既精且美。春秋中晚期,随着吴越对外军事扩张的需要,其兵器铸造业也呈现出空前发展、繁荣的状态,因此,"吴矛越剑"不仅为时人所艳羡,其美名还流传千古,为历代所称道。

越王勾践剑出土于1965年12月,剑出土时,装在黑色漆木剑鞘内,剑与鞘吻合较紧。剑身寒光闪闪,毫无锈蚀,试之以纸,20余层一划而破。可见史书记载的"夫吴越之剑,肉试则断牛马,金试则断盘盏"不是虚妄之语。剑全长55.6厘米,剑格宽5厘米,剑身满饰黑色菱形几何暗花纹,剑格正面和反面还分别用蓝色琉璃和绿松石镶嵌成美丽的纹饰,剑柄以丝线缠缚,剑首向外翻卷作圆箍形,内铸有极其精细的11道同心圆圈。剑身一面近格处有铭文两行8字,为鸟篆,释读为"越王鸠浅(勾践)自乍(作)用鐱(剑)"8字。

越王勾践剑经检测得出其主要成分为铜、锡、铅、铁、硫、砷等元素,各部位元素的含量不同。剑脊含铜量较多,韧性好,不易折断;刃部含锡高,硬度大,非常锋利。脊部与刃部成分不同,采用了复合金属工艺,即先浇铸含铜量高的剑脊,再浇铸含锡量高的剑刃,使剑既坚韧又锋利,收到刚柔结合的良好效果。剑格含铅量较高,这种材料的流动性较好,容易制作剑格表面的装饰。另外,在剑格、剑茎和剑身上所饰的菱形几何形黑色暗纹含硫化铜,有利于防锈,是当时一种先进的独特工艺,这也许就是该剑保存至今2000余年而毫无锈蚀的原因之一。该剑上的8字铭文,刻槽刀痕清晰可辨,是铸后镂刻而成,而非铸就。铭文为鸟篆,笔画圆润,宽度只有0.3~0.4毫米。越王勾践剑集当时各种先进的青铜冶铸技术于一体,代表了当时吴越铸剑技术的最高水准,制作之精湛,可谓鬼斧神工。

提及勾践剑,不禁使人想起"卧薪尝胆"这段史实。公元前494年,夫差领精兵伐越,大战于夫椒,越军被击败,勾践仅以五千甲兵退保于会稽山上,屈辱求和,卑身事吴。

越王勾践剑 春秋 长55.6厘米,宽5厘米,湖北省江陵县马山出土。

黑色菱形暗纹

剑刃薄而锋利

吴越两地盛行鸟族崇拜,在生活中学出现以鸟族作将饰的器物。鸟虫篆是当地一种极具个性风貌的装饰字体。这种字体在与吴越相近的楚国也很流行。

正面嵌有蓝色琉璃,背面嵌绿松石。

越王勾践剑铭文

越王勾践剑铭文

勾践则表面上臣事于吴,背地里苦身焦思,发愤图强,伺机复仇。史载他平常置苦胆于座,坐卧即仰胆,饮食亦尝胆,时时提醒自己勿忘会稽之耻。公元前 473 年,勾践终灭吴,夫差自杀身亡。

"卧薪尝胆"的历史已经过去很久,但勾践这种矢志不移的精神却一直鼓舞后人自强不息,奋发向上,因此 1965 年越王勾践剑的出土格外引人注目。1983 年 11 月在湖北省江陵县的楚墓又出土了吴王夫差矛。越王勾践剑和吴王夫差矛都出土在当年的楚汉之地湖北,有什么巧合吗?

有些考古学家和史学家认为是礼赠和赏赐的缘故,由于吴越出宝剑,故在吴越两国与其他国家的交往中,被作为赠赐的贵重礼物而到了楚国。"季礼挂剑"的著名典故,就是以剑礼赠外邦之君的一个例子。有些学者则认为是出于战争和掠夺的原因,战争是古代文化传播的重要纽带,吴矛越剑作为一种文化的象征或者战后的战利品,也随着战争来到了当时的楚国。还有人认为,楚越有姻亲,楚惠王之母系越王勾践之女,所以作为陪嫁品的勾践剑留存于楚。当然也不排除有其他可能,比如民间流失到楚国,毕竟当时的国家那么小。历史已远去,勾践剑和夫差矛的"相逢"仍然有待于考古学家的进一步考证。

传国玉玺流落何方

玺是中国古代封建帝王的宝印。而传国玉玺在所有的宝玺当中无疑是最为宝贵的,有关它的传说几千年来也无不充满了神秘的色彩。这枚玉玺之所以称为"传国玺",与历史上赫赫有名的秦始皇有关。

自卞和发现和氏璧后,它一直是楚国王室的重器,后来楚王将它赏赐给了大臣。之后,和氏璧下落不明。后来,和氏璧流传到了赵国。这块和氏璧在赵国时还引出了一场著名的历史剧并留下了一个成语"完璧归赵"。后来秦灭赵国,和氏璧最终还是落到了秦王手里。秦始皇把和氏璧定为传国玺,令丞相李斯在玉上刻"受命于天,既寿永昌",希望代代相传,没想到在秦二世手里就亡了国。刘邦进咸阳后,子婴"上始皇玺",刘邦称帝"服之,代代相受",又把"秦传国玺"御定为"汉传国玺"。到了西汉末年,外戚王莽篡位。当时的皇帝刘婴才两岁,传国玺由汉孝元太后代管。传国玉玺再一次失踪是在东汉末期。那时政局动乱,汉少帝连夜出逃把传国玉玺落在宫中,等他回来时,传国玉玺已经不见了。不久,长沙太守孙坚征讨董卓时,在洛阳城南甄官井中找到了这枚传国玉玺。

从这以后一直到唐代,随着政局的动荡和少数民族的南下,传国玉玺不断易主。唐高祖李渊得到传国玉玺后,把"玺"改称为"宝"。传国玉玺最终在历史上失踪是在五代。从宋太祖时,就再也没有人见到过这块刻有"受命于天,既寿永昌"的传国玉玺。

不过,有关发现传国玉玺的记载却不绝于书。如北宋绍圣三年(1096),咸阳段义在河南乡挖地基盖房时,竟挖出一"背螭纽五盘"的玉印。经十多名翰林学士鉴定,为"真秦制传国玺"。清朝初期,据说宫中藏有一枚刻着"受命于天既寿永昌"的玉玺。可是,这枚被当时人称为传国玺的玉玺却遭到乾隆皇帝的冷落。皇帝都认为是假的,看来这枚所谓的传国玉玺也是伪造出来的,并不是真正的国宝。

那么,真正的传国玺流落何方呢? 直到现在也没有发掘出来。

泰山无字碑是何人所立

在山东泰山玉皇顶玉皇庙门前有一块石碑。石碑高约 6 米,宽约 1.2 米,厚约 0.9 米。碑顶上覆盖有一黄白色的石块,碑面上没有任何文字。就是这样一块形制古朴的石碑,千百年来却一直受到人们的争议。

围绕这块石碑,人们争论的焦点是究竟是何人立下了这块石碑。《史记·秦始皇本纪》记载:"上邹峄山,立石,与鲁诸儒生议,刻石颂秦德。议封禅望祭山川之事。乃遂上泰山,立石封词。"从以上文字记载可以看出秦始皇确实曾在山东泰山立下过一块石碑。所以明清两代就有不少人附会这块石碑为秦始皇所立。那么,泰山的这块无字碑真是秦始皇所立吗? 细细研究我们可以发现此说漏洞百出。首先,《史记·秦始皇本纪》中说秦始皇在泰山立的是一块有字的碑,而绝不是我们现在看到的没有任何文字的碑。也许有人会说这块碑原来是有文字的,只是由于历经千年的风吹雨打,字被剥蚀殆尽而已。但是,现在看来,现存的无字碑并没有人们想象中的风化得那样很严重。而且,这块石碑在宋代时已经被称为无字碑,秦二世所立的石碑在宋代都还能辨识出 146 个字,如果无字碑当真为秦始皇所立,那么到宋代剥蚀得一字不存是无论如何也说不过去的。

看来,泰山无字碑确实并非为秦始皇所立。那么会是谁呢? 有人又提出了另一种推测,认为是西汉武帝所立。元封二年,即公元前 109 年,汉武帝登上泰山,"泰山之草木叶未生,乃令人上石立之泰山颠。上遂东巡海上,四月还至奉高,上泰山封"。汉武帝在泰山顶上立过碑是事实。同时,史书上也只说"立石之泰山颠"而没有明确说过曾经在碑上刻写过文字,这与现在的无字碑刚好吻合。所以很有可能,泰山的这块无字碑说是汉武帝立的。明末清初的学者顾炎武也认为无字碑就是汉武帝立的。不过,为什么汉武帝不在石碑上刻字高歌他的文治武功呢? 原来,据史料记载,有这样一个规矩,即不是开国皇帝,就没有资格在泰山刻石记号。像汉武帝般雄才大略的人会甘心就此留下一生的遗憾吗?

到目前为止,大多数学者倾向于泰山石碑为西汉武帝所立,虽然仍有一些谜团尚未解开。要使这个千古谜团大白于天下,还有待后人的进一步探索。

银雀山汉简是谁人所制

1972 年 4 月,在银雀山西汉一号墓和二号墓中发掘出土了以《孙子兵法》和《孙膑兵法》竹简书为主要内容的先秦古籍,震动国内外,被誉为中国当代十大考古发现之一。

发掘地点位于山东省东南部的临沂市,临沂历史悠久,文化灿烂。市区东南有两座山岗,相传古代两地均遍布一种灌木。此木春夏之交,鲜花盛开,花形似云雀,东岗为黄色,西岗为白色,故得名为金雀山和银雀山。两岗已被定为省级重点文物保护单位。自 1970 年以来先后发掘墓葬百余座,出土了大批珍贵文物,现已在银雀山西南麓建成了我国第一座汉墓竹简博物馆。

银雀山汉简数量之多，保存之好，令人惊奇。墓主人是什么身份，为何藏下这么一大批并不容易存放的竹简，而且使其能千年不腐？

有人说，墓主人肯定是个将军。因为发现的竹简都是兵书，其中还有失传已久的、人们不断争论是否曾有过的《孙膑兵法》。秦始皇焚书，使得先秦文献付之一炬，后世人们只能不断寻求散落在民间的文献，每一次发现都激动人心。《孙膑兵法》在其他文献中都有相关介绍，可是却一直没有找到原文，人们都开始怀疑其真实性，直到两千年后，现代人方有幸看到这部书。特别是《孙子兵法》和《孙膑兵法》同墓出土，失传了近两千年的《孙膑兵法》重见天日，解决了历史上关于孙武与孙膑其人其书的千古论争。由于《孙膑兵法》的失传，致使孙武与孙膑、《孙子兵法》与《孙膑兵法》的关系混淆不清。后人或说《孙子兵法》源出于孙武，完成于后人；或说《孙子兵法》是孙武和孙膑两人所为；再者认为孙武即孙膑，是一个人。竹简兵书的出土，证实了孙武仕于吴，孙膑仕于齐，分别是春秋和战国人，孙膑乃孙武之后世子孙，二人各有兵法传世。

《孙子兵法》是中国古典军事文化遗产中的璀璨瑰宝，是中国优秀文化传统的重要组成部分，其内容博大精深，思想、逻辑缜密严谨。它大约成书于春秋末年，作者为春秋时期伟大军事家孙武。该书自问世以来，对中国古代军事学的发展产生了巨大而深远的影响，被人们尊奉为"兵经""百世谈兵之祖"。历代兵学家、军事家无不从中汲取养料，用于指导战争实践和发展军事理论。三国时著名的政治家、军事家曹操第一个为《孙子兵法》做了系统的注解，为后人研究运用《孙子兵法》打开了方便之门。《孙子兵法》不仅是中国的谋略宝库，在世界上也久负盛名。8世纪传入日本，18世纪传入欧洲。现已被翻译成29种文字，在世界上广为流传。英国著名军事理论家利德尔向人透露，他的军事著作中所阐述的观点，其实在2500年前的《孙子兵法》中就可以找到。他也确实对孙武及其著作深感兴趣，不仅为《孙子兵法》英译本作序，还在自己的得意之作《战略论》前面大段引述孙武的格言。1991年海湾战争中，美国海军陆战队军官都奉命携带一本《孙子兵法》，以便在战场上阅读。

《孙子兵法》历代都有著录，而银雀山汉墓出土的竹书《孙子兵法》为迄今最早的传世本，真实地再现了作者的思想。后代传下的版本有多处改动，未能体现原貌，多是后人附会上去的，因此此次发现具有重要的历史意义。

银雀山汉简兵书的内容，除了鼎鼎大名的《孙子兵法》《孙膑兵法》外，还有《为国之过》《务过》《分土》《三乱三危》《地典》《善者》《五名五恭》《起师》《奇正》《将义》《六韬》《尉缭子》《守法守令》等篇；论兵的篇章有《将败》《将失》《十问》《略甲》《兵之恒失》《观法》《程兵》《将德》《将过》《曲将之法》《雄牝城》《五度九夺》《积疏》《选卒》《十阵》等，可以说就是个古代军事文献博物馆，如果其墓主人不是从军的将军，又如何会专门收集如此多的兵书。其次，有能力收藏如此多的文献，这个人肯定具有比较高的地位，有财力去收藏，猜测墓主是个将军是有道理的。

另一种说法认为墓主可能只是个普通人而已。墓地留下的材料除了一批珍贵的古书外，实在太少了，我们几乎看不到作为将军应有的富丽、奢侈的随葬品，而且连兵器等随葬物品也没有发现。所以，有人就认为，墓主人是个藏书家。从汉简上书写的字体可以推断，藏书时间可能是汉初，而且说是秦末也未尝不可。这段时间社会动乱，民生凋敝，几乎没有人会去特意藏书。从随葬品看，汉墓主人又没有什么显赫的身份，与大批藏书不符。那为何墓主又有众多书呢，有可能是其祖上传下的，为免于被战火烧毁，于是埋入地下。据考，竹简可能比墓主更早就放置墓中了。

银雀山是我国先秦典籍的博物馆，虽然保存这份珍贵材料的人不知是谁，但我们仍然感谢他的馈赠。

马王堆古尸为何千年不腐

1972 年，在湖南马王堆古墓中出土了一具女尸，就是这具女尸震惊了世界，为什么呢？原来，尽管历经 2000 多年，但这具女尸外形完整，面色鲜活，发色如真。解剖后，其内脏器官完整无损，血管结构清楚，骨质组织完好，甚至腹内一些食物仍存。为什么这具古尸历经千年不腐呢？

一般来说，古墓中的尸体留至今天，只会出现两种结果：一是腐烂。因为在有空气、水分和细菌的环境里，大量的有机物质会很快腐烂，棺木也会腐朽，最后尸体也难免烂掉。二是形成干尸。这需要极为特殊的气候条件，在特别干燥或没有空气的地方，细菌微生物难以生存，这样，尸体会迅速脱水，成为"干尸"。

马王堆的女尸为何成为"湿尸"而不腐烂呢？其原因是：

第一，尸体的防腐处理完善。经化学鉴定，它的棺液沉淀物中含有大量的乙醇、硫化汞和乙酸等物。证明女尸是经过了汞处理和其他浸泡处理的，硫化汞对于尸体防腐的作用很大。

第二，墓室深。整个墓室建筑在地底 16 米以下的地方。上面还有高 20 多米，底径 50~60 米的大封土堆。既不透气也不透水，更不透光。这就基本隔绝了地表的物理的和化学的影响。

第三，封闭严。墓室的周壁均用可塑性大、黏性强、密封性好的白膏泥筑成。泥层厚约 1 米左右。厚为半米的木炭层衬在白膏泥的内面，共 1 万多斤。墓室筑成后，墓坑再用五花土夯实。这样，地面的大气就与整个墓室完全隔绝了，并能保持 18℃ 左右的相对恒湿，光的照射被隔绝，地下水也不能流入墓室。

第四，隔绝了空气。由于密封好，墓室中已接近了真空，具备了缺氧的条件。在这种条件下，厌氧菌开始繁殖。存放在椁室中的丝麻织物、乐器、漆器、木俑、竹简等有机物和陪葬的大量食物、植物种子、中草药材等，产生了可燃的沼气。从而加大了墓室内的压强。沼气能杀菌。细菌在高压下也无法生存。

第五，棺椁中存有具有防腐和保存尸体的作用的棺液。据查，椁外的液体约深 40 厘米，棺内的液体约深 20 厘米。但它们都不是人造的防腐液，而是由白膏泥、木炭、木料中的少量水分和水蒸气凝聚而成的。而内棺中的液体是女尸身体内的液体化成的"尸解水"。这种自然形成的棺液防止了尸体腐败，并使得尸体的软组织保持了弹性，肤色如初，栩栩如生。

在重见天日之时，尸体随同所有出土的文物，散发着奇异的光芒，让人惊叹于造化的神奇。

长沙楚墓帛画中的妇人形象是谁

1949 年春天，湖南长沙市东南郊陈家大山楚墓出土了一幅帛画，距今 2200 ~ 2300年，是目前世界上发现的年代最早的帛画之一。帛画高约 28 厘米，宽约 20 厘米，画面中部偏右下方绘一侧身伫立的妇女，身着卷云纹宽袖长袍，袍裾曳地，发髻下垂，顶有冠饰，显得庄重肃穆。在她的头部前方即画的中上部，有一硕大的凤鸟引颈张喙，双足一前一后，作腾踏迈进状，翅膀伸展，尾羽上翘至头部，动态似飞。画面左边自下而上绘一只张举双足、体态扭曲向上升腾的龙。由于长期埋葬在地下，帛画出土的时候显得比较灰暗，几乎难于辨认。于是也就出现了新旧临摹版的差别之说。早在 20 世纪 50 年代初，郭沫若就根据当时的旧的临摹版本进行过研究，先后在《人民文学》上发表过两篇文章，论述帛画在我国文化艺术史上的地位。郭老认为妇人左上方的一兽一禽为夔（古代传说里的独角兽）和凤，并把帛画定名为"人物夔凤帛画"。画中妇人的身份，郭老未做更明确的考证。

20 世纪 80 年代以来，通过对原画的重新鉴定，加上另外一些年代相近的帛画相继出土，不少专家学者多次撰文对帛画的主题思想以及它的用途做出了迥异的研究结论。如《江汉论坛》1981 年第一期发表的熊传新的《对照新旧摹本谈楚国人物龙凤帛画》一文，认为帛画的结构和布局有上中下三层，上层为天空，左上方的兽是我国古代神化了的龙，而不应该是夔。作者认为画中妇人即墓主人的画像。美术史家金维诺先生也支持这种看法，他在《从楚墓帛画看早期肖像的发展》中，认为这些画上的中心人物均为死者本人是可以肯定的，并认为此类帛画是我国肖像画的滥觞。

但是帛画人物里的妇人究竟是谁？她的身份和地位究竟是什么？她的各种姿势确切的是要表达什么意思？这些还仍然是未解的谜，期待更进一步的考证和解读。

"金缕玉衣"真的能让尸体不朽吗

古代皇帝莫不希望长生不老、灵魂不灭，寻找长生不老药、喝甘露、炼丹丸等等是他们一生中的大事。为了长生，他们想尽了一切可能的方法，这种求生的欲望也寄托在死后的裹尸衣上，这就出现了汉代特有的玉衣。玉衣是什么样的？它是如何制成的？它真可以使寒尸不腐？种种谜团被考古工作者解开了。

据载，玉衣是汉代皇帝、诸侯王和高等贵族死后特制的一种殓服，史书中称"玉匣"或"玉柙"，但它的形状究竟是什么样的，汉代以后就没有人知晓了。考古工作者在 1968 年河北满城县的一座小山丘上，发现了西汉中山靖王和他的妻子窦绾的墓。许多小玉片分散在刘胜和窦绾棺内的尸体位置上，经过考古工作者的精心修整和研究，终于复原出两套完整的玉衣，使我们得以亲眼目睹史书中记载的玉衣的样子，这个谜团随之被解开了。

这两套玉衣制作很精细，他们的外观和人体的形状一样，分为头部、上衣、裤筒、手套和鞋五大部分，各部分都由许多三角形、长方形、梯形、圆形等图形的玉片组成，玉片上有许多小的钻孔,玉片之间用编缀着纤细的金丝,所以又称为"金缕玉衣"。刘胜穿的玉衣形体肥大,头部的脸盖上刻画出眼、鼻和嘴的形状,腹部和臀部突鼓,裤筒制成腿部的样子,颇似人体。可能是出于对女性形体造型的避讳,窦绾的玉衣比较短小,没有做出腰部和臀部的形状,刘胜玉衣全长 1.88 米,由 2498 片玉片组成,用于编缀的金丝约重 1 100 克。

汉代人喜欢用玉衣做殓服与当时人的迷信思想想必有关联。在汉代,人们深信玉能使尸体不朽,玉塞九窍,可以使人气长存。九窍指的就是两眼、两鼻孔、两耳孔、嘴、生殖器和肛门,一共九个孔。出土的玉衣经常就搭配有用玉做成的眼盖、鼻塞、耳塞、口含、罩生殖器的小盒和肛门塞。其中最讲究的是要用玉蝉含口,因为古人认为蝉是一种代表清高而且品格修养好的昆虫,它只饮露水而不吃东西。人死后,其灵魂离开尸体,正如蝉从壳中蜕变出来时一样,所以古人可能就是借"以蝉为含"的寓意。还有的学者持偏向于生物学的解释,他们认为汉人用玉蝉作口含,是受这种昆虫循环生活的启发,从蝉蜕转生而领悟再生,因此给死者含蝉比喻这只是暂时的死亡,而生命可以获得再生。

在 2000 多年前的西汉时代是如何制作出来如此精美的玉衣的?让我们现代人确实捉摸不透。玉衣制作所用的玉料要经过开料、锯片、磨光及钻孔等多道工序,每一片玉的大小和形状都必须经过精心的设计和细致的加工,制作过程是很复杂的。据科学测定,玉片上有些锯缝仅 0.3 毫米,钻孔直径仅 1 毫米,它的工艺繁杂与精密程度实在令人惊叹。整个玉衣制作过程所花费的人力和物力当然也十分昂贵,据推算,汉代一名玉工制作一件玉衣需要花费十余年的工夫。

汉代皇帝可谓费尽心机,用玉衣作为殓服。但其结果适得其反,由于金缕玉衣价格昂贵,往往好多人去盗墓,以致汉代帝陵都被挖掘一空。盗掘者取出金缕玉衣加以焚烧,汉代帝王的尸骨也一并化为灰烬。因此,公元 222 年,魏文帝曹丕下令禁止使用玉衣,从此历史上就没有玉衣了。有幸躲过被盗命运的那些诸侯墓葬,尸骨早已化为一抔泥土,但他们所留下的精美绝伦的玉衣,让我们不得不惊叹 2000 多年以前工匠们的高超技艺。

中国古代"透光镜"之谜

汉代时,封建经济得到空前的繁荣,中国作为一个统一的多民族封建国家非常强盛。农业生产发展,铁器广泛应用,手工业生产的规模和水平都得到突飞猛进的发展,金属铸造工艺不断进步。正当许多青铜日用品逐渐被漆器和陶瓷器取代的时候,铜镜的制造却获得了重要发展。铜镜成为汉代铜铸制品中最多的产品。上海博物馆里藏的一面铜镜,就是当时一种非常流行的镜型。此镜直径 12.1 厘米,圆钮,内区有同心圆及八曲连弧纹,外圈刻着文字:"内清以昭明,光象夫日之月不泄。……"其中夹以 7 个"而"字,共 21 字。边缘宽阔,铭文两边各有锯齿纹一周。不同时期,流行的铜镜也是有差别的,西汉前期和中期流行草叶纹镜,到武帝和昭帝时,草叶纹镜的地位渐为星云纹镜和连弧纹日光镜所取代,星云纹镜钮座呈圆形,不见草叶纹镜上的大方格,而且上面也不会有任何铭文;带座的大乳钉布于四方,其间安排若干小乳钉,乳钉高低错落,像星云一般灿灿,铜镜因此得名。连弧纹日光镜的内区有一圆连弧纹,镜缘上的连弧纹则被略去,代之以稍宽的平缘;外区中有一圈醒目的非隶非篆的铭文带,铭文开头大都用"见日之光"四字,铜镜也因此得名。连弧纹昭明镜图案与日光镜其实区别并不大,只是铭文较繁,可以看作是连弧纹日光镜的繁体。不过这件连弧纹昭明铜镜却因其新奇的透光效果而为人所关注。

铜镜的透光效果,就是指将镜面对着日光和其他光源时,在墙背上可以反映出镜背的纹饰和铭文。中国古代学者早就对铜镜的透光效应以及透光现象的成因做过深入的研究,《太平广记》记载,隋朝的王度得到一面古镜,发现将镜面对准日光,镜背上的图案竟然会在日影中出现。宋代周密在其《云烟过眼录》中提到,如果把透光镜对准日光,可以看到纤毫无损的镜背影像。此外,金朝的麻九畴《赋伯玉透光镜》和明代郎瑛《七修类稿》,对透光镜也都作了生动的描述。像宋代的沈括、元代的吾丘衍、明代的方以智、何孟春和清代的郑复光等,他们也都对铜镜的透光效应做过许多深入细致的研究。19世纪以来,西方学者和日本学者也相继作了不少研究工作,发表了许多见解,这些见解也都被后人继承下来。

目前多数学者经过研究认为铜镜的透光效果是由于镜体厚薄不一造成的,因为镜面各部分出现了与镜背图纹的凹凸不平和曲率差异而形成。但这种曲率差异是怎样产生的呢?学者们的认识也有所不同,有的认为是通过快速冷却方法加工出来的,有的认为是在铸造研磨时产生各种压力后形成的,有的认为是在铜镜加工过程中刮磨不均形成的,有的认为是铜镜在铸造过程中冷却速度不同形成的,尽管关于铜镜的透光效果的看法还存在着不少分歧,但它却是研究中国古代冶金技术的重要资料,对我国古代科技史的研究具有很重要的意义。

麻浩佛像之谜

麻浩崖墓宽11米,高3米,深达29米。在墓道门枋上,有一尊浮雕佛像,佛像宽30厘米,高40厘米,结跏坐,高肉,佩顶光,线条流畅,造型古拙。经鉴定,属于原雕,大概雕刻于距今已有1800多年的东汉时期。

佛像貌不惊人,但其久远的历史,却包含着一个难解的谜:乐山地区的早期佛教究竟来自何方?

佛教传入中国,一般公认是东汉明帝永平年间(58~75),称为"释教之源"的洛阳白马寺就建造于那个时期。我国开始有佛教造像,是在汉献帝初平年间(190~193),这比麻浩岩墓的佛像起码要晚了近30年。我国著名的佛教造像,均晚于麻浩佛像:云冈石窟晚了300年,龙门石窟晚了300多年。一般公认佛教是沿着"丝绸之路"自西向东传入中原的,可是位于"丝绸之路"必经之地的敦煌莫高窟也比麻浩佛像晚了200年。那么麻浩佛像何以起始得这样早呢?

乐山地处四川西南,在秦汉时期,属于边陲地带。然而恰恰在这里发现了中国早期的佛教造像,并且不只一尊(据说在众多的东汉岩墓中,已发现了六七尊),这不能不使人们从另外的途径探寻乐山地区佛教的传入渠道。

据历史记载,东汉光武帝刘秀的儿子楚王刘英崇奉浮屠,因此有人推测佛教传入中国可能还另有一条途径,即从古印度经海路传到中国的吴楚。巴蜀和楚地与长江一水相连,巴蜀文化受楚影响很大,那么,乐山地区早期的佛教是不是从这条渠道传入的呢?

还有人根据张骞出使西域的历史记载,推测远古时期有一条从印度经我国云南直通蜀地的"身毒道"。张骞从西域归来,在大夏(今阿富汗境内)见到了蜀布和邛竹杖,得知是从身毒(古印度)买来的,又得知身毒在大夏东南数千里,在邛西 2000 里。为此,公元前 122 年,汉武帝派出十余批人去寻求通往身毒之路,但都因洱海附近的昆明部族的阻拦而失败。

据说,现在已有人论证了远古身毒道的存在,它比著名的"丝绸之路"还要早 100 多年。那么乐山地区早期的佛教是不是从这条渠道传入的呢? 这些问题还有待科学家的进一步研究和探索。

汉委奴国王印是真的吗

1784 年,在日本北九州地区博多湾志贺岛,一农夫在耕地时发现一枚刻有"汉委奴国王"5 个字的金印。金印为纯金铸成,长宽各 2.3 厘米。这一发现震惊中日两国,因为如果是真的,它将证明中日远在汉代就有密切交流。而这对日本的意义更大,因为当时日本是相当落后荒蛮之地,社会还处于奴隶制早期,他们的历史还没有专门的史官记录,几乎不可考。这次发现可以说明他们在很早就有能力出海到达大汉国。

对中日交往作明确记载的是在《后汉书·东夷列传》:"建武中元二年(57)倭奴国奉贡朝贺,使人自称大夫,光武赐以印绶。"但这是否就是东汉光武帝赐给倭奴国王的那一枚印,日本学术界始终有争论。有人认为此印应为东汉光武帝所赐主印,即真印说。史书记载有此事应该不假,而且中国还发现了一枚"滇王印"可以作为此印的佐证。西汉时,夜郎古国及滇国均为西南夷中的强国,汉武帝为打通通向西域的商路,派使臣去滇国。滇王臣服汉室,汉武帝赐其"滇王之印"。除上刻"滇王之印"四字与日本出土的"汉委奴国王"不同外,其他无论从外观、尺寸、字体形状等以及质地均同于日本的那一枚。

有人认为是日本人自己所刻,即假印说;还有人认为是日本人仿刻,即伪印说。这些看法,起始之因就在金印上所刻的是"委"而不是"倭"字。据《三国志·魏志·倭人传》对倭奴国的记载:"旧百余国,汉朝有朝见者,今使译所通 30 国。"这就是说,日本有 100 余个部落国,到三国时,已逐步合并为三十国,由邪马台国女王卑弥呼统治。据日本学者考证,这个"倭奴国"应读为"倭"的"奴国",它就是《魏志·倭人传》所述女王治下约三十国之一的"奴国",位于今九州福冈市附近。为何印章上却是"委"字。而且要说明当时日本使者是否来过中国还要有更多的证据,不能仅凭史书上的一句话和一枚难辨真伪的印章,但这方面的材料却又只有这些。

这枚印章到底是不是真的呢,还不得而知,有待更明确的中日交流方面的记录。

诸葛亮制造木牛、流马之谜

《三国志·诸葛亮传》记载:"(建兴)九年(231),亮复出祁山,以木牛运,粮尽退军……十二年春,亮率大众由斜谷出,以流马运。"文章描绘得那么奇妙,可说明诸葛亮以木牛、流马运粮是真实的事情。

诸葛亮到底用过木牛、流马没有,确实是一个谜,而且《诸葛亮集》中尽管对木牛、流马作了描绘,但由于没有任何实物与图形存留后世,多年来,人们对木牛、流马到底是什么东西做出了种种揣测。

一种说法为木牛、流马是诸葛亮改进的普通独轮推车。此说源于《宋史》《后山丛谈》《稗史类编》等史籍,它们认为汉代称木制独轮小车为鹿车,诸葛亮加以改进后称为木牛、流马,北宋才出现独轮车之称。

一种意见认为,木牛、流马是四轮车和独轮车,但是哪种为四轮,哪种为独轮,各人有不同的见解。宋代高承《事物继原》卷八说:"木牛即今小车之有前辕者,流马即今独推者是也,而民间谓之江洲车子。"今世学者范文澜认为,木牛实际上是一种人力独轮车,有一脚四足,就是在车旁前后装四条木柱;流马是改良的木牛,前后四脚,也就是人力四轮车。

一种意见认为,木牛、流马是新颖的自动机械。《南齐书·祖冲之传》说:"以诸葛亮有木牛、流马,仍造一器,不因风水、施机自运,不劳人力。"这是指祖冲之在木牛、流马的基础上造出更新颖的自动机械。

木牛和流马到底是一种东西还是两种东西,后世对此发起了广泛的争辩。如谭良啸认为,木牛和流马是一回事,是一种新的木头做的人力四轮车;王开则说木牛与流马是两种东西,前者是人力独轮车,后者是经改良的四轮车;王谔认为两者同属一物,并且还做出了一种模型,既具备牛的外形,又具备马的姿势。陈从周等勘察了川北广元一带现存古栈道的遗迹:畜在前面拉,后面有人推,流马与木牛差不多,但没有前辕,不用人拉,反靠推为行进,外形像马。

令人遗憾的是当年诸葛亮没有留下木牛、流马的详细制作图解,导致后人苦苦思索,上下探求,仍是难以明白究竟。

黄鹤楼的名称因何而来

"昔人已乘黄鹤去,此地空余黄鹤楼。黄鹤一去不复返,白云千载空悠悠。晴川历历汉阳树,芳草萋萋鹦鹉洲。日暮乡关何处是,烟波江上使人愁。"这首诗你一定不会感到陌生,它是唐代大诗人崔颢游黄鹤楼后所作。后来,诗仙李白也登上了黄鹤楼,他放眼楚天,胸襟开阔,诗兴大发,正要提笔抒发豪情时,却看到了崔颢的诗,自愧不如只好说:"眼前有景道不得,崔颢题诗在上头"。崔颢题诗、李白搁笔,黄鹤楼从此名气大盛。

黄鹤楼虽建于三国,但屡遭破坏,各个朝代也不断修复,然而还是屡建屡坏,最后一座黄鹤楼初建于清同治七年(1868),毁坏于光绪十年(1884),此后在近一百年之内未曾重修。

中华人民共和国成立后,1981年10月,黄鹤楼的重修工程破土开工,于1985年6月落成,闻名遐迩的黄鹤楼再一次出现在人们的眼前。新修的黄鹤楼以清朝的同治楼为蓝本,但是在此基础上更加高大雄伟,飞檐5层,攒尖楼顶,金色琉璃瓦屋面。楼外还铸有铜制的黄鹤造型、胜像宝塔、牌坊、轩廊、亭阁等一批辅助建筑,将主楼烘托得更加壮丽。

黄鹤楼的名称究竟因何而来,还是个谜,没有定论。关于黄鹤楼名称的来历,有很多神话传说。最多是从崔颢的"昔人已乘黄鹤去"中的"昔人"一词化来。这个"昔人"就是所谓的黄鹤仙人。但是这个黄鹤仙人又是谁呢?有三种说法。一种是说仙人子安曾经乘黄鹤在此处经过,黄鹤楼因此而得名,另有一种是蜀国人费祎成仙后,曾骑着黄鹤在此休息,此楼由此称为黄鹤楼。还有一种说法是荀叔伟曾见仙人下降,并在这里摆宴设饮而得名。但是,这几个故事都没有交代黄鹤楼因何而建,由谁而建。倒是另一则"辛氏酒楼"的传说交代得最为完整。

古时候,有个姓辛的妇人在山头卖酒。一位道士经常路过此处,饮酒但却分文不给,辛氏也不予计较。在一次饮酒之后,道士为了感谢辛氏的千杯之恩,就在墙壁上画了一只仙鹤,并对辛氏说:以后客人一到,你就拍手引仙鹤下壁,它就会翩翩起舞,为客人祝酒。一说完,道士就不见了。后来,道士的话果然灵验,这个小酒铺一时宾客盈门,辛氏也由此成了富翁。10年后,道士故地重游,临行时,吹奏铁笛。随着悠扬的笛声,白云、仙鹤飘然而至,道士跨上黄鹤直上云天。辛氏为纪念仙翁,筑地起楼,取名"黄鹤楼"。

这些神话传说,给黄鹤楼增加了很多浪漫色彩,但是黄鹤楼究竟名从何来,一些专家、学者还是有不同的看法。很多学者认为,黄鹤楼是以地方而命名的。黄鹤楼所在的地点叫作"黄鹄山""黄鹄矶"。有人考证,黄鹄山就是黄鹤山。唐代李吉甫在《元和郡县志》中说:"江夏(今武汉)城西南角因矶名楼,为黄鹤楼"。

但还有人认为黄鹤楼是以人名命名的。《礼部诗话》一书载崔颢在诗中自注道:"黄鹤乃人名也。"其诗云:昔人已乘白云去,此地空余黄鹤楼。云乘白云,则非乘鹤矣。……当以颢自注为正。也就是说黄鹤是人名而不是山名。

还有人认为黄鹤楼的来历既不是人名,也不是地名,而是根据形状而命名的。从楼的纵向看各层排檐看起来像展翅欲飞的黄鹤,所以才取名黄鹤楼。

自古以来,黄鹤楼名称的由来就是家家有说法,人人不相同,然而正是如此,黄鹤楼才有了这么多奇妙和神秘之处,引得无数人一睹它的风采,感念"白云千载空悠悠"的情怀和美丽。

佛教禅宗真的有木棉袈裟吗

木棉袈裟是达摩从天竺带来的一件木棉布僧袍。因西土禅宗历代师传都以木棉袈裟为凭,他带木棉袈裟来华是想将禅学正宗传入东土。达摩被尊为东土禅宗之祖后,木棉袈裟也就成了代表法嗣正传的禅门宝物。当年,禅宗二祖慧可付出断臂代价,才得达摩信任并将袈裟传他,其后历代祖师都把袈裟看得比生命还重,决不随便示人,更不轻易相传。禅宗五祖弘忍曾在蕲州黄梅双峰山东山寺传达禅宗心法说"东山之法,尽在秀矣"。所以东山弟子们都认为禅宗六祖位置非禅秀莫属。那木棉袈裟自然也要传给他。

但世间事往往出人意料,弘忍却没有简单草率地传他的袈裟。他的心中,还有一个默默无闻、不为人知的传衣人选。他入门较晚,尚未剃度,而且是个不识字的文盲,名叫慧能。

他在夜里偷偷召见慧能,细细给他讲解了《金刚经》要旨,并让他带袈裟火速逃回原籍,等待机会光大禅宗。慧能谨遵师命,连夜南逃。弘忍为使慧能免遭他人毒手,还亲自把他送到渡口,直到三日后才在门徒的追问下宣布慧能已经南去。

慧能南逃后,广收弟子,聚集门徒,开创了禅宗南宗一派。同时,以禅秀为首的一派则成为与之对立的北宗。

正是木棉袈裟导致禅学的分裂。南宗以慧能为师,主张顿悟;北宗以禅秀为师,主张渐修。当时称"南能北秀"。后来,女皇武则天向慧能索取了达摩所传的木棉袈裟,另赐一件袈裟和500匹绢。慧能把御赐袈裟当作达摩袈裟继续珍藏,以示禅学正宗所在。他临终前允许十大弟子各立门户,并声明不再传衣,并坦率地告诉弟子停止传衣是为了保护受衣人的生命安全,不传法衣仍然可以弘扬禅宗佛法。

经南宗改造后的禅宗,与中国玄学有所合流。讲求佛在心中,不需出家修行,也不用去管佛门的清规戒律,只要谈禅就可以了,那么,这种禅学更加合乎中国文人士大夫口味而深受欢迎。加之南宗又有袈裟壮理,国情支持,于是便顺理成章地战胜北宗成了禅宗的正统。

丹丹乌里克千年古画描绘的是什么

唐代高僧玄奘在《大唐西域记》中记下了自己去天竺(今印度)取经途中的所见所闻,里边记载着许多奇闻轶事。千万不要以为这些故事是玄奘胡编乱造的,因为近代考古已经发现了这些神话传说的实物证明,这就是沉寂了1000多年之久的丹丹乌里克的千年画图。

丹丹乌里克位于新疆维吾尔自治区和田东北部塔克拉玛干沙漠深处,玉龙喀什河畔。其遗址散落在低矮的沙丘之间,一群群古老的建筑物在沙漠中半露半掩着,残垣断壁随处可见,呜咽的风沙似乎在向人们诉说着昔日的辉煌。丹丹乌里克在唐代称梁榭城,属于当时的于阗国,是当时一个非常重要的佛教文化中心,印度文化源源不断地从外面注入,与当地文化和大唐文化相互融合,相生相长,形成了自己特有的文化风格。今天在那里发现的许多古代文书(有多种文字)、钱币、雕刻、绘画等文物,就有力地证明了这一点。

20世纪初,英国考古探险家斯坦因发现了几幅珍贵的唐代木版画和壁画,在世界美术界曾经轰动一时。这就是《鼠神图》《传丝公主》和《龙女图》。抛开其绘画风格和艺术价值不论,单就说其竟能与《大唐西域记》的某些记载完全一致,就够神奇的了。

先说《鼠神图》。据《大唐西域记》记载:于阗国都城西郊有一座鼠壤坟,传说里面的老鼠个个大如刺猬,领头的是一浑身金银色的硕鼠。但人们只是听祖辈们说过,谁也没有真正见过。有一次,匈奴数十万大军进犯于阗,恰巧就驻扎在了鼠壤坟旁。可怜于阗国小人少,只有数万兵力,哪里抵挡得住!于阗国王急得像热锅上的蚂蚁,实在走投无路,想起了传说中的神鼠,于是抱着侥幸心理摆出供品,向神鼠祭拜了一番。晚上,国王果真梦见一巨鼠,建议他第二日出兵,并许诺说必助其一臂之力。第二天交战时,匈奴军的弓弦、马鞍、军服之类不知什么时候都被老鼠咬断了,这样一来,自然丧失了战斗力。于阗军队大获全胜。为了感谢神鼠,国王就下令建造了神祠来供奉它。木版画《神鼠图》

就画着一个头戴王冠的鼠头人身像,在其身后还放射着椭圆形光环,威风凛凛地坐在两个侍从中间。或许,这就是传说中的鼠王吧!

木版画《传丝公主》画的是一个贵族模样的唐代妇女。只见她戴着高高的帽子,帽子里似乎藏有什么东西。在她两边都跪着侍女,左边侍女左手还指着贵妇人的帽子。画板的一端画着一个篮子,装满了葡萄之类的小圆物。另一端还画着一个多面形的东西。这幅画是什么含义呢?它想向我们讲述怎样的故事呢?结合《大唐西域记》,这个谜就水落石出了。原来,画上的贵妇人是唐代的一位公主,被皇帝许配给了于阗国王。于阗国那时没有蚕丝,国王于是恳求公主带蚕种过来。可是,当时中国严禁蚕丝出口,怎么办呢?这位聪明的公主就把蚕种藏在了帽子里,顺利出了关。如此说来,那画中篮里装的根本不是什么葡萄,而是蚕茧,而另一端画的则应是用来纺丝的纺车。相传这位公主是第一个把蚕桑业介绍到于阗的人,这么重要的人物和事件在艺术上有所表示是很合情合理的事。

鼠神图(局部)

关于《龙女图》的故事就更加充满浪漫色彩。与之相佐证,《大唐西域记》里有一则《龙女索夫》的记载。传说在于阗城东南有一条大河,原本浩浩荡荡,奔流不息,哺育着于阗国无数的农田。可不知怎么回事,河水有一次竟然断流了。这可把百姓们害苦了。听说这与河里的龙有关。国王于是在河边建了一座祠庙来祭祀,果真出现了一龙女,说她丈夫死了,以致如今无依无靠。要是国王能送她一个丈夫,水流就可以恢复。国王同意了,选了一个臣子,穿着白衣骑着白马跃入河中。从此,河里的水真的就再也没断流过。了解了这个故事,再来欣赏这幅被称为古代东方绘画艺术杰作的壁画就不觉得怪异了。壁画的正中画着一名头梳高髻的裸女,佩戴着项圈、臂钏、手镯,身段婀娜多姿,亭亭玉立于莲花池中。左手抚乳右手置腹,欣喜而又羞涩地回头俯视着脚下的一个男童。这名男童也是赤身裸体,双手抱着裸女的腿,并仰视着她。根据古代佛教绘画神大人小的处理方式,很明显,裸女应该是龙女,而男童是她向人间求婚得来的新夫。

实物与史料获得惊人的统一,这在考古学上已不是什么新鲜事。但有的学者仍持有异议。他们认为绘画内容的解释应该从佛教故事中寻求,而不能只停留于当时的世俗生活中。木版画和壁画的内容真是《大唐西域记》里所记载的内容吗?至今谁也说不清楚。

岳阳楼是由谁建造的

江南三大名楼之一的岳阳楼因为一篇北宋范仲淹的《岳阳楼记》而妇孺皆知。自唐宋以来,它就久负盛名。"未到江南先一笑,岳阳楼上对君山",这是 800 多年前,宋朝著名诗人黄庭坚登临岳阳楼时写下的句子。然而,长期以来,究竟是什么时候修建了岳阳楼,滕子京又是什么时候重修了此楼一直众说纷纭,谁也没有确切答案。

实际上岳阳楼的始建年代早已难以确定。南宋人祝穆就率先提出岳阳人"不知创始为谁"的说法。在祝氏的《方舆胜览》卷二十九中载称:"岳阳楼在郡治西南,西面洞庭湖,左顾君山,不知创始为谁。唐开元四年,中书令张说出守是郡,日与方士登临赋咏,自尔名著。"

成书于宋理宗(1225~1264)在位时期的《方舆胜览》是南宋的一部地理总志,此书有一定史料价值,尤其对名胜古迹有比较翔实的记载。书中认为祝穆所说岳阳楼"不知创始为谁"是可信的。所以《岳州府志》也认为:"岳阳楼不知傲落于何代,何人。"

岳阳楼到底"创始为谁"后来有各种不同的说法,大多数人认为是张说始建。这种意见又有两种说法,而这两种说法又大同小异。

如浙江人民出版社编辑出版的《初中古代诗文助读》说岳阳楼为"张说在唐代开元初年建造"。喻朝刚、王大博、徐翰逢编的《宋代文学作品选》又进一步确定了修建的具体时间,说岳阳楼是"唐开元张说做岳州知府时建的"。

第二种说法,讲岳阳楼"始建于唐",此说法比较笼统。持这种说法的代表是新版的《辞海》。另外由郑孟彤主编的《中国古代作品选》、四川师范大学中文系古典文学教研组编写的《中国历代文选》、北京教育学院教研部编写的《语文复习资料》以及中国人民大学语文系文学教研室主编的《历代文选》(下册,中国青年出版社)都持这种说法,有的也说岳阳楼"始建于唐初"。

第三种是岳阳楼始建于周代说。如天津师专古典文学教研组编的《中学古代作品评注》中说,岳阳楼"相传建于周代,自唐代以来闻名于世",这种说法不知是从哪里找来的依据。

在北宋以前,岳阳楼的修葺情况没有详细的记载,无从查考。原任庆路部署兼庆州(今甘肃庆阳)知州的滕子京在庆历四年(1044 年)被谪为岳州知府,"越明年,政通人和,百废具(俱)兴。乃重修岳阳楼"。依照范仲淹的《岳阳楼记》中的说法,滕子京重修岳阳楼是在庆历五年,他们把"越明年"解释为第二年,即庆历五年。宋来峰在《"越明年"辨》一文(见《北京师范大学学报》1980 年第 6 期)中认为,范仲淹应嘱作文,"滕子京重修岳阳楼与巴陵郡的'政通人和,百废俱应'同是一年——庆历六年"。对"越明年"的不同解释导致这两种说法相异,但究竟孰是孰非,我们也不能妄下结论。

小雁塔为何乍离乍合

西安小雁塔底层北门楣有明嘉靖三十年(1551)"王鹤刻石"的刻石题字,上面写道:"荐福寺塔肇自唐,历宋元两代,明成化末长安地震,塔自顶至足中裂尺许,明澈如窗户,行人往往见之。正德末地再震,塔一夕如故,若有神合比之者。"这里记载了小雁塔的第一次自裂自合。原来小雁塔是由于一次地震裂开的,不过又在另一次地震中自己将裂缝合上了,真是奇怪至极。

清初名学者贾汉复、王士禛等人记述了小雁塔的另一次裂合:"荐福寺塔……十五级,嘉靖乙卯(1551)地震裂为二,癸亥(1563)地震复合无痕,亦一奇也。"这第二次的裂开,距王鹤刻字所记不到五年,经过了8年又第二次自然复合起来了。

清道光十八年(1838),钱咏在其著作《履园丛话》中又有这样的记载:"西安府南十里有雁塔,嘉靖乙卯地震,塔裂为二,癸亥复震,塔合无痕。康熙辛未(1691)塔又裂,辛丑复合,不知其理。"后面记载的是前一次砖塔复合128年后小雁塔又一次裂开,再经30年后自然复合的第三次裂合事实。一个砖塔经过6次地震不倒塌,反而自然复合起来,确是一件令人难解的奇事。

小雁塔第四次裂开虽无具体时间记载,但是这是新中国成立后许多人共睹的事实,自顶至足有1尺多宽的裂口,后经西安市人民政府进行加固和整修,才恢复了原来的面貌。

小雁塔的自裂自合共有3次,这到底是怎样形成的呢?近年来有人推测:小雁塔的离合和西安地区地面裂缝的发展和消亡的机理是一样的,是地壳运动在不同物体上的不同表现,是一种"同质异相",即地裂、塔裂,地合、塔合。一般裂开时要快速猛烈一些,容易被人们注意到。而合拢起来时则要缓慢得多,地壳在均衡的调整应力的作用下,会自动地缓缓合拢。由于合拢的速度小,所以一般不为人们注意到。

这种因地壳运动引起小雁塔的离合之说,还不能完全令人信服。因为除了小雁塔之外,西安地区在小雁塔发生离合的3次地震中,并没有其他自动离合的例子出现,为什么独独小雁塔会四离三合呢?也许当科学更发达的时候,小雁塔离合之谜就会被揭开了。

轮船是中国人发明的吗

在当代,轮船在人们的日常生活中发挥着重要的作用,追溯其历史,我们会发现,轮船的发明与中国人有着很大的关系。

最早的船称为车船,车船又称作车轮舟,其前身是南朝的祖冲之制成的千里船。这种船不受流向、风向的限制,内部没有机关,可以自己运行,日行50多里。千里船的推动工具在史书上没有明确记述,有的学者根据当时机械学的发展情况分析,它可能是由人力踏动木叶轮而前进。但从此以后,史书上再也没有出现车轮舟的记载,可见千里船在后来并没有被广泛应用。

唐朝德宗时,江南道节度使洪州刺史李皋设计制造了一种新型战舰,史书上关于车船最早的明确记载里写道:这种战舰两侧分别装置一个轮桨,士兵用脚踩踏,带动轮桨转动,使舰前进,能取得与挂帆船一样的速度。

宋朝时车船才得到实际应用和发展。北宋李纲根据李皋的遗制,造战舰数十艘,上下三层,装置车轮,用脚踩踏前进。车船作为水军的新型战舰列入编制的时代是南宋。公元1131年,鼎州(今湖南常德)知州程昌寓命令南宋造船厂工匠高宣打造了8艘车船来镇压杨幺起义。这种车船用人力踏车行驶,船旁设置车板,速度很快,却不见船桨,被人们叹为神奇。交战中,俘获了造船工匠高宣并夺了车船8艘。高宣又在起义军中对车船进行了改造。他在两个月内为杨幺的起义军建造了大小船十多种、数百只,其中"和州载"号有 24 个轮子，"大德山"号有 32 个轮子，其上层还有三层建筑，高达 10 丈以上，可以载 1000 名士兵，前、后、左、右都装有拍竿。这种车船在和南宋战舰交锋中以轮击水，行驶如飞，官军的船只迎上去就被拍竿击碎，起义军在几百只官船中如入无人之境，擂鼓呐喊，踏车回旋，横冲乱撞，官军闻风丧胆。从此，杨幺的起义军声威大震。由此可见，车船在杨幺起义军的作战中发挥了相当大的威力。

1179 年，在江西出现了一种被当地人称为马船的新的车船，船上装有女墙、轮桨，可以拆卸。平时可以作为渡船运送物资，战时可以改装成战船用来作战。1183 年，陈镗建造了多达 90 轮的车船，从而使其航行速度更快。但是车船作为民间船只，一直没有发展起来。虽然如同许多专家说的那样，车船的发明给当今轮船的发展奠定了基础，也显示了中国古代人民的创造才能，但它只能算作轮船的始祖，因为外国人发明轮船不是受中国古代车船的启发的，二者的动力来源本身就不一样，一个是依靠人力，一个是依靠蒸汽动力。

明代古海船有多大

明代开国几十年后，中国广州等沿海的大都市发展得十分繁荣。在经济获得良好的发展之后，发展海外交通和海外贸易已经是十分迫切的事。明成祖也想利用对外活动，展示自己的实力，并建立自己的声望。因此，远航活动就势在必行了。要航海就要有能经受大风大浪的海船，明代能造出巨型海船吗？答案是肯定的，因为郑和七次下西洋都使用了巨型海船，并顺利出访远在地球另一边的国家。

不过据史书描述，郑和用的船却不是一般的大，而是惊人的大，明代真的能造出这样的船吗？

在郑和下西洋的船队中，有 5 种类型的船舶。第一种类型叫"宝船"。最大的宝船长 44 丈 4 尺，宽 18 丈，载重量 800 吨。这种船可容纳上千人，是当时世界上最大的船只。它体式巍然，巨无匹敌。它的铁舵，须要二三百人才能举动。第二种叫"马船"。马船长 37 丈，宽 15 丈。第三种叫"粮船"。它长 28 丈，宽 12 丈。第四种叫"坐船"，长 24 丈，宽 9 丈 4 尺。第五种叫"战船"，长 18 丈，宽 6 丈 8 尺。

人们从这些原始记载里了解宝船的概貌，可是疑问也就从此产生了。船到底有多大？这是难解之谜。有的研究者把马欢记述的宝船尺度换算成现代公制，因明代的 1 尺相当于今天的 31 厘米，故宝船竟长达 138 米、宽为 56 米，这种巨型的木帆船，其排水量估计在 3 万吨左右，比现代国产万吨货轮还要大得多！宝船规模如此之大，引起了国内外学者的浓厚兴趣，这样在研究中便产生了一个疑问：如此大的"宝船"在明代可能出现吗？

第一种观点，有人相信史籍中关于宝船尺度的记载，他们认为，从历史渊源、明代生产技术水平、中国以及世界造船能力来看，出现郑和宝船那样的奇迹，并不是不可能的。汉朝时，我们已经是世界上最强大的海洋大国。我们的海上"丝绸之路"已经延伸到了波斯湾。中国是有航海传统的国家，郑和下西洋，不是一个偶然，而是一个必然，它是在我们前面航海传统上的延续。

郑和下西洋也需要造那么大的船，一是装载官军及应用物资的需要；二是装载赏赐品和贸易物资的需要;三是"欲耀兵异域,示中国富强"的需要。由此可见,不单是远洋航行的需要,特别是明朝政治上的耀兵、经济上示富的需要,促使郑和下西洋建造起这么大的船舶来。

郑和宝船与当时的其他船舶和现代船舶相比较,是很宽的。宽的船体对航行速度不利,为什么用于远洋的郑和宝船却如此之宽呢?原来,当时船舶均由木材建造,作为远洋航行的船只,就需要随带大量的人员和食品以及应付各种需要的财物,也就是说需要大的载重量和众多的舱室,而要增大载重量和舱室,就需要增加船长和船宽。

第二种观点,认为《明史》没错,船的大小却不同。他们说《明史》记载宝船尺度是可信的,只是其使用的尺度不一样。其使用的度量尺度与明代通用的尺度不同,明代通用尺寸1尺相当于现在的31厘米,而量古船的尺度为更古老的"七寸"尺,这种尺在上古是通行的,相当于20多厘米。不过即使这样,古船也是大得惊人,充分说明我国造船业的先进。

第三种观点,认为不会有那么大的船。他们认为,如果按照《明史》对古船的描述,古船大到超越现代万吨巨轮的程度,这显然不可能,因此,只能是史籍中的记载发生了错误。真正的史书已经被毁,《明史》本身的真实性受到怀疑,而且古人也一直有夸大的传统。

他们引用了南京静海寺出土的郑和下西洋残碑,碑文里说郑和船队为2000料或1500料的海船,据此推算,这种船只能是十几丈长宽而已。因此,郑和下西洋所乘宝船的尺寸,颇有可能是:长18丈,宽4.4丈,在明代有可能出现这样大小的船,但也不可能造得太多。

明代能否造出这么大的海船还有待考证,但我国当时的造船、航海技术是一流的,这一点却是不容怀疑的。

北京古城墙为何独缺一角

《诗经·商颂》云:"商邑翼翼,四方之极。"可见古代筑城时就有了城墙。

封建社会后期建筑时期最长、工程量最大的城是北京城。它最初称为元大都,城方六十里,十一门,至元四年(1267)始用夯土板筑。今天北三环路北还有土城遗址。《光绪顺天府志》说,北京城雉堞一万一千三十八,炮窗二千一百有八。内城周长约四十里。墙高三丈五尺五寸,围栏高五尺八寸,通高四丈一尺三寸。明洪武、永乐年间都重修加固城垣。宣德九年(1434),以五城神机营军工和民夫修城垣。这时才把城垣外壁包上砖。正统元年(1436)到四年才建成九门城楼和桥闸、月城(平常叫瓮城)和箭楼等。城垣内壁也包上砖。各城门外立牌楼,内城四隅各立角楼。城外挖濠建石桥。嘉靖年间又在南边增修了27里的外城。修建北京城一直是"皇极用建,永固金汤"的大事。

全城以前门至地安门为中轴,正南正北,整齐如划。从1972年和1975年美国发射的两颗地球资源卫星在北京上方900多千米的高空拍摄的卫星照片上看,最为清晰的就数明代修建的内城城墙了。一般说来,城墙应修筑成方形的,我国的一些古城大都如此。可是北京内城城垣的西北角却不呈直角,城墙到了这里,却成了东北一西南走向的。这究竟是为什么呢?

长期以来,人们解不开这个谜。

有人说,从地形上分析,这是因为元时大都的北城墙,在现今德胜门和安定门以北5里处,至今遗迹犹存。它的西北角并无异常,是呈直角的。明代重修北京城,为了便于防守,放弃了北部城区,在原城墙南五里处另筑新墙。新筑的北城墙西段穿过旧日积水潭最狭窄的地方,然后转向西南,把积水潭的西端隔在城外,于是西北角就成了一个斜角。明初时,积水潭的水远比现在要深得多,面积也大得多。为了城墙的坚固和建筑的需要,城墙依地形而呈抹角是合乎情理的,所以这种观点被很多人所接受。

第二种说法是,从国外卫星影像分析,北京城西北角既有直角墙基的影像,又有斜角的墙基影像。这两道墙基的夹角为35到36度,正东正西墙基线正位于元代海子西北端北岸附近,和东段城墙在同一纬线上,这说明这里确实曾修过城墙。可是为什么没有修成呢?通过卫星影像还可以看到,从车公庄到德外大街有一条地层断裂带,正好经过城的西北角与那段直角边斜向相交。现在的北京城是明朝永乐年间修建的,建城时北京城四角都是直角。但明清两代,北京及其附近地区经常发生强烈地震,每次地震北京城西北角从西直门到新街口外这段城墙都要倒塌,虽经多次重修,但无论建得怎样坚固,总是被地震震塌。经风水先生察看,原来地下地基不牢,可能有活断层。皇帝陛下不得不屈服于地震的威力,决定将西北角的城墙向里缩小一块,避开不稳定地段。以后北京地区又经历几次地震,但城墙再没有倒塌。这就是为什么古城墙缺一个角的原因。

第三种说法是,北京城处处的设计都有含义,其中不修全可能是因为上天的暗示。如紫禁城这个名字取自紫微星垣,紫微星垣系指以北极星为中心的星群。古人认为紫微星垣乃是天帝的居所,而群星拱卫之。所以自汉以来皇宫常被喻为紫微。为佐证这个说法,紫禁城内特意设有7颗赤金顶(分别是五凤楼4颗,中和殿、交泰殿、钦安殿各1颗),喻北斗七星。有七星在此,谁能说不是天上宫阙?所以北京城墙缺一角必然有什么含义。其中就有这么一个故事,在明朝初年,燕王修建北京城,命手下的两个军师刘伯温和姚广孝设计北京城的图样。他们俩在设计的时候,不知为什么眼前都出现了哪吒的模样,他们很害怕,哪吒说不用害怕,我是上天派来的,告诉你们要如何建造都城,你们按我手中的图建造吧。于是两个人就都各自照着画了。姚广孝画到最后,吹来了一阵风,把哪吒衣襟掀起了一块,他也就随手画了下来。后来建城的时候,燕王下令:东城照刘伯温画的图建,西城照姚广孝画的图建。姚广孝画的被风吹起的衣襟,正好是城西北角从德胜门到西直门往里斜的那一块,所以至今那里还缺着一个角呢!

北京城墙缺少一角是因为上面哪个原因,或者都不是,不得而知。不过令人叹息的是,北京城墙现在都被拆除了,有人说那是一个始终会让人后悔的决定。

佛门舍利子是怎样形成的

苏州的虎丘塔内发现迦叶佛舍利,这在全世界还是第一次,弥足珍贵。据传,佛陀释迦牟尼逝世后,遗体经弟子阿难等人火化后,获得舍利子,据说分成三份,一份升天,一份入龙宫,一份留存人间。它在人间的那一份,由摩揭陀等8国均分,各建佛塔以永久纪目前在我国陕西扶风和北京尚珍藏佛指舍利和佛牙舍利。

但是舍利子是如何形成的？千余年来，这一直是佛学者和医学、生物界研究者的一个重要课题，迄今为止，产生了多种说法。

有一种说法认为：气功家在练气功过程中，在调神、调息和调身的气功三要素要求下，人的思维活动长期处在运气自如、恬淡虚无的绝对入静境界，最大限度地获取自然界的真如能量，达到天人合一，内外身心充分融洽，精气神相互转化，从而生发出大无外、小无内的混元（阴阳环抱的太极）现象，这样全身的精力和物质力量逐渐凝结聚集就出现舍利子。但这种说法似乎太过玄乎。从历史文献和气功实践来检验，不论是中国的儒释道各家气功还是印度的瑜伽术，都从未发现有人在练气功而在死后火化发现舍利子的现象，即使在道家的经典或史籍中也没有这类事实。也许神仙早已羽化而不必火化吧。所以，这种理论显然漏洞百出。

香港某报曾发表《佛门舍利子本是钙化结石》一文。该文认为"所谓舍利子，其实是人体内的结石，尤以肾结石和胆结石为多"，文中还揭示了舍利子的形成原因："因为僧人起居以坐为主要姿态，而吃进体内的又多是植物纤维，不易消化，加之长期取坐姿，体内纤维堆积过多，久而钙化成结石。"文中还举出了实证的例子：最近在香港圆寂的保贤法师，火化后发现八九十粒舍利子。但是仍然存在着一个疑点：保贤是否有结石病。

著名老中医董竟成在《法音》撰文，指出：有些以坐禅甚至通宵坐禅而不卧为修持的僧人，他们吃的也是素食，多是植物纤维，他们死后火化，却不一定发现舍利子，而不长期坐禅和没有长期素食的人也能出现舍利子。据资料记载，有些整天卧床吃素念佛的老妪死后火化也有出现黑色舍利的，这就证明了舍利子的形成与长期取坐姿和素食没有必然的联系。

佛教典籍对舍利子的产生的解释当然与上述几种不一样。据《元镏绩霏雪录》记载："舍利，按佛书室利罗，或设利罗，此云骨身，又曰灵骨。有三种色，白色骨舍利，黑色发舍利，赤色肉舍利。"又《金光明经舍身品》说："此之舍利，乃是无量戒定慧香之所熏馥。佛家也就沿着这种说法而发挥。"台湾圣严法师认为："肉食者死后火化也有舍利子，此与肉食与否无关，凡是修订或是凝心、慑心而达到修身目的的人，烧了会有舍利子。通常说要修持戒、定、慧三学的人，才有舍利子。但是舍利子本身是人体分泌物结晶，它有若干程度的神圣和神秘，为佛教徒所重视，但未必是佛教徒的大事，因为这还是属于界内色身的变化，终究不出无常的范围，这才是圣者所重视的。"

关于人死后火化出现舍利子的科学原理，目前还没有一个可靠的说法，还需要医学、生物学尤其是佛教界的相互配合与一同研究。这正如钱学森同志在论气功时所说的："这将是一场改造人类的革命，当然是不得了的事。"这项研究将对人类自己的生命起着重大的作用。